商务印书馆与中国现代文化的兴起

——商务印书馆创业120年国际学术研讨会论文集（上）

本书编委会 编

顾问（按姓氏笔画）：

陈万雄　陈平原　张人凤　周振鹤

编者：

本书编委会

编委会主任：

于殿利

编委会副主任：

黄兴涛　上官消波　王　风

编委会成员（按姓氏笔画）：

石　鸥　叶　新　许纪霖　苏基朗　吴永贵

沈国威　张志强　张　越　范　军　周　武

杨剑利　季家珍　洪九来　佐佐木睦　濑户宏

执行主编：

张　稷

出 版 说 明

2017年为商务印书馆创业120年。8月13、14日，由商务印书馆发起，联合中国人民大学历史学院、北京大学二十世纪中国文化研究中心、中国近现代新闻出版博物馆（筹），在北京举办了"商务印书馆与中国现代文化的兴起暨商务印书馆创业120年"国际学术研讨会，本书为会议成果结集。

会议围绕商务印书馆的企业历史与企业文化、历史人物与出版物、商务与现代文化教育诸事业等题目开展讨论。与会专家学者70余位，来自北京、上海、天津、黑龙江、山东、河北、江苏、浙江、安徽、湖北、江西、四川、广东、福建、香港、澳门、台湾17个省、市、地区，以及美国、加拿大、日本等国家，涉及历史学、语言学、文学、法学、出版学、信息管理学、图书馆学、公共管理等学科。提交论文67篇近100万字，涉及近代思想文化史、学术发展史、教育史、出版史、企业史等研究领域。本次研讨会为迄今商务印书馆馆史研究规模最大的一次学术研讨活动。

为还原会议原貌，本书按《会议议程》编排，正文分"致辞""主题演讲""论文"三部分。"致辞"和"主题演讲"按发言顺序排序；"论文"部分对单元及个别文章次序略作调整；单元内文章按内容由总到分、时间由先到后的顺序排列。会议图片见于书前，《会议议程》附于书后。

文章结尾处所标注的作者身份，一律为参加会议时的第一身份，重要变动加编者注予以说明。

本书编委会

2017年8月

会议图集

120
1897—2017

2017年8月13日上午,研讨会开幕式在商务印书馆礼堂举行

开幕式致辞

于殿利　　　　　洪大用　　　　　陈平原　　　　　周洪波主持

上官消波　　　　张人凤　　　　　袁　明　　　　　李　岩

主题演讲

王风主持　　　　陈万雄　　　　　周振鹤　　　　　季家珍

沈国威　　　　　许纪霖　　　　　张　稷　　　　　黄兴涛

第一场学术研讨（8月13日下午，商务印书馆礼堂）

　　　　马克锋　范　军
刘运峰　石　鸥　杨　早
栾伟平　吴小鸥　田建平

港澳台、外国学者

周　荐　黄相辅　佐佐木睦
濑户宏　王　立

张人凤先生与学者愉快交流(8月13日下午,涵芬楼书店)
左起:张人凤、毕苑、石鸥。

周 武　卢仁龙　叶 新
洪九来　张志强

第二场学术研讨（8月14日上午，友谊宾馆）

青年学者

李彦东　　殷亚迪　　欧阳敏　　王京芳　　肖伊绯　　黄佑志　　张兢兢

参观"商务印书馆创业 120 年图片展"（8月13日下午，涵芬楼书店）
左起：周振鹤、张志强、石鸥。

第三场学术研讨（8月14日下午，友谊宾馆）

吴永贵　鲍国华　陈福康
　　　　杨剑利　陈　静
张　越　钱仁平　于淑敏

与会嘉宾合影（8月13日上午）

朱　琳　　后宗瑶　　林　英
田　露　　张　治

侯　杰　　刘善涛
胡晓进　　廖太燕

青年学者

会议筹备

陈小文指导策展（2017年5月）

纪念展工作人员合影（2017年5月）

左起：韩芳、崔珊、张稷、高绍红、刘芳、张旻。

研讨会筹备工作会合影（2017年6月，北京大学）

左起：杨剑利、张稷、陈平原、夏晓虹、黄兴涛、刘芳。

目 录

◎ 致辞

将商务印书馆馆史研究推向更高水平……………………于殿利　2

致敬"兵战不如商战，商战不如学战"的先行者…………洪大用　4

商务的品格与出版的立场…………………………………陈平原　7

合力展现和传播商务印书馆的历史………………………上官消波　10

商务印书馆：中国近代以来文化自信的典范……………张人凤　13

商务先贤们的"现代中国理性"…………………………袁　明　15

坚守正确的文化立场和文化追求，打造更多传世精品……李　岩　20

◎ 主题演讲

商务印书馆企业文化与企业精神的现代意义

　　——由馆歌的创作及内涵说起 …………………陈万雄　24

风起于青蘋之末

　　——商务印书馆早期的印刷出版活动 …………周振鹤　29

寻找中国的普通读者
　　——商务印书馆的《日用百科全书》与民国时期的知识文化
　　……………………………………………〔加〕季家珍　33
《辞源》（1915年）与汉语的近代化………………沈国威　41
杜亚泉与《东方杂志》……………………………许纪霖　58
我们为什么研究商务印书馆
　　——兼论商务印书馆在现代化进程中的多重范本意义
　　……………………………………………张　稷　68

◎ 论文
商务印书馆与近代思想启蒙散论……………………马克锋　84
商务印书馆与晚清"实业意识形态"…………………李彦东　97
思想的疏离
　　——商务印书馆与学衡派……………………张国功　110
新文化运动期间杜亚泉与胡适的间接思想论战……殷亚迪　124
商务印书馆英文部的"人"和"事"……………………邹振环　156
商务印书馆与美国宪法在中国（大陆）之翻译与传播……胡晓进　171
商务印书馆与国立音专………………………钱仁平、张　雄　190
商务印书馆历史类出版物与中国近代历史学的发展（1897—1949）
　　……………………………………………张　越　199

晚清民国时期商务印书馆管理制度变迁述论………欧阳敏　224
试述20世纪30年代商务印书馆的福利制度………范　军、沈东山　239

民国时期商务印书馆办学活动研究
　　——以尚公小学为例 …………………… 李　永、王　之　270
早期的商务印书馆与香港
　　——香港档案札记二则 ………………… 苏基朗、苏寿富美　289
图书与时代
　　——1917年商务印书馆新书广告底稿研究………… 王京芳　297
民国"名人荐书"商业模式初探
　　——以商务印书馆"星期标准书"为中心 …………肖伊绯　315

薪火相传　涵芬永芳
　　——张元济与北京图书馆 ………………………… 卢仁龙　339
张元济《环游谈荟》研究……………………… 叶　新、潘　玥　354
张元济与刘承幹交往摭拾………………………………… 钟桂松　372
天意宁忍丧斯文
　　——论张元济日本访书及其意义 ………………… 周　武　384
商务印书馆英文部的开创者
　　——邝富灼 …………………………… 后宗瑶、叶　新　441
叶景葵与商务印书馆……………………………………… 林　英　453
从"巍峨天半铸男儿"之志到"人老珠黄不值钱"之叹
　　——王云五诗词所见其两岸数十载之心路历程 … 周　荐　464
从辞书学开拓王云五研究的新视角……………………… 刘善涛　485
1949年前后一个商务代理人的日常生活变迁
　　——基于《史久芸日记》的考察 ………………… 洪九来　501

3

陈翰伯与北京编译社……………………………………… 黄鸿森 517
王佐良与商务印书馆……………………………………… 王　立 535

为中华儿女提供精神食粮
　　——商务印书馆与中国教科书的早期现代化………… 石　鸥 567
商务印书馆教科书与中国现代教育的生长………………… 毕　苑 585
商务印书馆版教科书和张元济的教育理念………………… 张人凤 610
夏曾佑《中国历史教科书》编写出版考实
　　——以张元济致夏曾佑信札为中心…………………… 栾伟平 623
新闻进入教科书
　　——《共和国教科书》的承启意义与《铁达尼号邮船遇险记》的
　　　叙事旅行………………………………………………… 杨　早 639
新史观的塑造：《现代初中教科书本国史》新探………… 张兢兢 676
"学术中国化"思潮中的生意
　　——商务版《大学丛书》出版史实述略………………… 黄佑志 691
民族脊梁：商务印书馆《复兴教科书》的启蒙坚守
　　　………………………………………………… 吴小鸥、姚　艳 716

向外输出：民国时期的《四库全书》出版研究…………… 朱　琳 729
1949年前商务印书馆的英文出版探析 …………… 张志强、黄　芳 748
商务印书馆版《吟边燕语》的文化意义
　　——再论林纾的莎士比亚观………………………〔日〕濑户宏 764
《说部丛书》部分译作底本考……………………………… 张　治 773

商务印书馆早期童书述略 …………………………… 柳和城 782

《现代汉语词典》大批判始末 ……………………… 于淑敏 799

从《绣像小说》到《小说月报》
　　——论商务印书馆的救世情怀 ……………… 王　燕 822

建构现代新常识
　　——《东方杂志》长寿基因的社会文化考察 …… 吴永贵 833

期刊中的通俗科学与知识传播：研究回顾与西方科学史观点
　　……………………………………………… 黄相辅 846

《东方杂志》（1904—1911）的科学翻译话语在政治和文化重构中的作用
　　……………………………………………… 侯　杰 865

《东方杂志》（1904—1948）蒙古问题报道分析 …… 田建平、赵瑞交 879

《东方杂志》（1920—1932）对"文化调和论"的态度变化
　　……………………………………………… 赵黎明 899

《小说月报》语境中的《怀旧》
　　——兼论《怀旧》阐释史上的几个问题 …… 鲍国华 916

《小说月报》与1920年代中国文学 ……………… 杨　扬 931

郑振铎与《小说月报》及文学研究会 …………… 陈福康 948

左翼思潮冲击下文学研究会的编辑们 …………… 葛　飞 961

女性文学批评视野中的《妇女杂志》 …………… 陈　静 972

被唤醒后的歧路
　　——周氏兄弟与《妇女杂志》（1921—1925）…… 田　露 987

从中国漫画史看《儿童画报》《儿童世界》的价值
………………………………………………〔日〕佐佐木睦　1005

周建人与现代科学观念的传播
　　——以《自然界》杂志为中心的研究…………廖太燕　1019

商务之所以成为最具竞争力的出版品牌
　　——读《商务印书馆110年大事记》札记………刘运峰　1033

◎ 附录：会议议程………………………………………… 1045

致辞

120
1897—2017

将商务印书馆馆史研究推向更高水平

于殿利

尊敬的各位领导、来自海内外的专家、媒体朋友们：

大家好！

非常欢迎和感谢大家在暑期来参加我们与中国人民大学、北京大学和中国近现代新闻出版博物馆（筹）一起主办的"商务印书馆与中国现代文化的兴起"国际学术研讨会。

我们举行这个研讨会的契机是商务印书馆成立120年。在这半年时间里，我一直在讲，商务印书馆120年历史是与学界携手的120年，是我们得到社会各界大力支持的120年。正因为这样，才可以有现在商务印书馆的馆史研究与中国近现代的出版事业、教育事业、文化事业乃至企业经营管理事业紧密相连的一个又一个重要话题。我们在这里举行国际学术研讨会的重要意义不仅仅限于出版，不仅仅限于文化教育事业、限于整个中国的现代化进程，因此，我们有了这样一个主题，叫"商务印书馆与中国现代文化的兴起"。我们最看重的是商务印书馆在现代教育事业、现代文化事业、现代学术转型等方面大力推进中国现代化进程所做出的被大家所认可的贡献。

商务印书馆历来就有重视馆史研究的传统。从最早的由资料室收集、整理从上海运来的档案文献，到后来专门成立百年资源部，负责盘活历史资源，转化为品牌价值，商务不仅始终致力于研究本馆历史，而且不遗余力地梳理中国近现代出版与文化、教育等的关系。商务还将在合适的时机成立百年文化研究中心，邀请在座的和因故未能出席的海内外专家担任委员。

商务印书馆在以自己的方式积极努力出版关于商务印书馆历史与文化

方面的书籍，从早期大家都比较熟悉的《张元济日记》《张元济全集》，还有《上海商务印书馆（1897—1949）》，这些都是大家熟悉的，后来还有《文化的商务》《商务印书馆与中国近代知识文化的传播》等。

今年借着120年的契机，我们大力宣扬和鼓励所有商务馆史的研究成果出版，可喜的是已经有一些成果出现，包括夏瑞芳先生的传记、茅盾先生在商务印书馆的传记，还有新题材的专著出现，包括一些重要的学术论文。例如"商务印书馆与中国现代女性启蒙"这样的题材都开始涌现。商务印书馆会大力支持学界关于这一领域的研究，给大家提供更多的便利条件。

相信这样一个国际学术研讨会把商务印书馆的历史乃至中国近现代文化历史的研究推向更高的水平。我们也希望社会各界都来加入这样一个综合性研究领域，为什么说是综合性研究领域？因为从我自身的经历来看，现在从事商务印书馆历史以及中国近现代文化研究的学者们来自很多领域。我们最熟悉、最重要的力量是研究出版史的专家们，还有一支力量是研究中国近现代文化历史学的学者们，还有出版的实践者都愿意加入这样的研究领域中来。我相信这样一个研究领域有各类英才都加入到里面来，从理论到实践、从古代到现代，我们的研究成果一定能为中国的现代出版、现代文化的建设贡献特殊的智慧。

预祝本次会议取得圆满成功。最后，再一次感谢和我们一起主办会议的中国人民大学、北京大学和中国近现代新闻出版博物馆（筹），以及所有支持我们的专家教授们，为本次国际学术研讨会所付出的智慧！

谢谢！

（作者单位：商务印书馆[1]）

---

[1] 现职为中国出版集团党组成员，中国出版传媒股份有限公司董事、副总经理。——编者注

致敬"兵战不如商战，商战不如学战"的先行者

洪大用

尊敬的于殿利先生，各位来宾、各位朋友、各位学界同人：

大家早上好！

今年是商务印书馆成立120周年，为了庆祝这一盛事，借此回顾百余年来中国现代文化的发展，增强文化自觉和文化自信，中国人民大学历史学院与商务印书馆、北京大学二十世纪中国文化研究中心、中国近现代新闻出版博物馆（筹），联合主办"商务印书馆与中国现代文化的兴起"国际学术研讨会。

我作为外行，或者半个商务人，非常荣幸受邀参加本次会议，首先请允许我代表主办单位之一——中国人民大学，对商务印书馆成立120周年和本次会议的顺利召开表示衷心的祝贺，对120年来商务印书馆取得的辉煌成就表示崇高的敬意，对各位嘉宾学者的到来表示热烈的欢迎和诚挚的感谢。

商务印书馆的大名是蜚声中外的，商务印书馆在莫干山还有分支机构，但我平时对商务印书馆的历史和文化没有深入了解，我校历史学院院长黄兴涛教授提供不少背景材料，使我对商务印书馆有了更多的了解。商务印书馆创建于1897年，是旧社会中的新生儿，是"兵战不如商战，商战不如学战"的先行者，是中国第一家现代出版机构，与北京大学一起被誉为"中国近代文化的双子星"。

自成立以来，商务印书馆不仅经营商务，而且担当起知识生产和文化传播的重要使命。它既致力于引进西方文化，也致力于整理弘扬中国传统文化，编印出版了各类教科书、工具书、学术图书，刊行了各类杂志，兴办了各类文化教育事业，它是中国学术事业与现代文化发展的重要引擎，

贡献卓著，影响深远。

"昌明教育，开启民智"是商务印书馆的立馆宗旨。创办之初，商务印书馆便将编印新式中小学教科书作为主要业务，早期的商务出版人将为教育服务作为义不容辞的责任。辛亥革命后，商务印书馆推出了由中国人自己主编的"共和国教科书"，这套教材共65册，重印300多次，售出七八千万本，当时的中国学龄儿童深受其益。叶圣陶先生曾经说过："凡是在解放前进过学校的人，没有不受到商务影响的，没有不曾读过商务书刊的。"

除了教科书以外，为了满足社会和读者的需要，商务印书馆还组织翻译出版了大批外国学术和文学名著，其中严复翻译的西学名著和林纾先生翻译的欧美小说广为人知。商务编译出版许多供学人使用的工具书，同时出版发行了《东方杂志》《小说月报》《教育杂志》等30多种刊物，书籍和刊物记录了中国近半个世纪思想与学术的发展轨迹。

特别是，商务印书馆在工具书出版方面开创了中国的许多"第一"，例如世界上发行量最大的工具书——《新华字典》，中国第一部大型古代汉语辞典——《辞源》，中国第一部规范性语文词典——《现代汉语词典》，中华人民共和国成立后第一部英语-现代汉语词典——《英华大词典》，中华人民共和国成立后第一部中外合作的工具书——《牛津高阶英汉双解词典》，等等。

商务印书馆翻译出版的世界名著同样影响重大，例如《汉译世界学术名著丛书》《世界名人传记丛书》《现代性研究译丛》等。我本人是学社会学的，对《汉译世界学术名著丛书》中的许多书有很深刻的印象，包括《精神分析引论》《科学的社会功能》《野性的思维》《社会契约论》《社会学方法的准则》《儒教与道教》等，都受益于商务的出版和推行。

商务印书馆特别强调学术创新和文化传承，其发展历程基本与近代以来的中国新学、新思潮的发展同步。林毓生先生曾以"借思想、文化以解决问题的途径"来概括五四新文化人的追求，说明现代中国的知识分子对文化、教育这类精神启蒙事业极度重视。商务出版人一直具有现代中国知识分子的社会责任感、使命感，他们是有担当的知识分子的典型，肩负了

"启民智"的社会责任；他们也是脚踏实地的行动者，以平凡而扎实的工作代替了张扬的口号，用"润物细无声"的方式为中国现代文化事业的发展做出了不小的贡献。可以说，晚清以来很多优秀知识分子都与商务印书馆有着各种形式的密切联系，包括蔡元培先生、胡适先生、陈独秀先生、茅盾先生，等等。

商务印书馆120年的发展历程，彰显了企业发展与民族命运紧密相连的历史，体现了出版企业践行时代使命的独特方式，在启蒙与救亡、革命与建设、改革与开放的历史浪潮中，商务印书馆始终坚持民族利益至上，秉承"为国难而牺牲，为文化而奋斗"的神圣使命，传播西学，译介新知，昌明教育，开启民智，整理国故，传承经典，为融汇人类文明成果、繁荣发展中国哲学社会科学付出了艰苦卓绝的努力，为几代中国人的心智成长和中国社会的现代化事业提供了彪炳史册的精神支撑。商务印书馆是中国出版业的骄傲，是中国现代文化史上的地标，也是在全球文化格局当中具有重要影响的中国符号。

中国人民大学历史学院是国内重要的历史教学和研究机构之一，我们有不少学者一直致力于中国近现代思想与文化的研究，出版了许多优秀的研究成果。在商务印书馆成立120周年之际，中国人民大学历史学院与商务印书馆等单位联合主办"商务印书馆与中国现代文化的兴起"国际学术研讨会，对于推动学院学科建设、科学研究和人才培养是一件非常有意义的事情，希望参加本次国际学术研讨会的国内外专家学者相互切磋、增进学术，同时增进对商务印书馆的了解，增进对中国现代文化史的认识，增进对现代社会知识生产与传播规律的认识，当然，也希望大家增进对中国人民大学历史学院的了解。

衷心地预祝本次会议取得丰硕的学术成果。谢谢各位！

（作者单位：中国人民大学[1]）

---

[1] 现职为国务院学位委员会办公室副主任，教育部学位管理与研究生教育司司长。——编者注

商务的品格与出版的立场

陈平原

北大百年校庆期间，我说过一句很有名的大话："就教学及科研水平而言，北大现在不是，短时间内也不可能是'世界一流'；但若论北大对于人类文明的贡献，很可能是不少世界一流大学所无法比拟的。因为，在一个东方古国崛起的关键时刻，一所大学竟然曾发挥如此巨大的作用，这样的机遇，其实是千载难求的。"这句话，同样适用于商务印书馆——放眼全球，无论出版规模还是经济效应，商务算不上领头羊；但作为一个出版机构，深度介入现代中国的政治、思想、教育、学术，在其艰难转型与迅速崛起的过程中，发挥至关重要的作用，这同样也是千载难逢的。

其实，这正是商务人的自我期许。从1902年张元济创办编译所起，商务印书馆就不满足于"来料加工"，而是以主动介入的强势姿态，跟世界潮流对话，与中国变革同行。1921年进馆、日后对商务发展影响极大的王云五，1926年撰《本馆与近三十年中国文化之关系》[1]，称"以一私人营业机关，而与全国文化发生如是重大关系者，在国内固无其匹，即在国外亦不多见"。我只不过将时间拉长、视野扩大、标准提高，站在史学家而非当事人的立场，给120周年的商务印书馆一个基本的历史定位。

做出版，若不赚钱，必定是短命的。历史上的商务印书馆，首先是个成功的现代企业，其经营理念、组织架构以及管理方式，均让人叹为观止。但赚钱之外，商务人有更为高远的目标。大出版家犹如大教育家，都是理想主义者。这样，才不会因一时一地的得失而焦虑乃至放弃。将近一百年前，以主编《新青年》名扬四海的陈独秀，曾这么表述自家办刊理

---

[1] 商务印书馆编：《商务印书馆九十五年》，商务印书馆1992年版，第288页。

念:"有一种主张不得不发表","有一定的个人或团体负责任"[1]。后者指向杂志的形式,前者则凸显杂志的精神。商务印书馆也一样,除了得天时地利人和,更有一种强大的精神及理念在支撑。

作为行业老大,商务并非每个历史时刻都能抢得先机,但总能迅速地自我调整,很快重返潮头。这与其坚守自家立场,但身段柔软,随时准备吸纳特异人才与新鲜思路有关。此乃大社与小社的区别,小社可以"一招鲜",大社却必须兼容并包,方能有足够的人才储备。翻阅《商务印书馆百年大事记》,尤其是前半截,每年进馆人员名单,不时可以发现现代史上响当当的名字。这既是经营策略,也是思想方式。

1899年,受日本政治家犬养毅的启发,梁启超将学校、报章、演说并列为"传播文明三利器"。而在"三利器"中突出渲染"演说"的功用,则属于梁启超的精彩发挥[2]。其实,演说是一种表达方式,不是组织机构,与学校、报章明显有别。晚清人谈论的"报章",兼及新闻与出版。出版与新闻虽有千丝万缕的联系,但各自功能与立场大有差异,若想细说,最好"花开两朵,各表一枝"。这么说来,若论晚清以降推动中国现代化进程最有力的机构,或借用梁启超"传播文明三利器"的说法,当推学校、新闻与出版。其中新闻贴近时事,关注眼下,容易在政治史上留下印记;出版则培植根基,着眼未来,更倾向于与教育结盟。

1926年,张元济曾撰《〈东方图书馆概况〉缘起》一文,深情追忆入馆之初,如何与商务老板夏瑞芳约定:"吾辈当以扶助教育为己任。"[3]这里所说的"教育",当系一种立场与情怀,而不仅仅是成功编辑小学教科书、筹办《教育杂志》或出版《大学丛书》等具体举措。着眼教育者,必定是低调的理想主义者,或稳重的改革派。商务强调趋新,努力与时俱进,但从不走极端。虽有若干成功的期刊,如《绣像小说》《东方杂志》

---

[1] 陈独秀:《随感录七十五·新出版物》,《新青年》第7卷2号,1920年1月。
[2] 梁启超:《自由书·传播文明三利器》,《饮冰室合集》专集第二册,中华书局1936年版,第41页。
[3] 张元济:《〈东方图书馆概况〉缘起》,《东方图书馆概况》,商务印书馆1926年版。

《教育世界》《小说月报》《妇女杂志》等，在文学史、教育史、政治史上留下很深印记，但均不持激进主义立场。商务印书馆及其主办的诸多杂志，其基本理念是植根中外文化，促成民族复兴，因而显得持重、厚实、阔大，而不以雄奇著称。这在救国心切的人看来，或许偏于保守。但这正是新闻与出版的最大差别，前者追求登高一呼应者影从的效果，后者则踩得深，看得远，故不敢乱唱高调。

讲求实干，持之以恒，平和勤勉，商务的这些特点，与办教育有很多相似之处。或许正因此，北大的老前辈们乐于与商务携手前行。尤其是最初阶段，蔡元培、严复、林纾、蒋梦麟、胡适等，都在与商务的精诚合作中获益良多。回首120年间，一代代北大师生，既是商务的热心读者，也是商务的坚定作者，更是商务的好朋友——正是基于这一点，北大二十世纪中国文化研究中心非常乐意参与主办"商务印书馆创业120年国际学术研讨会"。

（作者单位：北京大学）

合力展现和传播商务印书馆的历史

上官消波

尊敬的来宾：

　　大家上午好。

　　很高兴能在此与大家共聚一堂，回顾商务印书馆辉煌的过去，探讨中国文化发展的未来走向。商务印书馆自1897年（清光绪二十三年）2月11日在上海创办以来，成为上海乃至全国的重要文化教育事业机构和最大的出版印刷企业，1930年代发展为亚洲最大的现代出版企业，堪称中国出版业巨擘。

　　众所周知，商务印书馆对中国现代文化贡献很多，在教科书、工具书、古籍、汉译名著等类型图书的出版上表现出色，还出版过许多影响深远的杂志，如《东方杂志》《小说月报》《学生杂志》等。这些图书杂志所传播的新思想、新理念，构成了中国现代文化的源头，对整个中国社会发展都具有辐射力。商务印书馆作为中国现代最重要的学术机构，培养了一大批精英知识分子，如夏曾佑、杜亚泉、蒋维乔、蔡元培、陆费逵、胡愈之、陈叔通等。以张元济、王云五为代表的几代商务主持人，以高远的目光、博大的胸怀，在整理国故和引进西学上，书写了厚重的诗篇。

　　作为筹建中的新闻出版博物馆，2003年11月以来，中国近现代新闻出版博物馆（筹）陆续开展了藏品征集，史料整理，口述历史采访拍摄，馆刊、文库出版，藏品库建设等工作。筹建以来共接收各类捐赠414人次。其中重要捐赠人有：巢峰，丁景唐，方厚枢，吉少甫，李素琴（胡道静夫人），范里、范又（范用子女），张人凤，姜椿芳，欧阳文彬，刘冰，徐敏（徐伯昕之子），张国男（李公朴之女），任溶溶，杨小佛等。其中，2008

年接收胡道静藏品整体捐赠，2011年接收范用藏品整体捐赠，两次获赠藏品都分别超过一万件，部分藏品存世极少、品相极佳，具有很高的收藏和学术研究价值。

中国近现代新闻出版博物馆（筹）迄今已建立较为完备的藏品库和藏品管理信息系统，已入库藏品数万件，包括民国期刊3000余册，民国图书4800册，钱锺书、茅盾、华君武、李公朴、黄洛峰、李一氓、巴金、聂绀弩、楼适夷、黄永玉、叶圣陶等名人大家书信手稿2134件，还有木活字、石印机、铜字模等出版工具等，已具备展示和建馆条件。

在大规模征集藏品的基础上，中国近现代新闻出版博物馆（筹）积极举办国际学术会议，开展学术研究项目。2008年起，先后与复旦大学、香港城市大学、日本关西大学、北京外国语大学等高校合作，连续举办了五届出版史国际学术研讨会，通过持续的学术活动，凝聚起一批学者，建立起一支国际化的学术顾问团队，为博物馆建立、运作提供学术支持。和上海档案馆等机构合作，进行上海书业公所档案整理研究、中国科学社史料整理研究、口述历史采访拍摄，积累了大量学术成果。馆刊自2007年创办以来已出版30期，在业界具有一定声誉。2009年10月，美国国会图书馆来函要求完整收藏馆刊。此外，哈佛燕京图书馆、康奈尔大学等汉学研究重镇也有收藏。出版博物馆文库已出版专集、研究、史料三个系列图书34种，制作电视专题片多部。自2010年起，藏品部对外提供查询服务。2013—2016年，先后为世纪出版集团、解放报业集团、中央电视台等单位研究人员提供对外服务。

我们非常愿意与各位学者、各位同人寻求适当的机会开展合作，将商务印书馆的历史展现出来、传播出去。让广大民众了解商务印书馆宝贵而丰富的历史，了解经过商务传承发扬的中国传统文化，了解20世纪以来中国知识分子是如何在古典与西洋文化的碰撞中谋求生路，从而为我们现在的文化生活提供参考和借鉴，我相信在座的各位有许多高见。

最后，我谨代表中国近现代新闻出版博物馆（筹），预祝这次会议圆满成功，并祝各位来宾身体健康、万事如意。

　　谢谢大家！

[作者单位：中国近现代新闻出版博物馆（筹）[1]]

---

[1] 现职为陈云纪念馆副馆长。

商务印书馆：中国近代以来文化自信的典范

张人凤

各位领导，各位专家，女士们、先生们，大家上午好！

我非常兴奋，也非常激动，能有机会在这个讲台上发言。在这里，首先是祝贺商务印书馆创立120周年，祝贺商务印书馆120岁生日！用研讨会的方式，是纪念商务印书馆创立120周年最好的方式之一，我也预祝"商务印书馆与中国现代文化的兴起"国际学术研讨会取得圆满成功。

120周年，用西方的计算方法，叫作跨越了三个世纪；用中国传统的计算方法，叫作双甲子；换成历史学的语言，叫作跨越了晚清、民国和新中国三个历史时期。但无论是哪一种讲法，其所蕴含的意义都是非凡的。

近些年来，我一直在做我的祖父张元济先生的资料收集、整理和研究工作，所见到他留存下来的文字，大部分都是围绕着商务印书馆工作的。我所见到的对张元济先生的研究专著和论文，也大多是围绕着他与商务来开展论述的。于是，学习和熟悉商务印书馆馆史成了我的必修课——没有商务印书馆馆史背景的支撑，对张元济的认识和研究是无法进行的。夏瑞芳艰苦创业，敬业又善于开拓经营，尊重知识和人才；张元济主持编译，成功编纂我国近代第一套最为成功的教科书、许多词典工具书，大量引进国外哲学社会科学、文学书籍，校勘影印出版《四部丛刊》《百衲本二十四史》等大型古籍丛书，使商务从开办时的印刷作坊发展成为我国近代首屈一指的集编、印、发于一体的大企业。王云五时期的《万有文库》《大学丛书》《复兴教科书》；中华人民共和国成立以后，从家喻户晓、案头必备的《新华字典》《现代汉语词典》到《汉译世界学术名著丛书》及多种中外文词典，等等，这些都堪称我国近现代出版史上的精品，在我国出版史、文化史上有着里程碑意义。创造出这些成果的商务历任领导、多位编辑，都是我十分敬佩的前辈。我在孩提时代，见过其中好几位，包括王云五、李拔可、陈叔通；改革开放以后，我又见过陈翰伯、陈原、杨德炎等，他们都是出版界杰出的代表人物，真应该为他们每一位写一本乃至几本传记、年谱。

商务印书馆馆史研究，在改革开放以来，得到商务历任领导和学术界的重视，我认为，学习和研究商务馆史，除了出版物和它们背后的众多人物等史实以外，更重要的是商务的精神。商务从成立伊始，就以"昌明教育，开启民智"为己任，一开始就找对了办出版事业的方向，适应社会需要，有时甚至领先于社会进步的潮流。在新文化运动中，又及时实现了出版物和管理的转型，使老企业跟上了时代的步伐，为中国文化转型做出了极大的贡献。但在商务的历史中，处于逆境的时间很长，譬如1914年夏瑞芳被害，1932年上海商务总厂被日本侵略军炸为一片废墟！抗战期间，处境之艰难难以想象。但商务的前辈们在"为国难而牺牲，为文化而奋斗"的口号下复兴，又在没有一寸铁路的大西南坚持了下来，最终把这家半个世纪的老企业带进了新中国。中华人民共和国成立以后，国内有了和平建设的环境，但老出版企业如何适应新时代的社会环境和需求，几代商务老领导又费尽了心血。我们今天来看商务120年历史，可以看到商务人具备了为中国的文化教育事业尽全力的决心和信心，他们有一种毅力和定力，不少人为商务事业，也就是中国的出版文化事业贡献了一生。从商务120年历史可以看到，商务人有着对中华文化的无限的热爱和极强的责任心，这是他们处逆境时能自强不息、顺境时能抓住机遇迅速发展的内在动力。可以说，商务印书馆是中国近代以来文化自信的代表和典范。

改革开放的近40年来，商务印书馆的事业不断发展、进步，取得的成绩令人瞩目。而今迈入第三个甲子的时候，也正是我们中国人民迈入"强起来"的新历史时期。我相信，我祝愿商务印书馆在这第三个甲子里，会创造出更大的辉煌。

谢谢各位。

（作者单位：上海市文史研究馆）

商务先贤们的"现代中国理性"

袁 明

深刻的历史记忆，需要鲜活的个体生命来标记和诠释。

20世纪90年代，我在美国加州大学伯克利分校常常有机会与数学大师陈省身先生聊天。当时他年过八十，已经退休，正筹划回国定居。他与我的聊天内容多以中国文化与现代化为主。有一次，他说："我小时候就是读你的太公编的算术教科书，那时商务印书馆出版了许多教科书。我们这一代人，就是这样受的启蒙。"此处提到的我的太公，是我母亲的祖父寿孝天先生。记得陈先生说此话时，正值黄昏时分，远处太平洋上的落日在水面洒满金光，真是夕阳无限。

陈先生提到的算术教科书，是指寿孝天与他的绍兴同乡好友杜亚泉编译的《最新高等小学笔算教科书教授法》，于1905年出版。在20世纪初的上海，寿孝天与他的同事们在商务印书馆编印各类教科书时，断不会料到，在不到两代人的时间里，受他们启蒙的中国学子，已经得到了世界级的成就。陈省身从加州大学荣休后，担任过美国国家数学研究所所长。但这种"后人的荣光"，并非商务先贤们的终极追求。他们的献身源自对于当时世情的认识与自强不息的精神驱遣。他们的眼光不在一两代人的教育，而在通过现代教育达到现代中国理性的建立，最终使中国从贫弱变为富强。

商务先贤们大都出生于19世纪后30年左右。当时的世界大潮是欧洲列强凭借经济与近代科学技术力量，在广大的亚洲、非洲和拉丁美洲迅速扩张并争夺势力范围。商务先贤是既放眼看世界又埋头做实事的一批人。杜亚泉先生（1873—1933）在《普通新历史》（高等小学用）"总论"中呼吁："举全国之力，振兴庶务，广求智慧，以光我古国之声名，驾五洲各国而上之。"在该书"凡例"中又说："我国民之眼界，断不可仅注于国内数十朝之兴替沿革中，须考察种族势力之强弱、文明之高下、能力之大小，以为大众警醒振拔之标准。"他的这种见识与眼界乃至气度，绝非一般。杜先生出身于绍兴殷实之家，16岁进秀才，然甲午战败使他毅然放弃科举之路而转向新学，自数学入手，自修了物理、化学、矿物、植物、动物诸科，1904年被聘为商务理化部主任，在商务服务达28年之久。杜先生主持的商务出版物，除中小学自然科学教科书外，还有《动物学大辞典》《植物学大辞典》《中外度量衡币比较表》《化学工艺宝鉴》《高等植物分类学》《下等植物分类学》《盖氏对数表》《动物学精义》。他视野开阔，兼任《东方杂志》主编，在当时的中国思想界极富影响。1970年代末我在北大读研究生时，导师王铁崖先生曾建议我以《东方杂志》为主要案例，作一篇关于20世纪初中国知识界对国际局势看法与分析的硕士论文。当时我的兴趣已在中美关系方面，《东方杂志》似乎很遥远。现在看来，真是失去了一个走近"杜家太公"（家中人对杜先生的称呼）的机会。

杜先生一生对社会贡献至伟，但他60岁时在贫病中去世，连棺木都是借的。杜先生在最后时日仍用有限资金购买图书，准备编辑《小学自然科学辞书》，正如他在逝世前半年在给友人的诗中所写："鞠躬尽瘁寻常事，动植犹然而况人。"

一百多年前商务人的这种精神，非常值得当下学习。在我看来，我们还是要继续做好世界与中国这篇大文章。自晚清中国士人发出"三千年未有之巨变"警示以来，中国人一直在做这篇大文章，至今远未完成。为什么19世纪末20世纪初中国知识界代表人士提出的问题，至今仍能引起人们不断的共鸣？这正说明中国与世界关系这个大格局调整的过程并未结束，中国人认识世界与心理调适的大历史过程并未结束。但是，当下的世情与一百多年前西方列强分割世界的情势已经大大不同。西方在大历史过程中搅动起来的全球化，已经让世界格局发生了大变化。这个大变化的影响，也已经进入西方知识主流的心理层面。美国政治学者塞缪尔·亨廷顿生前提出"我们是谁？"是一个很具标志性的问题。对于时代的标志性问题，商务先贤们很敏感。杜亚泉在为1899年创办《亚泉杂志》亲笔作序时即指出："政治与艺术之关系，自其内部言之，则政治之发达，全根于理想，而理想之真际，非艺术不能发现。自其外部观之，则艺术者固握政治的枢纽矣。航海之术兴，而内治外交之政一变；军械之学兴，而兵政一变；蒸汽电力之机兴，而工商之政一变；铅字石印之法兴，士风日辟，而学政亦不得不变。且政治学中之所谓进步，皆借艺术以成之。……且吾更有说焉：设使吾国之士，皆热心于政治之为，在下则疾声狂呼，赤手无所展布，终老而成一不生产之人物，在朝则冲突竞争，至不可终日；果如何，亦毋宁降格以求，潜心实际，熟习技能，各服高等之职业，犹为不败之基础也。"此处的"艺术"在当时是"技术"的意思。商务先贤们基于这样的共识，埋头实务，共举出版事业，创立一代新风。他们在工作之余的一大乐趣便是畅谈争辩，今日所谓"头脑风暴"。杜亚泉的儿子杜其在回忆说："来我家看他的人，大多数是商务的同事，记得起来的有寿孝天、凌向之、骆师曾、章锡琛等诸先生及族叔杜就田。他与他们谈天总很投机，一谈就是半夜，谈的内容大多是自己的理想、对商务编译所工作的意见和对时局的评论。父亲谈起来总是兴致勃勃，嗓音很高，精神十足，有时发生争辩，总是他的声音盖过别人，与他那苍老的外表反差很大。"

所以说，"放眼看世界"，是商务精神的一个亮点。

另一个亮点是文化底气。我始终认为，商务先贤们在"放眼看世界"时，有一种值得后人尊敬的坦然。这种坦然使他们在行事处世上，都具备了一种"现代中国理性"。这种"现代中国理性"的张力很大，也能持续久远。

这种理性，是否与商务先贤们的旧学功底深厚，但是又对新知识充满追求，且下足苦功钻研，从而在内心达到一种"中西平衡"有关？旧学新知的这种平衡和完美结合，对于我们今天的知识界和青年学人来说，尤其有启迪和典范的意义。

1904年以后商务编译的骨干队伍，主要由一批绍兴籍人士组成。他们的年龄，一般相差在五到六岁。在绍兴乡间时，他们多受到严格的传统文化训练。以寿孝天出生的寿家台门为例，家中设"三味书屋"，是绍兴城中较为有名的一所私塾。鲁迅少年时被送到三味书屋启蒙并读书，前后长达六年，几乎就是现在的初高中教育。他的启蒙老师寿镜吾先生，是寿孝天的叔叔。关于这一段求学经历，鲁迅在《从百草园到三味书屋》中有生动记载。寿孝天幼年在三味书屋读书，到上海加入商务印书馆之前，他已经在三味书屋北侧小书房开办私塾，坐馆教书。三味书屋藏《诗》《书》《礼》《易》诸子百家等书，计有几十箱之多。三味书屋藏书分箱收藏。如"金字书箱"装有《景岳全书》《伤寒集注》等医药类图书，"石字书箱"也装有医药类图书，"竹字书箱"装有《古诗源》，"土字书箱"装有《会稽名胜赋》《桃花扇传奇》，"革字书箱"装有《文心雕龙》，"木字书箱"装有《越州纪略》《乾坤正气集》《王临川文集》《越中文献辑存书》《会稽郡故书杂录》等。这几十箱藏书，实际上是开馆教学的一个小图书馆。

　　时势比人强。西学的强劲推动，使这些中国旧学的饱学之士走上了追求新学之路，而且义无反顾。然而传统文化所打下的底色，或说学问的力量，使他们有一种掌握精神平衡的能力。这种精神平衡能力对他们看世界时的心态与尺度把握至关重要。更何况，在他们到上海商务印书馆这样的舞台上有更大作为前，他们已经在绍兴乡间得到一番中西文化或新学、旧学冲突的洗礼。

　　鲁迅曾写过一篇《琐记》，生动描绘过为什么他在1898年要离开故乡，去"走异路，逃异地"的心路历程。有一段文字是这样写的："S城人的脸早经看熟，如此而已，连心肝也似乎有些了然。总得寻别一类人们去，去寻为S城人所诟病的人们，无论其为畜生或魔鬼。那时为全城所笑骂的是一个开得不久的学校，叫作中西学堂，汉文之外，又教些洋文和算学。然而已经成为众矢之的了；熟读圣贤书的秀才们，还集了'四书'的句子，做一篇八股来嘲诮它。"鲁迅在此文中提到的"中西学堂"，全称"绍郡中西学堂"，是绍兴于1897年创办的一所私立学校，蔡元培任学堂监督，即主事者，他聘请杜亚泉在中西学堂任数学及理科教员。他们在当时绍兴城内的舆论环境中，确实是众矢之的。不过，在中西学堂的小环境中，蔡元培、杜亚泉以及偏于革新的几位教员，在学生们的支持下，又处于上风位置。30多年后杜亚泉去世，蔡元培写《书杜亚泉先生遗事》一文，开篇便回忆中西学堂共事的往事，蔡先生写道："学堂本有英法两种外国语，而是年又新增日文。先生与余等均不谙西文，则多阅日文书籍及杂志，间接的窥见世界新思潮，对于吾国传统的学说，不免有所怀疑。"中西学堂当时的规矩是中午及晚饭两餐师生同桌，学生六人教员一人，吃饭时也讨论问题。其中有旧学精深但思想保守的教员，提出反对意见也仍处孤立地位。久而久之，反对意见传入社会，蔡元培、杜亚泉等又处于少数，受到校董的警告，愤而辞职。后来蔡先生回忆道："在全体学生视听之间，不为少数旧学精深之教员稍留余地，确为余等之过失，而余等竟未及注意也。"对中西学堂经历的反思，以及后来出洋考察的经历，使蔡元培更体察到在大时代里"兼容并包"的重要。这和他后来出任北大校长后的做法，是前后关联的。在时代变迁，"新"与"旧"的各方力量都张力饱满的环境中，"兼容并包"是一种现代中国理性。

商务先贤们打下的精神底色，对于中国现代化进程至关重要。他们用实实在在的工作告诉后代，什么才是真正的文化自信。

本文中有关史料参考了许纪霖、田建业主编的《一溪集》和寿永明、裘士雄编著的《三味书屋与寿氏家族》，特此致谢。

（作者单位：北京大学）

坚守正确的文化立场和文化追求，打造更多传世精品

李 岩

尊敬的各位前辈、各位先生、各位嘉宾朋友们：

今天的参会者都对商务印书馆充满敬意，非常高兴参加"商务印书馆与中国现代文化的兴起"国际学术研讨会。

商务印书馆自1897年创立至今，经历中国现代教育、现代文化、现代科技、现代出版、现代企业从无到有、从弱到强的120年，也是中国历经现代化和民族复兴的120年。在这一历史进程中，商务印书馆做出巨大的贡献，成为文化教育诸多领域乃至整个现代文化的发端和引擎，我们有必要总结和梳理商务印书馆在中国现代文化兴起过程中所承担的历史作用和所承载的历史意义。

商务印书馆以2015年底的"光辉永存——陈云生平业绩展"为开端，先后举办了一系列纪念活动，今天的国际学术研讨会也是系列活动的一部分。

今天的学术研讨会有来自美国、加拿大、日本，港、澳、台以及北京、上海、南京、武汉、济南、石家庄、成都、广州、福州、厦门等地的学者，他们当中有德高望重的著名专家出版人，有商务创始人和商务重要作者的后人，也有关心商务、研究商务的权威学者，众多名家大家济济一堂，非常令人感动，这充分证明了商务印书馆在文化学术界的特殊地位和独特魅力。

商务印书馆的贡献首先体现在120年来对"昌明教育，开启民智"的出版宗旨的坚持。1902年，张元济怀抱"教育救国"的理想加入商务，与夏瑞芳先生相约，与蔡元培等先生一起谋划出版《最新教科书》，标志着现代教育的兴起。此后商务出版了《共和国教科书》《复兴教科书》，出版

《教育杂志》，创办各级各类学校，直接参与和支撑大量现代教育实验，有利推动了现代教育的发展，深刻参与了国民现代精神与人格的塑造。

其次，商务印书馆与时代密切互动，始终以解决时代命题为己任。印行《万有文库》《小学生文库》《中学生文库》等，组织出版了《大学丛书》等，推动现代学术史的建立。商务在困难中坚持迻译西学名著，为现代化的再次启动提供知识资源和学术支持。这种使命感使得商务在关键历史时期做出重要选择。

再次，参与培育了一代新型知识分子。人才出商务，商务出人才，商务的历史上可谓星光璀璨、人才辈出，如张元济、蔡元培、陈云、茅盾、叶圣陶、陈翰伯、陈原等先生，可以说商务印书馆为中国的现代化建设培养和输送了一大批杰出人才。

然后，守正创新、不断进取的精神。商务120年历史中，创造了无数个"第一"，例如，最早系统引进先进文化技术，最早开展中外合资，最早建立完备的现代企业制度，等等；在图书出版领域类似的"第一"更是不可胜数，这种创新永无止境、进取永不停歇的精神正是商务印书馆基业长青的秘密。

2017年5月，中共中央政治局委员、中央书记处书记、中宣部部长刘奇葆同志参观"商务120年纪念展"，并发表重要讲话，强调：要坚守正确的文化立场和文化追求，打造更多属于我们这个时代的传世精品。

最后，我谨代表中国出版集团，向在座各位专家学者、向海内外长期致力于商务印书馆研究的专家学者表示衷心的感谢！也借此机会向不辞辛劳组织盛会的中国人民大学历史学院、北京大学二十世纪中国文化研究中心、中国近现代出版博物馆（筹）表示衷心的感谢！也祝愿研讨会取得丰硕成果，祝愿商务印书馆在新的历史时期、新的时代挑战中日新月异，再创辉煌。

（作者单位：中国出版集团）

主题演讲

120
1897—2017

商务印书馆企业文化与企业精神的现代意义
——由馆歌的创作及内涵说起

陈万雄

时间过得真快,为纪念商务印书馆百年大庆而创作、名为《千丈之松》的馆歌,倏忽已是20年前的事了。每当香港商务印书馆的重要纪念活动和聚会,全体肃立,奏唱纪念馆歌,我都为之动容。这不是一种表面的活动形式,而是富于内涵的仪式。是经逾百年锻炼的文化使命、与时俱进的奋发精神,在短短的几分钟间,透过馆歌,为馆内同人,发出了号召、嘱托和激励。作为文化企业而拥有纪念馆歌,是难能可贵的。它的产生,是对商务印书馆的企业文化和精神提炼的成果。

《千丈之松》的创作,笔者曾参与其事,趁120年馆庆之际,留下一些笔墨,状其原委,以做日后馆史的资料。另借此纪念馆歌的内容,试图表达服务商务印书馆逾30年的一个老员工,对商务印书馆的企业文化和精神的认识和理解。

20年前,商务印书馆的百年大庆,不仅是商务印书馆的大事,也是中国学术文化界和出版界的一件大事,甚至世界的出版界,亦相当关注。就我所知,在北京的商务印书馆不用说,我国香港、台湾地区和新加坡、马来西亚的商务印书馆,也隆重其事,极早筹备各种庆祝活动和部署业务发展,以迎馆庆。商务印书馆有个很好的馆庆传统,尤其在逢五、逢十的周年纪念,不仅会举办大型的庆祝活动,大事庆祝,并借此以资宣扬推广。同时,庆祝活动而外,重视策划重要和具有纪念性的图书的出版,着力开拓和扩充业务。既以实际的业务发展作为馆庆的献礼,更借势以发展业务。这也反映了商务印书馆的务实精神。如果我们翻查一下1997年的百年馆庆，几地商务印书馆都出版过可传诸久远的图书，也有过较重大的业务部署和发展。馆庆成了庆祝和发展的里程碑。

当时，我以总经理兼总编辑的身份主持香港商务印书馆的工作。为了百年馆庆，全馆动员，竭尽心力，去筹划各种庆祝活动和业务开拓。在一次关于馆庆的会议上，时任香港商务印书馆董事长的李祖泽先生突然提议，为百年馆庆，应创作一首纪念馆歌。我听了，不假思索，立刻热烈附议。李先生是我衷心佩服的出版人和文化企业家。他对文化企业的经营很有原则，且具战略思想，对出版文化有深刻的认识和理解，在追随并与他共事的日子里，他不时有让人赞叹的建议。提出趁商务百年庆祝创作纪念馆歌，就是其中之一。事看来虽小，意义却大，非对商务印书馆的历史意义和企业精神有深刻的理解，会不太明白的。他建议邀请陈原先生担任纪念馆歌的创作者。大家更无异议。陈原先生一生致力于出版事业和文字工作，对中国近现代出版的历史了然于胸。他曾担任过商务印书馆总编辑兼总经理，熟悉商务情况，退休之后，对商务的感情愈厚。晚年仍孜孜不倦，深入研究商务印书馆馆史，且撰写过不少有创见的文章。何况，他精通音乐，富于文采。如陈原老肯承担这项创作责任，真是不作第二人想。

为此，李祖泽先生与我专程赴京。一抵京，稍事整理，就直奔陈原老府上，急不及待，说明来意。陈原老对这个创作馆歌以为百年馆庆纪念的倡议，很表赞同，但对于要由他承担创作的建议，却很犹豫。虽经我们反复动之以情，死命劝说，虽未完全拒绝，仍一味推搪。我们心中亦多少明白，陈原老支吾其词、不予首肯，谦虚自抑之外，相信他会自忖过。他虽健笔如椽，但撰写只一二百字的纪念馆歌歌词，并不容易。与一般校歌或各类社团歌曲的创作不同，此等曲词即能在创办之初，按兴办的宗旨和精神，配曲填出；商务印书馆百年以来，已成为近代中国历史最悠久、规模最大、文化影响最深广的图书出版企业。从世界范围去看，一家出版企业于其国家、民族文化和教育的演变，曾起过如斯大的作用、影响如斯深远，实属罕见。要将如此不平凡的企业发展历程、铸造的企业文化和精神，在短短百余字的纪念馆歌中谱写出来，不仅难度大，而且担负毁誉的责任不少。他的犹豫可想而知，我们也能理解。一曲纪念百年馆庆，如此有意义的事就此放弃，着实可惜。此后，李祖泽先生和我，不断通过书信、电话，甚至专程到京，锲而不舍，不断敦促。相信在这期间，李祖泽先生与北京商务印书馆林尔蔚总经理等领导就此事有过沟通。这样与陈原老反复周旋了近半年，馆庆时间已不宽，我们急得很，亦无可如何。

突然一天，我们在香港收到陈原先生的来信，来信附有纪念馆歌《千丈之松》的歌词，真是喜出望外，再拜读歌词，更为雀跃了。只要一念，了解商务印书馆的，肯定都会击节赞赏。《千丈之松》是陈原先生集商务印书馆创办人张元济、与商务印书馆深有渊源的著名学者茅盾和叶圣陶三位先生对商务的缅怀和评论文字，经他精心编排而成。文字创作虽非出于陈原老之手，经他撮集重构，一气呵成，宛如出于一人之手，全篇曲词气魄宏大，曲尽了百年商务历史的沧桑和成就，提炼了百年商务的企业文化和企业精神，且文气蕴藉回肠，动人心弦，确是大手笔之作。由此也可见陈原先生的睿智、卓识和才情。纪念馆歌歌词既就，再经陈原先生邀请到名作曲家、时任职于中国交响乐团的袁音和胡海林先生谱曲。曲调宏壮悠扬，与曲词真是相得益彰。听之者，不论馆内外人，无不赞赏。

际此馆庆120周年纪念，作为一个服务商务近30年的员工，就自己长期的工作体会，历年阅读关于商务印书馆的回忆述怀与学术著述，试就《千丈之松》的歌词，来表达我对商务印书馆企业文化和精神的理解。

中外学术文化界研究商务印书馆本身和相关人物的著作以千百计，各有阐释，各有所见。但我仍认为，对商务印书馆的研究只是开始，由本次纪念研讨会题目的丰富多彩、角度多元可以反映。至于陈原先生集选张元济、茅盾和叶圣陶对商务的述怀评论，是四位先生准确地提炼了商务印书馆的核心企业文化和企业精神。企业的崛起和发展，内外因素很多，各企业之间也各有不同；但创业成功，而能持续发展，成为社会上的老牌子和名牌子，尤其是文化企业，高远的企业文化和坚持不坠的企业精神是最重要的，中外例证不少，近现代中国，商务印书馆无疑是其中的典范。

个人认为《千丈之松》的歌词中，最能表彰和概括百年商务印书馆的创馆宗旨、企业文化与企业精神的，有两句话。这两句话是"木铎启路""日新无已"。

第一句"木铎启路"，一如歌词中张元济先生《告商务同人》七绝的首句"昌明教育平生愿"。"昌明教育平生愿"固然是张元济先生回顾一生服务商务的心迹，也表明了商务立馆的文化宗旨。当然，其中"教育"一词，远超出我们现在所理解的教育范畴，而是"启蒙民智"，普及教育，推动文化，提高学术，以臻国家的富强和民族文化的发展。商务印书馆自创立之始，就确立此种企业宗旨和文化，与中国的历史发展，共命运，与社会民众的福祉，共休戚。所以，长久以来，不管馆处在何方，都能得到馆内外人才的认同和支持，"有秋收获仗人才"，才能得到社会和大众的认可、拥护。所以，真心诚意的企业文化宗旨，才是造就百年商务的最大原因。

第二句"日新无已"，是商务印书馆的企业文化，奋发、上进，不断求变求新，正如《大学》所记的"苟日新，日日新，又日新"。现代强调"创新是企业的生命"，"日新无已"——一百年前的商务已将之确立而蔚然成为最核心的企业文化。只要翻阅商务馆史的大事年表，所记载的每年每月的各种创新，都是让人惊叹的。由于上下奉行此种"日新无已"的企业文化，百年商务印书馆才能维持"周虽旧邦，其命维新"，无时不在相关业务和经营管理上，以引领潮流为尚。这种企业精神，才会让企业有"望如朝曙"的气象。

时代机缘固然是原因，但重要的是，企业主持人与凝聚在企业周围的群体能认识时代、呼应时代，立定心志，发挥心力，推动时代，120年前横空出世、创立商务印书馆，其在国势积弱、社会贫乏的时候，终成就了国际级规模的文化企业！近二三十年来，国内和海外华人企业风起云涌地崛起，这等新崛兴的企业，尤其是我们关心的文化企业，如何能持久发展，造就中国更多的百年品牌，相信从商务印书馆等老字号的历史中会得到启示。

商务印书馆所树立的企业文化与企业精神，如前所述，此等看法，不少研究者，包括北京商务印书馆前任总经理王涛先生和现任总经理于殿利先生已撰文指出。笔者此文在记述纪念馆歌《千丈之松》创作原委的同时，对其内涵略抒己见，只是坐实了他们的看法，有望形成共识。

但是，商务的企业文化与企业精神，其内涵有可称述者，更过于此。简而言之，百多年来，中国遭遇"三千年未有之巨变"中，"传统文化与现代化"和"中西文化的交流"，一直是研究中国近现代思想文化最重要的课题。几十年来，学术界研究的重心和范围主要放在人物言论和政治团体上。其实，商务印书馆百年来一以贯之的企业文化与企业精神，落实到出版方向、人才使用、经营模式、管理理念诸方面，在"传统与现代"和中西文化的糅合上，表现得最为妥帖和圆融。从而，通过商务印书馆120年的发展历程，去探究中国近现代思想文化，尤其在"传统与现代"和"中西文化的交流"课题上，不无"以其托之空言，不如见诸行事之深切著明也"的效果。通过这种新研究理路去研究商务印书馆的发展史，不仅可进一步认识和理解商务印书馆，甚至借此重新检讨中国近现代思想文化史的发展脉络，相信也会另有新景象。

（作者单位：香港联合出版集团）

风起于青蘋之末

——商务印书馆早期的印刷出版活动

周振鹤

商务印书馆是一个特殊的文化存在。百年来，关于商务的研究没有停止过。回顾这些研究，宏大叙事有之，专门研究有之，学位论文数十，专著专论迭出，随笔与回忆录无数。但若推究细部的研究，则恐怕还大有余地可做。商务起初是一个印刷厂，但又不只是一个单纯的印刷厂，它是一个出版社，但又不只是一个出版社。恐怕很少人知道，在商务创办的头几年，印刷机器与铅字也是商务重要的出售商品。商务在其历史前段的半个世纪中，从一个普通的印刷厂演进为一个出版机构，又在作为一个出版机构的同时，演化为一个文化事业单位。在出版大量书籍的同时也养成大批人才，并进而引领文化潮流，甚至可以说造成了一种特殊的"商务现象"——中国文化名人差不多都与商务有过各种关系，与此同时，国内差不多各种引领潮流的重要著作都出自商务。但相对这个历史过程而言，商务史的研究却还略显薄弱，虽然已经有多篇硕士与博士论文做过各项专门研究，有的论文水平也很高，但这些研究尚未覆盖商务研究的各个方面，这些研究的数据基础还不够充分。而就商务印书馆同人而言，至今除了大量的回忆文章以外，专门的研究著作还不能算多。因此，我以为商务的进一步深入研究还应该从基础开始（包括从书目开始，从广告开始），甚至从实物开始。这一点其实我在20多年前曾提起过，但似乎未得到任何反响。

历史在总结"意义""影响"之前，应该有"如何""怎样"的实质性的前置研究。说到底，商务最基础的研究首先在于出版总书目的编纂，在这方面，香港商务印书馆率先做出了一个数据库，就陋见所及，这是迄今为止相对完备的数据库。但如果我们再仔细推敲，便会觉得这个数据库还有很大的可以充实的余地。譬如说，该数据库有许多书籍没有具体出版年份，1904年以前的数据则几乎全是空白。作为一个偏好技术史学研究的人，我可能对具体的史料有偏好。所以，当20世纪90年代我在《莫里循文库》中发现一册没有出版年份，但明显是19世纪末年商务出版的彩色本《痴汉骑马歌》时，感到特别兴奋。这本书用道林纸印刷，色彩鲜艳，远比1930年代再版的同一书好得多，反映出19世纪末商务印刷水平之高，但似乎从未有人注意到。

图1 《痴汉骑马歌》

商务创办的初期以代印业务为主，但到底代印了哪些种类的书，数量多大，至今还没有完整的资料与数据加以说明。尽管代印业务只是早期历史，但要还原一部完整的商务历史，此项业务仍然值得研究。就少数的实证例子来看，当年的商务既承印过时兴杂志，如出版于杭州的《译林》，也代印过广学会的出版物，如《李傅相历聘欧美记》，同时还将教育类的英文书籍，如 *New Language Lessons* 等书予以翻印出版。在代印的同时，商务开始出版自己编辑的书籍，这些书籍有些只是原著简单的改头换面，比如英语教材《华英初阶》与《华英进阶》，有些则是新型著作而以传统的线装书形式出版。对这两部分出版物现在也并没有详细的研究。比如前一类，除了普遍流行的官话版外，还有上海土白版。这个上海土白版我从未寓目，也从未有人提起过，即使收藏近代文献颇丰的上海图书馆亦未入藏，现在应当算是珍稀版本了。说得重一点，英文启蒙课本的出版印刷是商务赖以立足，并使之得以进一步发展的基础，如何强调都不过分。至于后一类，如《马氏文通》，现在一般人只以平装书为说，但商务却出过线装书，恐怕知道的人也不会太多。当然也有传统著作又是以线装书形式出版的，如李宝洤编纂的六十二卷《诸子文粹》。

图2 《华英初阶》（1898年）

从来商务印书馆馆史的研究重视1902年张元济先生入馆后的历史过程，这自然有其道理，但即使是1902年至1911年间也还有许多具体史事值得探索补充。历史研究一般要做到事无巨细才能得其全貌，商务馆史亦是如此。因此，我在纪念商务印书馆120周年会议上想提出的建议是编纂《商务印书馆年谱长编》，与为重要人物编纂年谱长编一样，商务印书馆不能只停留在一册《大事记》上，而应该事无巨细，将书籍出版、文具仪器经营、人员调整、资本流动、公文函件往来、日常事务等内容编入长编，与此同时，自然可以建立起一个内容充实的数据库。而以此数据库为基础的研究必将商务印书馆的历史面貌更完整地展现在世人面前，这就不但是商务一家历史的体现，而是中国近现代文化史一个重要侧面的展示，对于中国近现代史的研究将有相当的助益。

（作者单位：复旦大学）

寻找中国的普通读者

——商务印书馆的《日用百科全书》与民国时期的知识文化

〔加〕季家珍

　　商务印书馆有着漫长而丰富的历史，研究这一主题的学术著作数不胜数，甚至跨越多种语言。在接下来的主题演讲中，我将从书籍史和知识社会史的视角出发，来阐述我对商务的认识。我会特别关注民国最初的几十年，也就是从1912年到整个1930年代——这是一个认识论正发生巨大变革、充满活力和不确定性的时代。这一演讲来源于我正在进行的一项研究，那就是寻找中国历史上的普通读者。按照我的理解，普通读者既包括那些具有完全读写能力的人，也包括那些只有部分识字能力的人。由于对经典文学传统缺乏全面的掌握，他们的文化修养只让他们能够从一系列的文本中汲取必需的信息。在这一广博的研究计划中，我试图去识别出这些普通读者是谁：是商人、下层官吏，是家庭主妇、学生，还是中下层的城市人群？进一步，我试图在民国的知识线路中去定位这些普通读者。这些普通读者对于国家、世界，科学、传统礼仪了解多少？他们是如何获得这些认知的？他们所寻求、所获得的知识与精英们的知识、新式教科书中的知识或者文盲的知识有什么样的区别呢？

　　作为民国时期规模最大、最为雄心勃勃的出版社，商务印书馆非常关心中国的普通读者。通过发展公共文化，它在接近这些普通读者的同时，也试图对他们加以形塑。为了实现这一目标，它出版了各式各样的图书，包括教科书、丛书以及《日用百科全书》。最后这类印刷品就是我即将讲演的重心。

　　我关注《日用百科全书》有好几个理由。首先，也是最重要的，这些文本是明确以一般读者为目标对象的。教科书是明确针对学生群体的，商务印书馆著名的丛书面向的是更有学养的学院读者,《日用百科全书》的目标读者群则包括了正规学校体系内外的个人。我聚焦于这些文本的第二个理由是,它们的编辑者明确宣称他们是为读者提供"日常知识",用商务印书馆的一位元老高凤谦(字梦旦,1869—1936年)的话来说,《日用百科全书》对"常识之备具"[1]贡献最大。关注这些文本的第三个理由是,尽管它们非常简单,但也提出了具有挑战性的认识论难题。我们如何定义常识?我们把哪些人放到普通读者这一类别之下?"日用"或者类似的术语意指什么?什么人决定了它们的意义?"日用"文本反映了社会的现实,还是只不过表征了民国出版文化中与独特商机相关的一类文化产品?《日用百科全书》也提出了关于民国时期知识创造、散播和流通的一些关键问题。这些汇编的信息来源于何处?这些信息如何超越文本旅行?《日用百科全书》的内容与其他出版社出版的类似文本的内容比起来如何呢?关于这些文本及其预设的和真实的读者群的一种更好的解读能怎样深化我们关于民国时期知识文化的理解呢?在今天的演说中,我首先介绍商务印书馆的日用文本,然后我将把它与民国初期其他一些同样宣称为普通读者提供日常知识的材料做一个简要的比较,最后的结论将回到我刚才提出的关于有用性和读者的问题上来。

商务印书馆的日用文本

日用文本的来源

在确定《日用百科全书》的结构和内容时,商务印书馆的编辑利用了一系列的模板和资料。最根本的结构性资料是包括大规模的官方综合类

---

[1] 高凤谦:《〈新字典〉序》,转引自 Chen Pingyuan,"*Wenxue*" in the Purview of late Qing Encyclopaedias and Textbooks: With a Focus on Huang Ren's Activities as Compiler", in *Chinese Encyclopaedias of New Global Knowledge (1870-1930): Changing Ways of Thought*, ed. Milena Doleželová-Velingerov, and Rudolf G. Wagner, Heidelberg, New York, Dordrecht, London: Springer, 2014, p239。

书在内的中国类书。在编排《日用百科全书》时，商务印书馆的编辑按照类书早已发展成熟的模式，通过从已有著作中摘录、汇编的方式来进行创作。然而，从内容上看，商务印书馆的汇编者更多是援引了流行的日常类书，而非官方的综合类书。这些包括《万宝全书》在内的、流行的日常类书——我稍后将更详细地讨论这一类别——构成了与官方知识体系相并列的一种知识体系。这一平行知识体系既提供了实用的信息，也提供了新颖稀奇的想象，同时面向本土和西方两个世界。《日用百科全书》也是19世纪中叶以来复杂的、跨文化的文本及观念之流的产物，这一文本及观念之流挑战和丰富了中国的知识秩序。自19世纪末以来，出版商已经出版了关于西方新知识的类书。但这类文本只是昙花一现，因为同一时期日本出版领域的新发展——尤其是50卷《日用百科全书》的出版——对中国新式类书，尤其是商务印书馆的《日用百科全书》的编辑出版产生了持久的影响。然而，《日用百科全书》的内容更多地是受到西方观念而非日本观念的激发。许多章节都包含了西方特别是美国著作的译文，作者的名字也常常用英文和音译的方式写出来。《日用百科全书》的直接来源包括中国和西方的书和杂志，以及当时中文报刊上的文章。

文本

从1912年起，商务印书馆就开始以"日用必携"的名目推销大量的单本书籍。到1914年，这类材料被汇集成一卷，名为"日用须知"。然而，这一文本并不是真正的类书。尽管其材料包含了自日历到传染病防治的一系列主题，但这些材料并不是按照类别来编排的，也没有被划分成不同的部分。

1919年6月出版的《日用百科全书》（*Everyday Cyclopedia*）是一个更有秩序也更复杂的文本。它是一项意义重大的出版成就：七位编辑整整三年的劳动成果，包括两大册，44编，3021页，共400万字。以32开版式印行，售价6元。[1]尽管定价高昂，但它显然很畅销：到1925年补编时，它

---

[1]《图书广告》，《东方杂志》1918年第12期、1919年第4期。

已经出到第十三版了。

这套书之所以受到欢迎，是因为它展示了有用的、新的、秩序井然的资料。有用的内容让读者能够熟悉新的运输方式、邮电方式和经济交流模式，从而让他们足以应对日常生活中的需求。新的内容让中国人民得以在通往文明的道路上前进。[1]这一新内容的基石便是科学，包括化学与生物、物理、心理学和生理卫生。其他形式的新内容包括诸如哲学、民族主义政治学和国民的权利与义务等主题的专门知识。

这些新内容条理分明，"纲举目张"，使得《日用百科全书》易于"观览"。[2]

在这些文本的宣传材料中（无论是广告或者是它们的序言），这一"新的"百科全书在多大程度上受惠于先前的类书并没有被强调指出。然而，从日用文本的排序中，从它们被编排进的大量的类别中，都可以明显看出它所受到的恩惠。开头的三编就是经典类书的开篇模式："天象""时序"和"地理"。同时，这一文本中许多编的内容也是融合了新旧知识的，甚至旧的成分还比新的要多。这些编包括论应用写作知识的，论社会交往、礼制的，论职业知识的，以及论家庭知识的。

尽管《日用百科全书》不断地融入了为人们所熟知的材料，但新材料的推动力才足以定义这一项目。以新信息来补足文本的持续努力在1925年的新版中达到了顶峰，这一版包括了一册范围广泛的补编。

1934年的文本出现了更加激进的改变。1934年版是多种历史事件影响下的产物：1927年国民党政权的巩固客观要求对这一文本进行政治上的更新，而日本在1932年对商务印书馆的轰炸毁掉了这一新版的底稿。两年后，商务印书馆出版了一部彻底修改过的三卷本《重编日用百科全书》。

重新修订《日用百科全书》让商务印书馆有机会提出更精准的目标，即为一般人士提供完备、简明、实用的普通读物。同时，编辑们在确定新版的框架时也对结构、内容做了重要调整。从历史上看，他们改变了文本

---

[1]《日用百科全书》，商务印书馆1919年版，"编辑大意"。
[2] 同上。

的形式，摒弃了经典类书天、地、人的类别划分。他们还淘汰了某些编，包括那些讨论"术数"和"礼制"的编。最后，编辑们引入了现代的四角号码索引法来检索文本中的信息。[1]

尽管做了各种各样的改变，但仍然存在重要的文本延续性。《日用百科全书》所提供的内容仍然混合了"新旧""中外"，只是不同知识类别之间的界线越来越模糊不清了。[2]

《日用百科全书》与《万宝全书》之间的比较

虽然商务印书馆的《日用百科全书》自1919年以来便十分流行，但它们并非当时市场上唯一的此类文本。1919年，郑振铎（1898—1958年）抱怨出版界竞争激烈时，就明确提到了日用类书。他这样描绘这一情形："你出版一本家庭《万宝全书》，我又出一种《日用百科全书》，他也随即出了一本《国民百科全书》。"[3]故而，郑振铎提醒我们注意如下事实：1919年的读者是有选择余地的——1930年代的情形也一样，甚至有过之而无不及。如果缺乏对这一选择余地的解读，没能把《日用百科全书》置于其出版背景和历史语境之中的话，我们就难以完全把握商务印书馆的历史角色，或者说民国知识文化的完整参数。

像郑振铎所暗示的，商务文本存在着大量的竞争对手。然而，出于几个原因，我在这里将只聚焦于郑振铎特别提到的一类文本，即《万宝全书》。

首先，如同前面已经提及的，《日用百科全书》的成功部分应归因于

---

[1] Barbara Mittler: "Written for Him or for Her? China's New Encyclopaedia and Their Readers", in *Chinese Encyclopaedias of New Global Knowledge (1870-1930): Changing Ways of Thought,* ed. Milena Doleželová-Velingerová and Rudolf G. Wagner, Berlin Heidelberg: Springer-Verlag, 2014, p402.

[2] 黄绍绪等编：《重编日用百科全书》中册，商务印书馆1934年版，第3030—3051、2989—3029页。

[3] 郑振铎：《一九一九年的中国出版界》，《新社会》1920年第7号。

它对早期日用类书所使用的文本惯例的采纳。迄今为止的研究都非常强调中国的《日用百科全书》与日本文本和西方知识的比较，但关键是，在考察中国知识系统的变化时，我们应该既从外部着手，也从内部着手。《日用百科全书》从更早的日用类书中汲取了什么？它又是如何从更早的文本中脱开来的？

自晚明以来，《万宝全书》就大量印行出版，是最为流行、流传最广的日用类书之一。最重要的是，像郑振铎所说的，在《日用百科全书》已经印行的年代，它们仍在继续出版。自1890年代以来，编辑们就给《万宝全书》补充了新的内容，以便使其能与20世纪之交的变化保持一致。迄今为止的研究文献还没有考察过这些增补内容，包括被各种版本的《日用百科全书》所重写利用的那些材料。如果我们真的要寻找中国的普通读者，就像我正在做的这样，辨别扩编的《万宝全书》的读者与《日用百科全书》的读者就至关重要了。

《日用百科全书》和《万宝全书》都基于同样的前提：他们为读者提供日常生活所必需的一切基本知识。这两类文本也基于同样的编纂原则：它们是按内容系统编排过的、其他著作的汇编。即使1934年的《重编日用百科全书》已经摒弃了"天—地—人"的结构，但仍然是按主题编排的，而没有采取诸如按字母排序这样新的、受外国影响的编目方法。[1]虽然大量的主题类别都是新的——比如"社会学及统计学"，但一些类别仍然能够追溯到《万宝全书》中，比如"应用文件"。

这两类文本中也有一些材料直接重合的例子。最明显的是，1914年的《日用须知》中的一些章节与《万宝全书》中的完全一样。在稍后商务的汇编本中，重合内容也显而易见。例如，所有版本中，民国所确立的着装标准的细节就有着几乎雷同的插图和相似的文本说明。

当然，《万宝全书》和《日用百科全书》首要的区别是后者的文本中增加了与西方知识相关的类别和内容。虽然六卷本《万宝全书续编》中的

---

[1] 其他商务印书馆的出版物还是采取按字母排序的方法，如唐敬杲编纂的《新文化辞书》。

每一本都提到了外国事物——人们可能在上海公共租界碰到的硬币、旗帜或者新奇的技术——但这些信息只不过是对文本核心结构和内容体系的一种补充。与之形成对照的是，在《日用百科全书》中，外国材料被整合进了真正的编辑结构之中。到1934年的版本时，它已经影响了这一结构的转变。

从内容上看，最终在商务印书馆的新式日用文本与其日常类书的竞争者所刊载的、相互竞争的、必备日常知识的概念之间画出最明晰分界线的，正是"科学"，是作为一个有边界的认识论范畴的"科学"。然而，这一"科学的"知识最终是如何与民国普通读者的日常密切联系起来的，仍然是一个问题。科学知识提升了人们的生活质量吗？还是提升了他们对眼前世界的理解？或者，关于新的科学原理的知识只不过是扮演见识广博的国民身份的一种新方式，就像关于书画的知识曾经是帝国晚期有教养的文人扮演其身份所必备的一样？[1]

结论

对商务印书馆《日用百科全书》出版历史的简要考察让我们集中反思了理解民国文化时的几个关键概念的意义，包括日常性（everydayness）、有用（usefulness）以及新奇（newness）。对于一个小市民来说，懂得希腊哲学相关的知识，或者是知道保存新鲜鸡蛋的方法，是否很有用呢？关于"政治及行政"的新知识能帮助国民们准备好应对即将爆发的战争和日本的入侵吗？普通读者在日常生活中会利用有关物理、化学或心理学的新知识吗？有用的知识必然就是新的，而新知识总是有用的吗？

商务的文本也提出了一些有关读者的问题。真正阅读《日用百科全书》的是哪些人？他们在哪里？对于商务印书馆及更广泛的出版文化圈的学者来说，关于读者的问题是最具挑战性的。我们不得不从一系列迥然不

---

[1] 王正华：《生活知识与文化商品：晚明福建版"日用类书"与其书画门》，《中央研究院近代史研究所集刊》2003年第41期。

同的源头去寻求答案：报纸和杂志的读者专栏、小说、回忆录以及各种各样的档案。在商务印书馆的其他文本之中，我们也能找到一些线索，去确定某些商务文本的读者。我就以一个这样的例子来结束我的讲演。

商务印书馆的书信写作指南《现代普通尺牍大全》出版于1936年，其中一项是关于"赠书籍类"的书信，里面有一篇书信范文，所赠的书籍就是一套《重编日用百科全书》。虽然这封信肯定是编造的，但也提供了一些洞见，可以从中窥见商务印书馆的出版者和编辑们是如何想象这一文本的消费者的。这封信是一个女学生写给她的学姊（学姐）的。这已经为我们提供了重要的信息：《日用百科全书》的目标读者不仅是学生，而且是女学生。信的"作者"宣称，因为她亲爱的同学正负责家政，所以需要家庭领域内外的相关知识。故而，她需要一部参考书，以便查阅各式各样的法规和手续等问题。这位"作者"还谈到了对这套文本的知识水准的观感：它比《百科辞书》和《年鉴》都要好。虽然我们仍然不明白作者所谓"应用知识"的确切含义，但无论如何，她向我们保证说，这一修订后的文本"美备"（完美地具备）了一个人所需要的"应用知识之渊泉"。

彭姗姗　译
（作者单位：加拿大约克大学）

《辞源》（1915年）与汉语的近代化

沈国威

一　小引：时代呼唤辞典

中国自古以来有"字典"而无"辞典"，作为dictionary译词的"辞典"是进入20世纪以后由日语传入汉语的新词。[1]在日本，18世纪末陆续刊行的几种荷兰语–日语双语辞典的正式名称有《译键》（1810年）、《和兰字汇》（1858年）；其他如"语笺"（《蛮语笺》，箕作阮甫，1848年）、"便览"（《三语便览》，村上英俊，1854年）、"字类"（《和兰文典字类》，饭泉士让，1856年）、"字解"（《新令字解》，荻田啸，1866年）等也是当时经常用于语文工具书的名称。"辞书"一词首见于《译键》，是concordantje（旧拼写法，意为"词汇索引"，相当于concordance）、woordenschat（意为"词汇"，相当于stock of words，vocabulary）的译词。1862年堀达之助编纂出版了《英和对译袖珍辞书》，除了书名使用"辞书"以外，书中dictionary的译词也采用了"辞书"，这是"dictionary=辞书"第一次建立对译关系。其后的一段时间里，作为dictionary的译词，"字汇"与"辞书"长期并存。1878年出版的《日本小辞典》（物集高见编）是第一本以"辞典"命名的工具书，进入20世纪以后，"辞典"逐渐普及并扩散到整个汉字文化圈的国家及地区。现在日语口语中仍然使用"辞书""字引"等词，

---

[1] 本文使用"辞典"作为dictionary的译词，除专有名词外，不使用"词典"。

但是大型工具书的名称以"辞典"为主。[1]

反观中国，1716年《康熙字典》刊行，这是中国辞书史上的一件大事。严复评价道："中国字书旧矣，自《尔雅》列诸群经，而考者谓为周公之作。降而中车府令之《爱历》。汉人《凡将》、《滂熹》，至于浓长《说文》、《五雅》、《三仓》、《玉篇》、《广韵》，代有纂辑，而国朝《康熙字典》，阮氏《经籍纂诂》，集二千余年字书天演之大成，所以著神洲同文之盛。"[2]严复在写这段话时，也许还不得不对苟延残喘的清王朝说几句奉承话。数年之后，中华书局在大肆宣传中刊行《中华大字典》(以下根据行文或略为《大字典》)时，林纾已经在毫不顾忌地指陈包括《康熙字典》在内的中国字书的种种缺陷了："古有《广均》、《集均》及《尔雅》、《广雅》、《说文》、《方言》诸书，皆字书也，检之殊难。而寒橱中，又不能遍购。於是《(康熙)字典》始出，可以按部数画而求索，然实为官书。……顾前清爱重祖烈，以为书经钦定，无敢斥驳，遂留其讹谬，以病后人，何其悖也。"[3]《康熙字典》尽管存在着种种不足和讹误之处，却"几如金科玉律一字不能改移"，至19、20世纪之交，中国的语文工具书停滞了几近二百年。

新概念的导入、翻译离不开辞典，16世纪末耶稣会士一踏上中国的土地就开始为编纂辞典做准备，但是并未能实际刊行。[4]1807年，新教传教士马礼逊（R. Morrison，1782—1834年）来华，他的最大贡献是在极端困

---

[1] 上述以外的日本近代主要外语辞典类如下：本木正荣等《谙厄利亚语林大成》（1814年），柴田昌吉、子安峻《附音插图英和字汇》（1873年），井上哲次郎《哲学字汇》（1881年），岛田丰《附音插图和译英字汇》（1888年），棚桥一郎等《韦氏新刊大辞书和译字汇》（1888年），尺振八《明治英和字典》（1889年），神田乃武等《模范英和辞典》（1911年）。

[2] 严复：《英华大辞典·序》，《严复集》第2册，中华书局1986年版，第253—254页。

[3] 林纾：《中华大字典·叙一》，《中华大字典》，中华书局1915年版，卷首。

[4] 有关情况请参见〔意〕马西尼：《早期的宣教师による言语政策：17世纪までの外国人の漢語学習における概况—音声、語彙、文法》，〔日〕内田庆市、沈国威编：《19世纪中国语の諸相》，雄松堂2007年版，第17—30页；姚小平：《早期的汉外字典》，《当代语言学》2007年第2期，第97—116页。

42

难的条件下编辑出版了三卷六册的《字典》（1815—1823年），开创了系统对译中外概念的先河。马礼逊似乎为dictionary的译词颇费了一番思索，最后他选择了"字典"和"韵府"作为自己那三卷六册辞典的名称。鸦片战争战败，中国被迫打开国门，新教传教士相继来华，事态发生了根本性变化。西学的引介在知识的深度、广度，乃至受众的规模上，都超越了明末清初耶稣会的传教士。到19世纪结束时，出自西人之手，名之为"字典"或"韵府"的双语辞典有数十种之多，中国人独自编写的也有数种。[1]但从整体上看，19世纪的英华·华英辞典，无论是术语还是谓词，都不足于引介西方的自然科学和人文科学。

二 《辞源》的时代：由字到词

甲午战败是继鸦片战争之后对国人的第二次冲击，救亡和启蒙成了时代的最强音。经由日本新知识的引介与普及催生了大量的新词语，即"新名词"。语言随时代的变化而变化，新学的词语、译词等在二百年前的《康熙字典》里自然无处寻觅。既然如此，编写新的辞典也就顺理成章了。20世纪初，在日本英和辞典与各种术语辞典的影响下，中国外语辞典的编纂有了质的飞跃，如《英语大辞典》（颜惠庆主编，商务印书馆1908年初版）等。这也为汉语语文工具书的编纂做好了准备。促成辞典编纂的另一个原因是新式教科书的大量出版，新式教科书必然需要新的工具书，商务印书馆和中华书局这两家教科书的巨头几乎同时开始着手编纂大型语文工具书也恰恰说明了这一点。1912年，商务印书馆出版《新字典》，1915年，中华书局推出《中华大字典》。但是"百科之学日新而月异"，"字"之典能解决问题吗？

林纾在《中华大字典·叙一》中写道：随着新知识的传入而出现的新词语中有一些是"近日由东文输入者，前清之诏敕，民国之命令，亦往往

---

[1] 沈国威编：《近代英华华英辞典解题》，关西大学出版部2011年版。

采用，旧学者读之，又瞠不能解。索之《（康熙）字典》，决不可得。则不能不舍其旧而新是谋矣"。熊希龄在《叙三》中则说："若夫近世新增之术语、百科之名词，与夫数百年来俗语之迁变，此皆非求之《康熙字典》所能得者也。"王宠惠也在《叙六》中指出，《康熙字典》的"文学中用字之错误，已成谬种流传，遑论凡百科学之日新月异耶"。新旧语言资源断绝的情况在新学大兴的世纪之交尤为突出。要满足社会的要求，旧有的字典形式显然力不胜任。严复指出，（旧字书）"虽然其书释义定声，类属单行独字，而吾国名物习语，又不可以独字之名尽也，则于是有《佩文韵府》以济其穷"。而西方的"所谓辞典者，于吾字典、韵府二者之制得以合"。[1]林纾在《中华大字典·叙一》中说，"仆尝谓外国之字典，有括一事为一字者，犹电报中之暗码，但摘一字，而包涵无尽之言。其下加以界说，审其界说，用字不烦，而无所不统，中国则一字但有一义，<u>非联合之不能成文</u>，故翻译西文，往往词费，由无一定之名词，故与西文左也"（下划线为笔者所加，下同）。李家驹也在《叙二》中说，"至于学术用语，虽有义可述，然对译一字，畸而不完，<u>必合缀两文，始足一义</u>。若斯之类，字虽固有，谊则新成，自非条举类聚，详为说解不可矣"。为了弥补这种缺陷，当时编纂字典的人首先试图在释义上做出改进，加入新的知识，例如"心"字，《新字典》（商务印书馆）和《中华大字典》（中华书局）的释义分别如下：

《新字典》【心】字条
　　【心】息林切侵韵。脏名。在肺下。中分四房。接动静脉管。为行血之机关者也。图见【脏】。古谓心为思虑之官。凡属思虑者皆曰心。今亦以意识之现象。精神之状态。谓之心理。

---

[1] 严复：《英华大辞典·序》，《严复集》第2册，中华书局1986年版，第253—254页。

《辞源》（1915年）与汉语的近代化

《中华大字典》【心】字条

【心】思林切音新侵韵

人心土藏。在身之中。象形。博士说以为火藏。见【说文】。【按心者生之本。神之变也。其华在面。其充在血脉。其形类倒悬之椎。长三寸六分。其厚一寸八分。居肺之下。今生理学云。居横膈膜之上。左右两肺之间。形状如囊。为肌肉质。外有膜围绕。名心囊。亦曰心包络。内分上下左右四房。为行血之中枢。】（附心脏图略）

《新字典》和《中华大字典》都加入了关于心脏的生理学、解剖学知识。但需要注意的是，字义诠释的改善并不能解决汉语所有的语词问题，因为尽管汉字是汉语的基本单位和成分，但即使是以"字"为对象的工具书也必然面对一个如何对应复词的问题。《中华大字典》在凡例规定，"以两字或重文成义者，与天象、地理、朝代、国邑、官爵、姓名、动植物及各科专门名词，均次於单文各义之后"。这较之商务印书馆《新字典》的"为单字之字典，凡两字以上之辞语，非音义有关系者，概不阑入，以免举一漏百之弊"是一个实质性的进步。我们可以说《中华大字典》作为汉语语文工具书第一次像西方的 dictionary 那样初步完成了"字典"和"韵府"的融合。《中华大字典》具体收录多少复词尚无精确的统计，仅据笔者粗略翻检发现，实际上所收录的新词和各科专门名词有限，不足数百条。[1]这个数量显然太少了，还远远无法满足新学的需要，以至于熊希龄在《叙三》中不客气地指出，"康熙字典，与今大字典之作，类不过供文人学士搜检考证之用"。时代更需要的是辞典。

1915年10月，上海商务印书馆耗时八年推出中国第一本近代国语辞

---

[1] 其中一个原因是对是否成词的意识古今不同。即使用现在的眼光看是一个复合词的收录单位，其实也只是一个"字串"。

45

典《辞源》。[1]如上所述，《辞源》开始着手编纂时，汉语发生了自翻译佛经以来的大变局。正如四年后发生的五四运动所象征的那样，新旧文化处于冲撞、搏斗、交替的旋涡之中，是极不安定的过渡期。进入20世纪以后，中国废科举，讲新学，报刊、翻译书籍大量出版，由此引发了为数众多的日语词汇流入汉语，对汉语造成了巨大的冲击。变化最明显的莫如文体和词汇，其中，新词和各种科技术语的增加是最重要的部分。新语词的急遽增加给社会的口语和书面语都带来了严重的混乱，引起了语言使用者的不安与反感。[2]例如在京师大学堂接受近代法律教育后留学日本的彭文祖，1915年在东京出版了一本名为《盲人瞎马之新名词》的小册子，对国内译词、术语的混乱和误用大加鞭笞。在词语混乱始见端倪时，清政府就开始着手术语的厘定工作。1903年，并入京师大学堂的同文馆改称译学馆，译学馆内设有文典处，负责术语选定的工作。但是由于缺乏人才，成效甚微。"专科学术名词，非精其学者不能翻译，俟学术大兴，专家奋起，始能议及。"[3]1905年，清政府成立学部，1909年，学部下设编订名词馆，聘严复任总纂。至1912年，该馆厘定了标准科技术语30000条，供中国的教育机构使用。但是由于政治和经济上的原因，这些被称为"部定"的术语并没有公之于众，而是为德国人赫美玲所编纂的 *English-Chinese Dictionary, the Standard Chinese Spoken Language*（《官话》，1916年）吸收。[4]《辞源》在时间上是可以分享教育部编订名词馆的成果的，但是，实际上其词条更多的是直接取自日语。商务印书馆毫无疑问认识到了术语的

---

[1]《辞源说略》说，"戊申之春，遂决意编纂此书，其初，同志五六人，旋增至数十人。……历八年而始竣事"。其实"迫民国初元全稿略具"，而校订等花费了更多的时间。

[2] 沈国威：《清末民初〈申报〉载"新名词"史料（1）》，《或问》2013年第24号，第169—180页。

[3]《京师大学堂译学馆章程》第七章"文典"，张静庐辑注：《中国近代出版史料·二编》，中华书局1954年版，第14—29页。

[4] 参见沈国威：《近代中日词汇交流研究》第四章，中华书局2010年版；《近代日中语汇交流史》，日本笠间书院1994年版，第203页。赫美玲（Karl E.G.Hemeling），1898年进中国海关，后任职税务司。

《辞源》（1915年）与汉语的近代化

特殊性和重要性，只是基于"吾国编纂辞书，普通必急于专门"的考虑，才使《辞源》为先。"当《辞源》出版时，公司当局，拟即着手编纂专门辞典二十种，相辅而行。嗣后陆续出版或将近出版者。有人名、地名、动物、植物、哲学、医学、教育、数学、矿物等大辞典。"（《〈辞源续编〉说例》）其中一部分词语汇入了《辞源续编》。中国大规模地编辑出版术语集是在1931年以后。[1]《辞源》主编陆尔奎对《辞源》编纂的目的做了如下说明：

> 癸卯、甲辰之际，海上译籍初行，社会口语骤变。报纸鼓吹文明，法学哲理名辞稠迭盈幅。然行之内地，则积极消极内籀外籀皆不知为何语。由是缙绅先生摒绝勿观，率以新学相诟病。及游学少年续续返国，欲知国家之掌故，乡土之旧闻，则典籍志乘浩如烟海，征文考献，反不如寄居异国，其国之政教礼俗可以展卷即得。由是欲毁弃一切，以言革新，又竟以旧学为迂阔，新旧扞格文化弗进……[2]

可知，《辞源》编纂的目的首先是为了满足广大读者学习新知识的需要，同时也是为了保证传统旧学的存续。至19世纪末，每逢科举之年，《康熙字典》销路就极好。但是1905年科举制被废除，改为"新学取士"；加之翻译书籍的大量出版（主要译自日语），社会生活中的语词发生了巨大的变化。因此，社会急需涵盖新知识的大型工具书。当时有数种从日本移植的法律、经济方面的新词辞典、术语辞典，[3]但是还没有真正的国语辞典。中华书局更多地强调了对《康熙字典》传统的继承，服务新学没有

---

[1] 沈国威：《中国近代的科技术语辞典（1858—1949）》，《或问》2007年第13号，第137—156页。
[2] 陆尔奎：《辞源说略》，《东方杂志》第12卷第4期。
[3] 〔日〕实藤惠秀：《中国人留学日本史》，谭汝谦等译，香港中文大学1982年版，第203—213页。

47

成为主题，而商务印书馆似乎在《新字典》编纂过程中敏锐地捕捉到时代的先机。商务印书馆汉外辞典类的出版及其商业上的成功，对其做出编纂《辞源》的决定亦有良性作用。[1]

关于《辞源》的具体编纂方针，编者们特别意识到了"辞书之与字书"的区别："积点画以成形体，有音有义者谓之字；用以标识事物，可名可言者谓之辞。古谓一字曰一言。辞书与字书体用虽异，非二物也。"但是汉语已经发生了极大的变化，新的概念必须以二字词的形式接受，单字、复词都收录才是汉语工具书的发展方向。

与《中华大字典》相比，《辞源》是第一本"辞"的典，这不仅仅是因为《辞源》收录了更多的复词，而是编纂伊始就明确地有了字典、辞典分工的设想。编纂者有意识地要把《辞源》编成一本全新的辞典，《辞源说略》特地指陈了《辞源》与传统字书的不同之处：

> （《辞源》）其旨一以应用……凡读书而有疑问，其所指者，字也。其所问者，皆辞也。……故有字书不可无辞书，有单辞不可无复辞。此书仍以《新字典》之单字提纲，下列复辞。虽与《新字典》同一意向，[2]而于应用上或为较备，至与字书之性质，则迥乎不侔也。

而且"单字提纲，下列复辞"，字辞兼收，一本《辞源》在手，同时解决了字和复词的问题。同时，编纂者也明确地意识到了辞书和类书的区别：

> （类书等）重在出处，不重在诠释。……辞书以补助知识为职志，凡成一名辞，为知识所应有，文字所能达者，皆辞书所当载也。

---

[1] 如谢洪赉编《华英音韵字典集成》（1902年）、颜惠庆编《英华大辞典》（1908年）等。

[2]《新字典》虽然比较简单，却满足了"贩竖妇女"读者层的需要，这也是一个不可忽视的群体。

> 举其出处，释其意义，辨其异同，订其讹谬；凡为检查者所欲知，皆辞书所当详也。供一般社会之用，非徒为文人学士之用。故其性质适与类书相反。

《辞源》第一次明确地认识到"字"与"辞"，尤其是复合词的不同，认识"字"和知道"辞"的意义是两个不同层面的问题。因此在编纂上，《辞源》更加注重词义的诠释，特别是对那些新词和译词，定义详细，提供了读者想知道的全方位的知识。《辞源》将编纂、收词方针定为：语词为主，兼收百科。收词范围由成语、典故、章典制度、天文、地理、医卜、星相、人名至算学、物理、化学、数学等近代新学，极为广泛。对此，《辞源》修订版（1979年）的出版说明做了如下的回顾：

> 《辞源》以旧有的字书、韵书、类书为基础，吸收了现代词书的特点；以语词为主，兼收百科；以常见为主，强调实用；结合书证，重在溯源。

《辞源续编》编纂时，对正、续编的侧重点做了明确的界定。续编主编方毅在《〈辞源续编〉说例》中说：

> 将正、续两编性质比较，一则注重古言，一则广收新名。正书为研究旧学之渊薮，此编为融贯新旧之津梁，正可互救其偏。

其实方毅的这段话只不过反映了续编以新词为主的侧重点而已，正编本身就已经具有了"融贯新旧之津梁"的性质了。

三 《辞源》的"无源词"[1]

《辞源》的刊行昭示了汉语语文工具书初步完成了近代的转型,并为接踵而来的新文化运动在词汇层面做了必要的准备。考虑到另外一本国语辞典——《辞海》的出版等待20年之久,我们就可以知道《辞源》在现代汉语词汇体系形成过程中的举足轻重的作用。《辞源》一方面上溯古语,一方面下接新词,扮演了承前启后的重要角色。《辞源》出版后,有很多学者指出了其古典词语部分的缺点和错误,[2]但是,关于《辞源》的新词部分,尤其是从近代词汇的发生、流传、借用,以及与现代词汇的关系方面,尚未见有详细的考察。《辞源》编纂的主要动机是解决清末民初出现的新词问题。《辞源》中收入了大量的人文、自然科学的新词、术语(尤其是后者,如此大规模地收录科技术语,在今天,即使是大型的语文辞典也几乎不可想象),忠实地反映了当时新旧文化在语词上的冲突和竞争;《辞源》作为近代词汇史上极为重要的资料之一,其所包含的新词问题是不容忽视的。[3]

《辞源》的一个极为特殊的现象是:标榜"穷源竟委""举其出处,释其意义"的《辞源》事实上有大量的词,包括义项,没有标明出典,没有给出书证。造成这种现象的原因并非完全由于考证不精。《辞源》的书证采集工作主要使用了中国的传统典籍,而不包括16世纪末来华耶稣会士们

---

[1] 关于《辞源》中无源词的问题,可参见拙著《近代中日词汇交流研究》(中华书局2010年版)。

[2] 田忠侠在他的两部著作《辞源考订》(东北师范大学出版社1988年版)、《辞源续考》(黑龙江人民出版社1992年版)中主要针对改订版的书证、释义等方面的问题做了深入探讨。

[3]《辞源》改订版的主持人刘叶秋认为:(初版《辞源》中的)有关政治、经济和自然科学的新名词,大都已经陈旧过时,或者解说不免于错误、片面,值得参考的只是字、词、文、史和百科常识等方面的条目(参见刘叶秋:《中国字典史略》,中华书局1992年版,第239页)。将《辞源》作为一种实用的工具书来看,刘氏的结论似无不可,而今天,1915年版《辞源》的价值更多在于其作为词汇史的资料。

的汉译西书，甚至那些被收入"四库全书"中的书也没有被利用。[1]如地理学上的"热带""温带"等五带名词以及数学、几何学上的一些基本术语等都没有列出书证。至于19世纪以后来华新教传教士的大量著作、译籍就更不在利用之列了。这不能不说是一个严重的缺陷。但是，我们退一步想，即使这些文献得以利用，也无法从根本上改变无"源"之词（以下称"无源词"）的存在。因为造成无源词的主要是新词和术语，在这方面来华西士的贡献是有限的。《辞源》中的无源词大致有以下几种情形[2]：

  a. 西洋的人名、地名、机构名、事件名等专有名词。

  b. 外语的音译词。

  c. 科技词汇、术语。在《辞源》中标明："化学名词""物理名词"。但是词的学科分类标注并不十分严格，随意性似乎较大。

  d. 其他新词。从词义上看应为近代以后产生的新词、译词。这些词当然在古典文献中找不到出处。

  e. 日语词汇。包括日本的人名、地名、机构名等专有名词，日本的文物制度方面的传统词语和一些新词、译词。这部分词在《辞源》的释义中以"日本语""日本译名""日本所制字"等形式标明了与日语词的渊源关系。

上述c、d、e三类词，《辞源》正编为4659条，续编为5436条。[3]这些词（10195条）为科学叙述提供了新概念上的保障。

---

[1] 但是这些书已经进入了某些编写人员的视野。如"乾"字项下有这一记述："乾坤体义，书名。明西洋人利玛窦著。凡二卷。西法历算之入中国。自此书始。"遗憾的是《辞源》第三版（2015年）依旧忽略了这部分文献。

[2] 还有一些俗语词、常用词，如"贡生"等科举上的常用词也未明示出典。这些词不在本文的讨论范围之内。

[3] 《辞源》正编2974页，无源词4655条；续编1568页，无源词5436条。平均到每一页上，后者的无源词比率要大大超过前者。如上文所述，这反映了新词增长的迅猛。

《辞源》正、续编中大量的无源词究竟来自何方？下面我们仅对学术用语做一讨论。[1]

【算学】 正编收303词，续编收470词，是数量最多的学科（不计兼类，下同）。算学即现在的数学（包括代数、几何等），在未标明学科的词里也有一些明显属于算学术语的词。《辞源》的算学术语释义详细，常附以图示，可以推测是另行编纂的专业术语辞典的素材。中国导入西方的数学开始于耶稣会士，利玛窦和徐光启合译《几何原本》前六卷是一个代表性的事件。19世纪，新教传教士来华后继承了耶稣会士的工作，墨海书馆的伟烈亚力等在中国士子的帮助下，相隔二百年，完成了《几何原本》后九卷的翻译。墨海书馆还出版了其他数种数学译著。数学术语是最早得以确立的术语，很多传入日本，故两国数学用语相同者居多。

【化学】 正编收286词，续编收157词。如前所述，未标明学科的d类词中亦混有大量的化学术语。伟烈亚力最先在《六合丛谈》的小引中介绍了西方化学，1860年以后，江南制造局翻译馆开始系统地翻译西方的化学书籍，并做了很多厘定化学术语的工作。《辞源》的化学术语释义详细，从来源上看，可分为两类，即化学元素、物质的名称取自江南制造局，表达基本概念的词则多来自日语，如"原子"等。

【生理学】 正编收258词，续编收84词。所谓生理学术语主要是解剖学的内容。西方医学的介绍开始于合信（B. Hobson），合信在其医书五种中试图用已有的中医术语表达西方医学的概念。合信又著《医学英华字释》（1858年），对自己的术语做了初步的整理。其后医学术语的厘定成为在中国医疗传道的传教士的一项重要工作。但是，传教士的术语创制、厘定工作并没有成功。《辞源》中的生理学词汇主要来自日本。

---

[1] 兹统一列出本节以下的参考文献，不再一一随文注出。傅兰雅：《江南制造总局翻译西书事略》，转引自张静庐辑注：《中国近代出版史料·初编》，上杂出版社1953年版，第9—28页。王树槐：《清末翻译名词的统一问题》，《中央研究院近代史研究所集刊》1969年第1期，第47—82页。王扬宗：《清末益智书会统一科技术语工作述评》，《中国科技史料》1991年第12卷第2期，第9—19页。沈国威：《『新爾雅』とその語彙》，白帝社1995年版。沈国威：《植学启原と植物学の語彙》，关西大学出版部2000年版。

【法律学】 正编收203词，续编收116词。中国法律体制的近代化受日本的影响极大，术语也多取自日语。《辞源》中法律术语中日同形的比率高达90%，即可说明这一点。

【植物学】 正编收179词，续编收199词。西方植物学知识的引介开始于韦廉臣、艾约瑟、李善兰合译的《植物学》（1858年，共八卷）。包括"植物学"这一学科的名称在内，是书创制了外皮、细胞、子房、种子、内皮、胚珠、胚乳等大量新术语。这些术语传入日本，对日本植物学术语的形成极有贡献。但是，其后中国引介西方植物学的工作陷于停顿，《辞源》所收的植物学术语有很多是日本学者在李善兰等所创制术语的基础上制定的。

【动物学】 正编收99词，续编收183词。西方动物学知识的引介开始于合信的《博物新编》（1855年）。在此之前，《遐迩贯珍》连载了有关动物学的文章。但是，西方动物学的正式介绍是在进入20世纪以后，术语主要借自日语。

【物理学】 正编收46词，续编收171词。关于物理学术语的厘定，王冰《中外物理交流史》（2001年）中有较详细的论述。

【军用语】 正编收17词，续编收199词。军事语是增长幅度最大的一类，应该是当时国际形势的反映。但是，"番号""工事"等词语尚未收入《辞源》，这些词的传入是在抗日战争爆发以后。

【哲学】《辞源》中明确标为哲学术语的词不多，正编收16词，续编收8词；另有论理学术语，正编收10词，续编收51词。哲学术语起步慢的原因可能在于哲学的地域性。德国哲学有德国哲学的术语，中国诸子百家、宋明理学也有自己的术语。哲学的基本术语又与普通的词汇难以区别，如存在、意识等。而与哲学相关联的逻辑学的引介及其术语的确立则有一点曲折。中国最早翻译逻辑学书籍的是严复，1900年，严复开始翻译 *A System of Logic Ratiocinative and Inductive*（J. S. Mill，1843年），1902年以《穆勒名学》的书名刊行前两章（前八章的出版是在1905年，原书的后半部未译）。严复1909年又翻译了 *Logic the Primer*（W. S. Jevons），以《名学浅说》的书名出版。在翻译过程中,严复为逻辑学准备了一套术语。而在1902年,留学日本的汪荣宝翻译了日本高山林次郎的《论理学》前六章,刊登在留学生创办的杂志《译书汇编》(1902年第7期)上,其中的术语大部分取自高山林次郎。但是,汪氏稍后著《新尔雅》(1903年),其中的"释名"即逻辑学的部分,术语主要遵循严复的《穆勒名学》。

四　代小结:《辞源》的未竟事业

至1949年,《辞源》正编、续编、正续编合订本合计销售量达到400万册,不但在商业上取得了巨大的成功,对现代汉语词汇体系的形成也产生了巨大的影响。学术用语的大量收录无疑是《辞源》最重要的贡献,但是,仅有名词而没有谓词还不足以完成科学叙事。笔者曾经指出现代词汇体系的建构有两个主要特征:一、新的概念用双音节词表示,如果新概念是通过翻译导入的,就可以说译词必须是二字形式;二、为表示旧有概念的单音节词准备一个(更多的情况下是一组)同义的双音节形式。[1]后者笔者称之为"单双相通"的原则。这一原则意味着词汇体系的建构,不仅仅是学术用语的获得,还必须包括科学叙事——在学校等教育空间讲授科学——不可或缺的谓词:二字动词、形容词及区别词。实际情况显示,《辞源》虽然在极大程度上完成了学术用语的导入,但双音节谓词的收录情况并不理想。例如,根据关西大学博士生周菁的调查,1915年的《辞源》里没有收录下列双音节形容词(带下划线的可初步确认为"和制汉语")。

安易	安静	异常	伟大	永远	永久	英明	锐利	圆滑	艳丽
旺盛	横暴	温柔	快速	确实	过剩	过敏	顽强	简洁	顽固
简捷	简单	缓慢	简明	简约	危险	稀薄	机敏	狭隘	强硬

---

[1] 沈国威:《中国語語彙体系の近代化問題——二字語化現象と日本語の影響作用を中心として》,内田慶市編著:《周縁アプローチによる東西言語文化接触の研究とアーカイヴスの構築》,关西大学东西学术研究所2017年版,第15—35页。

《辞源》（1915年）与汉语的近代化

强韧	凶暴	狂暴	强烈	巨大	空虚	轻易	轻快	轻便	轻妙
险恶	健康	坚实	严肃	健全	光荣	高雅	豪快	广阔	高贵
高级	豪壮	荒诞	荒漠	广范	巧妙	古拙	孤独	困难	细心
细致	湿润	失当	弱小	洒脱	丑恶	重厚	重大	周到	柔软
重要	主要	纯洁	纯真	纯粹	纯正	纯良	详细	炽烈	深刻
真挚	深邃	垂直	崇高	正确	精确	正规	性急	生硬	凄惨
静肃	清纯	正常	凄绝	清楚	正当	静谧	切实	尖锐	专横
纤巧	纤细	纤弱	善良	庄重	壮烈	俗恶	粗大	率直	粗暴
多感	妥当	单一	单调	忠实	著名	沈郁	陈腐	通俗	低级
低俗	低调	低能	低劣	低廉	适宜	适度	适当	特异	独自
特殊	独特	特别	特有	钝重	浓厚	浓密	薄弱	烦琐	卑屈
悲怆	美妙	肥沃	卑猥	贫寒	敏感	贫困	贫弱	复杂	芜杂
不便	平滑	平静	平淡	平凡	别个	偏狭	膨大	丰富	丰满
丰沃	无限	无用	明快	明确	明晰	明朗	有为	忧郁	优雅
雄劲	有效	优秀	优势	优良	有力	良好	冷酷	冷静	冷淡
老练	露骨	矮小	（共183条）						

现代汉语中大量常用的双音节动词的收录情况比形容词的要好一些。根据关西大学硕士生杨驰的调查，现代汉语常用复音词2600条中，只有1210条《辞源》初版未收。包括下列"和制汉语"35条：

加热	解约	回收	感光	换算	竞技	交配	公转	航行	座谈
参看	受粉	出勤	巡航	上映	性交	租借	送达	对应	胎动
代用	脱脂	脱水	锻造	断交	着装	听诊	传动	反证	放映
防疫	脉动	默读	目测	冷藏					

虽然有近1400条被收入，但存在着一个不容忽视的问题，即对词义的新变化描写不足，即《辞源》还没有完全反映出词的新旧交替和词义的更

55

新。例如下列92条发生词义变化（包括词义扩张和完全改变）的词，只有"同情""同意"等少数词条的释义对新义有所涉及：

下降	下马	会见	解冻	回归	改善	开业	开放	唤起	感受
贯彻	寄托	逆转	逆流	倾注	激变	结束	耕耘	合流	告白
再见	收获	出马	酿造	正视	声援	绝缘	宣传	早退	铸造
挑战	追尾	派生	发现	发行	武装	分流	奋斗	并行	鞭挞
礼赞	连载	论战	胶着	音译	下达	加入	家居	解体	开演
开场	完成	观光	观照	检修	贡献	参观	产生	赞同	伺候
社交	重合	出生	出席	出发	胜利	升华	照会	推进	推理
崇拜	成立	摄取	操作	妥协	代替	弹奏	着眼	同意	同情
内服	配合	反应	反对	美化	服用	编修	补给	报偿	报复
铭记	留任

通过对《申报》《大公报》等的抽样调查，我们发现大量双音节词使用频率的提升是在1904年以后的十年间。下图频率曲线反映了这一点：

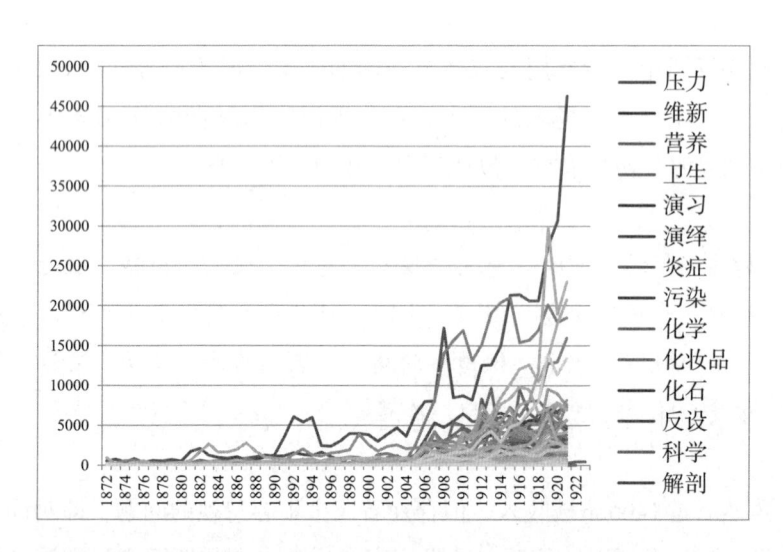

《申报》现代汉语常用二字词100词的使用频率变化

《辞源》（1915年）与汉语的近代化

　　笔者认为"言文一致"的一个重要侧面是科学叙述，科学叙述需要两方面的词语资源，一是学术用语，二是双音节的谓词，即动词和形容词，两者缺一不可。学术用语是名词，目的是导入新的概念以及新的意义体系。但构成一个叙述，还需要谓词，即动词和形容词。由于汉语韵律节奏上的特点，双音节的名词，需要双音节的谓词与之配合。学术用语依赖术语辞典，谓词属于一般词语，只能看语文词典。而《辞源》的情况显示，1919年新文化运动的前夜，谓词发育情况还不足以完成科学叙述的重任。现代汉语双音节谓词的获得不是本文讨论的内容。近代以降，中日之间的语言接触，以及知识移动所伴随的词汇交流，对汉语、日语都产生了重大的影响。除了科技术语以外，其他方面的词汇影响是否存在？复音化引起的同义词词群的发育和基本词化[1]的现象也需加以记述。而这些正是笔者当前全力以赴的课题。

（作者单位：日本关西大学）

---

[1] 所谓"基本词化"，即近代以后形成的同义词词群中，原来使用频率并不高的词逐渐占据中心位置，成为该词群代表词的现象。

杜亚泉与《东方杂志》

许纪霖

20世纪的中国文化史,有一个"双子星座"——商务印书馆和北京大学。一家出版社和一所大学,奠定了中国的启蒙事业,开创了现代中国文化。

商务与北大,几乎同时在19世纪末诞生,现代社会最重要的是知识的生产与传播领域。在五四时期,北大是新文化的生产基地,而商务则是最重要的知识流通空间。

商务与北大,在近代中国携手合作。然而在一百年前,以北大为背景的《新青年》与以商务为背景的《东方杂志》,有一场东西文化的大论战。这场论战,过去一直被视为新旧思想的论战,但我更愿意将之理解为一场近代中国两代启蒙知识分子的较量,以这一事件为标志,启蒙的大旗从清末新派士大夫转移到了五四新知识分子手中。

陈独秀与杜亚泉,原来都出自同一个启蒙大本营,为什么到了1917、1918年间会发生分裂?如果说陈独秀是五四新知识分子代表的话,那么,杜亚泉毋宁说是清末新派士大夫的典范,我将这群人称为"旧派中的新派",他与同龄(1873年)人梁启超一起,在清末民初领启蒙风气之先;到了1917年,随着《新青年》代表的新一代知识分子的强劲崛起,他们变成了半新半旧的人物,被罗家伦嘲笑为:"你说他旧么,他却象新,你说他新么,他却实在不配。"

然而,正是杜亚泉这些"旧派中的新派"所坚守的启蒙立场,乃是一种"早期启蒙",他们像法国的早期启蒙家蒙田、帕斯卡尔一样,寓新学于传统之中,以"接续主义"的态度,将新与旧、东与西、传统与现代接续起来。较之五四知识分子对传统的决然了断,更有历史的深度。

杜亚泉与《东方杂志》

一 "家国天下"的士大夫气质

我在"六代中国知识分子"分析框架中，提出晚清知识分子与五四知识分子在出生年代上的差别，晚清一代出生在1865—1880年间，五四一代出生在1880—1895年间。年龄的差距，在清末的大变动年代，不仅是历史境遇的不同，更重要的是知识差距和气质有别。

商务和编译所的几位创始人都是晚清一代"旧派中的新派"：张元济（1867年）、蔡元培（1868年）、高梦旦（1870年）、夏瑞芳（1871年）、杜亚泉（1873年），这些人年龄相差最大仅六岁，属于同一代人。

杜亚泉乃秀才出身，江南得风气于天下先，1895年以后即无心科举，热衷新学。他与同龄的梁启超不同，对"政治"没有兴趣，更喜欢以"艺术"（科学技术）致力于救国。他说："政治与艺术之关系，自其内部言之，则政治之发达，全根于理想，而理想之真际，非艺术不能发现。"从1904年进入商务，担任编译所理化部主任，主持编译的各类自然科学辞典、教科书和普及读物不下百余种，早期中国的科学启蒙，杜亚泉是当之无愧的第一人。

倘若杜亚泉仅仅是编译科技西书，那么他只是一个技术性的洋务人才。然而，他是商务早年元老当中，除了蔡元培之外，最具有士大夫情怀和敏锐时政意识之人。其老友蔡元培对他所知最深，在杜亚泉去世之后，如此评价："余终觉先生始终不肯以数理自域，而常好根据哲理，以指导个人，改良社会。三十余年，未之改也。"

蔡元培的评语，值得注意的是两点，一是"根据哲理"，二是"指导个人，改良社会"。杜亚泉秉承儒家士大夫的理性精神，一生纵论国事天下事，皆是从学理出发，以哲观世，以理论政，即使在与陈独秀的论战之中，面对论敌的咄咄逼人、盛气凌人，也不亢不卑、循循说理。启蒙运动有理性主义与浪漫主义的内部分歧，从气质而言，如果说新派知识分子陈独秀表现出一种浪漫的思想决断的话，那么老派文人杜亚泉则更多地延续了儒家士大夫温雅的理性传统。

同为清末最后一代新派士大夫、继承公羊学传统的康有为，其兴趣在政治，梁启超游离于政治与社会、改制与启蒙之间。而张元济、杜亚泉等商务同人，则始终坚守"指导个人，改良社会"的民间立场。作为深受儒家传统浸润的士大夫，杜亚泉对任何形式的国家集权都是怀疑的，他一生的思想可以用两个"主义"来概括，文化上是中西调和的"接续主义"，政治上是社会自治的"减政主义"。他所致力的，不在政治制度的鼎革，而是社会与文化的改变。"指导个人"以改造人心，"改良社会"以奠定共和基础。

作为一介布衣，杜亚泉心系的却是家国天下。在绍兴老家，他关心中国的命运安危，到了上海，主编《东方杂志》，又纵览海内外大事。特别是"一战"期间，杂志对欧洲战事的报道和分析，在国内独步天下。杜亚泉对《东方杂志》的改版，最大变化乃是基于真实与知识的全方位报道，从地方到全国，从国家到世界，政治、经济、文化、社会无所不包容于其间。他无意政治实践，但对国内外时局变化的大趋势一直有敏锐的观察。他的文章能够跳出表象的时政分析，以丰富的学理和历史知识，在一个更高的层次上分析天下时势。有距离感的关怀，让他的时论具有了时间的穿透力和深邃的历史感。

杜亚泉深知，在一个全球化的时代，中国的命运无法离开世界大势独立发展，欧洲发生的一切将深刻影响到未来中国的前景。从1916年起，他就开始比较东西文明，从全球文明的视野来思考中国的未来走向。这是五四时期知识分子的时代共性，他们的思维方式不是"民族的"，而是"世界的"，不是从民族的特殊历史、民族的特殊国情来想象中国的未来，中国不能逆世界文明潮流而动，世界文明演化的趋势就是中国的方向。虽然杜亚泉同陈独秀、李大钊等人对于世界文明的演化方向观点有分歧，在中西文明是否可以调和上有严重对立，但是五四时期的知识分子们继承的是中国的天下主义传统，他们都是胸怀博大的世界主义者，而不是心胸狭窄的民族主义者，更确切地说，是一批具有天下主义情怀的爱国者。

二 杜亚泉与陈独秀的分歧：保种与保教

杜亚泉主政的《东方杂志》在1910年代是中国最重要的知识性、人文性杂志，从中年知识精英到年轻学生，都通过阅读《东方杂志》了解世界、吸取新知。然而，《新青年》的横空出世，打破了《东方杂志》在知识界的权威地位。

陈独秀1915年在上海创办《新青年》，头两年一直没有大的起色，读者寥寥，直到他担任北大文科学长，1917年编辑部移到北京，杂志拥有了北大做后盾，新文化才正式"运动"起来。《东方杂志》和《新青年》是两代知识分子的象征，原先同属于启蒙阵营的两代人，如今要同室操戈，年轻一代的新知识分子要挑战老一代"旧派中的新派"，抢占启蒙的话语权了。

1918年9月陈独秀对《东方杂志》气势汹汹的责难，乃是一个标志性的文化事件。陈独秀不是一个人在战斗，他背后是整个一代雄心勃勃的新知识分子师生群。如果说，1919年的五四运动让新一代知识分子登上政治舞台，那么，1918年《新青年》对《东方杂志》的挑战，则是年轻人对中年人、新一代启蒙者对老一代启蒙者的精神独立宣言。

从知识层面而言，接受了完整新教育的新知识分子，有一百个理由看不起老派启蒙者。陈独秀与杜亚泉的分歧，不仅是新与旧、文明对立论还是文明调和论的差异（这些方面学者的研究已经很多），同时也是晚清以来保种还是保教的不同。

晚清的各种改革思想，一言以蔽之，可以说是中体西用，这是各类新派士大夫的共识所在。不过，即使是中体西用，也有多种路线的竞争。简单而言，有保国、保种和保教三种不同的取向。保国者，最典型的乃是曾国藩、李鸿章和张之洞，他们的洋务改革最重要的乃是保住大清王朝，王朝在，国便在，不至于内外交困，分崩离析。保种者，严复、梁启超也。他们要保的是中华民族，在亡国灭种危机之下，民族的生存是最重要的。保教者，乃是康有为，他心目中的中国，是一个儒教的中国，儒教在，中国就不亡。

到了民国之后，将保国（君主意义上的国家）视为头等重要的，是威权主义者，比如袁世凯时期的杨度，所谓"非立宪不足以救中国，非君主不足以成立宪"，即是这个意思。五四时期陈独秀、胡适所继承的，乃是晚清严复的保种传统。中华民族这个"nation"的生存最重要，只要能保住中华民族，采用什么文化并不重要。西学适合现代，中学不利竞争，那么就应该决然舍旧迎新。西学也好，中学也好，只是保种救亡的工具而已。

然而，对于文化民族主义者杜亚泉来说，文化之于他，是民族的灵魂所在，是具有内在价值的，他特别强调立国的精神之本——"共同概念"，"国家概念，实国家存在之本原，有之则强而存，无之则弱而亡"。中国的宗教伦理，"为民族组成之要素，其支配社会维持治安之潜力，至为伟大，若被破坏，则善恶无所遵循，是非莫由辨别"。作为"旧派中的新派"，杜亚泉的这一保教思路后来为"新派中的旧派"所延续，陈寅恪将之表达为"吸收输入之外来之学说，不忘本来民族之地位"。杜亚泉也好，陈寅恪也好，他们要坚守的中国文明之本，其并非与外来文明对抗，新旧文明乃是接续的、调和的；中国文明是在开放下的坚守，坚守中的开放。

比较起《新青年》的激进启蒙立场，杜亚泉所代表的《东方杂志》，乃是一种"早期启蒙"。一百年来，思想界普遍接受进化论观念，总是以为先行者带有各种各样的矛盾和紧张，"理智上接受西方，情感上依恋传统"（列文森评价梁启超语），而后来者肯定要比先行者更加成熟，更加纯粹。然而，"早期启蒙"内在的冲突与紧张性，恰恰构成了其思想的丰富与深刻。法国16、17世纪的蒙田与帕斯卡尔这两位早期启蒙思想家，尊重人的价值，尊重人的理性能力，但浓厚的怀疑主义气质和宗教感，使得他们并不像后来的理性主义者那样相信人可以像上帝那样全知全能。人有理性，但也要有信仰。人虽然获得了解放，成为世界的主人，但并不在上帝那个位置上。人只是会思想的芦苇。人具有神性的一面，具有"可完善性"，但同时又非常脆弱，又有另一面的"可堕落性"，经不起欲望的诱

62

惑。人是天使，也有可能是魔鬼，人性中的狂妄和贪婪都可能使人堕落。

当18世纪启蒙成为运动，占据时代主流之后，人坐上了主体的位置，"可堕落性"被忽略了，相信理性的全知全能，最后导致了一系列歧路和悲剧。而在早期启蒙思想中，因为还有中世纪的宗教和古典的人文平衡，理性是中庸的。因而，现在不少研究者发现早期启蒙者蒙田、帕斯卡尔要比伏尔泰、百科全书派们更深刻、更睿智，因为他们没有与基督教传统斩断，在理性与信仰之间保持了微妙的平衡。

反过来看清末到五四的两代启蒙者。是早期启蒙者梁启超、杜亚泉更深刻，还是新文化运动的思想勇士们更睿智？过去的答案似乎不言而喻，如今的不少研究者们有了不一样的认识。杜亚泉这样的第一代启蒙者，没有古今之沟壑、中西之壁垒。东海西海，心理攸同，新学旧学，学理相融。比起第二代启蒙者中陈独秀式的偏执和独断，老派的"早期启蒙"虽然一时显得落伍，不合时宜，但更经得起时间的考验，具有老辣的超时代睿智。

三 "后《东方杂志》时代"的杜亚泉

大凡一个智者，在他生活的时代里面，大都是失败的、落魄的、不幸的，原因无他，因为他不合时宜。

晚清以来思想界发生的最大变化之一，乃是从"义理"到"时势"的转变。两千年来的儒家义理，天不变，道亦不变。然而，晚清发生的"三千年未有之变局"，乃是一场"天变"，道亦随之不得不变。"义理"不再是至高无上，必须服从"时势"，理在势中，与时俱进。当进化论传入中国，不到数年成为国人普遍信奉的意识形态之后，潮流意识便汹涌而来，无可阻挡。

一百年前，当新文化终于酿成运动，新一代知识分子挟新学之大潮，夺得了文化话语权之后，像杜亚泉这样的老派启蒙者便在时代的洪涛之中遭遇了灭顶之灾。

《东方杂志》与《新青年》是两种不同性质的杂志。杜亚泉主编的《东方杂志》乃是知识性、文化性的公共刊物，没有特定的党派和文化立场。它像蔡元培主持的北大那样，中西兼容，新旧并蓄。清末民初是一个"公理"的时代，知识界普遍相信代替传统"天理"的，是以科学为知识背景的、放之四海而皆准的"公理"。杜亚泉主编的《东方杂志》，正是抓住了这一时代的脉搏，通过知识性、全方位地介绍世界之"公理"，而成为知识界的头号刊物。不持特定立场的公共刊物诉诸的是人的理性，它让读者通过对知识的了解，自由决定自己的文化态度。

《新青年》杂志以及后来的《新潮》杂志，却是与《东方杂志》风格迥然不同的同人刊物，它们都有特定的文化立场和政治态度，战斗性强，旗帜鲜明，有强烈的阵地感和话语权意识。当传统的"天理"消解之后，而"公理"只是以一种科学的、中性的、多元的知识形态出现在读者面前的时候，中年知识分子固然有成熟的世界观，但对于心智远未健全的年轻学生来说，仅仅阅读《东方杂志》只是让他们的内心更为迷惘，面对复杂而相互冲突的知识，他们无从选择，更无从构成自己独立的思考与判断。而《新青年》的出现，陈独秀那种说一不二、独断论的启示式宣喻，无异为年轻人"迷乱之人心"指出了一条真理之光。对于知识普罗大众而言，他们更需要的不是复杂的"公理"，而是简明的"主义"；不是多元的知识，而是一种新信仰。《新青年》对《东方杂志》的胜利，不仅是新学对旧学的复仇，而且是"主义"对"公理"的征服，虽然早年的陈独秀常常将"主义"包装在"公理"的话语之中，又以"主义"的启示方式宣传"公理"。

于是，不合时宜的杜亚泉注定要成为悲剧人物，1917年之后，当《新青年》融入北大，新文化运动兴起之后，这个时代已经注定不属于他了。仅仅两年之后，杜亚泉被商务高层解除了《东方杂志》主编的职务。商务高层是务实的，将启蒙作为一门生意，也借助生意推行启蒙。作为同一代"旧派中的新派"，张元济、高梦旦在思想上并非不同情杜亚泉，但他们比不谙时势的杜亚泉更懂潮流——不仅是文化的潮流，也是商业的潮流，顺之者昌，逆之者亡。

除了商业利益的考虑，还有一个人脉关系的顾虑。蔡元培主持下的北大如日中天，陈独秀领衔的新派教授气势正盛，商务与北大，个中纠缠着太多的人际关系，商务不愿意因固执的杜亚泉一人与北大闹僵。蔡元培、张元济属于同一个关系网络，都是浙人出身的翰林，也同属启蒙阵营。为了两个启蒙大本营不至于分裂，杜亚泉必须牺牲，成为新文化运动的祭品。

接替杜亚泉担任主编的，是比他小十岁的钱智修。钱与杜的文化立场基本一致，其《功利主义与学术》一文也被陈独秀点名质疑，但钱的知识立场与杜亚泉有微妙区别。他出生于1883年，在年龄上属于五四一代知识分子。杜亚泉完全是自学成才，所知新学乃是通过阅读日文而来，而钱智修毕业于复旦公学，与陈寅恪是同学，能够以英文阅读西学原典。在杜亚泉主政时期，编译人才最初多为懂得一点新学的传统士人，后来为国内新式学堂培养出来的知识分子，到钱智修主政时代，开始引进具有留学背景的海归人才。杂志秉承杜亚泉时代的一贯风格，但杂志的栏目更丰富、知识的分类更细致，作者的原创作品也增加了。简而言之，钱智修时期的《东方杂志》知识性强化了，但杜亚泉主政时代那种敏锐的思想性、对思想议题的介入性却弱化了，或许这正是商务高层所乐意看到的。

辞去《东方杂志》主编之后的杜亚泉，继续担任理化部主任，主持编译介绍国外自然科学新成果，但他内心的炙热关怀远远不能以此满足。他失去了他的言论阵地，家国天下情怀无从诉说，只能在编辑之余，偶尔与寿孝天、章锡琛用绍兴家乡话聊聊国事。在这一刻，杜亚泉那张早早苍老的脸会突然放出奇异的光，嗓音高亢，精神十足，争辩的声音每每压过别人。

然而，1920年之后，他很少再有文章问世，读者再也读不到那些以"伧父""高劳"为笔名的敏锐又说理的睿智文字了，杜亚泉渐渐淡出了人们的视野，被人们忘却了。思想界就是如此残酷，读者忙着追逐层出不穷的新星，几年没有新文章问世，曾经叱咤风云的豪杰也会化为一缕历史的轻尘。

晚清以后，中国知识分子得以存在的公共建制是三大阵地：报刊、学校和社团。这也是近代中国三位一体的公共领域。杜亚泉一生所致力的，除了办刊物，就是办学校、组织社团。如今《东方杂志》已不容他插手，内心炙热、精力过剩的他在编译之余，转向社团与学校。杜亚泉有强烈的乡党意识，商务编译所的理化部便是他带领一批族人和同乡干出来的编译大业。编译所的国文部是常州帮，而理化部则是绍兴帮。清末他参与筹建浙江旅沪学会，民国以后又创办了绍兴七县旅沪同乡会，担任议长。

不过，他最念念不忘的还是创办一所学校，按照自己的教育理想培养人才。杂志不是他的，他做不了主，主编说撤就被撤了。他的启蒙梦想，最终想要落在一所自己创办的学校，自己的！早在清末，杜亚泉就在蔡元培的支持下，与乡人寿孝天等人在绍兴创办了一所越郡公学，最终因无后续经费而停办。1934年，杜亚泉将商务的股票全数出售，倾举家之力，在上海创办了新中华学院，自任校长，并亲自教学。他深感上海滩学风颓靡，培养的不是官僚，就是洋奴。他幻想回到书院的敦朴学风，鼓励学生毕业后回到农村，从事教育与农村合作事业。然而，作为一介书生，他徒有理想，却不善经营，更不识时务。启蒙不是纯粹的理想，若要取得成功，或者像蔡元培那样走入体制，主掌北大；或者像张元济那样融入市场，将启蒙发展为一门生意。在近代中国，要在体制与市场之外，独立发展出一个启蒙的事业，除非像办职业教育的黄炎培那样长袖善舞，否则几乎是"不可能完成的任务"。新中华学院勉力支撑了两年半，耗费了杜亚泉八千多元，还借了二三千元债，终究还是倒闭了。

曾经那样意气风发的杜亚泉，到了生命的最后一刻，彻底的穷困潦倒，"一·二八"日本人的炮火摧毁了商务印书馆，也摧毁了他在闸北的寓所。他被迫回到绍兴老家，很快生了肋膜炎。病中的杜亚泉躺在病榻，还是念念不忘家国天下大事。一天晚上突然亢奋起来，像在主政《东方杂志》时期一样，滔滔不绝谈了很多对国家未来的看法。第二天，他便闭上眼睛，告别了人世。

一个为时代所遗弃的启蒙者,在一个世纪之后,被经历了世纪沧桑的王元化先生首先发现,惊爆天下。杜亚泉留下的文字以及主办的《东方杂志》,从此被思想界和学术界高度重视,反复回味,成为了这个民族超越时代的思想遗产。

长时段的历史总要比一时的潮流公平得多。

(作者单位:华东师范大学)

我们为什么研究商务印书馆
——兼论商务印书馆在现代化进程中的多重范本意义

张 稷

商务印书馆创立迄今,已有120年。百余年来,商务印书馆抱持"昌明教育,开启民智"的理想,在文化出版领域成就了一番辉煌的事业。其高远的文化理想、独到的文化眼光、成功的商业运作,在引进西学、整理国故、创立现代教育体系、促进文化学术进步,以及引进现代科学技术、推行现代企业制度等方面,成就卓然,对近现代中国的思想文化和社会发展,贡献至巨。它的事业,既是中国现代化进程的产物,也是推动这一进程的重要力量。正是因其在中国近现代出版印刷史、学术思想史、文化教育史、工人运动史、企业发展史诸多领域呈现出的多重范本意义,引起了越来越多海内外研究者的关注,成果迭出,渐成显学。

一 商务印书馆的魅力——从一个概念说起

20多年前,笔者初进商务印书馆,从总经理杨德炎先生那里频频听到一个新名词:"商务印书馆情结"。杨德炎是一位老商务,对商务百年馆史和旧时掌故非常熟悉。当笔者请教"什么是商务印书馆情结"时,他笑答"只可意会,不可言传",嘱我用时间去体会。"商务印书馆情结"成为笔者研究馆史的初始动力,杨德炎先生则是我研究商务的启蒙人。

几乎每一位在商务印书馆工作过,或曾与之产生过一定关联的人,或多或少都有"商务印书馆情结"。他们既包括商务印书馆的创立者、历任掌门人、各级干部员工、家属后嗣,也包括作译者、研究者、合作者、读者，等等。

1916年，张元济因为经营理念与高凤池产生严重分歧，提出离开商务。陈叔通前去劝说，直言道："你怎么摆脱得了商务？恐怕晚间做梦也要做商务的梦。"

从商务印书馆总编辑、总经理职位转任国家新闻出版署代署长的陈翰伯，曾对好友陈原念叨：我不应该离开商务。

1919年，14岁的陈云进馆学徒，在发行所文仪部站柜台。8年后离馆时，已经是一名成熟的工运领袖、坚定的革命者。共和国成立后，身为副总理的陈云每每回到上海，都会到当年工作过的发行所看一眼。许多年里，他都在农历年年底自己出钱邀请上海老工友到北京中南海家中做客。临终前，他对家人最后的话是："从青浦到上海，这是自己人生中非常重要的一段，这步迈出去以后，才有机会接触到共产党，才有这一生。"这"非常重要的一段"，当然是指在商务印书馆。

对商务尤为"情"深"结"重的其实是商务工人。商务以印刷起家，商务工人在中国革命史上写下过浓墨重彩的一笔。在一次次的口述采访中，他们倾诉着对往昔的无尽眷恋。商务的许多先贤家属后嗣，一直与商务保持着联系。今年4月，在馆庆120年创始人哲嗣家属茶叙会上，他们从世界各地赶来，有十几岁的少年，也有年近九十的老人。他们与商务员工们围坐一堂，仿佛失散的家庭重聚，抒发着共同的"商务情结"。读者的"商务情结"，在人文学者中有最鲜明的体现。王府井大街36号的商务门前，常有游人学子驻足留影。北京大学一位知名学者曾经写道："上大学时读了商务印书馆的一些书，王府井大街36号简直就是心中的圣地。研究生考到北京来之后，与几位同学一起逛王府井，从南头一直走到北头，终于找到36号，我心情激动，对着商务的大楼恭恭敬敬地鞠了一个躬。"

商务印书馆的魅力，也逐渐为学界所认识。近年来，有关商务印书馆的研究越来越热。究其原因，近年来新史料发掘、研究进路拓展、新史学转向等，包括商务印书馆自身对相关研究的推动，这些因素皆有作用，但根本上还是商务印书馆的研究价值使然。学界认识到，商务印书馆的研究价值绝不仅限于出版印刷专门史范畴，它具有多种范本意义，它可以打通中国近现代史研究的诸多领域，进而为相关研究提供新的视角和进路。

但作为商务人，我们身处其中，观察的角度、研究的旨趣，常有异于外部研究者。其中之一，便是我们更关注商务印书馆整体史的构建，会自觉不断探讨深究商务的企业魅力，它的使命感和社会价值。

商务印书馆的魅力首先是其企业史的丰富性。从清末到当代中国，它不仅见证了近现代中国历史进程跌宕起伏的全过程，而且在思想文化和社会领域或直接或间接地参与了现代性的塑造。它的丰富性还体现在，在百年历程中，它在政、商、学、工诸界域所串连起的极为多样性的、动态的人事和社会关系网络，渗透并作用于社会政治文化演进过程的各个方面，揭诸了现代国家建构的复杂图景。

其次是它一以贯之的企业使命——"昌明教育，开启民智"。时刻关注时代文化的发展方向，始终与时代命题进行互动，并注重解决现代化进程中的根本性问题，如中西方文化如何调和、传统与现代的传承扬弃，等等。商务被誉为现代文化兴起的引擎，其对近代历史的显著推动作用，在企业史中十分鲜见，而它的事业建树是由其强烈的使命感驱动的。

再次，商务印书馆的百年事业，涉猎了中国现代文化教育相关的几乎全部领域，成为重镇。更可贵的是，它对中国现代教育、文化、艺术之诸多细分领域的发轫，如现代图书馆、函授教育、电影、动画，皆有开创之功。

然后，在文化贡献之外，商务印书馆作为中国第一家现代出版企业，其现代企业制度、科学管理方法、经营智慧，以及所达到的企业规模与商业成就，也同样吸引着学界关注。

最后，商务所体现的作为超大企业的经营格局、作为文化机构的品格和风骨，亦使之独具魅力。

二 作为理想试验田的商务印书馆

商务印书馆的魅力集中到一点，笔者认为，是因为它具有强烈的理想试验田性质。特别是对于有"商务印书馆情结"的人来说，商务印书馆是一个以企业面目出现的理想试验场，一个追逐文化理想的时代大舞台。

（一）救国理想是商务印书馆的立身之本

首先，商务印书馆从印刷作坊转变为出版企业本身就是理想主义催生的结果。一定意义上，商务和北大一样，是戊戌变法的产物。张元济一生钟情于教育，认为"自强之道，自以兴学为先"。选择收效迟而大的教育为志业，教育救国的思想一直伴随张元济。戊戌变法前，他在北京创办通艺学堂，是其践行教育救国理想的第一步。变法失败，他将这颗教育救国的种子带到了上海，在南洋公学继续。被商务主要创始人夏瑞芳延聘入馆，苦心孤诣经营商务数十年。商务印书馆的宗旨"昌明教育，开启民智"，是张元济在戊戌变法时教育救国理想的延续，张元济把这一理想注入商务，商务便有了灵魂。

商务120年跨越三个世纪，穿越不同的时代，但从未脱离这个根本宗旨，并由此塑造了独特的文化品格和企业风范，成就了近代中国首屈一指的文化企业。因而，商务印书馆本身虽然是一家企业，但立身之初就有浓郁的理想主义色彩。

（二）以出版实践催生现代教育体系

商务印书馆事业的很多方面都有理想试验田性质，尤以教育为要。它是中国现代教育的重要推动者。一个健全的社会，教育是政府的责任，商务以区区一个公司之力，谋废旧立新之道，并以出版实务推动现代教育概念和教育体系的建构。

清末新政，商务印书馆是推动教育变革转型的重要力量。1904年癸卯学制之前，张元济、蔡元培、高梦旦等，在日本专家协助下，即开始着手编辑《最新国文教科书》，并于当年12月出版，不及两周，销出5000多册，"教学之风为之一变"。"此书既出，其他书局之儿童读本，即渐渐不

71

复流行。凡各书局所编之教科书及学部国定之教科书，大率皆模仿此书之体裁，故在彼一时期，能完成教科书之使命者，舍《最新》外，固罔有能当之无愧者也。"

这套教科书，是中国近代史上的第一部成功的新式教科书。其以塑造现代国民人格和民族文化复兴为目标，参考西方新式教育原理编写，根据儿童心智成长规律，注重培养学生的综合能力，其内容体现了基础教育的本质，形式也十分完备，彻底超越了中国传统教育，是中国教育史上影响深远的探索创造。

商务出版的教科书涵盖了幼稚园，初、高等小学，中等学校，大学，师范学校，职业学校等，由国文开始，逐渐扩展，很快形成完备体系。以小学教科书为例，有国文、修身、算术、历史、音乐等科目，还出版配套的教授法、详解、讲义。随后，商务根据学制变化不断修订，相继出版《女子教科书》《简明教科书》《共和国教科书》《单级教科书》《新学制教科书》《新时代教科书》《基本教科书》《复兴教科书》等。商务还办有师范讲习社、尚公小学、商业补习学校、国语讲习所、函授学社等多种教育事业，创办近代著名教育期刊《教育杂志》。从此，一套教科书体系和与之相关的教学制度渐次形成，并不断完善。

因商务印书馆推动清末教育变革的重要作用，辛亥革命前夕的1911年6月，张元济出任了由张謇担任会长的中央教育会副会长。张元济多次出席并主持中央教育会议，通过诸如《国库补助小学经费案》《义务教育章程案》等。同年8月，张元济发起成立中国教育会，并被推为会长。辛亥革命后，蔡元培任中华民国临时政府教育总长，颁行《普通教育暂行办法》和《普通教育暂行课程标准》。这两份现代教育的建制性文件，均脱胎于商务教育实践的蓝本，主要起草人几乎皆为商务人。其他书局的教科书出版人才，也多出自商务，如创立中华书局的陆费逵。新中国成立后，早年由商务印书馆培养的一批出版家、教育家，主持了人民教育出版社的创立，承担起新中国教科书的编写工作，如商务早期的编辑叶圣陶兼任人教社社长、总编辑，周建人直接主持过人教社生物教科书的编写。

商务印书馆胸怀教育理想，以远见卓识和极大的勇气，投入大量人力物力，探索现代教育创设的实践路径，从早期编辑出版教科书，到教育体系的全面搭建，成为一个庞大的教育理想试验田。商务印书馆无疑是中国现代教育的滥觞，自此，中国社会开始了春风化雨的民智启蒙，文化的转型再造和民族复兴有了可能。

（三）参与完成汉语现代知识系统的整体构建

昌明教育，必定以知识体系的全面转型为前提，构建现代知识新内容、新体系，以替代传统知识内容体系。商务印书馆作为一个文化机关，对建构汉语现代知识系统所发挥的作用，至深且巨，并且是通过教科书、工具书、百科类丛书、古籍丛刊、学术专著、普及文本等，全方位、全过程发挥影响。在北京兴办通艺学堂和在上海主持南洋公学的经历，使得张元济意识到培养少数精英的局限性："盖出版之事，可以提携多数国民，似比教育少数英才尤要"。

在张元济等出版先驱的擘划下，商务的出版物，从小学国文教科书开始，完成了幼稚园、小学、中学等基础教育的启蒙教科书，再上行到社会教育、知识普及领域（如《日用百科全书》）；后又着手系统译介西学（如《汉译世界名著丛书》《世界文学名著丛书》），整理国故（如《四部丛刊》《百衲本二十四史》《丛书集成》《续古逸丛书》），大量出版哲学、社会科学、自然科学、应用技术、文学艺术等学术图书（如《大学丛书》《中国文化史丛书》），创办各学科工具书（如《辞源》《英华大辞典》《动物学大辞典》《植物学大辞典》《中国人名大辞典》《中国古今地名大辞典》等），涉及几乎所有专业知识领域；此外，兴办有数十种综合类、专业类杂志。还兴办东方图书馆、各类学校、电影、动画、文具标本等社会公共文化教育事业。

商务印书馆的受众群体也从少数上层统治阶层，下行到普通学生、普通民众，再上行扩大到学术精英、政治精英、文化精英，几乎覆盖了所有社会群体。在救国保种的急切时代命题驱动下，商务印书馆以其庞大的文化学术的资源积累，完成了汉语现代知识系统的整体构建，成为现代知识生产和现代文化传播的策源地，全面而系统地促进国人知识普及和全社会的文化更新。

（四）现代出版的发源地和企业母体

商务印书馆是中国首家现代出版企业，也是中国现代出版业孵化器。"商、中、世、大、开"是中国近代最大的五家出版机构，而中华书局、世界书局、大东书局、开明书店四家，其创始人和业务骨干，大多出自商务印书馆。

如中华书局创办人陆费逵曾为商务出版部部长，世界书局总经理沈知方为商务的员工，开明书店总经理章锡琛以及后期主持开明书店的叶圣陶等，均为商务骨干编辑、杂志主编。四家公司皆在很大程度上模仿了商务印书馆的企业制度和组织结构，并复制其商业模式和经营理念。此外，它们的出版思路和图书选题也多参照、模仿、跟随商务。

以中华为例，商务出《辞源》，中华出《辞海》，商务出《四部丛刊》，中华出《四部备要》，商务出《小学生文库》，中华出《小朋友文库》，商务出《小说月报》，中华出《中华小说界》，等等。商务印书馆在企业经营方面的示范效应一直持续到抗战后期。商务管理层，对同业竞争既保持相当的警觉，同时亦秉持相对坦然开明的态度。几家由商务母体诞生出来的出版机构，互相竞争、相映成辉，共同推动中国出版业发展，共同绘制现代文化丰富图景。

（五）对中共创建与早期发展发挥重要作用

作为理想试验场的宽松兼容，使商务成为各种社会思潮的孵化器，从而使其在中国共产党的创建中扮演了特殊而关键的角色。新文化聚集的上海是中国政治、经济、文化的中心舞台，是中国连接整个东亚乃至世界的枢纽。张元济主持下的商务，吸引了大时代中不同的社会力量粉墨登场、汲取养分、互相竞争、发展壮大。而商务印书馆因其最庞大的规模、雄厚的实力、强大的生产组织和辐射能力，以及所拥有的几千名充分组织起来且具有较高文化素质的工人群体，成为中共在创立之初团结和倚重的力量。

1919—1922年，商务印书馆出版的传播马克思主义的书籍有20种，是同期出版马克思主义书籍最多的出版社。商务印书馆的主要杂志均刊载过马克思主义的文章，胡愈之、茅盾、杨贤江等先后担任过这些杂志主编，他们均是从商务出发走上革命道路的。早期中共领袖与商务都有不同程度的来往，陈独秀在商务出版第一本书《小学万国地理新编》，后被聘为馆外名誉编辑。中共"一大"核心人物李汉俊常为沈雁冰主编的《小说月报》写稿，并与李达共同介绍沈雁冰加入中国共产党。

商务一度还是中共的秘密联络点，茅盾以《小说月报》编辑的公开身份，担任秘密联络员，沟通各地党组织与党中央。青年陈云以商务员工为骨干，参与组织上海工人运动，并加入中国共产党。商务工人是上海工人三次武装起义的中坚力量。第三次武装起义开始时总指挥部设在商务疗病房内，战斗结束后，上海市总工会工人纠察队总指挥部设在东方图书馆内，周恩来在商务印书馆指挥了武装起义。商务对中国共产党的创建与早期发展发挥了重要作用。

（六）作为现代社会试验场的商务印书馆

商务印书馆的理想主义色彩还表现在它的企业制度。商务印书馆企业制度设计的部分理念，是着眼于构建理想社会范式的探索，有鲜明的"企业办社会"特征。其规范的产权制度、组织制度和管理制度均走在时代前列。在其可控的范围和可承受的程度内，展开大量制度试验，比如完善的组织机构、财务制度、版权管理制度、发行网络，都是中国现代企业制度的开拓者和典范。

特别值得一提的，是商务的员工管理制度，包括规范的上岗制度、薪酬制度、培训制度、福利制度等。其中，福利制度所体现的以人为本的企业设计，其先进和完备程度之高，超出人们的想象。共和国初期，叶圣陶曾表示，商务所谓的十大福利制度简直"荒唐"，太拖累企业。还有它的工人工资之高远远超越同行业。商务设有女工喂奶室，由专人看护照顾幼儿。这项工人福利给曾在商务印书馆东方图书馆内住过的周恩来留下深刻印象。"文革"时的一次党代会，周总理发现有来自商务印书馆的工人代表,遂问了她好多问题,其中有一个问题是:"你们女工的'三期'工作做得怎么样?""三期"即哺乳期、怀孕期、月经期。商务印书馆在企业内部进行的建设理想社会方面的试验是一个值得研究的题目。

(七)作为人才培养基地的商务印书馆

为什么商务人中工人阶级的"商务情结"最重?在近代中国企业中,工人对企业的感情如此之深是鲜见的。商务海纳百川,吸纳造就了无数学术文化精英,是星光璀璨的人才摇篮。但是不为人所知的是,大量出身平民、家境普通甚至极度贫寒的人到商务以后,受商务企业文化的滋养熏陶,经过各种规范的文化培养、职业培训和工作实践,终成一代方家。

如柳溥庆,商务印刷所照相制版工人,新中国成立后曾任中国人民银行印制管理局总工程师兼印制技术研究所所长,为国家二级总工程师(印刷界最高级别职称),是我国印刷印钞业的泰斗。再如祝志澄,商务印书馆排字工人,在上海第三次武装起义中,担任工人纠察队小队长,后加入中国共产党。1932年辗转到苏区组建了苏区中央印刷厂,参加长征,新中国成立后任新闻出版总署印刷局副局长,领导组建了新华印刷厂,主持《毛泽东选集》1—4卷的印刷出版工作。他们的成就是与商务印书馆这所"无言学府"的培育分不开的,这种培育包括了人格、文化素质、专业能力等的培养,具有鲜明的人本主义理想色彩。商务印书馆给他们提供了稳定的工作环境和成长进步的安定氛围。这样的人才成长环境,在近代中国企业中无出其右。

除了对本馆员工培训投入大量人才物力,商务还长期办有面向相对穷困、相对偏远的普通人群的各类实际的函授学校和面授学校,直接受益者数万人。创办这些学校,远远超越了对企业利益的追求,成为其理想试验田的重要组成部分。

(八)对待不同社会潮流的宽容态度

高远的理想,强烈的使命感,决定了其宽阔的胸怀,展现了海纳百川的文化气象。研究中国近现代出版史不难发现,商务印书馆具有一种独特气质,即始终秉持对各种社会文化与时代潮流的温和包容而非激进的态度。商务在思想文化上,提倡新学与整理国故并行不悖;在政治态度上,在商言商,与政治始终保持距离。不直接参与政治运动,但是会密切地关注与出版相关的学术和思想方面的图书。对持有不同政治倾向、思想主张和学术观点的作者的态度,也同样宽厚包容。

如对清末民初著名翻译家林纾所译小说的态度。林译小说对于商务的重要性是多重的。商务出版林译小说总数达140种,双方联袂创造了"林译小说"这一文化品牌。林译小说以1913年为界,后期译书质量大不如前,但是商务印书馆的态度并非全盘否定其价值,而是先做必要的编辑处理,渐渐不再出单行本,后又另行创办适合旧读者口味且更通俗的文学杂志《小说界》,林译的发表阵地,从逐渐成为新文化运动重要阵地的《小说月报》退出,改在新杂志上继续。

这种温和得体的处理方式,在照顾老读者市场与老作者感情,在关照文化多样性等方面均留有余地。这种对待不同境遇的作者、不同的文化主张、不同的社会力量,必要的时候果断取舍,但始终持有善意的初衷、稳健的定力、开放的期待、温和的宽容,是商务理想试验田的体现之一,是商务于滚滚时代洪流中区别于众多大小出版机构特性之一,也是促成商务百年蔚然基业的文化基因之一。

(九)理想试验场的进与退

商务印书馆是中国近代化进程特定历史时期的产物。政局动荡,国家羸弱,政府无力承担现代文化教育建制责任,而学术、教育及文化机构尚处草创稚嫩阶段,遂有商务印书馆的进场。进场后之所以成功,是因为以张元济为代表的商务印书馆领导者始终坚持"昌明教育,开启民智"的宗旨,以及保国救种、复兴中华的使命。商务又集资本、技术、人才等资源于一身,有条件将理想付诸实践,并承担起远超企业功能的社会责任。

例如,编写教科书。清末民初政府和学术机构无力整合并维持编辑人才和作者队伍,建构现代教育体系的责任,便由这家民间出版机构承担起来。商业上的成功,缘于这一理想实践顺应时代大潮而产生的回报。待社会建制逐步发育成熟,政、商、学各就其位,各尽其职,特别是国民党政府试图强力统制教育思想文化领域之后,商务印书馆便不断退出具有社会理想试验性质的诸事业,退行到作为一个出版机构的本义。

在20世纪二三十年代商务的王云五时期,商务明显地渐渐回归到一个标准出版机构。时人及后世学者对王云五的改革措施多持批评态度,这些批评,尤其集中一系列"科学管理"措施以及与编译所知识精英的矛盾等方面。但笔者认为,考察王云五及其带领下的商务印书馆,从理想主义试验田退回到一个企业的过程,置诸近代化进程中不断变动的社会大环境或许更为客观公允。

三 商务印书馆的多重范本意义与"商务印书馆学"的建立

研究中国现代国家的形成和嬗变,商务印书馆具有多重范本意义,体现在以下几个方面。

一是思想文化史研究的范本意义。文化建设在现代国家建构中具有重要意义。在此转型过程中,商务印书馆被视为主要的文化教育机关,而非单纯的出版企业,即在于它透过文化建设的种种努力,有力推动了国家的现代转型。新式教育的普及是国家现代转型的基本问题。商务印书馆开展文化建设的策略,即从教育入手,改造中国人的精神、人格,塑造现代中国人的精神世界。在更广泛的思想文化领域,商务印书馆面对传统与现代、新知与旧学以及中西文明的碰撞,采取了中西合璧、兼容并蓄、理性温和、游刃有余的态度,遂有各项事业之建树,成为"大时代的建设者"。这些都非常值得当今社会借鉴和研究。

二是中国近现代出版史研究的范本意义。商务印书馆的成立是中国出版史上的一个标志性事件,开启了中国出版业的一个新的时代。对商务印书馆的研究也多集中在此专门史领域,这是它在出版业的地位和影响所决定的。即便成果众多,但新的研究者仍然不断涌入。这一方面固然是新的史料发现所致,但更重要的动因,则是随着研究的深入,商务印书馆的丰富历史内涵,已超出了传统研究的问题视域和研究框架,延伸到出版史之外的诸多研究领域。

新文化史、概念史、社会史等新史学范式，正在更新传统出版史的研究进路。史学范式的转向，使商务印书馆对出版史研究之进展有了新的意义。有关商务印书馆的大量史料被新的研究方法激活，呈现出新的阐释角度，众多看似互不相关的人物、事件、文本可以纳入新的钩稽关系，用完整的逻辑链条加以解释，从而使出版史研究深入更广阔的历史渊面，突破传统限度。

三是中国近现代企业史研究的范本意义。众所周知，商务印书馆是中国第一家现代出版企业。对商务印书馆现代企业制度、组织结构、管理制度、生产制度、经营策略等方面的研究已不鲜见，但多出自出版史学者之手，主要基于出版史的研究视域和框架。

企业史的视角有别于出版史，它研究企业创立、扩张、成熟、整合和蜕变等阶段的历史，研究企业家与股东、管理层、员工的关系，研究企业制度、管理理念、经营策略的形成、调整和完善过程，研究企业的技术、产品和管理创新。

商务印书馆曾经是中国拥有国际最先进科技装备、使用最先进生产技术的企业；它是知识密集型企业，它的编译所拥有当时中国最为庞大的知识生产团队；它也是当时最大劳动密集型企业之一，有数千名印刷工人；它在知识产品创新上几乎独领风骚，它的企业制度创新、管理创新和经营创新也引领整个出版业；它的劳资关系和福利制度特色鲜明；它在资本主义条件下开展的"企业办社会"独树一帜，是中国企业史上履行企业社会责任的先驱。由此可见，从企业史入手研究商务印书馆，仍有大量课题有待展开。

四是中共党史研究的独特样本。商务印书馆与中国共产党的创建和早期活动关系密切，绝非偶然际遇。商务印书馆的文化教育救国理想，汇聚精英文化人的编辑队伍，高度组织化的工人基础，对新思潮的包容兼蓄，雄厚的物力财力和设施条件，以及广泛的社会影响和关系网络，都为中共的早期活动和干部培养提供了有利条件。中共早期领导人对商务印书馆这一大型民营企业的近距离观察和体会,甚至对新中国成立后公私合营乃至宏观经济政策亦有直接影响。对商务印书馆与早期党史问题,相关回忆、论说散见于报章、杂志、回忆录等甚多,但系统研究仍不多见。特别是商务印书馆与中共早期历史相关的出版物、人物、事件,史料蔓衍,散落各处,亟待系统收集、爬梳和整理,以期丰富党史研究。

五是人物史研究的范本意义。人物是商务印书馆研究的一座宝库。从商务印书馆的创办人、股东、管理层、编辑、工人到学徒,外部编辑、作者,往来学界、政界、商界、文化艺术界名流,甚至延聘的外国技师,林林总总,人物之多,关系之复杂,经历之丰富,命运之跌宕,可资研究的课题极为多样。

近年来,对张元济、王云五、蒋维乔、孙毓修、陈翰伯等商务代表人物,以及陈云、茅盾、胡适等与商务关系的研究,成果迭出。

但现有研究相对于商务的人物谱系,仍只涉及成百上千可资研究的商务人物的极少一部分。人物研究不仅是商务印书馆研究的重要组成部分,而且也给我们的人生境界提供无限丰富的样本。这不仅包括商务的出版物给我们思想和精神的力量,而且贡献于这项事业的人们也给我们提供了很多榜样的力量。

出版界有句话叫"张元济不可追",张元济被誉为近代知识分子人格第一人,他的历史际遇和人生境界是不可复制的。但是商务群星璀璨,有太多历史人物可以去研究、去学习。

例如王云五先生,许多经营策略至今为众多出版机构直接采用。再例如茅盾先生,2006年年底,商务印书馆联合中国文联等机构在涵芬楼书店二楼举办的茅盾120年纪念展中,有一面16米的长墙是茅盾在商务10年的年表,其中最多的两个字是"发表"。他在那10年发表的东西非常多,茅盾勤奋如此,终成大家。但勤奋其实是商务人的一种特质,研究商务的人物,皆可发现这种对思想文化和社会责任的执着追求。正是这样一种精神,撑起了商务印书馆的百年事业。

其他涉及语言文字学、版本学、图书馆学、政治史、工运史、技术史等诸多领域的范本意义,不再一一列举。商务印书馆的多重范本意义,已经在学界引起了广泛关注。

近年来,商务印书馆研究逐渐趋热,研究课题也趋深趋广。华东师范大学的洪九来教授提到了"商务学"的概念,笔者认为建立"商务印书馆学"是十分必要和有意义的。

商务印书馆从一项专题研究上升到一门学问,其成立的必要理由,大体有以下几端。

其一,研究对象的丰富性。商务印书馆本身构成一个非常丰富的政治、经济、文化、社会时空场域。百余年的发展历史跨越了晚清维新运动、辛亥革命、新文化运动、革命、抗战和新中国成立后诸历史阶段,其活动领域遍及国民教育、文字改革、中西学术、国故整理、大众出版、社会改良、印刷技术、企业经营等方面,其中很多活动都是开创性的。一方面,它深刻影响了中国现代性的形塑过程,也因此在不同时期皆受国家当政者的倚重;另一方面,从其自身漫长的、仍在延续的历史,亦可探寻国家复兴历程的波澜起伏和路径选择。

其二,研究领域的综合性。因其时空场域宽阔、纵深绵厚、影响广被,商务印书馆研究已关涉到诸多研究领域,突破了传统出版专门史范畴,多学科、跨学科研究渐成主流,新的研究方法不断引入,新课题不断开辟,其研究面向、进路、课题的丰富性、系统性和完整性,早已超出一般专题研究范畴,而具有"学"的属性和范畴。专题研究上升为学,可将学者的视域从个别的、局部的课题,引向更系统全面的、多学科的研究框架,从而更好把握课题价值,以及与其他相关研究的关系。在"学"的体系中,相关研究的互相激发和促进,不断拓展研究边界,提升整体水平。

其三,研究资源的整合性。首先是史料整合。整合分散应用在个别研究课题下的史料,可避免错讹相袭,扩大史料来源,并对跨学科的新资料、新发现互通互用,为商务印书馆学建立丰富完善的史料基础。其次是研究力量整合。即不同学科领域的研究机构、学者专家,在"学"的范畴和框架共识内,形成围绕商务印书馆研究的学术共同体,以多学科的研究工具及合作机制，开展全景式研究。最后是研究成果整合。以往研究成果被分割在不同学科和研究领域，学者囿于专攻，往往难得全豹，不利于研究成果的共享和争鸣。商务印书馆学的成立可去此弊端，集结各领域成果，裨益交流，增进学术。

  由此可见，建立"商务印书馆学"，无论对推动商务印书馆研究，还是对赓续和发扬商务精神，促进民族文化复兴伟业，皆具有现实意义。

（作者单位：商务印书馆）

论文

120
1897—2017

商务印书馆与近代思想启蒙散论

马克锋

享誉中外的商务印书馆成立于1897年，跨越清末、民国、中华人民共和国，今年已经120周年，不愧为百年老馆、书业巨擘。120年来，商务印书馆在文化传承、教育服务等方面做出了巨大贡献。本文试图从思想启蒙的视角，对商务百年来外来文化的输入与传播做点探讨，进而考察其在近代思想文化发展中的地位与作用。

一

所谓启蒙，一是识字，二是祛魅，包括知识启蒙与思想启蒙两个方面。康德关于启蒙的权威定义，"启蒙就是人类脱离自我招致的不成熟"[1]，显然是指后者。商务印书馆诞生于中国思想启蒙的时代，一定意义上是启蒙时代的产物。众所周知，1898年的戊戌维新，既是一场挽救国家危机的爱国救亡运动，也是一次尝试政治体制转型的政治改革运动，同时也是传播欧美资产阶级观念的思想启蒙运动。三者之中，以后见之明，似乎思想启蒙的影响更大一些。维新运动肇始于甲午战败。甲午战败，说明洋务运动单纯经济改革之路不通。于是，通过一场传统的士人上书，以康有为、梁启超为代表的一批新式文人脱颖而出。他们通过组织学会、创办学堂、设立书局、发行报刊等形式，将眼光与视野逐渐从传统转向海外，试图以异域药方挽救自身困局。达尔文的进化论与卢梭的民约论，开始被系统输

---

[1]〔德〕康德:《对这个问题的一个回答：什么是启蒙？》,〔美〕詹姆士·施密特编:《启蒙运动与现代性：18世纪与20世纪的对话》，徐向东等译，上海人民出版社2005年版，第61页。

入中国，成为维新运动的理论基础。一时，生存、竞争、自由、平等、人权纷纷成为流行词汇，逐渐取苟且、天命、秩序、等级、君权而代之，推动了近代的思想解放。著名学者陈旭麓曾经指出："'五四'以前的几十年中，对中国思想界影响最大的有两论。一是进化论，一是民约论。前者以生存竞争的理论适应了救亡图存、反对帝国主义的需要；后者以天赋人权的观念适应了要求平等、反对封建专制主义的需要。两论的传播，在观念形态上是区分先前与近代中国人的重要标志。"[1]陈先生这一论述，精辟概括和高度评价了进化论和民约论在中国近代社会、政治以及思想文化中的启蒙先导作用。而进化论与民约论的开始输入与传播也正好处于这一历史时期。

巧合的是，商务印书馆正好诞生在戊戌思潮波涛汹涌之时。1897年，商务印书馆在上海创立。此时的商务，并不是现代意义上的出版公司，实际上只是个印刷厂。[2]当然，这个印刷厂不同于现在的印刷厂，它不但承接名片、广告、簿记、帐册等业务，而且诸如挂历、书籍、彩票、股票、纸币等印刷，也在其业务范围之内。进口机器，进口纸张，一流人才。仅仅做印刷事业，已经是风生水起，业界老大。但是，商务的创始人夏瑞芳很有魄力，富有开拓精神，并不满足于单纯的印刷事业。他还有更大的胸怀与抱负——进军书业，开辟中国近代出版的新天地。据商务人回忆："光绪二十四年（戊戌）我国倡言维新，学子竞译日本书，以期启发国人。夏先生亲赴日本，有所得，即仿效；又必请通人抉择，再四订正而后印行。"[3]

---

[1] 陈旭麓：《民主思想的长卷——〈中国近代民主思想史〉序言》，熊月之、周武编，陈旭麓著：《陈旭麓文集》第4卷，华东师范大学出版社1997年版，第206页。

[2] "其所以叫'商务'，是因为主要印商业用品如名片、广告、簿记、帐册等；其所以叫'印书馆'，是因为当时中国没有'印刷厂'的名称，当时中国人都叫'印书馆'。印刷厂的名称还是后来从日本传来的。实际上，当时商务并不编书，而只是印刷厂的意思。"参见胡愈之：《回忆商务印书馆》，商务印书馆编：《商务印书馆九十五年》，商务印书馆1992年版，第113页。

[3] 周越然：《我与商务印书馆》，商务印书馆编：《商务印书馆九十五年》，商务印书馆1992年版，第165—166页。

也是在1897年，刑部主事张元济创办通艺学堂，学堂宗旨之一即"欧美励学，新理日出。未知未能，取资宜博。故此学堂专讲泰西诸种实学"，[1]借此培养西学人才，为维新变法提供人力资源。变法失败，张元济被"革职永不叙用"，随后远赴上海，先后任职《外交报》、南洋公学译书院。虽遭贬谪，但不畏挫折，继续致力于传播西学、开发民智的事业。对此，张元济明确表示："吾之意在欲取泰西种种学术，以与吾国之民质、俗尚、教宗、政体相为调剂，扫腐儒之陈说，而振新吾国民之精神耳。"[2]张元济是戊戌变法的参与者，具有改革思想，理解并欣赏新学，将传播与推介西方文化作为终身事业，默默耕耘，始终不懈。

1902年，商务重金引进张元济，夏瑞芳与张元济强强联合，合力铸造商务大业。对此，张元济后来回忆道："光绪戊戌政变，余被谪南旋，侨寓沪渎，主南洋公学译书院，得识夏君粹方于商务印书馆。继以院费短绌，无可展布，即舍去。夏君招余入馆任编译。余与约：'吾辈当以扶助教育为己任。'夏君诺之。"[3]"扶助教育"成为共识，同时也成为商务出版的目标。张元济加盟商务，商务如虎添翼，事业进入快速发展期。

五四运动前后，中外文化交流异常频繁。西方著名学者杜威、罗素等人来华讲学，商务也有程度不同的介入。梁启超等发起成立讲学社，邀请欧美学界名人来华讲学，希望得到商务的资助。张元济回复梁启超："前面谈讲学社延聘欧、美名人来华演讲，属由敝馆岁助若干，所有演讲稿由敝馆出版各节，已与同人商定，均遵照尊意办理。自十年分起，每年岁助讲学社五千元，专为聘员来华讲演之用，三年为限，以后再另作计议。"[4]

梁启超组织翻译欧美学术名著，商务积极予以支持和鼓励。张元济致

---

[1] 张元济：《通艺学堂章程》，《张元济全集》第5卷，商务印书馆2008年版，第4页。
[2] 张元济：《答友人问学堂事书》，《张元济全集》第5卷，商务印书馆2008年版，第23页。
[3] 张元济：《东方图书馆概况·缘起》，《张元济全集》第4卷，商务印书馆2008年版，第392页。
[4] 张元济：1920年12月9日致梁启超，《张元济全集》第3卷，商务印书馆2008年版，第222页。

信梁启超:"前尊意拟集同志数人,译辑新书,铸造全国青年之思想,此实为今日至要之举。敝处拟岁拨两万元先行试办,仰蒙采纳。梦旦又言在津与公晤谈,尊意欲更为久大之计画,属加拨两万元,为两年之布置。敝意当属可行。此事得公提倡,必有裨益。"[1]张元济的期望是,"甚盼有好书来,一慰世人渴望新知之愿"。[2]作为出版人,张元济及商务资助学人多译书、译好书,自然有经济效益的考虑,尽管如此,其通过出版好书满足民众求知欲望的社会责任感依然清晰可见。

商务印书馆先后创办了《东方杂志》(1904年)、《小说月报》(1910年)、《图书汇报》(1910年)、《少年》(1911年)、《法政杂志》(1911年)、《学生杂志》(1914年)、《妇女杂志》(1915年)、《英文杂志》(1915年)、《英语周刊》(1915年)、《文学杂志》(1937年)、《东方画刊》(1938年)、《健与力》(1938年)等刊物,形成了涵盖广泛、颇具特色的期刊群。这些刊物引领时代,传播新知识、新文化、新时尚,不同程度地扮演了知识启蒙与思想启蒙的角色。

二

商务印书馆经过一代又一代人的不懈努力,逐渐形成了自己独有的企业特色与出版文化。何炳松曾对商务长期秉承的出版方针有一个精准的概括,他说:"一方发扬固有文化,一方介绍西洋文化,谋沟通中西以促进整个中国文化之光大。"[3]商务在古籍整理、出版与发掘中国传统文化方面做了大量的工作,影响巨大。限于主题,本文对此不做讨论。在此主要就商务介绍西方文化方面的努力与成就做一探讨,以期展示其国际视野及

---

[1]张元济:1920年4月10日致梁启超,《张元济全集》第3卷,商务印书馆2008年版,第221页。
[2]张元济:1920年6月12日致梁启超,《张元济全集》第3卷,商务印书馆2008年版,第222页。
[3]何炳松:《商务印书馆被毁纪略》,商务印书馆编:《商务印书馆九十五年》,商务印书馆1992年版,第238页。

影响。

商务在介绍西方文化方面，主要以出版丛书为主。根据商务出版的图书目录（1897—1949），在这五十多年中，大致有这么几类：

教育类：包括《幼稚教育丛书》《教育丛著》《中华儿童教育社丛书》《小学教育丛书》《师范丛书》《师范小丛书》《大学丛书》《民众基本丛书》《国民教育文库》等。丛书数量最少几十册，多则上百册。

政治类：包括《现代政治丛书》《帝国丛书》《政法丛书》等。

中外文化交流类：包括《中法文化丛书》《中德文化丛书》等。如《中德文化丛书》，先后出版了《五十年来的德国学术》《德国史纲》《德国史略》《论德国民族性》《快乐的知识》《阴谋与爱情》等，涵盖历史、社会及小说等方面。

综合类：包括《新时代丛书》《新智识丛书》《百科小丛书》《万有文库》等，涵盖哲学、思想、宗教、心理学、经济学、教育、历史、地理等。此类还包括商务先后与北京大学、共学社、尚志学会等高校、学术机构、文化团体共同出版发行的丛书，如《北京大学丛书》《共学社丛书》《尚志学会丛书》等，内容涵盖哲学、心理学、人类学、社会学、政治学、统计学等学科。

据商务印书馆统计："本馆印行丛书，计凡二百三十余种，科目齐备，书名已散见各类。"[1]二百多种，蔚为大观，构成了商务图书出版的特色。

其中几种丛书很有特色，在此专门做一介绍。

《社会科学名著选读丛书》。该丛书由王云五、何炳松、刘秉麟主编，1928年出版。该丛书均为英文本，收录有亚里斯多德的《政治学》、卢梭的《民约论》、马基亚维利的《君主论》（当时中文译名是《霸术》）、孟德斯鸠的《法意》、朗格罗瓦和瑟诺博斯合著的《历史研究法》等，分别由钱端升、张慰慈、唐庆增、何炳松等著名学者选注。读者对象主要是中等

---

[1] 商务印书馆编：《商务印书馆图书目录（1897—1949）》，商务印书馆1981年版，第3页。这本目录总体编得不错，让读者对商务印书馆五十多年的发展有了总体了解。不足的是，该目录没有标注图书的出版年份，有点遗憾。

以上学校学生。[1]

《严译名著丛刊》。这套丛刊集中收录了严复个人翻译的近代西方名著，主要包括：英国生物学家托马斯·亨利·赫胥黎（Thomas Henry Huxley，1825—1895）的《天演论》（Evolution and Ethics）；英国经济学家亚当·斯密（Adam Smith，1723—1790）的《原富》（The Wealth of Nations）；英国学者甄克思（E. Jenks，1861—1939）的《社会通诠》（A Short History of Politics）；英国思想家约翰·穆勒（John Stuart Mill，1806—1873)的《群己权界论》（On Liberty）；法国思想家孟德斯鸠（C. L. S. Montesquieu，1689—1755）的《法意》（The Spirit of Law）；英国哲学家斯宾塞（Herbert Spencer，1820—1903）的《群学肄言》（The Study of Sociology）；英国思想家耶芳斯（W. S. Jevons，1835—1882）的《名学浅说》（Primer of Logic）；英国思想家约翰·穆勒（John Stuart Mill，1806—1872）的《穆勒名学》（A System of Logic）。内容涵盖生物学、经济学、政治学、社会学、法学、逻辑学，作者主要以英国学者为主，这很大程度上与严复留学英国有关。这八种著作被称为"严译八大名著"，其中，《群己权界论》《社会通诠》《法意》《名学浅说》四部在商务印书馆初版，其余四部分别在不同书局初版，[2]但不久也有了商务版。如《天演论》1905年在商务出铅印本，到1921年已经印刷20次，排严译名著第一。对此，老商务人陈应年说："据我们了解，严译名著中《法意》《群己权界论》《社会通诠》和《名学浅说》从初版起一直由商务印书馆铅印出版，其他如《天演论》《名学》等初版虽是木刻或石印出版的，但后来全部由商务出版过铅印本。而铅印本比木刻或石印本印数既多，也便于流传，因此影响也大。"[3]1930年，严译八大名著以《严译名著丛刊》出版。其出版例言指

---

[1] 胡道静：《柏丞先生学恩记》，刘寅生等编：《何炳松纪念文集》，华东师范大学出版社1990年版，第345页。

[2] 参见王栻：《严复与严译名著》，商务印书馆编辑部编：《论严复与严译名著》，商务印书馆1982年版。

[3] 陈应年：《严复与商务印书馆》，商务印书馆编：《商务印书馆九十年》，商务印书馆1987年版，第515页。

出:"严几道先生所译各书,向由本馆出版,久已风行海内,兹特重加排印,汇成一套,并将严先生之译著,向由他处出版者,亦征得原出版处同意,一律加入,以臻完备,并精校精印,版式一律,既易购置,尤便收藏。"[1]严复的名人效应、严译的社会影响,使本来可以纳入其他相应丛书的严复译本得以长期独立存在,而且自成一个系列,成为商务的著名品牌。这一现象一方面说明了严译在当时的影响力,另一方面表明商务的眼光与视野也是不可忽视的。

《汉译世界名著丛书》。这是商务最有特色而且至今仍在继续出版的一套丛书。但是,关于这套丛书何时开始出版,大多语焉不详,而且出入较大。目前大致有以下几种说法。第一种说法是出版于1921年,王云五坚持此种观点,他说:"民国十年余始长商务印书馆编译所,广选各国各科名著,分约专家汉译,总称为汉译世界名著。及民国十八年,余编印万有文库第一集,即选取汉译世界名著百种刊入。其后民国二十三年,万有文库二集发行,又选百五十种刊入。由于世界名著种数既多,各类各科殆无不备,且皆为基本之作,不随时间之消逝而稍减其效用。"[2]第二种说法是出版始于1929年。"商务印书馆自1897年创立以来一直有出版外国社会科学重要著作的传统。1929—1949年曾出版《汉译世界名著丛书》,两辑共230多种。"[3]第三种说法是始创于1932年。"1932年至1950年陆续编辑出版'汉译世界名著',分为两集。初集100种,二集150种,共250种。丛书包括:哲学、心理学、社会学、政治学、经济学、法律学、教育学、自然科学、英美文学、法兰西文学、德意志文学、俄罗斯文学、其他各国文学、历史、地理,共15类。本丛书为中等文化程度以上读者参考阅读之用书,汉译力求通达,以保存原作风貌。"[4]或许是1932年的一场战火,档案

---

[1] 商务印书馆编辑部:《本书例言》,《广东国民大学图书馆馆刊》1933年第23期。
[2] 王云五:《辑印汉译世界名著甲编序》,《王云五全集》第19卷,九州出版社2013年版,第267页。
[3] 林煌天主编:《中国翻译词典》,湖北教育出版社2005年版,第271页。
[4] 许力以主编:《中国出版百科全书》,书海出版社1997年版,第890页。

被毁，年代久远，使这个事情变得扑朔迷离。依据现有资料，笔者认为该套丛书的具体出版年份应是1929年，对此将在另一论文中做专门论述。

编辑出版系列外国名著一直是商务的目标。1917年年初，张元济借吴稚晖之言表达了引进李石曾的意愿。此时，李石曾已经翻译完俄国无政府主义思想家克鲁泡特金的《互助论》，引起了张元济的关注。张元济在日记中写道："稚晖又言，石曾对于出版事颇有计划：一、法华对照书。一、欧人哲学名著。一、欧洲各种器物图说。"其中提到的"欧人哲学名著"，很可能就是汉译世界名著的最早构想。当然，这个推论尚需资料支持。

《世界丛书》。《世界丛书》与后来的汉译世界名著联系密切。其实，《世界丛书》的酝酿经历了一个过程。大约在1920年1月，商务编译所所长高梦旦提议编印一种有关哲学、教育学的丛书，选取西人名著，"托胡适之等人代为主持"。张元济答复："只以新思潮一类之书选十种八种。"[1] 经过双方沟通，决定出版《世界丛书》。最初的丛书名并不叫《世界丛书》，而是《廿世纪丛书》。[2] 3月8日，张元济与高梦旦商议："拟设第二编译所，专办新事。以重薪聘胡适之，请其在京主持。每年约费三万元。试办一年。"[3] 最后，第二编译所没有办成，但是，丛书之事有了结果。1920年3月26日，北京大学与商务印书馆决定联合出版《世界丛书》。在双方约定的八点条例中，以下几点比较重要。丛书宗旨："输入世界文明史上有重要关系的学术思想"；丛书属性：翻译与编著结合，即"先从译书下手；若某项学术无适当的书可译，则延聘学者另编专书"；丛书文体："无论是译是编，皆以白话为主……一律用新式标点符号，以求明白精确"；设立审查委员会，由蔡元培、蒋梦麟、陶孟和、胡适等人组成，确保丛

---

[1] 张元济：1920年1月5日日记，《张元济全集》第7卷，商务印书馆2008年版，第173页。

[2] 参见张元济：1920年1月14日、2月9日日记，《张元济全集》第7卷，商务印书馆2008年版，第177、185页。

[3] 张元济：1920年3月8日日记，《张元济全集》第7卷，商务印书馆2008年版，第192页。

书质量。[1]随后，张元济在商务印书馆股东大会的报告中也郑重提及此事。他说："现拟编译《世界丛书》，并在北京设立审查委员会，请定北京大学校校长蔡孑民及大学教员胡适之、蒋梦麟、陶孟和诸君担任审查之事，业经登报征求译稿。"[2]从人员构成、编译目标、丛书文体等各方面来看，充满了新文化的诸种元素。这也表明，商务印书馆已经几乎与新文化运动同步。

根据商务印书馆编辑出版的1897—1949年的图书目录，《世界丛书》总计出版了24种图书。其中，翻译19种，编著5种，包括：政治学两种：James Bryce著，梅祖芬、赵蕴琦、张慰慈译《现代民治政体》；R. C. Brooks著，赵蕴琦译《瑞士的政府与政治》。社会学四种：Harry W. Laidler著，李季译《社会主义之思潮及运动》；C. A. Ellwood著，赵作雄译《社会学及现代社会问题》；C. A. Ellwood著，王造时、赵廷为译《社会问题》；R. T. Ely著，何飞雄译《社会主义与社会改良》。经济学两种：G. J. Goschen著，刘潏川译《外国汇兑原理》；E. R. A. Seligman著，陈石浮译《经济史观》。教育一种：F. P. Graves著，吴康译《近代教育史》。此外，还有三种小说、三个剧本、一本《林肯传》、一本《易卜生集》。编著五种，包括凌冰编著《儿童学概论》、张慰慈编《英国选举制度史》、赵蕴琦编《美国政府大纲》《法国政府大纲》、方孝岳编《大陆近代法律思想小史》。[3]该丛书内容庞杂，比较散乱，重点不很突出，特色不强，未形成品牌，没有持续下去。

三

商务印书馆作为一个民营出版机构，与中国近代文化、思想、学术、

---

[1] 高平叔撰著：《蔡元培年谱长编》（中），人民教育出版社1996年版，第289页。
[2] 张元济：《在民国九年商务印书馆股东常会上的报告》，《张元济全集》第4卷，商务印书馆2008年版，第363页。
[3] 商务印书馆编：《商务印书馆图书目录（1897—1949）》，商务印书馆1981年版，第14页。

教育、科学关系十分密切。商务从不标榜自己是某种思想或思潮的代言人，但是，商务出版的系列丛书，特别是各种教科书、《汉译世界名著丛书》等，却悄然扮演了近代思想启蒙的角色，在近代思想启蒙中发挥了至关重要的作用。

张元济在清末起草的《〈高等小学用最新国文教科书〉编辑大意》中，明确提出教科书负有培养新的国民意识、国民观念的责任。"一、本编详列本国要政及世界大势，以养成国民国家之思想……一、本编采集古今中外名人事迹足为模范者，以引起国民崇拜英雄之观念。一、本编注重爱国、合群、进化、自立等事，以改良社会之习惯。一、本编兼采天文、地文、博物、物理、化学等学，以养成国民理科之思想。一、本编兼采农、工、商、矿等事，以养成国民实业之思想。一、本编兼采中外游记，以养成国民冒险之精神。"[1]国民国家思想、崇拜英雄观念、理科思想、实业思想、冒险精神的塑造，爱国、合群、进化、自立等新的国民性的养成，无不体现了商务的思想启蒙意识。

商务前后出版过不少关于国民启蒙的书籍，其中以《国民读本》与《国民浅训》最为有名。据胡愈之回忆："当时虽然革新运动失败了，可是社会上学习科学和英文的要求比较迫切，加上张菊生先生有编辑工作的经验，这样就开始了商务印书馆的出版工作，例如《华英初阶》和《国民读本》（吴稚晖编的，实际上是政治读本，第一课是权利与义务）。这几本书一出，销路很大，反映了当时的需要。"[2]《国民读本》开宗明义是"权利与义务"，显然就是进行国民思想启蒙。

《国民浅训》系近代启蒙思想家梁启超撰写，1916年出版，而且一版再版，销量很大。该书包括何故爱国、国体之由来、何谓立宪、自治、租税及公债、征兵、调查登录、乡土观念与对外观念、公共心、自

---

[1] 张元济：《〈高等小学用最新国文教科书〉编辑大意》，《张元济全集》第5卷，商务印书馆2008年版，第348页。

[2] 胡愈之：《回忆商务印书馆》，商务印书馆编：《商务印书馆九十五年》，商务印书馆1992年版，第114页。

由平等真解、不健全之爱国论，共计13章。梁启超运用其"新民体"语言，通俗解答了诸如立宪、自由、平等、自治等政治学术语。何谓立宪？梁启超说："立宪者，以宪法规定国家之组织，及各机关之权限，与夫人民之权利义务，而全国上下共守之以为治者也。"[1]何谓自治？梁启超指出："真正之自治，必须不假官力，纯由人民自动。其实此事本出于人性之自然，且亦我中国所本有，不过须扩充之整齐之而已。"[2]对自由与平等青年人津津乐道、老年人视为鸩毒的巨大反差，梁启超认为，二者之间也有矛盾："盖人人自由，则各骋其聪明才力，所成就自有高下之殊，安能平等；人人平等，则智者应自侪于愚，强者应自屈于弱，岂复自由。"尽管如此，梁启超依然坚信，"人人于法律内享有自由，法律之下人人平等"，理应成为现代社会民众安身立命的基本保障。[3]由于此书是在护国战争戎马倥偬间所写，缺乏系统资料佐证，显得不是特别完整，但是，其本身所具有的思想启蒙作用是显而易见的。

商务印书馆作为近代中国思想启蒙的阵地与平台，必须予以充分肯定。译印西书曾经是维新领袖康有为传播西学、开启民智的重要途径。他指出："欲令天下士人皆通西学，莫若译成中文之书，俾中国百万学人人人能解，成才自众，然后可给国家之用。"[4]通过翻译外来经典，启发国人智慧，进而实现国家与社会发展进步，始终是康有为的设想。康有为这个良好设想，因为变法失败而胎死腹中。但是，经过商务印书馆的努力，康有为的设想在一定程度上得以实现。贺麟一直将商务视为一个具有浓厚思想启蒙内涵的出版机构。他指出："在清末提倡新学，废科举和兴学校时期，商务印书馆是民族资本家和许多启蒙进步人士合力创办的一个出版事业单位。"[5]陈翰笙指出："它大量翻译出版西方的学术著作，象严（复）

---

[1] 梁启超：《饮冰室合集》专集之三十三，中华书局1989年版，第5页。
[2] 同上书，第7页。
[3] 同上书，第17页。
[4] 汤志钧编：《康有为政论集》（上），中华书局1981年版，第173—174页。
[5] 贺麟：《漫谈我和商务印书馆的关系》，商务印书馆编：《商务印书馆九十年》，商务印书馆1987年版，第330页。

译、林（纾）译和世界名著的出版，就为那些寻求救国救民良方、求真理的人提供了重要参考材料，打开了人们的眼界，受到了启迪，可以说是起到了开拓者的作用。"[1]范岱年指出："1923年到1926年我父亲在商务工作的时代，可说是商务的黄金时代。那时正值'五四'以后，商务真是人才济济。商务支持了许多学术团体、许多学术刊物，促进新文化的传播，促进了启蒙运动，促进了百家争鸣的局面。"[2]冯友兰指出："它随着中国历史的发展，文化的进步而日益发展进步。它对于中华民族的精神文明做出了很大的贡献。在这个过程中，它有不少的老伙伴，举其著者则有严复、林纾。严复翻译的西方哲学名著，林纾翻译的西方名家小说，大部分都由商务印书馆出版，在当时有很大的影响。"[3]严复被公认为近代启蒙思想家，其介绍的西方思想理论影响了整整一个时代，而搭建这个思想启蒙平台的正是商务印书馆，对此，王云五说："故严氏介绍之功至伟。严氏译述，几全由本馆印行，故本馆间接介绍之功亦有不可埋没者。"清末民初，中国社会处于一个急遽变动的时代，商务始终处于时代思潮的潮头浪尖。"清末立宪议起，而政治法律之书遂成急需；民国以还，国内外均为多事之时，而西方社会科学益有借镜之必要。本馆于两者均曾积极致力，试检出版书目，此类出版物多至数百种。"[4]对此，长期从事商务译著编辑的胡企林深有感触地说："这些译著从哲学、伦理学、逻辑学、心理学、经济学、政治学、社会学、法学等各个方面介绍了西方学说和社会政治观点，在近代中国产生了重要的启蒙作用，在一定程度上推动了中国文化教育事

---

[1] 陈翰笙：《商务印书馆与我同龄》，商务印书馆编：《商务印书馆九十年》，商务印书馆1987年版，第365页。

[2] 范岱年：《范寿康和商务印书馆》，商务印书馆编：《商务印书馆九十年》，商务印书馆1987年版，第322页。

[3] 冯友兰：《商务印书馆和我是老伙伴》，商务印书馆编：《商务印书馆九十年》，商务印书馆1987年版，第315页。

[4] 王云五：《本馆与近三十年中国文化之关系》，商务印书馆编：《商务印书馆九十五年》，商务印书馆1992年版，第286页。

业的发展。"[1]以上评论，无论是当事人还是第三者，都是内心独白，客观率真，反映了真情实感。

商务印书馆影响了一代又一代人。现代中国许多名人都程度不同地受到商务图书的影响，商务图书启迪了他们。作家冰心回忆说："我启蒙的第一本书，就是商务印书馆出版的线装的《国文教科书》第一册。我在学认'天地日月，山水土木'这几个伟大而笔划简单的字的同时，还认得了'商务印书馆'这五个很重要的字。我从《国文教科书》的第一册，一直读了下去，每一册每一课，都有中外历史人物故事，还有与国事、家事、天下事有关的课文，我觉得每天读着，都在增长着学问与知识。"[2]著名经济学家陈岱孙回忆说："在三四年中，我浏览了商务出版的、由林纾翻译的大部分《林译小说丛书》。以后我的阅读兴趣从翻译小说转到了社会科学名著的译本。……这些书确是开了我的眼界。"[3]

商务印书馆作为近代中国精神产品的生产地与集散中心，始终滋养着饱受灾难和苦痛的社会精英与普通民众，成为他们的精神、思想与信念支柱，对中国社会的新旧转型，对中国近代新文化的兴起，对近代中国的思想启蒙，均发挥了无与伦比、不可替代的重要作用。

（作者单位：中国人民大学）

---

[1] 胡企林：《积累文化，传播知识——"汉译世界学术名著"编辑出版工作回顾》，《编辑之友》1988年第1期。

[2] 冰心：《我和商务印书馆》，商务印书馆编：《商务印书馆九十年》，商务印书馆1987年版，第312页。

[3] 陈岱孙：《我和商务印书馆》，商务印书馆编：《商务印书馆九十年》，商务印书馆1987年版，第418页。

商务印书馆与晚清"实业意识形态"

李彦东

吾国自海通以后,列强之武力侵掠,随之以经济侵掠,而吾国之兵战失败,遂继之以商战失败。所谓商战失败者,外人取我之原料,而供给我制造品。故可谓工业之失败,或总称为实业之失败。

——庄俞《三十五年来之商务印书馆·商务印书馆与三十五年来之实业》

在1931年商务印书馆出版的《最近三十五年之中国教育》一书中,庄俞《三十五年来之商务印书馆·商务印书馆与三十五年来之实业》一文总结了商务印书馆与社会各方面之关系,除教育、文化和人才三者之外,还特别标举了它与实业的关系。庄文从"实处"着手,写的是印刷机械及技术方面的制造和改良,但如果从"虚处"思量,商务印书馆与实业的关系恐怕除了华文打字机或幻灯影片这些"可见之物"之外,尚有一些更深层次的联系有待挖掘。"实业"是晚清的流行词汇,据线文考证,最先是郑观应在《致金苕仁观察书》中使用,其后何启、胡礼垣、康有为等人纷纷使用,但真正广为流行是20世纪之后的事。[1]因"实业"而产生的新词不少,"实业家""实业教育""实业史"和"实业小说"等词纷纷出现,而且都有确切的对应。在翻译过程中,business、industry也被译作实业。[2]在使用过程中它的作用被越放越大,像在"民国成立以来,上而政府,下而国民。以实业立国之主张,日夜呼号,举国一致"[3]这一类的表述中,"实

---

[1] 线文:《晚清重商思想研究》,博士学位论文,西北大学,2008年。
[2] 《实业砺志谈》《实业教育》,《东方杂志》1906年第4号、1906年第7号。
[3] 吴我尊:《民国之实业观》,《中国实业杂志》1912年第12期。

业"已被逐渐抽空成为一个符号。使用"实业意识形态"一词有不得已之处，毕竟"意识形态"这样的大词容易不着边际，但在下文将论及的实业观念、实业志和实业小说等是以错综复杂的方式交织，其中既有个人独树一帜的表达，也有一时风气的影响和共振，还可能有"无心插柳"引发的结果。与"实业观"相比，"实业意识形态"的涵盖更丰富，它能指向的文本更多。与"实业文化"相比，"实业意识形态"的介入性更强，也更能展现思考情境中的动态过程。

话语·框架

在回溯晚清人士的实业观时，最容易寻找的范畴自然是经济思想史。在近代经济思想史的论述中，实业观的演进肯定是一重大题目。即便一点史料不看，也能从曾经最盛行的冲击—反应论里想象得出一个简单线索，实业在晚清逐渐被重视，是受了西方列强的打击，在一个富国强兵的框架下由讲求船坚炮利到对工艺技术的推崇，进而影响了工商业的整体发展。在这一历史观影响下，自然能找出不少重视实业的人士以及具体言说的文本，像王韬、薛福成、郑观应、陈炽、康有为等人的名字会被不断提及。从他们的文集里不难发现很多与实业相关的言说，从史料分类的角度，自然不难于采矿、机器、工艺等方面的相关言说中，在对比和反思的前提下，发现不少新鲜的提法。如此后设的方式自然是一目了然，可以看到某位思想家对官商督办持反对意见，或者看到富国与利民的细微差别。如果他们的认知结构与著述家的分类完全吻合自无问题，但不同思想者的立场和经验差别不小，在讨论实业事宜时，他们真正想说的内容时隐时显，除了回应一些传统文本的思考定式外，还会有一些表述的策略，甚至在引证当时流行的诸多说法时也大有深意。实业隶属于经济范畴本无问题，但对实业的思考是不是由经济思想开始并必然止步于经济范畴却不尽然。"实业救国"固然会变成一个可疑的幌子，但实业与教育、实业与阶层意识、实业与习俗这些题目却完全可能展现更为丰富的思考情境和历史观念。

晚清人士谈论实业时当然会有的论调是中国本不缺乏实学，欧西工艺之精巧大半来自中土，"古人名物象数之学，流徙而入于泰西，其工艺之精，遂远非中国所及。盖我务其本，彼逐其末；我晰其精，彼得其粗"[1]。只不过在秦汉之后，文人学士的注意力不再留意实学，遂使得虚文占了上风，而重振实学的目的无外乎利国便民，"将见不出百年，中国兵无不精，国无不富，安知不能驾地球各国而上哉"[2]。这些看上去毫无新意的说法描绘出一个被割裂的传统，"呜呼，吾中国二千年来商工业之历史，可谓不名誉之历史也矣。求中国之古书，其有发明商工业与社会之密切之关系者，周礼之外，殆已中绝。此外管子艺术，于生计学颇有影响，史迁货殖传，其实业之理想，最为圆满，惜继之无其人"[3]。这些言说还很难成为一套自圆其说的话语，严复在《实业教育》一文中将"实业"变成了一种范畴：

　　实业，西名谓之 Industries，而实业教育，则谓之 Technica Education。顾西人所谓实业，举凡民生勤动之事，靡所不赅。……大抵事由问学（Science），施於事功，展用筋力，於以生财成器，前民用而厚民生者，皆可谓之实业。[4]

严复将实业理解为工业，虽只是众多实业言说中的一种，[5]但至少已经提供了一种可供着力的地方，即便是在还有争议的概念中，实业话语也展现出了极强的对话能力和转化能力，而将这些对话和争论转化成晚清思想界资源的过程中，《东方杂志》和《教育杂志》起到了不小作用。

　　不少论者在探讨《东方杂志》与晚清实业话语时最先关注的无疑是论

[1] 郑观应：《郑观应集·盛世危言》（上），中华书局2013年版，第20页。
[2] 《格致源流说》，《申报》1889年7月18日。
[3] 《论实业》，《时报》1904年7月29日。
[4] 严复：《实业教育》，《东方杂志》1906年第7号。
[5] 另有理解为商业、矿业或农业等数种，参见线文：《晚清重商思想研究》，博士学位论文，西北大学，2008年。

说，尽管大量论说并非杂志同人的原创，它们主要来自上海报纸的转载。如果细致分析的话，是能看到这些话语较为共识的一面，"早期《东方杂志》在论述振兴实业这一问题时，已经涉及西方现代化的本质内容，即工业化是现代化的核心"[1]。但如果仅有这些论说，实业话语展示的只是舆论空间的整合功能，很难说已经形成一个包容力强的框架。《东方杂志》的实业栏目一般是由三部分构成：论说、要折（官方的相关公文）和各地的实业志。论说栏展示了当时知识界对实业问题的热烈讨论，观点和主张容或不同，但汇集在一起后，为研究者提供了实业思考的一般脉络。

要折栏的意义表面上看没有论说那么明显，但它有效地将实业言论内在于国家机制的运作中。不少论说与要折之间是有密切联系的，例如第1卷第3号有《商部奏拟订矿务暂行章程折》《外务部通饬南洋各属承办矿务文》，同期便有《论煤铁矿之利》（节录自《商务报》）的专论。公文里自然是客观说明办矿的要求，但论说里展开的是，"从来内地之办矿者，殷商大贾居其半，达官贵人亦居其半。故无论官办商办，与夫官商合办，其人必渐染官场之积习。矿工之勤惰，固弗及知。矿利之赢绌，亦弗暇计，不知办矿为商务之一端，必须事事躬亲，时时撙节"[2]。将要折当成栏目的一项内容不仅展示了《东方杂志》"缘事生论"、不发空言的特点，也含有将知识界的诉求转变成官方决策的抱负。同时期的《申报》第二张在栏目设置上也类似于《东方杂志》，1907年设置成农工商部近事、陆军部近事、学部近事等，到1908年改为要折、交涉、政界、学务、军事、实业等。《申报》有没有受到《东方杂志》影响无法确证，但从栏目上看，这一报一刊在言论与政治的关系处理上如出一辙。

晚出的《教育杂志》在要折栏的设置与《东方杂志》极为类似，对于实业教育的记述也成为近代教育史料必定征引的文献来源。像《学部注意实业教育》记述了教育部门对实业教育的重视，"除省垣须设高等实业学

---

[1] 陶海洋：《〈东方杂志〉研究（1904—1948）——现代文化的生长点》，博士学位论文，南京大学，2013年，第203页。
[2] 《论煤铁矿之利》，《东方杂志》1904年第3号。

堂，府城须设中等实业学堂，州县须设初等实业学堂各一处"[1]，《学部变通中学堂课程分为文科实科折》中对实业教育的内涵及应用有详细说明，"以分科大学言之，则经科、法政科、文学科皆文科也。格致科、农科、工科、医科，皆实科也。学文科者，当求文学之精深。学实科者，尤期科学之纯熟。志在从政者，则于文科致力为勤。志在谋生者，则于实科用功较切"[2]。中学教育体制的修订事关甚巨，除了源于政府对实业振兴的殷切希望外，此前《东方杂志》等报刊的相关言说也做了很好的铺垫，像《论士人不讲求实业之非》对"四民"的阶层意识提出了批评：

> 中国士农工商，号为四民，实则农工二者，并无事业之可言。农人固守旧法，牢不可破。若语以改良之术，非诧为异闻，即厌为多事。故《农学报》发行数年，中国农人未受其赐，亦足见农业之不振也。至於工人，则率系贫无聊赖之徒，欲为农则无田可耕种，欲为商则无赀可营运，欲为士则家世寒微、景况窘迫，又无途以就学，始不得不迫而为工，以为糊口之计。……而士大夫於农工两途，亦复不屑注意，试观游学日本诸生，其所占科目，率不越文学、法律、政治数门，而近年新出译述诸书，浩如烟海，亦大约不出此数门。较诸同治年间江南制造局所译算学化学诸书，虚实之分，便已判然。[3]

导致读书人不重实学而喜文学、法政的原因不少，但肯定是有学习成本与未来收益之间的衡量和评估。且不说"学而优则仕"的悠久传统，与实业相关的学科在学习方法和学习难度方面都会让部分中国留学生深感为难，"张氏季直有言中国人留学外洋者，多喜就政治法律，以二者之成效近官。

---

[1]《学部注意实业教育》，《教育杂志》1909年第3期。
[2]《学部变通中学堂课程分为文科实科折》，《教育杂志》1909年第5期。
[3]《论士人不讲求实业之非》，《中外日报》1904年五月初八日；《东方杂志》1904年第6号。

而其从事也，空言而易为力。若农工实业，皆有实习，皆须致力理化，而收效之荣，不及仕宦。国家又无以鼓舞之，宜其舍此就彼也"[1]。从留洋学科的选择上可以看出，留学生选择文学、法政除了为进入仕途作必要准备外，也有在学习习惯上的考量。不少晚清留学生在出国之前固然接受过相关训练，但强调记忆力和书写能力无疑会大于实习和实践，与理化诸学科相比，人文、法政自然更贴合从前的学习习惯。

报刊大量的言论使得"实业"一词的"合法性"在晚清语境不成问题，它将士人的启蒙热情和救国动机熔铸到一个能够模糊"四民"界限的范畴中，士人从事农、工、商业都能依托实业之名。不少文人也对实业教育寄寓了很高期待，桐城文家吴汝纶在就任京师大学堂总教习之前，曾经去日本考察教育，在他的观察过程中，实业教育被提到了一个最为迫切的高度，"实业补习学校者，小学卒业或未卒业学龄已满之子弟补习其适用职业之学科。吾国未有此类学校，其所关实至要"[2]。模仿日本学堂规制，将实业教育定位于"农、工、商之专门学校"，让适合学农的学农，适合学工的学工，适合学商的学商。实业教育不仅丰富了当时的教育类型，更在反向帮助吴汝纶将教育设定为"就中才立法，要亦不禁人为圣神豪杰也"[3]。在畴人或货殖的视野中，单一的教育分层使不少不具备天赋和能力的人被捆绑在一个狭隘的学问环境中。"实业救国"一类的说法可能会高估了实业的重要性，但好处是让实业教育跻身大规模的教育态势中，尽管其后多有反复，实业教育也由于一直没有寻找到对应的象征资本而身份尴尬，但新兴的实业教育对阶层意识的演变产生了一些影响。

实业志栏目除了能了解当时实业建设的各种实绩外，更可看出《东方杂志》对实业较为宽泛的界定，内中包括农桑汇志、矿务汇志、工艺汇志和渔盐汇志等，几乎农、工、商所涉及的领域都能在汇志中找到。尤其值得注意的是"殖民"一词的使用，"暹罗蚕业志略"的前缀便是"海外殖

---

[1]《论实业之效大於法政》，《东方杂志》1904年第12号。
[2]［清］吴汝纶：《桐城吴先生日记》（下），河北教育出版社1999年版，第559页。
[3] 同上。

民",也属于实业志。[1]按李长傅的界定,"以农业为目的而迁移定居于他乡时,则称为colonial焉。此殖民字源之由来也"[2]。这一界定里,"殖民"更多是指农业上的开垦,但也有将"殖民术"泛化为兴办实业的用法,李文权在实业家传记《吴锦堂传》中这样写道:"中国之不讲殖民术,数十年矣,虽有人倡之,而无人和之。民智之不开,亦可概见。"[3]"殖民"的涵盖面更为广泛,它是一个比"实业"更大的词。在这两个词汇的等同过程中,实业话语的范围更进一步,它的指向不再只是工业、工商业或者农工商业,还可能是地区之间、国家之间生产方式交流融合的过程。

《东方杂志》实业栏为实业话语搭建了一个含有不同层面的框架。论说栏展示了知识阶层对实业的最新思考,交锋和辩驳也正使得实业越来越深入人心,成为知识界的共识或常识;要折栏展示了官方在体制上对实业发展的一些举措,也能与知识界的一些思考产生呼应和纠偏;实业志则展现实业建设中形象生动的案例,为知识界的思考或官方的体制重设提供具体的参考依据。

实业志·实业小说

《东方杂志》里的实业志如果仅从文献记载的角度看,无非是为当时的实业活动提供了纪实和备案。但如果将这些活动当成实业文化的一种呈现,那么这些"毫不起眼"的文字大有生发的可能。兹抄录三段如下:

> 张家口近设工艺局,专收无业贫民及警察局轻罪羁押人犯。现已派员至京资雇造肥皂洋料及织巾等工匠,俾令前往开办。

> 广东张竹君女士创设女工艺厂,招收妇女一百二十人,教以粗

---

[1]《暹罗蚕业志略》,《东方杂志》1904年第3号。
[2] 李长傅:《中国殖民史》,商务印书馆1937年版,上海书店影印,第1页。
[3] 李文权:《吴锦堂传》,《中国实业杂志》1912年第3期。

工织物及仿制笠衫线袜顾绣等事。

四川劝工局现有出品十余种，而陈列所地僻货少，且原定章程不准外人入观，现拟变通定章，准人入内观览，并派员引导东西士商游历，复议宽筹经费厂屋。[1]

第一则里的工艺局可看成实业教育与国家机器之间的一个结合点，从实业教育一面，工艺局的出现几乎复制了郑观应的提法，"且中国向无工艺院，故贫民子女无业谋生者多。倘各处设院教其各成一艺，俾糊口有资，自不至流为盗贼。闻泰西工艺院急于文学院，以工艺一事，非但有益商务，且有益人心"[2]。而从国家机器一面，无业贫民可能造成的社会不安消弭于劳动当中，监狱的惩罚也通过劳动转化成可见的商品。参与实业活动就在比监狱更宽松的环境，但比一般救助更具目的性的活动中完成了规训与惩罚的全部过程。

第二则中的女工艺厂无疑会成为性别议题的一个注脚，虽然这些女子所做的工作与传统女工并没有太多差异。但介入女学议题无疑会使得实业活动的覆盖力无所不在，同时期的论者自然不会忘记由女工到国族进步的发挥，"诚使通国妇女皆有所执业，则男子之仔肩有人分任，不必以谋生为苦，内顾为忧矣。……以美利坚一国言之，凡工程、绘画、测量、乐律诸事，以妇女操其业者，至数十万人。而沙的士省之女子煤油公司，则自总理以迄傭役，无一而非女子者。……然则欲兴女工，其道何由，曰在乎兴女学而已矣"[3]。

第三则的劝工局是对实业成果的展示，其中特别强调引导士人和商人游历，商人可以将实业成果变成市场上的商品，而吸引士人参观可能是源于宣传推广的需要，宽泛地讲，也是为实业活动争取更多的话语权。劝工

---

[1]《各省工艺汇志》，《东方杂志》1904年第1号。
[2] 郑观应：《盛世危言》，中华书局2013年版，第46页。
[3]《论女工》，《商务报》1904年第21期；《东方杂志》1904年第8号。

局的展览至少将工、商、士三个阶层有意识地集合和动员起来,"实业振兴"成为一个共同诉求。

以上三则实业志,指向各有不同,共同之处是实业话语的强大衍生性,它能够与社会最流行的议题联系在一起,也能同国家机器的内部运作达成"共谋",甚至还能将不同阶层的诉求统一在"实业"之名下。

与实业志相比,实业小说的触及面更广。晚清小说中专门以"实业小说"作为分类的不算太多,[1]但小说中提及实业的并不少,作为一个有效的流行元素,它经常能推动故事的发展,有时变相成为流行意识形态的传声筒。这其中最引人关注的无疑是姬文的《市声》,这部小说最初刊载在《绣像小说》上。与李伯元、吴趼人的作品相比,《市声》虽有讽刺诙谐笔墨,但"实业"是贯穿全书的"主脑"。阿英的《晚清小说史》里将其作为"工商业战争与反买办阶级"的代表作品,但批评其罔顾小说主线,经常性地"跑题",并非常不解为何要对粪老爷和香老爷的一些行径进行过分夸张的描写。[2]晚近论者如王德威却尤为看重故事的支离,并用"丑怪现实主义"的概念来重认花园夜宴一折,将其与巴赫金狂欢理论进行对话并适度修正。[3]两种论说对工商业题材的小说叙事有不同的理论预设,王德威质疑的是充满理性、追求戏剧张力式的叙事框架能不能容纳得下众声喧哗的语境,那些被看作不够成熟的晚清作品或许具有更大的阅读震撼力和写实关照。

对于晚清读者而言,他们自然不可能用"后见之明"去理解近代工商业在小说中的反映。对于姬文来说,他对实业的描摹有其自身的经验和各种见闻,这可以从写实得近于琐碎的细节中体现。他与吴趼人一样,是带着某种质疑的目光去打量流行潮流中的各种行为,但与吴趼人不太一样

---

[1] 参考樽本照雄的《新编增补清末民初小说目录》(齐鲁书社2002年版),以"实业小说"作为分类的不过是《市声》《商界镜》《橘林主人传》和译作《爱国二童子传》《三十八年》等数种。

[2] 阿英:《晚清小说史》第六章,东方出版社1996年版,第74—78页。

[3] 王德威:《被压抑的现代性——晚清小说新论》,宋伟杰译,北京大学出版社2005年版,第263—276页。

的是，他讲述的不少故事更少雕琢，或者说跑题的部分常常显出自己对实业或经济伦理这类命题的迷惘。如果把目光先从实业上离开的话，《市声》里形形色色的人都是在做生意，为了一个有着各种可能的人生在努力经营，温情与道义在交易和生意中变得暧昧不明。钱伯廉的妻弟王小兴在小说中出现的篇幅不算多，他自然不如范慕蠡、李伯正等人那么醒目，但他一波三折的故事却可以作为对新型经济伦理思考的一个切入点。贫苦的王小兴生活在苏州，当其姊夫钱伯廉在上海绞尽脑汁发财致富对家庭不管不顾之时，他正在一家大户人家做学徒，每年能够拿到几个银洋。在各行其道的生活体系中，王小兴沿着家庭作坊的道路艰难地谋生，钱伯廉通过一些投机买卖完成了原始资本的积累。其后王小兴受人中伤，赌钱失败，生活困顿之际，得到同乡吴子诚的点拨去上海投奔钱伯廉。踏入上海的王小兴展露了良好的理财本领，不但为钱伯廉的茶叶店创收，还介入了煤油、金镑等金融产品的买卖，短期获利颇丰。与此同时，他的生活方式也趋同于钱伯廉，流连于叫局、吃花酒的场合。王小兴发财的故事其后是以亏空卷款跑路结束，但里面特别扎眼的是他对待恩人吴子诚的态度，与章回小说中经常出现的道德说教不同，王小兴非但没有报答吴子诚的提携帮助，反而利用伎俩将吴子诚排挤出了钱伯廉的茶栈。在乡民社会中适用的道德体系在上海完全失效了，而且王小兴的出现和离去只是一连串机会的连接，与"无巧不成书"不同的是，在任何道德修辞上的表达目的都让位于具体而微的行为实践。这一个并无太多实业因素的故事，更多是对投机改变生活的一个注脚。作者借家庭的纽带将王小兴这个苏州小伙计带到上海，投身于各种投机活动，展示了上海的新型经济运作方式对传统经济范型的辐射和影响，"上海的银子，这般容易寻，我要早来三年，如今也和姊夫一般了"[1]。而由钱伯廉引出的汪步青靠囤地起家，他们经济上的成功较少跟实业有关，他们的存在不仅丰富了实业情境，也带出了实业与生意的关系问题。

---

[1]《市声》第十回，《绣像小说》第59号。

实业经济一般需要一定的周期，与低买高卖的投资不同的是，在整个运行过程中每个环节都需要不同类型的投入和承担各种风险，就拿当时比较热闹的纺织业来说，去无锡收蚕子成为小说中的一大关目，《市声》主要着眼的是经营者的办事效率以及同外商略显赌气的竞争。李伯正保护中小商人那番话经常被不同论者引用，"我的做买卖，用意合别人不同，别人是赚钱的，我是不怕折本。我这收蚕子，难道不吃亏么，原要吃亏才好。我这吃本国人的亏，却叫本国人不吃外国人的亏，我就不算吃亏了"[1]。李伯正确实可能展现了某种对实业救国的想象寄托，几乎是在小说文本的同一段就说明李氏对实业其实一知半解，钱伯廉也正是因为能搜肠刮肚说些时新名词而被李伯正看好。或许将李伯正理解为振兴实业的勇敢先驱有些高估，他更像是一个受当时各种"高论"影响将实业当作一种情怀来做的人。

《市声》囊括了晚清工商业界形形色色的人物。拥有雄厚资本，深受当时意识形态影响的李伯正等人展现宏观的实业活动，他们高远的抱负和空洞的行为也让"实业救国"变得疑窦丛生。有着"经济人"理性的钱伯廉将每天细微的商业活动变成故事继续下去的动力，在他的故事里，叙述十分平淡，接近一种流水账的日常伦理。被嘲讽的龚老爷和香老爷除了捕捉商机这一点外，他们对自己从事的行业有着特别的迷恋。如果不是他们在请客过程中展示出教养的缺乏，他们完全有可能成为商界励志的传奇。这出闹剧在展示"狂欢"的同时，也将象征资本的运行逻辑展示出来。他们的故事完全可与刘浩三的故事对读，后者是理想意义的工程师，他去外洋学习的背景切合了当时对泰西科学的热烈想象，而投奔樊督帅的过程也展示了实业知识在接受中的困难。对于讲求新学的文人官员来说，讲究制造只是一种心向往之的事，其实自己并不懂。在他看刘浩三的著作时，一看到新名词便不免恼火（这是张之洞的一个著名典故），当樊督帅看机器制造类书时，作者并不相信他是真在看机器，而是喜欢考据，喜欢图文并

---

[1]《市声》第六回，《绣像小说》第55号。

茂。本以为学成"屠龙术"的刘浩三不免生发"深悔到外洋去学什么汽机工艺，倒不如学了法律政治，还有做官的指望哩。但是中国不讲究工艺，商界上一年不如一年，将来民穷财尽，势必至大家做外国人的奴隶牛马"[1]。这又回到上文提及的留洋学生的专业选择问题，虽然报章舆论界能塑造出实业的美好图景，但法政等专业直接关系未来前途，而学习实业不见得马上被重视，还有可能断了在仕途上的发展。虽然刘浩三在学问见识上远高于龚、香二位老爷，但他的求学经历决定了他并没有获得阶层流动必要的象征资本。

《市声》的复杂性在于表面上是在写细致的实业活动，但当时流行的实业观念影响着小说人物的行为，他们的现实感是在观念与行为的协调或冲突之间获得的。小说也写了一些投机行为，在新型经济伦理确立之前，实业被污名化的可能非常大，梁启超曾提出过"虚业家"的说法，"要之，自提倡实业之论兴，遂为虚业家辟无数利孔，实业之为诟病于世，职此之由"[2]。而在经济伦理之外，实业家的身份认同也会碰到象征资本的问题。

实业志和实业小说从文本属性上看有着实虚之别，但如从意识形态层面看，它们的共性在于都依赖一套极具开放性的实业话语，借不同类型的社会议题对国家机器、价值体系或象征资本进行辨识和重认。

20世纪初有关"实业"的言说热闹非凡，晚清思想者们出于不同的理论预设和现实期望，对"实业"展开了不同方式的描绘。与同时期可能触动政治体制的其他思考相比，"实业振兴"几乎成了朝野各界的一个共识。《东方杂志》实业栏搭建了一个实业话语的框架，传递官方的实业举措，表达士人们的实业论说，并用实业志的方式营造一个合理化的实业世界。《教育杂志》在实业教育方面的记述呼应着《东方杂志》的话语框架，

---

[1]《市声》第十四回，《绣像小说》第63号。
[2] 梁启超：《实业与虚业》，《饮冰室合集》文集之三十三，中华书局1989年版，第31页。

而《绣像小说》上刊载的"实业小说"《市声》更像在虚构一个跌跌撞撞的"实业乌托邦"。

（作者单位：北京联合大学）

思想的疏离

——商务印书馆与学衡派[1]

张国功

作为中国现代史上文化保守主义的代表性流派，学衡派在历经半世纪的沉寂之后，自20世纪80年代末以来重新得到关注，成为当下学术界研究的热点之一。关于学衡派群体的界定，存在意见不一的争论。有学者认同《学衡》杂志创刊之初提出的组织方式，即"凡有文章登载于《学衡》杂志中者，其人即是社员；原是社员而久不作文者，则亦不复为社员矣"[2]；而有学者则主张区分松散的《学衡》社与学衡派，提出以反对新文学—新文化运动、认同新人文主义思想的文化保守理念为标准来界定学衡派。[3]目前普遍认为，学衡派大体是一个以吴宓、胡先骕、梅光迪等具有扎实的中西学术根底、留学欧美归来的学者为核心，以南京高等师范学堂—东南大学—中央大学等高校为主要活动场域，以中西文化融合、古典诗词创作等为基本文化实践，以保守的姿态反抗在20世纪初叶席卷全国的新文化—新文学运动的人文主义思想流派，或曰"精神结构复合体"。[4]

与古典中国思想和学术的自然演进状态不同，近代以来兴起的报刊媒体在学术思想的演进过程中发挥了重要作用。以报刊为中心组成的知识传授与思想传播系统，成为推动学术文化发展的重要力量。尤其是学人刊

---

[1] 基金项目：本文为江西省社会科学研究"十三五"（2019年）规划项目"基于全集的胡先骕人文学术思想研究"（19WX06）阶段性研究成果。

[2] 吴宓著，吴学昭整理：《吴宓自编年谱》，生活·读书·新知三联书店1998年版，第229页。

[3] 周佩瑶：《"学衡派"的身份想象》，福建教育出版社2013年版，第6—10页。

[4] 沈卫威：《"学衡派"谱系——历史与叙事》，江西教育出版社2007年版。

物，诸多学者的研究都说明，20世纪上半叶中国思想界有不同于西方的特质，即某一学术派别或思想潮流往往通过报刊而非著作的形式向大众传播。此一时期学人多以期刊为聚集场域，宣扬其学术思想或政治主张。[1]像以北大为中心的新文化派依托《新青年》《新潮》、北新书局等新式出版物与书局推动新文化潮流一样，与之形成思想对垒的学衡派，亦主要通过创办或参与报刊构建文化载体，并以此为平台发表文章，形成交流与认同，进行文化思想论战，激荡潮流，推动其文化理念的播散。

学衡派所创办与集结的传播媒体，总体上呈现出核心与外围、常时与战时相互支援、前后接续的格局，具体包括《学衡》《大公报·文学副刊》《国风》等核心报刊，《史地学报》《文哲学报》《湘君》等外围刊物，以及《思想与时代》《文史季刊》《中国学报》等抗战状态下的刊物。其主阵地《学衡》杂志，1922年1月以东南大学教师吴宓、胡先骕、梅光迪等为主，创办于南京，由上海中华书局发行。初为月刊，第61期起改为双月刊。1933年出至第79期停刊。刊物以"昌明国粹，融化新知"为宗旨，批判风行一时的新文化思潮。学衡派由此刊而得名。时间上，学衡派大体纵跨自20世纪20年代初至抗战胜利；空间上，则横跨南京（南京高师—东南大学、中央大学）、北京（清华大学）、长沙（明德中学）、遵义（浙江大学）、南昌（中正大学）、重庆等广阔地域。上述现代报刊与大学场域建构的文化空间，对学衡派文化保守主义思想的推行，起了很大的凝聚作用。从1920年代初至抗战胜利，北京大学—《新青年》—新青年派与东南学风—《学衡》—学衡派，在激进与保守、实验主义与人文主义、西方文化（科学、民主）与东方儒学本位、反孔与尊孔、白话与文言等文化理念上激烈冲突，成为一道时代性风景。[2]

众所周知，通过与广大社会团体、学术机构等进行广泛的平等协作，

---

[1] 何方昱：《学人、媒介与国家：以〈思想与时代〉月刊创刊为中心（1941—1948）》，《史林》2007年第1期，第18—32页。

[2] 参见张国功、苗旭艳：《抗战情境下主流文化学术刊物的地方化扩散——以学衡派谱系中的〈文史季刊〉为例》，《出版科学》2016年第1期。

商务印书馆为培植结社自由风气与学术自主性提供温床,显示出兼纳众流的开放结构与自主精神、多元发展境界,被视作现代史上开拓"公共领域"的典范。[1]耐人寻味的是,商务这一重要文化机构与文化载体网络密集、活动场域宏阔的学衡派之间,交集与合作却甚少。这看似偶然,却亦有着内在的必然性。

一 投稿、求职与合作:胡先骕与商务印书馆

以文化媒体赢得话语权,打破对立面的垄断压制局面,是现代史上思想学派立足的基本路径。当强势的新文化群体依靠《新青年》《新潮》、北新书局等新式出版物与书局激荡潮流并在1920年代中期欢呼取得全面胜利时,"反对派"学衡派正努力创办刊物,并以其作为文化载体,抑制新文化思潮,进行文化思想论战。这是著名的《学衡》杂志得以创办的历史背景。而按照学衡派灵魂人物吴宓的说法,促成《学衡》杂志问世的直接具体因素,与学衡派另一灵魂人物胡先骕投稿被拒的遭遇相关。

胡先骕出身传统士大夫家庭,喜欢旧体诗词创作。尽管在1912年通过江西庚款赴美留学考试,入美国加州柏克莱大学(今一般译为"伯克利大学")农学院留学,但他一直秉持文化保守主义态度。1916年留学归来,1918年夏受聘为国立南京高等师范学校农林专修科教授,与同校王伯沆、柳诒徵等文史教授及乡贤陈三立过从甚密,由此形成一个声气相通的文化保守主义人文网络,为此后的学衡派圈子奠定精神基础。此前,胡适、陈独秀先后发表《文学改良刍议》[2]《文学革命论》[3]等文章,揭起文学革命大旗。1919年2月,胡先骕在文化保守主义重要刊物《东方杂志》上发表《中国文学改良论》一文,站在中国传统文化的立场上,对新文学——新文化思潮提出批评。其核心观点即从东西方文学史来看,文学应该走改良之

---

[1] 参见张荣华:《张元济评传》,百花洲文艺出版社1997年版,第139—150页。
[2] 载《新青年》第2卷第5号(1917年1月1日)。
[3] 载《新青年》第2卷第6号(1917年2月1日)。

途径，而不能偏激地以"鲁莽灭裂之举"，以白话推倒文言。"欲创造新文学，必浸淫于古籍，尽得其精华，而遗其糟粕，乃能应时势之所趋，而创造一时之新文学。"[1]同年5月1日，《新潮》第1卷第5期发表罗家伦《驳胡先骕君的中国文学改良论》一文，分七条批驳胡先骕文章观点，由此形成南/北、保守/激进阵营的第一轮思想交锋。1920年，胡适出版白话新诗集《尝试集》，践行其"自古成功在尝试"的理念以推进白话新诗。胡先骕费时20余日，撰《评〈尝试集〉》对胡适的白话诗创作进行批评，但四处投稿，竟无处为之刊登。恰好此时，1915—1916年前后曾经在美国与胡适进行过文学论争的梅光迪，在1920年留学归国后经过在南开大学的短暂过渡，即于1921年南下任东南大学英文系教授，同时邀请刚归国的吴宓加盟，并告知"1920年秋，即已与中华书局有约，拟由我等编撰杂志（月出一期）名曰《学衡》，而由中华书局印刷发行"[2]。后来担任《学衡》集稿员（与总编辑类似）的吴宓晚年自编年谱说及《学衡》创办经过时，除提及梅光迪发起、与中华书局订立契约等外，对七名撰述员之一的胡先骕的身份做出介绍，认为胡"为对《学衡》杂志最热心而出力最多之人"，并特意说明："《学衡》杂志之发起，半因胡先骕此册《评〈尝试集〉》撰成后，历投南北各日报及各文学杂志，无一愿为刊登，亦无一敢为刊登者。此，事实也。"[3]

胡先骕《评〈尝试集〉》一稿，是否投寄商务印书馆的杂志，没有史料可以证明。但就在此前，《东方杂志》曾刊出其《中国文学改良论》；此后，《东方杂志》还曾刊发其《欧美新文学最近之趋势》（第7卷第18期，1920年）、《留学问题与吾国高等教育之方针》（第22卷第9期，1925年）等文章。由此可见，胡先骕与《东方杂志》有着密切的联系。《评〈尝试集〉》稿件未被可能包括商务杂志在内的媒体采纳，很可能与书评的批评

---

[1] 胡先骕：《中国文学改良论》，张大为、胡德熙、胡德焜合编：《胡先骕文存》，江西高校出版社1995年版，第5—6页。

[2] 吴宓著，吴学昭整理：《吴宓自编年谱》，生活·读书·新知三联书店1998年版，第214页。

[3] 同上书，第228—229页。

对象胡适有关。1920年，新文化运动正迎来高潮，作为领袖人物的胡适如日中天。当时的商务印书馆，走到了一个关键性发展时期，正经受着前所未有的冲击与挑战，馆里的高层迫切感觉到自身跟不上蓬勃发展的新文化潮流，明显感受到来自北京、以《新青年》与《新潮》同人杂志为代表的激进文化力量的指责与压力，而力图改变商务稳重有余、趋新不足的惯常形象。当时的编译所所长高梦旦，正"自审不适于新潮流"，"不适于编译所所长，当为公司觅一适于此职之人以自代"，[1]并于次年邀请胡适南下考察商务，希望胡适来主持商务编译所。以当时与胡适密切互动、求贤若渴的情形来看，商务不愿意对其包括白话文主张在内的文化实践、明星形象进行批评，自在情理之中。

有意思的是，与发表文章而遭拒，因而借机聚集同道创办《学衡》杂志类似，几乎同时，郭沫若向商务印书馆、中华书局与商务的一家"大杂志"《东方杂志》投寄选译《太戈儿诗选》、原创小说《骷髅》与《牧羊哀话》遭拒，愤而集结留日归来的同道成立创造社、创办《创造》季刊，以"打破社会因袭，主张艺术独立"，改变"自文化运动发生后，我国新文艺为一二偶像所垄断，以致艺术之新兴气运，澌灭将尽"的局面。[2]由此亦可见，当时的商务印书馆，已经在很大程度上形成了一种"因袭""垄断"的"势力"。不惧强势潮流的垄断与压制、抓住机缘集结同道新创报刊媒介，使《学衡》与《创造》在《新青年》、大书局等垄断思想文化的情境下脱颖而出，实现话语权与思想影响力一定程度上的时代性"逆袭"。也正是这种冲突与竞争，为现代文学界、学术思想界带来了争鸣的活跃局面。

说来胡先骕与商务印书馆很早就有联系。1916年7月，他由加州柏克莱大学留学归来。当年10月11日，正在上海的胡先骕曾往商务拜谒张元济，欲觅编辑职位，未果。张元济当天日记记录："徐毓臣介绍伊外甥胡

---

[1] 庄俞：《悼梦旦高公》，商务印书馆编：《商务印书馆九十五年》，商务印书馆1992年版，第58页。

[2] 刘纳：《创造社与泰东图书局》，广西教育出版社1999年版，第4—8、124页。

步曾，江西人，今年廿三岁。十二岁入学，毕业于京师大学。赴美，在加利福尼亚大学农林科习植物学。"[1]不知何故，商务未接纳胡先骕入职，他只好转而回家乡江西庐山森林局任职。尽管未能进入商务，后来很快转而应聘入职南京高师农林专修科教授后，胡先骕依然与商务保持着良好的关系。几乎与胡适发表《尝试集》同时，南京高师校长郭秉文与胡先骕商酌，由胡起草方案，征求北京大学等高校发起，往四川、云南采集植物标本，以胡为领队。后有7所大学或专科学校、24所中学及商务印书馆愿为赞助，筹得经费共1.5万余元。1920年3月，郭秉文赴上海与张元济谈洽，该月9日张元济日记记：郭洪生（即郭秉文）来商三事……二、"采集植物，以川省为主、滇次之。由植物教员胡步曾担任其事，并分科定名。商务如能合办，并可多得若干份，亦可出售"[2]。此后，商务曾先后出版胡先骕《高等植物学》（1923年）、《中国植物图谱》（1927年）、《细菌》（1929年，有《万有文库》《百科小丛书》两个版本）、《植物学小史》（1930年）、《世界植物地理》（1933年）、《复兴初级中学教科书·植物学》（1936年）等著译、教科书。1936年4月16日，中央研究院首届评议会第二次年会上，时任评议员的胡先骕提出三项提案，其中之一为请中研院物理化学与工程各研究所与政府或大商号联合组成科学仪器制造所案。胡先骕提出，科学教育与科学研究皆有待于科学仪器，以国内近年新兴事业与教育之发展，这项仪器的需求与年俱增，在平日是为一种重大漏卮。为应对非常时期的需求，胡建议扩大中研院物理研究所之制造中学用之物理仪器与工程研究所之制造玻璃器皿的规模。具体说，由中研院与政府机关（如兵工署资源委员会）或商业机关（如商务印书馆）等合组一规模较大之仪器制造所，以大量制造科学仪器，既对国防与教育多有裨益，又能获相当之利润。[3]

---

[1] 张元济：1916年10月11日日记，《张元济全集》第6卷，商务印书馆2008年版，第123页。

[2] 同上书，第193页。

[3] 参见胡宗刚：《胡先骕先生年谱长编》，江西教育出版社2008年版。

二 《学衡》：困境中求助商务接办而不得

研究者认为，清季民国，报章与书局往往通过书籍在报章刊登书籍广告、报章依赖书局进行印刷与发行等方式，形成交互影响的网络，成为彼此依托的"生意"。[1]《学衡》杂志的出版、发行，一直由中华书局代理。中华书局除了自编的《中华教育界》《中华小说界》等"八大杂志"，接受外面委托书局出版的杂志有《改造》《教育丛刊》《心理》《学衡》等。[2]

思想倾向新文化、以新式教科书起家的中华书局为什么愿意出版发行思想偏于保守的《学衡》杂志，沈卫威认为："商务印书馆适应新文化运动发展的大趋势，有意借重北方（主要是北京大学）文化激进主义的势力，来推动自己的出版事业，以便占据文化要津。与之对应的是，其市场竞争对手却在1920—1921年间联合东南大学的文化保守势力，接纳并于1922年1月出版了《学衡》。这是现代文化史上的一个有趣现象。"[3]对此，仝冠军持不同意见，认为中华书局无意借助《学衡》来对抗商务。[4]具体原因到底如何，已经很难从史料中得到直接支持。值得注意的是，接了《学衡》而又要考虑"双效"，尤其是"在商言商"，因此中华书局在出版、发行《学衡》的过程中，曾多次提出停止合作。也正因为如此，《学衡》杂志一度产生了转而"投靠"其一向疏离的商务印书馆的想法。1924年7月，中华书局提出停办《学衡》。吴宓立即与中华书局接洽，他在拜访总经理陆费逵时，"痛陈《学衡》已具之声名、实在之价值，及将来之前途远大"。吴的游说活动，使得陆费逵"意颇活动，谓与局中同人细商后

---

[1] 参见章清：《清季民国时期的"思想界"》，社会科学文献出版社2014年版，第454—566页。
[2] 参见左舜生：《近三十年见闻杂记》，沈云龙主编：《近代中国史料丛刊》第5辑，文海出版社1967年版，第474页。
[3] 沈卫威：《回眸"学衡派"——文化保守主义的现代命运》，人民文学出版社1999年版，第35页。
[4] 参见仝冠军：《〈学衡〉：吴宓文化理想与时代碰撞的文化样本》，《中国出版史研究》2016年第2期，第85—100页。

思想的疏离

再缓复"[1]。1926年11月16日,中华书局再次提出第60期后不再续办。原因如在复吴宓信中所说,是"《学衡》五年来销数平均只数百份,赔累不堪"[2]。吴宓一边写信给胡先骕,请他到沪调查中华书局停止合作之真实原因,请求续办;一边暗中与商务接洽,"询其愿承办否"[3]。11月27日,为《学衡》杂志事,吴宓访《学衡》杂志另一重要人物、原东南大学教授柳诒徵。柳表示无法挽救,但同时两人议定:一、请中华书局修改条件(如给予现金津贴等),仍准续办。二、托竺可桢代请商务印书馆承印,以柳氏《中国文化史》归商务单本印售为条件。[4]吴宓还致信著名报人张季鸾,托他与泰东图书局洽谈接办《学衡》。[5]期间,吴宓还曾联系上海大东书局,试探接办意向。[6]柳诒徵曾直接去函商务,询问接办事。商务给竺、柳二人均回复不愿承办。吴宓还曾请梁启超出面说情,也只得到中华书局"暂时不能进行"的答复。[7]期间,吴宓曾接到李郁函,"谓商务或有承办之意,询以前办理条件。乃以数年来与中华所订合同及办理实情,作详函,具告之。李君谓即转寄上海商务印书馆当事人,以凭商酌办理"[8]。李郁为当时吴宓参与的读经讲学会主要成员之一,交通部部员、留美学生,曾为《学

---

[1] 吴宓:1924年7月30日日记,吴宓著,吴学昭整理:《吴宓日记》II,生活·读书·新知三联书店1998年版,第269页。

[2] 吴宓:1926年11月30日日记,吴宓著,吴学昭整理:《吴宓日记》III,生活·读书·新知三联书店1998年版,第258—259页。

[3] 吴宓:1926年11月27日日记,吴宓著,吴学昭整理:《吴宓日记》III,生活·读书·新知三联书店1998年版,第252页。

[4] 参见吴宓:1926年11月27日日记,吴宓著,吴学昭整理:《吴宓日记》III,生活·读书·新知三联书店1998年版,第256页。

[5] 参见吴宓:1926年11月30日日记,吴宓著,吴学昭整理:《吴宓日记》III,生活·读书·新知三联书店1998年版,第259页。

[6] 参见吴宓:1927年9月4日日记,吴宓著,吴学昭整理:《吴宓日记》III,生活·读书·新知三联书店1998年版,第400页。

[7] 参见吴宓:1927年6月17日日记,吴宓著,吴学昭整理:《吴宓日记》III,生活·读书·新知三联书店1998年版,第357页。

[8] 吴宓:1926年12月13日日记,吴宓著,吴学昭整理:《吴宓日记》III,生活·读书·新知三联书店1998年版,第264页。

衡》筹措出版资金。大东开始表示愿按中华书局旧例接办，不要津贴，但吴宓寄希望于中华事有转圜、犹豫不定，而后大东还是答复不予接办。[1]可见，陷于困境中的吴宓为了挽救《学衡》，几乎动用了一切可能的关系。但最终，《学衡》还是延缓停刊了一年。几经反复，终于还是在1933年出至第79期停刊。这种命运，正如有学者所论："现代中国文学社群本体结构系统，所面临的实际问题是，其生存方式是否能够经受市场经济的变化，文学群体的统帅核心人物、期刊、丛书等生命形式，都必须与出版家联系，群体的起落和聚散，冲突与融合许多直接产生于此。"[2]

商务印书馆出版过很多杂志，大体分为负责编辑、校对、印刷、发行等所有环节与负责发行的（通常只管印刷等环节）两种形式。据统计，1949年以前，商务负责编辑的杂志有35种，其中大多数出现于1919至1931年间；代理发行的，则有《北京大学月刊》《博物学杂志》《初等教育》等47种。[3]新文化运动前后，商务对杂志表现出浓厚的兴趣。李石曾《农学杂志》、章士钊《太平洋》等都曾试图联系商务开展发行工作。[4]当然，商务亦曾婉拒《国是报》代印要求[5]、康有为《不忍》《共和平议》代

---

[1] 参见吴宓：1927年2月23日日记、1927年3月21日日记，吴宓著，吴学昭整理：《吴宓日记》Ⅲ，生活·读书·新知三联书店1998年版，第314、324页。

[2] 杨洪承：《文学社群文化形态论》，安徽教育出版社1998年版，第213页。

[3] 参见〔法〕戴仁：《上海商务印书馆（1897—1949）》，李桐实译，商务印书馆2000年版，第110—115页。

[4] 据张元济1917年5月11日日记："李石曾《农学杂志》由稚晖、精卫、子民介绍，由本馆代为出版。梦翁估计有两法，甲为买稿，乙为分利。乙法如销二千，可有薄利。已复拟用乙法。"同年10月30日日记："章行严来信，商量《太平洋》杂志由本馆代印发行。或将其编辑招为本馆杂志撰稿。与梦商，拟照后层办法。"《张元济全集》第6卷，商务印书馆2008年版，第202—203、273页。

[5] 据张元济1917年7月3日日记："告叶润元，《国是报》不可代印。翰翁尚游移。叶谓侯有人来诘责，再与交涉。余不可，强叶前往。适该报中人亦自欲停止，遂即将合同取回了结。"《张元济全集》第6卷，商务印书馆2008年版，第225页。

售要求[1]。商务与杂志的合作，主要是出于商业的考量。但在潮流激荡的新文化运动时期，表面上"生意"的成功，往往与内在的政治、文化思潮关系密切。张元济婉拒康有为，主要是出于自觉站在新文化立场，无法认同康有为维护帝制等落后思想的考量。即使同在新文化阵营，张元济亦因怕与新文化代表性杂志《新潮》杂志"各为派别，恐启争端"，婉却了郑幼波介绍来的《国民》杂志。[2]因此，总体上看，商务不愿意接盘《学衡》，更多是出于在思想上被指为守旧的担心。

民国以后，社会思潮往往通过报章呈现于公众。政治的、思想的各派势力借助报章进行攻击，甚至是杂志内部人员的"分裂"，成为思想界一道独特风景。思想界的分歧，经常具象化区分成"我们"与"他们"。典型的，先有围绕革命还是改良，《民报》与《新民丛报》形成论争；五四时期，则有鲁迅派与胡适派的论争；等等。[3]这种"我们"与"他们"的思想区别，在新与旧、激进与保守等价值对立中，形成不同阵营。事实上，不仅商务把学衡派当作"守旧"与"落伍"者而不愿合作；即使学衡派本身，无形中亦把商务看作"他们"。1960年代吴宓自编年谱，总结、胪列新文化运动中"与《学衡》杂志敌对者"。思想史上众所周知的"估《学衡》"者鲁迅，被吴宓放在最末且称其批判"实甚公允"；而首要的"敌对者"，则是"上海文学研究会之茅盾（沈雁冰）一派"。吴宓特意标示出茅盾当时的身份归属："时在商务印书馆，任《小说月报》总编辑。后由郑振铎继。郑乃长乐高氏之婿也。"[4]这种记忆，多少道出了当时以商务、北

---

[1] 据张元济1918年2月23日日记："康长素（有为）要求代售《不忍》杂志，及其所著书。已婉复。"同年3月26日日记："康长素来函询，能否代售《不忍》杂志《共和平议》。作函却之。"《张元济全集》第6卷，商务印书馆2008年版，第334、351页。

[2] 据张元济1920年2月28日日记："郑幼波介绍《国民杂志》，愿归本馆印行。余告梦翁，与《新潮》杂志各为派别，恐启争端。且梦意文字不佳，余谓不如婉却。"《张元济全集》第7卷，商务印书馆2008年版，第190页。

[3] 参见章清：《清季民国时期的"思想界"》，社会科学文献出版社2014年版，第369—452页。

[4] 吴宓著，吴学昭整理：《吴宓自编年谱》，生活·读书·新知三联书店1998年版，第235页。

大等为主体的新文化阵营对学衡派造成的心理压力。

三 商务印书馆与学衡派其他刊物、人员之关系

虽然商务没有接办《学衡》杂志，但从广义的学衡派的角度来看，商务与学衡派群体的联系仍有不少。

以杂志而论，1921年11月1日，南京高师—东南大学文史地部学生组织史地研究会主办的刊物《史地学报》正式出版。校出版委员会正式确认该会刊为学校的丛刊之一，由商务印书馆承印，一直出至1926年10月，共出版4卷21期20册。这是学衡派重要的外围刊物。1947年5月，徐复观主持、中央大学教授参与撰稿的《学原》在南京创刊，商务印书馆出版发行。因为柳诒徵、缪凤林、汤用彤、景昌极等多位原《学衡》《国风》和此时《思想与时代》的作者为《学原》写稿，中央大学历史系主任贺昌群认为，此刊为《学衡》之复活。[1]

值得特别说明的是历史前后相续的南京高师—东南大学。南高—东大向被视为学衡派的重要场域。行使副校长职权的校办副主任刘伯明，是学衡派的有力支持者，惜乎1924年英年早逝，被视为学衡派由此星散的重要原因。但1920年代东大主要的人文刊物中，《学衡》《文哲学报》由中华书局印刷发行，《新教育》(中华教育改进社主办)、《史地学报》《国学丛刊》则由商务印书馆印刷发行，《东南论衡》则由东南论衡社发行。这种杂志的出版发行格局，不知是否与校长郭秉文有关。郭秉文留学哥伦比亚大学，与胡适自由主义群体意气相投，而与学衡派疏离。1918年3月起，郭秉文主持南高—东大校政，直到1925年1月被免职。这段时间，正

---

[1] 1947年9月28日，夏鼐在日记中记录了中央大学历史系主任贺昌群对中大历史系的看法："上午至贺昌群君处闲谈。关于担任考古学课程事，已加辞谢。贺君谈及中大教授，对于东南派颇表示不满，谓文史方面柳诒徵门下三杰，龙（张其昀）虎（胡焕庸）狗（缪凤林），皆气派不大，根柢不深；现下之'学原'，乃'学衡'之复活，然无梅光迪、吴雨僧之新人文主义为之主持，较前更差。"转引自沈卫威：《"学衡派"编年文事》，南京大学出版社2015年版，第431页。

思想的疏离

是学衡派在宁的活跃期。郭秉文与商务关系密切。他先娶商务创办人之一鲍咸昌的三妹，后续娶商务另一创办人夏瑞芳三女为妻。他在商务编译所负责翻译《韦氏大学字典》，长期担任商务董事。在主持校政时，郭秉文曾经将商务的编辑周越然、童世亨延引到南高任教；也曾促成商务与南高出版《南京高等师范丛书》。因此，南高—东大与商务之间，互动极多。1934年，已经离开东大北上清华的吴宓看到《清华周刊》上有文章说及"前东南大学的学衡"一语，特意致函周刊，"学衡杂志，乃私人团体之刊物，与东南大学始终无丝毫关系"，"学衡社同人始终不愿被人误认与东南大学或任何学校为有关系"，"未尝借用东南大学一张纸一管笔一圆一角之经费。夫其实情如此，而社会人士每以学衡与东南大学连为一谈，实属未察，而乃学衡社友尤其总编辑吴宓所疾首痛心而亟欲自明者也"[1]。不知这其中是否暗含着校长郭秉文有能力支持《学衡》却没有支持的意思。吴宓明知郭秉文与商务非同寻常的亲缘、业缘关系，但在《学衡》遭到中华书局提出停止合作困厄时，多方求人，却没有求助于最有能力伸出援手的校长郭秉文，实在是出于思想的对立而无法开口。

不过，师长辈的思想冲突与人事矛盾，并不影响学生的职业选择。因为商务在当时无可比拟的优越性，南京高师1919级国文史地部的毕业生中，诸多被认为是广义的学衡派人物，至少有学生三人曾在商务就职：陈训慈，1924年毕业后入商务编译所短暂工作，主要负责翻译美国《国际百科全书》的史学条目；张其昀，1923—1927年在商务工作，主编的《高中中国地理》，与戴运轨主编的高中物理教科书、林语堂主编的高中英语课本，被称为当时全国通用的三大课本，后回中央大学地理学系任教；向达，1924年毕业后入商务编译所任编辑，译有《世界史纲》等，直至1930年任北平图书馆编纂委员会委员。

---

[1]《学衡杂志编者吴宓先生来函》，《清华周刊》第41卷第7期（1934年5月7日）。转引自沈卫威：《"学衡派"编年文事》，南京大学出版社2015年版，第2—3页。

至于学衡派中人物在商务印书馆出版过的著作，亦有不少。[1]但在思

---

[1] 笔者稍作检索，列举如下（部分著作1922年之前商务即已出版，现仅录1922年后的版本）。1.《细菌》，胡先骕著，1923年。2.《文学评论之原理》，〔英〕温彻斯特著，景昌极、钱堃新翻译，梅光迪校订，1923年。3.《浙江省史地纪要》，张其昀编纂，1925年。4.《宋元戏曲史》，王国维著，1925年。5.《修辞学》，王易著，1926年。6.《人生哲学》，冯友兰著，1926年。7.《人生地理教科书》，张其昀编辑，竺可桢、朱经农校订，1926年。8.《汉译世界史纲》，〔英〕韦尔斯著，向达、梁思成等译，徐则陵、朱经农等校订，1927年。9.《中国地理大纲》，张其昀著，1927年。10.《战后新世界》，〔美〕鲍曼著，张其昀等译，竺可桢等校，1927年。11.《英国现代史》，贺昌群著，徐志摩校阅，1928年。12.《中国经济地理》，张其昀著，杨铨校阅，1929年。13.《一种人生观》，冯友兰著，1929年。14.《气象学》，竺可桢著，1929年。15.《印度现代史》，向达著，1929年。16.《中国民族志》，张其昀著，1929年。17.《文字学概说》，邵祖平著，1929年。18.《中国文献学概要》，郑鹤声、郑鹤春编，1930年。19.《袁枢年谱》，郑鹤声著，1930年。20.《元曲概论》，贺昌群著，1930年。21.《王守仁》，钱穆著，1930年。22.《中外交通小史》，向达著，1930年。23.《墨子》，钱穆著，1930年。24.《中国史部目录学》，郑鹤声编，1930年。25.《史学史》，〔美〕班兹著，向达译，1930年。26.《班固年谱》，郑鹤声编，1931年。27.《国学概论》，钱穆著，1931年。28.《惠施公孙龙》，钱穆著，1931年。29.《植物学小史》，胡先骕编，1931年。30.《培风楼诗》，邵祖平著，1932年。31.《植物学》，童致棱原编，周建人改编，胡先骕校订，1933年。32.《康藏诏征》，刘曼卿著，1933年。33.《亚里士多德伦理学》，〔古希腊〕亚里士多德著，向达译，1933年。34.《杜佑年谱》，郑鹤声著，1934年。35.《柏拉图五大对话集》，〔古希腊〕柏拉图著，郭斌龢、景昌极译，吴宓校订，1934年。36.《中国语言学研究》，〔瑞典〕高本汉著，贺昌群译，1934年。37.《目录学研究》，汪辟疆著，1934年。38.《中国哲学史》，冯友兰著，1934年。39.《现实主义》，释太虚，1934年。40.《黑格尔》，〔英〕开尔德著，贺麟译，1936年。41.《黑格尔学述》，〔美〕鲁一士著，贺麟译，1936年。42.《中国木材学》，唐耀著，胡先骕校，1936年。43.《中国近三百年学术史》，钱穆著，1937年。44.《汉魏两晋南北朝佛教史》，汤用彤著，1938年。45.《法相唯识学》，释太虚著，1938年。46.《新理学》，冯友兰著，1939年。47.《唐代政治思想史述论稿》，陈寅恪著，1943年。48.《曾南丰先生年谱》，王焕镳著，1943年。49.《致知篇》，〔荷〕斯宾诺莎著，贺麟译，1943年。50.《中国通史要略》，缪凤林著，1943年。51.《新唯识论》，熊十力著，1944年。52.《隋唐制度渊源略论稿》，陈寅恪著，1944年。53.《旅美见闻录》，张其昀著，1946年。54.《新知言》，冯友兰著，1946年。55.《魏晋清谈思想初论》，贺昌群著，1946年。56.《国学导读》，邵祖平著，1947年。57.《地理学家徐霞客》，竺可桢等著，1948年。58.《经学概论讲义》，王国维著，时间不确。59.《集部概论讲义》，王国维著，时间不确。60.《小说概论讲义》，刘永济著，时间不确。

想剧变的现代，杂以政治、商业与文化等诸多因素，很难简单以"新"与"旧"、"进步"与"保守"的标签来划分阵营。作为现代史上一家重要的出版机构，商务出版这些学衡派人物的著作，只是一种平常的出版行为罢了，而并不能说明一家出版重镇与一个重要思想流派之间的逻辑关联——事实上，这恰恰证明了商务出版的文化包容性。

（作者单位：南昌大学）

新文化运动期间杜亚泉与胡适的间接思想论战

殷亚迪

一 背景

近年来,新文化运动期间陈独秀与杜亚泉之间关于东西方文化问题的论战已被逐渐发掘出来,成为许多学者研究和讨论的题目。这场论战的战场就设在杜亚泉主编的《东方杂志》,导火索是包括杜亚泉《迷乱之现代人心》等的一系列文章。自1918年4月到1919年2月,这场论战往来两个回合,除《迷乱之现代人心》外,还有陈独秀的两次"质问《东方杂志》记者"和杜亚泉的一次答复。面对陈独秀的二度质问,杜氏本欲再行答复,但却被学理讨论以外的时势因素所打断,使得这场论战貌似以代表调和派的杜亚泉失语、代表新文化派的陈独秀胜利作结。其中,最重要的时势因素当属1919年五四运动的爆发。该运动使得新文化派的思想在青年学生中间广为传播,进而影响到教科书和杂志的出版市场。商务印书馆作为出版界翘楚也受到冲击,标志就是《东方杂志》销量逐月递减。为了尽快止损并挽回出版市场,商务经理张元济一方面要求主编杜亚泉改版《东方杂志》,以部分迎合新文化运动;另一方面与高梦旦积极延请胡适担任编译所所长——编译所负责图书和杂志的选编工作,是商务的战略核心。这么做的后果是,一方面坚持自身立场的杜亚泉于1919年年底辞去主编之职,只担任理化部主任。但在交接间隙,仍实际执行主编之职的他还在坚持与新文化运动领袖论战并毫不留情地批判对方。这点鲜明地体现在他于1919年11月在《东方杂志》第16卷第11号发表的、与蒋梦麟商榷的《何谓新思想》一文,同年12月在第16卷第12号发表的、批评白话文运动的《论通俗文》,以及于1920年2月在第17卷第2号发表的、答复蒋梦麟的《对〈何谓新思想〉一文的附志》。另一方面，在1921年7月，胡适开启了他长达一个月的商务印书馆考察之旅。在当时的日记中，他表达了下述想法：虽然商务印书馆这一文化阵地很重要，入主其编译所有助于扩张新文化运动的势力，但北京大学地位更高、更重要。于是，他便推荐了自己的中学英语老师王云五做编译所所长。

当代研究者大多聚焦于陈、杜二人关于东西方文化问题的论战，却往往忽略了另一场或许意义同样重大的思想战，即杜亚泉与胡适之间展开的间接思想战。之所以称之为间接，首先，因为二人并未直接展开思想交锋，例如《论通俗文》并未获得胡适回应。其次，在两回合"何谓新思想"的论战中，直接交锋的蒋梦麟援引胡适的核心思想作为自己的基本论点，让他无意中成了这场胡、杜间接论战的桥梁。之所以意义同样重大，原因也有二。其一，胡适作为新文化运动中与陈独秀并驾齐驱的思想领袖，其对新文化运动从发起到引导过程中所扮演的思想筹划、理论奠基的角色，是冲锋陷阵、旗帜鲜明的陈独秀无法比拟的；其二，这场间接论战延展了前一场直接论战的讨论范围，并加大了其反思的深度。前一场论战主要涉及的是通过引进科学与民主而全盘西化，还是保留传统文化并对中西文化进行调和。而后一场论战的主题，一个是反思"何谓新思想"，它直指新文化运动的性质所在；另一个则涉及对白话文运动的批判，它直接质疑新文化运动的主要成果。下文中，我们详细分析这场间接思想战中涉及的双方观点以及观点背后的思想脉络。

二 "何谓新思想？"——杜亚泉与蒋梦麟论战中的核心问题

此番论战中，蒋梦麟的观点与胡适《新思潮的意义》一文多有一致，并且在其答复杜亚泉《何谓新思想》的文章中，他自己也明确提及："我的朋友胡适之先生作《新思潮的意义》文一篇。……我们两个人，不谋而合的都承认新思想是指一个新态度。"[1]更重要的是，此文是胡适对整个新

---

[1] 蒋梦麟：《何谓新思想》，许纪霖、田建业编：《杜亚泉文存》，上海教育出版社2003年版，第417页。

文化运动之意义的反思与全面总结，涉及新文化运动的方方面面，还牵涉胡适对整个运动轨迹的设计和定向。文中，胡适以"新思潮的根本意义只是一种"叫作"评判的态度"的"新态度"为总纲，不仅概括了运动中达此主旨的两大手段，即"研究问题"和"输入学理"，还指明了运动对旧文化的态度，即"整理国故"，并最终达至"再造文明"的终极目标。而杜亚泉在关键环节上都能对胡适构成回应。下面要做的第一步，就是通过比较杜、蒋、胡三者的论点，来澄清在双方心目中"何谓新思想"。

首先来看胡适和蒋梦麟各自的表述：

> 新思潮的根本意义只是一种新态度。这种新态度可叫做"评判的态度"。[1]

> 新思想是一个态度，这一个态度是向那进化一方面走。[2]

这里胡适的用语是"思潮"，而蒋梦麟则用"思想"，实则差别不大。盖因胡适要对整个新文化运动里的思想潮流做一个纲领性的提挈，而蒋梦麟用"思想"则更易将人们的目光聚焦于新文化运动的根基所在，即"新思想"上面。实际上后者也比前者更直截了当，直接说"新思想是一个态度"，而非像前者那样曲折一些、严密一些，讲"新思潮的根本意义只是一种新态度"。但实际上正如蒋梦麟所说，"我们两个人，不谋而合的都承认新思想是指一个新态度"[3]。

正是在这个意义上，杜亚泉以严谨的逻辑批评道："态度非思想，思想非态度，谓思想是态度，犹之谓鹿是马耳。态度呈露于外，思想活动于

---

[1] 胡适：《新思潮的意义》，胡适：《胡适文存》第一集，黄山书社1996年版，第527—528页。
[2] 蒋梦麟：《新旧与调和》，许纪霖、田建业编：《杜亚泉文存》，上海教育出版社2003年版，第413页。
[3] 蒋梦麟：《何谓新思想》，许纪霖、田建业编：《杜亚泉文存》，上海教育出版社2003年版，第417页。

新文化运动期间杜亚泉与胡适的间接思想论战

内。态度为心的表示,且常属于情的表示,思想为心的作用,且专属于智的作用。二者乌能混而同之?"[1]并下此定义:

> 曰思想者,最高尚之智识作用,即理性作用,包含断定推理诸作用而言,外而种种事物,内而种种观念,依吾人之理性,附之以关系,是之谓思想。新思想者,依吾人之理性,于事物或观念间,附以从前未有之关系。此关系成立以后,则对于从前所附之关系,即旧思想而言,谓之新思想……[2]

因此,新思想应当是对外在事物和内部观念合逻辑地归纳和推理的结果,是纯粹理性与经验事物结合的产物,与主观的态度应划清严格的界线。他进而论证所谓"新思想"既不"新"也非"思想",只是一种"时的态度"。蒋梦麟反驳说杜亚泉只抓住上引文的前半句,而忽略了其后半句以致造成谬批:"我说新思想和旧思想的不同,是在那个态度上,若那个态度是向那进化方向走的,抱那个态度的人的思想,是新思想;若那个态度是向旧有文化的安乐窝里走的,抱那个态度的人的思想,是旧思想。"[3]并且,在一番批评杜氏思想出于理性作用之后,结论说"态度变了,用官觉的方向就变,感情也就变,意志也就变,理性的应用也就变。所以求新思想的劈头一斧,就是改变我们对于生活的态度"[4]。

对此,杜亚泉在其第二回合答复、即《何谓新思想》文后的附志中貌似先做了一个让步,"承认前此批评,是误会的"[5],误会蒋氏并无新思想可

---

[1] 杜亚泉:《何谓新思想?》,周月峰编:《中国近代思想家文库·杜亚泉卷》,中国人民大学出版社2014年版,第506页。
[2] 同上书,第507—508页。
[3] 蒋梦麟:《何谓新思想》,许纪霖、田建业编:《杜亚泉文存》,上海教育出版社2003年版,第417页。
[4] 同上书,第419页。
[5] 杜亚泉:《对〈何谓新思想?〉一文的附志》,周月峰编:《中国近代思想家文库·杜亚泉卷》,中国人民大学出版社2014年版,第512页。

127

言。但他旋即就说：

> 又梦麟君此文之意，以感情与意志为思想之原动力，先改变感情与意志，然后能发生新思想，是将人类之理性，为情欲的奴隶。[1]

这样一来，思想就成了私欲、利益的产物，于是当时西方文明显现出来的弊端，如武力侵略、资本剥削就都可以被思想正当化了。而"此种活思想，乃听人随其情欲而活用的思想，其价值何在"[2]？所以，"鄙人之意，以谓人当以理性率领情欲，不可以情欲率领理性"[3]。思想若想得人理解，这劈头一斧就应出于具有公共性的理性，就应出于对私人情欲的克制。所以，杜亚泉赞同主张制欲的宋儒的性理学说：

> 人心之灵，莫不有知。天下之物，莫不有理。但为情欲所蔽，则有时而昏。[4]

此处蒋氏辩白的合理之处在于，的确没有完全绝缘于任何情欲意志的理性自身。换言之，"纯粹"理性一定是以某种特殊的情感为其背景的。不过，包括宋儒性理之学在内的传统中国思想从未形成西方哲学和科学中的种种二元对立——理性与情感或意志的非此即彼即是此种对立的一种表现。因此，就算是理学的"存天理、灭人欲"，也是要求人情人欲"发而皆中节"、毋过毋不及，知与情、理与欲相互圆融无碍。杜亚泉吸收了西方心理学的内容，在知情之外加上"意"——意志。而令理性免为情欲奴隶的方法乃是修养一种中正而高尚的情欲。在宋儒，则通过"知止而后

---

[1] 杜亚泉：《对〈何谓新思想？〉一文的附志》，周月峰编：《中国近代思想家文库·杜亚泉卷》，中国人民大学出版社2014年版，第512页。
[2] 同上书，第513页。
[3] 同上。
[4] 同上。

128

有定,定而后能静",令身心处于"喜怒哀乐之未发"之中来达致——静坐就是得到广为应用的修身技术。相比之下,杜亚泉更强调求知:"欲得正当之感情,尤赖有精确之智识。此自然之顺序,心理发达所必具之程度也。"[1] 或者"以知率情,以情发意,此高尚之心理,纯乎心理作用者也"。反之,一任欲望"存于吾身,冲动吾意,以意率情,以情掣知,此卑劣之心理作用,根于生理作用而起者也"。[2]

不过接下来,论战戛然而止,没有下文了。然而,杜亚泉提出的问题却只刚开了个头。我们不禁接着问:新文化运动主张的"新思想"其"劈头一斧"到底劈在哪里呢?是劈在带有"高尚情欲"的"理性"上呢,还是劈在只表达了私欲的"情意"上呢?这"一斧"既是整个运动的出发点,也是贯穿着整个运动的线索,更是理解这一运动的钥匙。我们需要重新回到胡适和蒋梦麟的文本中,尝试寻出这"一斧"的蛛丝马迹。

胡适这样表述他所谓"评判的"新态度:

> 评判的态度,简单说来,只是凡事要重新分别一个好与不好。……尼采说现今时代是一个"重新估定一切价值"(Transvaluation of all Values)的时代。"重新估定一切价值"八个字便是评判的态度的最好解释。[3]

蒋氏也随声附和此一判断,"胡先生把'批评'(即胡适的评判)来解释'新'的意义,我把'进化'来解释'新'的意义,以批评为求进化的一个方法。两者措辞稍有不同,于实际上实无甚差别"[4]。

---

[1] 杜亚泉:《论中国之社会心理》,周月峰编:《中国近代思想家文库·杜亚泉卷》,中国人民大学出版社2014年版,第131页。
[2] 杜亚泉:《精神救国论》,周月峰编:《中国近代思想家文库·杜亚泉卷》,中国人民大学出版社2014年版,第161—162页。
[3] 胡适:《新思潮的意义》,《胡适文存》第一集,黄山书社1996年版,第527—528页。
[4] 蒋梦麟:《何谓新思想》,许纪霖、田建业编:《杜亚泉文存》,上海教育出版社2003年版,第417页。

"重新估定一切价值"需要估值者本身占据一个思想支点，以为估值的基准。那么，胡适估值的基准又是什么呢？对此，他本人的表达依旧曲折而复杂。他先讲：

> 这种评判的态度，在实际上表现时，有两种趋势。……前者是"研究问题"，后者是"输入学理"。这两项是新思潮的手段。[1]

随后自问自答道：

> 为什么要研究问题呢？因为我们的社会现在正当根本动摇的时候，有许多风俗制度，向来不发生问题的，现在因为不能适应时势的需要，不能使人满意……不能不彻底研究，不能不考问旧日的解决法是否错误……有什么方法可以适应现时的要求。[2]

在这里，似乎他的基准都是以否定的形式表述的：不能适应、不能使人满意。我们既不知道不能适应怎样的时势的需要、当时时势如何造成、由什么样的人造成、不能使什么样的人满意以及现时要求是什么；也不了解可以适应现时的解决方法的根底到底是什么。而蒋梦麟在类似的话——"抱这个态度[3]的人，视吾国向来的生活是不满足的，向来的思想是不能得知识上充分的愉快的，所以他们要时时改造思想……"[4]——里，也存在同样的问题。

杜亚泉作为论战的另一方倒是提供了对上述问题的一种解答。他首先论及时势，即"不满足不愉快之态度，虽为古今人类之所共同"，但"以

---

[1] 胡适：《新思潮的意义》，《胡适文存》第一集，黄山书社1996年版，第529页。
[2] 同上。
[3] 这里指新思想。
[4] 蒋梦麟：《新旧与调和》，许纪霖、田建业编：《杜亚泉文存》，上海教育出版社2003年版，第412页。

130

今日战乱之频仍，物资之缺乏，生活费之高贵，以及产业上之垄断，政治上之迫压"，使得"人类所抱怀不满足不愉快之感情，益益深切"，[1]因此不满的态度的确会因时代关系而愈发激烈，且大肆传播。"除因时代关系而自然流露"的不满以外，它还附加了某种传播过程中集体心理的特征，即"更有因其同时代之人，咸抱如是之态度，遂互相模仿诱引，而其态度乃益为已甚者"[2]既然有了这样的时代氛围，就会有相应的知识分子说出对这个时代不满的声音："盖今日之揭橥新思想者，大率主张推倒一切旧习惯，而附之以改造思想、改造生活之门面语，其对于新思想之解答，诚不过如是也。"[3]因此，新思想只不过是不要旧思想而已。而附和这种新思想的就是"新青年"们了。杜亚泉在文中便举了两例。然而，这种时人对时势的不满意并不等于产生出"新思想"，事实上，在杜亚泉看来这种不满意的态度除了产生出破坏既有思想的效果之外，实在没有生出任何新思想。所以他说："彼等所揭橥之新思想……此非新也，此非思想也，乃时的态度而已。"[4]

问题是，杜亚泉这样的解释适用于新文化运动领袖之一的胡适吗？是否胡适从这种不满意中展开了具有公共性的理性思考却未明白表达出来呢？胡适曾解释输入学理的动机之一为："研究问题的人……不能不从那问题的意义上着想；但是问题引申到意义上去，便不能不靠许多学理做参考比较的材料，故学理的输入往往可以帮助问题的研究。"[5]这提示我们，或许从胡适努力输入的学理和研究的问题中，可以找到超越单纯"不满意"的"时的态度"的"新思想"。

---

[1] 杜亚泉：《何谓新思想？》，周月峰编：《中国近代思想家文库·杜亚泉卷》，中国人民大学出版社2014年版，第507页。
[2] 同上。
[3] 同上书，第506页。
[4] 同上书，第507页。
[5] 胡适：《新思潮的意义》，《胡适文存》第一集，黄山书社1996年版，第530页。

三 "输入学理"之道：胡适对杜威实用主义的去取

胡适在美国曾师从实用主义哲学家杜威。其对杜威实用主义思想吸取借鉴的状况，无论是胡适自己，还是后来的研究者，都已做过大量的论述。在此，笔者将采取一个特别的视角再次对胡适和杜威进行对比研究，这个视角首先要考察二者的思想与其各自所属文化中传统思想的关系，然后再考察胡适对杜威实用主义的取与弃。

（一）杜威思想中的"时"与"中"——简论杜威对西方传统哲学的批判与继承

西方形而上学思想传统的根本特征是虚设一个超感性领域——理念、上帝、自然、理性等——从而导致了对"时间性"的遗忘。这点不仅欧陆的思想家尼采和海德格尔敏锐地注意到并详加阐释，新大陆的杜威也将这点纳入其实用主义思想中。而杜威把以前的声称为永恒有效的哲学体系和概念加以历史化，将其置入具体的历史情境中，就此以"时间性"打破了西方传统形而上学的种种桎梏。用他的话说，即用历史相对性取代传统哲学的绝对主义。同时，对于传统哲学使用的观念、学说，杜威并不弃用，而是去其绝对化色彩并转换成趁手的工具：

> 这里只说"观念，学说，系统，无论怎样细致，怎样自圆其说，都须认为假设"就够了。概念等等都是工具。[1]

这就是他所谓的"工具主义"。"一个行为的法则，反应的方式"，"观念、意义、概念、想念、学说、系统都是主动地改造当前环境的工具，排除某个特殊困难及纠纷的工具"。[2]它们的"目的在于产生某一种结果的"，其适用性全赖实践结果的检验，因此这些工具"乃是试验的，不确定的，一直

---

[1]〔美〕杜威：《哲学的改造》，许崇清译，商务印书馆1958年版，第81页。
[2] 同上书，第87页。

新文化运动期间杜亚泉与胡适的间接思想论战

到受它的结果的检核为止"。[1]也就是说,"这些工具的当否与价值之征验,在于能否完成这项工作"[2]。这就是被总结为"真理即有用"的实用主义真理观。

可以举杜威对传统自由主义的改造为例。他反对传统自由主义学说固守"自由放任""守夜人"政府等教条,认为这种教条主义与传统形而上学一脉相承,都"不能认识历史的相对性","把个人看成是既定的、完全自足的东西",从而将原本是特殊观念的个性和自由说成是"在任何时候和任何地方都通用的、绝对的和最终的真理"。[3]不过时移世易,这套观念为之辩护的自由资本主义体系正陷入巨大的经济、社会危机之中,甚至有倾覆之虞。在美国,罗斯福政府就不再恪守这种教条的"假自由主义",而是在不改变自由经济某些核心原则的前提下实行新政、干预社会经济以缓解危机。这在杜威眼中体现了一种新自由主义,一种实用主义的自由主义,即抛弃绝对主义的教条转而注重维护自由的手段并评估政策后果对自由的影响。详言之,这样的自由主义要改变旧自由主义的三个假设,即(1)"个人不是某种固定不变的、现成的东西",它是在一定"物质条件和文化条件的协助与支持下培育"出来的;(2)"必须接受历史相对性概念";(3)新自由主义不排斥激进的行动哲学。[4]

杜威对传统自由主义的改造与接下来的问题紧密相关:谁来使用、怎样使用种种"工具"?杜威实用主义思想之"时"的面向和结果取向如果止步于主对教条化的传统思想的批判,那它们就很容易与利己主义结合,成为一种日常语言意义上的"实用主义",即功利的实用主义。这样的话,这种实用主义就与杜亚泉批判的因让人感到"不满足不愉快"、不适应时势而发出的"时的态度"几无二致了。杜威也很清楚这点,他特地为"真理即有用""真理即满足"做了澄清:

---

[1]〔美〕杜威:《哲学的改造》,许崇清译,商务印书馆1958年版,第81页。
[2]同上书,第87页。
[3]〔美〕杜威:《杜威文选》,涂纪亮编译,社会科学文献出版社2006年版,第408页。
[4]同上书,第409—411页。

> 真理即满足，往往人家以为是仅仅情感上满足，私人的安适……但其实……这个满足包括公众的客观的条件。[1]

这里很明确，把既有观念、概念、学说、体系置于历史情境和当下时势，并以之为工具从适应和改造环境的效果中衡量其有效与否的主体不是旨在满足私欲的个人，而是"公众"。伴随着杜威从前期纯哲学的批判与思考向后期社会思想的转变，公众或公民的主体地位日益明晰地确立。换言之，用以检验工具是否实用的"后果"是公众以其自身偏好、利益和意愿挑选出来的，而非一任某个人——尤其是领袖个人——的喜好和利益。譬如，上述的新自由主义虽然允许政府政策干预，但杜威反复强调政策手段产生的后果必须旨在"促进不断增强的个性和自由的发展"[2]。"一个福利被人自觉的实现的情境并不是暂现的感觉或私人的嗜好之情境，乃是共享交传的情境，即公共的，社会的情境。"[3]事实上在杜威那里，经由实用主义思潮传入中国的科学、民主、教育三者，其背后的主体都是自由主义意义上的"公众"。

那么，胡适作为杜威的中国学生，到底从杜威那里取了哪些经、弃了哪些经呢？而这些思想一经与其既有思想的结合，又变异成什么样子了呢？

（二）胡适的"输入学理"之道

实用主义哲学输入中国的过程中，胡适的《实验主义》一文是最重要的文献。这篇文献集中体现了他对杜威思想的取舍、与其既有思想的结合，最终导致的对杜威思想的变异。因此，我们从这篇文章入手解析胡适的"输入学理"之道。

首先，胡适一上来就总括"实验主义的两个根本观念：第一是科学实

---

[1]〔美〕杜威：《哲学的改造》，许崇清译，商务印书馆1958年版，第88页。
[2]〔美〕杜威：《杜威文选》，涂纪亮编译，社会科学文献出版社2006年版，第410页。
[3] 同上书，第115页。

验室的态度,第二是历史的态度"[1]。而"进化观点在哲学上应用的结果,便发生了一种'历史的态度'"[2],即研究事物怎样发生、怎样变到现在的样子。这表明,胡适全盘吸取了实用主义哲学"时"的面向。

更进一步,他还从时境的不断变易角度来理解科学:以前一切本体论或认识论的知识讨论、真理观都要在这种历史的态度面前受到审查,审查其是否有继续存在的合法性。这种审查的标准就是实用主义哲学强调的工具主义及其效果:首先,真理都是假设,都是实践主体手上的工具;其次,"假设的真不真,全靠他能不能发生他所应该发生的效果";最后,"这就是'科学试验室的态度'"。[3]那么应该发生怎样的效果呢?

> 经验就是生活,生活就是人与环境的交互行为,就是思想的作用指挥一切能力,利用环境,征服他,约束他,支配他……[4]

这段话却最明确地表达出胡适所说的效果是一种权力效果,是一种对由人和物构成的环境的支配效果。

那么,杜威以自由个体和社会公众为主体对社会环境加以改造和支配的思想,胡适是否也吸取了呢?关于这点,我们要求助于体现胡适社会观的文章,而最明显的莫过《不朽——我的宗教观》了。在其中,胡适简直把"社会"描述成了他所狠狠批判过的以往思想中种种本体论概念。无论是"像一种有机的组织",还是莱布尼茨单子论的比附,[5]"社会"都成了一个普遍的抽象物、一个绝对的终极实在,而完全丧失了他在分析过往思想时所推重的"历史的态度",即将之置回特定的时代和情境进行具体的

---

[1] 胡适:《实验主义》,《胡适文存》第一集,黄山书社1996年版,第216页。
[2] 同上书,第216页。
[3] 同上书,第214页。
[4] 同上书,第233页。
[5] 胡适:《不朽——我的宗教观》,《胡适文存》第一集,黄山书社1996年版,第505页。

分析。也正是因此，他借"社会不朽论"把"社会"当成信仰的对象，[1]从而不惜把历史、社会、个人诸因素间的因果关系扩大到无以复加，直至不可辨析的地步，剩下能做的只是抽象而泛泛地描述这样的关系。并且，这些因果要素在此已经变成无所不在密织的罗网，"小我"在其中只能被裹挟向"大我"，而丝毫看不到杜威主张的个体自由探索和创造自身生活的可能性的空间。事实上，胡适这里的宗教观毋宁是以社会"大我"取代佛教的"因果报应说"和"三世轮回说"罢了。可见在社会层面上，胡适不仅放弃了作为杜威思想核心的个人主义观念，更放弃了"历史的态度"；取而代之的则是一种抽象的、绝对的"社会"整体观。其实，在胡适自己的文章作品中，一遇到现实的社会世界就作抽象化处理甚或空谈学理的现象更是屡见不鲜。

既如此，胡适思想中仍然留存的真正的杜威思想，似乎只有在评判中西传统思想的时候才被采纳的"时"的面向和实用的科学观了。在《实验主义》中，被反复强调的也是对传统思想——尤其是程朱理学思想的批判：

> 从前的观念不适用了，他就不是真理了，我们就该去找别的真理来代他了。譬如"三纲五伦"的话……现在时势变了，国体变了，"三纲"便少了君臣一纲，"五伦"便少了君臣一伦……古时的"天经地义"，现在变成废语了。[2]

这一段话着重于以"时的态度"批判程朱理学的伦理思想，呼应陈独秀中

---

[1] 胡适：《不朽——我的宗教观》，《胡适文存》第一集，黄山书社1996年版，第506页。原文是："种种从前的因，种种现在无数'小我'和无数他种势力所造成的因，都成了我这个'小我'的一部分。……这种种过去的……现在的……和种种将来无穷的'小我'，一代传一代，一点加一滴；一线相传，连绵不断……这便是一个'大我'。'小我'是会消灭的，'大我'是永远不灭的……永远不朽的。……这便是社会的不朽，'大我'的不朽。"

[2] 胡适：《实验主义》，《胡适文存》第一集，黄山书社1996年版，第226页。

西体用不二的观点。在另一处，他一口气评判了七个超越具体时境的抽象悬空、"随便乱说"出来的真理，其中除了"上帝"以外，其余六个竟然都是宋代道学家发展出来的核心观念。[1]

这样一来，杜威的思想在胡适那里被弃去了社会公众的主体地位及其担纲的新自由主义之后，似乎只剩下一种历史的和实用取向的方法了。所以他才说："杜威先生……只给了我们一个哲学方法，使我们用这个方法去解决我们自己的特别问题。他的哲学方法，总名叫做'实验主义'……"[2]这种方法既然是要求知行合一的，于是也就成了一种态度。既然是一种态度，于是就变得可教，就是教育和传播的对象了。方法、态度、传播、教育就这样连成一体了。于是我们听到了这样的宣言："杜威先生虽去了，他的方法将来一定会得更多的信徒。国内敬爱杜威先生的人若都能注意与推行他所提倡的这两种方法，使历史的观念与实验的态度渐渐地变成思想界的风尚与习惯，那时候，这种哲学的影响之大，恐怕我们最大胆的想象力也还推测不完呢。"[3]的确，今天的中国早已被实验主义占据，不过这种实验主义绝非杜威的实用主义，亦非胡适的实验主义，但它却与胡适的实验主义有着谱系学的联系。这典型地体现在胡适"实验是真理的唯一试金石"一语中。[4]

回到杜亚泉与蒋梦麟展开论战的1919年11月，当时正值新文化运动时期。在运动进程中，把理学等当成不合时势、令人不满意的旧思想，用胡适亲自作结的历史的观念和实验的态度加以摧毁，单纯这样做并没有脱出杜亚泉的批判：这只是一种非新非思想的时的态度，称这是"新思想"无异于"插羊卖狗"。但还有一种可能，即当胡适把这种方法及态度

---

[1] 胡适：《实验主义》，《胡适文存》第一集，黄山书社1996年版，第215页。
[2] 胡适：《杜威先生与中国》，《胡适文存》第一集，黄山书社1996年版，第277页。
[3] 同上书，第278页。
[4] 上下文是："实验的方法至少注重三件事：（一）从具体的事实与境地下手；（二）一切学说理想，一切知识，都只是待证的假设，并非天经地义；（三）一切学说与理想都须用实行来试验过；实验是真理的唯一试金石。"同上。

应用于具体问题的研究中时，不折不扣的"新思想"终于诞生了；并且他又反过来利用对问题的研究传播这种方法及态度。而在当时诸时势因素共同作用下达到的社会效果或传播效果又成了胡适借以评判思想观念真与不真的标准。于是，这样的可能性引领我们考察新文化运动的最重要组成部分——文学革命，而杜亚泉曾著《论通俗文》专门批评这场革命。

四 "研究问题"的问题

在新文化运动对各种问题的研究中，以胡适的真理标准来看，文学革命、白话文运动效果最令他满意——胡适先后多次在对新文化运动的效果评判中论到这一成就。而实际上，这场"实验"也的确直至今天仍对中国有莫大影响，但是否可算"实验成功"，并且胡适由此便可以"社会的不朽"，这就争议颇大了。按照胡适的逻辑，效果的成败也直接关系到对"新思想"的估值，所以他就算承认他一生的事业大部分是破坏有余而建设不足，也要保留这场文学革命的建设性意义，以证明"新思想"的正确。然而，我们还是需要暂时抛开效果，首先深入到文学问题与实验主义学理的结合中，来看看"文学革命"的"新思想"到底是怎么得出的。

（一）学理输入与问题研究的结合

胡适以变异了的实验主义展开了一系列的问题研究。但为胡适所取的杜威思想的"时"的面向在吸收过程中是否也产生了某些变异？而下面的文字中，似乎就隐现着某种学理的变异：

> 杜威在哲学史上是一个大革命家……他把欧洲近世哲学从休谟和康德以来的哲学根本问题一齐抹杀，一起认为没有讨论的价值……都是不成问题的争论，都可以"不了了之"。[1]

---

[1] 胡适：《实验主义》，《胡适文存》第一集，黄山书社1996年版，第230页。

然而杜威本人并不主张将这些根本问题"一齐抹杀""不了了之",而是进行改造——"要考虑那牵涉某些哲学的对待观念,如经验与理性,实在与理想等,所需要的改造"[1]。的确,杜威常有激烈之语批判传统哲学的绝对主义倾向,视哲学史上的问题都是因应当时社会环境的假设,而随着时代的变迁哲学应当提出新的假设和问题。但在此过程中,传统哲学可以被转化为新哲学:"当它缔构在形而上的尊荣地位时,或许是荒谬而非实在的,但当它与社会的信念和社会的理想的斗争结合起来,意义就非常重大。"[2]这里我们再次看到,胡适完全错失了杜威思想"中道"及其担纲者的面向。相反,在他眼里,杜威并非一个改造家或重建家,而是一个"大革命家",革命策略是"抹杀"和"孤立"(即"不了了之")。同样,在其发动的文学革命运动中,胡适也采取了相同的策略。

这样的"革命策略"集中体现在"死/活"的符码对立上。首先在《实验主义》中,胡适强调了"活的学问",此时,还没将其对立面名之曰"死的某某"。在新文化运动初起时写作的《文学改良刍议》中,由于社会反响——作为"实验效果"——尚不明朗,所以用语也相对温和,比如陈独秀主张、胡适后来采纳的"文学革命"在此还是"文学改良","死/活"的对立还只限于论述欧洲文艺复兴时期"以'活文学'代拉丁之死文学,有活文学而后有言文合一之国语也"[3]。然而,到了一年多以后的《建设的文学革命论》,随着新文化运动的声势渐起,胡适也以"文学革命"代"文学改良",并且第一次将"死/活"的符码对立用于中国的旧文学与新文学的对立。此后,在《五十年来中国之文学》《白话文学史》《中国新文学运动小史》《中国的文艺复兴》这类不断为"实验效果"盖棺定论的"实验报告"中,这一符码对立贯穿始终。

胡适最早的用法是:

---

[1]〔美〕杜威:《哲学的改造》,许崇清译,商务印书馆1958年版,第29页。
[2] 同上书,第14页。
[3] 胡适:《文学改良刍议》,《胡适文存》第一集,黄山书社1996年版,第11页。

> 这二千年的文人所做的文学都是死的，都是用已经死了的语言文字做的。死文字决不能产出活文学。所以中国这二千年只有些死文学，只是些没有价值的死文学。[1]

这里的逻辑是，死文学盖因使用了"三千年前之死字"，而死文字和活字的区别就在于能否"言文合一"，因此"以今世眼光观之，则中国文学当以元代为最盛……当是时，中国之文学最近言文合一，白话几成文学的语言矣。使此趋势不受阻遏，则中国几有一'活文学出现'"。[2]与之相对，死文字由于避用俗语俗字，加上胡适论列的其余七事，所以"不能行远不能普及"[3]，如秦汉六朝文字。在这里，"八不主义"中最后一个"不避俗语俗字"似乎与第一个"不言之无物"产生了矛盾：文言文就一定言之无物吗，用了白话文就一定言之有物吗？名学专家胡适不管这前后的逻辑问题，他显然是用最后一条统摄了前面七事：只要是用作为"死文字"的文言文，就一定是言之无物、一定在无病呻吟、一定充满滥调套语等，因此毫无价值。

"死/活"的符码对立还把一直以来"旧/新"的符码对立激进化了。自戊戌变法以来，就确立了各种"新"与"旧"的对立：新学对旧学、新法对旧法、新政对旧政。这种对立循着梁启超的《新民说》、陈独秀主办的《新青年》一直延续至民国，至新文化运动。可见胡适的"新文学"与"旧文学"的两相对立自有其脉络。而"死文字"与"活文字"、"死文学"与"活文学"的对立在这个脉络中却是新鲜事物。从前的新旧之争无论如何没有大肆攻击对手已死、己方独活的策略。

上文有述，这样的策略来源于实验主义学理的激进变异。下面这段话最典型地体现了这种变异：

---

[1] 胡适：《建设的文学革命论》，《胡适文存》第一集，黄山书社1996年版，第42页。
[2] 胡适：《文学改良刍议》，《胡适文存》第一集，黄山书社1996年版，第11页。
[3] 同上书，第12页。

> 旧派文学……都没有破坏的价值。他们所以还能存在国中，正因为现在还没有一种真有价值，真有生气，真可算作文学的新文学起来代他们的位置。有了这种"真文学"和"活文学"，那些"假文学"和"死文学"，自然会消灭了。[1]

首先，胡适这里的"没有破坏的价值""自然会消灭"，不就取法"大革命家"杜威对近代认识论哲学问题的"抹杀""孤立"和"不了了之"吗？其次，这段话里不仅出现了之前"活文学"和"死文学"的对立，还有"真文学"和"假文学"与之对应。需要时刻记住的是，"实验是真理唯一的试金石"，而文学革命正是一场"实验"，它要检验胡适关于旧文学已死、新文学当立的假设的真假，于是以八事为基础的"死/活"自然要与"假/真"对应起来了。再次，光有这组对应还不够，因为"一个文学运动的历史的估价，必须包括它的出产品的估价"[2]，估定价值是要由效果说了算的。因此，还要由"成/败"来检验：

> 那种简单的古文体，无论怎样变化，终不能应付这个新时代的要求，终于失败了。[3]

> 新文学的创作有了一分的成功，即是文学革命有了一分的成功。……正如政治革命的目的是要建立一个新的社会秩序，那个新社会秩序的成败即是那个政治革命的成败。[4]

这样一来，"新/旧""活/死""真/假""成/败"在文化运动的实验中就

---

[1] 胡适：《建设的文学革命论》，《胡适文存》第一集，黄山书社1996年版，第41页。
[2] 胡适：《中国新文学运动小史》，《胡适文集》(1)，北京大学出版社2013年版，第106页。
[3] 同上书，第108页。
[4] 同上书，第106页。

严丝合缝地连成了一条处处二元对立的假设检验链条。因此，要证明假设为真，就要做非此即彼的选择，而这就体现为"建设/破坏"这组行动的对立。此外，文学革命的符码对立还被胡适危险地引向了与政治革命的比附。杜威曾毫不留情地批判正统西方哲学中种种观念的二元对立，主张并展望了思想和行动的多元可能性。他不会想到的是，他的中国弟子居然用他的思想勾兑出新的二元对立，这种对立还以他的行动哲学之名义要求"破坏"。用胡适的原话说就是：

> 我望我们提倡文学革命的人，对于那些腐败文学，个个都该存一个"彼可取而代也"的心理……[1]

楚霸王遥见秦始皇时说的话成了新时代文化霸权的宣言。如此，一套完备的符号暴力系统就在胡适手里发展出来了。而当他把文学革命与政治革命相类比时，它预示的似乎就不只是一场单纯的文化运动。为考察其文学效果以外的社会效果，我们不能仅限于胡适文学革命的上述"方略"，还要进一步考察其背后的"纲领"。

（二）胡适的文学革命背后的"纲领"

胡适的文学革命是包蕴在一个更大的计划中的，正如输入学理和研究问题最终都指向再造文明那样。这个更大的计划胡适名之为"中国的文艺复兴"。我们可以从胡适的中国文学的历史叙事中梳理出这个"中国的文艺复兴"的脉络。

其实胡适在以言文合一的活文学以元代为盛后，就认为此种趋势本可以最终走向白话文学。但"不意此趋势骤为明代所阻，政府既以八股取士，而当时文人……又争以复古为高，于是此千年难遇言文合一之机会，遂中道夭折矣"[2]。而这一"以复古为高"的状况一直延续至晚清民国。有鉴于此，胡适自问："自从施耐庵以来，很有了些极风行的白话文学，何

---

[1] 胡适：《建设的文学革命论》，《胡适文存》第一集，黄山书社1996年版，第41页。
[2] 胡适：《文学改良刍议》，《胡适文存》第一集，黄山书社1996年版，第11页。

以中国至今还不曾有一种标准的国语呢?"最后他悟出了答案:

> 这一千年来,中国固然有了一些有价值的白话文学,但是没有一个人出来明目张胆的主张用白话为中国的"文学的国语"。[1]

这就是文学革命与从前的白话文学的区别所在:前者是"有意的主张",而后者是无意的。而"这五十年的白话小说史……仍旧是无意的,随便的,并不是有意的"[2];正是"因为没有'有意的主张',所以白话文学从不曾和那些'死文学'争那'文学正宗'的位置"[3]。也唯有这种"有意的主张"才符合实验主义的知行合一的要求:"思想训练的着手工夫在于使人有许多活的学问知识。活的学问知识的最大来源在于人生有意识的活动。"[4]

"有意识的"文学革命还在另一个意义上符合实验主义,即在其历史效果上。上一节通过从"活/死"到"建设/破坏"的一系列二元对立的符号暴力的建构,说明了文学革命这场实验意欲引发的现实效果。而这种效果通过1920年北洋政府的教育改革在现实教育领域得到了实现。现在,踌躇满志的胡适还要拓展其历史效果,而这种效果的大小是由进化的速度来衡量的。

> 历史进化有两种:一种是完全自然的演化;一种是顺着自然的趋势,加上人力的督促。前者叫做演进,后者可叫做革命。演进是无意识的,很迟缓的,很不经济的,难保不退化的。[5]

---

[1] 胡适:《建设的文学革命论》,《胡适文存》第一集,黄山书社1996年版,第46页。
[2] 胡适:《五十年来中国之文学》,《胡适文存》第二集,黄山书社1996年版,第185页。
[3] 胡适:《建设的文学革命论》,《胡适文存》第一集,黄山书社1996年版,第47页。
[4] 胡适:《实验主义》,《胡适文存》第一集,黄山书社1996年版,第240页。
[5] 胡适:《白话文学史》,上海古籍出版社1998年版,第4页。

为了提高自然演进的速度，就要有胡适这样的"少数人出来，认清了这个自然的趋势，再加上一种有意的鼓吹……使这个自然进化的趋势赶快实现；时间可以缩短十年百年，成效可以增加十倍百倍"[1]。而"其实革命不过是人力在那自然演进的缓步徐行的历程上，有意的加上了一鞭"[2]。如果参考上节我们讨论的"死/活"的符码对立，文学革命的历史效果到底是为进化"加上了一鞭"还是"补了一刀"，还有待商榷。如以后文将要讨论的杜亚泉的历史眼光看，无疑是后者。姑且认为是"一鞭"的话，那这"一鞭"便引起了我们对胡适历史观的注意。要进入其历史观，首先要解决的一个问题便是：为什么在历史进化的各个方面，胡适偏偏着力在文学上面"加上了一鞭"？

的确，比起孔教问题、家庭问题等新文化运动"研究的问题"，胡适极其专注于文学革命问题。个中缘由当然是多重的，比如其继承了清代乾嘉汉学批判宋学的传统，比如其日记中记述的种种私人原因的汇集。但这里我们着重在学理上寻找原因，这同时也是找寻胡适提供的"新思想"的路径。首先来看下面这段话：

> 他们[3]显然是觉得在北京大学所发起的这个新运动，与当年欧洲的文艺复兴有极多相同之处。……欧洲的文艺复兴……是从新文学、新文艺、新科学和新宗教之诞生开始的。[4]

这不仅是"他们"觉得，也是胡适的夫子自道。显然，选择文学领域的革命与把新文化运动比附为欧洲的文艺复兴息息相关。这种比附的依据又在于，认为文艺复兴的核心内容只是"新文学、新文艺、新科学和新宗教之诞生"。其中，"新文学"尤其意义重大，因为：

---

[1] 胡适：《白话文学史》，上海古籍出版社1998年版，第4页。
[2] 同上。
[3] 指北京大学发行《新潮》的学生。
[4] 胡适：《胡适自叙》，团结出版社1996年版，第206页。

新文化运动期间杜亚泉与胡适的间接思想论战

此外（意大利、英国以外），法国、德国及其他各国的国语……大都是靠着文学的力量才能变成标准的国语的。[1]

如此，胡适似乎从欧洲的文艺复兴经验中用求同法归纳出一条历史规则，即新文学造成国语，而国语又促成现代民族国家的形成：

欧洲的文艺复兴也促使现代欧洲民族国家之形成。因此欧洲文艺复兴之规模与当时中国的（新文化）运动，实在没有什么不同之处。[2]

所以，"文学的国语"和"国语的文学"是一个循环，从使用白话书写国语的文学，到以这种文学塑造标准的国语："我们今日提倡国语的文学，是有意的主张。要使国语成为'文学的国语'。有了文学的国语，方有标准的国语。"[3]而在此过程中，平民大众都受到了文学的教育，被"活的文学"焕发起了活力，并自觉成为民族国家中的"国民"。新文化运动就担负起了这种"中国的文艺复兴"的使命，在此运动中，胡适也实现了回国时"预备做国民导师"的夙愿。这便是胡适为我们提供的"新思想"。

胡适认为这场"中国的文艺复兴"只是一场纯粹的文化运动，一场旨在建设中国新文学的运动。他也曾说要"二十年不谈政治"。但胡适的老同学、敏锐的学衡派从胡适构造的这套符号暴力系统中读出了"你死我活"的杀机：新文化运动的"实验"为谋成功必然要依靠权力保障其现实效果。实际上，正是后来的五四运动造成的文化和政治效果保障了新文化运动这场实验的现实效果和历史效果；而胡适自己却认为五四运动是一场"不幸的政治干扰"。这再一次显示了他忽视杜威思想中社会情势面向，又进一步表明其对中国现实社会的无视。相反，作为一位资深的社会时势的

---

[1] 胡适：《建设的文学革命论》，《胡适文存》第一集，黄山书社1996年版，第46页。
[2] 胡适：《胡适自叙》，团结出版社1996年版，第206页。
[3] 胡适：《建设的文学革命论》，《胡适文存》第一集，黄山书社1996年版，第47页。

观察家,杜亚泉对这场新文化运动却目光如炬,洞察幽微。限于本文的主题,我们主要来看杜亚泉对文学革命的批判。

(三)"研究问题"的问题:杜亚泉对文学革命的批判

面对新青年们"新文学"的鼓吹声浪,在杜亚泉之前早有旧文学阵营,即桐城派文人林纾为古文辩护:"知腊丁之不可废,则马、班、韩、柳亦自有其不宜废者。吾识其理,乃不能道其所以然,此则嗜古者之痼也。"[1]然而这与其是说辩护,不如说正好给了文学革命者以口实。胡适就逮住此话说:

> "吾识其理,乃不能道其所以然",此正是古文家之大病。古文家作文,全由熟读他人之文……读之烂熟,久之亦能仿效,却实不明其"所以然"。此如留声机器……然终是一副机器,终不能"道其所以然"也。[2]

林纾"不能道其所以然",并不代表他的文章和译著就"如留声机器",全是仿效而来。不过,的确是林纾授人以柄在先,善于把握时机的胡适当然要借此话柄做一番文章。这里,他趁机强行加入了自己对古文的攻击性解读,最终"帮助"林纾道出了所以然:机器是死的,人是活的,所以道不出所以然。这就更坐实了他的文学革命论:旧文学是"死文学","彼可取而代也"。

可林纾道不出不代表别人道不出。对于古文为什么不当废,杜亚泉就可以"道其所以然"。不仅如此,他还能道出新文学的所以然来。他的《论通俗文》篇幅虽小,可是对于文学革命的策略和纲领却拳拳打到要害。

首先,前文曾说胡适所谓新文学是以白话文为准,不避用俗语俗字。可这点又与文学改良八事的第一条"须言之有物"没有必然关联,言文合

---

[1] 参见林纾:《论古文之不宜废》,《大公报》1917年2月1日;《民国日报》1917年2月8日。

[2] 胡适:《寄陈独秀》,《胡适文存》第一集,黄山书社1996年版,第21页。

一不必然包含言之有物，言文不一也不必然言之无物。前者是文体形式，后者是文章内容。然而，旧文学却被混为一谈地评判为形式既旧又无内容。对此，杜亚泉抓住了其中的逻辑谬误：

> 近时流行之通俗文，人或称之为新文学，但"文学"二字包孕深广，仅变更文体，只可谓之新文体不能谓之新文学。[1]

文体不等于文学，形式不代表内容，不能混为一谈，像胡适讨论新旧文学那样。

其次，杜亚泉紧接着就说：

> 况通俗文本为我国固有文体之一种……初非创始于今日，则号为新文体犹且不可，况号为新文学，殊不适切于事实。[2]

这里，胡适固然知道此种文体古已有之，但首先他将他领导的此次文学革命与之前的通俗文以"有意识/无意识"、以是否加速历史进化为区隔。此外，这种"有意识"的另一表现则是要求文化精英也主动使用白话文，以收"启蒙"之功。相比之下，此前的白话文倡导者"一边是应该用白话的'他们'，一边是应该做古文古诗的'我们'。我们不妨仍旧吃肉，但他们下等社会不配吃肉，只好抛块骨头给他们去吃罢"[3]。针对第一点，杜亚泉坚持认为胡适提倡的白话文古已有之，<u>丝毫不新</u>。因此，与批评新思想"非新非思想"一脉相承，作为新思潮一部分的"新文学"也被杜亚泉批评为"非新非文学"，只是一种古已有之的文体，即"通俗文"罢了。于是，究竟是"通俗文"还是"新文学"？名词之争还牵连到第二点："我

---

[1] 杜亚泉：《论通俗文》，周月峰编：《中国近代思想家文库·杜亚泉卷》，中国人民大学出版社2014年版，第509页。
[2] 同上。
[3] 胡适:《五十年来之中国文学》，《胡适文存》第二集，黄山书社1996年版，第192页。

们"是否也必须像"他们"那样统一作白话文，否则就是不"与一般之人生出交涉"？这背后不仅蕴藏着两人不同的历史观念，更牵涉到精英与民众关系的"启蒙"问题。我们这里先处理前一问题。

正如胡适以言文合一来规定新文学那样，对他来说，历史的进化也是以国民言文合一的程度，即国语的程度来衡量的。也因此，方法、态度、教育、传播、文学革命以及他要达到的效果似乎都指向一件事，就是白话的受众数量的扩大。"一万年太久，只争朝夕"，他"有意"发动文学革命，就是为了加快这个数量的扩张，这就是他头脑中的历史进化。与此不同，杜亚泉眼中的"进化"是增进社会文化。如何增进呢？他说：

> 社会文化，愈进步则愈趋于复杂，况以吾国文学范围之广泛，绝不宜专行一种文体以狭其范围，无论何种文体，皆有其特具之兴趣，决不能以他种文体表示之。[1]

我们看到，承自斯宾塞，杜氏笔下的"进化"指的恰恰是复杂化，是社会各个领域的异质性不断增加，而非某种同质性的东西单纯在数量上的扩张。这种复杂化表现在文学上，恰恰要求多种文体、多种兴趣并行，恰恰是保存和增加文化的多样性，是众声喧哗，而非一言堂。[2]相反，胡适依其革命纲领鼓吹"死/活"符码对立的革命策略，意欲达到"你死我活""取而代也"的符号暴力效果，其结果必然是以同质性取消异质性，以单一性取代多样性。若照胡适的历史进化观，"谓高古的文学文盖可废弃，则中国现时通俗的文学文尚未成立……所谓革新文学者，或转有灭除文学之虑

---

[1] 杜亚泉：《论通俗文》，周月峰编：《中国近代思想家文库·杜亚泉卷》，中国人民大学出版社2014年版，第511页。

[2] 陈寅恪也从中西语言差异的角度，认为在此文化差异尚未在学术思想上加以明了之际，宜保留传统文体形式，不宜强令中文合于西语语法。他为国文系考试出的试题即是对对子。有趣的是，他出的对子上联是"孙行者"，自拟的绝对恰是"胡适之"，意在调侃胡适的文学革命。参见陈寅恪：《与刘叔雅论国文试题书》，陈美延、陈琉求主编：《陈寅恪集·金明馆丛稿二编》，生活·读书·新知三联书店2001年版，第255页。

矣"[1]，因此，陈独秀、胡适这些"今日之提倡通俗文者，往往抱有一种偏狭之见，以为吾国今后文学上当专用此种文体，而其余之文体，当一切革除而摈弃之"[2]。这种见解恰恰有悖于文化增进。更何况当时新的文体还在提倡阶段，尚未出现有分量的作品。新文学家不拿出自己的作品——而且是确实包含新思想、新生活方式的作品——说话，与旧文学在境界内涵上一较高下；反而"但标举名义以耸动庸众之耳目，而不顾事实之当否"，这是要弄"政党之手段，非学者之态度也"。[3]这点，胡适的昔日同窗、回国后组织学衡派的梅光迪看得同样清楚。

当然，胡适本人也感觉到必须以新文学作品做示范才显得不空洞。他本人即把其白话新诗结为《尝试集》出版，其用意在于攻破旧文学最坚固的堡垒——旧体诗歌，以新体诗取而代之。既不用遵守复杂的格律押韵，又有西文诗歌的翻译体以为榜样，一时间，新体诗蔚然成风。对此，杜亚泉诘问道：

> 至现时以通俗文所著之文学文，即所称为新体诗者，既系长短句，且不押韵，全然与诗体不同，其与通俗文略异者，仅因其有文学文之性质。有文学文之性质者，岂必名之曰诗？既非诗体，何妨另立一名，何必袭诗之名而用之乎？[4]

实际上，另立一名早有先例。宋词、元曲都是长短句，有别于唐诗，故都不以诗为名；词、曲之间亦有别，汉赋与唐宋古文亦然。那么把新体"诗"改称为新词或新曲，或干脆独创一名不更好吗？但这样显明的文学史常识在文体名实混淆的新文化家眼里却蔽而不见，后者实在是把心思都

---

[1] 杜亚泉：《论通俗文》，周月峰编：《中国近代思想家文库·杜亚泉卷》，中国人民大学出版社2014年版，第511页。
[2] 同上。
[3] 同上书，第509页。
[4] 同上书，第511页。

放在新旧对立，进而放在死活对立上面了。在他们那里，前述的文学史识都是已经"死"了的。如果竟还有"活"着的，就不妨借助思想权势和政治权势令其速朽。"革新文学者，或转有灭除文学之虑矣"，杜亚泉此虑不虚。

因此在杜氏那里，兼收并蓄才是在文学范围内对"杂多之文体"的恰当对待。为此，只要出现无论何种一元化倾向——无论是社会生活的哪个领域——他都竭力反对。我们也确实看到了杜亚泉对新文学及其理论依据的"破"，那么在文体的众声喧哗中，他代之以立的"通俗文"究竟是什么样的呢？

（四）通俗文还是白话文？

在《论通俗文》中，杜亚泉论及白话文、通俗文和文言文三种文体。首先来看白话文。在杜氏看来，白话文就是以老百姓说的白话为标准。它的好处在于，"以白话文为标准者，其能事在确合语调，记某程度人之白话，则用某程度之语调"[1]。因此，无论是老幼妇孺还是市侩盗贼，都有自己的语腔语调、特别用语。于是，"此种文体可以为显示真相之记事文，可以为添加兴趣之美术文，用之于小说为宜"[2]。无论是学界的口述史研究，还是富有地方特色的小说，都有必要采用这种忠实于原初情境的白话文。但若不限定于这些特殊用途，而是按胡适的想法罢黜其他文体、独尊白话文，那么就会出现"村农伧父皆是诗人""吾国作诗者皆京调高腔"[3]"凡京津之稗贩，均可用为教授"[4]的局面。而这就是"低抑文字以就语言"的后果。因此，

---

[1] 杜亚泉：《论通俗文》，周月峰编：《中国近代思想家文库·杜亚泉卷》，中国人民大学出版社2014年版，第509页。

[2] 同上。

[3] 胡适：《致任鸿隽》1916年7月22日、30日，沈卫威编：《胡适日记》第2册，山西教育出版社1997年版，第440、450页。

[4] 林纾：《致蔡元培》，高平叔编：《蔡元培全集》第3卷，中华书局1984年版，第274页。

新文化运动期间杜亚泉与胡适的间接思想论战

即使文言合一，而以低度之言成低度之文，安能负增进文化之责任乎？[1]

这背后的问题是：在追求言文一致的时候，究竟以谁为标准？是以白话之言为标准，还是以文言之文为标准？进而言之，是以民众语言为标准，还是以精英语言为标准？我们清楚地看到，杜亚泉选择的是精英语言——因此必须反其道而行，即"提高语言以就文字"；但不是文言——这也就是通俗文的特征所在。事实上，通俗文可以说是一种特殊的白话文，二者的区别就在于各自"所标准者"不同。不同于白话文以各类民众的白话为标准，"通俗文者，不以一般人之白话为标准，而以新闻记者在报纸上演讲时事之白话与学校教师在讲坛上讲授科学之白话为标准"。把这种特殊的白话拎出来，是因为记者[2]和教师作为精英群体和智识阶级，在公共领域负有教育公众、引导舆论之责，因此所言白话"可谓之为高等之白话"。但此种白话既属少数，也就不够"白"，用的人也少，于是"与其谓标准于白话，毋宁谓其标准于普通文"。高等白话即此普通文。这样，结论自然是"通俗文以普通文为标准，乃普通文而演之以语言者"[3]。照此来看，"现时流行之文体"，即新文化运动所倡导的白话文，实际上应当是杜亚泉"之所谓通俗文而非白话文也"[4]。杜氏所做的"循名责实"的工作旨在将概念和逻辑厘清，借此我们也可明了，何以后世史家考察白话文运动的社会效果时，惊奇地发现"新文学作品的实际读者群，就是处于大众与菁英之间的边缘读书人，主要是年轻人"，而非胡适迷思的那样，与一般民众

---

[1] 杜亚泉：《论通俗文》，周月峰编：《中国近代思想家文库·杜亚泉卷》，中国人民大学出版社2014年版，第510页。

[2] 那时的新闻记者不像今天这样分工细密，记者往往就是由士人转变而成的知识人。杜亚泉的时论文章中就经常自称记者。

[3] 杜亚泉：《论通俗文》，周月峰编：《中国近代思想家文库·杜亚泉卷》，中国人民大学出版社2014年版，第509—510页。

[4] 同上书，第510页。

"生出交涉"——因为根本就不是"白话文"嘛。[1]

澄清了普通文的概念,通俗文与文言文的差异大致就能把握了。但问题在于,就算是普通文,也会被那个年代的先生们做得与文言文相仿佛。通俗文若以之为标准,也就没那么通俗了。因此文言文体被胡适痛批,并历数其八宗罪:言之无物、仿古、无文法可言、无病呻吟、滥调套语、用典、对仗、避用俗字俗语。其中言之无物和无病呻吟与文体无必然联系,属胡适犯的逻辑错误,上文已表。其余六项都是古典文体的形式特征,在胡适看来,正是它们使得文言分离,要一概抛弃。而白话文就是抛弃仿古、用典、对仗等之后,大肆使用俗字俗语之意。在此与杜亚泉重人民"程度"不同,胡适看重的是人民"活力",以为文化精英直接使用俗字俗语是"到民众中去"、打成一片,是焕发社会活力的表征。因此,他不仅极力推崇《水浒传》这样的通俗小说,还批评金圣叹从经世治乱角度对《水浒传》的点评。早有学者指出,《水浒传》是传统中国游民文化的集大成之作。[2] 经胡适之手评判后,《水浒传》就被卸去了儒家思想对游民文化,亦即庙堂对江湖的节制,治与乱之间的张力和平衡就丧失了。借发扬民族活力的正当性话语,乱流丛集的游民文化就此被释放出来,为今后一系列的"造反有理"埋下了伏线。

如果说胡适是对中国历史上身为文化精英的"我们"与作为民众的"他们"长期疏离感到不满、有意从文体入手矫正,那么他这种"低抑文字以就语言"达到的效果却是矫枉过正、过犹不及。杜亚泉也力图打破上下隔阂,表现在文体上则是以通俗文克服言文分离之弊。但他认为,就文体形式而言,

> 吾国文言,本有接触点存在,其中为文字与言语之鸿沟者,即

---

[1] 事实上,下层民众喜闻乐见的反而多是文言小说。参见罗志田:《文学革命的社会功能与社会反响》,《社会科学研究》1996第5期。这从侧面更进一步确证了杜亚泉的通俗文说。

[2] 参见王学泰:《游民文化与中国社会》,学苑出版社1999年版,第223—229页。

因此一部分语助词之差异，若不抉去此鸿沟，则语言之程度即使尽力提高，而文言终不能合一。[1]

也就是说，对仗、用典、仿古等古典文体形式都不是言文合一的障碍，因此"以普通文为标准者，所用名、动、状词及古典成语之类，概与普通文相同"[2]。最大的问题在于"之乎者也"这样的语助词。这些助词与语调不合，构成了言与文沟通交流的障碍。普通民众一见满篇"之乎者也"的文章，就本能地产生一种学究之感和厌恶之情。因此，除非实在不能改变的方可保留沿用，此外都应作为言文之间的障碍加以移除。这样一来，古典文言不仅因增益文化之多样而加以保存，而且作为高等白话的普通文也可对古典文言体的形式和内容加以保留或吸收。而这也是杜亚泉的接续主义在文体上的表现。

除语助等形式之外，实际上杜亚泉更重视文章内容，这点与胡适重文体形式相反。上文说过，杜氏着眼于人民"程度"，而非不加辨别、一味激发民众"活力"；他注重的是把低度的提升到高度的上来，而非把高度的低抑到低度的下去。因此，文体是否能够把言之有物并承载着新思想的文章更文从字顺地表达出来，是他的关切所在：

夫高度之学术思想，决非低度之语言所能传达，譬如吾人今日欲摈弃新译新定之词语而不用，而以往时学究先生之谈话传达现代之学术思想，则其扞格不入，可无待言。[3]

这里，不仅低度的白话不能传达新思想，古奥的文言也力有不逮。因此，大师如章太炎，其学问虽博通，文字虽高古，也只能归之于国学或经学范

---

[1] 杜亚泉：《论通俗文》，周月峰编：《中国近代思想家文库·杜亚泉卷》，中国人民大学出版社2014年版，第510页。
[2] 同上。
[3] 同上。

153

畴，无法与言现代性。由此可见，普通文虽然可以接续古典文言的部分形式和内容，但如果过于倾向文言，则在吸收新名词、承载新思想方面与时代渐行渐远，更加无助于言文合一，进而打破"我们"与"他们"的上下隔阂。因此，普通文反过来还要向通俗文取经："普通文亦当然以通俗文为标准，二者互为标准。"这样，

> 一方面可以限制通俗文使不流于鄙俚，一方面又可以限制普通文使不倾于古奥，两相附丽，为文言两方趋向之鹄的，文言合一之基础即在于此。[1]

互为标准的通俗文和普通文在此有混一的倾向。这种倾向也是杜亚泉在白话文和文言文之间提出的一条中道。准此中道，他进一步提出了一种新的文体分类法，即"科学的文"和"文学的文"。"科学的文"也叫"应用之文体"，它"当然以普通文及通俗文二种为适宜"。虽然"现时二者并行，须演讲宣读者，宜用通俗文；须研究考证者，宜用普通文"，但这是考虑到言语习惯不能骤改的权宜之计。而一旦"将来通俗文习用以后，语助词之解释确定，规则严密，则当专以通俗文为应用文"[2]。这一分类意义重大。传统中国的文学史上，无论衍生出多少种文体，终归都是不同时代不同文人的文学文体，哪怕是强调说理的载道之文亦复如此。西学东渐以来，西方特有的科学文化传入，新的内容需要新的形式，那么，何种文体适合做科学技术的媒介？在杜亚泉眼中，从古典文言脱胎而来、重在治学明理的普通文经过通俗化改造，堪当此任。这是由科学文的特点决定的：不同于文学的文"重在文字之排列与锻炼，而不在文中所记述之事理"[3]；科学的文"重在文中所记述之事理，苟明其事理，则文字可以弃去，虽忘

---

[1] 杜亚泉：《论通俗文》，周月峰编：《中国近代思想家文库·杜亚泉卷》，中国人民大学出版社2014年版，第510—511页。
[2] 同上书，第511页。
[3] 陈寅恪根据中国文字特征，就要求保留这种"文字排列与锻炼"。

其文字亦可"[1]。当然，用通俗文作文学的文也并无不可。只是不可因此而尽弃"高古的文学文"，后者作为乡绅士子们依然眷恋着的"存在之家"，杜亚泉坚决反对对其摧陷廓清，像新文化领袖那样必欲拆之而后快。相反，他主张另辟一地、别盖新居，并让近代以降的理性精神寓居在此。这就是他提出的、作为中道的通俗文体用意所在。而杜亚泉自己的文章就堪称这方面的表率：首先，其文体并不避用对仗、典故和文言辞语；其次，其文虽是时论文章，但由于他切于事实地阐发事理、揭橥新思想，所以文章不仅未像陈、胡批评的那样言之无物，反而作为富有文学性的"科学的文"而不为时势所裁汰；最后，学术界今天才使他的思想得到重新发掘，很大程度上要归于白话文运动给我们造成的巨大文化断裂。

（作者单位：哈尔滨工程大学）

---

[1] 杜亚泉：《论通俗文》，周月峰编：《中国近代思想家文库·杜亚泉卷》，中国人民大学出版社2014年版，第511页。

商务印书馆英文部的"人"和"事"[1]

邹振环

近代中国人学习英语，最早在广州和上海等沿海通商口岸城市形成风气。英语教学或被动或主动地在京师同文馆、上海广方言馆和广州同文馆，即所谓"同文三馆"官方主办的外语学堂中形成规模，英语读本也在19世纪下半期形成了外国传教士、官办出版机构和民间书坊三个编刊的系列，但正式英语教科书的编纂却是因商务印书馆编译所英文部的筹建而渐趋走向正轨，并建构规模效应。商务印书馆之所以能在清末民初执英语教科书市场之牛耳，原因在于其善于网罗英语人才，重视馆外编译力量，慎选名家名译，并建立起自身的批评系统。

一　晚清英语学习风气与官办外语学堂的建立

明末清初，中国人最早接触的欧洲语言是葡萄牙语、荷兰语、西班牙语和拉丁语。英语是19世纪初由英国马礼逊等新教传教士到中国来，在传教的过程中，人们才开始接触的。古代中国人有"天朝中心主义"的观念，明末清初很多士大夫不屑于学习西方语言。一直到19世纪初，中国人仍把欧洲文字称为"蟹行文字"，把欧洲语言称为"鸟语"。

19世纪初，东南沿海的一些商人为了商贸的需要会学一点英语，英语在当时被称为"洋泾浜英语"或"红毛番话"。"红毛"指欧洲人，因为

---

[1] 2017年，为纪念商务印书馆创立120周年和张元济诞辰150周年，上海市静安区文化局与商务印书馆等邀请高校的专家学者、文化名人及商务后人，推出了"纪念商务印书馆创办120周年"主题系列讲座"共十讲，本文即由这一系列讲座的第三讲整理而成。——编者注

他们是红头发或金头发。当时底层商人使用的番话读本是编成词汇式的，有点像今天的外语学习词汇表。"红毛番话"或"通用番话"读本多分成"生意数目门""人物俗语门""言语通用门""食物杂用门"等，每个门类由几十个名词组成，每个词条下面没有英文字母，全部都是用中文标注欧洲语言的发音。如数字1—10的发音，分别是温、都、地理、科、辉、昔士、心、噎、坭、颠，多是粤语系统的发音。这些"红毛番话"读本当时流行很广，有很多不同的版本，它们有着共同的特点：第一是词汇量很少；第二是发音简化；第三是留有"洋泾浜葡语"的痕迹，绝大多数没有英文的标注，只重词语，不重句子。

最初活跃在上海或宁波等通商口岸的翻译，是一批所谓"露天通事"，他们通过番话读本学会了一些"洋泾浜英语"。也有人是通过所谓"洋泾浜英语"的"山歌"学习英语的，上海就曾流行过这类"山歌"，而且有很多不同的版本。"山歌"都是汉字，括号里的英文是后人标上去的。例如下面这段"山歌"主要是一些商贸交际用语，用上海话读更接近于英语的发音：

> 来是"康姆"（come）去是"谷"（go），
> 是叫"也司"（yes）勿叫"糯"（no），
> "翘梯翘梯"（吃tea）请吃茶，
> "雪堂雪堂"（sit down, sit down）请侬坐，
> "麦克麦克"（mark, mark）钞票多。
> 廿四块洋钿"吞的福"（twenty-four）。
> 真蹩实货"佛立谷"（very good），
> 如此如此"沙咸鱼沙"（so and so）。

再如下面这段，是关于日常物品的：

> 烘山芋叫"扑铁禿"（potato），

靴叫"蒲脱"（boots）鞋叫"靴"（shoe）。
小火轮叫"司汀巴"（steamer），
东洋车子"力克靴"（rickshaw）。

还有下面这段，则为不同的称呼或称谓：

洋行买办"江摆渡"（comprador），
混帐王八"蛋风炉"（daw fellow），
"那摩温"（number one）先生是阿大，
跑街先生"杀老夫"（shroff），
"毕的生司"（poor person）当票多，
红头阿三"开泼度"（keep person）。
自家兄弟"勃拉茶"（brother），
爷要"发茶"（father）娘"买茶"（mother），
丈人阿伯"发音落"（father-in-law）。

这一"洋泾浜山歌"当时非常流行，在上海很多文献中都出现过。

1856年，第二次鸦片战争爆发，英法联军打到北京。1860年清政府与英、法两国签订《天津条约》，其中有一个规定，即将来所有的中外条约都要附有洋文，在当时而言主要就是英文，因此便形成了中文文本与英文文本对照是否一致的问题。清政府认为从事这一工作需要自己的译员，而当时中国懂英文的大多是出生社会底层、通过"洋泾浜山歌"学习商贸英语的通事。那些被称为"跑街先生""贩夫走卒"所使用的"洋泾浜英文"根本上不了台面，这些人不可能参与政府之间的谈判。清政府认为有必要由官方出面开办外语学堂，培养译员。

洋务派首领奕䜣在奏折中写道，希望在广东、上海选一些13—14岁的孩子到学堂里来专门学习外国语言文字，为将来翻译外交文书和充当口语译员做准备。总理衙门还请了《瀛环志略》的作者徐继畬担任总管同文馆

158

事务大臣，相当于今天的校长。1862年起，在北京、上海、广州等沿海沿江大城市陆续办起了外语学校。其中以京师同文馆、上海广方言馆和广州同文馆"同文三馆"最为重要。"同文三馆"除了教授外语，还教授科学等知识；同时编过一些英文读本，其中最有名的就是以美国柯尔（Simon Kerl）的《文法》（*English Grammar*）一书为蓝本，由汪凤藻翻译的英文文法教材《英文举隅》。现在看来，这一教材内容简单，主要是有关英文的名词、代名词、冠词、形容词、动词、系动词、介词、连词、感叹词，当时的词类称谓与今天的不一样，称为静字、代静字、区指字、系静字、动字、系动字、绾合字、承转字、发语字。

民间编纂的英文学习读本，除了"洋泾浜读本"以外，有一些传教士参与编写的英文读本，如英国传教士马礼逊编纂的《英国文语凡例传》、英国外交官罗伯聃编纂的《华英通用杂话》；也有一些中国学者参与编纂的英文读本，如子卿编著的《华英通语》等。在宁波和上海流传的还有冯泽夫等编著的《英话注解》。该书的宁波版本分39类，第一部分是事物的分类，包括各国镇头门、天文、地理、时令、君臣、人伦、师友、工匠、宫署、屋宇、帐房、船车、军器、器皿、床铺、筵席、衣服、五谷、食用、医道、人身、禽兽、花草竹木、数目、银数目、洋数目、五金、颜色、蛇虫、秤尺什件、税捐、进口货、出口货门，收录的词汇有中文和英语，以及用中文标注的英语发音；第二部分是简单的对话，短句和长句都有，但是并没有摆脱"洋泾浜"的表达方式，比如"侬晓得吗"对应标注的英语是"You can understand"，"你几时走"标注的是"You go what time"，"不要忘记"标注的是"No want forget"。《英话注解》的内容较前述"红毛番话"读本正规，且用中文标注的英语发音全部都是宁波发音，当时叫作"勾章乡音"。

类似《英话注解》这样的读本还有不少，如1862年广东纬经堂出版的唐廷枢著《英语集全》，1868年邝其照编《英语初阶》和《英语汇腋》，1874年上海申报馆出版的曹骧编译《英字入门》，1884年点石斋出版的石印本《无师自通英语录》等。这里需要注意的是，有些中国人所编的英语读本是在教会系统的出版机构出版的，如杨勋所编的《英字指南》就是1879年在美华书馆出版的。可以说，传教士、官方出版系统与中国私人刻书及商业书坊等，共同参与了英文读本的出版活动。

但是，这些机构的英文读本不仅内容缺乏现代性，而且并不是按照近代学堂的课程体系策划和编写的，因此不像一般的教科书一样具备循序渐进的特点。比如《无师自通英语录》全部由句子组成，而不具有诸如第一课、第二课、第三课等体系化的课程教学系统。规范的英语教科书、英语教学资料和英汉词典等读本的规模性出版活动，可以说是因为商务印书馆编译所"英文部"的筹建而开始的，而且因此渐趋走向正轨，并建构规模效应。

二　商务印书馆"英文部"建制

商务印书馆成立于1897年，第二年开始出版英文读本。1898—1911年的14年间，共推出各类英语教材和英汉对照参考读本（不包括辞书）共计126种，约占同期同类书出版总数的70%。商务印书馆出版的英文读本内容涉及"初级读本与中小学教材""语音会话""英语语法""英文写作""英语文选和知识读本""英汉、汉英等翻译""英汉汉英辞书"七大类，无论从出版的数量还是内容的广泛性来看，在晚清英语读物出版市场中，商务印书馆都堪称执牛耳者。这一出版实况与商务印书馆特别重视英文教科书的编纂、1902年商务印书馆成立编译所之初就有"英文部"的建制有着密切的关系。

建立之初，商务印书馆是一个弄堂里的印刷工场，楼下是印刷作坊，楼上是住屋，夏瑞芳就住在楼上。从"商务印书馆"（The Commercial Press）的名称来看，无论是中文还是英文，都说明这是一个商业性质的印刷厂，它的改变就是从《华英初阶》这本教科书开始的。

1898年出版的谢洪赉编《华英初阶》和《华英进阶》，可以说是我国第一套具有近代教科书性质的英文读本。但是当时商务印书馆还没有编译所，教科书编撰没有形成一个群体，主要是由谢洪赉完成。1900年，夏瑞芳收购了日资的修文印刷所，同时购入一批质量不高的日译本，创办以来的出版实践使他越来越明确地感到，商务印书馆应该有自己的编译队伍。

1902年，夏瑞芳与当时主持南洋公学译书院的张元济共同商讨创建了商务印书馆编译所，即与印刷所、发行所平行的负责翻译、编纂、编辑的出版部门，是商务印书馆最为核心的部门。编译所设有各专业部，其中国文、英文和杂纂三部最早建立；另外成立的还有负责各专业事务运转的事务部，相当于现在出版社的总编室，以及负责与印刷所、发行所沟通定价、印数等事务的出版部，事务部长和出版部长是编译所所长的主要助手。最初的商务印书馆编译所虽然已经有国文、英文与杂纂三个专业部门的建制，但是并没有使用"英文部"的正式名称。据笔者考证，商务开始对外使用"英文部"这一正式名称，大概要到民国初年。

茅盾在回忆录《我走过的道路》里，对"英文部"有非常详细的描述。他于1916年进馆的时候就被分配在"英文部"的英文函授学校工作，当时的"英文部"只有七个人，包括部长邝富灼，主任周越然，编辑平海澜、周由廑，改卷员黄访书，以及办事员胡雄才。"英文部"在编译所三层大楼的二楼，三面有窗，进门先是三个会客室，半截板壁隔成，各有门窗，一道板壁把这些会客室和编辑部大厅分开，有点像现在很多公司里的格子间。当时的写字台有两种款式，一种是有七只抽屉的，一种是有两个抽屉的中式书桌。各部部长、各杂志编辑主任，还有英文函授学校主任周越然，都用一般写字台，只有英文部部长邝富灼用的是大型的最新式的写字台。这个写字台的台面三分之一装有高约二尺的木架，分成许多小格，备放各种文件，有个卷帘木罩装在木架顶上，把它拉下，就能将整个台面罩住，同时设有暗锁。邝富灼离开办公室时，只要将卷帘式木罩拉下，就能把里面各种各样的文件锁起来。

后来的复旦大学外语系教授葛传槼，1920年代曾在商务印书馆任编辑。他在文字中记述了后期"英文部"的详细状况：1926年底"我到英文部工作，是全部中年龄最小（仅二十岁略多）者。部长是邝富灼博士……

161

几乎不懂汉语。大家相互谈话都用汉语，但跟邝博士谈必须说英语，称他'Dr. Fong'；写一个便条给他也必须用英语。除对邝博士外，大家用汉语谈话，可是互称'Mr.'加姓，而不用'先生''君''兄''翁'等，这是上海当时某些'高等华人'的惯例。……英文部内存有丰富的资料，而且互相请教也蔚然成风。……我的第一件工作是在函授学社英文科第四级当教员。所谓'教'，就是修改作业和回答问题。不论修改作业或回答问题，我有疑问总是不耻上问，得益不少。……我尽量利用英文部中备有的各种参考书。我在到英文部以前，虽然也知道些大型英语词典，如英国的 The Oxford English Dictionary 和美国的 Webster's New International English Dictionary；但从来不曾见过，到了英文部，可说大开眼界。"1929年邝富灼退休，由英文编辑胡哲谋接任"英文部"部长。

三　谢洪赉与《华英初阶》与《华英进阶》

夏瑞芳和鲍咸恩、鲍咸昌等商务印书馆创办人早期都在教会学校清心书院读书，当时他们使用的课本就是英国人给印度小学生编的"印度读本"Primer。这本书有近代学堂教科书的特点，但是其中很多讲解都是用英国人或印度人的内容来举例，给中国的英文学习者带来很大的不便。夏瑞芳敏锐地注意到英文读本中国化的问题，于是他想到了鲍咸恩、鲍咸昌的宁波老乡、同是基督徒的谢洪赉。

谢洪赉11岁时被选送到苏州博习书院读书，受到了国文教员朱鼎卿的器重。在朱氏的指导下，谢洪赉阅读了大量儒家经典文献，对于中国传统文化有了更加深入的了解。他的勤奋好学和中西学问得到书院院长潘慎文的赏识。1892年，谢洪赉从博习书院毕业。1895年，潘慎文调任上海中西书院院长，谢洪赉也随之来到了中西书院。

谢洪赉是一个典型的"工作狂"，参与了大量教科书的编写，还在上海各大杂志社编译了很多文章。他被夏瑞芳请到商务印书馆做兼职编辑，当时负责《华英初阶》一书的翻译，整个的工作都是由他一人完成的。之后，他投身基督教出版事业，担任基督教青年会总干事和出版社主任。很可惜的是，43岁时因为患肺病去世了。

1898年商务印书馆在推出《华英初阶》和《华英进阶》两书后，又连续编出《华英进阶》第二至第五集。1899年将《初阶》和《进阶》合成一集出版，名为《华英进阶全集》。《华英进阶全集》内容丰富，选录了很多西方的名人传记、生活常识、生物科学、奇闻逸事等，还夹杂了文法、应用文写作等内容。最重要的是，谢洪赉按照中国人的习惯对原作的诸多内容进行了删改，比如将关于印度的内容删掉，补充了一些与中国相关的材料，《华英进阶》四集关于中国私塾的介绍，就是谢洪赉编进去的。

《华英进阶全集》的编纂方式已经初具近代英语教科书的模型。一是采用汉英对照的编排方式，编译该书的目的在于通过渐进式的课程，以教授最简单、最实用的词汇，根据初学者的程度，循序渐进地安排英文教学的内容。每一课一般教授六个新单词，并搭配有六个例句，旁为文言翻译。如"My"，译成"吾之"；"He and I can go"，译成"彼与吾可以去"。全书分为"字母表""两字词""三字句"，直至"五字句"等，最后为"宗教课程"（Religious Lessons），包含一些基督教的宣传，如"God gave me"，译成"上帝造吾"等。二是每一课中均有"教师指导"，针对课文的教学要点对教师的讲授技巧加以指导和建议；在特别为新单词搭配的备注"发音"（Pronunciation）中，着重强调了发音时的唇、舌位置，力争让学生在教师的帮助下奠定良好的口语基础。三是每二到三节课，又有"复习课"（Revision），列出容易混淆的字词以备察看。这一教科书的编写方法为后来中国人自编英语教科书开创了良好的范例。

这一系列教科书的影响力很大，胡适、梁漱溟、郑晓沧、钱玄同、章克标、戴家祥等人早期学习英文都使用了这套教材。北洋政府时期，有一个叫作杨宇霆的奉系军阀将领，他在17岁时参加了清政府选派赴日留学生的外语测试，就把《华英进阶全集》从头到尾背了一遍，结果让考官大为惊异。这也可以证明这一教材的风行程度。张元济给光绪皇帝进呈的书籍里就有《华英进阶全集》，因为光绪皇帝正在学习英语。

163

可以说，商务印书馆选择Primer作为打响教科书市场的第一炮，是商务创办人的"市场调研"与英语专家谢洪赉的"学术分析"双重选择的结果。尽管商务印书馆初创之际没有"英文部"，但这两本书出版之后，成为当时英文教材中出类拔萃的读物，可见谢洪赉是"英文部"成立前最重要的负责人。

四　颜惠庆和《英华大辞典》

颜惠庆是江苏上海人，父亲颜永京是晚清著名的华人传教士和西学翻译家。童年时代的颜惠庆就在父亲的教导下，培养了良好的英语能力。1895年颜惠庆赴美留学，先入圣公会中学，后升入美国弗吉尼亚大学。1899年留学期间，颜惠庆与商务印书馆一位叫作王佐廷的编辑合作订正了邝其照编的《商务书馆华英字典》。1900年毕业回国后不久，就被上海圣约翰大学聘为英文和数学教师。在圣约翰大学教英语的时候，他自主用英汉互译的素材编了一本《华英翻译捷决》的读本，1904年由商务印书馆出版，这本书由100课组成，编写方式类似教科书。

鉴于社会对英文辞书的亟需，商务印书馆邀请颜惠庆编写一本《英华大辞典》。颜惠庆当时还在圣约翰大学当老师，于是带领毕业生严鹤龄、徐善祥、周贻春、曹庆五、俞庆恩、赵国才、陈达德、谢昌熙、周森友、徐铣、张文廷、吴遵潮等参与了《英华大辞典》的编纂，这批毕业生后来有不少进入商务"英文部"做编辑。

1908年，《英华大辞典》正式出版。这部辞书以《纳韬而氏字典》为底本，由于最早的英汉字典大多是由传教士编写的，很多科学译名尚未经过专门审定，也没有统一的译名方法。为此，颜惠庆在编纂过程中收罗和参考了19世纪60年代以来各种翻译书籍中所使用的译名，包括中国教育会、中国医学会的出版物，江南制造局出版的各种名目对照表，以及商务印书馆的教科书、严译名著等。

《英华大辞典》收字12万，共3000页，附图1000幅，附录五种。这部辞书的附录很有特色,附录一是"英文引用邦字语解",收录英文中常用的拉丁语、法语、意大利语1200条;附录二是"略字解",收录缩略语1200条;附录三是"记号汇释",收录88种数学、商务及文法常用记号;附录四是"英华地名录",为1400个中外地名的中英文对照;附录五是"人名字汇",收录9000多位外国名人的国籍、身份和生卒年份。这样一来,《英华大辞典》就不是一般意义的辞典了,而更类似"百科全书"。张元济对这部辞书的营销策划下了一番功夫,邀请盛宣怀题签、严复作序,因此当时非常轰动。严复在序言里对这部辞典的评价极高,说它对于清末社会英文学习将会起到很大的推动作用。

我归纳了一下,《英华大辞典》有如下特色:一是在旧有辞典的基础上,从当时权威性的几本英美辞典摘译新出现的条目及释义;二是内容比商务之前出版的同类英华辞典更加丰富;三是译文力求准确;四是列出了专门术语,插图之多大大超过以前的同类辞典;五是一定程度上初具百科辞典性质,在清末西学和洋务亟需而相关工具书异常缺少的情况下,对读者有着极大的吸引力。

1908年,颜惠庆步入外交界,作为二等参赞随同伍廷芳出使美国,但他继续在商务印书馆兼职。他为商务校订了《习用语词典》的译稿,代表商务与美国一些图书公司写信联系,为商务取得其他英文书的版权做出了努力。1909年,他还为陈荫明译、英国提克松著的《英语成语辞林》做过校对。

五 邝富灼及其编译的英文教科书

在编译所"英文部"正式建制前后,作为英文教科书编纂中枢的主要有三个人:谢洪赉、颜惠庆和邝富灼。其中,邝富灼是"英文部"编纂英语教科书最多的学者。

邝富灼(1869—1938)出生于"华侨之乡"广东台山的穷苦人家,7岁读书,12岁跟着父亲赴海外打工。在赴美途中,他就开始迫不及待地向同行者学习英语。到达美国后，他一边工作，一边在公理会教士设立的夜校学习英语。17岁时，加入基督教救世军，被遣往太平洋各城市布道。由于自己的努力，他从一个小厨师升为太平洋岸陆军大佐的书记员。他后来说，自己流利的英语在这次阶层变动中起了很大的作用。1897年，他进入公理会设在加利福尼亚南部克雷梦城的盘马奈大学读大学预科，1902年考入加利福尼亚大学，1905年获得文学士学位。1905年，他又进入哥伦比亚大学，专修英文学、教育学二科，1906年获得文学硕士学位。1907年回国后，邝富灼首先在广州方言学堂任教员，接着参加了留学生考试，获得清政府颁布的文学进士的殊荣，[1]并因此被授予清廷邮传部尚书的职位。但是他认识到，走仕途虽然钱多些，但是进入商务印书馆编纂英文教科书的教育意义更大，于是在颜惠庆辞职后，邝富灼继其位被聘为"英文部"主任。后来，商务印书馆的英文读本能有巨大的发行量，跟邝富灼的努力有直接关系。

邝富灼一生的主要贡献是编译英文教科书，1908年他为商务编写的《英语会话教科书》，发行量极大，到1912年已经再版七次。1909年还完成了《英语作文教科书》的编纂。邝富灼工作有一个特点，一边编印教科书，一边考察周边学校英语教学的状况。1908年，他常去当时苏州教授英文的模范学校——毛实君所办的英文专修馆参观考察。这一"编""教"合一的方法，让他能够把英文教科书的编写与英语教学的实际情况联系在一起。据相关统计表明，从1908年至1929年前后，邝富灼在商务印书馆工作二十多年，期间商务印书馆出版的英语教科书多达81种，所有的英语教科书都要经过邝富灼的审定，直接署名由他编纂与校订的英语教科书就有21种。邝富灼受聘后还主持编纂了大量英汉词典。因为邝富灼在中国推广英语教学方面的杰出成就，1922年其母校盘马奈大学授予他文学博士学位。

作为"英文部"主任，邝富灼还花费了大量时间来校订他人的著述。1909年，他校订了东吴大学生物系主任祁天锡（Nathaniel Gist Gee）编写

---

[1] 1905年，清政府废除科举，但是留学生归国之后可以参加考试，赐予进士的荣誉，严复、伍光建、邝富灼等都获得过这一荣誉。

166

的《英文益智读本》(*The Useful Knowledge Reader*)，这是一部学习西方科学基础知识的简明英语读物。全书共32课，选用习见的鱼虫鸟兽、工艺、生理常识为题材，如猫、蜜蜂、稻米、眼睛、蛇、丝绸、牛、茶、牙齿等。1909年他校订有美国安迭生（R. S. Anderson，中文名孙明甫）编纂的六卷本《（商务书馆）英文新读本》[(*Commercial Press*) *New English Readers*]和《新法英文教程》(*Beginner's English Lessons*)。当时英文读本大多为英、美学者编写，因此书中往往以英、美历史人物及其事迹为主要素材，与中国学生的口味未必切合，而该书是商务印书馆特邀出生在苏州、对中国文化比较了解的美国安迭生编辑，并通过邝富灼的悉心校订，使《（商务书馆）英文新读本》取材合于中国的性情风俗，旨在"振起国民之观念"。很多研究者曾表达过，四五十年前，国内就读中学、大学的莘莘学子几乎都读过邝富灼编写的英文课本和课外读物，包括商务印书馆"英文部"出版的两份重要刊物——《英文杂志》和《英文周刊》。

邝富灼性情温和，为人处事方面给"英文部"下属留下很好的印象；同时对于商务印书馆忠心耿耿，他的工资按契约以银两计算，所有积蓄全部投资商务股票，唯其忠实，故对"英文部"一切用人行政自信不疑，要求十分严格。

六 商务印书馆英语读本编撰的特点

上文提到，从1898年推出《华英初阶》至1911年的14年间，商务印书馆共计出版各种类型的英语读本126种，平均每年多达9种，这一数字在当时是不得了的数量。

从1823年英国传教士马礼逊为英华书院学生编纂英文文法书《英国文话凡例传》开始算起，70多年来，不管是教会系统、官办学堂的出版系统，还是民间书坊系统，都没有如此规模的英文读本出版。即使放到现在，也不是每个出版社每年都可以推出八九种英文教科书的。可以说，商务印书馆在晚清英语读本的编纂和出版史上创造了一个奇迹，标志着近代中国英语读本出版进入了有计划、有组织的阶段，同时也说明民营出版机构取代教会和官方系统，成为英语读本编纂出版的主角。

商务印书馆成为近代英语教科书市场执牛耳者，与其特别重视各类英文教科书的编纂，在编译所成立之初就有"英文部"的建制，从而形成一套有效的编纂机制有着密切的关系。

我归纳了一下，商务印书馆英文读本的编纂，大致有这样几个特点。

（一）不拘一格吸纳英语人才

商务印书馆的主持人夏瑞芳、张元济等，都是极为注意网罗英语人才的帅才，"英文部"主任既是帅才，又是将才，在他们的安排下，组成了当时最强的英文编撰队伍。我查了很多资料，发现商务印书馆有四个吸纳英语人才的重要渠道——乡缘、地缘、学缘，还有教缘。颜惠庆的丈人是张元济的座师，颜惠庆与徐铣、谢洪赉与奚若都有师生关系，这是学缘；周越然、甘永龙、茅盾都是浙江人，这是乡缘和地缘。商务印书馆早期创业诸君夏瑞芳、鲍咸恩、鲍咸昌和高凤池等都有基督教信仰的背景，谢洪赉、颜惠庆、邝富灼、奚若等都是基督徒，这是教缘。当然，上述"四缘"仅仅是商务择取人才的渠道，聘请和录用编译人员的最重要标准还是其学问水平和为人处事。

在商务印书馆早期英语教科书编辑队伍中，许多编者都有丰富的英语教学经验，如谢洪赉、颜惠庆、邝富灼、周越然等都或长或短出任过不同程度学堂的英语教员，邝富灼做过广州方言学堂的教员，颜惠庆在圣约翰大学任过教授。另外，邝富灼、颜惠庆和奚若都是喝过"洋墨水"的留学生；谢洪赉、徐铣等是国内著名教会学校的毕业生。不过，学历只是吸纳人才的一个指标而已，在这一点上商务可以说是不拘一格的，比如周越然曾在传教士办的私人学堂里就学，没有什么正式的学历；1920年代入"英文部"的葛传槼毕业于商务印书馆编译所的函授学社英文科，相当于现在的夜校，而这两位"英文部"的编辑后来都成为著名的英语专家。选任人才不拘一格，可以说是商务印书馆能够在旧学向新学知识转换的过程当中，成为新式英语教科书编写引路人的重要原因。

（二）重视利用馆外的编译力量

商务印书馆聘用了一批大学者担任馆外编译，如严复为商务印书馆编译英语语法书《英文汉诂》，为商务三部以上的辞书写过序言；辜鸿铭为商务印书馆编译过《痴汉骑马歌》；伍光建不仅为商务印书馆编撰了多种英语教科书，还为商务校订过好几部英汉辞典；毕业于美国威斯康星大学、担任清华学校副校长的周诒春，以及湖南高等学校英文教员胡厚甫，经过邝富灼的推荐，都为商务印书馆编过书。根据张元济日记，可以发现他非常注意利用社会资源，比如他在日记中曾提到湖州人邵家麟"亦约翰书院毕业生，现充荷领事翻译，汉文颇好，办事亦精细"，这也是商务印书馆主持人懂得尊重学者、爱护外语人才，特别是懂得如何调动和发挥馆内外著名学者的作用，使得商务印书馆在清末民初英语教科书的编撰上始终占有绝对优势。

（三）慎选合适的名家名译

商务印书馆编译所"英文部"在编译英文教科书与英文书刊方面，有一套卓有成效的选题、编选、审稿、校稿的书稿评价机制，即便是名家名译与名著，在编审过程中仍非常审慎。当时清华大学知名教授、外文系主任、自幼负笈英伦的王文显编写了一部英文剧本，交稿后，商务印书馆先后请了三位专家进行审读，一位是美国哈佛大学的博士，一位是牛津大学的毕业生，还有"英文部"编辑葛传椝。前两位专家写了评语之后，葛传椝又提出很多意见。这种严格的审稿措施保证了商务版英语教科书和英语读物具有较高的质量，使商务版英语教科书令学界刮目相看。

（四）建立自身的批评系统

商务印书馆对于本馆出版的教科书有自身的批评系统，这一点即使放在今天，也实属难得。如馆刊《教育杂志》设有"绍介批评"栏目，既刊发对其他出版社出版物的批评，也刊有对本馆出版物的批评，其中不乏指出商务英语教科书的错漏，不讳言"间有错漏，亦已签出"的事实。这里列举一些例子，如批评邝富灼撰《英文作文教科书》，"书中不列中文，欲使学者自得之也。独插图偏以中文为题，则未免自乱其例耳"；批评《英文益智读本》"惟插画间有失检处：如117页之土耳其人浴，而图乃作一盘辫于顶之华人；132页之网球图，未画界线是也"。正因为商务印书馆在教科书编纂方面积累了一整套经验，才有这样的自信；也正因为商务形成了一套教科书编撰的自我完善机制，使其出版的英文教科书不但数量上占有绝对优势，而且在质量上也名列前茅。

商务印书馆是清末民初出版界的巨头，它是倚仗近代教科书编纂与出版而崛起和发展起来的。商务印书馆为什么能够崛起？首先要占领市场，必须靠教科书，英文教科书就是其中重要的组成部分。1906年，清学部第一次审定颁行的初等小学教科书暂用书目共102种，相当于现在讲的"部定教材"，其中商务印书馆出版的教科书就有54种，占52.9%。1910年，清学部第一次审定中学堂、初级师范学堂暂用书目共84种，其中商务印书馆出版的就有30种，占35.7%。由此可见，商务出版的英文教科书不仅"量"多，而且"质"也见长。

传统史学都很重视"人"和"事"的研究，以《史记》和《通鉴纪事本末》为代表，前者是一部以人物为主体的历史名著，后者重视历史发展过程的史实重建。梁启超在《新史学》和《中国史叙论》中认为，传统"廿四史"都是"相斫书"，主张写"群"，写团体、写社会，认为这样才有历史性。之后"新史学"的继承者胡适、傅斯年等一大批学者，倡导以问题本位为主的历史学。随着之后社会经济史研究的活跃，特别是西方结构主义史学、年鉴学派史学等的传播，或强调结构先于个人而存在，或以为人是历史的泡沫，甚至认为事件也是最没有力量的，是历史的泡沫。我这次以"商务印书馆英文部的'人'和'事'"为题，只是想说明，在商务印书馆从一个小作坊到大型托拉斯文化综合体发展的过程中，有许许多多的"人"参与了这一改变历史的过程，因此，当我们把曾经影响了商务印书馆诞生、成长和发展过程中的一些人物，把一些改变商务最初印刷厂形象而在文化界奠定独特出版地位的"英文部"若干具体的"事"充分考虑进去，或许对于反思过去120年的商务印书馆发展史，有着重要的价值。

（作者单位：复旦大学）

商务印书馆与美国宪法在中国（大陆）之翻译与传播[1]

胡晓进

商务印书馆历来以翻译出版外国学术著作为出版重心，成立仅五年（1902年）便设立了专门的编译所，聘请蔡元培、张元济等学界、政界名流担任所长，并于1907年出版《新译日本法规大全》81册、《列国政要》32册，1929年开始编印《汉译世界名著丛书》，1988年推出《美国丛书》第1辑20种。这几套丛书累积至今，已达上千种，蔚为大观。

商务印书馆系中国现代出版事业的开创者和领头羊，120年来，久久为功，翻译出版的世界各国政治、哲学、历史、经济类著作，成为中国人开眼看世界的重要窗口，泽被了一代又一代学人。作为一名研究美国宪法与历史的青年学者，笔者也从商务印书馆的一系列美国政治、法律、历史著作中获益良多。今年恰逢商务印书馆成立120周年，借此大庆机会，本文希望追根溯源，谈谈商务印书馆与美国宪法在中国（大陆）的翻译与传播。

一　商务印书馆清末出版图书中所见之美国宪法

1902年，也就是商务印书馆成立编译所的同一年，一批留学日本的中国学生以"出洋学生编辑所"的名义，在商务印书馆出版了一套名为《帝国丛书》的小册子。这套丛书共7种，主要依据日本学者的论述编译而成。其中两种——《各国国民公私权考》和《各国宪法略》，虽然都只有薄薄数页纸，但都提到了美国宪法。

---

[1] 本文系国家社科基金项目"美国宪法在中国的翻译与传播研究"（项目编号：16BFX020）阶段性成果。

《各国国民公私权考》认为，公权是"指社会成立以后，宪法或其他国法、法律所认定者，故宪法与国民之公权，尤有密切之关系焉"。公权系"专属于本国公民之权利，外国人所不得享有，所谓本国公民权是也"。"美国凡归化之外国人，充当上院议员者，必须九年以后，下院议员者，必须七年以后。"[1]

《各国宪法略》正文共7章，包括政体、行政立法司法之三权、国会之权力及选举议员之权利、君王及大统领之制与其权力等。"美国及瑞士，皆以联邦而立，上院议员则各邦之代表也，其选举之法，美国则由各邦之邦会公举。""美国、瑞士，遇有宪法当改正者，不由国会议定，而别开一改定宪法会，由人民另举员以议定之。"[2]"美国大统领（总统），惟有指挥常备兵之权耳，其他权利必经国会委任之，然后能有。""美国之大统领，虽非无准驳改正法律之权，惟须经国会再议，三占从二；苟议员由三分之二认为可，则大统领不能驳之。"[3]

除了这套《帝国丛书》外，1902年商务印书馆还出版了由"出洋学生编辑所"译述的另外两种涉及美国宪法的译著：《欧美政体通览》和《万国宪法比较》。《欧美政体通览》共5章，分述德、美、奥匈、法、英等国政治体制。其中第2章（亚美利加合众国）分3节详述美国建国经过，以及合众国议会与大统领（总统）之选举方式与权限。

> 选举人之资格，国法向无一定章程，而宪法中所言者，惟因各州之法律以定选举之资格，故合众国选举人之资格，全因各州之法律以定者也。
> 代议院议员之任期，以满二年为定，不依元老院改选议员总数三分之一之法。每当二年，各行总选举一次。其解散议院，亦非其

---

[1]〔日〕井上毅著，出洋学生编辑所编：《各国国民公私权考》，商务印书馆1902年版，第1、4、5页。
[2] 出洋学生编辑所编：《各国宪法略》，商务印书馆1902年版，第3、4页。
[3] 同上书，第4、5页。

国宪法所认定者。盖美之代议院也，其权在规定院内章程……

美国之议会，亦两院制度之一种。元老院其上院也，代议院其下院也。但须权限均平，方能实施其事。故议会一节，实为其国之立法部，每一年中，开会一次，凡国中法律，皆其所议决者。譬如新定一法律案，必须先经议会议决，而后始可呈之大统领。大统领复详加考核，毫无异议，则钤印其上，可做国法。苟大统领有异议时，须载其理由，将提出之案，再送之议院，详细覆议。[1]

《万国宪法比较》由留日学生、"出洋学生编辑所"核心成员戢冀翚主笔，书名虽有"比较"二字，实则是国别基础上，简单罗列日本、伊大利（意大利）、英吉利、俄罗斯、葡萄牙、比利时、土耳其、合众国（美国）等70余国的宪法大纲。全书51页，美国宪法部分共2页，列举了国会和总统（大统领）的选举方式与各自权限。[2]

与《帝国丛书》中的《各国国民公私权考》一样，《欧美政体通览》和《万国宪法比较》两书的作者也都是日本人（上野贞吉和辰巳小二郎）。在清末的维新风潮中，有志于新学之士纷纷将目光投向临近的日本，从日文转译日本学者翻译编写的西学著作；政治、法律类著作尤其多，其中不乏涉及美国宪法的专著。[3]比如，1907年，五位从湖北到日本留学的学生（刘德熏、郭斌、司克熙、周珍、王镇南）就曾从日文转译美国学者巴尔基（John W. Burgess）的《政治学及比较宪法论》（上、下卷），在日本印刷，运回国内发行；该书近700页，详细比较了英、美、德、法四国的政体与宪法。但由于翻译仓促、问题较多，国内发行量少，购置不易。1913年，商务印书馆推出了朱学曾等人的重译本，书后附有完整的美国（亚美利加合众国）宪法全文（近40页）。据学者考证，《政治学及比较宪法论》

---

[1] 出洋学生编辑所编：《欧美政体通览》，商务印书馆1902年版，第11页。
[2] 同上书，第40—41页。
[3] 参见胡晓进：《清末民初美国宪法在中国的翻译与传播》，《华东政法大学学报》2015年第3期。

在清末民初曾出现过好几个中译本（或节译本），[1]是清末中国思想界论战的重要理论来源，影响十分广泛。

在清末"西学东渐"过程中，学界对西学的翻译与传播固然是主流，官方的改制需求和考察编译活动，也起到了推波助澜的作用。这其中，最重要、影响最大的当数五大臣出洋考察事件。

1905年，清政府曾派遣端方、戴鸿慈等五位大臣，"随带人员，分赴东西洋各国考求一切政治，以期择善而从"[2]。在五位考察各国政治大臣出洋之际，清政府又在政务处"设立考察政治馆，延揽通才，悉心研究，择各国政治之中与中国政体相宜者，斟酌损益，纂订成书，随时进呈，候旨裁定"。1906年，五大臣考察回国后，将周游世界各国所搜罗的数百种政治书籍交给该馆，为该馆开展编译工作，提供了极大的便利。[3]

1907年，考察政治馆以这批书为基础，编译整理出《列国政要》，署名"出使各国考察政治大臣戴鸿慈、端方同辑"，[4]交由（上海）商务印书馆出版发行。《列国政要》全书32册132卷，计有宪法10卷、官制10卷、地方制度5卷、教育19卷、陆军23卷、海军18卷、商政7卷、工艺2卷、

---

[1] 除1907年刘德熏等人的译本（法制经济社藏版）、1913年朱学曾等人的重译本（上海商务印书馆1907年11月初版），《泰西各国立宪史论》（伯盖司著，张竞良译，上海文明书局1903年版）很可能也是《政治学及比较宪法论》的节译本，《政治学》（伯盖司著，杨廷栋译，上海作新社1902年版），也出自该书。参见孙宏云：《汪精卫、梁启超"革命"论战的政治学背景》，《历史研究》2004年第5期；孙宏云：《学术连锁：高田早苗与欧美政治学在近代日本与中国之传播》，《中山大学学报（社会科学版）》2013年第5期。

[2] 故宫博物院明清档案部编：《清末筹备立宪档案史料》（上册），中华书局1979年版，第1页。

[3] 1906年11月，考察政治馆还奏请清廷，将已经裁汰的太仆寺旧署作为该馆的编译所，专门编译介绍外国立宪制度的书籍。参见彭剑：《清季宪政编查馆研究》，北京大学出版社2011年版，第8—9页。

[4] 据学者考证，《列国政要》系出自陈庆年之手笔，参见张生：《从〈列国政要〉看清末宪政》，《史林》2012年第4期。

财政29卷、法律8卷,以及教务1卷。其中,介绍美国(美利坚国)政制的有30卷。[1]在这30卷中,直接涉及美国宪法的有4卷,包括宪法部分第5卷(议院规则)、官制部分第8卷(联邦政府)、地方制度部分第2卷(省政)、地方制度部分第5卷(麻沙朱色得士省[2]宪法)。

其中,宪法部分第5卷分"额数会员"(第1节)、"开会章程"(第2节)、"聚会时地"(第3节)、"决见原理"(第4节)等42节,详细介绍了美国宪法中的"议院规则"。

官制部分第8卷共分为8节:上下议院、总统及外部、户部、邮部、内政部、农工商部、司法部,详细介绍了美国宪法中的"联邦政府",包括制宪原因[3]、上下院议长年俸、联邦政府立法官(议员)所有职权[4]、总统之选举与权限。[5]

地方制度部分第2卷分为5节,介绍美国各省(州)与全国之关系、各省(州)宪法、各省(州)立法权、各省(州)行政权、各省(州)司

---

[1] 宪法部分第5卷(全书第5卷),官制部分第8—9卷(全书第18—19卷),地方制度部分第2—5卷(全书第22—25卷),教育部分第12—15卷(全书第37—40卷),陆军部分第19—23卷(全书第63—67卷),海军部分第16—18卷(全书第83—85卷),商政部分第6—7卷(全书第91—92卷),财政部分第26—29卷(全书第120—123卷),法律部分第2—6卷(全书第125—129卷)。

[2] 即马萨诸塞州,又称麻省。

[3] "自美之历史言之,美之先无所谓国,但有省而已。后各省为巩固之计,乃共立联邦政府而定联邦之宪法,所谓合众国宪法者是也。省各取其固有权而让之于国,国保其不受外侮、保其永为民政,其权限之分明,皆著于宪法。"

[4] 共23项,包括"征进口货物之税"(一)、"兴借国债"(二)、"与邻邦订立通商条约及各省与中央政府之条约"(三)、"铸造钱币"(五)、"招募兵士及保护兵士"(十二)、"按法律可以宣布卖国之罪而惩罚之"(二十)。

[5] "总统者,掌理全国之行政权者也。美为民主国,故总统必由选举,凡举总统,须以本国土著年及三十五岁,居于合众国十四年者,方为合格。其举副总统亦然,均为四年一任,有才德服众,或再任四年。满期总统,必自告退,从来无连任八年以上者。"

法权。对于美国联邦体制之特点与成因，分析甚为详当。[1]对于各省（州）宪法之变化与趋势，也有深刻认识。

地方制度部分第5卷共13节，集中介绍马萨诸塞州（麻省）宪法，包括"宣告省民之权利"（第1节）、"遣代表员至合众国国会"（第10节）、"增加宪法"（第13节）。

32册本《列国政要》初版于光绪三十三年岁次丁未四月（1907年4月），当时的刊印数量目前尚不可知。就印刷手段而言，此书系石印本，比传统的雕版印刷更为简单、经济。以印刷业起家的商务印书馆，当时已经掌握了成熟的石印技术；[2]而且，此书为官方出资编印，资金充足，如果大量印刷，技术和成本都不是问题。官方编印此书的目的在于为预备立宪时期的政治改革作参照，《列国政要》出版之后，除了通过考察政治馆呈递清廷、分送各部外，主持编撰此书的考察各国政治大臣端方还曾亲自给各省发咨文，推销此书。商务印书馆总经理、候选道夏瑞芳也咨请"各督部堂采购若干部，颁发各府厅州县及各局所学堂，以资参考而广流传"。[3]与此同时，商务印书馆通过自己在全国各地的分销处出售此书。到次年（1908年）2月，这套书便印刷了四次。[4]据此推算，《列国政要》在当时的

---

[1] "美国政治，联邦分治之政体，而非中央集权之政体也。""美国宪法明定其权受之中央政府，则各省不得侵预。然宪法苟无明条谓以次权专属中央政府，则其权即为各省政府所分，而中央政府即不得与闻。此美国宪法之所以特异于他国，而其原因则基于美国立国之历史者也。美国立国合十三州为一联邦，曩者州自为国，其政权固所自有者也。其后合众联邦，联邦政府本无丝毫之政柄。然既成一联邦矣，苟非于各州之上，更立一枢府，以统大权。角立分离，不相统属，则外交内政必涩滞而不能灵通。于是诸州政府，不能不割其政权之最大者数端，奉而让之中央政府，而其余仍自操之。"

[2] 商务印书馆曾石印《四部丛刊》《百衲本二十四史》，获利丰厚。

[3] 护督部堂准江督端咨饬购列国政要分颁以资参考札文，《四川教育官报》1908年第3期。

[4] 该书刊行后，商务印书馆曾在《申报》刊登广告。从广告可知，该书印行以前，即有订购者，订购券四元，发行后可代金。全书定价十元大洋，除上海之外，北京（京师）、奉天、天津、济南、太原、开封、成都、重庆、汉口、长沙、福州、广州等全国诸大城市均有销售。参见张生：《清末〈列国政要〉的编撰与意义》，《文汇报》2013年9月23日。

发行量可能达到上千部之多，传播面不小。那时，科举废除不久，在举国上下一片维新声中，缺乏晋升渠道的传统读书人已经无法抗拒西学知识；如果所有新式学堂都能得到一部《列国政要》，那么，此书的阅读群体和受众面就非常可观了。[1]

《列国政要》初版半年之后，戴鸿慈和端方又将他们合作编撰的《欧美政治要义》一书（4册18章）交由商务印书馆印刷、发行、分售。此前（1906年），清廷颁发谕旨，宣布"仿行宪政"之后，两人曾将该书内容进呈给慈禧太后和光绪皇帝御览，获朱批"书留览"。因此，《欧美政治要义》一书具有浓烈的君主立宪倾向，对君主和皇室权力介绍甚详，不甚重视没有皇权（君权）的美国宪法。尽管如此，该书第2章"国家宪法之制度"第3节"宪法及附属法令之改正"所论述之美国宪法修改程序，仍值得留意：

> 盖宪法改正最为困难者，莫如北美合众国，依其宪法第五章所定，必由国会两院议员三分之二以上以为此宪法须改正，或各州州会三分之二以此要求，始得召集国民会议，而发修正之案。其修正案必得各州州会四分之三或国民会议四分之三，其意相同，始有法律之效力，或为宪法之一部分。故自其宪法制定时起，一百年间，其提议修正之事，多至一千七百三十六次，得奏修正宪法之效者，

---

[1] 1911年，戴鸿慈和端方又合作编撰了32册本的《列国政要续编》（共94卷），仍由商务印书馆印刷、发行、分售。2014年，广西师范大学出版社以原版影印的方式重新出版了这两套书，让新时代的学人可以方便地了解当年五大臣的出洋考察成果和晚清官方的西学知识。

不过十六次而已。[1]

《欧美政治要义》初版于1907年11月，到第二年6月间，便出到第3版，可见印数不少，流传颇广。[2]

二　商务印书馆民国出版图书中所见之美国宪法

在清末立宪改革大潮中，民间和官方纷纷引介欧美政治体制，以为国内立宪参照，由于清政府希望施行君主立宪体制，这些介绍更为关注英、德等保留君主权力的国家；对于邻国日本加强皇权的维新体制尤为倾心。1907年，商务印书馆出版的《新译日本法规大全》81册，邀请了端方、戴鸿慈、（日本）大隈重信、（日本）高田早苗等12位中外名人作序，其中第1卷就包括当时的日本宪法。

但是1911年的辛亥革命，彻底改变了清政府的改革计划。随后，民国肇始，共和思想更是势不可当。国内学界在翻译介绍西方政治体制和宪法文本时，也更倾向于共和国家的宪法，尤其是当时世界最大共和国美国的宪法。作为国内出版事业的先行者，地处上海的商务印书馆自然极早感受到这种思想动向。

辛亥年10月，几乎就在武昌起义的同一时间，上海商务印书馆出版

---

[1] 对于宪法修改之难易及其利弊，《欧美政治要义》第2章第3节也有精当而辩证的看法："然则宪法当求固定而难改正乎？抑当使之容易改正乎？得失之间，经泰西学者及政治家之讨论，尚无定说。盖宪法为国家根本之规程，不刊之大典，其非轻易可改正者，固不待言。然更由一面观之，国家为有机之物，倘人类之生活，日见发达，则国家所以保护诱掖之者，亦日有不同。昔日之所谓良法者，不必为今日之良法，故应时度势，必留可以改正之途，亦事理之必然者也。使于宪法中不留此途，则或因此而妨国家之进行，害民生之发达，皆所不免，而大势所趋，一发而不可复制，反至有人民暴动破坏宪法之虞。是以欧美各邦，君主国之宪法必预备改正之途，且已有屡行改正之事。若夫难于改正之宪法，而不虞人民之革命者，则惟于民主国见之也。"
[2] 2016年，广西师范大学出版社以原版影印的方式重新出版了这部书，虽未写明印数，但据一般学术图书的馆配量估计，当在2000—3000册。

发行了本馆编译所编译的小册子《法美宪法正文》，全文刊载了当时世界上两大共和国法国和美国的宪法全文，大受欢迎，不到两年便出了4版。[1]

同年11月，商务印书馆编译所又推出了《世界共和国政要》一书。编译者在该书的"凡例"中表示，"是书专采集今世各共和国之政要，合欧美非三洲共得二十有五国，国自成篇，汇为一册。是书所注重者为民主立宪之纲要，故于宪法、国会、议院选举法，以及大统领之职权，言之綦详，足资参考"。全书200余页，美国（美利坚）宪法部分共计16页，分为"公共之法律"和"各国之法律"两部分，前者系1787年美国宪法，而后者则是综合简介当时美国各州宪法。"公共之法律"部分详细介绍了政权归属、两院议员选举方式、任期资格、俸给与职权，以及大统领（总统）任期、选举与职权。

民国元年（1912年）4月，《世界共和国政要》一书在商务印书馆再版，书后广告页刊登了当时各大报馆对《法美宪法正文》和《世界共和国政要》两书的评价。《神州日报》《申报》《商务日报》《华兴报》皆云：上述二书为共和时代必读之书、必需考察之书，咸宜购买，以资考察。《民立报》更是直言不讳，"现在吾国改建共和，二书正可谓参考之资料"[2]。

民国元年5月，商务印书馆再版了初版没几个月的《美国共和政鉴》，该书系辑译自美国学者著作，前后12章（合众政府、国会、国会之权力、代议院之规则与惯例、元老院之规则与惯例、总统之选举、总统之职务、行政官、行政官续、司法制度、人民之法权、各州），80余页；基本上是按照美国宪法正文的次序，逐一介绍解释。该书第1章"合众政府"对美国制宪缘由与目的，言之甚详，兹抄录如下：

夫吾美之民，多自英国来者，英国宪法，所谓不成文宪法也，

---

[1] 商务印书馆编译所编译：《法美宪法正文》，商务印书馆1912年2月第4版，版权页。
[2] 商务印书馆编译所编译：《世界共和国政要》，商务印书馆1912年4月再版。1912年5月再版的《美国共和政鉴》书后广告页也刊登了同样的广告。

所以维系其国者，不过旧时之风俗。故暴君污吏，可以违法自恣，不良议院，亦可以作法厉民。美国无是弊也，盖其成文宪法，实代治之南针，而一切法律之标准也。由国民之力，以建立宪法，即以宪法之力，维系国家。凡食息斯土者，固无不受其管辖也。

合众国宪法既立，而联邦制形式，亦益巩固，各州之间，非若当时之为共同行动而已，直结合为一，如婚约之不可破。各州本有之权利，亦因此而减损。以如是然后得谓完全联合也。其联合之宗旨，请分述之。一曰维持公道，谓通国之民，皆当受正直平等之待遇也。二曰平治内政，谓四境之内，当雍和静谧也。三曰抵御外侮，谓立国于世界，不可不有相当之武力也。四曰永保共和，谓合国民之意志，拥护法律，确保自由为世世子孙之福利也。泱泱大国，以是而生存，亦以是而结合焉。[1]

《美国共和政鉴》篇幅适中，"译笔亦情切明显，简洁不芜"[2]，出版后大受欢迎，1912年5月出版第2版，到同年9月，便印刷发行了第3版。

次年（1913年）4月，商务印书馆又印行了专门讨论美国宪法的《美国宪法释义》，这是商务印书馆历史上出版的第一部以美国宪法为唯一主题的专著。在此之前，美国宪法的中译单行本还只有1902年上海文明书局出版的《美国宪法》（章宗元译）和1907年江南制造局刻本《美国宪法纂释》（舒高第等译）两种。[3]

《美国宪法释义》全书80多页，包括总纲、正文7章、修正案15章，与美国宪法序言、7条正文和前15条修正案一一对应。译者沈允昌在书末总结说，"本宪法包含几多共和之原理，以全体必要之一定权利，为人民各州及中央政府巩固之本。宪法实不能谓之立法，不过各州及中央政府立

---

[1]〔美〕特韦斯：《美国共和政鉴》，钱智修辑译，商务印书馆1912年版，第3页。
[2] 商务印书馆编译所编译：《世界共和国政要》，商务印书馆1912年4月版，书末广告。
[3] 胡晓进：《清末民初美国宪法在中国的翻译与传播》，《华东政法大学学报》2015年第3期。

法之基础,即谓本宪法为立法者之向导,立法者之指针,亦无不可。此为世界最古老之成文宪法,而宪法于今日之强有力,更为历史上所未有,因此宪法遂建立一世界所未曾见之共和政体,且不能背近世各国一世纪前所发生之自由精义"[1]。

就在初版《美国宪法释义》的同一年(1913年),商务印书馆编译所还编译出版了厚达700余页的《世界现行宪法》,依照公布时间的先后顺序,收录了世界上20多个国家的30种宪法,[2]其中就包括1787年的"北美合众国宪法"。[3]

1913年前后商务印书馆之所以接连出版(美国)宪法方面的著作,与当时的形势密切相关。1912年南北议和之后,袁世凯出任中华民国临时大总统。随后,中国首次根据《中华民国临时约法》进行国会选举,第一届国会的主要任务就是制定中华民国宪法。作为新成立的亚洲第一共和大国,当时中国亟须了解美国等共和国的宪法状况与共和体制。1913年2月10日出版的《法政杂志》为《世界现行宪法》一书所做的广告,就明显地体现出当时的时代需求。

> 本书由英法德葡日本等国文译出,皆为现代最新之文本。其中,共和国宪法十一种,君主国及属地联邦十九种,共三十种,凡七百数十页,约二十余万言,世界重要各邦均已完全。凡研究宪法学及参与起草议定中华民国宪法者,不可不读。[4]

---

[1]〔美〕卜布尔:《美国宪法释义》,沈允昌译,商务印书馆1913年4月初版、1916年8月再版,第87页。
[2] 排在第一位的"英吉利宪法",包括4个单行法律:1215年颁布的《大宪章》、1628年颁布的《权利请愿书》、1689年颁布的《权利法典》和1700年颁布的《皇位确定法》。
[3] 同年(1913年)7月,商务印书馆编译所又在此基础之上,编译出版了《世界现行宪法续编》30种,收录了芬兰(1772年)、乌拉圭(1829年)、罗马尼亚(1866年)、埃及(1883年)与巴拿马(1904年)等国的30种宪法。
[4]《世界现行宪法三十种出版》,《法政杂志》第2卷第8号(1913年2月),封二广告。

《法政杂志》由商务印书馆于1911年2月创办，印刷、发行、分售也均由商务印书馆负责，实际上是其出版事业的一部分。1913年初（1—2月），该杂志曾连载过译自美国《政治学季报》（Political Science Quarterly）的一篇长文《共和政体最良之宪法草案》，作者详细考察了美国各州现行宪法和世界各民主国宪法之后，提出了一份"拓展人民秉政之权力与夫增进公仆任事之功效"的最优（州）宪法草案。在这份草案的前面，是一份长篇说明书，认为内阁制比总统制更为优越，因为首相拥有立法建议权，如果"编订法律之责任，涣散而不聚于一，则吾人不断不能得有良法制也"；"盖内阁政府所以能以实效见胜，更能以民主精神见胜者，要自有其原质，而吾上述美宪法之某款中，即具备有此原质者也"。[1]

随后三期的《法政杂志》（1913年2—4月），连载了中国人自己人写的长篇论文《比较共和国宪法论》，详细比较了英、美、法等国宪法中关于立法和行政机构的规定，涉及美国（北美合众国）宪法的文字不少。[2]

与《美国宪法释义》和《世界现行宪法》两书一样，《比较共和国宪法论》一文的主要目的，也是为中华民国首届国会制宪提供借鉴与参考。实际上，民国时期，包括美国宪法在内的西方宪政知识在中国的翻译与传播，都与中国国内的制宪需求紧密相关。

1916年，袁世凯称帝失败，约法之争再起，各方势力经过反复博弈，最终短暂恢复《中华民国临时约法》。在此背景之下，商务印书馆再版了

---

[1]〔美〕樵独思蒂纷汀：《共和政体最良之宪法草案》，甘永龙译，《法政杂志》第2卷第7号（1913年1月），第183、185页。

[2] 比如，"北美合众国宪法取三权绝对分立主义，故无复主权所在之规定"，参见陶保霖：《比较共和国宪法论》，《法政杂志》第2卷第8号（1913年2月），第107页。比如，"盖间接选举本较优于直接选举，而在上院则尤以间接为善。然如美国，形式上为间接，而事实上仍为直接，则立法为政习所限之弊也"，参见陶保霖：《比较共和国宪法论》（续前号），《法政杂志》第2卷第9号（1913年3月），第115页。比如，"夫主张总统制者，自谓效法美国，欲扩张总统之权限，使总统得发舒其才力，以救丛弊积弱之国，冀得渐臻富强"，参见陶保霖：《比较共和国宪法论》（续前号），《法政杂志》第2卷第10号（1913年4月），第159页。

1913年初版的《美国宪法释义》，并于次年5月出版《欧美宪政真相》一书。该书分"立宪政治之真谛""各国制定宪法之由来及特色""各国元首与实际政治之关系""各国内阁制度及政机运用之实际""各国之议会制度及其实际""各国之选举事情""各国之政党"等7章，详细论述了"美国制定宪法之由来及特色""合众国大统领与实际政治之关系""合众国之内阁制度及政机运用之实际""合众国议会之组织权能及政治的位置"。编纂者认为，美国宪法"内容系折中英国宪法之主义原则与殖民地时代之先例。出席于夫拉忒尔夫耶[1]宪法协议会之代表议员，先调查殖民地时代及革命时代亚美利加各地之制度，从各地可以共通之先例，以宪法的而定政治组织"[2]。在《欧美宪政真相》一书后的广告页中，商务印书馆再次刊登了《世界现行宪法》（正、续各30种）、《法美宪法正文》《世界共和政要》《美国共和政鉴》《美国宪法释义》等书目，认为"皆足备研究宪法之参考"，"热心宪政之君子，当亦有取于斯"。可惜，在1916—1917年间，《中华民国临时约法》只维系了短短一年时间，便被张勋复辟所破坏，直到1922—1923年间才得以短暂恢复。

1921年，商务印书馆曾出版赵蕴琦编、张慰慈校的《美国政府大纲》，该书300余页，共分5编，第1编"美国政治制度的起源"中第3章"论美国宪法"和第4章"美国宪法的发达"，以10多页的篇幅，概述了美国宪法的基本内容和解释、修改方式。[3]这部《美国政府大纲》虽然由中国人署名编写，但实际上仍是一部编译著作，主要参考了美国学者门罗（William B. Munro）和比尔德（Charles A. Beard）的相关著作。上述关于美国宪法的

---

[1] 即费城。
[2] 陈寿凡编：《欧美宪政真相》，商务印书馆1917年5月初版，第36页。
[3] 赵蕴琦编：《美国政府大纲》，商务印书馆1921年初版。

两章内容，完全来自门罗的《美国政府》一书第4、5两章。[1]

《美国政府大纲》后来由商务印书馆多次再版，发行量极大，读者众多。此书的校阅者张慰慈教授还曾主持校译英国历史学家、政治家布莱斯（James Bryce）的《现代民治政体》一书，并亲自翻译该书第2编下（美国部分），1931年初版于商务印书馆。该书第39章"政府的组织——各邦地方与联邦宪法"简要介绍了美国联邦宪法的起草过程和主要内容。[2]

三 比尔德、李道揆与美国宪法中译本的二次传播

在编写《美国政府大纲》的过程中，赵蕴琦除了依赖门罗的《美国政府》外，还大量取材美国历史学家比尔德的《美国政府与政治》一书（英文版）。1934年8月，国民政府教育部下设的国立编译馆推出了该书的中译本，由商务印书馆印刷发行。该书篇幅甚大，将近600页，除了第2章"合众国的宪法"集中介绍美国宪法外，第5章"联邦司法机关"、第6章"国会的组织"、第7章"国会工作之进行"、第8章"总统与指名与选举"和第9章"总统的职权"，也与美国宪法密切相关。这几章内容加在一起，将近200页，占全书三分之一。

在第2章"合众国的宪法"中，比尔德提及，"美国的律师协会似已把宪法和耶稣的教训，置诸同等地位；它认为，凡属忠实的美国公民，都应声明：'合众国的宪法当和耶稣在山上的教训一样，在我的生活和宗教

---

[1] William Bennett Munro, *The Government of the United States: National, State, and Local*, New York: Macmillan Co., 1919. 门罗（1875—1957）出生于加拿大，长期在美国任教，其政治、宪法与市政方面的著作在民国时期翻译传播甚为广泛。1937年，佩文斋书局（北平）曾出版其《美国宪法通论》（*The Constitution of the United States: A Brief and General Commentary*, 1930）一书，郎依山译述。

[2]〔英〕蒲徕斯：《现代民治政体》（第2编下），张慰慈译，商务印书馆1931年版，第11—29页。2001年，吉林人民出版社又重新校对出版了此书。

中，成为确实的一部分'"[1]。紧接着，比尔德在这一章中还讨论了美国宪法应该由何人做何种之解释，在宪法文本无法通过明确答案的情况下，就必须"参照制宪者的意志""采用理性的方法""采用心理的方法"以解释宪法。[2]

查尔斯·比尔德的这部《美国政府与政治》流传极广，因抗战总管理处暂时迁往长沙的商务印书馆，1939年还在万分困难的情况下，分上、下两编（共4册）重新印行了此书。而且，商务印书馆印行的比尔德著作，并非只有这一种。早在1929年，商务印书馆就曾印刷发行过比尔德和巴格力合著的《美国史》，书中第9章即名为"美国宪法"。[3]该书系商务印书馆《大学丛书》（教本）之一，为民国时期最流行的美国史教科书。最近几年，大陆几家出版社又重印了此书。[4]可见此书余绪犹在，仍有市场。

在《美国史》（1929年）和《美国政府与政治》（1934年）两书之间，商务印书馆还印行过比尔德所编辑的《人类的前程（一名：现代世界的文化）》一书，该书收录了胡适等十几位世界文化名人的专题论文。[5]

1934年和1939年商务印书馆印行的《美国政府与政治》，译自1931年出版的原书第6版，1944年，也就是比尔德去世前四年，在亲人和朋友的帮助下，他出版了《美国政府与政治》的第9版。1985年前后，朱曾汶先生将该书第9版翻译成中文，仍交由商务印书馆（北京）出版。1988年，

---

[1]〔美〕俾耳德:《美国政府与政治》，国立编译馆编译，鄢远猷译，国立编译馆1934年初版，第17页。

[2] 同上书，第18—37页。

[3]〔美〕俾耳德、巴格力:《美国史》，魏野畴译，向达校订，商务印书馆1929年6月初版、1935年5月国难后第1版。

[4] 比如，2016年上海社会科学院出版社将其列为《民国西学要籍汉译文献·历史学（第一辑）》原文影印出版；同年，河南人民出版社也将其列入《民国专题史丛书》，出版了简写本。此前，新世界出版社（《人文经典书系》，2015年）和东方出版社（《民国大学丛书》，2013年），都曾出版过这本书。

[5]〔美〕俾耳德:《人类的前程（一名：现代世界的文化）》，于熙俭译，《新中学文库》，商务印书馆1931年11月初版、1947年3月第2版。2014年，外语教学与研究出版社再版了此书。

该书列入商务印书馆《美国丛书》第2次印刷。

朱曾汶先生是商务印书馆的老译者,也是20世纪中国的杰出翻译家,他是真正的独立知识分子,很早就为商务印书馆翻译学术著作,前后为商务印书馆翻译校订了《美国政治思想:1865—1917》《杰斐逊选集》《林肯选集》《潘恩选集》《政治中的人性》《自由主义》等17部学术名著,被称为商务印书馆历史上"译书最多,贡献最大"的一位译者。[1]这些书,有好几本都收入了《美国丛书》。

进入21世纪后,80多岁的朱先生还老当益壮、笔耕不辍,继续为商务印书馆翻译了长达700页的《最高法院与宪法——美国宪法史上重要判例选读》[2],该书首印5000册,颇受宪法学和外国法制史方向的学生欢迎。

朱曾汶先生为商务印书馆翻译的《美国政府与政治》和《最高法院与宪法》两书,书末都附有美国宪法(及其修正案)全文中译本。这个译本,为学界很多人所接受,并广为引用。有鉴于此,2014年,商务印书馆单独出版了这一中译本的中英文对照本,并附上了两位中国学者的相关解读文章。这个名为《美国宪法及其修正案》的单行本,因为篇幅不大、定价不高,在市场上很受欢迎,截至2017年3月,已经印刷3次,估计发行量超过1万册。

尽管如此,朱曾汶先生为商务印书馆翻译的美国宪法中译本,可能还不是改革开放以来翻译最早、传播量最大、传播范围最广的中译本。实际上,就在朱曾汶先生翻译出版比尔德的《美国政府与政治》四五年后,中文世界又出版了中国学者李道揆所独力撰写的《美国政府和美国政治》,此书1990年由中国社会科学出版社初版时为一册本,1999年改由商务印书馆出版后,分为上、下两册。下册附录了美国宪法(及其修正案)全文中

---

[1] 黄晓峰、华慧:《朱曾汶谈好莱坞电影在老上海》,《东方早报·上海书评》2013年6月9日。

[2] 〔美〕斯坦利·I.库特勒编:《最高法院与宪法——美国宪法史上重要判例选读》,朱曾汶、林铮译,商务印书馆2006年版。

译本。2004年，商务印书馆再版了此书。[1]

而且，这个译本也并非李道揆先生翻译的美国宪法第一个中译本。早在1979年，他就译出了美国宪法的中译本；[2]1987年，借助纪念美国宪法诞生200周年之际，他又重译了美国宪法。"重译时，比较了各种译本，择善而从，遇疑难则查询美国宪法学专著，力求探明原义而后落笔……把求'信'放在首位，兼顾通顺。"[3]由于作者对美国宪法和政府体制素有研究，两次全文翻译美国宪法全文，还请同事一起，"两次逐字逐句对照原文核对译文"[4]。所以，李道揆先生的美国宪法中译本一经推出，便成为学界公认的可信译本，不但通过重印和再版进行了广泛的第一次传播，而且通过其他论著的收录，实现更为广泛、更为持久的第二次传播。据不完全统计，2000年以来，至少有8部中（译）文著作全文收录了李道揆先生翻译的美国宪法全文。[5]其中，王希先生的《原则与妥协：美国宪法的精神与实践》，经过2005年和2014年的两次修订、增订再版，多次印刷，总发行量估计达2—3万册之多。而任东来等几位老师合作撰写的《美国宪政历程：影响美国的25个司法大案》虽然没有进行大的修订，但每年都在根据出版

---

[1] 后来，该书还收入《中国社会科学院文库·国际问题研究系列》，由中国社会科学出版社再版。
[2] 收录于中国人民大学法律系国家法教研室、资料室编的《中外宪法选编》，人民出版社1982年版。
[3] 李道揆：《美国政府和美国政治》（下册），商务印书馆1999年版，第775页脚注。
[4] 同上。
[5] 比如，王希：《原则与妥协：美国宪法的精神与实践》，北京大学出版社2000年版、2005年修订版、2014年增订版；刘绪贻、李世洞主编：《美国研究词典》，中国社会科学出版社2002年版；任东来等：《美国宪政历程：影响美国的25个司法大案》，中国法制出版社2004年初版、2005年再版、2015年新版；何顺果：《美国历史十五讲》，北京大学出版社2007年版（后多次重印）；宋云伟：《美国二元联邦主义时代》，黑龙江人民出版社2009年版；〔美〕戴维·O.斯图沃特：《1787年之夏：缔造美国宪法的人们》，顾元译，中国政法大学出版社2011年版；〔美〕詹姆斯·威尔逊：《美国宪法释论》，李洪雷译，法律出版社2014年版；〔美〕理查德·毕曼编著：《美国宪法导读》，刘雁译，商务印书馆2016年版。除专著外，一些发行量很大的外国法制史教材，也收录或节录了李道揆先生的这个译本，比如曾尔恕主编：《外国法制史》，中国政法大学出版社2013年版。

协议加印，每次的印量均在6000册左右；经过十余年的累积，印刷总量估计高达10万册。

《原则与妥协：美国宪法的精神与实践》和《美国宪政历程：影响美国的25个司法大案》两书，虽然不是商务印书馆出版著作，但书后均附有商务印书馆出版的李道揆先生翻译美国宪法全文。因此，每当上述两书重印之时，书后附录的美国宪法全文也会一并重印，进入更广泛的读者群。由此推算，李道揆先生美国宪法全文译本的二次传播面和阅读受众，可能要远远超过其他几个中译本。[1]

当然，在商务印书馆出版的著作中，就美国宪法的全文译本而言，除上述朱曾汶和李道揆两位先生的译本，还有一些流传（包括二次传播）广泛的译本，比如程逢如等人翻译的《联邦党人文集》[2]、王合等人译著《美国政治》[3]一书后附录的译本。这些译本不乏自身特色和可取之处，它们无疑也强化了美国宪法在中国的翻译力度和传播繁荣程度。

此外，商务印书馆出版发行的其他一些关于美国宪法、政治的名著，虽然没有全文收录美国宪法中译本，但是对中国人理解美国宪法体制，同

---

[1] 而且，因为二次传播李道揆先生的美国宪法中译本，还曾发生过一件对簿公堂的学术公案。20个世纪90年代，中国美国史学界的两位前辈刘绪贻和李世洞，主持编纂了中国第一部《美国研究词典》(下简称《词典》)。经李道揆先生授权，《词典》收录了他所翻译的美国宪法全文，但是在未经李先生同意的情况下，《词典》编辑在附录中"订正"了李先生标注的宪法修正案批准日期。李先生坚持认为自己标注的日期是正确的，《词典》编辑擅自修改他人原著，侵犯了作者的著作权，李先生要求对方公开登报道歉，并在未售的《词典》中加入勘误表，承认他所标注的批准日期是正确的。双方经过反复协商，未能达成一致解决方案，最后对簿公堂。2003年9月，北京市第一中级人民法院开庭审理了此案，并于当年12月作出判决。法院认为，这种注释不当行为应属学术规范范畴，不宜采用著作权法进行规范，因此驳回了原告的诉讼请求。此后，李道揆先生又上诉北京市高级人民法院，2004年4月，北京市高级人民法院作出终审判决，驳回上诉，维持原判。详见胡晓进：《一个附注引发的官司》，《东方早报·上海书评》2014年11月16日。

[2] 〔美〕汉密尔顿、杰伊、麦迪逊：《联邦党人文集》，程逢如等译，商务印书馆1980年版。后收入商务印书馆的《美国丛书》，多次再版重印，印数数万，流传极广。

[3] 〔英〕维尔：《美国政治》，王合等译，马清槐校，商务印书馆1981年版。

样影响深远。比如查尔斯·比尔德的《美国宪法的经济观》和托克维尔的《论美国的民主》，这两部著作虽然出版年代不一，但都收入了商务印书馆1988年推出的《美国丛书》。其中，比尔德的宪法观独具一格，值得专文介绍。而且，比尔德著作的中译本几乎都是由商务印书馆首先出版的，完全可以单独成一个系列。从这一点也可以看出，商务印书馆在翻译西方人文社科学术著作方面确实独具慧眼，往往能得风气之先，引领学界思潮和思考。

（作者单位：中国政法大学）

商务印书馆与国立音专

钱仁平、张　雄

商务印书馆于1897年2月11日在上海江西路北京路南首德昌里创办。后逐渐发展，1902年在北福建路海宁路建造厂房，又于1907年在宝山路购地建印刷所、编译所新舍，从此进入黄金发展期。

商务印书馆创造出中国出版史上的许多"第一"，如1908年出版第一部由中国学者编纂的双语辞典《英华大辞典》；1913年第一个使用自动铸字机；1915年第一个采用胶版彩色印刷；1915年出版中国第一部大型现代语文辞书《辞源》；1917年出版中国第一部专科辞典《植物学大辞典》；1918年成立中国第一个中资电影机构——活动影戏部；1919生产制造中国第一部汉字打字机；1919年制作中国第一部动画广告片《舒震东式华文打字机》；等等。

令人痛惜的是，1932年"一·二八"事变，日军轰炸了位于宝山路上的商务印书馆总馆，还将东方图书馆46万册藏书焚烧殆尽，造成了中国文化史上的一大劫难。日军之所以要这样做，时任日军海军陆战队司令的盐泽幸一讲得明白："烧毁闸北几条街，一年半年就可恢复。只有把商务印书馆这个中国最重要的文化机关焚毁了，它则永远不能恢复。"

遭此重创，商务人并未气馁和蹉跎，依旧壮心不已，很快成立了复兴委员会。半年后，商务印书馆宣告复业，悬挂出巨幅标语——"为国难而牺牲，为文化而奋斗"，并很快实现了"日出一书"的奇迹。翌年，又在静安寺设立支店。

中华人民共和国成立后，商务印书馆于1954年迁往北京。2002年成为中国出版集团公司成员单位之一。2011年改制为商务印书馆有限公司。一个多世纪以来，商务印书馆以"昌明教育，开启民智"为己任，创造了中国文化出版事业的辉煌；也是全国"百佳出版社"和"中国出版政府奖"荣誉称号获得者；出版物曾经获得"国际白金星质量大奖"和"国家图书奖"。商务印书馆与北京大学一起，被誉为中国近现代文化史上的"双子星座"。

商务印书馆在文化教育方面所取得的成就有目共睹，而它为中国音乐教育做出的贡献同样是巨大而不可忽视的。下面要讲的，就是20世纪30年代商务印书馆极力支持国立音专、出版发行音乐书籍的事例。

商务印书馆出版《国立音乐专科学校丛书》

上海音乐学院的前身——国立音乐专科学校（后简称"国立音专"），在其存在的1929—1942年期间，不仅称雄全国，在亚洲也数一流，其雄厚的师资力量和高质量的学生在国内外享有很高声誉。当时的校长是留德博士萧友梅先生。

1920年留学归国后，萧友梅任教育部编审员，并在北京大学等几所学校教授音乐理论。萧友梅与商务印书馆的重要人物张元济很早就是朋友。1922年7月初，时任中华教育改进社国民音乐研究部主任的萧友梅，以及张元济、蔡元培、胡适等人一起出席了在济南召开的中华教育改进社第一次年会。张元济当时在商务印书馆的职务是监理。据他在这一年7月3日的日记记载："早餐时遇旧友萧君友梅，又介绍其友易君韦斋，号季复，亦来与会者。"当晚，他们三人还一起游览了公园。由此可见，张元济与萧友梅之间有着很好的关系。

20世纪一二十年代，五四新文化运动的影响辐射全国，在上海这一对外开放的国际大都市显得尤为活跃，各种西方音乐和歌舞的演出频繁，人们学习西方乐器的热情也十分高涨。国立音专是以培养学生掌握西洋音乐为主的专门学校，开设有理论作曲、钢琴、小提琴、大提琴、管乐器和声乐等多个西洋音乐专业。这些专业的教科书，在当时的中国几乎为零，国立音专的教师们使用的都是从国外带回的教材，而上海的外国琴行出售的进口乐谱，不仅价格昂贵，而且可满足学校教学需求的往往没有。于是，西洋音乐教科书的出版和发行，成了一个对于国立音专和其他音乐学校而言都十分迫切的问题。

在商务印书馆的大力支持下，1928年5月，萧友梅撰写的音乐理论书《普通乐学》（精装32开，189页）出版了。这本包括乐理基础、音乐理论概说、声乐与器乐、音乐史等诸多内容的音乐基本理论书籍，是萧友梅根据德国的音乐教学方法撰写的，供普通高级中学及师范科艺术组、音乐系一年级学生使用，其中许多内容在今天仍然具有实际意义和重新出版的价值。

国立音专与商务印书馆一直都保持着良好的合作关系，从上海音乐学院档案室可以查到当年学校与商务印书馆业务来往的许多信件。

从1928年到1937年，商务印书馆为国立音专出版的《国立音乐专科学校丛书》共28种31册。一个音乐高等学校在十年中出版了这么多由自己编著的书谱，这在民国时期是全国唯一的，其中商务印书馆可谓功不可没。

表　商务印书馆出版的《国立音乐专科学校丛书》目录

书名	作者	初版时间
《普通乐学》	萧友梅	1928年5月
《杨花》	萧友梅	1930年6月
《新霓裳羽衣舞》	萧友梅	1930年7月
《乐话》	黎青主	1930年9月
《诗琴响了》	黎青主	1931年5月
《音境》（第1集）	华丽丝、青主	1931年6月
《英文复音合唱歌选》（第1卷）	胡周淑安	1931年3月
《春思集》	黄自	1933年6月
《大提琴教科书》	佘甫磋夫	1933年9月
《中国韵文史》	龙沐勋	1934年5月
《钢琴曲集》	欧萨可夫	1934年8月
《爱国合唱歌集》	黄自	1934年12月

续表

书名	作者	初版时间
《波巴大提琴曲选》	佘甫磋夫	1935年1月
《琵琶之声》	佘甫磋夫	1935年1月
《大提琴模范曲选》	佘甫磋夫	1935年
《歌剧歌夜司嘉的插曲》	佘甫磋夫	1935年
《音乐会的波兰舞》;《匈牙利杂感》	佘甫磋夫	1935年
《五声音阶的钢琴教本》	车列浦您	1935年5月
《恋歌集》	胡周淑安	1935年10月
《抒情歌曲集》	胡周淑安	1935年10月
《创作歌集》	应尚能	1935年10月
《燕语》	应尚能	1935年11月
《乐学纲要》	应尚能	1935年12月
《模范歌曲选·第一集：舒伯脱》（全四册）	胡周淑安	1936年6月
《小品》	佘甫磋夫	1936年8月
《爱国歌集——军歌》	李惟宁	1937年4月
《抒情合唱曲集》	李惟宁	1937年4月
《独唱歌集》（第一集）	李惟宁	1937年5月

图1 《东方杂志》上《国立音乐专科学校丛书》的广告

图2　萧友梅作《新霓裳羽衣舞》（1930年7月）

《国立音乐专科学校丛书》中，萧友梅重要的音乐理论著作《和声学》原已于1932年1月底"由商务印书馆全部排竣，正欲付印"，不料"全馆遭日寇炸毁，此书已打成之纸板及清样均被焚去"[1]。幸亏之前萧友梅已经取回原稿，但原稿经过排字工之手已是污痕斑斑，多处模糊不清，但学生用书又不能耽搁，于是萧友梅又找廖辅叔等人费时三个月重新誊抄、制作谱例，然后转请商业印字房重新排版印刷，赶在1932年8月新学年开学前终于出版。日寇破坏我中华文化之滔天罪行真是罄竹难书。

这些书涉及音乐教育的基本理论、歌曲（独唱、合唱）、钢琴（教本、乐曲）、大提琴（教本、乐曲）、音乐史等，作者均为国立音专的教师，其中中国音乐教师均毕业于欧美名牌大学，如萧友梅、黄自、周淑安、应尚能、李惟宁等；外国教师则均为著名音乐家，如车列浦您（今译作齐尔

---

[1] 萧友梅：《和声学》，商务印书馆1932年版，"自序三"。

品）、欧萨可夫、佘甫磋夫等；而《中国韵文史》[1]的作者龙沐勋在当时就被称为词学大师。《国立音乐专科学校丛书》不仅在本校的教学中发挥了作用，而且很快在上海流传继而成为全国各地音乐学校和音乐学习者的教材和用书。其中有些书，如黄自的《春思曲》、车列浦您的《五声音阶的钢琴琴教本》、佘甫磋夫的《大提琴教科书》及大提琴曲选、周淑安选编的舒伯特《模范歌曲选》等，在今天的音乐教学中依然具有使用价值。

商务印书馆出版的国立音专期刊

1930年，国立音专出版了学术性季刊《乐艺》，青主主编，由商务印书馆印刷并代售，从4月1日第1卷第1号起，至同年7月第1卷第6号止，共出版6期。

图3 《乐艺》第1卷第1号（1930年4月）

---

[1] 该书于2010年8月由上海古籍出版社收入《世纪人文系列丛书·世纪文库》出版。

《乐艺》是我国高等音乐院校最早的学报，每期刊登与音乐有关的照片、论文和原创作品，用纸讲究，印刷精良，但价格也不菲（大洋1元8角）。今天，它们已经成为中国近代音乐研究的重要文献。《乐艺》原本是有第7期的，这一期的全部稿件当时已送商务印书馆排版，却在"一·二八"淞沪抗战中随商务印书馆遭日机轰炸而全部被毁。《乐艺》不得已停刊。

商务印书馆出版的其他国立音专书谱

由于商务印书馆实力雄厚，排版和印刷技术国内一流，所以国立音专师生们编写、创作的教科书、著作或乐谱主要由商务印书馆出版。

《复兴初级中学教科书·音乐》（1933—1935）是由黄自与张玉珍、应尚能、韦瀚章合编的六册一套的中学音乐教材，供初中三年使用。乐理部分由张玉珍编写，音乐欣赏由黄自编写，基本练习曲由应尚能编写，歌词由韦瀚章编写，全书编订由黄自担任。这套历时三年编写完成的初中音乐

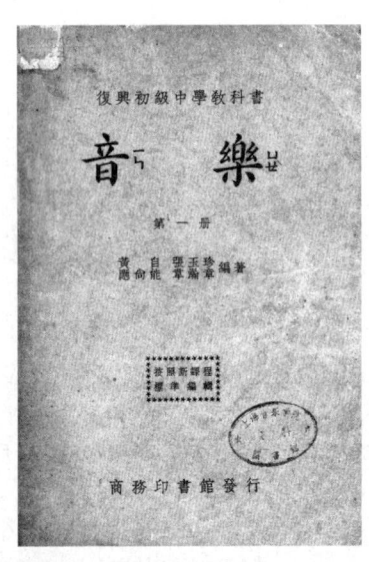

图4 《复兴初级中学教科书·音乐》（1933—1935年）

教科书，是根据1932年《部颁初级中学音乐课程标准》编写的。由于它以学生为本，内容由浅入深、循序渐进，尤其是歌曲，不仅好听，而且具有中国民族风格，因此在当时对音乐的普及起到了十分积极的作用。在第6册于1935年5月初版时，三年前出版的第1册已经重印了11版，可见其使用范围之广。这套书即使在今天，对于中学音乐教科书的编写依然具有借鉴意义。

《儿童新歌》是一部国立音专的歌曲集，江定仙、陈田鹤、刘雪庵合编，萧友梅、黄自作序，1935年初版。该歌集曲调优美，歌词或清新或雄壮，非常适合儿童歌唱，出版后曾流传于各大城市，对当时的儿童歌曲创作产生过一定影响。三位编者都是国立音专作曲专业的高材生，日后都成了著名作曲家，江定仙后来成为中央音乐学院副院长。《合唱指挥法》是赵梅伯（1905—1999）于1940年写成的，萧友梅亲自为之作序，1946年由商务印书馆出版。这是我国第一本合唱指挥法的专著。后经过修订又多次再版，行销我国香港、台湾地区和美国，很受欢迎。1987年，台湾又推出该书的新6版，增加了许多内容。作者赵梅伯1929年由中比庚款委员会派送留学比利时布鲁塞尔皇家音乐院，1936年回国后任国立音专声乐组主任、合唱指挥。后在我国香港、美国指挥、创办过多个合唱团，在美国多个大学从事合唱教学和指挥工作，并获得过很高声誉。

商务印书馆出版的由国立音专教师撰写的其他书谱还有：

《今乐初集》，易韦斋作词、萧友梅作曲，1922年10月初版；

《新歌初集》，易韦斋作词、萧友梅作曲，1923年8月初版；

《新学制唱歌教科书》（全3册），易韦斋作词、萧友梅作曲，1924年5月初版；

《新学制乐理教科书》（全6册），萧友梅编，1924年3月初版

《新学制风琴教科书》，萧友梅编，1924年初版；

《新学制钢琴教科书》，萧友梅编，1925年初版；

《小提琴教科书》，萧友梅著，1927年11月初版。

当然，以上这些只是商务印书馆在民国时期出版的大量音乐书谱中很小的一部分。总之，商务印书馆无论在艰苦创业的早期，还是在战火纷飞的艰难时期，都始终坚持音乐图书的出版和发行。商务印书馆在民国时期出版的音乐书刊，与其在文化、教育等方面的出版物相比，虽然是非常少的，但对我国音乐界做出的贡献是十分了不起的，对我国近代音乐的普及和发展起到的作用是巨大而不可估量的。商务印书馆以其振兴中华文化和教育的献身精神，在中国近代音乐史上留下了令人赞叹的印迹，值得我们感恩和颂扬。

（作者单位：上海音乐学院）

商务印书馆历史类出版物
与中国近代历史学的发展（1897—1949）

张　越

　　1897年创建的商务印书馆是近代中国"开眼看世界"之后成立的新式文化产业，通过编印各科教材、出版学术著作和普及读物、刊刻翻印传统典籍、翻译国外著述、创办各类杂志等出版形式，在普及新知识、传播新思想、创建新文化、推动近代学术研究等诸多方面，对近现代中国学术文化和思想教育等各个领域产生了深远影响。商务印书馆出版的关于历史学方面的出版物对中国近代史学起到过举足轻重的作用，[1]这一点应该是没有异议的。然而，商务众多历史类出版物究竟对中国近代史学发展具体起到什么作用、产生什么影响，长期以来，无论是史学界还是出版界，尚缺乏较为充分的专门研究，这对于近代中国史学史、中国学术文化史、中国出版史以及商务印书馆馆史而言，都是一个很大的空白和缺憾。[2]本文据商务印书馆从1897年建馆至1949年出版的历史类书籍，对这一时期商务出版活动对中国史学的影响做些初步梳理与探讨。需要说明的是，商务印书馆在近代时期出版的历史类书籍数量巨大，种类繁多，本文所讨论的问题

---

[1] 据《商务印书馆1902年至1950年（1—6）出版物的分类总计》，"史地"类出版物占所有出版物的10.2%（不包括大部丛书），1545种，3160册。见《商务印书馆图书目录（1897—1949）》，商务印书馆2015年版。

[2] 关于商务印书馆历史类出版物与中国近代史学的关系，近年来陆续出现了一些具体的研究成果，如：杨勇：《商务印书馆〈中国文化史丛书〉研究》，硕士学位论文，华东师范大学，2012年；徐丹：《〈中国文化史丛书〉的出版、演变与启示》，硕士学位论文，华中师范大学，2013年；等等。另外，商务印书馆出版的《商务印书馆建馆八十周年纪念（1897—1977）》《商务印书馆九十年》《商务印书馆九十五年》等文集中，有若干回忆和研究文章。

不可能面面俱到，仅就以下几个方面略作陈述，就教于方家。

一 历史教科书：开启中国近代史学叙事模式

1902年，梁启超在其《三十自述》中说："一年以来，颇竭棉薄，欲草一《中国通史》以助爱国思想之发达，然荏苒日月，至今犹未能成十之二。"[1]以梁启超之才华见识，希望以"近世史家"的眼光写出一部"助爱国思想之发达"的新式中国通史却力不从心，可见新旧史学转换并非易事。梁启超在《中国史叙论》（1901年）和《新史学》（1902年）中讨论的新式中国史撰述中必须要解决的诸如时代分期问题、民族与种族问题、地理与疆域问题、纪年问题、正统与书法问题、书名问题等，在当时均为悬而未决，换句话说，传统史学的叙事模式无法适应近代史学的撰述要求，这是造成他未能如期完成中国通史并就此提出"史界革命"的主要原因之一。此前章太炎计划写的《中国通史》为"百卷之书，字数不过六七十万，或尚不及，尽力为之，一年必可告竣"[2]，实际也未能完成，只留下一篇《中国通史略例》，讨论了中国通史中的内容、观点和体例。这都说明从古代史学发展到近代史学绝非一蹴而就之事。

事实上，正如何炳松所说："吾国自前清末季废止科举改设学校以来……迄今已达二十余年，西洋通史之著作虽已有相当之成就；而本国通史之纂辑，则求其能合现代所谓新史学眼光者反寥若晨星焉……然而吾人迄今尚无一部差强人意之中国通史焉。"[3]大约在20世纪前20年，"近代式"的完整的中国通史著述尚不多见，真正写成贯通性的中国通史著作的可能只有陈黻宸的《中国通史》（1913年），只是此书与他在1902年发

---

[1] 梁启超：《三十自述》，《饮冰室合集》文集之十一，中华书局1989年版，第19页。
[2] 章太炎：《致梁启超书（1902年7月）》，汤志钧编：《章太炎政论选集》上册，中华书局1977年版，第168页。
[3] 何炳松：《通史新义·自序》，《何炳松文集》第四卷，商务印书馆1997年版，第77—78页。

商务印书馆历史类出版物与中国近代历史学的发展（1897—1949）

表的《独史》中所计划的撰述中国史的内容设计相去甚远，全书在历史观点和编纂形式方面均少有"新意"。不过这20年间，用新的观点、方法和体例形式撰写中国史的尝试并非处于空白状态，只是以另一种方式表现出来：历史学者们以编纂历史教科书的形式不断探索着中国历史书写的叙事模式，这期间大量出现的历史教科书十分有效地将近代史学理念实践于中国史的书写中，起到了新旧史学转型的桥梁作用。清末民初，出版历史教科书的官私机构有数家，其中执教科书出版之牛耳的商务印书馆的历史教科书，表现得最为突出。

戊戌变法以后，为了适应不断兴办的新式学堂的教学需要，教科书的出版已经有一定规模，市场主要被文明书局出版的教科书系列占据，"在商务印书馆未成立以前，以文明书局出版之教科书为最多，广益书局等次之"[1]。但由于那时清政府尚未出台"学制"，教科书没有按照学年学期规范编制，还称不上现代意义的教科书系列，也远不能满足社会需要。1902年和1904年，清政府先后颁布《钦定学堂章程》和《奏定学堂章程》。在此前后，商务印书馆发生重要人事变动。蔡元培在《商务印书馆总经理夏君传》一文中提道："庚子以后，学校渐兴，教授者苦不得适宜之教科书，君乃为商务印书馆厚集资本，特立编译所，延张元济君主其事。"[2]1897年南洋公学成立之初，张元济便开始带领一批师范生着手编纂教科书，以应新式学堂教学之急需，1902年由夏瑞芳延揽入馆。商务印书馆"成为我国历史最长大之出版家，实始于张君之加入"[3]。"光绪二十九年（1903）以后，各学堂教科书，大多数出于商务印书馆。"[4]

依照中国第一个现代学制《奏定学堂章程》，商务印书馆将《最新

---

[1] 民国政府教育部：《教科书之发刊概况——1868—1918年》，张静庐辑注：《中国近现代出版史料·初编》，上海书店2003年版，第220页。
[2] 蔡元培：《商务印书馆总经理夏君传》，商务印书馆编：《商务印书馆九十年》，商务印书馆1987年版，第2页。
[3] 王云五：《商务印书馆与新教育年谱》，台湾商务印书馆1973年版，第3页。
[4] 民国政府教育部：《教科书之发刊概况——1868—1918年》，张静庐辑注：《中国近现代出版史料·初编》，上海书店2003年版，第220页。

教科书》分编为初等小学及高等小学两套，各科基本上按照学制分年级、分册出版。"学制经一度之革新，我馆辄有新教科书之编辑，以应其需要。"[1] 参与其中历史教科书编纂的庄俞曾回忆说："只有我馆的《最新教科书》是依照学部所颁布的学堂章程各科俱有的，所以独步一时。"[2]《最新教科书》使商务版教科书迅速占领市场，名利双赢，文明书局在竞争中逐渐失势直至退出竞争。《最新教科书》及1912年开始出版的《共和国教科书》、1922年出版的《新学制教科书》等系列，给商务印书馆带来巨大声誉和经济效益。[3] "同业之有事于教科书者，度不能以粗觕之作与之竞，则相率而则效之，于是书肆之风气，为之一变，而教育界之受其影响者大矣"[4]。中华书局总经理陆费逵在《六十年来中国之出版业与印刷业》一文中说："全国所用之教科书，商务供给什六，中华供给什三；近年世界书局的教科书亦占一部分。"[5] 挟此声势，商务版历史教科书亦成为20世纪前20年中国史学不可忽视的组成部分，以商务版历史教科书为代表的历史教科书在新旧史学转型之际起到了相当关键的作用。

　　清末比较重要的商务版历史教科书主要有：1901年普通学书室编《普通新历史》、1902年日人富山房编《中国历史问答》、1903年署名上海商务印书馆编《中国历史教科书》（张元济主持）、1904年陈庆年编《中学师范学堂用·中国历史教科书》（该书通过清廷学部审定）、1904年姚祖义编《最新中国历史教科书》（该书属《最新历史教科书》系列）、1906年富光年编辑《简易历史课本》、1907年吕瑞廷和赵澂璧合编《中学堂教科

---

[1] 王云五：《本馆与近三十年中国文化之关系》，商务印书馆编：《商务印书馆九十五年》，商务印书馆1992年版，第285页。

[2] 庄俞：《谈谈我馆编辑教科书的变迁》，商务印书馆编：《商务印书馆九十年》，商务印书馆1987年版，第62页。

[3] 商务印书馆董事陈叔通说："商务发财主要是靠教科书。"陈叔通：《回忆商务印书馆》，商务印书馆编：《商务印书馆九十年》，商务印书馆1987年版，第218页。

[4] 蔡元培：《商务印书馆总经理夏君传》，商务印书馆编：《商务印书馆九十年》，商务印书馆1987年版，第2页。

[5] 陆费逵：《六十年来中国之出版业与印刷业》，《申报月刊》第1卷第1号（1932年7月15日），第16页。

书·新体中国历史》等。这些国史教科书中的大部分都在民国时期重印发行。另从1909年商务印书馆出版的汪荣宝编《中国历史教科书》（该书通过清廷学部审定）书末附"商务印书馆历史书目"可以了解到，此前商务版历史教科书还有：《初等小学中国历史教科书》《简明历史教科书》《初等小学中国历史读本》《简易历史课本》《高等小学中国历史教科书》《高等小学中国历史读本》《中学新体中国历史》及夏曾佑编著的《中国历史教科书》。[1]

当初梁启超萌生撰写新式中国通史的想法，与他在日本阅读的大量西方历史著作以及日本学者撰写的所谓"东洋史"和"支那史"有直接关系。他在《东籍月旦》中说："西史之书，虽复汗牛充栋，求其真完全美满，毫发无憾者，今尚不得一焉。鄙人不揣梼昧，近有泰西通史之著，拟以浮田和民之《上古史》、坪内之《中古史》、松平之《近世史》……数书为底本，而更参考群书以补助之，欲以三年之功，成一绝大之史，此志若酬，虽不能良，亦省学者披吟之功不少焉耳。"[2]与此相同，早期的中国历史教科书，也以译介自"东洋史"和"支那史"为主。

日本学者著"东洋史"，本为世界史范畴，但是"日本人所谓东洋者，对于泰西而言也，即专指亚细亚洲是也"，在"东洋史"中，中国史是主体，"东洋史之主人翁，实惟中国，故凡以此名所著之书，率十之八九纪载中国耳"[3]。被国人译介最多的"东洋史"是桑原骘藏的《东洋史要》[4]，"其书合东洋诸国为一历史团体，于亚细亚东方民族之盛衰，邦国之兴亡，言之甚详。而南方亚细亚、中央亚细亚与有关系者，亦略述之，洵为世界

---

[1]汪荣宝：《中国历史教科书》，商务印书馆1909年版，书末广告。
[2]梁启超：《东籍月旦》，《饮冰室合集》文集之四，中华书局1989年版，第97页。
[3]同上书，第98页。
[4]主要译本有：1899年东文学社出版的樊炳清同名译本；1904年上海文明书局出版的周同愈译本《中等东洋史教科书》；1913年商务印书馆出版的金为编校的《重译考订东洋史要》；等等。参见李孝迁：《清季支那史、东洋史教科书介译初探》，《史学月刊》2003年第9期。

史教科善本"[1]。许多学者将此书作为编纂中国历史教科书的底本，而不是将其用作世界史教科书。1904年商务版陈庆年编写的《中国历史教科书》即改编自《东洋史要》。编者在该书后序部分写道："其为世界史之例耳，而于国史所应详者尚多疏略……念是邦学子于桑原之书，诵习已久。其书于全亚国际之关系最所注意，我邦经庚子之乱，甫阅数年，膈之以识世界。于义亦急，遂不复自为，略依桑原篇题补集事实，以为此编。"[2]说明了之所以采用《东洋史要》作为《中国历史教科书》底本的原因：其一，桑原骘藏《东洋史要》为国内学堂使用时日已久，教科书不宜频繁更换；其二，桑原之书相较于同时期其他东籍历史教科书，更能满足国人的"识世界"的需求；其三，清末新学制实施之始，亟需各科教科书，《东洋史要》为应时之需，是国人不得已的选择。陈庆年《中国历史教科书》删掉了桑原《东洋史要》中"东洋史之宗旨界说""地势""人种"和"区分时代"等章，按照原书分期法将太古至明亡时期的历史分为"上古史""中古史""近古史"三个时期来讲述。桑原书从太古时代一直写到"近世期：欧人东渐时代"，但是陈庆年书只写到明亡。商务印书馆在陈庆年书末广告上称："是书仅至明止，课毕之后可接授汪著之《本朝史》。"[3]

虽然商务印书馆将汪荣宝《本朝史讲义》（后更名为《中国历史教科书》）作为陈庆年《中国历史教科书》的续本进行宣传，但是汪书在内容和性质上都不是陈书的继续，它仅仅是在桑原骘藏的历史分期结构上与陈书相互衔接而已。《本朝史讲义》只记述满族崛起至清末的历史，汪荣宝认为："学者欲知今日中国变迁之由来，及世界列国对我之大势，则研究近世史为尤要焉。迩来东西史家，常有倒叙之法，即由近世之事实，次第上溯，以至太古。此虽史篇之变体，然其用意，欲使学者先今而后古，详近而略远，以养成其应变致用之知识，其诸大雅所不识也。今略师其意，

---

[1]［清］徐维则辑：《增版东西学书录》卷一，王韬、顾燮光等编：《近代译书目》，北京图书馆出版社2003年版，第42页。
[2] 陈庆年编：《中国历史教科书》，商务印书馆1904年版，"后序"。
[3] 同上书，书末广告。

商务印书馆历史类出版物与中国近代历史学的发展（1897—1949）

特取本朝史（即全书第四部）为讲述之始事。"汪荣宝还特别指出："历史之要义，在于钩稽人类之陈迹，以发见其进化之次第，务令首尾相贯，因果毕呈。晚近历史之得渐成为科学者，其道由此。"[1]从中不难看出进化论的影响。

同期还有许多日版"东洋史"教科书被翻译引进，并被改编成国史教科书。1901年由商务出版的《普通新历史》，是以日本中等学科教授法研究会所著的《东洋历史》为蓝本，由普通学书室编纂而成。《普通新历史》评述《东洋历史》"序次明晰，记录简要，足备教科之用也。原书虽称东洋史为亚细亚东半洲诸国人民盛衰兴亡之历史，实则全以我一国为枢纽，其余皆参附耳"[2]。贯彻进化论和具有世界眼光也是《普通新历史》采用《东洋历史》为底本的原因，编者认为："近世全球交通之会，我国民渐渐与世界相见，优胜劣败即在此一二百年之间，诚千载一时也。我国民之眼界断不可仅注于内国数十朝之兴替沿革中，须考察种族势力之强弱，文明之高下，能力之大小，以为大众警醒振拔之标准。……日本教育家多以发达青年之志气为主，于是编亦可窥见一斑。"[3]增订版《普通新历史》按照民国初年"教育部规定之宗旨及课程"，以"上古、中古、近古、近世、现代"作为中国历史的分期标准，具体分法则是"自史前至秦汉时代为上古，自三国至宋为中古，元明时代为近古，清为近世，中华民国为现代"[4]。1913年商务印书馆出版的金为编校《重译考订东洋史要》在不改动桑原《东洋史要》原书"文势语气""篇法章法"的基础上，"先后所调查搜辑中外诸书，不下数十百种，参互考订，别择齐取，颇费苦心"，书名"考订"，作者说："考订云者，谓考其异同，订其疏舛也。"[5]可见国人并非仅简单地翻译介绍东籍史书并编成历史教科书，而是对原书有着认真的

---

[1] 汪荣宝编：《中国历史教科书》，商务印书馆1909年版，"绪论"。

[2] 普通学书室编：《普通新历史》，商务印书馆1913年版，"凡例"。

[3] 同上。

[4] 同上。

[5] 〔日〕桑原骘藏著，金为编校：《重译考订东洋史要》，商务印书馆1913年版，"凡例"。

研究和考订。

除了译自"东洋史"系列的历史教科书，还有不少译自"支那史"系列的中国历史教科书。"支那史"中和桑原骘藏《东洋史要》齐名的是那珂通世用汉文编写的《支那通史》，该书近世史只写到元，因此出现了不少为《支那通史》续明清历史的续补本。《支那通史》的续补本有日本的，也有中国的，其中，日本的续补本也多被翻译成汉语，如河野通之与石村贞一合著的《最近支那史》，山峰畯台的《续支那通史》等[1]；中国的续补本最为著名的是柳诒徵《历代史略》。1907年商务印书馆出版了吕瑞廷和赵澂璧编纂的《新体中国历史》，改编自日本市村瓒次郎、泷川龟太郎所著《支那史》，《新体中国历史》的编者认为："近译日人所著东洋、支那史，非失之略，即失之浑。求有简繁得宜，论断得衷，专详建国之体制，学术之隆替，武备之张弛，政治之沿革，文明之进步，事业之发达，风俗之变迁等事者乎？无有也。"之所以选中这本《支那史》，是因为该书"于治乱原因，颇有所见"[2]。可以看出，当时学人对编译或使用东籍史书是经过一番选择的，而且做出的评价褒贬不一，既以此来证明编者选取东籍作为底本的合理性，也多少反映出取之他人的纠结心理。

在早期历史教科书受到东籍史书和西方史书普遍影响的态势中，国人编纂的几部看上去颇具"原创"性的历史教科书更有特色，事实上，今日最受关注的清末历史教科书，正是以夏曾佑《中学中国历史教科书》、刘师培《中学历史教科书》等为代表的。夏曾佑《中学中国历史教科书》的撰写与出版，与商务印书馆及张元济本人有着密切关系。1903年，夏曾佑丁母忧而失去收入来源，张元济约请夏曾佑编写历史教科书并预支稿酬，提供二十四史、《汉魏丛书》《左传》《历朝纪事本末》等资料（代买或借

---

[1] 参见邹振环：《东文学社及其译刊的〈支那通史〉与〈东洋史要〉》，张伯伟编：《域外汉籍研究集刊》第三辑，中华书局2007年版，第347—369页。
[2] 吕瑞廷、赵澂璧编纂：《新体中国历史》，商务印书馆1910年版，"绪论"。

阅），还与夏反复讨论书中的体例、注释等问题。[1]《中学中国历史教科书》在观点、分期、体例等方面受到日籍的影响，如周予同说："夏氏一书，在形式或体裁方面，实受日本东洋史编著者的影响。"[2]这些方面已有较多研究成果，此不赘述。需要明确的是，夏书与那些以外籍史书为底本或抄录节译的历史教科书在性质上是不一样的。在笔者看来，之前颇为人所诟病的夏曾佑《中学中国历史教科书》"完全是纂录二十四史，加以编制而成"[3]、"实多节录原文，只因不注明出处，便使一部分不读古书的学生误认为自铸伟词了"[4]等意见固有其道理，却也正说明夏曾佑更多地是在"独立"编撰这部《中学中国历史教科书》。在学术层面上，夏曾佑面临的问题，诸如撰史宗旨、历史观点、历史分期、史书结构、体例文体等，与梁启超当时面临的问题大体相同，他是主动地将中国传统史书和史料应用于新的历史叙事模式编撰历史教科书，而不是被动地以外籍史书为蓝本将其剪裁为中国历史教科书。在这种情况下，出现"纂录二十四史""材料不能融化"等现象，恐怕反而说明夏书并非如《历代史略》等大约同时期的同类教科书那样是转译、改编、续补日籍史书而成的。夏书强调："本编亦尊今文学者，惟其命意与国朝诸经师稍异，凡经义之变迁，皆以历史因果之理解之，不专在讲经也。"[5]尊经与进化观点相结合的撰史意图，更是当时中国史家才具有的特点。夏书之内容实际已经不局限于"中学历史教科书"的级别，商务印书馆1933年编印大学教材，将夏书更名《中国古代史》，列入《大学丛书》重印，即表明了夏书的实际程度。后人评价此

---

[1] 参见栾伟平：《夏曾佑〈中国历史教科书〉编写出版考实——以张元济致夏曾佑信札为中心》，商务印书馆编：《"商务印书馆与中国现代文化的兴起"国际学术研讨会论文集》（下），商务印书馆2017年内部印行，第411—420页。
[2] 周予同：《五十年来中国之新史学》，《周予同经史论著选集》，上海人民出版社1983年版，第534—535页。
[3] 周容：《史学通论》，开明书店1933年版，第91页。
[4] 蔡尚思：《蔡元培学术思想传记》，棠棣出版社1950年版，"序例"。
[5] 夏曾佑：《中国古代史》，河北教育出版社2000年版，第362页。

书是"第一部有名的新式通史"[1]、"近代中国尝试用进化论指导总结中国历史的第一部著作"[2]，绝非溢美之词。20世纪30年代钱穆任教于北京大学时读到作为北大教材的这部夏曾佑的《中学中国历史教科书》，他回忆说："读夏书第一册，书末详钞《史记》十二诸侯年表六国年表等，不加减一字，而篇幅几占全书三分之一以上。当时虽不明夏氏用意，然余此后读史籍，知诸表之重要，则始此。""夏氏书皆仅标几要点，多钞录史籍原文。无考据方式，而实不背考据精神。亦为余所欣赏。"[3]可见"钞录史籍原文"反而被认为是夏书的长处而为钱穆所褒扬。

综上，以商务版历史教科书为主的历史教科书的编纂，成为中国近代史学开始阶段中国史书写的最重要的学术实践。梁启超、章太炎等撰写新型中国通史的未竟之业，是由历史教科书承担起来的事实，的确令人始料未及。早期编译自日本史籍的历史教科书在中国史书写从传统史学迈向近代史学的艰难时段起到了关键作用。以夏曾佑的《中学中国历史教科书》为标志，开始初步明确了中国近代史学的历史叙事模式。仅从商务版中国历史教科书中可以看到，历史教科书大致都具有救亡图强的时代意识和进化史观的潜在影响。如商务版1903年出版的《中国历史教科书》序中说："盖处今日物竞炽烈之世，欲求自存，不鉴于古，则无以进于文明，不观于人，则无由自知其不足。……其于本国独详，则使其自知有我，以养其爱国保种之精神，而非欲仅明于盛衰存亡之故焉。"[4]夏曾佑书中多处可见"进化"二字或用进化论去解释历史现象，如该书第一篇第一章第七节"包牺氏"中写道："案包牺之义，正为出渔猎社会，而进游牧社会之期，此为万国各族所必历。但为时有迟速，而我国之出渔猎社会为较早也。故制嫁娶，则离去有母而不知有父之陋习，而变为家族，亦为进化必历之阶

---

[1] 齐思和:《近百年来中国史学的发展》,《燕京社会科学》1949年第2卷。
[2] 朱维铮:《跋〈夏曾佑致宋恕函〉》,《复旦学报》1980年第1期。
[3] 钱穆:《八十忆双亲·师友杂忆》,生活·读书·新知三联书店1998年版,第89页。
[4] 涉园主人:《中国历史教科书》,商务印书馆1903年版,"序"。涉园主人即张元济。

商务印书馆历史类出版物与中国近代历史学的发展（1897—1949）

级。"[1]通过运用进化史观和译介日籍史书，历史教科书最早尝试使用上古史、中古史、近古史诸历史发展阶段阐述中国历史过程。商务印书馆1923年出版的傅云森、朱经农编《新学制历史教科书》在"编辑大意"中强调本书"打破朝代的、国界的旧习，专从人类文化上演述变迁的情形"[2]。历史教科书中的分阶段叙述中国历史的模式，是中国史学走出传统的皇朝断代史叙述模式的最早实践。在编纂形式上，历史教科书介于传统的纪事本末体和现代章节体的过渡阶段。如商务版1903年的《历史教科书》分上、中、下三册，从太古之"三皇制作"到清末的"两宫回銮"，属传统纪事本末体形式；商务版1904年姚祖义编《最新中国历史教科书》分四卷（册），每卷分60课，从"历朝国统""上古时代"至清末"戊戌政变""拳匪大乱""两宫回銮"，均以事命篇，亦属纪事本末体形式。夏曾佑《中学中国历史教科书》分上古史、中古史和近古史（未写），上古史分传疑时代和化成时代，中古史分极盛时代和中衰时代，他说："五胡之事，至为复杂，故记述最难。分国而言，则彼此不贯；编年为纪，则凌杂无绪，皆不适于讲堂之用。今略用纪事本末之例，而加以综核。"[3]今人多认为该体裁已经接近于章节体形式。历史教科书因其教学性质而大多自然采用了纪事本末体，也成为从传统史书体裁过渡到近代章节体史书的桥梁。此外，"教科书之形式内容，渐臻完善者，当推商务印书馆之《最新教科书》"，"在白话教科书未提倡之前，凡各书局所编之教科书及学部国定之教科书，大率皆模仿此书之体裁。故在彼一时期，能完成教科书之使命者，舍《最新》外，固罔有能当之无愧者也"[4]。教科书白话语体的使用，也会影响到历史撰述的语体变化。

1923年商务印书馆出版吕思勉[5]《自修适用白话本国史》四册，由绪

---

[1] 夏曾佑：《中国古代史》，河北教育出版社2000年版，第15页。
[2] 傅云森：《新学制历史教科书》，商务印书馆1923年版。
[3] 夏曾佑：《中国古代史》，河北教育出版社2000年版，第443页。
[4] 蒋维乔：《编辑小学教科书之回忆》，《商务印书馆出版周刊》新第156期（1935年11月23日）。
[5] 近代著名史家吕思勉曾入职商务印书馆，并在商务印书馆出版了16种著作。

论和五编构成,叙述自远古至当代的中国历史,依据社会经济和社会组织的变化分为上古、中古、近古、近世、最近世、现代等六个时期。本书在各个方面都可以看出之前历史教科书中所表现出的各种新意,被誉为"以丰富的史识与流畅的笔调来写通史,方为通史写作开一个新的纪元"[1]。自梁启超计划撰写中国通史的20余年后,吕思勉的《白话本国史》方成为受到普遍认同的新型中国通史,其间历史教科书的作用不应被忽略。金毓黻称赞《白话本国史》的时候想起了念念不忘于中国通史撰述的梁启超,金在《静晤室日记》中写道:"吕氏此书有系统,有断制,堪称为中国史之第一名作,并世作史诸家未能或之先也……即他日梁氏之作有成,亦恐无以胜乎此耳。"[2]

值得一提的是,著名的"层累地造成的中国古史"说的提出,与商务版历史教科书还有一定关系。1922年3月,离京返回苏州的顾颉刚应商务印书馆之约,与王钟麟(伯祥)合作编纂《现代初中教科书·本国史》。在为编此书而搜集材料、拟定目录的过程中,顾颉刚头脑中积蓄已久的疑古思想逐渐明晰起来。顾颉刚说:"三皇五帝的系统,当然是推翻的了。考古学上的中国上古史,现在刚才动头,远不能得到一个简单的结论。思索了好久,以为只有把《诗》、《书》和《论语》中的上古史传说整理出来,草成一篇'最早的上古史的传说'为宜。我便把这三部书中的古史观念比较着看,忽发见了一个大疑窦——尧舜禹的地位的问题!"[3]著名的"层累地造成的中国古史"说由此而最终形成。顾颉刚疑古学说的形成原因十分复杂,而编纂这部历史教科书当是促成其通盘考虑古史系统的真伪,进而提出引起轩然大波的"层累"说的直接机缘之一。

---

[1] 顾颉刚:《当代中国史学》,胜利出版公司1947年版,第85页。
[2] 金毓黻:《静晤室日记》第二册,辽沈书社1993年版,第1469—1472页。
[3] 顾颉刚:《古史辨》第一册,上海古籍出版社1982年版,"自序"。

二 《中国文化史丛书》：专史的开拓

在中国近现代史学史上，文化史研究一直是引领史学界趋新潮流的标志之一。早期文化史研究的兴起，很大程度上是为了否定所谓传统史学只是帝王将相的历史、"二十四姓帝王之家谱"而提出的，在当时的人们看来，文化史撰述就是区别于传统史学的新式历史研究。笔者以为，赋予文化史以颠覆传统史学的使命，在现实层面固无不可，但是在学术层面或许夸大了文化史研究的功能。但无论如何，20世纪前30年的文化史研究的热潮毕竟已经形成，"由二十年代中期到三十年代中期，中国文化史研究进入了短暂而兴旺的岁月，接踵出现了数以百计的论文和专著"[1]。

1936—1939年，商务印书馆由王云五、傅纬平主编出版了《中国文化史丛书》。1936年11月至1937年2月第一辑出版了20种，1937年4月至1939年第二、三辑出版了21种。在短短三年时间就出版了41种"文化史"著述（因1937年七七事变爆发，未能出版原计划中的全部80种书），工作效率十分惊人，几十种"文化史"以丛书的方式陆续推出，产生的影响与效益亦可想而知。[2]

从内容上看，商务版《中国文化史丛书》的选题丰富多样。40余种书中，传统学术史方面的专史有《中国经学史》《中国理学史》《中国训诂史》《中国音韵学史》《中国目录学史》《中国骈文史》等；现代学术体系下的专史有《中国民族史》《中国政治思想史》《中国法律思想史》《中国教育思想史》《中国边疆沿革史》《中国考古学史》《中国伦理学史》《中国史学史》等；科学史方面的专史有《中国算学史》《中国度量衡学史》等；社会经济史及相关行业史方面的专史有《中国田赋史》《中国税制史》《中

---

[1] 朱维铮：《中国文化史的过去和现在》，《复旦学报》1984年第5期。
[2] 商务印书馆《中国文化史丛书》出版后，很多著作热销，如第一辑中的《中国民族史》和《中国陶瓷史》，到1937年5月已经出至第五版；也有个别书出版后受到批评，如《中国小说史》被批评为抄袭、拼凑之作，参见顾樆：《郭箴一〈中国小说史〉（书评）》，《华声》第1卷第5、6期，1945年1月。

211

国商业史》《中国建筑史》《中国交通史》《中国渔业史》《中国水利史》《中国医学史》《中国陶瓷史》等，另外还有如宗教史方面的《中国道教史》，艺术史方面的《中国绘画史》《中国音乐史》等。令人颇感意外的是，在时下被认为是受到后现代主义或新文化史影响才出现的新的历史研究领域如救荒史、妇女史、婚姻史等，在1930年代的《中国文化史丛书》里早已有之。如果按原计划出版80种书，其内容将会更为丰富。"其已出版的有四十余种，精善的有白寿彝《中国交通史》，冯承钧《中国南洋交通史》，李俨《中国算学史》，郑振铎《中国俗文学史》，王庸《中国地理学史》，姚名达《中国目录学史》等。诸先生均为国内有数的专家，所撰均甚详赅。"[1]已出的各种专题，绝大部分都是中国的第一部专史，开诸专史风气之先。

  作为国内首次编纂的《中国文化史丛书》，组稿并不容易，组稿形式也比较灵活，大致有以下几种。一是命题作文，即由出版社给出选题，寻找作者撰写成书。如白寿彝的《中国交通史》，作者曾回忆说：1936年初，顾颉刚"取出一份《中国文化史丛书》的目录，他说，商务印书馆托他请人写书，问我能不能帮他写一部。我看看目录上的书名，没有一部书是我熟悉的。顾先生看我很为难，就说：'这个目录中有好些书根本没有人写过，写起来很不容易，但你还是试着写一部吧。'我想来想去，觉得《中国交通史》还可能好写一些，就答应了写这部书。"[2]顾颉刚所说的"这个目录中有好些书根本没有人写过"，说明了《中国文化史丛书》中有许多是开创性的或者是之前缺少专门研究的选题。看到这样的选题，也会激发作者的研究兴趣，如邓拓说："我原先写'中国救荒史'的用意，只是把它作为中国社会经济史研究的副产物的一种。这一部分的史料触目惊心，在研究过程中随时引起了我的注意，所以很容易把它们编在一块。"[3]二是

---

[1] 顾颉刚：《当代中国史学》，胜利出版公司1947年版，第86页。
[2] 白寿彝：《重印〈中国交通史〉题记》，《史学史研究》1987年第3期。
[3] 邓云特：《中国救荒史·写在重印本的前面》，生活·读书·新知三联书店1985年版，第1页。

商务印书馆历史类出版物与中国近代历史学的发展（1897—1949）

重版旧著，如蔡元培《中国伦理学史》初版于1910年[1]，陈邦贤的《中国医学史》原为1919年写成的教学讲义，陈东原的《中国妇女生活史》初版于1928年。三是改编旧著，如陈顾远《中国婚姻史》改编自作者1929年初版的《中国古代婚姻史》，李俨的《中国算学史》改编自作者1930年初版的《中国算学小史》，王孝通的《中国商业史》改编自作者1920年初版的《中国商业小史》。四是编译外国人的著述，这在《中国文化史丛书》中有三种，分别是陈清泉"译补"日本伊东忠太的《中国建筑史》和陈清泉"译述"田边尚雄的《中国音乐史》，以及王鹤仪"编译"泽田总清的《中国韵文史》。

《中国文化史丛书》的作者队伍也值得研究。据不完全统计，在年龄结构上，年龄大者如蔡元培时年70岁左右，年轻者如邓云特当时不满25岁，白寿彝、姚名达也不超过30岁，另如陈登原、李俨、卫聚贤、林惠祥、郑振铎、顾颉刚等均为40岁左右，是丛书作者群的主要部分。在撰写这套丛书的时候，有的作者在学术界已鼎鼎大名，有的作者则已崭露头角，有的作者还籍籍无名。经过参与这套丛书的撰写，许多作者在后来则成为所撰专史领域的开创者或学术带头人。

在今天看来，商务版《中国文化史丛书》的意义，并不仅仅局限于推动了中国文化史研究一个方面。

商务印书馆出版《中国文化史丛书》第一辑时，在《东方杂志》做宣传说："迄今尚无一部完备之文化史可资研究，则以史料虽富，而杂乱殊甚，且编纂文化史者多采综合方式，以如是浩瀚之史料，由一二人整理，其难益甚。"[2]之后，《中国文化史丛书》的广告语表示，该丛书"分之为

---

[1] 蔡元培写于1910年的《中国伦理学史》，是中国第一部专门的伦理学著作，蔡书以日本学者木村鹰太郎《东西洋伦理学史》和久保得二《东洋伦理学简史》有关中国部分为基础，加以俞正燮的伦理思想，成为中国伦理学史研究的开创之作。1941年，日本人中岛太郎翻译为日文《支那伦理学史》，在东京大学出版。参见汪家熔：《蔡元培和商务印书馆》，《商务印书馆九十年》，商务印书馆1987年版，第483—484页。
[2]《整理我国史料，揭示文化全貌》，《东方杂志》1936年第23号。

各科之专史，合之为文化之全史"[1]。第二辑出版之前，《东方杂志》发表短文介绍该丛书："吾国史籍流传之文化资料不为不多，史前文化遗物亦经发挥而逐渐出土，然材料既缺乏系统，记载亦未尽详确，欲据以编一综合的文化全史，实非易事。本馆爰采分科编制办法，而有《中国文化史丛书》之编印，就文化之范围，区为八十科目，分请专家，据现有之资料，为科学的整理。合之可以见我国文化之全貌，分之则为各科之专史。"[2]编者很敏锐地看到，以个人之力编纂综合式的文化史，"其难益甚"，"分科编制"符合"科学整理"的要求，是一种切实可行的文化史研究方案。在《东方杂志》接下来刊登的《中国文化史丛书》广告语中，更简明扼要地强调"编纂整部文化史以采用分科制为合理，盖以一专家就其所长，担任一专科史料之整理，其结果自较良好"[3]。可见，"采分科编制办法"，"分之则为各科之专史"的编纂意识，是丛书编者愈来愈明确的编纂思想的体现，也是我们应该格外重视的。

如前所述，中国史学从古代史学发展到近代史学，一个显著的特征是历史学被纳入西式学术分类体系而成为近代意义的独立学科。学科分类意味着近代中国历史学在传统史学流行的通史、断代史、王朝史或纪传体、编年体、纪事本末体史书之后，要以新的学科分类进行专史研究。之前的梁启超、柳诒徵等人是从大处着眼，将文化史视为一种囊括所有文明和历史的史书撰述内容来看待，他们所设定的宏大框架中的文化史概念无所不包；如果从小处着眼，文化史也可被视为一门专史而已。这涉及对"文化"一词的不同理解，即广义的和狭义的文化概念，如果对此没有清晰的认识，很容易造成对文化史研究内容上的混乱，而对文化史研究对象的认识不一致，就会影响文化史研究的正常发展。梁启超在1922年初版的《中国历史研究法》中指出："今日所需之史，当分为专门史与普遍史之两途。专门史如法制史、文学史、哲学史、美术史……；普遍史即一般之文化

[1]《中国文化史丛书》广告，《东方杂志》1937年第2号。
[2]《中国文化之独立性》，《东方杂志》1937年第4号。
[3]《中国文化史丛书》广告，《东方杂志》1937年第5号。

史也。"[1]这里虽着重提出了"专门史"的概念，但是并不十分准确[2]；而把"文化史"看作"普遍史"，则是当时寄希望于用"文化史"取代旧式历史撰述的反映。数年之后梁启超在清华国学研究院讲授历史研究法（后成《中国历史研究法补编》），提出了"人的专史""事的专史""文物的专史""地方的专史""文物的专史"等概念，是以记载内容的性质而不是以学科划分的，与他前面所说的"专门史"也相距较远，而其中"文物的专史"被梁启超解释为"是专史中最重要部分，包括政教典章、社会生活、学术文化种种情况"[3]，更像是时人所谓之文化史。总的看，此时的梁启超是在竭力把传统史学和西式学科分类糅合在一起，不过在概念上反而显得混乱，而且少有实际操作的可能，因各种原因，他也并未撰成多卷本的《中国文化史》。

1923年，胡适在"整理国故"运动中撰写了《国学季刊发刊宣言》，从新旧学术关系的角度论述了这个问题，他指出："国学的方法是要用历史的眼光来整理一切过去文化的历史；国学的目的是要做成中国文化史。"同时，他说明这个"文化史"包括有民族史、语言文字史、经济史、政治史、国际交通史、思想学术史、宗教史、文艺史、风俗史、制度史等十个方面的专史。[4]"整理国故"运动的中心问题是如何看待传统文化，胡适在这里提出要用一种全新的观念即"文化史"来统整"国学"（即旧式学问），实际上包含了对传统学术分类的摒弃。换句话说，胡适提出的"文化史"已经与梁启超们的"文化史"概念不尽相同。胡适"用历史的眼光

---

[1] 梁启超：《中国历史研究法》，《饮冰室合集》专集之七十三，第35页。
[2] 刘龙心认为：上世纪初所提及的专史或不可称之为现代意义上之各科专门史，更应该称之为知识之史；各科从史中析出，但不能以专史的观点去审视，只有到了20世纪二三十年代，政学与艺学转化成政治学、史学、经济学、社会学等之后，方出现政治史、经济史、社会史、法律史等专门史。转引自杨勇：《商务印书馆〈中国文化史丛书〉研究》，硕士学位论文，华东师范大学，2012年，第13页下注4。
[3] 梁启超：《中国历史研究法补编》，《饮冰室合集》专集之九十九，中华书局1989年版，第123页。
[4] 胡适：《国学季刊发刊宣言》，《国学季刊》1923年第1号。

来整理一切过去文化的历史",在很大程度上是对历史研究的范畴与内容作出新的界定,希求以各种现代意义的专史研究充实于历史学的各个研究领域,通过"整理国故"逐渐用现代学术体系来取代"国故",构建中国史学的新体系。胡适具体提到的十个方面的专史研究,应该比梁启超等人的文化史观念更有实际意义,也更具可操作性。20世纪20年代在"整理国故"运动中以胡适提出的用专史研究作为文化史研究的思路,客观上是在30年代由商务版《中国文化史丛书》付诸实施了。

1921年7月24日胡适与王云五交谈,"劝他提出一个中心问题来做专门的研究(最好是历史的研究),自然会有一个系统出来。有一个研究问题做中心,则一切学问,一切材料都有所附丽"[1]。这一年胡适推荐王云五入职商务印书馆,次年,后者出任商务编译所所长。对于"整理国故"运动,王云五在1926年撰文认为:"三十年来之文化,大部分为西方文化之吸收,小部分为旧有文化之评价,国故之整理,乃随新文化运动而发生,无足异也。"[2]胡适建议应做系统的历史研究,关注新文化运动中的"整理国故"及文化问题,这些应该是促成王云五日后策划编辑《中国文化史丛书》的因素。

1937年4月于《中国文化史丛书》出版第二辑之际,王云五发表了《编纂中国文化史之研究》一文,论述对于文化史及编纂《中国文化史丛书》的观点。他在文中列举了"外国学者编著之中国文化史"书目共234种,经过统计分析后认为,"一般文化史仅占十八种,自余二百十六种尽属分科文化史","以内容论,则一般文化史中,除一二种堪称佳构外,大都失之简略,而分科文化史则佳构不在少数,又足见分科文化史之著作,较一般文化史易著成绩"。他又列举了英国剑桥大学C. K. 奥格登主编、美国哈利·埃尔默·巴恩斯教授为编辑顾问的"文化史丛书"(History Civilization)已出书目98种,作为"外国学者编纂之世界文化史"书目,

---

[1] 曹伯言整理:《胡适日记全编》(三),安徽教育出版社2001年版,第396页。
[2] 王云五:《本馆与近三十年中国文化之关系》,《商务印书馆九十五年》,商务印书馆1992年版,第287页。

其中"除一般文化史占七种，分国文化史占二十一种外，自余七十种皆属分科文化史……一般文化史种数与分科文化史比较，适为一与十之差别"。王云五得出的结论是："足见文化史欲谋编纂之便利与完善，不得不倾向于分科编纂者矣。"这是从数据分析和编辑角度论证"分科文化史"的重要性。王云五还在文章中分析了中外学者著述分科的中国文化史的现状与存在的问题："晚近国内学人颇有编著分科文化史者，一方面利用清代学者局部整理之遗产，他方面取法欧美新颖之体例，各就所长，分途程功；惟成书仅少数科目，无以蕴文化之全范围。而外国学者数十年来编著之我国分科文化史，种数号称数百，然侧重艺术政治经济交通数科目，余多缺略，除取材纯疵不一外，即以范围论，亦未能窥我文化史之全貌也。顾以视我国现有之出版物，犹觉彼胜于此，此我国之耻也。窃不自揣，欲有以弥此憾而雪斯耻；爰博考外人编纂之我国文化史料与前述法英两国近年刊行'文化史丛书'之体例，并顾虑我国目前可能获得之史料，就文化之全范围，区为八十科目。广延通人从事编纂；亦有一二译自外籍者，则皆删订，务期覆实。"最终说明他编纂《中国文化史丛书》所欲达到的目标和效果就是："分之为各科之专史，合之则为文化之全史。"[1]

综上所述，商务印书馆《中国文化史丛书》的编纂出版，是在经过了充分思考和严谨论证的基础上实施的。王云五通过对国外同类丛书著述的量化和定性分析，证明了策划出版"分科文化史"的合理性和科学性，除了作为出版行为所必须要算的经济账之外，难得的是，该文更是一篇从文化史角度论证开展专史研究必要性的学术论文，其专业性和前沿性，即使在今天看来也不显陈旧，而"分之为各科之专史"的核心编纂思想以及《中国文化史丛书》本身，都堪称中国近代史学中专史研究的开拓之举。柳诒徵曾对王云五主张的分科式的专史研究方法提出不同意见："王君云五复鸠各作家分辑专史，所辑亦未赅备，且分帙猥多……又凡陈一事，率

---

[1] 王云五：《编纂中国文化史之研究》，胡适、蔡元培、王云五编：《张菊生先生七十生日纪念论文集》，商务印书馆1937年版，第620—648页。此文又载《东方杂志》1937年第7号。此文在当时又印有单册，随《中国文化史丛书》附赠读者。

与他事有连，专治一目者，必旁及相关之政俗，苟尽芟重复，又无以明其联系之因果，此纵断之病也。"[1]柳与王的分歧，从其不同的学术理念而言，各有合理之处，然而正是《中国文化史丛书》的40余本史书，适应了现代学术分类的要求，系统地开拓出中国近现代史学的专史研究领域。之后的事实也已经证明，那种无所不包的文化史撰述以及文化史热潮几经兴衰，而专史研究则平稳发展至今。

总之，商务印书馆的这套《中国文化史丛书》，除本身内容丰富外，其更深刻的学术意义在于开拓了中国近代史学的诸门类的专门史研究领域，并通过丛书编撰形成了专史的作者队伍，进而实现了学科建设。

三　史学理论与世界史出版物：近代历史学的学科建设与完善

历史学作为一门近代独立学科，需要明确学科理论和学科功能，阐述研究目的、研究内容，论证研究方法和学科规范，还需要研究本学科的学科史。这些近代历史学的学科自身建设方面的工作，既包括对西方史学理论和方法的介绍，也包括用中国的学术话语系统结合新旧中西史学的实际去分析、梳理和阐述。回顾近代出版机构对这些方面的研究成果的重视程度和出版情况，我们不得不说，商务印书馆的表现最为突出。

实事求是地说，那些在近代学术史上最为流行也是最有影响的史学理论和史学方法的著述，绝大多数都是商务印书馆出版的。如：梁启超《中国历史研究法》（1922年）和《中国历史研究法补编》（1930年）[2]、李守常（大钊）《史学要论》（1924年）、何炳松《通史新义》（1930年）和《历

---

[1] 柳诒徵：《中国文化史》上册，中国大百科全书出版社1988年版，"弁言"。
[2] 梁启超是商务印书馆受薪特约撰述者之一。梁启超的《饮冰室集》和《饮冰室丛著》先后于1905年、1916年由商务出版，他的《清代学术概论》1921年收录于商务的《共学社史学丛书》，其《中国近三百年学术史》《中国历史研究法》及"补编"、《墨子学案》《清代学者整理旧学之总成绩》《颜李学派与现代教育思潮》等著述也由商务印书馆出版。

商务印书馆历史类出版物与中国近代历史学的发展（1897—1949）

史研究法》（1935年）、卢绍稷《史学概要》（1930年）、卫聚贤《历史统计学》（1934年）、李则纲《史学通论》（1935年）、姚永朴《史学研究法》（1935年）、杨鸿烈《史学通论》（1939年）和《历史研究法》（1939年）、常乃惪《历史哲学论丛》（1944年）等，这些著述或单独出版，或分别收录于商务印书馆的《大学丛书》《历史丛书》《百科小丛书》《史地小丛书》《国学小丛书》中。

民国时期，对中国史学影响最大的西方史学理论方面的译著，是何炳松翻译的鲁滨逊《新史学》（1924年）、李思纯翻译的朗格诺瓦和瑟诺博司《史学原论》（1926年）以及陈韬翻译的伯伦汉《史学方法论》（1937年），这三本书都是商务印书馆出版的。中国学者的同类著述，大约也是受到这三本书的影响最大，如梁启超的《中国历史研究法》和何炳松的《历史研究法》等。在《中国历史研究法》和《中国历史研究法补编》中，梁启超的许多史学思想来自朗格诺瓦和瑟诺博司的《史学原论》，而论述内容则是中国古代史学资源，包括研究历史与编纂史书的范围和目的、史料的采集、考辨和使用、史书的编次、对旧史书的改造、史家的修养等，书中所举的例子"精巧亲切而富于启发性，西方史法书中实罕其匹"，"虽未达西洋史学方法，然实为中国此学之奠基石"。[1]作为商务印书馆《百科小丛书》之一的李大钊的《史学要论》，是一部在中国马克思主义发展史上具有理论开辟性的著作。尽管时间已经过去了近一个世纪，该书却依然使人感受到它的理性力量和激情涌动，其所展现的理论魅力和启示意义仍然产生着影响。何炳松的《历史研究法》主要也是依据朗格诺瓦和瑟诺博司的《史学原论》以及伯伦汉的《史学方法论》中的观点，并以中国传统史学上的事例加以说明。

到了20世纪30年代，史学概论作为一门课程，被列为历史学系大学生的必修科目，并且部分中学也开始设立这样的课程，商务印书馆适应这种需求，出版了种类繁多的兼具学术性和通俗性的通论历史学书籍。如

---

[1] 素痴：《近代中国学术史上之梁任公先生》，《大公报·文学副刊》1929年第57期。素痴即张荫麟。

商务版卢绍稷《史学概要》,"原为作者在中央大学区立上海中学校高中部'史学概要'学程讲义,曾两次用作课本,幸受学生欢迎。今加修改而刊行者,纯由此种专书之缺乏,聊供教学高中或大学'史学概要'者,与研究史学者之一种参考资料而已"[1];商务版李则纲撰述《史学通论》也是"因民国二十年在中国公学担任史学通论一课,乃不揣谫陋,从事编述。但此校此种课程,须在一学期授毕,仓卒成篇,因多罅漏。民国二十一年返皖,在安徽大学复任此课,乃将原稿,略事补正"。[2]另如商务版杨鸿烈的《史学通论》较多吸收了西方史学理论的观点,多直接引用西文著述原文,广泛涉及历史学的理论问题。这类著作一起新颖的内容吸引着年轻学子,也影响也那一代年轻学者的治学,如严耕望说:"我对于历史发生兴趣,当追溯到高中读书时代听李师则纲的一次讲演,题目大意是'历史演进的因素',同时又读到梁任公的《中国历史研究法》,后来也读了些西方学者史学方法论之类的编译本,所以方法论对于我的治史不无相当影响。"[3]不过,20世纪40年代,史学理论著述的出版,扩大到了更多家的出版社,但是学术质量及学术影响已经不及以前了。

述及商务印书馆在历史学方面的出版物,还应当提到曾在商务出版社任编译所所长等职的何炳松。何炳松于1924年5月进商务印书馆,最初任商务编译所下设的百科全书委员会第六系主任,不久任商务史地部主任兼国文部主任,1928年改任编译所副所长,次年任编译所所长兼东方图书馆副馆长。直到1935年7月被任命为暨南大学校长,何炳松在商务印书馆工作了11年。其间主持或参与编纂了商务版《中国历史丛书》(10种)、《中国史学丛书》(48种)、《史地小丛书》(116种)、《西洋史学丛书》及其他各类书籍,与顾颉刚、陈迅迟合编《初级中学历史标准草案》(1928年),此为初中历史教科书的编写大纲。何炳松还策划有规模更大的历史书籍的编辑计划,如:"他自己拟了一个中国通史的计划,预定请国内若干历史

---

[1] 卢绍稷:《史学概要》,商务印书馆1930年版,"序"。
[2] 李则纲:《史学通论》,商务印书馆1935年版,"序"。
[3] 严耕望:《治史三书》,上海人民出版社2011年版,"序言"。

商务印书馆历史类出版物与中国近代历史学的发展（1897—1949）

学者们通力合作；那计划是很新颖的，把全书分作了二百多章，每章自成一书。可惜只出版了三四十本即遇到'一二八'倭变，商务印书馆一炬成灰，这个计划也便无疾而终。"[1]商务版历史类出版物对中国近代史学发展的有力推动，与何炳松有着重要关系。周予同在何炳松去世后的悼念文章中说："如果先生始终留在商务印书馆编译所，以写作环境的便利，先生也一定有更多的著作，至少国人所需要的西洋史学的著作一定可以出版的。"[2]何炳松用1920—1922年在北京大学史学系、北京高等师范学校史地部任教西洋史课程的讲义，编写了《中古欧洲史》（1924年）和《近世欧洲史》（1925年）二书，均在商务印书馆出版，后者曾被评价为"中国近年来研究西洋史的唯一善本"[3]。

中国的世界史学科真正建立完善起来，是20世纪50年代以后的事。在此之前，世界史学科以及高校中对于世界史的教学和研究均处于草创时期。作为中国史学亟待补充健全的世界史学科，了解外国历史、译介西方史著是最基本的工作。20世纪前半期，国家尚处于战争和动乱的年代，"我们的前辈学者们所能进行的世界史方面的工作，是极为有限的。因此，抓住一些可能转瞬即逝的短暂时机，努力翻译和介绍一些西方世界史学方面的著作，编写一些世界史方面的教材与入门，间或贡献一些有着中国学者独特见解的著述，大约就是当时条件所能允许的最大空间了"[4]。把这些成果通过出版物反映于社会，商务印书馆的努力卓有成效。

检索1897—1949年的《商务印书馆图书目录》[5]，我们不无惊奇地发现，商务印书馆在此期间出版了数量如此之多的外国史书籍，粗略统计一下：世界上古史（含犹太民族史、印度小史、罗马史）有7种，西洋史和欧洲史（包括欧洲中古史、近古史、欧洲近世史、欧洲战争史）约48种，

---

[1] 郑振铎：《悼何柏丞先生》，《读书通讯》1946年第117期。
[2] 周予同：《哀悼何柏丞先生》，《读书通讯》1946年第117期。
[3] 余楠秋：《欧洲近代现代史》，世界书局1933年版，"序"。
[4] 何芳川：《迎接中国的世界史研究新纪元》，《世界历史》2000年第4期。
[5] 《商务印书馆图书目录（1897—1949）》，商务印书馆1981年版。

苏格兰、爱尔兰、英国、德国、波兰、法国、意大利、俄国、希腊等欧洲国别史有50余种，其他大洲的历史如亚洲史、非洲史、北美洲史、南美洲史、大洋洲史有40余种，世界史教科书有20余种，总计达到百种之多。这些外国史出版物已经不再局限于20世纪初出于报国、强国目的而以编译外国"亡国史""立宪史""革命史"为主的范围，在内容上从以欧洲、日本等国的历史为主扩展到了非洲、美洲和大洋洲国家的历史，并且，虽仍以翻译、编译为主，还是出现了少数国人著述的外国史书，如蒋方震著《欧洲文艺复兴史》（1921年）、陈衡哲著《西洋史》（1924年）[1]和《文艺复兴小史》（1930年）、向达著《印度现代史》（1929年）、金兆梓著《法国现代史》（1929年）等。

此外，商务出版的外国历史人物传记构成其外国史出版物的又一个组成部分。这类传记分妇女传记、哲学家传记、宗教家传记、社会家传记、元首传记、政治家传记、经济学家传记、法学家传记、军人传记、教育家传记、地理学家探险家传记、科学家传记、技术家传记、艺术家传记、文学家传记等16类，涉及上百位外国古代、现当代人物，总计150余种。

商务印书馆积极编辑出版外国历史和人物的书籍，特别是出版的世界上古、中古、近古、近世等各个历史时期以及国别史、专题史类的外国史书与教材，为处于草创阶段的中国世界史学科建设打下了最初的基础，为从无到有的中国世界史研究创造了条件。今天，世界史已经成为历史学门类中与中国史、考古学并列的三个一级学科之一，商务印书馆对中国史学的世界史学科的创建与发展功不可没。

商务印书馆在中国近代史学上的贡献与影响还有其他很多重要方面。作为一家民营出版企业，商务出版物在经济效益上的考量自然是最重要的，但是也必须看到其在中国近现代文化建设上的担当。如王云五说：

---

[1] 侯仁之曾说："陈衡哲写的《文艺复兴小史》，这是商务《百科小丛书》中的一本……当时对我来说却感到十分新鲜，我对于西方文化艺术的视野也是从这里开始扩大的。"侯仁之：《良师益友常相伴》，《商务印书馆九十年》，商务印书馆1987年版，第424页。

商务印书馆历史类出版物与中国近代历史学的发展（1897—1949）

"本馆于国故资料之供给，亦尝尽力图之。初则印行《四部丛刊》，使难得之古籍尽人可读。继复有印行《四库全书》之计划，亦本斯旨。至于国故整理方面，则有《学生丛书》、《国学小丛书》等。"[1]何炳松亦言："深知出版事业关系我国文化前途甚巨，故确定方针，一方发扬固有文化，一方介绍西洋文化，谋沟通中西以促进整合中国文化之广大。本馆因此有中外名著之系统印行。我国名著之出版者有《四部丛刊》、《续古逸丛书》、《续藏》、《道藏》、《百衲本二十四史》等，无不誉满海内。"[2]张元济主持的《百衲本二十四史》分别于1930年和1937年分820卷出版，收集了二十四史最好的版本加以整理校勘，成为当时最好的版本。1930年3月27日胡适致信张元济说："《二十四史》百衲本样本，今早细看，欢喜赞叹，不能自已。此书之出，嘉惠学史者真不可计量！惟先生的校勘记，功力最勤，功用最大，千万不可不早日发刊。若能以每种校勘记附刊于每一史之后，则此书之功用可以增加不止百倍。"[3]商务出版的《丛书集成》《四部丛刊》《四库全书》《十通》《中国人名大辞典》《中国古今地名大辞典》等，无不为历史研究提供了全方位的帮助，亦成为保存整理传统文化典籍的重要举措。商务印书馆出版的《史地学报》《国学丛刊》《国学论丛》《历史语言研究所集刊》《中国社会经济史集刊》等文史杂志，也都使中国近代史学受益良多。

（作者单位：北京师范大学）

---

[1] 王云五：《本馆与近三十年中国文化之关系》，《商务印书馆九十五年》，商务印书馆1992年版，第287页。

[2] 何炳松：《商务印书馆被毁纪略》，商务印书馆编：《商务印书馆九十五年》，商务印书馆1992年版，第238页。

[3] 季羡林主编：《胡适全集》第24卷，安徽教育出版社2003年版，第38页。

晚清民国时期商务印书馆管理制度变迁述论

欧阳敏

商务印书馆是中国近代企业的杰出代表,更是近代出版业的执牛耳者,其经济实力与社会声望均为当时之最。为什么是商务而不是别家出版企业能够有如此地位?答案不是唯一的,"以扶助教育为己任"、编译所汇集了一批优秀编辑人才、严密的财会制度、优厚的福利制度、企业经营者能力杰出等都是商务印书馆得以名列前茅的原因。答案的多元化反映了商务印书馆作为一个成功企业整体的内在丰富性,每一侧面都是整体的"全息投影"。

"制度保护个人的自由领域,帮助人们避免或缓和冲突,增进劳动分工和知识的分工,并因此而促进着繁荣"[1]。因此,制度无论对于个人、企业、社会还是国家都有着极为重要的作用。从1897年创办至1930年代,商务印书馆的管理制度发生了较大变迁,本文对其变迁轨迹、动力及绩效等进行探讨,旨在解决如下问题:出版企业的管理制度能否被企业家设计或被创新型企业家所引发?制度环境变化是否对制度选择发生随机性影响?等等。

一 制度变迁轨迹:从新教伦理到科学管理

制度安排与制度执行是新制度经济学的两个重要理论范畴:制度安排是指一项项具体的制度以及由此形成的制度群,制度执行则是指人们在制度的激励与约束下进行互动。无论是制度安排还是制度执行,它们的生命

---

[1] 〔德〕柯武刚、史漫飞:《制度经济学:社会秩序与公共政策》,韩朝华译,商务印书馆2008年版,第1页。

力与制度下的"人群"密切相关,尤其是企业经营者,它们带有企业经营者鲜明的个人色彩。因此,不同时期的商务印书馆管理制度在不同程度上体现了夏瑞芳、张元济、王云五等人的意志。

(一)初始设计:"新教伦理"色彩下的总经理负责制

商务印书馆的主要创办者是夏瑞芳、鲍咸昌、鲍咸恩、高凤池,他们自小在美国长老会(新教的一个重要派别)传教士所创办的清心书院接受了近十年的西式教育,逐渐成为虔诚的基督教新教徒。对于几位创办人尤其是夏瑞芳和鲍咸昌的"新教伦理",时人评价较高。蔡元培认为夏瑞芳"信仰基督教,内行甚修,接人甚和易"[1]。蒋维乔评价夏氏"本基督徒,其接人待物,和易宽厚,爱人如己,视敌如友,深合基督教教义焉"[2]。庄俞眼中的鲍咸昌"信仰基督教,接人待物,一本宽和,工厂同人三五千数,无论男女老少,爱之如己……是殆得博爱之真谛者"[3]。杜亚泉评价鲍氏为"笃信基督教,以诚实待人,于工人生计,体贴备至,工人在厂中以过失停职,至失业者,先生辄以私资周济之,且为之另谋职业焉。历年于宗教慈善事业,捐资颇巨"[4]。

政治学的历史制度主义既关注正式制度,也依赖于诸如观念等相对含糊的概念来界定制度,[5]就此而言,观念融于制度之中并通过制度体现。"新教伦理"无疑是夏瑞芳、鲍咸昌等人观念中的核心要素,他们将其深深地融入企业管理制度中,使得商务管理制度的初始设计带有浓厚的"新教伦理"色彩,其中最为突出的便是重视职工福利。1920年,站在劳工立

---

[1] 蔡元培:《商务印书馆总经理夏君传》,商务印书馆编:《商务印书馆九十年》,商务印书馆1987年版,第2页。

[2] 蒋维乔:《夏君瑞芳事略》,商务印书馆编:《商务印书馆九十年》,商务印书馆1987年版,第5页。

[3] 庄俞:《鲍咸昌先生事略》,商务印书馆编:《商务印书馆九十年》,商务印书馆1987年版,第7页。

[4] 杜亚泉:《记鲍咸昌先生》,商务印书馆编:《商务印书馆九十年》,商务印书馆1987年版,第10页。

[5] 参见〔美〕B.盖伊·彼得斯:《政治科学中的制度理论:新制度主义(第三版)》,王向民、段红伟译,上海人民出版社2016年版,第76页。

场的《新青年》曾刊发一组反映上海各行业工人生存状况的文章，其中一篇文章对商务管理制度中的"新教伦理"大加赞赏，请看下文：

> 吾国旧工业作工时间，向无规订可言。有时间的规定者，初以印刷业为首，不得不推崇教会的遗爱，又以商务印书馆为首倡。……是印刷业的印刷工人，享时间规订的利益者，首推商务。
>
> 吾国新工业的组合，当以棉、铁、丝、茶为最。……印刷业者，远不及如上各业的宏大，竟能于二十余年以前，规画时间，与二十世纪的新潮，有暗合的基础，造福全业，其眼光的远大，诚加人一等。该印刷所优美的质点，更有数节，足资据述：（一）对普通工人，有疗病所的设备；（二）抚恤金的定额；（三）储蓄金的优待；（四）补习班的夜学；（五）对于女工有保产金的恩惠；（六）幼稚园的组织。此与他厂的工人具优异的实惠，都是夏瑞芳君的余荫，足为建设的初基。[1]

引文中所说的商务的印刷工人享受"时间规订的利益"，是指当时几乎所有工商企业的工人每天工作时间在12小时以上，全年几无休假，而商务印书馆规定印刷所工人每日工作9小时，每周日放假（放假是方便厂中基督徒做礼拜，但放假的实惠及于全体员工），且根据不同年资享受相应的带薪休假。至于"幼稚园的组织"，则是指商务印书馆附设的养真幼稚园，全盛时期在园儿童达100余人。除了幼稚园，夏瑞芳还于1906年创办了尚公小学校，初期在校学生有50余名，到1929年，有学生800余名[2]。以上两所学校的学生主要为公司职工的子弟以及公司附近部分贫苦家庭的子弟。为贫苦家庭子弟提供接受教育的机会，这是基督教博爱精神的体现，同时也是中国优秀传统教育思想的题中之义。夏瑞芳在教会学校接受长达八年的免费教育，深受教会博爱精神的恩泽，因此，他在经营商务印

---

[1] 赵义民：《上海劳动状况：印刷业的内容》，《新青年》1920年第6号，第26—27页。
[2] 商务印书馆：《商务印书馆志略》，商务印书馆1929年版，第49页。

书馆的过程中，尤为注重公司同人子弟的教育问题，并从管理制度上加以保障。

此外，如引文中所述，夏瑞芳及其同人为员工提供了较为优厚的福利待遇，涵盖储蓄、人寿保险、教育培训、产假、年假等诸多方面，这在19世纪末20世纪初的中国工商业界是非常罕见的。他们在设计制度时参照了欧美公司的先进制度，如鲍咸昌"在馆任职三十余年，管理工厂最久，工厂规则，悉仿欧美成法"[1]。

（二）结构障碍与"增量改革"："后夏瑞芳时代"合议制的逐步建构

在夏瑞芳主掌商务的17年里，实行的是总经理负责制，公司大小事务都由他统筹安排，同时他也能充分尊重张元济的意见，故而虽然张主导下的编译所保持了相当的独立性，但双方总体上配合得比较好。

1914年夏瑞芳遇刺身亡后，总经理一职由创厂元老印锡璋接任，高凤池任经理（相当于副总经理）兼发行所长。印锡璋另有自己的公司，因而无法专心经营商务印书馆。商务原先的"总经理负责制"开始涣散。1915年底印锡璋病故，董事会推举张元济任总经理，张坚辞不就，遂由另一元老高凤池接任，张元济副之。"两人性格迥异，时有龃龉。陈叔通讲：'高是个好人，是顾全大局的，但脾气很别扭；而张元济是不让人的。'后来意见渐积渐多，致使三所互不相顾，各自为政，全馆极为涣散。"[2]涣散到了什么程度呢？以书稿的生产为例："发出去的稿子什么时候排好、印好没有人能管，书出了有没有及时发出去没人管。"[3]

由此可知，夏瑞芳去世之后，商务原先的以"总经理负责制"为主导的管理制度逐渐开始失灵，影响了企业经营绩效。有鉴于此，1915年，进馆不久的陈叔通（1876—1966）建议设立总务处，作为统筹公司全局的机

---

[1] 杜亚泉：《记鲍咸昌先生》，商务印书馆编：《商务印书馆九十年》，商务印书馆1987年版，第10页。

[2] 汪家熔：《商务印书馆史及其他——汪家熔出版史研究文集》，中国书籍出版社1998年版，第209页。

[3] 汪家熔：《中国近现代出版家列传·张元济》，上海辞书出版社2012年版，第202页。

构。陈氏虽然进公司不久,且并无实际职务,但他与张元济一样身具翰林功名,社会声望较高,因此,他的提议得到了高层的一致通过。"从此商务才有了一个统一的机构来联系三所的事,开会时三所所长皆出席,意见一致便执行通过,意见倘若不一致,便将意见写下来或在会外商量,或在下次开会时商量。在这个基础上逐渐订出许多规则来"[1]。

由此观之,陈叔通设立总务处实际上是对制度结构进行"增量调整"而非全方位的改革,在一定程度上可以将其视为一种权宜之计。经此调整后,商务的管理决策权由总经理转到总务处会议,该会议定期举行,主要参加人为总经理以及三所所长。具体而言,在1915—1920年期间,商务的决策管理权由张元济、高梦旦、鲍咸昌、高凤池等人各执一端。

到了1920年,张元济与高凤池的矛盾公开化,经过陈叔通调解,张元济辞去经理职务,高凤池则辞去总经理职务,两人均改任监理,总经理一职则由鲍咸昌担任;1921年高梦旦辞去编译所长职务,改由王云五接任。至此,商务的管理制度又发生了一次变迁。虽然张、高二人退居监理职位,但仍掌握实权,定期出席总务处会议,决策相关事务。

此外,此一时期商务印书馆管理制度中的"新教伦理"色彩也逐步淡化,"在商言商"渐成主导,一个显著事例就是经张元济提议,取消了发行所的周日放假制度,以方便顾客到门市部购书。总的来说,这是由于经过数次增资扩股,"教会派"股份占比大为稀释,其对公司事务影响逐步降低。

(三)制度重建:1930年代初期科学管理制度的确立

自1914年夏瑞芳去世后至1930年,商务印书馆在管理制度上一直存在着一个无法忽视的问题:缺乏强有力的企业领导者。几位高层中,印锡璋心有旁骛,高凤池和鲍咸昌对馆中的知识分子缺乏号召力,张元济则不愿出任总经理,且高层中时有冲突。可以说,商务自夏瑞芳去世后,其管理制度的结构性障碍就日渐显现。为了解决此问题,商务管理层在相互妥

---

[1] 陈叔通:《回忆商务印书馆》,商务印书馆编:《商务印书馆九十年》,商务印书馆1987年版,第137页。

协的基础上采取渐进式方法建构了一种管理的"合议制度",勉力维持着一种均衡局面。然而,"通过渐进方式解决问题的假设,某种程度上或许会低估补救组织缺陷的尝试,事实上是强化而不是解决了该问题"[1]。

随着时间的流逝,尤其是1925年工人运动兴起后,"合议制度"的结构缺陷越来越明显,几位高层对此一筹莫展,这似乎印证了一个事实:先前的补救措施实际上强化了结构障碍问题。本文第二部分将对此进行探讨,此处不再展开。1930年王云五出任总经理,并与张元济、高凤池等人达成共识:取消合议制,实行总经理负责制。商务印书馆终于再次迎来了暌违十数载的"企业强人"。

王云五个性强硬且坚韧,具有办大事的气魄。为了改变商务管理制度失灵的颓废局面,他不计毁誉地于1931年在商务全面推行科学管理制度,先后制订了70余项规章,分为组织类、业务类、股务类、事务类等,其中较重要者有《总管理处暂行章程》《编审部暂行章程》《同人奖励金分配暂行章程》《女同人生产假津贴薪工暂行规则》《同人子女教育补助暂行规则》等。

王云五的科学管理实践是中国近代出版史上的重要事件,如果说夏瑞芳从技术和资金上促使商务印书馆腾飞,那么王云五则从制度上使商务得以复兴,并取得了更大的辉煌。正如研究者所论,"商务印书馆是我国近代出版史上率先进行企业化经营和管理的文化企业,它在人力、物力、财会、品牌等各方面形成了规范、科学的管理制度,并坚持在日常经营中有效地遵照执行,为其内部阻力的最低化和内部效益外显化的实现提供了条件和可能,从而有力地推动了商务的发展与壮大"[2]。

以上就是商务印书馆从创办之初至1930年代初管理制度的变迁轨迹。

---

[1] 〔美〕B.盖伊·彼得斯:《政治科学中的制度理论:新制度主义(第三版)》,王向民、段红伟译,上海人民出版社2016年版,第83页。

[2] 范军、何国梅:《试论上海商务印书馆的科学化管理制度》,《出版发行研究》2011年第8期,第79页。

企业管理制度的特征、绩效及其结构稳定性与总经理的个人信念和业务能力密切相关。商务印书馆管理制度的显著特征是带有"新教伦理"色彩，具体而言就是重视员工福利，其体现了夏瑞芳、鲍咸昌等人的信念；同时，在制度的变迁过程中存在着"路径依赖"现象，即初始制度设计影响着日后的制度设计，王云五在推行科学管理时，对夏瑞芳等人制定的员工福利制度几乎全盘接受便是明证。

二　制度变迁动力：印刷工人运动与王云五的"海外学习"

关于制度变迁的理论模型多种多样，其中"制度不均衡"和"学习"是使用较为普遍的两个概念[1]。制度作为约束人们互动行为的规则，其理想的状态应该是处于均衡状态之中；但在实际的制度运行过程中，由于各团体或个人之间的利益不一致情况时有发生，因此"制度不均衡"就成为一种常见的制度形态，最极端的情形便是"均衡断裂"。"制度似乎通过学习也能够做到变迁，通过对信息的反应能在各种均衡状态之间变动。"[2]本文拟借鉴上述两个概念来对商务的管理制度变迁动力进行考察。

需要说明的是，商务印书馆1915—1930年间的管理制度变迁是一个长期的"增量改革"过程，权责不明的结构性障碍长期存在；1931年王云五在商务全面推行科学管理制度，主要目的在于解决上述问题，无论从深度还是广度来说，前次的"增量改革"与王云五的科学管理实践在意义上不可同日而语。因此，本部分只对后者进行考察，以工人运动和王云五的"海外学习"作为主要变量。

（一）外部变量：工人运动加剧"制度不均衡"状态

1925年之后，工人运动兴起，由于印刷工人在工人群体中文化层次较高，阶级觉悟较一般工人群体高出许多，印刷工人成为当时工人运动的先

---

[1]〔美〕B.盖伊·彼得斯：《政治科学中的制度理论：新制度主义（第三版）》，王向民、段红伟译，上海人民出版社2016年版，第79—80页。

[2] 同上书，第80页。

锋,而有着三四千印刷工人的商务印书馆,自然成为工人运动的重要策源地。工人运动对商务印书馆管理制度的冲击是巨大的,在长期缺乏强势领导者的情形下,商务逐步形成了一种平衡性极为脆弱的合议制管理制度,而迭起的工人运动加剧了制度的不平衡状态。

商务印书馆最早的工人罢工事件的时间是在1917年3月下旬,此次罢工的参加者为印刷所装订房、华文排字房、铅印部以及石印部的工人,此外,中华书局印刷所的全体排字工人亦进行罢工以声援商务工友。罢工持续了一周,工人和厂方各退一步,事件遂告平息。此后几年,商务的工人运动处于沉寂期。到了1923年,中国共产党上海地方兼区执行委员会举行第一次会议,会议决定将在上海的53名中共党员编成五个组,其中第二组称为"商务印书馆组",组员有沈雁冰、沈泽民、杨贤江等13人[1]。1925年6月21日,商务印书馆印刷所职工工会成立。此后的五六年时间里,商务的工人运动在上海地下党组织及工会的领导下,趋于频繁和高度组织化,几乎每年都有数次规模不等的罢工或怠工事件发生,商务高层为消弭工潮疲于应付,苦无良策。

商务当时的"大当家"是鲍咸昌,他同时还兼任印刷所长。鲍对于总经理的职权,多委托于两位经理李拔可和夏鹏,李、夏亦将总经理的部分职权下放。"于是不免大权旁落,形成有权者不必有责,有责者却无权的状态。说得好听一点,也不妨称为'虚位的总经理'。"[2]若按照当时商务的管理制度,对于工潮,应该由印刷所长从事局部的应付,由总经理、协理与人事科长作全盘的应付。因此,论理该由鲍咸昌负主要责任,但鲍氏年事已高,且为人笃实又不善折冲,故而不愿应付,其他应担责之人也互相推诿,制度几乎乱了套。1925年底的一次工潮中,迫于无奈,当时担任编译所长的王云五出面与工人代表谈判,王表现得较好,以至于后来一旦有工潮发生,资方便推出王云五作为全权代表。处理工潮并不在王的职

---
[1] 上海商务印书馆职工运动史编写组编:《上海商务印书馆职工运动史》,中共党史出版社1991年版,第23—24页。
[2] 王云五:《岫庐八十自述》,上海人民出版社2007年版,第146页。

责范围内,"这些消极的事,偶尔负担尚可勉为,若渐渐变为家常便饭,那就对于一位需用脑力以应付出版计划和学术研究的人,未免近乎残酷了"[1]。1929年9月,王云五坚决从商务辞职,最主要的原因便是对此感到不满。

对于持续了五六年的工人运动,高凤池回忆道:"本馆正于事业兴旺之时,民国14年有工会的组织,五六年中,为了劳资纠纷,所费金钱总数要数百万。办事人精神极其痛苦。遇事掣肘。公司日见废堕。"[2]这段时期,商务印书馆管理制度极不均衡,"商务印书馆的工会是当时企业界中最强有力者之一"[3],在历次罢工、怠工事件中,工会在公司的制度谈判(主要是工资和工作时间方面)中拥有相当大的话语权,如通过多次谈判,印刷所从最初的9小时制(1922年以前)到后来的8小时半制(1922—1931)再到8小时制(1931年始),这使得原本就脆弱的管理结构更加失衡。

"无论在政治上还是在经济上,谈判力量的改变将带来重构(restructure)契约的努力。"[4]工会力量的突起极大地改变了商务的管理结构,其也成为制度重构的重要外部变量。

(二)内部变量:"海外学习"成为制度变迁的关键变量

1929年11月,商务创厂元老、时任总经理的鲍咸昌去世,在新任总经理人选上,大多数董事及高层属意于王云五,主要原因便是王氏能较好地应付工潮。但是王云五不敢贸然应承,原因在于王云五自1921年进入商务后,服务时间已达八年,对商务印书馆管理制度的结构性障碍认知深刻,又兼他长期负责编译所事务,对于企业经营管理则缺乏经验。因此,他向董事会提出两项条件:一是取消总务处会议(即合议制),"还政"于

---

[1] 王云五:《岫庐八十自述》,上海人民出版社2007年版,第145页。
[2] 高翰卿:《本馆创业史》,商务印书馆编:《商务印书馆九十五年》,商务印书馆1992年版,第10页。
[3] 王云五:《岫庐八十自述》,上海人民出版社2007年版,第144页。
[4] 〔美〕道格拉斯·C.诺思:《制度、制度变迁与经济绩效》,杭行译,格致出版社2014年版,第100页。

总经理；二是由公司资助他到欧美各国的工厂、研究所及高校考察工商管理制度，为期半年。两项条件满足之后，他方能出任总经理。董事会照单全收，王云五遂于1930年3月开启了考察的行程。

王云五在法国考察期间曾与胡愈之见面，胡愈之回忆道："他说商务要他做经理，他认为原来的老先生对付工人没有办法，他向商务提出让他周游世界一次，专门看看大工厂，专门考察管理工人的办法。"[1]由此可知，王云五的设想是通过"海外学习"，进而改用"釜底抽薪"而非沿袭"扬汤止沸"的方法来解决结构障碍问题——推行科学管理制度，使商务的管理制度发生彻底的变迁。"海外学习"如何成为制度变迁的关键变量，下文详述之。在此有必要先对科学管理引入中国的背景作简要介绍。

19世纪末至20世纪20年代末，科学管理是国际工商管理界的主要思潮，其核心人物是美国管理学家弗雷德里克·W.泰勒（1856—1915），从一定程度上来说，科学管理与泰勒是一对同义词。"泰勒的科学管理制度是由工程技术人员设计出科学的操作方法，工人则严格地照章执行，以实现生产效率的提高，其特点是强调科学性、精密性和纪律性。"[2]科学管理思想最早由民国时期著名企业家穆藕初引入国内，1916年他与董东苏合译泰勒的《科学管理原理》一书由中华书局出版发行，成为泰勒 The Principles of Scientific Management 的第一个中译本。在20世纪的头20年里，中国的公司制企业虽然在形式上建立了现代企业制度，但其内部管理大多仍沿袭和采用传统的工头制、包工制的管理模式，商务印书馆印刷所也不例外。这种模式的两个基本特点是"人治"与"经验唯上"，其与现代企业的管理体制格格不入。20世纪20年代以后，中国的公司制企业的经营者们开始有意识地引入科学管理制度，商务印书馆就曾于1922年在杨端六的主持下推行新式会计制度，而新式会计制度正是科学管理的重要内容之一。

---

[1] 胡愈之：《回忆商务印书馆》，商务印书馆编：《商务印书馆九十五年》，商务印书馆1992年版，第126页。

[2] 王毓敏：《科学管理的理论与实践——美国工业中的泰勒制》，中国书籍出版社2015年版，第136页。

在早期的科学管理实践中，企业经营者们多注重对"事"或"物"进行科学管理，对"人"涉及较少，如新式会计制度便是如此，原因在于变更人事管理极易引起工潮，经营者不敢轻易尝试。实际上泰勒科学管理的重心在于对"人"的管理，正如泰勒所强调的那样："科学管理的原理，要求工人按正确的方法工作，学习一些新的东西，按科学方法改变他们的工作方法"；"任务管理的设想，才是这项制度中最重要的任务。所谓任务管理就是对每个工人每日的工作制定一个测定的额度"[1]。王云五想要推行的科学管理，将"人"和"事"都囊括进来。

言归正传，王云五在出国考察之前就对科学管理有一定的了解，此番出国考察，乃是为了形成关于科学管理理论及其实践效果的系统认知。他的考察重心是英美两国的部分实行科学管理的企业，同时他对上述企业的劳资关系也表现出了浓厚的兴趣。在美国考察期间，王云五有11天都待在位于华盛顿的美国国会图书馆，对于该馆所藏有关科学管理的900余种书刊均有涉猎，提高了科学管理方面的理论素养。此外，他在与旧金山工业协会负责人交流时了解到，旧金山地区的企业主曾深受工人运动之苦，后来雇主团结起来，才逐步扭转局面，但最重要的策略即雇主不因为胜利而压抑工人，对于工人的福利更为重视，这对他触动很大。后来在推行科学管理时，他就比较注重员工福利制度。在英国考察期间，王云五与麦美伦（今译麦克米伦）出版公司的董事哈罗德·麦克米伦[2]有过一次长谈，麦氏向王云五传授经验：

> 本公司（指麦克米伦出版公司——笔者注）出版物虽多，组

---

[1]〔美〕F. W. 泰罗：《科学管理原理》，胡隆昶、冼子恩、曹丽顺译，中国社会科学出版社1984年版，第263、227页。

[2] 麦克米伦出版公司是哈罗德·麦克米伦（Harold Macmillan, 1894—1986）的家族公司，由其祖父创立于1843年。哈罗德·麦克米伦是英国现代著名的政治家、教育家、出版家，1957—1963年任英国首相，1964年重回麦克米伦出版公司，主持公司事务直至逝世。

织实甚简单，自己不办印刷厂，一切印件委托外间印刷，可免应付工潮之繁烦。公司以编辑部为主体，然只设编辑五人，事务员人数大致相等。编辑多由公司重要人员兼任。我（指哈罗德·麦克米伦——笔者注）即以常务董事而兼编辑主任，以与学术界接触为主。所有书稿皆为外间学者所著，接洽后，或由编辑人员分工审阅，或委托外间专家代为审阅。接受订约以后，即委托外间印刷，而以编辑事务人员任校对之责。本公司出版虽多，而主持编校者合计不过十余人。一部好书断不是办公室内所能写成，故除有分工合作之特别书稿外，应尽量向外间征求，甚至有分工合作之特别书稿，亦不妨委托一位适当的编著者，由彼延请合作或助理人员共同办理。本公司最大的单位还是发行部。但规模较小之出版家，仅设批发单位已足，不必自营门市也。[1]

王云五对麦克米伦出版公司的管理制度大为赞赏，须知当时中国的几家大出版企业均设立有人数众多的编辑部门，编、著一体，与当代编辑制度截然不同。[2]而王云五一直想对编译所进行改革，因此麦克米伦公司的编辑制度就成为他日后进行改革时所依照的蓝本。

1930年9月王云五回国后，着手准备对商务印书馆管理制度进行大刀阔斧的改革，全面推行科学管理制度。王云五对科学管理抱有极高的期望，甚至将其作为解决劳资问题的灵丹妙药。他在9月13日与商务职工代表谈话时满怀信心地表示：

> 我在出国以前，觉得我们公司有两个问题：一个是劳资的问题，一个是科学管理法的问题，但是经过这次的考察，觉得这两个问题，实际上只是一个问题。因为一个工厂，如果真正的把科学管理法施

---

[1] 王云五：《岫庐八十自述》，上海人民出版社2007年版，第182—183页。
[2] 参见欧阳敏：《晚清民国时期商务印书馆编审制度的变迁述论》，《编辑之友》2017年第1期。

行起来，劳资问题自然会无形消弭的。这并不是一句空话，在欧美各国的工厂里，已经有不少的先例可征了。[1]

但是设想与实际情况总是会有出入。1931年1月，王云五认为时机已成熟，遂信心满满地正式在编译所和印刷所推行科学管理，孰料却引爆了劳资纠纷，让他几乎下不来台。纠纷的症结在于：王云五的科学管理旨在将工作程序标准化、工作任务量化，提高工作效率和机器的利用率；而编译所职员认为脑力劳动不能量化处理，印刷所工人工作强度加大，收入增长却不明显甚至减少，因此均反对科学管理。

迫于压力，王云五只得于1月底撤回了科学管理方面的章程，对"人"的科学管理暂时不再推行，但是对"物"的科学管理则顺利进行。一年之后，商务印书馆在"一·二八"事变中遭到日军机轰炸，公司化为灰烬。在重建商务印书馆时，王云五以科学管理思想为指导、以麦克米伦出版公司为制度蓝本：极大地压缩印刷所规模，工人数量由全盛时的4000多名锐减为1000多名；裁撤编译所，改设编审部，编辑数量由之前的200余名"断崖式"降为十余名。在此后的两三年时间里，王云五主持制订了近百条规章制度，并严格执行。至此，商务印书馆的科学管理制度整体上建立起来了。

任何制度无论其设计得再好，随着制度所处时代的发展和环境的变化，难免会出现结构障碍。夏瑞芳、鲍咸昌、张元济、高梦旦、陈叔通等人所建立的制度堪称优良，夏瑞芳建立了领先于国内绝大部分企业的带有"新教伦理"色彩的福利制度，张元济支持杨端六建立了新式会计制度，这些都对商务的发展起到过极大的推动作用。1925年以后，工人运动成为制度环境中影响较大的变量，商务之前的管理制度不可避免地产生结构障碍问题，而要解决此问题，需要经营者有"虽千万人，吾往矣"的大气

---

[1] 王云五：《与本馆工职四会代表谈话速记》，《商务印书馆通讯录特刊》1930年版，第17页。

魄，于商务诸公而言，舍王云五其谁？

三　结语

在现代管理思想史上，韦伯的科层管理、泰勒的科学管理和法约尔的一般管理原理共同构成了古典管理理论的主体，其核心在于强调管理工作的专业化、标准化和可预测性，古典管理理论流行于19世纪末至20世纪二三十年代。王云五在商务印书馆全面推行的科学管理理论其实融合了上述三派的思想精华，如他在法国考察期间就拜会过法约尔的嫡传弟子Jean Milkhavd，详细了解了法约尔的管理思想[1]。王云五在商务积极推行科学管理反映了他作为杰出出版企业家所具备的创新精神和冒险精神，毕竟在当时中国工商企业中全面推行科学管理的并不多见，沿袭了几十年的管理习俗和惯例一旦被打破，极易引起劳资纠纷。因此，如何评价王云五推行的科学管理的绩效也成为一个颇有争议的话题。

工人一方的观点是，"王云五的科学管理法，有些具体规定并非一概没有道理，但是它的基本点是维护馆方利益，进一步加强对职工的压迫剥削"[2]。王云五则在科学管理实施了五年之后高度肯定其给公司带来的绩效，详见下文：

> 二十年（即1931年——笔者注）一月二十八日，日军进攻闸北，次晨特向商务印书馆总厂轰炸，致数十年基础毁于一旦，但我因一年来实施对物对财管理的结果，在该馆青黄最不接之时期，而握有可资改造与复兴之财在手，卒于被毁后甫半年即实行复业。彼时从事根本改造，厉行科学管理，职工心理亦焕然一新，成绩极佳，恢复亦极速。不及五年，资产固已恢复原状，而由于工作效率之大

---

[1] 王云五：《岫庐八十自述》，上海人民出版社2007年版，第185页。
[2] 上海商务印书馆职工运动史编写组编：《商务印书馆职工运动史》，中共党史出版社1991年版，第90—91页。

大改进，此五年间的新出版物，质的方面固远胜从前，量的方面简直等于以前十五年之数……这的确是科学管理的功效。

根据商务印书馆后来的发展状况来看，王云五所推行的科学管理制度显然极大地提高了企业的经济绩效，他的科学管理实践是成功的。其中尤其值得称道的是，王云五参照当时世界上最先进的麦克米伦公司的编辑制度，对商务的编辑制度进行了彻底的改革，从而使得商务印书馆在选题策划上具有更大的开放性，与文化教育事业的耦合效应显著增强。

制度并不是一成不变的，"理解制度变迁过程就等价于理解参与人协同修正其信念的方式。从这种观点出发，我们能够分析技术和环境变化、政治因素、法律条文、创新实验和文化遗产等等方面在制度变迁过程中的作用"[1]。限于篇幅，本文仅从环境变化（工人运动兴起）和创新实验（科学管理实践）两方面对商务印书馆管理制度变迁作了探讨，虽然抓住了变迁的主要变量，但这是不够的。实际上，作为非正式制度的规范、习俗和意识形态等在商务印书馆的管理制度变迁中也扮演着非常重要的角色。夏瑞芳以其宗教信仰给商务的管理制度注入了"新教伦理"基因，张元济则以其一代文化教育大家的风范为商务注入了"以扶助教育为己任"的文化基因，他们的信念融入企业制度中去，形成一种独特的企业管理文化。即使后来王云五推行科学管理，对商务的"人"与"事"的制度进行彻底变革，但是重视员工福利和扶助教育的基因却得以保留并有所强化，这也体现了制度变迁过程中的"路径依赖"。

从当下回望近代商务印书馆的管理制度及其变迁，我们会发现商务管理制度中的优秀基因生命力旺盛、历久弥新。商务能够取得如斯辉煌的成就，是多种因素组合而成的结果，先进的管理制度是必不可缺的，而崇高的文化使命则是另一维度的成功因素。

（作者单位：武汉大学）

---

[1]〔日〕青木昌彦：《比较制度分析》，周黎安译，上海远东出版社2001年版，第4页。

试述20世纪30年代商务印书馆的福利制度[1]

范　军、沈东山

创立于1897年的上海商务印书馆，在张元济、夏瑞芳等人的治理下，在清末迅速崛起，成为一个庞大的综合性出版文化企业集团公司。民国时期，商务一直是最大的集编译、印刷、发行为一体，主业突出、多业并举的大型出版文化企业。大企业的高效运行，需要有系统、完备的规章制度来保障。上海商务印书馆集中的制度建设，尤其是学习借鉴西方企业制度文化主要始于20世纪30年代。1930年2月，王云五继任商务总经理。在考察日、美、英、法、德、比、荷、意、瑞士九国后，王即在商务推行科学管理法，制定各项规章制度，包括福利制度。1933年到1935年，商务制定了同人奖励金分配、同人长期奖励储蓄、同人人寿保险、同人疾病补助、同人子女教育补助等福利制度，形成了系统、完备的福利制度体系。在一般民众尚不知社会保障体系为何物的1930年代，商务等出版企业即已建立了职工养老保险、大病补助、婚丧假津贴、女职工产假津贴等福利制度，着实难能可贵。福利制度的领先与完备，也成为商务吸引人才、留住人才的重要法宝，成为企业持续快速发展的重要动力之源。

一　企业福利的界定

（一）企业福利及其与工资、奖金的关系

1. 企业福利的内涵和外延

企业福利是企业基于雇佣关系，以国家的法规政策为依据，以企业自

---

[1] 基金项目：本文系中央高校基本科研业务专项资金项目"中国近现代出版企业制度变迁研究"（项目编号：CCNU17A06042）成果之一。

身的支付能力为依托,向员工提供的用以改善其本人和家庭生活质量的补充性报酬与服务。[1] 福利是员工从企业获得的报酬的一部分。员工从企业获得的全部报酬包括工资、奖金和福利。企业福利制度则是企业对员工福利的一种制度性安排。

按照福利项目性质的不同,福利大致可以分为两类,即法定福利和非法定福利。法定福利通常是指国家法律法规规定的、强制实施的基本福利项目,主要包括养老保险、医疗保险、工伤保险、失业保险和生育保险。非法定福利是指企业为提高员工生活品质和劳动积极性,在国家政策的指导下根据自身经济状况自主实施的福利项目,主要包括住房公积金、年金、交通补贴等货币性福利,工作餐、节日物资、集体福利设施(职工食堂、浴室等)、文化福利设施(阅览室、职工俱乐部等)等实物性福利以及公费进修、集体文体活动等其他福利。

福利的支付方式主要有以下三种。一是延期支付,即企业按期向社保、年金管理机构或保险公司支付,由其在未来某个时间向员工支付。养老保险、医疗保险、工伤保险、失业保险、住房公积金、年金等福利项目都是延期支付的。二是实物或服务支付,即以发放实物或提供服务的方式向员工支付福利。工作餐、生日蛋糕、节日物资等均属以实物支付的福利,公费进修、集体文化活动、健康检查、开放文体设施等均属以服务支付的福利。三是货币支付,即以货币向员工即期支付福利性津贴补贴。交通补贴、住房补贴、困难补助、子女教育费、遗属抚恤费等均属以货币直接向员工支付的福利。

企业福利既是保障职工生活、维护社会稳定的一种制度性安排,也是企业为谋求更大发展吸引人才、稳住人才所必需的一种激励手段。法定福利是国家强制实施的基本福利,其目的就是保障职工退休养老、健康医疗等基本生活待遇,维护社会稳定。非法定福利是企业自行实施的福利。非法定福利待遇的高低取决于企业的经营状况、财务能力和管理者管理理念

---

[1] 丁功慈、李素麦:《我国企业福利制度创新研究》,《合作经济与科技》2012年第13期。

等因素，所以不同的行业、不同的企业相差比较大，福利的激励作用也各不相同。一般而言，企业的福利待遇高，可以吸引优秀人才，稳定优秀人才，使企业在竞争中处于优势地位；可以激励职工在较长的时间内为企业服务，从而保持职工队伍的稳定性；可以提高企业在职工及其他企业心目中的形象，增强企业的凝聚力和向心力，提高企业的竞争力，激励职工为企业努力工作，进而提高工作绩效和企业的经济效益。

2. 企业福利与工资的关系

作为劳动的对价，工资有广义和狭义之分。广义的工资是指劳动者因从事劳动而获得的所有报酬或收入，包括货币或非货币的福利收入。[1]广义的工资与劳动报酬同义。英、美等国企业职工的工资都是广义的工资。美国企业职工的工资一般由基本工资、刺激性工资和福利津贴三部分构成。[2]英国《雇佣权利保护法》（1996年）第27条第1款规定，本法所称的工资，是指支付给工人的所有与其雇用有关的报酬，包括酬金、奖金、佣金、假期津贴以及其他与雇用相关的报酬，无论是合同约定支付还是其他。[3]

狭义的工资是指劳动者根据其工作岗位以及劳动的质量、数量、强度等定期获得的货币性报酬或收入。延期支付和实物支付的报酬不属于工资，而属于福利。从狭义的工资概念看，劳动者给付劳动而获得的经济性报酬包括工资和福利两个部分。[4]

我国的税收、统计、劳动等法规，从各自的角度对工资也进行了界定或描述。个人所得税法从广义上界定了工资、薪金。《中华人民共和国个人所得税法实施条例》（2011）第8条第1款规定，工资、薪金所得是指个人因任职或者受雇而取得的工资、薪金、奖金、年终加薪、劳动分红、津贴、补贴以及与任职或者受雇有关的其他所得；第10条规定，所得为实

---

[1] 曾湘泉主编：《劳动经济学》，复旦大学出版社2003年版，第184页。
[2] 刘有锦等编：《外国工资概况》（第一辑），劳动出版社1982年版，第8页。
[3] 侯玲玲：《劳动法上工资概念之研究》，《现代交际》2009年第6期。
[4] 杨河清主编：《劳动经济学》，中国人民大学出版社2002年版，第184、185页。

物的，应当按照取得的凭证上所注明的价格计算应纳税所得。这说明实物支付的福利，税法将其纳入了工资范畴。《财政部 国家税务总局关于基本养老保险费基本医疗保险费 失业保险费 住房公积金有关个人所得税政策的通知》（财税〔2006〕10号）规定，企事业单位按照国家或省（自治区、直辖市）人民政府规定的缴费比例或办法实际缴付的基本养老保险费、基本医疗保险费和失业保险费，免征个人所得税；企事业单位和个人超过规定的比例和标准缴付的，超过的部分并入个人当期的工资、薪金收入，计征个人所得税。该通知对住房公积金也作了类似的规定。我们知道，免税属于税法给予的税收优惠，免税所得本身已构成应税所得。可见，上述延期支付的福利，财税〔2006〕10号文是将其作为工资、薪金看待的。《财政部 人力资源和社会保障部 国家税务总局关于企业年金 职业年金个人所得税有关问题的通知》（财税〔2013〕103号）规定，企业和事业单位（以下统称单位）根据国家有关政策规定的办法和标准，为在本单位任职或者受雇的全体职工缴付的企业年金或职业年金（以下统称年金）单位缴费部分，在计入个人账户时，个人暂不缴纳个人所得税。递延至领取时，再全额按照"工资、薪金所得"项目适用的税率，计征个人所得税。超过规定的标准缴付的年金单位缴费和个人缴费部分，则并入个人当期的工资、薪金所得，依法计征个人所得税。财税〔2013〕103号文将年金也纳入了工资的范畴。可见，个人所得税法所称的工资（薪金）是指广义的工资，包括福利。

我国劳动法第50条规定，工资应当以货币形式按月支付给劳动者本人。《劳动部关于贯彻执行〈中华人民共和国劳动法〉若干问题的意见》（劳部发〔1995〕309号）第53条规定，劳动法中的"工资"是指用人单位依据国家规定或劳动合同的约定，以货币形式直接支付给本单位劳动者的劳动报酬，一般包括计时工资、计件工资、奖金、津贴和补贴、延长工作时间的工资报酬以及特殊情况下支付的工资等。工资应以"以货币形式直接支付"，说明实物支付、延期支付等福利，不包括在工资之中。可见，我国劳动法意义上的工资是近似于狭义的工资。

因目的和用途的不同，我国的税收、统计、劳动等法规对工资分别进行了广义或狭义的界定。在此，遵循的是概念的界定为目的和用途服务的原则。依此原则，我们认为，在进行福利制度建设时，应使用狭义的工资（以下如未作限定则指狭义的工资）概念，将福利独立出来，因为工资与福利毕竟是有明显区别的。两者的区别主要表现在以下四个方面。第一，工资作为职工付出劳动必须得到的报酬，企业必须支付；部分福利项目企业可以支付，也可以不支付。第二，工资是劳动的对价，与企业经营状况的好坏没有直接的关系，即使企业因经营不善而亏损，工资也必须照付；而非法定福利项目则与企业经营状况密切相关，有盈利可以多发，没有盈利可以少发或者不发。第三，我国劳动法规定，工资只能采用货币支付，不得以实物支付；而职工个人福利则可采用货币、实物等形式支付。第四，工资必须按月直接支付给职工；而福利则未必是按月支付的，有些福利项目可以定期支付，也可以不定期支付。

3. 企业福利与奖金的关系

奖金是指企业因职工工作业绩突出或做出了突出贡献而向职工发放的奖励资金，它也可以是企业向职工发放的特别福利。奖金可以分为三类，即工资性奖金、福利性奖金和非工资非福利性奖金。

国家统计局1990年发布的《关于工资总额组成的规定》对纳入工资总额的奖金进行了界定。根据该规定，纳入工资总额的奖金即工资性奖金，是指支付给职工的超额劳动报酬和增收节支的劳动报酬。包括生产奖、节约奖、劳动竞赛奖、机关事业单位的奖励工资和其他奖金。如果上述奖金不是以货币形式发放，而是以实物形式发放，根据劳动法的规定，它就不属于工资性奖金，而属于福利性奖金。而根据国务院发布的有关规定颁发的创造发明奖、自然科学奖、科学技术进步奖和支付的合理化建议奖和技术改进奖等，则属非工资非福利性奖金。

与《关于工资总额组成的规定》配套的《职工工资有关解释》，对奖金中的生产奖做了进一步的细化，明确规定生产（业务）奖包括超产奖、质量奖、安全（无事故）奖、考核各项经济指标的综合奖、提前竣工奖、外轮速遣奖、年终奖（劳动分红）等项目。该解释将年终奖（劳动分红）归入生产奖，但《职工工资有关解释》本身并不具备法律效力，只有指导意义。实际工作中，很多企业都是在次年初再发上年度的年终奖，且明确规定只发给年终奖发放时在册的职工，在年终奖发放日前离开企业的职工不能享受年终奖。这些企业显然是将年终奖作为福利。

将年终奖作为福利的企业，在与职工签订的劳动合同中应对此做出明确的约定。同时，在企业的工资和福利制度中明确界定工资和福利的内涵和外延，在企业福利制度中明确将年终奖作为一项特别福利或特别奖励，并明确年终奖的发放范围、发放标准和发放方式。在职工离职时，可以书面形式告知其是否有年终奖以及发放时间，并让其签字确认。上海商务印书馆在其1935年10月编印的《商务印书馆人事管理概况》中，将年终奖励金明确列在"同人福利"项下，[1]年终奖励金是商务的一项福利，而非工资。

（二）企业福利是社会福利的一个子系统

社会福利是指国家和社会为提高社会成员的物质和精神生活水平而采取的种种制度或措施。传统意义上的社会福利主要是指对弱势群体的社会救济，包括赈灾、济贫、扶助老弱病残幼等。随着社会经济发展水平的提高，社会福利的范围与内容也不断扩大。近现代意义上的社会福利不仅包括社会救济，还包括社会保险、健康服务等内容。英国学者认为，社会福利由社会保障、个人社会服务、健康服务、教育、就业服务和住房六部分组成。[2]个人社会服务是指向有特殊需要的个人，尤其是社会弱势群体提供的服务。社会保障则主要包括社会保险和公共救助。

社会福利制度的制定晚于社会福利实践。西方较早的社会福利制度产生于英国。"圈地运动"之后，英国社会普遍存在失业、流浪和贫困现象，为了稳定社会情绪，英国王室于1601年颁布了《伊丽莎白济贫法》

---

[1] 参见汪耀华选编：《民国书业经营规章》，上海书店出版社2006年版，第195页。
[2] 刘继同：《社会福利与社会保障界定的"国际惯例"及其中国版涵义》，《学术界》2003年第2期。

（Elizabethan Poor Laws）。该法案兼有强迫劳动和法律救济的性质，是世界上第一部有关社会救济的法律。19世纪中后期工业革命完成后，德国的工业化和城市化进程明显加快。为缓解工业化、城市化背景下的社会矛盾，维持社会稳定，德国宰相俾斯麦在1883—1889年相继颁布了《疾病保险法》《工伤事故保险法》《养老和残疾社会保险法》，在世界上率先建立了比较完备的社会保险制度。社会保险所需经费由国家、雇主和工人共同分担，强制工人参加。[1]此后，社会保险制度为欧美各国仿效。从社会福利对象看，1601年英国济贫法的受益对象主要是穷人。19世纪末，俾斯麦将福利范围扩大到社会保险领域，社会劳动人口均为社会保险的对象。1942年，英国经济学家威廉·贝弗里奇（William Beveridge）爵士向政府提交了题为《社会保险和相关服务》的报告，这就是著名的贝弗里奇报告。贝弗里奇报告将社会保障范围扩大到所有社会成员，即所有社会成员均为社会福利对象。

民国时期，政府在传统社会福利的基础上，融合西方的社会福利理论，初步建立了社会福利体系。1915年12月，为解决大、中城市出现的大批游民问题，北洋政府仿照《伊丽莎白济贫法》颁布了《游民习艺所章程》，其中规定：游民习艺所直属于内政部，"专司幼年游民之教养及不良少年之感化等事项，以使得有普通知识、谋生技能为主旨"[2]。1923年3月19日，北洋政府颁布了《暂行工厂通则》，对劳工的养老、工伤、医疗及童工教育等问题作出规定，以保障工人的权益。1927年9月，北洋政府农工部将其修订为《工厂条例》，并重新公布。1929年12月，为改善劳工生存状况，南京国民政府颁布了近代中国首部通行全国的《工厂法》，并决定于1931年8月1日起在全国范围内施行。《工厂法》是南京国民政府颁布的第一部有关劳工福利的法规。1930—1931年，南京国民政府又陆续公布了《工厂法施行条例》《工厂检查法》和《工厂登记规则》，从而完成了一

---

[1] 姜春燕：《南京国民政府社会福利政策研究》，硕士学位论文，山东师范大学，2006年。
[2] 蔡鸿源主编：《民国法规集成》第14册，黄山书社1999年版，第205页。

个完整系列的近代工厂立法。

19世纪末期，德国建立的社会保险制度规定，社会保险所需经费由国家、雇主和工人共同分担。这种费用分担模式一直延续至今。南京国民政府颁布的《工厂法》规定的劳工福利项目，涉及的费用由雇主和工人共同分担或由雇主承担。政府立法规定的福利项目，既需要企业组织实施，又需要企业承担相关费用。毫无疑问，企业福利是社会福利的一个子系统。

二 上海商务印书馆建立福利制度的动因及条件

（一）劳资矛盾激化

20世纪初是我国传统工商业向近现代工商业转型的时期。在这一时期，由于西方先进生产技术的引进，加上1910年代中后期第一次世界大战带来的发展机遇，我国的近现代工商业得以快速发展。但当时的工商企业只注重引进西方先进的生产技术，却未引进西方先进的管理理论和方法，企业主仍然沿袭封建把头式的管理方式，视工人如草芥。工人工资低、工作时间长、工作环境差、抚恤津贴少，生存状况十分恶劣。

20世纪二三十年代，中国工人的工资非常低，难以维持其家庭基本生活。1920年5月，《新青年》第七卷第六号"劳动节纪念号"发表廖维民的《上海印刷工人的经济生活》一文，列举了上海印刷业工人工资的情况：上海印刷工人有月工与包工之分，月工按每月订定的工资发给，工资都在15圆以下；包工在休息日和生意清淡时没有工资，他们的工资更少。商务印书馆、中华书局等上海几十家印刷出版企业，工人的工钱大致分为三等：头目20圆至50圆，下手10圆至30圆，学徒1圆至10圆。女工只有折书、订书两种工作。折书最快的女工每月挣十几圆的工钱，大多数女工每月只有五六圆的工钱，初学者每月工钱只有二三圆。

1929年1月1日，南开大学经济学院曾对天津裕元纱厂工人的工资做过随机调查统计。据其调查，当时男工日平均工资为0.453圆。女工平均工资为0.33圆，女工所得仅为男工所得的72.8%，而童工工资不及男工工资的一半。[1]照此计算,当时男工的月工资为13.59圆,女工为9.9圆,一个家庭夫妇俩的月工资大致为23.49圆。如此低的工资根本无法养家糊口。1929年4月至1930年3月,上海市社会局对305户工人家庭收支情况进行了调查。调查结果显示,当时上海每个家庭平均有4.62人,有职业的为2.06人,即每户人数在5人左右,其中约2人有工资收入。在被调查的305户中,有盈余的仅占17.7%,入不敷支的高达82.3%。[2]20年代,一个5口之家每月生活费大约需要28圆左右。"据国民党工商部1931年统计,全国一个5口人的工人家庭,每月平均生活费需要27.2圆,这个标准在1928年下半年上海的30个行业中,只有占当时上海工人总数6%的印刷、机器和造船三个行业的工人能够达到,其余都在这个标准之下。"[3]工人低廉的工资难以维持其基本的生存,导致劳资纠纷频繁发生。

近代中国工人不仅工资低,而且工作时间长。二三十年代,工厂工人日工作时间普遍在10小时以上。1928年,上海印刷业日工作时间为10—12小时,工人占多数的纺织工业的日工作时间为12小时,而竹木器业则高达15小时,远远超过了国际劳工组织每日工作8小时的规定。[4]1925年8月,商务印书馆下属印刷所工人举行大罢工,其诉求之一便是缩短工作时间,实行每天8小时工作制。

20世纪初,中国劳工的工作条件相当差。工厂普遍缺少安全卫生设施,导致工业灾害频发、职业病流行。"因为灾害设施不讲究,卫生设施不完备,劳动者的灾害与疾病,不断增加。""肺病,呼吸病,脚病,以及其他因职业关系而发生的疾病,不可胜数。有些人便在这种职业病症之下,牺牲了他们的性命,至少要减少他们的劳动能率。""上海工业医院之疾病,记录八百八十件,受工业灾害的占了一百七十四件,其中男工

---

[1] 方显廷:《中国之棉纺织业》,商务印书馆1934年版,第149页。
[2] 刘明逵编:《中国工人阶级历史状况》第1卷第1册,中共中央党校出版社1986年版,第452页。
[3] 袁伦渠主编:《中国劳动经济史》,北京经济学院出版社1990年版,第22页。
[4] 罗志如:《统计表中之上海》,《国立中央研究院社会科学研究所集刊》第4号,中央研究院社会科学研究所1932年版,第73页。

五百六十六个病人，有二百三十一个是受灾；女工一百五十人，受伤的占三分之二；童工一百六十四人，也有四十三名是负伤的。"[1]1928年，沪江大学教授H. D. Lamson调查了上海、汉口、杭州、芜湖四市26个工厂灾害情况。据调查，这26个工厂工人总数为18890人，其中受致命伤的有80人，受非致命伤的有927人，总共1007人，占工人总数的5.3%。[2]

工资低、工作时间长、工作条件差，是中国近代工人生活的写照。迫于生计，工人要求增加工资、缩短工时、改善工作条件的呼声日益高涨。而资本家则经常以停业、歇业、解雇工人相威胁。劳资矛盾因此日益激化，工人罢工次数不断增加。我国近代工业较发达的上海，1923年和1924年工人罢工共32次，1925年升至172次，1926年高达262次[3]，1928年上海工人罢工118次，全市发生劳资纠纷千余起。1929年全国每月平均罢工29次以上，平均每次参加的工人人数为620人[4]。

20世纪20年代，商务印书馆多数职工与全上海工人一样，工作时间长，工资低，生活艰苦。提高待遇已成为商务职工的强烈要求。罢工是实现这一要求的主要手段。

商务印书馆工人最早的一次罢工，发生在1917年8月。这次罢工的起因是，商务印书馆印刷所所长鲍咸昌听信职员谢燕堂的建议，将原来按版面测算排字工人产量的方法，改为按实际字数来计算，减少了排字工人的计件工资。由于工人罢工，馆方最终收回了克扣排字工人工资的方案。对这次罢工，张元济在1917年8月31日的日记中写道："余告高、鲍，此次虽经解决，然败固不佳，胜亦非福，善后之事属为难。"[5]这说明张元济已

---

[1] 耀伦：《中国劳动者的危险及其救济》，《民国日报》（上海）1930年8月10日。
[2] 张静如、卞杏英主编：《国民政府统治时期中国社会之变迁》，中国人民大学出版社1993年版，第270页。
[3] 罗志如：《统计表中之上海》，《国立中央研究院社会科学研究所集刊》第4号，中央研究院社会科学研究所1932年版，第83页。
[4] 来遗民：《中国劳工问题研究》，《劳工月刊》1936年第5卷第2、3期合刊。
[5] 本书编写组编：《上海商务印书馆职工运动史》，中共党史出版社1991年版，第20页。

开始意识到妥善处理劳资关系的重要性。

1925年8月,商务印书馆"三所一处"(编译所、印刷所、发行所和总务处)的职工举行大罢工。罢工的主要目的是要求馆方承认工会,并改变职工薪金太薄、工作时间过长、待遇不平等的现状。这次大罢工是中国共产党领导下商务印书馆的第一次大罢工。罢工时递交资方的《复工条件》就是由商务职工中的第一位中共党员沈雁冰执笔起草的。8月27日,商务印书馆馆方鉴于开学在即,罢工损失巨大,只得让步。经过谈判,劳资双方达成协议,订立了复工条约。复工条约的主要内容包括:公司承认工会有协调职工及厂主之效用;十四年(1925年)十月起,增加工资;每年年底加薪,仍按向例办理;酬恤章程由公司修正,须于全体同人更为有益;公司分派花红,将来改定办法,须于奖励与普及双方兼顾;端午、中秋各休业半日,五一、五卅休业与否,随同大众;公司每年提1万元为薪水较少、病假较久者补助之用;女工生产前后各休业1个月,由公司照向例给保产金10元外,其愿入公司指定医院者,费用由公司负担,不愿者,另给津贴5元;公司对同人子女免费学额,须定扩充办法,早日发表;公司于相当之时机及需要,派遣同人赴国外留学或考察。[1]除增加工资外,复工条约还涉及花红、带薪休假、女工产假、疾病补助、同人子女学费补助等多项福利。

(二)政府的推动

1. 颁布《工厂法》的主要原因

南京国民政府对企业建立福利制度的推动作用,是通过制定《工厂法》及配套法规并督促这些法规实施而实现的。1929年,南京国民政府颁布《工厂法》。《工厂法》的颁布,主要是基于以下原因:

一是劳资矛盾激化,工人运动频发。这不仅使工厂生产陷入停顿,损害资本家的利益;也会使更多工人失业,生活更加悲惨。资本家和工人两败俱伤。而且,劳资矛盾激化不仅严重影响经济的发展,造成社会秩序动

---

[1] 本书编写组编:《上海商务印书馆职工运动史》,中共党史出版社1991年版,第43—45页。

荡不安，还会危及南京国民政府政权的稳定。南京国民政府希望借助《工厂法》的出台，缓解劳资矛盾。

二是国际劳工组织的敦促。1919年11月21日，第一次国际劳工大会在华盛顿召开。此次会议即建议中国政府制定中国工厂法，实行成年工人每日10小时或每周60小时工作制，以及15岁以下童工每日8小时或每周48小时工作制。此后，国际劳工组织曾多次派人访问中国，考察中国的劳工状况，推动中国工厂立法工作。1928年，国际劳工局首任局长、社会学家杜玛氏（Thomas）访问中国。他先后参观了奉天、北平、汉口、南京、上海等地的工厂，建议南京国民政府"应负起责任，为保护劳工制立法度，安其生活"[1]。

三是社会舆论的压力。20世纪二三十年代，劳工问题已引起社会各界的广泛关注。陈达、陈振鹭等社会知名人士均呼吁政府制定劳工法。1929年4月11日，社会学家、清华大学教授陈达率劳工问题班同学至经纬织布工厂等企业进行调查。"在经纬织布工厂，他们看到厂内无有电灯，只燃煤油灯数盏，光线既很暗弱，空气又很窒闷；管理特别严厉，宿舍设备极不好。在丹华火柴公司，看到工厂童工甚多，终日站立，其装合和打包之迅速有如机器。至光明料器工厂，看到工厂内温度极高，室小人多，致有多数工人皮焦肉烂，其残酷之状不忍目睹。参观后，师生呼吁各界设法改善工人劳动条件……是年，商务印书馆出版陈达编著的《中国劳工问题》一书，该书……为我国研究劳工问题一巨著。"[2]《星期评论》和《民国日报》副刊《觉悟》亦以研究劳工问题闻名。社会团体如中华全国基督教协进会、上海学生联合会等纷纷呼吁制定劳工保护法，以改善工人之生活状况。

2.《工厂法》规定的工人的基本福利

1929年12月30日，南京国民政府颁布了中国近代第一部通行全国的、

---

[1]《杜玛访问记》，《大公报》（天津）1928年11月22日。
[2] 田彩凤：《陈达先生年谱》，《清华大学学报（哲学社会科学版）》1995年第10卷第2期。

有关劳工福利的法规《工厂法》。《工厂法》原定于1930年2月1日起施行，因种种原因而被迫推迟。1931年8月1日，《工厂法》正式在全国范围内施行。

《工厂法》共13章，77条。其中，直接规定劳工福利的是第七章"工人福利"，该章对童工及学徒补习教育、女工产假、工人储蓄、工人住宅及工人正当娱乐、全勤奖金等福利进行了规范。另外，第四章"休息及休假"、第九章"工人津贴及抚恤"也对工人的相关福利进行了规范。《工厂法》规定的工人基本福利如下：

（1）带薪休息及休假。为缓解工人疲劳，提高工作效率，《工厂法》确立了休息和休假制度。休息包括工间休息和例假。《工厂法》第十四条规定："凡工人继续工作五小时，至少应有半小时之休息。"此为工间休息。《工厂法》第十五条规定："凡工人每七日中，应有一日之休息，作为例假。"休假分假日休假和特别休假。《工厂法》第十六条规定："凡经法令规定应放假之纪念日或其他休息日，均应给假休息。"特别休假时间长短依工人厂龄而定。《工厂法》第十七条规定："一、在厂工作一年以上未满三年者，每年七日。二、在厂工作三年以上未满五年者，每年十日。三、在厂工作五年以上未满十年者，每年十四日。四、在厂工作十年以上者，其特别休假期每年加给一日，其总数不得超过三十日。"法定休息及休假日，工资照给。《工厂法》第十八条规定："休息日及休假日内，工资照给，如工人不愿特别休假者，应加给该假期内之工资。"

（2）童工及学徒补习教育。《工厂法》第三十六条规定："工厂对于童工及学徒，应使受补习教育，并负担其费用之全部，其补习教育之时间，每星期至少须有十小时，对于其他失学工人，亦当酌量补助其教育。前项补习教育之时间，须在工作时间以外。"

（3）女工产假。《工厂法》第三十七条规定："女工分娩前后，应停止工作共八星期，其入厂工作六个月以上者，假期内工资照给，不足六个月者减半发给。"

（4）工人储蓄。工人储蓄是工人积累养老金的一种形式。《工厂法》

第三十八条规定："工厂在可能范围内，应协助工人举办工人储蓄及合作社等事宜。"

（5）工人住宅及正当娱乐。《工厂法》第三十九条规定："工厂应于可能范围内，建筑工人住宅，并提倡工人正当娱乐。"

（6）全勤奖金。《工厂法》第四十条规定："工厂每营业年度终结算，如有盈余除提股息、公积金外，对于全年工作并无过失之工人，应给以奖金或分配盈余。"按照该规定，工厂只有在有盈余的情况下才需要分配年终奖金或红利；而工资则不论工厂是否有盈余都必须定期支付，《工厂法》第二十二条规定"工资之给付应有定期；至少每月发给二次"。可见，作为福利的年终奖金或分红与工资是有明显区别的。

（7）工人津贴及抚恤。《工厂法》第四十五条规定："凡依法未能参加劳工保险之工人，因执行职务而致伤病残废或死亡者，工厂应参照劳工保险条例有关规定，给予补助费或抚恤费。"20世纪初，中国工厂的安全卫生设施普遍十分落后，严重威胁工人的健康和生命。《工厂法》以法律形式强制规定了资方对工人在工伤、疾病、死亡等方面应担负的责任。这项规定或多或少地促使资方关注工人的工作环境。

3.《工厂法》的实施

为保证《工厂法》的实施，南京国民政府采取了多项措施，包括颁布配套法规、开展实施《工厂法》讨论、设立检查机关、任命工厂检查人员和实施工厂检查等。

《工厂法》颁布后，南京国民政府制定了相关配套法规，以保证其顺利实施。1930年12月，南京国民政府颁布《工厂法施行条例》，在全国范围内施行；1931年2月分布《工厂检查法》，10月开始施行；12月颁布施行《工厂登记规则》。配套法规的出台，为《工厂法》的实施提供了保障。

《工厂法》颁布后，为敦促资方认真贯彻实施，各地社会局和实业厅纷纷在辖区内召集工商业界人士，展开实施《工厂法》的讨论，以为其实施作好充分的准备，尽可能减少阻力。1931年1月，上海市社会局多次召

252

集"各业代表到局,指导实施工厂法,及讨论工厂范围内之事宜"[1]。1931年上半年,代表上海工厂业主利益的中国工商管理协会也多次召开讨论会,还成立了实施《工厂法》研究委员会,专门研究施行中的种种问题。在《工厂法》正式实施前数日,实业部劳工司司长到沪,上海市社会局召集上海市各厂商到社会局,与劳工司司长探讨《工厂法》的实施问题。

为保证《工厂法》的实施,必须建立工厂检查制度。时人王莹认为,"工厂检查行政制度之确定,实为施行《工厂法》成功之最要条件"。依据《工厂检查法》对《工厂法》的实施情况进行检查,需要设置检查机构,配备检查人员。南京国民政府实业部劳工司是实施《工厂法》的监管机关。为加强监管力量,南京国民政府还组建了工厂检查委员会和工厂检查协作委员会等机构,专门负责《工厂法》的监督实施。1933年8月25日,南京国民政府又责成实业部组建了中央工厂检查处。机构设置为工厂检查的实施提供了组织保障。

配备合格的检查人员是实施《工厂检查法》的关键。1931年4月24日,实业部在上海创办工厂检查人员养成所,要求各省市政府选派学员参加训练,以培养一批合格的工厂检查人员。养成所共开办两期,培养合格学员59名,其中上海市19名[2]。这些学员训练完毕,由原派送省市政府委用。培训合格检查人员,为工厂检查的实施提供了人员保障。1932年9月2日,实业部公布施行《工厂检查员任用及奖惩暂行规程》,以保证检查人员的稳定和检查人员实施工厂检查的客观公正性。

20世纪30年代初的工厂检查,在我国尚属首次,在全国全面铺开难度太大。中央工厂检查处系决定先将上海、无锡、汉口、青岛、天津、广州划为工厂检查模范区,由中央直接派员监督办理。为更好实施检查,上海市社会局专设检查股,配备检查员8人。从1933年9月1日起,上海市社会局在全市范围内进行了工厂检查,到1935年1月已顺利检查完了除上

---

[1]《市社会局指导各厂实施工厂法》,《申报》1931年1月23日。
[2] 王莹:《从正泰永和两惨案谈到我国的工厂检查》,《劳工月刊》1933年第7卷第2期。

海租界之外的5418家工厂。[1]

《工厂法》是中国近代第一部通行全国的、有关劳工福利的法规。南京国民政府积极推动《工厂法》的实施，虽然最终只在部分省市一些规模较大的工厂得到执行，但对规范企业用工、改善劳工待遇仍具积极意义。像上海商务印书馆这类资方思想开明、接受西方先进管理理念的大企业，《工厂法》的颁布实施，对其建立企业福利制度显然具有引导和推动作用。

（三）科学管理法的影响

西方科学管理思想最早由民国时期著名企业家穆藕初引入国内。1915年10月至1916年3月穆藕初与董东苏合译泰勒的 *Principles Scientific Management* 一书，以《工厂适用学理的管理法》的中文译名在《中华实业界》上分五期连载，1916年由中华书局出版发行单行本，成为泰勒这部著作的第一个中文译本。20世纪20年代以后，科学管理对于公司制企业发展的重要性已被越来越多的人所认识。到30年代初，近代中国的公司制企业，特别是诸如上海这样的工商业大都市中的公司制企业，已经开始进入崇尚和全面推行以科学管理为主要内容的现代企业管理阶段。

王云五对科学管理理论推崇备至并积极践行。1930年2月，王云五出任商务印书馆总经理，3月初出国考察日、美、英等九国。9月回国后，引入西方的科学管理法。10月，王云五在商务成立研究所，聘留美回沪学生孔士谔等八人为研究员，制定和推行科学管理法。

1930年3月7日至9月9日，王云五历时半年考察了日、美、英、法、德、比、荷、意、瑞士九个国家，考察的重点是外国企业如何提高职工的工作效率和如何消除职工的对抗行为。关于职工的薪酬福利，王云五从对日本的考察中至少获得了以下经验：一是资方平时要注意职工的福利，但要坚决拒绝职工的"不合理"要求；二是职工的福利待遇由企业管理者决定，不必理会职工的言论；三是一切从提高生产效益出发，绝不能对职工普施恩惠；四是工资标准必须与工作量紧密挂钩，这样既可以奖勤罚懒，

---

[1] 夏慧玲：《南京国民政府〈工厂法〉研究（1927—1937）》，硕士学位论文，湖南师范大学，2006年。

又可以促使职工为自己的利益埋头苦干。在美国考察时，王云五获得的经验之一是，资方完全掌握职工进退升降的权利，平时用物质刺激手段分化职工。[1]这些经验，对王云五在商务进行改革、建立职工福利制度产生了深刻的影响。

王云五对"物质刺激"的作用深信不疑。以此为据，他制定了普遍分红和特别奖励相结合的奖励办法。普遍分红是商务印书馆的老传统，特别奖励则具有更强的刺激作用。作为一种"物质刺激"，特别奖励也是王云五推行的科学管理法的重要组成部分。"物质刺激"是基于科学管理法的基本假设——"经济人"假设（亦称"经济人"思想）的激励办法。1776年，亚当·斯密出版了其经典巨著《国富论》。该书即以"经济人"假设作为其理论基础和逻辑起点。亚当·斯密认为，"经济人"就是体现利己主义本性、追求自己安乐和利益的人。"经济人"具有以下特征：一、具有自利性，即个人追求自身利益是驱策人的经济行为的根本动机；二、具有理性，即每个人都通过成本收益的比较分析为自己谋求最大的利益；三、会增进社会公共利益，即在良好的社会秩序下，个人追求自身利益最大化的自由行为在"看不见的手"的引导下，会无意识地、有效地增进社会公共利益。[2]"经济人"假设也是科学管理法的理论基础。泰勒及其追随者认为，人最为关心的是自己的经济利益，为获得经济利益，他愿意配合管理者最大限度地挖掘自身的潜能。因为"经济人"追求的是自身利益最大化，所以"物质刺激"能够最大限度地激励其提高工作效率。王云五对科学管理法理论基础和"物质刺激"作用的深信不疑，对其在商务建立企业福利制度产生了直接的、积极的影响。

（四）公司经营状况良好

从清末至20世纪30年代，在张元济、王云五等企业高层的治理下，上海商务印书馆得以快速发展，成为全国最大的、著名的文化出版企业。

---

[1] 代常健：《王云五管理思想及其根源》，硕士学位论文，汕头大学，2009年。
[2] 邓春玲：《"经济人"与"社会人"——透析经济学两种范式的人性假定》，《山东经济》2005年第2期。

在此期间，商务的出书品种、营业收入、利润、资本数额等主要经济指标也持续增长。除受"一·二八"事变影响的1932年之外，其他年份商务的经营状况均属良好。这就为商务改善职工福利待遇创造了有利条件。因为企业有盈利，才能改善职工的福利待遇。

张元济主政期间，商务快速崛起。1902年，张元济应夏瑞芳的邀请进入商务印书馆。他们以"扶助教育为己任"，编译出版了一批西方社会科学和自然科学书籍；适应新式学堂发展的需要，编写出版了大量新式教科书。为了提高效益、积累资本，张元济主要组织了以下出版活动。一是编印新式教科书，为商务赢得长年稳定的高收入。二是抓住立宪运动高涨的时机，大量推出政法类书籍。81册的巨制《新译日本法规大全》发售后，"国中自官署以至公共机关，几于每处订购一部；销数之多，仅亚于教科书"。三是编印出版各类工具书，如《辞源》《中国人名大辞典》等。工具书行销甚广，亦为商务一项稳定的利润来源。[1]

1904年，商务印书馆出版了中国第一套科目齐全的新式中小学教科书《最新教科书》，自此出版教科书成为商务印书馆的传统。商务编写的教科书内容新颖，图文并茂，深受教育界欢迎，"营业之盛，冠于全国"[2]。凭借新式教科书和其他图书，商务的营业额快速增长。民国成立前，商务印书馆的营业额从1903年的30万元，增长到1911年的167.6万元，增幅超过4.5倍。民国成立后，商务印书馆的营业额从1912年的181.9万元，增长到1930年的1200万元，增幅超过5.5倍。营业收入是利润的源泉，营业额的快速增长为商务带来了巨额利润；而利润又是资本积累之源，因为有丰厚的利润，所以商务的资本快速增加。1903年与日本金港堂大股东合资时，商务印书馆的资本为20万元，1905年便增至100万元，1913年至150万元，1914年退还日股时至200万元。1920年商务的资本增至300万元，

---

[1] 王雅文：《出版家——张元济》，《辽宁大学学报（哲学社会科学版）》2001年第6期。
[2] 蒋维乔：《创办初期之商务印书馆与中华书局》，张静庐辑注：《中国现代出版史料·丁编》，中华书局1959年版，第397页。

试述20世纪30年代商务印书馆的福利制度

1922年至500万元。[1]

1930年2月，王云五继任商务总经理。此时，商务已是全国最大的出版企业。1932年1月29日，商务印书馆总厂遭日军飞机投掷燃烧弹焚毁。2月1日，东方图书馆及设在馆内的编译所被日本浪人洗劫和纵火焚烧，同遭浩劫。据馆方估计，"一·二八"事变中商务损失资产约银元1633万元。[2]为重振商务，1932年8月1日复业后，王云五即开始新一轮改革，再次推行科学管理法，增加出书品种，实行"日出新书一种"。为调动职工的积极性，他还提出了"为国难而牺牲，为文化而奋斗"的响亮口号。在王云五的治理下，商务在很短的时间内就恢复了往日的繁荣和兴旺，并再创辉煌。从出书品种看，商务新书出版量持续增长，并于1936年达到最高峰。商务出书1930年为957册，1931年为787册，1933年为1430册，1934年为2793册，1935年为4293种，[3]1936年为4938册。[4]1936年比1933年增长近2.5倍，比1931年增长逾5倍。从市场占有率看，1932年商务出版物数量占全国总数的比重不到6%，1934年即占全国出版物总数的45%，1935年占46%，1936年则高达52%。[5]当时的商务印书馆也因此和英国的麦克米伦公司、美国的麦克劳希尔公司并称为世界三大出版商。

在出版物品种逐年增加的同时，商务的资本也在同步增长，1932年为300万元，1934年为350万元，1935年为400万元，1936年为450万元，1937年初，资本又恢复至500万元，[6]即1934年至1937年初，商务的资本每年递增50万元。按照《商务印书馆股份有限公司章程》（1932年9月4日

---

[1] 庄俞：《三十五年来之商务印书馆》，商务印书馆编：《商务印书馆九十五年》，商务印书馆1992年版，第750—752页。

[2] 商务印书馆善后办事处编：《上海商务印书馆被毁记》，商务印书馆2016年版，第60页。

[3] 张志成：《创新与商务印书馆早期成长关系探析》，《北京印刷学院学报》2008年第3期。

[4] 杨卫民：《王云五与商务印书馆的繁荣》，《人才开发》2009年第8期。

[5] 高晓东：《20世纪30年代商务印书馆科学管理改革述评》，《理论界》2009年第10期。

[6] 本书编写组编：《上海商务印书馆职工运动史》，中共党史出版社1991年版，第10页。

及11月6日股东临时会修改）的规定，公司每年结账，如有盈余，先计提十分之一的公积金。商务印书馆资本的增长源于从利润中提取的公积金。据此推算，1933年至1936年商务每年的净利润应不少于银元500万元。巨额利润为商务改善职工福利待遇创造了条件。

三 上海商务印书馆福利制度的内容

上海商务印书馆福利制度的建立集中于1930年代前半期。1930年2月，王云五继任商务总经理。1933年到1935年，商务印书馆在王云五的主持下制定了同人奖励金分配、同人长期奖励储蓄、同人人寿保险、同人疾病补助、同人子女教育补助等福利制度，形成了系统、完备的福利制度体系。据商务老员工周越然回忆：1930年代前期，"董会、总处、三所、分厂、支店等的组织及管理，都有很详明的章则。商馆于民国二十四年九月曾经辑印一本册子，叫做《商务印书馆规则汇编》（非卖品，共196页）。那本册子，除总管理处组织系统表及主管人员录外，共载章则七十余种。另外还有一种册子，叫做《商务印书馆同人服务待遇规则汇编》（非卖品，共159页），辑印于二十三年五月，共载章则三十余种。倘然我们把这两本册子，细细的阅读，那末商务组织的健全，管理的周密，及发展的原因，都可一一推想而得"[1]。笔者所在大学和省市图书馆均没有找到周越然提到的两种老商务的内部册子，还是通过大学图书馆之间的馆际互借查阅了《商务印书馆同人服务待遇规则汇编》。仔细查看目录、正文，我们发现除了个别附录如《二十三年上海精武体育会上海市国术馆及青年会举行征求会员时本馆同人参与者之优待办法》以外，其他内容全部已收入汪耀华编《民国书业经营规章》一书中。

（一）同人储蓄

1935年10月，商务印书馆编印《商务印书馆人事管理概况》一书。

---

[1] 周越然：《我与商务印书馆》，商务印书馆编：《商务印书馆九十五年》，商务印书馆1992年版，第166—167页。

根据该书记载，商务的同人福利包括储蓄、人寿保险、疾病补助、婚丧生产假津贴、奖励金、同人子女教育补助、现款购货优待和业余消遣八项。除此之外，该书"职工待遇"项下，也包括部分职工福利；而"教育与训练"虽然单列一章，但其实也属于职工福利。

商务的同人储蓄，包括普通储蓄和长期奖励储蓄两种。普通储蓄有定期和活期之分。根据商务印书馆《同人储蓄章程》（1932年3月22日公布，1933年4月11日修订）[1]的规定，定期储蓄以一年为限，存数以洋五千元为足额，利息常年九厘（即年息9%）；活期存数以洋一千元为足额，利息常年八厘。

1936年1月，北京的汇丰、麦加利、正金、德华、花旗等外资银行一年期存款的利率在1.5%～3.5%之间，如花旗银行定期存款一年的利率为3%，往来活期无息。当时，交通银行和中央银行定期存款一年的利率为7%，往来活期利息为4%。[2] 1933年4月商务印书馆公布的《同人人寿保险暂行规则》之附六《营业部分庄科通启（第19号）》明确告知被保人，如有急需，可以凭保险单向保险公司抵借现金或退保取回现金。被保人以保险单向保险公司抵借现金的，利息常年六厘，预付全年，即当时抵押借款的年利率为6%。一般情况下，借款利息是高于存款利息的。可见，商务印书馆向同人支付的普通储蓄存款的利息是比较高的。

除普通储蓄外，商务印书馆还举办了同人长期奖励储蓄，以备同人将来退休娱老。正如商务自己所言："除上项普通储蓄外，本馆又举办同人长期奖励储蓄，期使各同人均可积有相当整数之储金以为将来退休娱老之资。"[3]

根据商务《同人长期奖励储蓄规则》（1934年4月30日订定，1935年4月15日修订。以下简称《规则》）的规定，同人长期奖励储蓄的资金主要来自五个方面。一是工资薪金。《规则》第二条规定，各同人得将每月

---

[1] 汪耀华编：《民国书业经营规章》，上海书店出版社2006年版，第147—148页。
[2] 李晓春：《近代外商银行没落原因初探》，《阴山学刊》2008年第2期。
[3] 汪耀华编：《民国书业经营规章》，上海书店出版社2006年版，第195页。

额定或假定薪工百分之五，存于本公司为长期储蓄金。二是特别休假薪工。《规则》第四条规定，每年年终发给同人特别休假薪工时，同人得将所得特别休假薪工加入长期储蓄金，但至多以所得特别休假薪工之全数为限。三是年终奖励金。《规则》第五条规定，每年派发同人奖励金时，同人得将所得奖金之一部分加入长期储蓄金，但至多不得超过本人一个月额定或假定薪工之数。四是长期储蓄金利息。本年度的利息在下一年度计入本金。五是年度盈余。《规则》第八条规定，本公司每年结账有盈余时，由董事会在乙种特别公积项下酌提若干为储蓄人奖金。所提奖金由总管理处按照本年度储蓄数目酌量支配。

长期奖励储蓄的收益颇为丰厚。"利息常年一分至一分二厘，每年并在盈余中所提乙种特别公积项下提拨若干之奖金，储蓄者之利益更为优厚。"[1]长期奖励储蓄的"奖励"属性体现在三个方面。一是利率高。年息10%~12%。二是鼓励长期储蓄。储蓄期越长，利息率越高。《规则》第七条规定，长期储蓄金利息按常年一分计算，每年三月底结算一次，加入本金内计算。如储满三年中途未曾停止者，自第三年起将历年积存储蓄金一并改按常年一分一厘计息。如储满五年中途未曾停止者，自第五年起将历年积存储蓄金一并改按常年一分二厘计息。三是从每年的结账盈余中酌提若干为储蓄人奖金，并按本年度储蓄数目分配。

同时代的开明书店于1934年7月1日公布了《特种储蓄章程》。开明书店的特种储蓄金与商务的长期奖励储蓄金在性质上相同。开明书店的特种储蓄金主要来源于薪工和花红，没有从年度盈余中计提储蓄人奖金，但其利息率高。开明书店的特种储蓄金利息不像商务一样按储期长短分档，而是按储金的数额分档，共分七档：储金总额不满五十元的，年利率贰分，即年息20%；五十元以上不满壹百元的，年利率一分九厘；壹百元以上不满二百元的，年利率一分八厘；二百元以上不满三百元的，年利率一分七厘；三百元以上不满四百元的，年利率一分六厘；四百元以上不满五百元

---

[1] 汪耀华编：《民国书业经营规章》，上海书店出版社2006年版，第152页。

的，年利率一分五厘；五百元以上的，年利率一分四厘。

（二）同人奖励金

同人奖励金是从公司每年度结账盈余中提取的用于员工奖励的款项。《商务印书馆股份有限公司章程》第二十五条规定，本公司每年结账，如有盈余，先提十分之一为公积金，次提股息常年八厘，其余均分为甲、乙两部分……乙部之半数为同人奖励金。

在张元济主政时期，商务即已实行普遍分红制度。每年公司结账如有盈余，则从盈余中拨出一部分作为全公司员工的红利。红利按薪工比例分配，每个员工都可以享受。在我国企业界，商务是最先实行普遍分红制度的企业。当时，商务实现的年度盈余并不是全部归投资者所有，而是提取一部分用于奖励员工。这种让员工分享企业发展成果的理念在当时是很先进的。普遍分红制度虽能激励员工努力工作，但对业绩突出的员工则起不到很好的激励作用。

王云五认为，普遍分红制度用意虽好，但已渐渐失去了奖励的意义，遂对其进行了改革。王云五将普遍分红之总额划为普遍奖励与特别奖励两部分，各占半数。并相应制定了《同人奖励金分配暂行章程》（1933年4月6日公布）、《同人普遍奖励金派发暂行规则》（1933年4月8日公布）和《总馆特别奖励金派发暂行规则》（1933年4月8日公布），使奖励金的分配和派发有章可循，有据可依。

根据《同人奖励金分配暂行章程》的规定，每年度奖励金总数的分配比例为：总经理、经理占百分之十，全公司同人普通奖励金和特别奖励金各占百分之四十五。普通奖励金，按总、分、支馆各个同人月薪数目比例分配，以普通为原则；特别奖励金，按总馆及分支馆全体的盈余数量比例分配，以奖励成绩特优的同人为原则。普通奖励和特别奖励相结合，既可避免员工产生抵触情绪，又起到了很好的激励作用。

商务印书馆的同人奖励金属于一项福利，明确区别于雇佣薪工。雇佣薪工是雇佣者的市场价格，与企业经营状况的好坏没有直接的联系。企业经营亏损，可以裁员，但不能不发在职员工的薪工。同人奖励金则与企业经营状况直接相关。企业有盈余则发，无盈余则不发。

（三）同人人寿保险和疾病补助

为增进同人福利，商务印书馆于民国二十二年（1933年）四月二十一日与友邦人寿保险公司、泰山保险股份有限公司、英商四海保险公司订立合同，为同人投保团体终身寿险。

根据商务印书馆《同人人寿保险暂行规则》（1933年4月15日公布）的规定，符合条件的员工一律投保终身寿险。保费半数由公司津贴，其余半数由被保人自己认付。公司津贴之半数保费从每年度结账盈余所提之乙种特别公积项下拨充之，但学生、学徒、女职工及年龄在56岁以上的男职工均不适用以上规定。这些员工如遇有病故者依照同人赙慰金暂行办法办理。

除人寿保险外，商务还为员工购买了火灾保险。从1931年7月起，商务印书馆指定火险公司为员工的住所和衣物投保，保险费由公司和投保人各担负一半。

为减轻员工的医疗负担，商务印书馆设置了同人疾病补助金。同人疾病补助金从乙种特别公积中提取。根据商务印书馆《同人疾病补助暂行规则》（1933年4月11日公布，1934年6月1日修订）的规定，公司从每年度结账盈余所提之乙种特别公积项下提拨若干，为同人疾病补助之用。公司指定医院、医师、药房，以为同人诊病、住院、配药之所。公司同人在指定医院、医师处治疗，在指定药房购药，可按规定补助部分住院费、诊费、药费。同人因病扣去之薪资亦可按规定补助一部分。1934年7月1日，开明书店公布了《同人疾病补助暂行章程》，其内容与商务印书馆的《同人疾病补助暂行规则》基本相同。

（四）非工作时间福利

非工作时间福利主要包括带薪休假、产假、婚丧假和工伤津贴及抚恤等。商务印书馆给予职工的带薪假与《工厂法》大体一致。带薪休假包括例假、假日休假和特别休假。商务印书馆制定的《总管理处职员暂行待遇规则》（1932年7月28日公布）、《分厂职工暂行待遇规则》（1933年1月27日核定）、《上海工厂职工暂行待遇规则》（1932年8月1日公布）（以下均简称《待遇规则》）对带薪休假作了具体规定。根据《待遇规则》的规定，全馆职工星期日给假一天，年节给假三天，纪念节放假遵照中央政府规定。星期日、春节和纪念节日给假，工资照给。特别休假因工作性质、工龄差异而有所不同。总管理处所辖上海各机关所有职员、发行所门市柜友及工厂厂长室各职员每年享受特别休假二十四天。上述职工的特别休假，每届年终或终止契约时算给薪水。工厂中的管理员、职员及工友等则根据工龄计算特别休假假期：职工在厂工作未满三年者，每年给予特别休假七日，三年以上未满五年者每年十日，五年以上未满十年者每年十四日，十年以上每年加给一日，其总数至多三十日。上述职工的特别休假，每届年终算给工资。开明书店的特别休假长于商务。1934年5月1日，开明书店公布的《职员待遇暂行章程》规定，上海总公司职员每年各给特别休假三十六天。休假期间所扣薪水，于每年年终或终止契约时补发。

商务印书馆注重维护女职工权益，对女职工生产实行五十六天产假照发工资或给予津贴制度。1913年4月1日，张元济"参加商务董事会，并提议对女子实行五十六天产假照发工资之制度"[1]，这一提议获准通过实施。1933年5月31日，商务公布《女同人生产假津贴薪工暂行规则》。该规则有明细规定，女同人生产前后可请假共八星期，其因请假所扣去之薪工由公司如数津贴之，件工工友按假定工资计算。公司从每年度结账盈余所提之乙种特别公积项下提拨若干，作为女同人生产假津贴薪工之用。

1933年4月11日，商务印书馆公布《同人婚丧假津贴薪工暂行规则》，对同人婚丧假津贴作出规定。该规则规定，本人结婚或父母、夫妻丧，得请假六日，其因请假所扣去之薪工由公司津贴之，件工工友按假定工资计算。祖父母丧或儿女结婚，其请假日期得照前条规定减半计算。公司从每年度结账盈余所提之乙种特别公积项下提拨若干，作为同人婚丧假津贴薪工之用。1934年7月1日，开明书店公布的《同人婚丧假津贴薪金暂行章程》，内容与商务大体一致，但给假长于商务。

---

[1] 张树年主编：《张元济年谱》，商务印书馆1991年版，第111页。

职员如确系直接因职务受伤，商务印书馆会给受伤职员发放工伤津贴或抚恤。商务的《待遇规则》，按职工受伤程度将工伤分为三种。职员确系直接因职务受伤者由本公司给予医药费，治疗期内每日给予照薪水额三分之二之津贴，如经过六个月尚未痊愈，其津贴得减至薪水二分之一，但总计以一年为限。职员确系直接因职务受伤致成残废，公司认为不能任事者，按残废部分之轻重酌给津贴一次，或分期支付，但以一年之薪水为限。职员确系直接因职务受伤致死亡者，除给予五十元之丧葬费外，另由公司酌量情形，特别抚恤之。商务印书馆给受伤职工发放津贴或抚恤，减轻了受伤职工及其家属的经济负担，体现了公司对职工的关怀和爱护。开明书店公布的《职员待遇暂行章程》中，对受伤职员津贴及抚恤的规定，与商务完全相同。

（五）教育与培训

商务各个时期的领导层对人才培养都很重视。1916年7月，张元济在拜访吴稚晖时，明确表示商务印书馆应"注意于培植人才，不专在谋利"。1918年，张元济又提出商务"永久之根本计划"三条，第一条便是主张"培植新来有用之人"。王云五也很重视人才培养，他曾指出："要研究人事问题，至少须注意三个方面：（一）选用，（二）训练，（三）考核。"在训练方面，王云五强调要改革教育体制，推广职业化的教育，同时又注意吸取和继承传统学徒制度做法中的长处。

商务对职工进行教育与培训的目的，是让职工能够胜任工作。商务印书馆1935年10月编印的《商务印书馆人事管理概况》对教育与培训的目的作了如下说明："第欲求其胜任愉快，职工自身之知能应与时俱进，以为社会服更大之劳务。本公司之所以重视职工之教育与训练者，其目的在此。"[1]

商务对职工进行教育与培训的多种多样，包括举办讲习班、训练班、补习学校，分派练习员实习，开放东方图书馆，派遣职工出国考察，等

---

[1] 汪耀华编：《民国书业经营规章》，上海书店出版社2006年版，第191页。

等。1909年至1923年，张元济在馆内设立商业补习学校，自任校长，先后招收了七届学员，培养了300余人，其中一部分学员后来成为商务的骨干力量。此外，还举办平民夜校、励志夜校、印刷技工艺徒学校、仪器标本实习所、新式会计员讲习所、师范讲习所、国语讲习所、图书馆学讲习所等，以提高职工的文化程度和工作技能。同时，张元济还指令东方图书馆不论业内或业余时间，馆内图书任人借阅。好学者受益匪浅。1932年，王云五也采取了多种形式教育、培训职工和学生学徒。

根据商务印书馆制定的《同人入本馆函授学校补习优待办法》，同人业余加入本校补习，享受半费之权利。根据《中华职业补习学校优待本馆同人办法》(1934年2月起实行)，同人入第二中华职业补习学校晨校班各科补习者，学费可一律八折缴纳。

除职工进行教育与培训外，商务也十分重视职工子女教育。公司对于同人子女教育，自民国十五年(1926年)起设置扶助基金，历年以来，同人子女之受补助者为数甚夥。1935年4月24日，商务制定了《同人子女教育补助暂行规则》。根据该规则的规定，每年由董事会就乙种特别公积项下提拨若干为同人子女教育补助费用。每年小学补助生额一千名，每名每年补助二十元；中学补助生额一百名，每名每年补助四十元；大学补助生额五名，每名每年补助二百元。

四　上海商务印书馆福利制度建设对当今出版企业的启示

商务印书馆创业之初，还带有某种家族色彩。到张元济加盟、与日本金港堂合资建立股份制公司之后，商务逐步走上现代书业企业之路。夏瑞芳、张元济主政时期，商务即很重视职工福利问题，逐渐形成各种制度。到王云五主政商务，特别是抗日战争全面爆发前的30年代前期，其福利制度更加完备、系统，成龙配套。1933年到1935年，商务印书馆在王云五的主持下制订了同人奖励金分配、职工养老保险、同人人寿保险、大病补助、婚丧假津贴、女职工产假津贴等福利制度，形成了较为体系化的福利制度。商务的福利制度建设,是现代出版史、企业制度史研究的重要内容,对当今出版企业的建设和发展有着多方面的启示。

(一)努力建构科学合理的福利制度,服务于企业长远发展的战略目标

企业福利制度的设计与安排,绝不仅仅是为了改善职工待遇,它关乎企业的竞争力,服从和服务于企业的长远发展战略目标。先进的、良好的福利制度无疑有助于吸引人才,留住人才,发挥人才的积极性和创造性,提高员工对职务的满意度,增强企业的凝聚力和向心力,最终有利于企业创造更好的效益。晚清民国时期的商务印书馆福利制度安排在很大程度上是一种企业内部的制度安排,它学习和借鉴了西方尤其是日本的相关经验。由于商务印书馆曾与日本金港堂有过长达十年的深度合作,它就在制度设计上十分注重建立企业与职工在直接劳动报酬以外的、经济性或非经济性的利益关系,作为加强"命运共同体"的具体措施。这种"命运共同体"在由商务出去的章锡琛、夏丏尊、叶圣陶等人主导的开明书店里有着更鲜明的体现。开明书店也好,中华书局也好,世界书局也好,在企业制度包括福利制度方面均深受商务印书馆影响,也都通过相应制度服务于企业发展长远目标。

(二)科学合理的福利制度必须以人为本,关心职工,尊重人才

泰勒的科学管理理论认为人是"经济人"。王云五在对职工地位的认识上接近泰勒科学管理的观点,他忽视了职工在人格尊严方面的需求。1930年,王云五访美期间,哥伦比亚大学的一名专门研究劳工问题的教授曾经特别提醒过王云五:资方要时时尊重工人的人格。但王云五则认为,中美两国的国民素质差异大,"人格"问题不必在中国的企业改革中予以考虑,工人要加薪,资方要利润,双方追求的都是实实在在的物质利益,没有人会去关心"虚幻"的"人格"问题。[1]1931年王云五对编译所改革的失败,说明他对职工尤其是编译人员人格问题的认识是错误的。1931年1月初,王云五开始对编译所进行改革,公布了他亲手拟定的《编译所编

---

[1] 代常健:《王云五管理思想及其根源》,硕士学位论文,汕头大学,2009年。

译工作报酬标准试行章程》。该章程公布之后遭到编译所全体职工的一致反对。编译人员不习惯在刻板的规定下工作，他们感到知识分子的自尊心受到了损伤，这成为他们首先发难反对"科学管理法"的重要原因。1月下旬，馆方宣布撤回《编译所编辑工作报酬试行章程》，改革以失败告终。

尊重职工的人格，就是要满足职工除物质利益之外的社会、心理等方面的需要。因为人不仅仅是"经济人"，更是"社会人"，除了生理的、安全的需要外，还有社会的、尊重的及自我实现的需要。美国哈佛大学教授梅奥进行的霍桑试验结果表明，人是"社会人"，社会和心理因素会从根本上影响职工的积极性。管理者除了运用经济手段激发工人的积极性以外，还必须从社会、心理等方面满足职工需要，从而达到提高劳动生产率的目的。因此，企业在设计福利制度时，不仅要考虑职工的物质需要，更要满足职工更高层次的需要。

（三）科学合理的福利制度应当注重公平性与激励性的结合，避免绝对的平均主义

福利应能产生效益，但福利并不必然产生效益。福利能否产生效益取决于两个因素，一是公平性，二是激励性。公平性包括外部公平和内部公平。外部公平是指本企业职工的福利不低于外部市场上劳动力的福利水平。外部公平是企业吸引人才、留住人才的主要形式，是企业在劳动力市场上竞争力的体现。20世纪30年代，上海商务印书馆即已建立比较完善的福利体系，领先于其他企业。商务可以招揽大量杰出的人才，包括众多"海归"，这也是主要原因之一。内部公平，即福利的普惠性，是指企业中所有的或大多数员工都能享受企业的福利。广覆盖和相对平均，是内部公平的表现形式。在我国企业界，商务印书馆是最先采取普遍分红制度的企业。普遍分红显然是一种普惠性的福利，它对调动职工的积极性和提高生产效率起到了积极作用。但普惠性的福利，对业绩突出者显失公平，有可能挫伤其工作积极性。因此，在设计福利制度时，除了要考虑公平性，还要考虑激励性，以充分发挥福利的激励作用。1933年，王云五订立《同人奖励金分配暂行章程》，将普遍分红的总额划分为普遍奖励和特别奖励两

部分。王云五的这项改革并未否定普遍分红，而是对普遍分红进行改进，使奖励金的分配更加公平，既让职工普遍受益，又使特别优秀的职工得到特殊的奖励。

（四）科学合理的福利制度要建立在量入为出的基础上，同时加强福利管理

民国时期，企业职工的福利支出主要是由企业承担。上海商务印书馆的福利经费主要来源于利润，如储蓄人奖金、同人疾病补助、同人人寿保险的半数保费、女同人生产假津贴薪工、同人婚丧假津贴薪工、同人子女教育补助等均从每年度结账盈余所提乙种特别公积项下提拨。同人奖励金也是从每年度结账盈余中提拨。而长期储蓄金利息，例假、假日休假和特别休假的薪工则是从成本费用中列支。当下的出版企业，其职工的福利支出也主要是由企业自行承担。因为福利支出主要是由企业承担，所以企业在设计福利项目、确定每个福利项目的金额时，必须考虑企业的承受能力。商务的高福利源于其高盈余。商务的福利支出主要是从年度结账盈余中提拨，基本上是先提后用，因此不会超过其承受能力。当下的出版企业，除年终分红以外，其他福利支出往往都是从成本费用中列支，其中的法定福利是刚性的支出，在企业经营不佳时，这些福利支出常常超出企业的承受能力，造成经营亏损。因此，除政府要降低企业税费之外，企业举办福利也应量力而行。

为发挥福利的激励作用、节约福利支出，企业必须对福利实施必要的管理。对福利实施管理，主要是做好以下工作。一是设置管理机构。商务的职工福利由总管理处统管。对此，《商务印书馆人事管理概况》作了如下说明："至民国十五年（1926年），公司感觉部门渐多，职工日众……同人福利事项日渐增多，手续亦随之加繁，乃成立人事股直隶总务处，办理关于人事之一切事项。民国十九年（1930年）秋，经理王云五先生自欧美考察归国，实行科学管理，改人事股为人事科，事权渐次集中。"[1]二是

---

[1] 汪耀华编：《民国书业经营规章》，上海书店出版社2006年版，第178页。

宣传、解释企业职工福利。商务比较重视该项工作，通常以总管理处通告形式进行宣传、解释。比如，在《同人长期奖励储蓄规则》之后附有《总管理处通告》（第97号，1934年4月30日），专门分析了储蓄之益，号召符合条件的职工积极参与。《同人人寿保险暂行规则》《同人子女教育补助暂行规则施行细则》之后都附有总管理处通告，对有关事项进行解释、说明。必要的宣传、解释，可以帮助职工获得其应享受的福利待遇，更好地发挥福利的激励作用。三是合理设置福利项目，节约福利开支，降低福利成本。

在设计福利制度时，企业要合理确定普惠性福利和激励性福利的比例。现在有一种倾向，就是过于强调激励性福利，而否定普惠性福利。实际上，除同人奖励金之外，商务印书馆在王云五主政时期制定的福利制度基本上都是普惠性的。

20世纪30年代，上海商务印书馆率先在出版文化企业中建立了较为完善的福利制度。这些福利制度提高了职工的生活水平，改善了职工的生活质量。因此，有利于化解劳资冲突，也有利于吸引人才、稳定队伍，激励职工不断进取、提高工作绩效。今天出版企业的改革和发展，人才仍旧是关键，人力资源仍旧是企业的第一资源，而建立健全、合理、完善的福利制度，无疑也是搞好企业的重要工作。这方面，包括商务印书馆在内的民国书业企业值得我们总结和借鉴的东西确实还是不少的。与此同时，我们也需要学习借鉴西方发达国家的企业福利制度，逐步建立和完善适合我国国情以及企业自身实际的福利制度。出版文化企业在这方面也还需要转益多师，进一步探索，既吸纳老商务福利制度中的有益经验和做法，同样也可学习借鉴美国带薪休闲、医疗保健等福利措施，还有日本的温情式企业福利，等等，最终形成有自身特色的出版企业福利制度。

（作者单位：范　军　华东师范大学；
沈东山　华东师范大学）

民国时期商务印书馆办学活动研究

——以尚公小学为例[1]

李 永、王 之

商务印书馆诞生于行将就木的封建帝制向民主进步的现代社会转变的大变革时期，以夏瑞芳、张元济、庄俞等为代表的一批商务人以"昌明教育，开启民智"为己任，以文化救国为目标，力求通过翻译、出版、发行教科书建设"教者不劳，学者不困，潜移默化"的社会，由此从中国出版界脱颖而出。商务印书馆为教化新民相继创办了尚公小学（又称尚公学校）（1905—1932）、养真幼儿园（又称养真幼稚园）（1910—1932）、平民夜校（1925—1932）、励志夜校（1925—1932）等教育机构。其中，尚公小学办学时间最长，教育效果最显著，开创了商务印书馆"以出版扶助教育，以教育反馈出版"的先河，对当下的小学教育仍有借鉴意义，而且从中可以小见大，一窥商务印书馆的办学活动理念，最后也以此文纪念商务印书馆创办120周年。

一 尚公小学的办学情况

（一）"新国肇兴，教育为急"：尚公小学的缘起与发展

1905年，清政府废除科举制度，新式学堂陆续兴办，新式教育蓬勃开展。据全国范围内不完全统计，新式学堂从1902年的不足百所，仅十年

---

[1] 基金项目：本文系中南民族大学中央高校基本科研业务费专项资金项目"民国时期商务印书馆办学活动研究——以尚公小学为例"（项目编号：CSQ18028）；中南民族大学课程改革专题研究项目——《中国教育思想史》（项目编号：17KGZX07）成果之一。

时间发展至87272所。接受新式教育的学生人数也由近千人增至2933387人。[1]尚公小学正是在这样的社会环境中应运而生。

1905年，为培养小学师资，推广教科书，尚公小学的前身小学师范讲习所在上海市北浙江路宁康里民房内创办。1907年，为使讲习所学员有实习场所，附属小学正式成立。初招收学生50多人，分初、高两班。1910年商务印书馆创办养真幼稚园，附属于尚公学校。1911年，辛亥革命起事，学校停办。1912年春，商务印书馆于上海宝兴西里改办小学。1932年1月28日，该校毁于日本侵略军的轰炸。

学校成立之初，商务印书馆仅按月津补一百块钱，仅够支付房租。教师薪水、膳食等各类开支均取自学生所纳学杂费。但学生因家境困难，经馆审批可减免部分或全部学杂费，这使得尚公小学更成为一笔"赔钱生意"。学校得以维持，商务编译所国文部部长庄俞功不可没。他坚持认为编译所需要一所小学作为教科书实验园地，在解决了馆内子女就学问题的同时，更能提高商务在教育界的声望。于是商务印书馆改组原师范讲习所，将一切生财、仪器移至印刷所北首宝兴西里，扩大办学，以立足公共教育、崇尚公共精神为宗旨，正式命名"尚公"。因其所在地小学稀缺，除同人子弟外，附近居民争相送子女来校就读。本市达官名流震于商务印书馆的名气和该校优质的教育资源，也多方遣送子弟入学。该校学生家庭成分多样，籍贯遍布南北各省。

（二）"扶助教育为己任"：尚公小学办学的软硬件条件

作为20世纪初期上海名牌小学之一，尚公小学在场地、师资、教材等方面均处于前列。通过筚路蓝缕地开拓教育场所、建设教师队伍、与时俱进地从事教材编订，27年间，尚公小学积累了优质的教育资源。

1906年，商务印书馆租得北首的宝兴西里东洋式房屋六幢改办小学。1916年，迁入宝兴西里南段新校舍。新校舍占地面积二亩余，地形长方，正中为二层六间校舍，校舍左前方为教职工办公室和宿舍，亦二层六间

---

[1] 周武：《张元济：书卷人生》，上海教育出版社1999年版，第84页。

房。宿舍后附建平房六间为食堂。校舍后方是露天操场，附近盖有雨棚为雨天操场。正大门旁设有工友室。此外，校内参用美国葛雷学校制度，设置实验室、工场、救护院、新闻社、商店、储蓄银行、园艺场、史地室、图书室、读书室、写字室、算术室等。全部建筑共花费约一万银元，1916年春建成。此外，商务印书馆工场还可制造运动器材、实验仪器、教具、标本等。

除充足的办学硬件条件外，尚公小学的人才和师资水平更是其发展基础。成立之初，校董由多名教育界、出版界名流充任，包括夏瑞芳、张元济、高凤谦、鲍咸昌等，历任校长均为当时知名教育家，如蒋维乔、庄俞、吴研因、杨贤江等。在师资方面，尚公小学所聘教员多为毕业于国内省立师范学校的高材生，有的既是商务印书馆编辑，又是学校教员。尚公小学教师队伍弘文励教，彼此"精进研求，交相奋勉"。手工课延请澄衷小学赵传璧兼任，赵传璧曾编有多种小学手工教科书，教法优异，成品实用，深受学生欢迎；文学名家郭绍虞曾任高小一年级老师，擅长文学和书法；叶圣陶1915年受郭绍虞举荐来校教授国文、历史、地理等课程，并编撰《国文教科书》和《国文教授书》，为其编辑生涯之肇始。

作为商务印书馆教科书的实验基地，尚公小学所用教科书编排科学，与时俱进。以张元济为代表的编辑们以中西互为调剂的文化观指导教材编写，留与时代相符的旧学，选与国情相宜的西学，最终完成了《最新教科书》，并实验于尚公小学，主要包括国文、修身、格致、笔算、珠算、中国历史、中外地理、理科、农业、商业等，按照年级、学期、分科目编写，符合近代学校教育体制，共16种78册。[1]并编有《教授法》一书作为教师用书。比如《最新修身教科书》初小部分共10册200篇课文中，未提及"忠君"，但是保留了"诚恳""慎交""廉洁""惜物""敬事"等传统美德，还引入西方"博爱""进化""合群""遵法"等价值观念。

尚公小学为商务印书馆的子弟学校，也面向社会招生，良好的软硬件

---

[1] 周武：《张元济：书卷人生》，上海教育出版社1999年版，第88页。

条件培养了出版巨子叶至善、经济学家陶大镛、科普作家王天一等优秀人才。王天一曾说道："我国知识界的老人中，早年就学于尚公小学的不在少数。"[1]

二 尚公小学的教学情况

尚公小学对自身性质有着明确定位："一方面固是一个公益学校，一方面又是一个实验新教育，提倡新教育的试验学校（Experimental School）。"[2]尚公小学在课程设置上突出学生经验的获取，在教学方式上施行分组教学，在教育管理上重视学生自治，在教材编用上坚持与时俱进。恰逢进步主义教育思潮引入中国，各类最新教育理念和教学试验在尚公小学办学中得以体现。

（一）"教育即经验的改造和重组"[3]：尚公小学的课程设置

杜威认为教育就是个人经验的不断生长。经验的获得是有机体与环境相互作用的过程，这既包括有机体受环境被动塑造，也包括有机体对环境的主动改造。尚公小学在校内外课程设置上尤其注重学生经验的获得。

尚公小学一年级教育以学生自由活动为中心，所学课程不分科、不分系。二、三年级分为作业（Handwork）、故事（Stories）、游戏（Play）、观察（Observation）四大系，以各科教材为学生活动内容。四年级以上将各科教材作为设计活动的工具，重视学生间能力和经验的差异。教学中打破每节课45分钟设置，依据学生对于功课的学习效果而变化，课程时间20分钟至60分钟不等，但每周各科教学总时间有参考：

---

[1] 转引自郭红：《一生心系儿童——中国现代小学教育家沈百英》，硕士学位论文，华东师范大学，2008年，第7页。
[2] 《商务印书馆附设尚公学校改组概况》，《教育杂志》1922年"学制课程研究号"。
[3] 参见〔美〕杜威：《民主主义与教育》，王承绪译，人民教育出版社2001年版，第154—155页。

表1 每周各科教学总时间占比表[1]

单位：%

年级	科目												
	注重建造的			注重欣赏思考的			注重欣赏的			注重练习建造的			注重练习的		
	作业			知识			德美			符号			身体		
	工艺	美术	园艺	自然	社会	地理	修身	文学	音乐	缀文	习字	数学	英语	卫生	体育	其他
二年级	8	7	4	7	5	6	4	12	7	6	4	10		4	12	4
三年级	19			18			23			20			20		
四年级	7	6	2	6	5	5	3	10	5	8	3	12	16	3	9	
五年级 六年级	15			16			18			39			12		

课程设计中各科都注重将现有的生活情境作为其主要内容，学生学习的内容是自己的活动所形成的直接经验。如园艺课注重园庭植物的生长观察和种植，同时作为自然课研究教学的基础；自然课包括衣、食、住、用等自然现象的观察调查研究；文学课突出文学趣味的童话、诗歌、传记、小说、剧本等的阅读表演；缀文课注重语言的修炼，文字的记录以及通信、布告、新闻等实用文体的撰写等能力的培养。此外还增设如救护、裁缝、玩具制作、童子军初级课程等选修课供三年级以上学生选习，每学期选习一或二种。

作为校内教学的有效补充，校外课程主张通过各种形式的活动课程，

---

[1]《商务印书馆附设尚公学校改组概况》，《教育杂志》1922年"学制课程研究号"。

在活动中获得经验、掌握知识。形式包括每周六下午全校举行周会,由各班自编节目轮流演出,每学期一到二次运动会,以及众多实践实验活动和文艺演出等。此外,尚公小学教师每学期会撰写《校外教授案》并组织学生远足考察。以教员陈文锺所写《上海尚公小学校外教授案》为例,校外教授对象是高等年级小学生,选择时间是第一学年时年四月,目的地为学校西北约三里陈家花园,教授内容主题包括:油菜、害虫、墓地、铁路。现将其教授案整理如下:

表2 上海尚公小学校外教授案[1]

"教材"主题	油菜	害虫	墓地	铁路
"教授"内容	1.油菜花期; 2.油菜形状; 3.油菜结构。	1.青虫形态; 2.害虫保护色及其作用。	1.属清资政大臣墓地; 2.墓地规制。	1.铁路属于淞沪铁路支路; 2.铁路里程; 3.铁路途经城市。
"训练"内容	1.油菜果实形状; 2.油菜作用。	害虫的嬗变	墓地的社会意义,供后嗣寄托哀思	铁路交通对商业发展的助力
	害虫嬗变成蝶对油菜的作用			
"参考"内容	植物种子的形成	昆虫三变态	1.族葬与散葬之别; 2.族葬的益处。	1.中国铁路修筑状况; 2.铁路所筑之处为外国势力所至之处; 3.淞沪铁路的沿革。
	风媒植物和虫媒植物的区别			

本次校外课程的教授内容通过一次徒步考察串联而成,素材集中且有代表性,体现了教师对素材的把握和在课前认真的准备。"教授"内容重视学生的感性认识和素材的基本属性,"训练"内容突出素材的社会意义,"参考"内容注重培养学生运用知识和知识迁移的能力。教法高效且由浅

---

[1] 参见陈文锺:《上海尚公小学校外教授案》,《教育杂志》1913年第6号。

入深，重视素材间的逻辑关系。此外，尚公小学教师也注重将教授知识转化为教学成果。据任职或就读于尚公小学的叶圣陶、叶至善、谢菊曾等回忆，尚公小学课外活动丰富，并将其融入课程体系中，师生受益匪浅。

综合看待尚公小学课程具有以下特征：其一，以学生经验为中心设置综合课程。尚公小学所设计课程与社会实践活动紧密联系，谋求学生在课堂上获取与其日常生活密切相关的事物信息和生活必备技能；其二，在教学上强调儿童的活动以及对周围事物的观察，培养学生的自我表现能力，激发学生主动学习的意愿，指导学生将学习内容与生活经验联系起来；其三，注重培养儿童的自我探索与创造精神，教师指导学生养成探究、发现真理的习惯；其四，重视学校的社会功能，学校给学生提供保证生长或充分生活的条件，对儿童进行社会化教育。

（二）"教育使学校适应儿童，而非使儿童适应学校"：尚公小学的教学实验——以分组教学实验为例

民国初期，政府推行了《义务教育施行程序》和《国民学校令》等一系列律令促进国民教育的普及，并规定儿童6—13周岁为学龄前，父母有使之赴学的义务，推动了就学儿童数量的大幅提升。但是由于学生学习能力、基础和态度有极大差异，以及教育软硬件资源严重不足，故分组教学法的实验与探索应运而生。尚公小学拥有朱元善、陈文锺等分组教学代表人物，又曾以日本奈良女子高等师范附属小学《分团教授之实际》为蓝本进行分团教学实验，成为当时分组教学法的实践基地。

具体做法如下：经过第一学期的初步了解，各班教师自第二学期开始，参考学业成绩、能力发展和其他表现对学生进行分组。学生年级越高，差异越大，组别越多。

表3 分团教学成绩评定标准

年级	等级			
	优	中	劣	最劣
一、二年级	60分以上		60分以下	
三、四年级	80分以上	60分以上	60分以下	
高年级	80分以上	60分以上	60分以下	40分以下

课堂上进行分团排座，重视对后进生辅助，使其排于前座，同时安排优劣生同座。其主要目的在于增加对后进生的帮助，通过教师和优等生对其额外辅导，在保护其自尊心的前提下，提高学业自信，激发学习兴趣，早日跟上班级进度。为方便分组教学法的实施效果，教室侧面或后方会另置黑板，供优等生自学或讨论，也提供教室对劣等生进行分组辅导时使用。

```
      A                    B
  劣 劣 劣 劣           劣 优 劣 普
  普 优 劣 普           普 优 劣 普
  普 优 劣 普           普 优 劣 普
  普 优 劣 普           普 优 劣 普
```

图1 分团座位图

注："劣"即劣等生；"普"即普通生；"优"即优等生。

依据学科性质分团，主要集中于国文、算术、地理等科，"技能科，练习机会多，形式上不能分团，但可采用此精神"[1]。朱元善总结分组教学的具体实施程序，经笔者整理如下：

---

[1] 李光伯：《中国复式教学史》，南京师范大学出版社2014年版，第174页。

277

第一步　对前次教学的复习及对于新教材，对儿童既知事项之问答施以全级的教授。

第二步　对于新课文大意、语句意义讲解施以全级的教授。

第三步　进行分组教授。甲组学生进行生字书写、全课视写、玩味文章。乙组学生集中于教桌，进行读法练习、内容问答、生字书写、一部分课文视写。

第四步　玩索文章之用意，整理新出之语言文字，施行全级教育。[1]

以上所列四步大致对应赫尔巴特的五段教授法中的预备、提示、联合和系统，在课堂中灵活运用合班、分组组织教学。分组教学课堂中会出现一组教师指导、一组同学练习，讲练同步进行的情况。尚公小学的分组教学法尊重个体差异，通过打破班级授课制的"同一性"，在组织、教学、作业布置等环节实施差异指导，满足不同学生需求。

除分组教学法的试验之外，尚公小学办学历程中一直立于教育改革潮流前沿。"以实验世界最新教育为职志。凡新方法、新学制经慎重之研究而认为可行者，谨当竭力试验。"[2]

（三）"平等、自由、协作"：尚公小学的学生自治管理

20世纪20年代前后，西方教育思想大量传入中国，中国教育思想和教育改革异常活跃。新文化运动所宣扬的"民主"和"科学"，推进了学生管理的民主化进程，为学生自治提供了理论支持。这一时期，教育部相继颁布了《教育部整理教育方案草案》《颁定教育要旨》，都提出要变通从前官治的教育，注重自治的教育，这为学生自治提供了制度保障。1919年，杜威的访华和系列讲演又加深了国人对学生自治的理解。区别于中国传统教育管理中奉行的保育主义，由西方民主思想衍生出的学生自治具有"平等""自由""协作"三个精神内核。从学校这方面说，就是"为学生

----

[1]参见天民：《分团教授之实际》，《教育杂志》1914年第11期。
[2]《商务印书馆附设尚公学校改组概况》，《教育杂志》1922年"学制课程研究号"。

预备种种机会使大家组织起来，养成他们自己管理自己的能力"[1]。

尚公小学的学生自治始于1923年。在组织构建方面，区别于校方建章立规后由学生演绎的方式，尚公小学实行了"由小组织到大联合"这一具有建构主义的组织方式。学级联合会为自治组织的基本单位，由三年级以上各年级派出代表二人组成，代表们互选一人为会议主席。其会议事项包括：听取各级自治事业报告；组织各级联动活动；对学校各自治机关建议事件；小青年会总干事的聘任等。小青年会是校方各机关及各团体的联络中心，负督促和协助责任。下设总务部、集会部、游艺部、会计部、庶务部、书记部，另设巡查团、救护院、新闻社、储蓄银行、商店、照相馆与学校相应部门对接。小青年会正、副总干事由学级联合会聘任，而主任干事、助理干事和内设机关领袖由总干事聘任。

"由小组织到大联合"的自治组织架构，体现了近代民主精神和杜威"学校即社会"的进步主义教育思想，符合儿童认知发展规律。但该自治组织也存在诸多问题。其一，组织架构不合理。学级联合会只有建议权，没有执行权和监督权。小青年会以集会和游戏为主题，却附设过多特殊机关，组织庞杂，力有不逮。其二，群众基础薄弱。小青年会组织架构的缺陷致使小青年会总干事虽由联合会选出，但因具有独立执行权和任命权，不受学级联合会指挥且权力过于集中。其三，培养目标偏差。小青年会主体职责在于集会和游艺的组织，这忽略了培养自治后备力量——新公民的责任。这类组织极易成为制造"办公机器"的流水车间。

1929年2月，学生自治组织进行了改组。设立尚公学生会，三年级以上各年级设立学生会，由各级学生会选派代表，组织全校代表大会。全校代表大会是学生自治最高机关，职权包括：（一）采纳和施行全校执行委员会和各级学生会报告；（二）修改本会章程；（三）决定各机关办公室规则与方针；（四）选举本会执行委员、监察委员及候补委员；每学期召开一次，遇重大事件，可临时召开。闭会期间，由尚公学生会执行委员会行

---

[1]陶行知：《学生自治问题之研究》，《新教育》1919年第2期。

使职权，每月至少召开会议一次，处理日常会务，并每月将活动情况通报各级学生会。商店、图书馆、银行等与校方对接的机关领袖由全校执行委员会产生，对其负责。此外，由全校代表大会推选出的监察委员会行使监察职权。每月至少召开会议一次，稽核全校执行委员会财政收入，审核各级学生会财务和会务，同时稽核校方尚公市行政委员会的事务及行政人员办公情况。见图2。

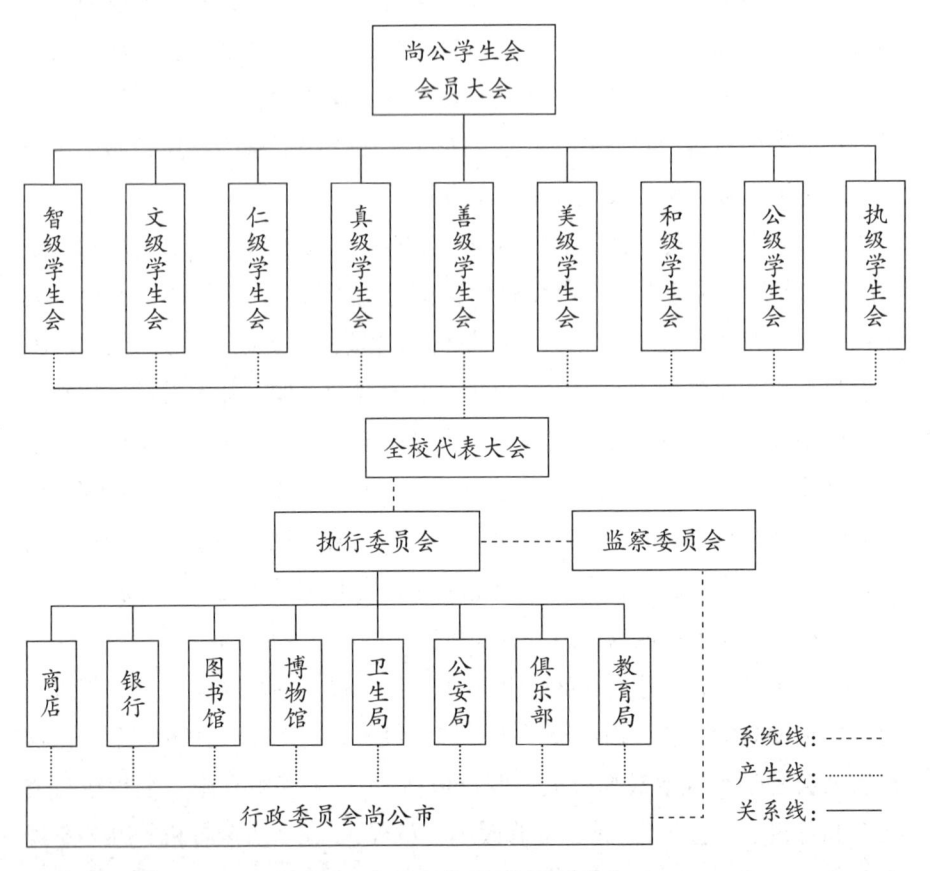

图2 尚公小学自治组织系统表

"对于共同幸福，可以养成主动的兴味；对于公共事业，可以养成担负的能力；对于公共是非，可以养成明了的判断；对于一切公共事项，可以养成智力、才力及办事之经验与能力；对于私人事项，可以养成克己自治之功夫。故学生自治，对于学生行为上、道德上、课程上、能力上、风纪上，均有实行之必要也。"[1]

在动乱的时代，教育者希望通过学生自治来实现教育民主化的目的。尚公小学为实现学生自治而采用的诸多措施、进行的不断革新所彰显的民主精神，值得当今教育管理借鉴。

（四）"以使人明白为第一要义"：尚公小学的教材编用

在尚公小学教育试验与改革氛围的熏陶下，教科书的编用也与时俱进，成为商务印书馆"以出版扶助教育，以教育反馈出版"模式的重要载体。

区别于他校所用的"教习"在授课之余自行编撰而成的教材，尚公小学所用教科书自构思到编写更为严谨科学。编辑除张元济、高凤谦、蔡元培、庄俞、蒋维乔等中西学兼通之人外，还涵盖了日本资深教科书编辑——文部省图书审查官兼视学官小古重、高等师范学校教授长尾槇太郎等。并采用印书馆首创的"圆桌会议"方式编撰："由任何人提出一原则，共认有讨论之价值者，彼此详悉辩论"，"恒有为一原则讨论至半日或终日方决定者"。[2]

尚公小学使用的商务印书馆教材均有显著特点。

一是科学严谨，与时俱进。以张元济为代表的商务人，参考已问世课本，结合编辑们在尚公小学的教育实践，制定出教科书编纂细则。如："修身应专举最寻常之事，少载嘉言懿行之难于少年模仿者，本国人物为主，图画为主"；"历史应不叙时代，仿外国演剧体，能加歌诀等加入亦可"；"地理应注重绘图及模型，使确知山川道路之所在"；"举本国最可为标准之人物、举其易知易能之事，最好幼时之事作为教材"；"国文应言文

---

[1] 芮佳瑞编：《学生自治须知》，商务印书馆1921年版，第2页。
[2] 蒋维乔：《编辑小学教科书之回忆(1897—1905)》，《商务印书馆九十年》，商务印书馆1987年版，第57页。

一致，句法宜顺不宜拗，宜有练习课，用俗译"。[1]

二是符合儿童心理发展规律。《最新国文教科书》第一册教育目标为识字，生字笔画须由简至繁，由字成词再成句，最长句子亦不得过五字。教科书中并有生动图画与文字相配，且图文同页方便儿童阅读。取材由已知到未知，以儿童身边事物为主，不取外国、古代故事等。心理学家高觉敷任职尚公小学时就邀请郭一岑、谢循初等心理学名家来校讲学，并为编纂教科书提供了宝贵的参考材料。

三是教材注重德育，引导学生成为新民适应社会。尚公小学所用教科书涵盖国文、珠算、笔算、理科、中外地理等多门学科，其中尤其注重"德"的培养。区别于传统文化中的"德行"，教材更加注重学生平等、守法、尚公、博爱等公民道德培育。如《共和国国文教科书》第八册《法律》解释公民权利与法律："共和国之法律，由国会制定之。国会议员，为人民之代表。故国会之所定，无异人民之自定。吾人民对于自定之法律，必不可不谨守之也。"[2]

四是教材还包涵职业教育内容，对社会各类职业进行重新的定位与认识，以求指导正确地适应社会。《打铁的铁匠》《造屋的泥水匠》《辛苦的清道夫》《辛苦的邮差》等课文在教科书中的出现，反映了商务印书馆向学生灌输"职业无高低贵贱之分"的全新价值观。

为使教材适应波谲云诡的社会变化，商务印书馆几乎每年进行教材的修订与试验。1906年，清廷学部第一次确定初级小学教科书共102种，其中民营出版机构出版发行85种，而商务印书馆就有54种，占总数的52.9%；1909年，尚公小学所用教材遵照部章改《最新教科书》为《简明教科书》；1912年，尚公小学教材改用新编《共和国教科书》；1913年应单级教学之改革，商务印书馆编辑《单级教科书》；1919年，白话文运动兴起，商务印书馆适时出版由校长吴研因和俞子夷编写、使用白话文编辑

---

[1] 张元济：《张元济日记》上册，商务印书馆1981年版，第161—162页。
[2] 转引自史春风：《商务印书馆近代教科书出版探略——从国文（语）和历史教科书谈起》，《北京师范大学学报（社会科学版）》2003年第6期。

282

的《新体国语教科书》，使用新式标点，加注新颁注音字母，开创了国语教科书的先声；1920年，尚公小学又采用白话文、新式标点符号和分段法编辑《新法国语教科书》；1923年，为适应"六三三"制，试用《新学制教科书》。所有教科书都配有相应的教授指南和教员用书。冰心也曾回忆："我启蒙的第一本书，就是商务印书馆的线装的《国文教科书》第一册。我在学认'天地日月，山水土木'这几个伟大而笔划简单的字的同时，还认得了'商务印书馆'这五个很重要的字。我从《国文教科书》的第一册，一直读了下去，每一册每一课，都有中外历史人物故事，还有与国事、家事、天下事有关的课文，我觉得每天读着，都在增长着学问与知识。"[1]

三 尚公小学的办学启示

自1905年创办到1932年被日军炸毁，尚公小学在27年的办学历程中得到过诸多赞誉："担任校务者多为学界有名之士，故开办以来成绩甚佳"，"校中设备周密，秩序井然……堪为宝邑各校之模范"，"培养工商界良善分子，以补助地方教育，厥功殊伟"。[2]尚公小学以其高超的教学水平、优质的师资队伍、良好的教学措施以及在教材和教法上的不断创新，提升了国民教育质量，会同其他教育机构，使商务印书馆成为当之无愧的"大教育机关"。

（一）兼顾公益与效益办学

商务印书馆将"在商言商"和"文化本位"奉为经营理念。前者明确自身作为营利机构的性质，决策须考虑经济利益与企业生存。后者指出文化为自身根本属性，须突破狭隘赚钱盈利的观念，将文化作为企业发展的核心竞争力。尚公小学由商务印书馆创办，从"母体"中也探索出一条兼

---

[1] 冰心：《我和商务印书馆》，《商务印书馆九十年》，商务印书馆1987年版，第312页。
[2] 吴相：《从印刷作坊到出版重镇》，广西教育出版社1999年版，第202页。

顾公益和效益的办学之路。

前文已经提及，由于其公益性质与每月的开支，尚公小学"在他们（商务印书馆大老板）心中，这是一笔赔钱生意"[1]。随着该校声名鹊起，1915年秋，商务印书馆经过盘算，将每年支付房租的1200元钱全用于购地建校舍，则无须进行补贴，还可获得校舍永久产权。且随着房地产价格攀升，即使日后学校停办，建筑物还可以挪作他用，投资收益必然稳中有升。精打细算，注重效益，这为尚公小学进一步发展奠定了物质基础。1916年春，尚公小学迁入新址，教学软硬件水平更上了一个台阶，终成上海名牌小学之一。而后飞速发展的尚公小学也不忘反哺社会，他们谋划添设幼儿园，构建完整的初等教育体系；添设初级中学，解决毕业生升学去向问题；扩充补习学校，服务少年工人；附设完善的儿童图书馆和家庭公园，为美感教育提供场所的同时服务社区。

商务印书馆的励志夜校为顺应在馆职工工余补习教育的需要，施行弹性学制，对其进行国文、英语、算术等课程的教授，目的在于提高职工基本素质，促使其养成自学的习惯。每周5天上课，每天上课时间为2小时。视学生需求，还增设书报阅读、诗歌、商业常识等选修科目和补习班。该校对馆内职工每学期收取3元的学费，馆外人员收取5元，用于办学支出。同时为切实提高职工文化素质和企业竞争力，出于对职工经济状况的考虑，商务印书馆对月薪10元以下者学费全免，20元以下者学费减半，且手续简便，仅需开学时提交保证书和保证金3元即可。此外，学期内无违纪行为、学业有特别进步、品质优良者可获得名誉证书且免下学期学费。特别优秀的学员经夜校呈请，馆内各部门可量才录用。

民国时期民间力量办学，偏重公益则难以为继，偏重效益则有失教育本质与学校职能，难以长远。商务印书馆因出版而生，且服务地方，具有公益性质。但同时需要利用其优质物质资源、教育资源创造积聚力量，在教育界得以立足和发展，在激烈的同业竞争中保持领先地位。商务印书馆

[1] 谢菊曾:《十里洋场的侧影》，花城出版社1983年版，第94页。

正是找到了平衡社会效益和经济效益的结合点，才得以将"昌明教育、开启民智"的宗旨弘扬。

（二）用书不唯书，育才不"制"才

教育家朱智贤在商务印书馆出版的处女作《小学历史教学法》中写道："若是学生在学校就养成了轻信的习惯，以为教科书所述便是最后的真理，就一生没有辨别是非的能力。在学校养成了这尊重书本的习惯，就一生受书本的压制，做书本的奴隶！"[1]尚公小学属于商务印书馆的实验小学，在教材的选用和人才的培养上具有得天独厚的优势，但尚公小学在教法上，用书不唯书，创新地开展教育活动。据叶至善回忆，尚公小学地理课会配有一本按教材顺序编写的《珍儿旅行记》，以改变课程叙述呆板枯燥的问题；"五卅运动"期间赶制过《爱国教材》，由教师生动教授，学生深受感染；邱望湘作词作曲的《天鹅》和叶圣陶作词何明斋作曲的《蜜蜂》也由学生排练演出后出版。

尚公小学的教师选择课堂教法中，育才不"制"才，避免灌输而充分利用学生的求知心，采用自学辅导的方式。课前学生预备课文，课后教师指导复习，注重培养学生自立研修的习惯。学校设有自修室和《课外自修规程》，并发放自修卡由学生记录自学内容。作为课堂教学的重要补充，在课外教学活动中，尚公小学注重培养学生自治能力，设立小青年会、储蓄银行、少年书报社、新闻社、学业研究会、生产实习社等学生组织，以求成为新民、适应社会。

1919年，叶圣陶发表《今日中国的小学教育》，文中针砭时弊地指出小学不是记忆古人思想、模仿古人行迹的地方，也不是习得技艺、养家糊口的地方，中国小学教育改革势在必行。"（教育者）不知道学生要求于学校的是什么，便叫学生迁就学校，给学校装场面，以满足他们的虚荣心"，以致"现在的一般的学校不是枯寂无味，像座古庙，便是五花八门，像个杂乱的古董铺，没有意义，没有生气，没有趣味"[2]。尚公小学从学生发展

---

[1] 朱平编著：《所谓先生》，同心出版社2013年版，第94页。
[2] 叶圣陶著，张圣华编：《叶圣陶教育名篇》，教育科学出版社2013年版，第10页。

的实际出发，参考最近教育改革成果，同学校特色相结合，创造性地开展活动，充分挖掘学生潜力，为学生适应社会奠基，使学生参与整个人类的进化历程，成为有价值的人。

（三）不断推陈出新而引领时代

教育的作用在于更新受教育者的知识结构，"浚沦人之神智"，"展拓其新陈代谢之能"[1]，使之"常为新民"，不被时代淘汰。要完成塑造"新民"的使命，教育本身就需要积极适应时代变化与中国实情，通过推陈出新最终引领时代。

处于进步主义教育运动中的尚公小学，不断汲取国内外最新教育成果，立足时局和校情，创造性地开展教育活动。在教学中，将学校打造成一个雏形的社会。探索出以小青年会为主导，学级（年级）联合会为依托，巡查团、救护院、新闻社、储蓄银行、商店、照相馆等多机构并行的教育模式。20世纪20年代，"道尔顿制"风靡全国，作为试验学校的尚公小学也曾于高年级试验"道尔顿制"，将"教室"改为"实验室"，"班级"改为"小组"，学生与教师达成"合同"进行教学。叶圣陶回忆其任教期间曾带领学生至钟表厂、电灯厂和商务印书馆印刷所参观考察，参观上海举行的远东运动会，还组织高小学生赴昆山"修学旅行"，并以《春日旅行记》为题要求作文，择优送到商务印书馆的《少年杂志》应征。

而学校生活组织则以儿童为中心，提出了"学生自治是训练学生的具体方法，本校自该竭力提倡，使学生都有自动互助的精神，本校学生自治的团体，不取成人的形式的三权分立制，拟从各种小组织做起"[2]。尚公小学动用小青年会、少年书报社、新闻社等学生组织，每逢学校重要节庆或者重大活动，各学生组织机构随即各司其职、协同联动，教育覆盖面广，效果显著。

同时，在商务印书馆其他教育机构中，也引用最新教法实施教学。励

---

[1] 仲玉英：《立足出版 昌明教育——张元济的教育思想与活动》，《浙江教育学院学报》2007年第2期。

[2]《商务印书馆附设尚公学校改组概况》，《教育杂志》1922年"学制课程研究号"。

志夜校视学生学力程度分为六个班，采用复式教学法，考查学生学习效率随时升调，课程包括国语、英语、珠算、笔算等。平民夜校分男、女两班，依据程度分初、高二级进行复式教授，课程包括国文、作文等基础课程。教法上每夜教授一课，每周温习一次，并视学生学业情况安排常识、算术等加授课程。各项功课随时依学生分组教授。

总之，尚公小学的办学活动既符合国际教育发展趋势，又回应了中国社会现实需求，在课程设置上突出学生经验的获取，在教学方式上施行分组教学，在教育管理上重视学生自治，在教材编用上坚持与时俱进。这些探索为我国初等教育体系的完备和发展开辟了道路，也为建立中国现代教育的基本模式提供了宝贵个案。

四　结语

以尚公小学为中心，商务印书馆创办了从幼稚园到职工夜校的系统学校教育。"国家之气恃教育以维系之"[1]，在商务印书馆的教育蓝图上，尚公小学始终是最耀眼的明珠。她符合"昌明教育"的时代特征和"开启民智"的社会需求，在27年的筚路蓝缕中积累了充实而先进的硬件条件和一支"以扶助教育为己任"的教育队伍。在教学中，兼收并蓄中西方优质教育资源，不断尝试先进教学方法，科学高效地挖掘学生潜力，注重为学生光彩人生奠基。同时，商务印书馆发挥其办学优势，形成了"以出版扶助教育，以教育反馈出版"的办学经营模式，在被列强奴役的中国，为国民教育树立根本，为国家发展培植元气，为中华民族的文明"续命"。正如商务元老庄俞所言："本馆直接举办之实际教育事业，以中国人口之众，诚不足云效力得以广布；惟以一出版营业机关而勉尽余力在教育不甚普及之中国，作种种具体之教育建设，实亦不易。而三十五年来之中国教育，

---

[1] 转引自张声远：《张元济早年的教育思想——读〈答友人问学堂事书〉》，张元济研究会、张元济图书馆编：《张元济研究论文集：纪念张元济先生诞辰140周年暨第三届学术思想研讨会论文集》，中国文史出版社2009年版，第34页。

除于教材上大部分得本馆之助力外，凡一切革新之尝试与倡导，本馆亦泰居力行者之一焉。"[1]

（作者单位：李　永　中南民族大学；
　　　　　　　王　之　中南民族大学）

---

[1] 庄俞：《三十五年来之商务印书馆》，商务印书馆编：《商务印书馆九十年》，商务印书馆1987年版，第730页。

早期的商务印书馆与香港
——香港档案札记二则[1]

苏基朗、苏寿富美

商务印书馆在香港的历史始于1914年。作为母公司的上海商务印书馆，成立于1897年，这个没有争议，但商务什么时候正式注册成为股份有限公司，文献上有不太清楚的地方，其中与香港关系最密切的一点，就是商务可能曾经于1905年5月在香港注册为股份有限公司。到底这一说法能否从香港的公私文献里得到证明？本文旨在通过档案记录等史料，探索一下香港与早期商务的关系。

按最新的香港商务印书馆网页公司历史资料一栏，提供了以下的说明：

> 香港商务印书馆建于1914年，是商务在上海之外最早设立的分馆之一，起初在中环设立门市部，经销教科书、中西辞典、儿童书、文具等。成立后不久，即承印发售香港课本。1924年香港商务在西环吉席街开办印刷厂，1933年在香港北角营建新厂房，北角"书局街"因此得名。[2]

即商务在香港的历史始于1914年。作为母公司的上海商务印书馆，成立于1897年，没有争议。但商务什么时候正式注册成为股份有限公司，文献上有不太清楚的地方，其中与香港关系最密切的一点，就是商务可能曾经于1905年5月在香港注册为股份有限公司。根据此说，商务该年5月在

---

[1] 基金项目：本文系香港研究资助局普通研究项目（项目编号：643412）成果之一。
[2]《香港商务印书馆》，见http://www.commercialpress.com.hk/ww/milestones.html。

香港注册，同年11月始决定注销香港注册，旋即议定在中国商部注册，翌年1月，又通过注册股本由香港注册时的50万，增至100万云云。[1]若此说属实，商务在香港的历史可以上推九年，只是昙花一现，半年即告终止而已。到底这个1905年商务在港注册的说法，能否从香港的公私文献里得到证明？本文尝试分析香港方面的相关史料，结果发现无法证明其事。

一

我们认为若商务确曾在香港公司注册处注册，那么在香港的政府档案中，也总该找到相关的记载。可是查阅香港公司注册处的资料，却发现没有任何商务印书馆注册的痕迹。香港公司注册处的注册编号办法，是按登记先后顺序排列的。如第一家记公司编号是000001，第二家就是000002。就算其中一家后来取消注册，其注册编号不会补充另外一家公司。即是说编号一经配给一家公司，以后也不会编给另一家公司。今天香港公司注册处的查阅系统，容许我们检索从000001起，顺序而下的所有编号，列出每个编号的登记公司名称和注册日期。以下表列由1904年到1906年，所有曾在该处登记注册的公司名称，编号由0000060至0000075，三年共16家公司。相关信息请见下表：

表　香港公司注册处1904—1906年登记注册公司信息[2]

序号	公司编号	成立日期	公司名称	已告解散日期
1	0000060	1904年1月27日	Philippine Company Limited	1921年3月3日

---

[1] 光绪三十一年（1905年）商务印书馆股东常会："三、癸卯年十月初一改为有限公司起，至年底只三个月。"梁长洲整理：《商务印书馆股东会记录》，宋放原主编，汪家熔辑注：《中国出版史料（近代部分）：第三卷》，湖北教育出版社2004年版，第6—10页。
[2] 数据来源：https://www.icris.cr.gov.hk/csci/login_i.do?loginType=iguest&username=iguest。

续表

序号	公司编号	成立日期	公司名称	已告解散日期
2	0000061	1904年5月17日	Anglo Chinese Education Trust Co. Ltd	1925年5月13日
3	0000062	1904年7月11日	Yokohama United Club -The-	1960年7月27日
4	0000063	1904年10月8日	Clifford Wilkinson Tansan Mineral Water Co. Limited -The-	2015年仍注册
5	0000064	1904年11月1日	Wiseman Limited	1923年2月21日
6	0000065	1904年12月31日	Hirano Mineral Water Company Ltd -The-	1926年11月19日
7	0000066	1905年4月14日	Royal Hong Kong Yacht Club -The-	2015年仍注册
8	0000067	1905年6月13日	Union Waterboat Company Limited	2005年1月27日
9	0000068	1905年10月18日	Peak Tramways Company, Limited	2015年仍注册
10	0000069	1906年1月5日	Sze Yap Steamship Company Ltd -The-	1953年9月1日
11	0000070	1906年6月9日	China Mail Limited -The-	1952年10月4日
12	0000071	1906年7月6日	Pharmacy（Fletcher）& Company Ltd. -The-	1958年4月8日
13	0000072	1906年9月4日	Union Estate & Investment Co. Ltd -The-	1951年9月14日
14	0000073	1906年9月27日	Welden House Limited -The-	1934年6月15日
15	0000074	1906年11月22日	Jardine, Matheson & Co., Limited	1906年11月22日
16	0000075	1906年11月29日	Hongkong Iron Mining Co. Ltd. -The-	1948年9月3日

由上表所见，1905年商务印书馆在香港注册一事，香港公司注册处记录上没有出现。从香港法律上说，有注册一定有注册记录；没有记录亦即没有注册。当年注册的公司只有三家，均顺序编号，即从66至68。商务不在其内，当难置疑。

二

按香港政府档案中涉及商务印书馆的官方讨论文字，目前看到最早的一份是系年于1928—1932年的政府档案处档案。[1]这份档案共7页纸，全部是英文打字副件，总标题是"商务印书馆购置房产事由"。（1）第1—2页含殖民地政府布政司（Colonial Secretary）与公司注册主任（Companies Registrar）有关"的近律师行"（Messrs. Deacons）1928年4月17日致布政司函件的内部讨论摘要，及香港总督会同行政局的相关议决摘要。（2）第3页含殖民地政府布政司与公司注册主任有关的近律师行1930年11月7日函件的内部讨论摘要，及香港总督会同行政局的相关议决摘要。（3）第4页是前述的近律师行1928年4月17日信件副本。（4）第5页是布政司1930年8月9日致的近律师行针对其1930年11月7日函件的回复副本。（5）第6页是田土厅将相关记录收入外国公司档案的纪要。（6）第7页收一封田土厅1932年11月3日致霍尔·布拉顿律师行（Messrs. G. K. Hall Bratton & Co.）的信稿。（1）至（6）各部分材料大意如下：

（1）此件标题为"的近律师行1928年4月17日致布政司函件"。含以下各政府内部通信记录：（i）1928年4月18日布政司政务官爱因斯沃斯（T. W. Ainsworth）致公司注册主任（Registrar of Companies）及田土厅

---

[1] 香港政府档案处，档案编号：HKRS58—1—143—14: "I.LS. 2918&2919—THE COMMERCIAL PRESS LIMITED APPLICATION TO ACQUIRE IMMOVABLE PROPERTY IN THE COLONY."17.04.1928 — 03.11.1932. (Record ID: HKRS58—1; Title: C.S.O [Colonial Secretary Office] Files in the Land Office; Immediate Source of Acquisition: Registrar General's Department, land Registry; Original Reference No. CSO 347/1928)

长（Land Officer）询问有关的近律师行1928年4月17日信件［副本见下文（3）］的意见。（ⅱ）1928年5月1日公司注册主任休·尼斯比特（Hugh A. Nisbet）覆布政司办公室谓根据法律并不反对；并说：

> 此公司的章程允许其讲买地产。它已经按1911年香港法例第58号《公司条例》第252段第1条第（a）、（b）及（c）节，[1]向我提交了规定的必需文件。案卷已转交田土厅。

（ⅲ）1928年5月1日田土厅厅长伊夫斯（F. Eaves）覆布政司办公室亦谓没有反对。（ⅳ）1928年5月3日爱因斯沃斯致布政司询问此案是否需要传给行政局成员阅览，并说据1911年香港法例第50章[2]《公司条例》第253（1）（c）节，[3]这重考虑程序是有需要的。（ⅴ）1928年5月4日布政司夏理德（E. R. Hallifax）致华民政务司（Secretary for Chinese Affairs, or S. C. A.）查问："商务印书馆是什么（机构）？"（ⅵ）华民政务司政务官

---

［1］第252段第1条："所有在香港殖民地以外地方成立的而要在本殖民地立足营业的公司，必须在成立营业一个月之内，向公司注册主任提供以下文件。（a）一份经有效验证的公司章程（charter, statutes, or memorandum and articles of the company）或类似文件（other instrument constituting or defining the constitution of the company）；若原文非英语，则须附一份经有效验证的英语翻译文本。（b）一份公司董事名册。（c）一名或以上香港殖民地居民的姓名和地址。此居民应获授权代该公司处理相关公务及接收相关公函。若上述章程、董事名册或本地居民姓名地址等有任何变更，该公司必须在指定时间内向公司注册主任申报。"1911年《公司条例》见香港大学香港旧法例在线：http://oelawhk.lib.hku.hk/exhibits/show/oelawhk/searchresult?stext=Companies+Ordinance&x=23&y=10&sfield=TI&edition=1912&no_result=10。

［2］应为第58章之误。

［3］第253段第1条："若不能满足以下三个条件，所有在香港殖民地以外地方成立的公司，不得在本殖民地购置不动产。这三个条件是：(a)公司章程赋予公司权力以购置不动产；(b)公司已按第252段第1条向公司注册主任提供了(a)、(b)及(c)所指定的文件；(c)公司购产之举，必须获得港督会同行政局的特别批准。"1911年《公司条例》见香港大学香港旧法例在线：http://oelawhk.lib.hku.hk/exhibits/show/oelawhk/searchresult?stext=Companies+Ordinance&x=23&y=10&sfield=TI&edition=1912&no_result=10。

员诺斯（R. A. C. North）覆布政司谓："我相信就是上海那家大印刷及出版公司。"（ⅶ）行政局记录文件第462号（E. O. Jacket No.462）："行政局同意商务印书馆应获许购买名为砵甸乍街26、28及30号。"署名人为行政等局书记（Clerk of Councils）麦克尔德里（S. B. B. McElderly）。日期1928年5月16日。（ⅷ）提到两封信，其一是1928年5月12日的近律师行来函；其二是1928年5月22日致的近律师行信。但没有说明两封信的内容或附副本。（ⅸ）以下四条记录是布政司官员朗（J. Lang）致工务处处长哈罗德·克里西（Harold T. Creasy）、高等法院注册官休·尼斯比特及田土厅厅长伊夫斯，请他们将以上两封信记录在案。

（2）此件标题为"的近律师行1930年7月11日致布政司函件"。此件含以下各政府内部通信记录：（ⅰ）1928年7月15日布政司政务官汉米尔顿（E. W. Hamilton）致公司注册主任及田土厅厅长询问有关的近律师行1930年7月11日信件的意见。（ⅱ）1930年7月16日公司注册主任墨尔本（C. D. Melbourne）覆布政司办公室谓根据法律并不反对。（ⅲ）1930年7月16日田土厅长菲利普·杰克斯（Philip Jacks）覆布政司办公室亦谓没有反对。（ⅳ）1930年7月17日汉米尔顿致布政司询问此案是否需要传给行政局成员阅览。（ⅴ）1930年7月17日布政司夏理德覆汉米尔顿说"是的"。（ⅵ）行政局记录文件第1130号（E. O. Jacket No.1130）："香港总督会同行政局允许商务印书馆购买殖民地地产，地段编号2918及2919。"署名人为行政等局书记特拉特曼（D. W. Tratman）。日期系于1930年8月6日。（ⅶ）提到一封信，即1930年8月9日致的近律师行信［副本见下文（6）］。（ⅷ）以下一条记录是布政司官员朗（J. Lang）致田土厅厅长、公司注册主任及工务署署长，请他们将以上事由记录在案。

（3）的近律师行1928年4月17日致布政司函，副本内容：

> 我们受托代表商务印书馆，申请批准购买不动产产业，名为砵甸乍街26号、28号及30号，坐落于田土编号13及14小段落（subsection）以及海旁地段（Marine Lot）13号B段落（section）的剩

余地面。商务印书馆有限公司在华注册并获其章程授权购置不动产。它已经向公司注册主任呈交（《公司条例》）第252段第1条第（a）、（b）及（c）节所规定的文件及数据。现在恳请港督会同行政局给予允许。

（4）布政司政务官汉米尔顿1930年8月9日致的近律师行，就其1930年11月7日函件作覆，副本内容：

> 我受命致函阁下，就1930年11月7日关于商务印书馆来信的事作覆。并通知（阁下）港督会同行局乐于允许上述公司购买本殖民地内陆地段编号2918及2919。

（5）田土厅厅长洛克·史密斯覆布政司谓已记录在案，登入外籍公司名册。案件并已知会高等法院注册主任。

（6）田土厅厅长伊夫斯1932年11月3日致霍尔·布拉顿律师行信副本。此信件左上角注："1408/1932"。日期1932年11月3日。标题"内陆地段编号2918及2919"。内容如下：

> 关于由班好（Bang Haw）及周宋汪（Chou Sung Waung）售予商务印书馆股份有限公司和标题地段有关的转让契约（Assignment）备要134，311号，售卖条件第2752号（Conditions of Sale），列明此协议（Agreement）由利安律师行（Messrs. Leigh & Orange）代班好及周宋汪签署。售卖条件第五段规定："在售卖合约上买方（Purchaser）位置签署的人，即为当事人（principal）。除非在签署时他声明只是代理人（agent），并将一名或以上当事人的姓名加入合约之内。"转让契约的叙文（recital），令现在改变原约必须获英王御准。同时，按目前情况所见，转让契约看来并没有付印花税。故此在补付"从价印花税"（Ad valorem duty）前不能登记。

由这些档案文件,可以窥见若干要点:其一,1928年时,在香港公司注册处的确没有任何商务印书馆曾在香港注册的记录,否则不会有以上(1)(ⅴ)及(ⅵ)的对答。其二,当时商务要在香港购置房产,作为外地注册公司处理,须向公司注册主任提供基本公司信息,并获港督会同行政局批准。其三,1928年购地的事,由的近律师行代理,看来很顺利。其四,1930年购地的事,先由的近律师行申办,已经取得港督会同行政局的允准,其后发生法律纠纷,转由霍尔·布拉顿律师行代理,从档案遗留记录看,法律问题到1932年仍未解决。最后是否成交,目前并不清楚。不管如何,1920年代末的香港政府档案内,应该没有商务在香港注册过的记录。

当然,上述政府内部讨论档案并不齐全。有些商务购地的官方内部讨论文件,显然没有保存下来。例如商务1914年起在皇后大道中开业的香港分馆、坚尼地城的厂房,以及1932年宣布在北角兴建而占地约一万平方米的新厂址,都是合法购买而在香港英文《南华早报》上可以见到的公开信息,[1]但在香港政府档案处似没有记录。纵然如此,上述例子仍足以说明,从有案可稽的香港史料所见,商务在1928年以前,不曾在香港政府注册。

本文蒙香港大学法学院吴海杰教授提示相关档案,谨衷心致谢。

(作者单位:苏基朗　香港科技大学;
苏寿富美　香港科技大学)

---

[1] 见《南华早报》(*South China Morning Post*)1928年5月5日商务广告及1932年12月16日访问王云五报道。《南华早报》为香港主要西文报章之一,是殖民地官员每天必读的报纸。故此在这里出现的商务印书馆信息,必难逃当地官员的耳目。

图书与时代

——1917年商务印书馆新书广告底稿研究

王京芳

一个时代有一个时代的图书出版，一个时代的图书出版又反映了当时人民的生活状况和社会文化潮流。政治、经济、教育、外交以及民间生活、市井文化、阅读风尚等信息，无不体现在一个时代的出版物中。

笔者阅读了一批商务印书馆新书广告底稿，这部分资料由中国近现代新闻出版博物馆藏，共三本：第一本编号为6—199[1]（计194页、388面），第二本编号为200—349（计150页、300面），第三本编号为350—499（计150页、300面），总计494页、988面。全部广告底稿的起讫时间为1916—1923年，具体时间分布为：第一本以1917年为主，夹杂1920年以及部分未标注日期的广告底稿；第二本以1919年为主，末尾夹杂1916、1918年的广告底稿；第三本以1918年为主，夹杂1916年、1921—1923年的广告底稿。从它们的存在状态来看，这些新书广告底稿不是严格按照时间顺序排列的系统收藏，而是略嫌杂乱，带有收藏者后来整理编排的痕迹。为尊重历史原貌，笔者在抄录的时候，仍按藏品的原始顺序。这些新书广告底稿的内容包括书名、定价、内容简介、广告草拟时间及送印时间等。内容简介一栏原无句读，笔者在抄录时加注标点。

本文选取第一本第117—192号、共152条新书广告底稿，对商务印书馆民国六年（1917年）3月至8月、10月至12月的出版活动做一个分析。1917年正值商务印书馆创建20年，尚处于青年时期，距今已逾100年。从这些广告条目，可知商务印书馆1917年的图书出版特点。

---

[1] 下文引用的广告底稿编号均为此原始编号。

一　重视古籍善本、书画碑帖类图书出版

商务印书馆在中国古代文化的保存和继承上做了许多工作。古籍整理出版是商务决策者最为重视的一项出版工作，在其所有出版活动中占据了重要地位。商务出版人花费了大量人力、物力搜求各种古籍善本，比较选取、勘核校对。1917年，商务印书馆古籍整理的成果之一为《涵芬楼秘笈》丛书，3月和11月分别出版了第二集和第三集：

> 194　涵芬楼秘笈　第二集《蓬窗类记》《山樵暇语》《霍渭厓家训》《黄尊素说略》《消夏闲记摘钞》　白纸二元五角　黄纸二元　上列五种皆海内孤本，兹照第一集款式精校刊行　三月廿九送　6/3/27下[1]
> 172　涵芬楼秘笈　第三集　八册　连史纸二元五角　毛边纸二元　此集共一六种，皆旧刻旧钞，断种秘本，世所未易见者　十一月廿八送　6/11/26下

涵芬楼系商务印书馆编译所1909年设立的图书资料室，以收藏古籍善本著称，所藏宋元珍本等574种。涵芬楼"以公司之力，旁搜远绍，取精用宏，收藏最富。悯古本之日亡，旧学之将绝，出其宋元善本，次第摄印，汇入《四部举要》，成古今未有之丛书。以旧抄、旧刻、零星小种、世所绝无者，别为《秘笈》"[2]。仿照鲍廷博父子的《知不足斋丛书》的体例，《涵芬楼秘笈》以八册为一集，共收书51种，于1916—1921年陆续出版。据以上广告底稿，至1917年11月26日已出版至第三集。

目见的新书广告底稿显示（图1），至1919年11月10日，《涵芬楼秘笈》已出至第八集。广告底稿"本书内容"一栏称："是集计《山房集》《泾林续记》《西溪从［丛］[3]语》《鼓枻稿》等四种。皆本馆涵芬楼所藏，

---

[1] 即广告底稿1917年3月27日拟写，3月29日送出，下同。
[2] 孙毓修《涵芬楼秘笈序》。
[3] "从"为笔误，应作"丛"。引文中的明显错讹之字，均用［］将正确者置其后。

世无传本，一至七集业已出版，兹续出第八集。"编者[1]在广告中表明涵芬楼古籍罗致之丰富和稀有，字里行间流露着骄傲和成就感。

图1　广告底稿222—1：《涵芬楼秘笈》第八集

从所见广告来看，1917年商务出版的古籍丛书除了《涵芬楼秘笈》，还有《清稗类钞》（155—1），共48册，定价14元，"本书内容"一栏称"搜辑清代遗事共一万三千余条，上至宫闱，下至里巷，分门别类，考订精详，可为史料之辅助，可作公余之消遣。洵稗海之巨观也"；还有《资治通鉴》（141—1），四开本14元、六开本10元，内容简介称："司马温公《资治通鉴》为人人必读之书，兹本馆访得胡注善本，用毛边纸精印，句读均加圈点，可称唯一之善本。"可见编者访求善本的努力。

---

[1] 即当代意义的图书责任编辑，下同。

除了大型古籍善本丛书，1917年商务还出版了大量碑帖、字画等书画类图书，相关广告底稿如下：

117　金拱北五彩石印花鸟镜屏四帧　一元二角　浙江人金拱北先生为现时名画家，尤工设色花鸟，此幅又有现时名画家石门吴待秋先生题字为证　八月廿四送　6/8/20下

　　旁注：定价缓填，待符静丞复函再定，已定

122　珂罗版精印姚惜抱（即姚鼐——引者注）墨迹　一元五角　皆系惜抱先生亲笔遗嘱、家书及一切亲著稿本，为姚氏家藏秘宝，非寻常所可见者　八月廿四送　/8/20下

135　庄敏诗女士书陶渊明诗　七角　系庄女士手钞陶渊明诗四卷，书法近古，一变从前馆阁习气　十月初五送　6/10/3

149—1　欧洲名画　第二集　一元　均系欧洲名人所画，用三色版精印，与原本无异　十月初五送　6/10/3

151—1　五彩石印梅雪争春小堂幅　每幅五角　素边　花边　为李听涛所作，设色鲜艳，取意吉祥，客堂、青庐中用为装饰，均极相宜　十一月初五送 6/11/2

165—1　吕晚邨墨迹　一元　大半考明为手札及他著等，得十月张季子（即张謇——引者注）跋，言其书法导源阁帖得力于米襄阳（即米芾——引者注）为多　十月初六送　6/10/4

169　初拓爨龙颜碑　五角　此碑为阮文达公访得，时最初精拓本王文敏公旧藏，后面附有碑式并李孝禹释文，李梅盦又详加校对，真非易得之品　十二月廿七送 6/12/21

169—1　吴江史刻天际乌云帖　二角　此帖为苏长公（即苏轼——引者注）名著，内有郑苏勘（即郑孝胥——引者注）跋，云翁覃溪（即翁方纲——引者注）以不见史氏刻本为憾，其宝贵已可慨见　7/1/12送　6/12/21

186—1　名人书画　第一集　一元　计画十二、书十一，皆

宋明清三代名人之墨迹，用珂罗版精印，可供书画家展玩临摹之用 5/11/4送出　10/27下

187　翁松禅墨迹　第一集　三角　先生之名震海内，此册为晚年山居习静，与汪柳门先生手札，不特书法古健绝伦，文亦清超可诵　三月廿八送　6/3/23下

可见，其中中国古代的书画、碑帖占了绝大多数，历代知名大家作品纷呈，如宋代的苏轼、明代的吕晚邨、清代的翁同龢等；当代书画作品也有，如书画家金拱北、庄敏诗的作品。当时，书画类作品除了用于书画爱好者临摹展玩，还可用于居家装饰，譬如李听涛的《梅雪争春》小堂幅，编者在广告中说，客堂、青庐（婚房）中用为装饰，均极相宜。

查阅与这些书画、碑帖相关的作者或者编者，大多为名士、官员，出身为举人、进士、状元等。比如为《姚惜抱墨迹》《翁松禅墨迹》题签的沈瑜庆即沈葆桢第四子，清光绪十一年（1885年）举人；姚鼐为乾隆十五年（1750年）举人，翁同龢为咸丰六年（1856年）状元。

新书广告勾勒了这些书画作品的历史。譬如《初拓爨龙颜碑》的广告，对碑的来历、拓本来源、碑的样式、注释者和校对者均做了详细交代，让读者了解碑帖的传承历史，以及参编者所做的工作。又如《吴江史刻天际乌云帖》的广告（图2），强调了吴江史氏刻本《天际乌云帖》的稀见性和宝贵性。《天际乌云帖》系苏轼的名帖，出自藏书大家吴江史氏，由书法家郑孝胥作跋，编者借书画家翁方纲对这一刻本的高度评价和惜之未见，愈加引发了读者购读的愿望。其实，这些广告的内容简介也反映了编者在编辑过程中精益求精、尽善尽美的苦心。

图2　广告底稿169—1：《吴江史刻天际乌云帖》

图书广告在介绍图书内容的同时，也披露了作者的交往历史。譬如《翁松禅墨迹》第一集的广告，介绍了清代帝师翁同龢的信札，内容系翁同龢与工部侍郎汪柳门的来往信件。编者推荐说，这些信札不仅书法值得鉴赏，而且文字内容也清超可诵。《翁松禅墨迹》先后出版了十集。

从书法类图书广告底稿的手迹来看，编辑们的书法都很好，非常值得赏鉴，可惜由于当时图书版权页信息标示的惯例，编者没有署名。

关于书法类图书的品质和读者反响，笔者想引一则1919年的新书广告底稿作为说明：

317—1　名人书画　第八集　一元二角　字画精美绝伦，石门吴襄铜所藏，均用中国纸精印，装潢尤觉古雅　二月廿一送　8/2/18（六）

旁注：本馆所印名人书画集，每出一册，必蒙鉴赏家争相购置，

> 现自第八册起改用中国纸，装潢古雅，印刷精美，内中名字画为石门吴衺鋗庐所藏，无不精美绝伦，惟成本较大，特照从前定价酌加二成，阅之谅之

由上可知，商务印书馆对书画类图书选题的钟爱。在出版过程中，也与藏家建立了联系，易于获得更多的资源。上文提到的石门藏家吴衺鋗曾多次与商务合作出版家藏图书。商务在版权页上也特别注明"藏书者——石门吴氏衺鋗藏"。吴衺鋗即画家吴待秋，曾任职于商务印书馆，编辑过《古今名人书画集》等书。

说到书画，必然要提及当时的印刷方法。图书广告中也交代了几种印制方法：五彩石印、珂罗版、三色版等。为了更好地呈现这些书画作品，商务在印刷技术上必然研求精进。这些书画类图书，也是研究商务印刷技术改良历史的材料。

二 迷惘的政治——对国外政法类图书的引进

社会变革总是反映在图书的新内容上。从1917年的商务图书广告底稿可知，当时以商务编辑为代表的知识分子早已"别求新声于异邦"，他们注意到西方国家的政治体制、议会制度、法律等，并将其介绍到中国，给政府和国民提供参考。

1917年，中国正处于军阀混战时期，张勋复辟，孙中山护法，段祺瑞讨逆，政局一直处于变乱之中，中华民国的根基还很不稳定，人们未免对新政权怀有疑虑。图书编辑对时势变动当然更敏感，为解开人们内心的困惑，一些介绍西方国家政治体制的书籍应运而生：

> 138　万国比较政府议院之权限　六角五分　胪摹欧美政府议院权限划分之法，穷源竟流，见地精辟，内容甚富，绝非空谈可比 十月初六送　6/10/4

175—1　欧美宪政真相　一元四角　推制宪之由来，叙政情之实际，最近列国之政象一目瞭［了］然，非空谈理法者所可比　六月初九送　6/6/7印

两则广告，都突出了一句话——"绝非空谈可比"。中华民国虽已成立六年，但是乱象迭出，元首几度易人，派系斗争激烈，军阀割据，专制政权短期复辟。欧美国家的政治制度案例，是最值得参照和模仿的。《万国比较政府议院之权限》是编译作品，由吴昆吾、戴修骏译述，1917年8月出版。全书共五章，阐述英、美、法、德等国政府组织、权限及其与议会的关系，并进行比较研究。这些政法类图书的出版呼应了社会需求。

三　英文教材出版——商业社会与殖民地历史的共同产物

上海自1843年开埠以来，至1917年，已经74年。公共租界和法租界已有相当长的历史。外国人涌入上海，势必与当地人发生各种交流，因而对商业、服务业的从业者提出熟练运用英语进行日常会话的要求。根据1917年3月至8月、10月至12月商务印书馆新书广告的不完全统计，一共出版14种英文学习图书。下面选列四种：

126—1　汉译英文（一）会话　一角五分　共二十五课，皆普通应用之语，各课俱有汉译附于编末，学校用为课本，诚有事半功倍之效　七月廿四送　6/7/20下

138—1　惜阴英文选刻　第一种　第二册　电话问答　第三册　黄金王　第四册　奇筵　每册一角五分　上列三种皆选择饶有兴味之短篇故事，加以汉文释义，文字浅近，注释详明，可供初学、自修及补习用书　十一月初三送　6/10/30

168　日用英语会话教本　三角五分　本书根据最新教授法编纂而成，通行成语极富，专载日常生活社会交际所用谈话，读之恍若

亲与西人接谈，最便实用　十一月初八送　6/11/5

177—1　英语周刊汇编　第一册　一元六角　分读本、会话、文法、造句、同意字之辨别、作文、翻译、尺牍、商业常识、故事、新闻、社论等门，皆有简明汉文译注，英文亦甚浅近，极合初学自修及补习　六月初九送　6/6/7印

有关英文学习的图书种类很多，难易程度也不同，以适应不同水平的读者。内容从音标到语法，从简单会话到语法公式，应有尽有。其中很大一部分英文教材是日常交际会话，即从业者与来沪的外国人在生意方面的接谈，比如买卖东西、旅馆接待、餐饮服务和金融交易等。普通应用之语、日常生活和社会交际用语、电话问答等英文读本很受读者欢迎，他们自修英文并在工作中学以致用。因而，浅近、实用、易于自学的英文图书自然很有市场。

1917年商务出版的与上海殖民地历史与商业繁荣相关的图书还有一本：

148—1　上海闲话　二册　六角　详述上海通商以来历史及英法美各租界之沿革。手此一编，凡沪上名胜衙署以及游戏场等，莫不瞭［了］如指掌　十月初五送　6/10/3

英文读本与上海的殖民地历史及商业社会关联密切，商务历史上丰富多样的英文教材是一个旁证。《上海闲话》所叙说的场景正是商务印书馆英文教材丰富多样的历史背景。

四　图书广告中的江南小农经济社会图景

1917年，商务出版了不少农学和手工业方面的图书，勾绘出上海左近江南地区的小农经济社会图景。其中，有农产品种植加工图书、农学

杂志、农业学校教材等（见广告底稿145《农产制造学》、153《园艺学》、153—1《麦秆辫图说》、159《农学杂志》第一期、189《作物学》等）。

江南丝织业发达，种桑养蚕在农村极为普遍。农户在养殖过程中，遇到各种问题，需要技术人员指导解决。农业学校、农技人员、普通农户都需要农技图书。1917年商务推出了几种蚕业养殖、桑树栽培的教科书：

> 152—1 蚕体生理教科书 一册 五角 专就蚕体生理详加讲解，语语均有本源，事事均可实验，非徒事迻译者可比 十一月初五送 6/11/2
>
> 154 蚕体病理教科书 一册 六角 取材日本岩渊平介氏所著《蚕体病理教科书》及《实验蚕体病理学》二书参互考证，蚕体病理详晰无遗，可供甲、乙种蚕业学校及甲种农业学校暨讲习所之用 十一月初八送 6/11/5
>
> 181 桑树栽培教科书 六角 桑树种类及栽培、修剪、收获方法一一具详，兼及病害、霜害、虫害 六月初九送 6/6/7印

桑蚕养殖是江南农村的重要经济来源之一，如何种好桑树、养好蚕，农民非常关心，因此这类图书对广大养殖农户来说意义重大。

编者在编辑的农业类读物中还寄寓了对中国农业的希望，譬如159《农学杂志》第一期的内容简介讲道："专就本国农业情形研究改良方法，并发扬旧学，灌输新知，以求昌大我农业，每季一册，按期出版。"这本《农学杂志》是国立中央大学农学院的刊物，类似今天的学报，也是农学方面的科研杂志。

五 《说部丛书》——侦探小说与科幻小说的引进

梁启超1902年在《论小说与群治之关系》一文中，高度评价了小说的教化功能。开篇即振聋发聩之语："欲新一国之民，不可不先新一国之

小说。故欲新道德，必新小说；欲新宗教，必新小说；欲新政治，必新小说；欲新风俗，必新小说；欲新学艺，必新小说；乃至欲新人心，欲新人格，必新小说。何以故？小说有不可思议之力支配人道故。"

小说究竟在群治上有多大的功能姑且不论，从商务1917年的小说出版数量统计来看，小说的销路应该很不错。1917年，商务继续刊行《说部丛书》，出版了第三集一共18种翻译小说（第十五、十七至十九、二十二至三十二、三十四至三十六编）。这还仅仅是《说部丛书》中的翻译小说，其他翻译小说和中国传统小说未统计在内。

学者郑方皖在其论文《清末民初商务版〈说部丛书〉研究》中记载，1903—1924年，商务印书馆发行的《说部丛书》是我国近代规模最大、持续时间最长的翻译小说丛书。这套丛书与同时期其他书局出版的同类作品比较，在数量和质量上都更胜一筹。

在《说部丛书》的广告底稿中，编者撰写的内容简介主要突出其浓厚的文学性，波澜起伏，绘声绘色。其中，经常使用到的广告语有"情节奇诡令人不可思议""情节变幻不测""文字局势极有魔力"等。此外，这些内容简介还有一个有趣之处：虽然是翻译小说，却喜欢用中国传统的价值观和相类作品去比附，以博得读者的亲切感和认同感。选列几种：

124—1　说部丛书三集　第十七编　诗人解颐语　二角五分
记短章故事二百余则，气味略似《阅微草堂》，为译林中别开生面之作　三月廿九送　6/3/27下

174　说部丛书三集　第三十二编　古国幽情记　三册　八角
叙某英人研究科学，谓埃及亡后，其文明遗裔必另建新邦。本其理想之谈，极力探求，果发现五千年前古国于蛮荒之中，种种情形，如读《桃花源记》　十一月廿九送　6/11/26（图3）

178—1　说部丛书三集　第二十三编　烟火马　一元　叙基督教武士为回教国俘虏，幸邀回公主之钟爱，得相将遁归，回［公］主产一女而逝，孤女即书中主人，兵连祸结，处处皆以女为纬，眉

痕战血并作一谈，儿女英雄呼之欲出　六月初九送　6/6/7印

以上所举三例，皆将翻译小说内容比附中国古典或传统价值观，譬如《诗人解颐语》与《阅微草堂笔记》、《古国幽情记》与《桃花源记》《烟火马》中的儿女英雄情节。用中国古典比附西洋小说，也是西洋小说的中国化之一种。编辑熟谙读者心理，这样的广告语极易引发读者的好奇心，使其愿意购买西洋的《阅微草堂笔记》《桃花源记》《儿女英雄传》，一睹其中究竟。

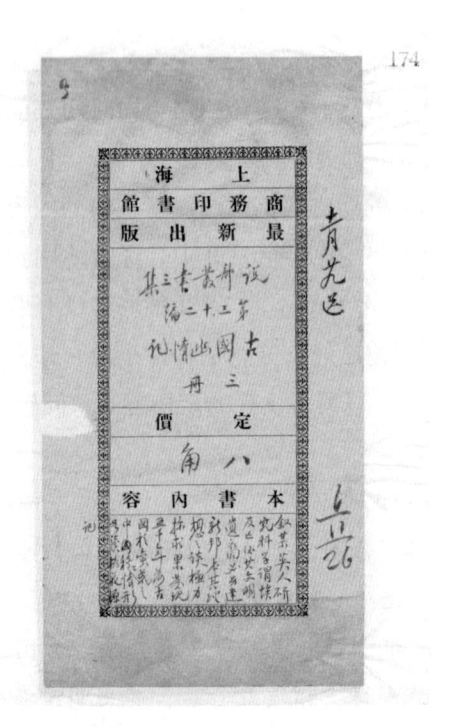

图3　广告底稿174：《说部丛书》三集第三十二编《古国幽情记》

《说部丛书》的广告还常以文言复述故事情节，读来有多重意趣，比如：

图书与时代

171—1 说部丛书三集 第三十五编 红粉歼仇记 二角 法兰西大革命时,乔木世臣横被诛戮,爵邸鞠为茂草,王孙泣于路隅,莳有爵夫人某者以嫱施之身,怀荆聂之志,卒能投身猛虎之穴,刺刃神奸之胸,情节凄凉悲壮,大有可观 十二月十二日送 6/12/7下

一方面介绍了小说情节,一方面显示了编者深厚的文言修养和写作功底。其中还用了中国典故,如"嫱施之身""荆聂之志",以寥寥数语概括了小说情节。

从内容上看,《说部丛书》多为科幻、探险、言情、侦探、宗教等题材,为读者提供了一个探看世界奇幻景象的窗口。这些小说的输入,对中国本土的侠盗、科幻、言情小说创作无疑影响很大,对中国现代通俗小说的发展、鸳鸯蝴蝶派的形成都有作用。《说部丛书》中,对当时中国小说创作影响比较大的当属科幻小说和侦探小说。我国的科学起步较晚,《说部丛书》介绍的一些科幻小说,一定程度起到了科普的功效。比如广告底稿126介绍,《说部丛书》三集第十九编《慧劫》记述"欧洲催眠术初发现时,有学者以教育施之猿类,俾进化为人,阅二十年成效大著,携猿入伦敦社会,猿竟谙交际";183—1介绍,《说部丛书》三集第二十四编《毒菌学者》讲述"有研究毒菌学之医生性险,很以科学为济恶之用,生平杀人不知凡几",其中提及的催眠术和毒菌学都是舶来品。

侦探小说在《说部丛书》中占有很大比例。编者在广告中,十分关注侦探小说的作者如何铺陈情节,抽丝剥茧,揭开真相。选列两种:

140—1 说部丛书三集 第三十编 地狱礁 四角五分 为言情、探险、复仇各小说一炉并治之作,逐节应拂,逐节伏线,笔仗极其［奇］,局势极紧,可称极构,译以白话,尤明净可喜 十月初六送 6/10/4下

146 说部丛书三集 第三十一编 历劫恩仇 二册 四角五分

309

书为侦探小说，事前种种臆度，事后层层揭晓，全凭理想推测，极能益人神智，中幅插入一段宗教情言，如天外奇峰，令人目炫［眩］神夺　十月卅送　6/10/29

上列两种图书广告，说明了两种不同的侦探小说作法。侦探小说自有其套路、体例和构架。《说部丛书》对侦探小说的引入，令中国读者眼界为之一新，也为本土侦探小说作家提供了模仿的范例。《说部丛书》对侦探小说的引进，与1930年代上海综合性文艺期刊《万象》上孙了红、程小青等人所写的侦探小说有着什么样的承启关系，可以结合具体文本进行深入比对。

在《说部丛书》的广告中，林纾（字琴南，号畏庐）是一个屡被提及的名字。比如182—1《说部丛书》三集第二十二编《社会声影录》广告："书为托尔斯泰原著，林琴南先生译述"；132—1《说部丛书》三集第二十九编《女师饮剑记》广告："译笔明爽雅饬，畏庐近作也"。这说明，林纾和商务有着长期的合作。林纾不通英文，所有翻译都是与他人合作，经合作者口译而由其快速笔录而成。林译小说也是翻译史上不可复制的奇观。

以上是对1917年商务印书馆新书广告底稿的简单考察，挂一漏万地列举了商务在古籍、书画图书、政法图书、农业科学图书、英文教材、小说等不同类别的图书出版方面的作为。其实，从图书广告来看，商务在名人尺牍、中小学教材、体育图书、化工医学图书、商业应用图书等领域都有较多涉及。

六　《申报》的商务图书广告

《申报》刊载了大量商务印书馆图书广告，除了图书单行本、教材和工具书广告，还有不少丛书、杂志广告。丛书如《说部丛书》《涵芬楼秘笈》，杂志如《妇女杂志》《英语周刊》等。此外，《申报》（1917年3月24

日）还刊登了商务文化活动的广告——"上海商务印书馆设立月份牌展览会，征集各大商家月份牌"。

商务印书馆十分重视图书的广告宣传工作，为此投入大量的资金，虽然没有具体的广告经费数据佐证，但是明显可见的是，商务的图书广告一般都刊载在《申报》头版，出现频率也很高。

将《申报》实际刊载的商务图书广告与这些新书广告底稿对比一下，可知无论是广告数量还是广告内容，前者都远远超过后者。因而，这些新书底稿只是商务图书广告中的一小部分。

我们可以从《申报》中找到与这些新书广告底稿相对应的内容，尽管找到的图书广告内容在草拟和刊出日期上有出入，不尽相符。通过对比可以发现，有一些广告内容悉从底稿，有一些做了增删。以几则《说部丛书》广告为例：

底稿版：

124　说部丛书三集　第十七编　诗人解颐语　二角五分

记短章故事二百余则，气味略似《阅微草堂》，为译林中别开生面之作　三月廿九送　6/3/27下

《申报》版（1917年3月12日）：

第十七编　诗人解颐语　<u>林纾译述</u>[1]　<u>二册</u>　二角五分

<u>此编为英国文学大家倩伯司编辑</u>。记短章故事二百余则。气味略似阅微草堂。<u>极有趣味。且资观感</u>。译林中别开生面之作也。

《申报》刊出广告在底稿的基础上增加了编著者和译者的信息，并对书的可读性略加渲染。

---

[1] 带有下划线部分是与底稿版的不同之处，下同。

311

底稿版：

125　说部丛书三集　第十八编　魔冠浪影　二角五分

　　记波兰不平党之女子卖党自脱，复嫁祸于人等事，情节极为曲折　三月廿九送　6/3/27下

《申报》版（1917年3月12日）：

　　第十八编　魔冠浪影　丁宗一译　一册　二角五分

　　<u>英人桑克德与二女同乘火车。一为其友之未婚妻。一为波兰不平党之女子。曾卖党自脱者。党人遣刺客尾之。二女衣帽相似。刺客误认。火车遇险。友人妻死。波兰女复假名偕桑赴其友家。友先亡。遂与桑定婚。卒被人道破。婚约遂解。女旋遇仇。遂沉于海。情节极为曲折。</u>

《申报》广告增加了对小说具体情节的介绍，把底稿中的"情节极为曲折"具体化，曲折地描述了离奇故事。二者相较，显然《申报》广告更能促发读者的购读意愿。

底稿版：

126　说部丛书三集　第十九编　慧劫　四角五分

　　欧洲催眠术初发现时，有学者以教育施之猿类，俾进化为人，阅二十年，成效大著，携猿入伦敦社会，猿竟谙交际，著者盖有慨，夫人类惟利是图，愧此衣冠禽兽也　三月廿九送　6/3/27下

《申报》版（1917年3月12日）：

　　第十九编　慧劫　刘泽沛译　二册　四角五分

　　欧洲催眠术初发现时。有学者以教育施之猿类。俾进化为人。阅二十年。成效大著。携猿人入伦敦社会。猿竟谙交际。著者盖有慨夫人类惟利是图。愧此衣冠禽兽也。

《慧劫》的广告只增加了译者和册数信息，其余悉从底稿。

从以上三则图书广告内容的比对来看,刊出稿在底稿基础上大都做了补充丰富。一则补充图书信息,二则增强图书的广告效力。

另列举《英文丛刻》的两则广告底稿和《申报》实际刊载广告,两相比较,也显示了后者对前者的补充和丰富。

底稿版:

188—1　英文丛刻　节本块肉余生述　二角

　　书曾由本馆倩林琴南氏译出,惟原文篇幅既多,辞尤高古,此本摘精撷华,凡学生及各界之欲读狄更斯文字者,均宜手置一编　三月廿八　6/3/23下

《申报》版(1917年3月24日):

英文丛刻　节本块肉余生述　二角

<u>迭更司说部</u>。<u>以本书为最著</u>。文字亦最高古。本馆曾请林琴南先生译出。<u>唯原书颇不易读</u>。此本删繁就简。摘精撷华。<u>凡雅慕迭氏文字者</u>。均宜手置一编。

刊出稿在底稿的基础上点明了原著者是迭更司,说明了本书是删节本。修改以后的文字更有文采。

底稿版:

189　英文学丛刻　寸阴善用法　二角

　　凡十二章,本寸阴是惜一语而实地揭示其利用之法,即致富金针,亦不外是学生用尤宜　三月廿八　6/3/23下

《申报》版(1917年3月24日):

英文丛刻　寸阴善用法　二角

　　书凡十二章。<u>历述每日二十四小时各有其善用之法</u>。盖即本寸阴是惜一语。而实地发挥。<u>谓为惜阴之南针也可</u>。即谓为致富之锦囊亦无不可。洵学生及各界不可不读之书也。

313

刊出稿内容更为详细，形容也更富文采，受众的面也拓宽了。

另外，从实际刊发的广告来看，商务充分利用了图书广告的集群效应，经常把一种类型的图书成批地推送宣传，如教科书、《说部丛书》等等。图书广告仅列举书目，并不对单本图书的内容逐一展开介绍。这与我们阅读单张广告底稿的感受大不相同。对单本图书，也是连续数日在《申报》上刊登，比如《民国财政史》的发售预约广告，一段时期内每天见报。商务印书馆通过报纸将书目信息反复推送，为图书的销售宣传造势，给读者留下足够深刻的印象。

商务印书馆的图书广告和图书销售业绩有着何种关联，还需要参照更多商务内部特别是广告部、发行部的资料进行考察。不过，通过同时期报纸上不同出版社的图书广告之间的横向对比，也可以看出商务在当时出版界的地位。

［作者单位：中国近现代新闻出版博物馆（筹）］

民国"名人荐书"商业模式初探

——以商务印书馆"星期标准书"为中心

肖伊绯

中国近代"名人荐书"之缘起

知名学者、社会名流向读者荐书,乃是近世学界、文化界的惯例。这一惯例于普通读者喜闻乐见,在中国至少可以溯至晚清。清同治十三年(1874年)张之洞任四川学政时,因"诸生好学者来问应读何书,书以何本为善",而"告语生童而设,非是著述"[1],撰成《书目答问》一书。张之洞此举初衷本为指导诸生读书而列举书名成目,与如今的"名人荐书"现象尚有区别,但与为特定读者群体推荐特定书籍这一基本特征还是相近的。所以,张之洞撰述《书目答问》,可以视作中国近现代"名人荐书"现象的早期案例之一。

民国初期,针对国学存废、国学研究等相关问题,梁启超与胡适两位"文化先锋"有过思想交锋、各持己见。具体到为大学生推荐"国学必读书目"的问题上,二人又各自编列书目,通过书目表达自己对国学研究所持的不同立场与方法;当时,这两份书目均有相当数量的追随与推崇者。后来,有出版商索性将二人的"国学必读书目"合为一册出版,即《梁任公、胡适之先生审定研究国学书目》(上海亚洲书局,1923年)。这两份书目一经正式出版,书目中所列大量国学古籍也渐为大众读者所瞩目。而

---

[1] [清]张之洞:《书目答问略例》,《张文襄公全集》第八册,楚学精庐1877年版,第1页。

梁、胡二人都赞成古籍需先整理校点方可普遍阅读，这一意见又导致了相当数量的古籍校点本出版；当时，古籍整理不仅成为大学学院的学术常规工作之一，亦开始为众多出版机构所关注并有意参与其中。当然，从张之洞到梁启超、胡适的"名人荐书"，还只是纯粹以学术研习为着力点的个人行为，并非主动或有意与出版行为相联系，所以还不是真正意义上的商业模式。"名人荐书"要成为商业模式，还得从20世纪30年代的商务印书馆推行"星期标准书"说起。

商务印书馆的"星期标准书"，是以"名人荐书"为号召的，以定期推出名人所荐新书、定期给予限时优惠售价的书籍营销模式，距今已有80余年的历史了。诚如馆方在"星期标准书出版原则"的公告中所声称的，"本馆为增进人生效能，使人生达到最完满之发展，特印行星期标准书"，这就意味着在"星期标准书"商业模式框架内的"名人荐书"之举，不再只是文化、学术、教育、读书界里的专业行为，而是一种能够产生实际商业价值与社会价值，且带有一定文化风尚引领性的公共行为。

"星期标准书"创意溯源

1934年5月5日，商务印书馆印行的《出版周刊》（新第七十五号），增设"读书指导"栏目，"广约国内学术专家，分撰各科研究法，逐期登载"，备受读者欢迎。次年8月，此栏目文章33篇被合编为《读书指导》（第一辑），仍由商务印书馆出版发行。此书一方面公开发售，另一方面也作为赠品送给预订全年《出版周刊》的订户。

《读书指导》（第一辑），是书"计四百余页，二十余万言"，"内容包括之学科凡二十余种，各将欧美古今学者所采用的研究方法与作者自身的研究经验，融会贯通，为读者指示入门捷径"。此书一经出版，确实颇受读者欢迎，1935年8月初版，至当年10月时，竟已重印五版，版权页上名为"订正五版"。

在《读书指导》（第一辑）订正五版出版前不久，商务印书馆方面不失时机，邀请蔡元培为此书撰序，并将此书确定为"星期标准书"第一种，大力向公众推广。据蔡元培日记可知，1935年9月28日，蔡"得王云五函，并《读书指导》一本，索序，须于十月一日以前缴稿"[1]。蔡于1935年9月30日撰成序文，原文如下：

> 从前有人讲过一段仙人吕洞宾的故事：说是吕仙遇到一个穷人，向他求助，他就用手指点石成金，送给这人，这人不要，吕仙想这人不贪，很可学道；就问他不要的缘故，他说是要吕仙的手指，可以点出无数的金子，可以不必要这块金子了。这个穷人的态度，在"为道日损"的道教上，固然要大失望，但是在"为学日益"的科学上，是最不可少的。现在有一本书，罗列着无数吕仙的指头，其中有几许指头，的确可以点石成金；而且有几许指头，尽可以点出许多金子买不到的东西，这岂不是希世之宝吗？
>
> 这个希世之宝是什么？就是商务印书馆新出版的"星期标准书"第一部《读书指导》。这本《读书指导》，是就各种学术，请专门家草成研究法，如这一种学术的范围与关系，工作的方法，参考书的目录，都详细的写出来，他的用途有左列的好几种：
>
> 一、便于自修 现在青年，可以进专门的学校受教员的指导，习一种专门的学术，固然不成问题。但是有一种人，因境遇与年龄的关系不能再进学校了，而还想用功，尽可在此书中寻到用功的方法。
>
> 二、便于参考 学术是互相关联的不是孤立的，就是专研一种学术的人，也常常感到他种学术的需要，而又未必有机会可以同时并进；今得了这部书，就可以得到随时补习的方便了。
>
> 三、便于增加常识 "一物不知，儒者之耻"这种夸大的志愿，固非必要，然可能的多知道一点，这也是人人所愿的。有了这一本

---

[1] 中国蔡元培研究会编：《蔡元培全集》第十六卷，浙江教育出版社1998年版，第428页。

书,可以随意的选择一种或几种的门径书读一读,也可以餍求知欲。

现在学术上分工甚细,吾人所希望指导的学科,这本书自然不能全收,但既有此发端,自然有继续补充的本子,将来逐渐推广,成一种百科指导全书,这真是我们读书人的馈贫粮了。

二十四年九月三十日,蔡元培

上述600余字的序文,清楚地指明了《读书指导》(第一辑)的独特价值。蔡元培以"点石成金"来譬喻此书,并归纳出此书的三大用途,即三大"便利",一是"便于自修",二是"便于参考",三是"便于增加常识"。这样的归纳总结,也完全可以用于"星期标准书"本身的选书、荐书标准之衡量,但凡符合这三大"便利"的书籍,就具备了入选"星期标准书"并经由各科专家向公众推荐的资格。所以,从这个意义上讲,蔡元培所撰的这篇序文不仅仅是专为"星期标准书"第一种《读书指导》(第一辑)所作,更可以将其视作所有入选"星期标准书"书籍的"总序",实是一篇带有总纲性质的重要文献。

商务印书馆方面,不但将蔡序及时印入《读书指导》(第一辑)订正

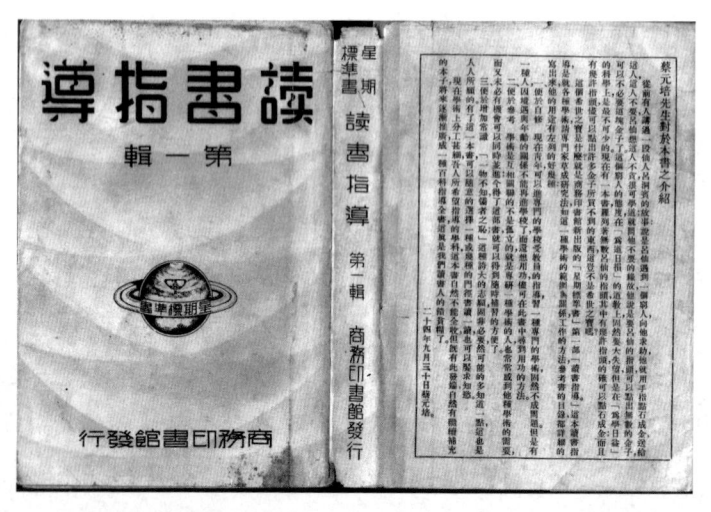

图1 《读书指导》(第一辑),1935年10月订正五版

五版的篇首，还制作了印有"星期标准书"标识的封面，并在封底将蔡序原文全部印出，冠之以"蔡元培先生对于本书之介绍"的题目。就这样，"星期标准书"这一出版界的新生事物带着蔡元培的"荐书语"隆重面市，自然受到社会各界关注。可以说，以《出版周刊》的"读书指导"栏目为平台的学术资源整合与品牌传播，以及栏目内容阶段性总结之成果《读书指导》一书的面市，加之蔡元培的支持与推重，"星期标准书"应运而生，正当其时。

诚如蔡元培在序文最后所寄望的那样，"既有此发端，自然有继续补充的本子，将来逐渐推广，成一种百科指导全书"——《读书指导》（第一辑）面市之后一年的1936年11月，《读书指导》（第二辑）出版，此书被列为"星期标准书"第57种，商务印书馆仍邀请蔡元培为此书撰序。因抗战全面爆发，第三辑延至十年之后的1947年1月才得以出版，同年第一、二辑也予重版，三辑全部被纳入商务印书馆的《新中学文库》再次整合传播。无须多言，《读书指导》前两辑对"星期标准书"的推广成效显著；待到第三辑印行时，虽然"星期标准书"活动早已终止，但在读书指导及图书营销方面仍有着不可忽视的作用。

综上所述，不难发现，商务印书馆推出的"星期标准书"与《出版周刊》及其"读书指导"栏目、《读书指导》三辑之间互动往复的整合营销态势，是一种规划精细、系统完备，且日益成熟的商业模式。这一商业模式，以读者需求及社会价值为导向，将全社会的文化、教育、学术、出版等各类资源充分整合起来，形成了既有利于社会价值的长远营造，又独具商业价值、可持续运营的出版品牌。

"星期标准书"脱颖而出

20世纪30年代前后，因时局动荡不定及管理成本攀升等诸多内外部不利因素的困扰，商务印书馆一直全力在机构运营与经营模式上探求振兴良策。特别是经历了"一·二八"重创之后，在烽烟四起的艰险时局中，经过种种内部改革与强化管理，商务印书馆实现了生产增加、成本降低、大量增出新书、达到"日出新书一种"的"复兴"态势。

在新书销售方面，商务印书馆除了一直推行预约订户的折扣优惠活动，还频频开展各种应时而动的营销活动。在这些或长期、或临时推行的营销活动中，"星期标准书"以其整合充分的资源配置、系统完备的实施细则脱颖而出，成为那个时代具有示范意义与标杆性质的出版商业模式之一。

在日出新书数量与质量均可保障的基础上，从1935年10月开始，商务印书馆开创了"星期标准书"的商业模式，以"名人荐书"的方式，每个星期都向读者推荐一本商务出版的新书。而读者在指定期限内购买"星期标准书"，会得到打对折的优惠（后来改为七折）。由于是限时优惠方式[1]，这对推动新书销售无疑起到了立竿见影的效果。

同时，也应当看到，在文化圈子与文化产业之间，往往是同行者与反对者皆有，他们交迭出现，才能构成一种互动有力的文化事件。几乎与"星期标准书"同时，"名人荐书"商业模式也迅速在别的出版社、出版机构被运用与施行。譬如，上海杂志公司于1935年开始着手出版发行的《中国文学珍本丛书》是一套由众多学者名流参与的明清文学校点本丛书，参与校阅者包括周作人、胡适、郑振铎、林语堂、郁达夫、朱自清等名家。在这套丛书的预订与零售宣传上，这些参与校阅的名人本身就是最佳的营销品牌；毋庸多言，这也是一种变相的"名人荐书"商业模式。此外，由赵家璧主编的《良友文学丛书》和《晨光文学丛书》，也均以文坛名家为号召力，从出版创意到营销筹划都经过精心设计，也曾取得过骄人的成绩。

然而，无论是《中国文学珍本丛书》以名家参与校阅为号召，还是《良友文学丛书》《晨光文学丛书》以名家直接供稿为号召，与"名人荐书"商业模式始终还是有所差异，在出版主旨上是各行其道的，所针对的

---

[1] 即荐书当月执行优惠价，过时将恢复原价销售。详见《商务印书馆星期标准书发行概况》，1936年印制。

读者群体也各有不同。从商业价值与社会价值方面进行双重考量，"星期标准书"无疑都是名列前茅、罕有匹敌的，其读者群覆盖面远远大于前者及其他相类似者，从而在同时代众多出版机构中脱颖而出，成为出版界内外都备受瞩目的商业模式；与此同时，这套商业模式又难以复制（尚未见同时期相类似者），这无疑应归功于商务印书馆深厚持续的文化积淀与多元跨界的资源积累。

鲁迅质疑"星期标准书"入选标准

"星期标准书"的运营模式虽然受到了社会各界的广泛好评，但总还是有一些颇有分量的、极有水平的批评之声。与当时社会名流纷纷荐举商务版新书不同，鲁迅可能就是最早公开批评过"星期标准书"的同时代最著名者。

1936年新年伊始，《海燕》1月号刊出署名为"何干"的鲁迅短文一篇，题为《大小奇迹》。文章很不客气地批评了"星期标准书"的创意及参与其事者。原文如下：

> 元旦看报，《申报》的第三面上就见了商务印书馆的"星期标准书"，这回是"罗家伦先生选定"的希特拉着《我之奋斗》（A. Hitler: *My Battle*），遂"摘录罗先生序"云："希特拉之崛起于德国，在近代史上为一大奇迹。……希特拉《我之奋斗》一书系为其党人而作；唯其如此，欲认识此一奇迹者尤须由此处入手。以此书列为星期标准书至为适当。"但即使不看译本，仅"由此处入手"，也就可以认识三种小"奇迹"，其一，是堂堂的一个国立中央编译馆，竟在百忙中先译了这一本书；其二，是这"近代史上为一大奇迹"的东西，却须从英文转译；其三，堂堂的一位国立中央大学校长，却不过"欲认识此一奇迹者尤须由此处入手"。真是奇杀人哉！

显然，鲁迅对罗家伦将希特勒所著《我之奋斗》一书选定为"星期标准书"表达了强烈的不满。他从三个方面给出了质疑，三个质疑递推式地指向了荐书名人罗家伦。首先，鲁迅质疑此书是否如此重要，竟可为国立中央编译馆首选译介；接着，又质疑此书为何从英文转译，不直接从德语直译；最后，则直接质疑罗家伦作为国立中央大学校长的水平了。

姑且不论纳粹元凶希特勒著作是否应中译流通的问题，也不论罗家伦在荐举此书时的动机与水平若何，"星期标准书"在当时的文化圈、学术界、出版业内引发热议是显而易见的。但"星期标准书"当年的实际运作状况如何，一直以来，却鲜有相关文献与研究论文加以披露。除了1936年印制的《商务印书馆星期标准书发行概况》约略给出了活动主旨及首批书目简介之外，"星期标准书"在图书销售上究竟是怎样加以品类识别与具体操作的，始终未能得到直观、明确的实物例证。

"星期标准书"标识使用实证

鲁迅《大小奇迹》一文发表40年之后，给《鲁迅全集》作注释的编辑王仰晨对"星期标准书"这一概念仍然难以释怀，想进一步核实其注释是否准确，为此他致信巴金，求教该注释的细节。

1976年7月19日，巴金在复王仰晨的函中，对所询《且介亭杂文末编》附集《大小奇迹》一文中"星期标准书"的注解予以基本认可。[1]注释称："星期标准书：上海商务印书馆为推销书籍，从一九三五年十月起，由该馆编审部就日出新书及重版各书中每周选出一种，请馆外专家审定，列为'星期标准书'，广为宣传介绍。"[2]巴金在认可了这一注释之后，为了给注释者王仰晨更直观的感受，便将自己保存的一张"星期标准书"封套随信附寄。虽然目前无法确知这张封套究竟是什么样子的，但基本可以据此推测，当年的"星期标准书"会在书籍的显著位置加印标识，在销售

---

[1] 参见巴金著，王仰晨编：《巴金书简——致王仰晨》，文汇出版社1997年版，第133页。
[2] 鲁迅：《大小奇迹》，《鲁迅全集》第六卷，人民文学出版社1973年版，第489页。

中予以品类识别与区别对待。

笔者曾获见一册商务印书馆于1937年1月初版的《印度短篇小说集》（平装本），封面中下部印有硬币大小的"星期标准书"标识：一球状体外绕环带，带上印"星期标准书"字样，特别醒目易识。且封底还印有梁实秋的"荐书语"，令人惊诧莫名。须知，在此之前，包括笔者在内的对近现代外国文学译著稍有接触的读者，对这本书的封面图案都有着截然不同的记忆：这册由印度泰戈尔等原著、伍蠡甫选译的集子，是被纳入《世界文学名著丛书》出版发行的，而这套丛书的封面统一都是由红叶绕垂两侧，中心印制书名。笔者曾获见这套丛书中的数种，从未见到过其中任何一种印有"星期标准书"标识者，这又是怎么一回事呢？

其实，只要将该书拿到手中翻阅，就会发现，原来初见所谓"封面"，实际上只是外覆于封面之上的封套。打开封套，原书封面图案就是常见的《世界文学名著丛书》统一印制的红叶绕垂图案。由此看来，巴金所提供的封套，就是"星期标准书"通行的装帧方式——无论平装本还是精装本，均有可能是以原书封面外覆印有标识的封套来操作的。而如今所看到

图2 《印度短篇小说集》平装封面和"星期标准书"护封

的很多曾被选定为"星期标准书"的民国原版书，之所以看不到标识了，是因为原书外配的封套大多已遗失或毁损。

后来，笔者又发现一册商务印书馆1936年4月初版的《人与医学》（精装本），封底版权页上粘贴有一枚类似邮票的"星期标准书"标识小票，但封套是素面的，没有加印"星期标准书"标识。此后不久，笔者又发现一册带有完整封套的《人与医学》（精装本），此封套也素面无图。此外，1936年5月初版的"星期标准书"第58种《中国经营西域史》一书的装帧状况也类似。这一现象说明，对平装本、精装本的"星期标准书"标识，有三种可能：一是既有标识封套，还要在版权页粘贴标识小票；二是只有标识封套，不粘贴标识小票；三是没有标识封套，只粘贴标识小票。

图3 "星期标准书"标识小票

归纳起来，当年对"星期标准书"的品类识别方式主要有两种：一是标识封套；二是粘贴于版权页上的标识小票。事实上，封套与小票两种标识方式的使用，或单独或重迭，有一定的随意性，没有硬性规定。作为出版方与销售方，在实际操作中也与这种识别方式相对应；可以试想，由于是限时优惠方式，上述两种品类标识，也将在该书指定优惠期限之后，或撤去封套，或撕除小票，再行恢复原价销售。或许，也正因为如此，"星期标准书"的封套与小票存世并不多见，二者的实际使用状况也一直鲜为人知。即或有购得"星期标准书"的读者，当年确实将封套与小票都保存下来，但因年代久远，历经80余年的自然、人为消耗与毁损，总是难得一见了。

"星期标准书"中的特例

有了上述关于"星期标准书"标识的观摩实证之后，笔者又按照《商务印书馆星期标准书发行概况》的记载详细查阅了书中罗列的第一批33种"星期标准书"的装帧与标识情况，有一些出版物验证了上述两种标识使用情况之推测。但还有一些出版物的实际情况不但与推测有较大出入，且与《商务印书馆星期标准书发行概况》上的规定也并不相符，如果后来者一定要据此"按图索骥"的话，是无法对得上号的。

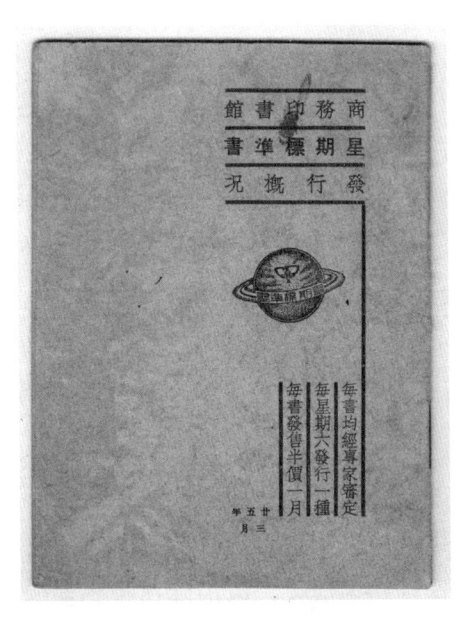

图4 《商务印书馆星期标准书发行概况》，1936年印制

比方说，在第一批"星期标准书"中，唯一的线装本《中国文字之原始及其构造》一书，后世读者就很难看到或很难完整看到其使用标识的实物例证。因为该书既为线装本，则无法使用封套加以标识，于是采取了在版权页上粘贴小票，并外覆加印标识的硬纸板函套的办法。这是在所有"星期标准书"中，唯一使用硬纸板函套的一种，而标识就印在函套正面；但能将这个函套保存至今的，少之又少，未见实物者对此根本无从知晓。

值得一提的是，此书1930年6月初版至1933年5月国难后第一版、1935年7月国难后第二版时，均未开展"星期标准书"活动；但国难后的两版随后均被列入"星期标准书"活动，有带标识的实物存世。试想，将这类古典学术内容且又为线装本的书籍纳入"星期标准书"序列，这样的做法似乎不太符合该系列一贯以译介西方思想与现代学说的旨趣，令初次接触此书的普通读者颇感意外。但只要略微翻阅此书的内容及印在函套底面的荐书者胡朴安之"荐语"，即可知此书入选"星期标准书"之理由充分。"荐语"云：

> 中国文字原始，除八卦结绳外，其余无他传说。八卦现存，略可得其替代言语之痕迹。结绳惟有郑玄"大事大其绳，小事小其绳"一语而已。兹书搜集各图，虽非中国所有，然亦可以比较而得未有文字以前之大概。又中国现存文字，以甲骨文为最古，由甲骨文而金文，由金文而小篆，其间之变迁，当有痕迹可寻。六书为后人整理文字之条例，故论六书条例，当不仅以小篆为限。兹书由小篆溯及甲骨文，可以由此得文字之变迁，足为学者研究古文字之门径也。

这竟是一部用外国古文字来反推中国古文字变迁的"新式"文字学著作，当然不同于以往纯以《说文解字》为宗的"旧式"文字学著作。通俗地讲，此书是吸纳了国际学术成果，以国际视野、现代方法进行中国文字学研究的"新作"。于此，便不难理解，此书因何入选"星期标准书"序列了。

图5 《中国文字之原始及其构造》，1935年7月国难后第二版

除此之外，值得一提的是"星期标准书"第9种《宇宙壮观》。按《商务印书馆星期标准书发行概况》规定，只是针对一册装精装本进行优惠销售的，但此书五册装的平装本却也全部使用了标识封套，且版权页上还粘贴了标识小票。这一特殊例证说明，"星期标准书"在实际发售中，根据具体情况，会灵活调整实施方案，并不一定会全部按照公告执行。

通过逐一考察第一批33种"星期标准书"标识的使用情况，基本可以确定：精装本、平装本均采用封套标识（亦有同时使用标识小票或无封套标识而只使用标识小票的情况），一般而言，均在封套底部印有该书选定人的荐书语。其中唯一的线装本书籍《中国文字之原始及其构造》，则采用硬纸板函套，标识印在函套正面，荐书语印在函套底面。

"星期标准书"种类及数量初探

那么，除了第一批"星期标准书"33种记录在案之外，之后还有多少种相继被选定呢？换句话说，1936年3月后，商务印书馆是否还在推行这一举措呢？

笔者搜集到一页1936年印制的商务印书馆广告，可以证明，"星期标准书"活动在1936年下半年度还在继续；经逐一查核，有17种图书可接续《商务印书馆星期标准书发行概况》所载首批33种图书之后。直到1937年3月，《东方杂志》上又刊出"星期标准书"广告页面，新增14种书籍，并明确标注当时的"星期标准书"已达69种之多。杂志中另有广告插页，标示了两种书籍为"星期标准书"（共计71种）。此外，1937年5月初版的《居礼传》，也发现有"星期标准书"封套实物。《文学杂志》1937年5月1日的创刊号中印有"星期标准书"广告页面，刊出了第73—77种"星期标准书"的书目。该广告明确标示了第73—77种"星期标准书"的特价优惠活动期限，第77种的活动截止时间为1937年8月2日。另据笔者曾获见的一本商务印书馆内部的广告剪页簿可知，《中国妇女问题》为第90种"星期标准书"，推测其活动截止时间应为1937年11月左右。另据1938年6月1日印行的《东方杂志》（第35卷第11号）所发布的一则"星期标准书"广告可知，"星期标准书"在此时已印行达100种，统为一辑。整辑购买可享受定价七折优惠，亦可拆零分售，零售优惠为定价八折。此次活动时间为1938年5月16日至9月15日。同年7月1日印行的《东方杂志》（第35卷第13号）再次刊发"星期标准书"广告，并将一辑百种书名及相关信息按书的内容逐一分类罗列，公之于众。至此之后，笔者再未发现"星期标准书"有任何后续活动的相关记载。

通过上述文献的实证与梳理，笔者推测"星期标准书"活动开展了约三年时间，自1935年10月始，至1938年9月毕。三年间，商务印书馆印行的"星期标准书"的种类达100种。值得注意的是，第74种《印度短篇小说集》是第二次被列入"星期标准书"活动，此书初版时曾被列为第52种"星期标准书"，编号虽有两个，但实为一种。《居礼传》也入选过两次。截至笔者此稿完成之时，可以确定书名与编号相对应的"星期标准书"已达90种（其中两种重复）；另有12种据《东方杂志》所刊广告录入，但无法查实其对应编号，故编号与书名不一定全然对应。现将"星期标准书"各书书名、著者及其著述方式、选定人信息简列如下[1]：

---

[1] 列表编号一项带有"*"者，表示该书与编号的对应关系暂时无法确定，有待进一步考证。

表 "星期标准书"100种书目[1]

编号	书名	著者及其著述方式	选定人
1	《读书指导》	李伯嘉（编）	蔡元培
2	《科学概论》	王星拱（编著）	丁文江
3	《世界倾销问题》	刘秉麟、潘源来（合编）	马寅初
4	《现代欧洲外交史》	R. B. Mowat（著）王造时（译）	周鲠生
5	《中国文字之原始及其构造》	蒋善国（编著）	胡朴安
6	《邓肯女士自传》	于熙俭（译）	林语堂
7	《通货与其价值》	Edwin. Cannan（著）徐渭津（译）	李权时
8	《当代社会学学说》	P. Sorkin（著）黄文山（译）	孙本文
9	《宇宙壮观》	陈遵妫（译）	余青松
10	《电影鉴赏法》	贝仲圭（译）	洪深
11	《战时经济学》	A. C. Pigou（著）徐宗士（译）	杨端六
12	《我之奋斗》	A. Hitler（著）国立编译馆（译）	罗家伦
13	《欧洲新政府》	R. L. Buell（著）王宗武（译）	孙寒冰
14	《侠隐记》	A. Dumas（著）伍光建（译）	郑振铎
15	《动物生活史》	J. A. Thomson（著）黄维荣、伍况甫（合译）	郑章成
16	《欧战前十年间国际真相之分析》	G. L. Dickinson（著）杨懿熙（译）	周鲠生
17	《中国土地制度》	陈登元（编著）	吴尚鹰
18	《孤女飘零记》	Charlotte Bronte（著）伍光建（译）	郑振铎
19	《公民教育》	C. E. Merrian（著）黄嘉德（译）	陈鹤琴
20	《工业组织与管理》	王抚洲（编著）	钟伟成
21	《青年军事常识》	王锡伦（译）	张治中
22	《现代经济思想》	霍门（著）于树生（译）	唐庆增
23	《服务与修养》	赵宗预（编著）	何清儒
24	《萧伯纳传》	Frank Harris（著）黄嘉德（译）	林语堂

---

[1] 因有重复编号，故虽曰100种，编号为102种。

续表

编号	书名	著者及其著述方式	选定人
25	《怎样做父母》	Garry Myers（著）章衣萍等（译）	刘王立明
26	《初民社会》	R. H. Lowe（著）吕叔湘（译）	吴泽霖
27	《中国文学源流》	吴毓寰（著）	胡朴安
28	《发展心理学概论》	H. L. Hollingworth（著）赵演（译）	郭一岑
29	《婚姻进化史》	F. Müller-Lyer（著）华启芳（译）	潘光旦
30	《粮食问题》	许璇（著）	陶希圣
31	《化学故事》	郭振干、吴虁梅（合译）	郑贞文
32	《四骑士》	V. Blasco-Ibanez（著）李青崖（译）	徐仲年
33	《中国生产教育问题》	中国教育学会（编）	郑晓沧
34	《家族论》	F. Müller-Lyer（著）王礼锡、胡冬野（译）	黄文山
35	《思想解放史话》	Van Loon（著）宋桂煌（译）	刘英士
36	《德国国社党史》	Heiden（著）林孟工（译）	章渊若
37	《统制经济》	Siegfried等（著）黄子度（译）	马寅初
38	《恋爱与牺牲》	Maurois（著）傅雷（译）	滕固
39	《世界之复兴》	Salter（著）史国纲（译）	王造时
40	《中国银价物价问题》	实业部银价物价讨论委员会（编）	张素民
41	《十七世纪南洋群岛航海记两种》	佛兰克·适威思尔（著）黄素封、姚楠（合译）	顾颉刚
42	《托尔斯泰传》	Rolland（著）傅雷（译）	梁实秋
43	《太平洋各国经济概况》	Field（主编）王成组等（译）	刘大钧
44	《东洋美术史（上卷）》	史岩（著）	滕固
45	《中国关税问题》	李权时（著）	唐庆增
46	《法兰西短篇小说集》	Voltaire等（著）李青崖（选译）	徐蔚南
47	《中国家庭改造问题》	麦惠庭（著）	何静安
48	《各国所得税制度论》	汐见三郎等（著）宁柏青（译）	陈长蘅
49	《生活的科学》	Adler（著）傅任敢（译）	章颐年
50	《实用逻辑》	Stebbing（著）高山（译）	冯友兰

续表

编号	书名	著者及其著述方式	选定人
51	《人与医学》	Henry S. Sigerist（著）顾谦吉（译）胡适（校）	颜福庆
52	《印度短篇小说集》	太戈尔等（著），伍蠡甫（选译）	梁实秋
53	《一九一四年后之世界》	W. C. Langsam（著），谢元范、翁之达（译）	孙寒冰
54*	《生命统计学概论》	Whipple（著）张世文（译）	龙大均
55*	《国家的理论与实际》	Laaki（著）王造时（译）	周鲠生
56	《科学的生老病死观》	朱洗（编著）	郑作新
57	《读书指导（第二辑）》	各科专家（编著）	蔡元培
58	《中国经营西域史》	曾问吾（编著）	朱希祖
59	《货币的故事》	Norman Angell（著）何子恒（译述）	金国宝
60	《地球概论》	王安宅（编著）	余青松
61	《分裂了的家庭》	Pearl S. Buck（著）常吟秋（译述）	梁实秋
62	《中国棉业问题》	金国宝（著）	穆湘玥
63	《经济计划的原理》	G. D. H. Cole（著）黄澹哉（译述）	李权时
64	《美国复兴问题》	何炳贤、陈忠义（编著）	胡愈之
65	《委任统治问题》	王宗武（译述）	张汇文
66	《华侨问题》	丘汉平（编著）	陈树人
67	《震旦人与周口店文化》	叶为耽（编著）	翁文灏
68	《人的义务》	J. Mazzini（著）唐擘黄（译述）	冯友兰
69	《法西斯运动问题》	吴友三（编著）	陈之迈
70	《中国劳工问题》	何德明（编著）	陈达
71	《西班牙短篇小说集》	戴望舒（译述）	徐仲年
72	《居礼传》	居礼夫人（著）黄人杰（译述）	曹惠群
73	《科学界的伟人》	吉松虎畅（著）张建华（译）	胡敦复
74	《印度短篇小说集》	太戈尔等（著）伍蠡甫（选译）	梁实秋
75	《青年气象学大纲》	白桃（编著）	沈思玙
76	《世界粮食问题》	梁庆椿（著）	何廉
77	《波兰短篇小说集》	式曼斯奇等（著）施蛰存（选译）	顾一樵

续表

编号	书名	著者及其著述方式	选定人
78	《世界统制经济问题》	何炳贤、侯厚吉（著）	何廉
79	《鲁滨孙飘流记》	笛福（著）徐霞村（译）	陈西滢
80	《中国地方自治问题》	董修甲（著）	闻钧天
81	《领事裁判权问题》	孙晓楼、赵颐年（著）	刁敏谦
82	《化学世界》	福斯忒（著）杨春洲（译）	程瀛章
83	《服务与人生》	赵宗预（著）	黄炎培
84	《世界燃料问题》	潘骥（著）	陈长蘅
85	《现代银行制度》	刘冠英（著）	王志华
86	《医药中之化学》	施提格力（主编）甘景镐、林谷音（译）	颜福庆
87	《居礼传》	居礼夫人（著）黄人杰（译述）	曹惠群
88	《二十年海上历险记（正续编）》	佐趣利托（著）曾宗巩（译）	王成组
89	《科学进步谈》	克洛忒（著）伍况甫（译）	王星拱
90	《中国妇女问题》	郭箴一（编著）	刘王立明
91*	《世界移民问题》	孔士谔、吴闻天（著）	陈树人
92*	《中国土地问题》	王效文、陈传钢（著）	吴尚鹰
93*	《中国茶业问题》	吴觉农、范和钧（编著）	何炳贤
94*	《原子及宇宙》	Heiclionbach（著）陈岳生（译）	郑衍芬
95*	《化学与近代生活》	Arrhenius（著）朱任宏（译）	邵家麟
96*	《人生五大问题》	Maurois（著）傅雷（译）	徐仲年
97*	《毒品问题》	罗运炎（著）	李登辉
98*	《音乐概论》	Turner（著）顾岱毓（译）	黄自
99*	《乐曲和音乐家故事》	徐迟（著）	萧友梅
100*	《猩红文》	Hawthorne（著）傅东华（译）	梁实秋
101*	《地理与世界霸权》	Fairgrieve（著）张富康（译）	王成组
102*	《马可孛罗游记》	张星烺（译）	王成组

可以看到，这100种"星期标准书"，其内容是林林总总、门类齐备，广涉政治、经济、军事、文化、文学、科学等各个领域。但其中国内专著并不多见，九成以上均为译著或编著，这也说明在1930年代的公共知识圈层中，"洋为中用""与时俱进"的社会风尚，求索科学与新知的学术氛围，还是极其浓厚的。再从选定这些书并向读者推荐的"选定人"来看，更是名流汇集、星光璀璨，似乎比编译者们更为耀眼。蔡元培、林语堂、梁实秋、冯友兰、顾颉刚、马寅初、潘光旦等，当时的中国知识界精英群体，几乎全盘参与了"星期标准书"的评选工作。在这样齐整的精英"选定人"群体的推动之下，"星期标准书"在当年的流行程度也可想而知了。

"星期标准书"中的梁实秋与傅雷

值得一提的是，1935年11月，商务印书馆首次出版了傅雷（1908—1966）翻译的罗曼·罗兰（Romain Rolland，1866—1944）原著《托尔斯泰传》。这是继当年9月推出傅译《弥盖朗琪罗传》之后，傅译"巨人三传"的第二部。

所谓"巨人三传"，是指法国作家罗曼·罗兰——这位近现代传记文学大家所着的《贝多芬传》（1903年）、《米开朗基罗传》（1906年）和《托尔斯泰传》（1911年）；这三部人物传记对当代传记文学至今仍有着巨大影响。此次出版傅译《托尔斯泰传》，商务印书馆方面给予了高度重视，不但仍延续《弥盖朗琪罗传》蓝色封面、书名烫金的软精装方式装帧，还将其选入"星期标准书"——特别加印护封，护封上印有梁实秋的推荐语，全力进行营销推广。

傅译《托尔斯泰传》初版之际，正值"星期标准书"营销模式启动不久，以这样一部世界名著的中译本来加入营销阵营，无疑正当其时。傅译《托尔斯泰传》也因之成为傅译"巨人三传"中唯一入选"星期标准书"的作品。在此之前出版的《弥盖朗琪罗传》未能入选，之后出版的《贝多芬传》，出版时间已是1946年4月，没有交由商务印书馆出版（由骆驼书店初版）。

既然是"名人荐书"，以翻译莎士比亚著作蜚声文坛的梁实秋（1903—1987）来推荐傅雷译作，应当是相当不错的选择。且看当年梁的荐语如下：

> 我们读过《托尔斯泰传》之后，不能不说"这是一个人！"他本是世家出身，赋有浪漫的骄纵的英雄的堕落的倾向，等到他认识了贫苦民众的惨状，他转变了，他说："人们不能这样的过活！"他变成一个坚决的人道主义者。他攻击的是"不劳而获"的阶级和剥削人类的教会、科学与艺术；他的宗教是"爱"，他的信条是"以你额上流着的汗来换取你的面包"；他不主张暴力的革命，虽然他预言了俄国共产革命的来临。他是俄国革命前夕的一个巨人，不仅是一个文学家，亦不仅是一个理论家，他的一生即是他的思想的实践。罗曼罗兰是最宜于写他的传记，因为罗曼罗兰是受他影响最深的一个。傅雷先生的译笔是忠实而流利的。这是传记文学中不可多得的一部。

梁实秋在荐语中谈托尔斯泰、罗曼罗兰、傅雷，一一给予了充分肯定的评价。这对当年的普通读者而言，当然有着简明扼要的推介作用，对新文学运动研究者而言，梁实秋推介傅译本这一史实本身也颇具研究价值。但这样的荐语，如今在梁氏文集与各类梁、傅研究著述中却少有披露，或因年代久远，80余年前初版的傅译《托尔斯泰传》之护封，往往早已脱落毁损之故罢。就笔者所见，新文学运动以来的众多原版图书中，有完整护封存留下来的傅译《托尔斯泰传》初版本，少之又少，实属"凤毛麟角"。正因为如此，后世读者鲜有知晓傅译《托尔斯泰传》曾入选"星期标准书"者，更无从知晓曾有梁实秋荐书这一史实了。

"星期标准书"中的家国情怀

"星期标准书"诞生于1935年10月,时值"九一八""一·二八"事变爆发之后,"东三省"已陷入日军敌手,日本军国主义势力侵华态势愈演愈烈。"星期标准书"终止约于1938年9月,"七七""八一三"事变爆发之后,北平、上海都相继沦陷敌手,商务印书馆的经营和生产重心也不得不逐渐转移至香港。应当说,在这样特殊的历史区间之中,"星期标准书"从诞生至终结,自始至终都有着一份别样的历史基因。

在"一·二八"事变中遭受重创,力图复兴的商务印书馆,曾明确提出过"为国难而牺牲,为文化而奋斗"之复兴主旨,于1935年上半年即推出过"读书救国"活动。这一活动,是为纪念"一·二八"事变中商务印书馆总部被炸三周年而举办的,从当年的1月28日至4月底,各地分馆一律举办当年新书对折或六折的预约售书办法。[1]从这一时间节点上看,"星期标准书"是承续"读书救国"活动之后,商务印书馆推出的又一重大营销活动。从整个历史背景来看,商务印书馆推出"星期标准书"的时间区间,恰恰正处于中华民族救亡图存的历史关键节点之上,在举国上下共赴国难之际,馆方及所邀荐书人向国人推荐什么书、怎么推荐,势必都将潜移默化的打上时代烙印。

翻看"星期标准书"的众多荐语,无论所荐图书为文学、文化、文史类,还是哲学、心理学、社会学类,荐语中总不乏将图书内容与中国时局相联系的语句,或有深刻追问,或有痛心反省,皆与当时的国情国运相关联,皆将家国情怀寄予其中。如1936年4月初版的,"星期标准书"第32种《四骑士》,本是一部西班牙文所写的小说,后转译成法文,再由李青崖(1886—1969)译为中文本。荐书人徐仲年(1904—1981)的荐语,开篇即称"《四骑士》是一部充满爱国热情的小说";接着又细述此书在西班牙写成时所要表达的爱国热情是怎样的,转译为法文时,法国译者又是如

---

[1]《出版周刊》新1号,商务印书馆,1932年12月3日,广告页第3、5、6页

何借题发挥,来表达反对德国侵略的爱国热情的;最后他总结说,"我们读了这部书后,觉得现时中国的处境,危殆不下于当时的法国:我们可曾用一致大无畏的精神来挽救这个危局么?"这样的荐语,自然蕴藉着荐书人的爱国热情;这样的荐语,乃是深刻表达着奋起抵抗、共击外侮的号召与信念的。

又如1935年9月初版的,"星期标准书"第41种《十七世纪南洋群岛航海记两种》,乃是由西方探险家所撰写的航海笔记之汇辑,原本是可以作为东南亚地区海路交通史料来加以研读的,似乎与近300年之后的中国时局并无十分密切的关联。可是,此书的荐书人顾颉刚(1893—1980)仍从中读解出了"微言大义",他的荐书语仍与当时的中国时局密切关联。原文如下:

> 本书所收十七世纪荷兰人所记东印度航海记两种,在西洋久成历史名著,其所述当时欧人经营南洋群岛经过,不仅记载翔实,亲切有味;且足觇其征服土人,攘夺政权,经营地方,组织军队之种种权术。我国侨胞之赴南洋者,时代之早,人数之众,远过欧人;徒以不能团结组织,数百年来沦于异族统制之下,备受摧残。今此书之迻译,可为吾政府及国人之关心侨胞事实者之借鉴而知所源,亦可为欧亚海道交通史上之重要材料已也。
>
> 抑吾人读是书而重有感焉。自十六世纪以来,欧人犯不测之风涛,冒绝灭之钜险,拓荒远之界域,得殖民地之发展。先自南洋,渐及中土。足迹所履,悉以当地土著为蛮族,而自居于人类主人,在当地奴其人民,灭其文物,搜其货殖,夺其政权,叛者戮之,顺者狎之,遂能恃其军火,以寡制众,使其地其民永永沦亡,万劫而不复其自由。洎乎清末,南洋之瓜分殆尽,遂转舵东向,以老大之支那为攘夺之乐园。数十年来,中国之不亡者幸也。藉通商之美名,博殖民之实利,今之所谓"势力范围","关税政策"等等,名称虽异,其目的与动机,则固与当年经营南洋无二致也。译是书者,殆

有深意存乎?

上述400余字的荐书语,在"星期标准书"的荐书语中是篇幅较长者;顾颉刚在文中所要表达的理念,也尤为深刻,发人反省。通过推荐一部看似"纯史料"的译本,从中辨析与解说西方列强在东南亚地区施行殖民统治,以"文明"的名义行争夺利益之能事的历史脉络,并以此为基础,点明当时的中国所处"列强环伺"的危险境地。他为之感叹说,"译是书者,殆有深意存乎",实则内中"深意",已经由其荐书语充分的展示了出来。

再如1937年1月初版的,"星期标准书"第68种《人的义务》,为意大利革命家玛志尼(Mazzini,1805—1872)所著,经英译本转译为中文。此书久负盛名,为爱国励志之世界名篇,曾为梁启超(1873—1929)等所推重,其名篇《少年中国说》正是受到了玛志尼所创办"少年意大利"会的启迪,有感于国事而写成的。在梁启超等以玛志尼精神为号召,倡举革新、振兴中华之事30余年之后,全本《人的义务》之译出,无疑仍是备受当时出版界乃至文化教育界所关注的。冯友兰(1895—1990)为此书撰写"荐语",原文如下:

> 一个民族的自由平等,或一个人的自由平等,都是自己奋斗得来的,不是别人赐与的。在现代世界里,每一个民族,在得到他的自由平等以前,都经过一番激烈的奋斗。在每一个民族争取自由平等之奋斗中,都有几篇可以表现全民族的呼声的文章。这些文章是历史中的要件,同时也是天地间的至文,虽百世之下,读之也觉可泣可歌,令人兴起。玛志尼的《人类的义务》,便是这一类的文章。中国现正争取民族自由平等的时候,读这篇文章,可以长人志气。唐擘黄先生从英文译本重译,译笔亦流畅易读。

冯友兰的荐语,平实晓畅,将当时中国时局及中华民族抗战救亡的情势,纳入玛志尼著作的介绍与解析之中,可谓一针见血的向读者表达了阅读此书应抱以怎样的爱国之心,其号召民族团结、一致抗击外侮的用意清楚明了。

"星期标准书"研究展望

80余年之后,今人考察"星期标准书"这一"名人荐书"商业模式及其引发的多种文化事件与现象,还有很多可以深入研究之处。

譬如,"名人荐书"的创意在商务印书馆内部究竟是怎样形成的,其历程如何,有无确凿准确的史料予以证实?"星期标准书"活动究竟持续了多长时间,其终结的确切原因是什么,确切时间究竟是何时?当年商务印书馆方面是怎样邀请这些名人,又以什么样的合作方式来维系这一至少持续运行了三年之久的商业模式的?为什么以鲁迅为代表的新文学运动以来的知名作家们,大多未能获邀为"选定人"?这一商业模式对商务印书馆在抗战期间的生存与发展有多大贡献,能不能加以确切的数据测算并得出明确的分析结果?这一商业模式对如今已经流行泛滥的名人荐书之风有何借鉴意义?凡此种种探研与追索,都还有待进一步展开与深入;关于"星期标准书"这一商业模式,其诸多历史细节还有待充分考证,其历史价值与社会意义还有待重新认识。

(作者为自由撰稿人)

薪火相传　涵芬永芳

——张元济与北京图书馆

卢仁龙

一　现代图书馆事业的开创者

张元济不仅是出版大家，也是20世纪真正投身建立现代图书馆事业的代表性人物。他一生以特有的文化情怀和不懈的坚持创办过三个图书馆，这在中国现代图书馆事业史上是绝无仅有的。

建学堂，办图书馆，是晚清维新之士追寻西方文明、主导中国现代化的共同志业。"戊戌变法"之前，张元济创办通艺学堂，兼设资料室。加盟商务印书馆后，1903年设资料室（即涵芬楼前身），随后发展为东方图书馆，1925年正式建成并对外服务。东方图书馆的建筑规模、藏书数量、管理服务水平均为中国第一。抗战时期，创办合众图书馆。经营14年后捐给政府，由此奠基了上海图书馆。中华人民共和国成立后，他率领同人，将东方图书馆劫后之余捐献给北京图书馆——东方图书馆的精魂和张元济一生的努力，为国家图书馆奉献了一份傲然于世的文化财产，成为当时轰动一时的事件。其捐献图书之精、规模之大，在目前国家图书馆收藏善本中仍占绝对的数量。如果加上与郑振铎等同人抗战期间在上海"孤岛"搜获的国宝，他一生为中国文献珍藏的聚合、存世、刊印，贡献之大，可谓空前，福泽整个中华民族，在文化史上写下最华丽的一章！

中国国家图书馆，今日成为世界第三、亚洲第一的图书馆，走过了110多年的艰辛历程，也见证了百年来中国近现代社会文化的发展变迁。在此之前，经历了从京师图书馆、国立京师图书馆、国立北平图书馆、国立北京图书馆到北京图书馆的几次更名。作为国家公共文化平台，京师图书馆从创议到设立，再到发展成型为北京图书馆，经历了漫长而曲折的过程，诸多的文化精英参与其中、投身其中，终成文献渊薮。张元济与之也有着密不可分的、特殊的关联，为之做出了许多鲜为人知的贡献。

二 特殊的文化姻缘

从1906年发起创建到北伐胜利前的20年，是京师图书馆开辟草莱、创建奠基阶段。在这个新旧交替、社会动荡、时局飘摇的时期，作为国家的公共文化事业，京师图书馆主要靠社会精英和文化学术界名流的参与、坚持而不坠。作为清末到民国最具影响力的民间文化机构——商务印书馆的核心人物，张元济虽然没有参与过京师图书馆的发起与创建，但与其有很深的渊源。尤其是前期，不无张元济付出的心血，更与张元济一生事功相表里。张元济最早创办的通艺学堂资料室，后并入京师图书馆。今日国家图书馆的珍藏，有诸多大宗文献来自于张元济的奉献，而文献传世则由张元济导夫先路，至于学术交流、互动合作则尤其习见，由此可以窥见一代文化名人与文献渊薮之缘。

首先，他是京师图书馆创建的呼吁者和助产士；其次，他是这一文化平台确立的贡献者；最后，他是图书馆文化事业展开的合作者和同盟军。

1906年6月，罗振玉发表《京师创设图书馆私议》后[1]，"宣统纪元，乃取学部所有，益以内阁残存旧籍、文津阁《四库》书、敦煌写经之属，以为京师图书馆"[2]。是年，皕宋楼东去事件之前，张元济曾赴京向学部大臣荣庆建议拨款购买，以为今后建立国家图书馆张本，说明他是早期倡议国家收购文献者之一。1909年，京师图书馆正式开办后，缪荃孙任监督，

---

[1] 李致忠主编：《中国国家图书馆馆史资料长编》上册，北京图书馆出版社2009年版，第18页。

[2] 袁同礼：《国立北平图书馆之使命》，《袁同礼文集》，国家图书馆出版社2010年版，第3页。

董康、罗振玉、吴昌绶任名誉经理,这些人均为张元济的朋友。其后执掌者和核心人物夏曾佑、张宗祥、蔡元培,无一不与张元济有着深厚的情谊。张元济虽未置身其中,但嘤其鸣矣,南北呼应,其迹不绝于馆史。

公共文化事业的建设,资源积聚是要务,人才聚合是重中之重。商务印书馆作为当时文化出版界的执牛耳者,也是人才济济之地,为京师图书馆做出了独到的贡献,其前期成员大都来自商务或与商务有关。

北洋政府时期,京师图书馆归教育部管理,踽踽起步,外在条件全无。时任教育总长的蔡元培只好向商务印书馆借钱开张,还要张元济派人。他本与张元济和商务印书馆渊源至深,张元济一生作为蔡元培"背后的那个人",始终对蔡有求必应,于是急派馆中骨干蒋维乔、夏曾佑到北京帮忙。夏曾佑则从此离开编译所,担任社会教育司司长。第二年年初,代行京师图书馆馆长之务。夏曾佑任职七年,京师图书馆的业务才真正运行起来,可以说对图书馆的发展贡献非凡。具体而言有两方面:一是将文津阁《四库全书》纳入国藏;二是主导设计了出版物样本缴送制度。后一举措主要由夏曾佑的继任者张宗祥推动实行。

1918年12月,张宗祥受教育总长也是张元济老友的傅增湘委派,出任教育部视学兼京师图书馆主任(馆长)。他上任后,将样本缴送制度发展为向各省书局征取图书,复通告各省图书馆、学校及公私藏书家征求文献,商务自然积极执行。这段时间正是商务印书馆飞速发展的时期,年出书品种从200多种发展为600多种,还不包括期刊。出版巨头的示范作用尤为关键,必然带动其他出版机构缴送。京师图书馆新旧图书得到长足的充实。

双方主事者交谊甚深,促成了两大文化机构的合作。张宗祥是文献行家,与张元济还是同乡,他们共同谋划开发馆藏文献出版,开创出京师图书馆文献从阅藏到传世的新途。[1]

1919年1月,张宗祥上任不久,双方就订立了《京师图书馆与商务

---

[1] 参见卢仁龙:《合刊抄本,共传四库——记张元济与张宗祥》,天一阁博物馆编:《天一阁文丛》第11辑,浙江古籍出版社2013年版,185—192页。

印书馆的印书免费契约》十条文，其《附则》中明文禁止他人翻印已印之书。[1]这是一项互利的合约。为回馈京师图书馆，商务印书馆把契约规定之外的出版巨帙如《百衲本二十四史》《四部丛刊》捐赠给京师图书馆。

张宗祥1921年去职后，继其事者中徐森玉、夏敬观，均与张元济的私宜甚深。1925年起，京师图书馆由中华教育文化基金会主导，基金会董事会中外成员15人，大多与张元济熟稔。1926年至1929年，与张元济同为"戊戌党人"的梁启超兼任京师图书馆、北京图书馆馆长。在生命中的最后岁月，梁启超擘画了一个十分庞大的设想——编纂《中国图书大辞典》，希望以之取代《四库总目提要》，成为"纪晓岚第二"，留名学界。张元济特致信梁启超："兄编辑《图书大辞典》及整理南海遗著，大业宏愿，不胜佩仰。成书之日，敝馆可以效力之处，总不敢卸责也。"[2]不久，梁启超因病去世，他们的合作终于没能成为现实。

1929年梁启超故世后，蔡元培以大学院院长统领"国家图书馆"并出任馆长。是年，张元济将馆方重资所购之藏文《甘珠尔》(Kangyur) 全部寄存于国立北平图书馆，供大众阅览，以"发扬学术，以利研究"[3]。这也开启了国家图书馆寄赠公私机构图书之先河。当然也是对蔡元培的支持。[4]

由于蔡元培执掌整个国家的文教事业，人又常在南京，难以到馆视事，就任用当年赏识并选派出国攻读图书馆学的袁同礼为副馆长，一如当年蒋梦麟代行其北大校长之职一样。不过，袁同礼主持工作比蒋梦麟时间

---

[1] 李致忠主编：《中国国家图书馆馆史资料长编》上册，北京图书馆出版社2009年版，第199—200页。

[2] 张元济：1927年11月7日致梁启超，《张元济全集》第3卷，商务印书馆2007年版，第225页。

[3] 袁同礼：《国立北平图书馆概况》，《袁同礼文集》，国家图书馆出版社2010年版，第18页。

[4] 1947年5月21日，胡适致信张元济："承商务馆诸公允移存北京大学，最可嘉惠学人，同人至深感激。……现已点查完毕，已由北大具详细收条交北平图书馆，……此议由先生促成，敬此申谢。"张元济：《张元济全集》第2卷，商务印书馆2007年版，第555页。后此书借与北京大学，中华人民共和国成立后，董事会决议永捐中央。

薪火相传　涵芬永芳

更长，一直到蔡元培去世之后两年的1943年，袁同礼正式任馆长。[1]

袁同礼是国立北平图书馆事业发展的关键人物，也是承前启后的中流砥柱。作为中国第一代图书馆专家和国家重要文化机构领导人，他在艰难的时局中开展工作，尤其是组建研究队伍，一如商务当年大量聘请英才一样，一大批专家学者在这个平台上成长起来。主持馆务十年间，他不仅亲自向张元济请益，而且带动全馆与商务互动，有关内容容待后述。

三　《四库全书》与《善本丛书》出版的曲折

文津阁《四库全书》自1916年入藏京师图书馆，即成为镇馆之宝。《四库全书》的传承是张元济一生情之所系。1917年12月，张元济就萌发了抄录四库书的想法，当月19日日记记载："托伯恒商穗卿抄四库书，能否免纳费。"伯恒即孙壮，时为商务印书馆北京分馆经理。穗卿即夏曾佑，时任京师图书馆馆长。

20世纪20年代，北洋政府发起影印文津阁《四库全书》事，首要倚重的就是张元济和他的团队及平台。张元济专程赴京与张宗祥面商此事。张宗祥主张是木刻择印，与张元济主张全印不同，但均与政府"原大全印"之设想相左，此事最终因诸种原因作罢！[2]

1925年4月，章士钊以司法部长兼任教育总长。甫一上任，他有感于去年商务印书馆与清室合作影印文渊阁《四库全书》事因贿受阻，主动筹划出版《四库全书》，并力促由商务承担，目标是将文津阁本付印，再将文渊阁本划归京师图书馆，其意甚美。京师图书馆得部令后，积极行动，很快装箱完毕，却因战事导致铁路中断，商务印书馆提出改由海运，章士钊力排众议而许之，但最终张元济因顾虑重重而自停其事，文津阁本重新

---

[1] 参见全根先：《袁同礼的西文汉学书目及其他》，《国家图书馆与中国近现代目录学史研究》，中国文史出版社2015年版，第63—64页。

[2] 参见王齐、卢仁龙：《大事因缘，百年遂愿——商务印书馆与〈四库全书〉的影印传播》，《中华读书报》2003年8月13日。

开箱归藏。[1]

1933年古物南运之际，张元济故交朱家骅时任教育部长，再次指令中央图图书馆筹备处选印在沪之文渊阁《四库全书》，依然希望由商务承担。不久，朱家骅去职，继任者王世杰依约而行，双方签订了《影印〈四库全书〉未刊本草目合同》，拟选印300多种。作为北平图书馆当家人的袁同礼以及图书馆同人十分关注此事，为此，袁同礼专程赶赴南京，力陈以善本代库本，引发各界争议。之后，袁同礼还发动蔡元培、朱启钤、傅增湘、刘承幹等张元济老友25人联名上书教育部。

张元济本来就主张全印，为此努力了四次，如今已是望七之龄，他一改初衷，做出了不得已的权变之策，以求事成。他前所未有地接受报刊采访，发表意见，并与袁同礼协商。最后，董康、刘承幹等原联名上书者再上书教育部支持张元济主张，部议终于得以坚持施行。

在这场轰动一时的《四库全书未刊珍本》选印事件中，袁同礼从学术角度出发，所议所论虽与教育部及张元济主张不无相左之处，但对共同完善选目也是贡献巨大的。1933年，教育部聘请的《四库全书未刊珍本》目录委员会的17人中，其中来自北平图书馆的就有3人，即袁同礼、徐森玉和赵万里。

先后四次发起影印《四库全书》，每一次无不与张元济有关。张元济一生为《四库全书》的刊行努力不已，最终生前只见到了选印文渊阁《四库全书》的232种。《四库全书》的出版成为他出版征途中的魔障。

经过此番论争，张元济反而更加密切了与袁同礼的合作：一是实现其善本传承的主张；二是支持和帮助国立北平图书馆已经启动的《善本丛书》计划落地。

早在1930年，北平图书馆就提出了刊行国立北平图书馆珍本经籍计划，"仿《知不足斋丛书》例，以若干种为一集，并得继续刊行数十集"，

---

[1] 郑鹤声：《影印〈四库全书〉之经过》，转引自孙彦、王姿怡、李晓明选编：《四库全书研究》，国家图书馆出版社2010年版，第1359—1360页。

"刊行书籍以罕见及有价值者为标准"[1]。并依例组织发起人计30人，比《四部丛刊》的发起队伍规模更大，包括任鸿隽、江瀚、朱希祖、李煜瀛、李宗侗、李四光、沈兼士、易培基、周诒春、周作民、马鉴、马叙伦、胡适、容庚、陈寅恪、陈垣、傅斯年、傅增湘、张继、张元济、张星烺、杨铨、叶恭绰、福开森、刘复、蔡元培、谈荔孙、蒋梦麟、罗家伦、袁同礼。

这并不是一个局限于北平图书馆的出版计划，而是与中华教育文化基金相配合的项目。此时，张元济已经退休，全力校史。但对此举，他不仅同意具名为发起人，还从旁翊赞，并附股加入。他在复国立北平图书馆的信中说："发扬文化，流通古书，附骥为荣，适偿私愿。而诸君子经营提倡之功，尤足信今传后，仰佩靡已。惟时贤著述同时刊行，鄙见似觉稍有未惬，敬祈裁酌。"[2]

袁同礼素奉张元济为"版本大师"[3]，但北平图书馆开始构划《善本丛书》时，却舍张元济所主持的《四部丛刊》范式而仿《知不足斋丛书》，其中不无自创品牌与商务印书馆争锋之意。经过两年的动行，便感到自立品牌的不易，于是改弦易辙，以资源方的身份与商务合作。1933年11月，双方订立了影印《四库全书珍本初集》合同，按《四部丛刊》样式专门印行图书馆珍本，并规定每月印2000页，为期三年，若双方满意后续订。图书馆方获得所印书的1/10。按照这个计划，三年印行规模共计17200页。这一全面、长期、成规模的合作规划充分体现了双方对文献传承的决心。[4]实际是将袁同礼、赵万里所主张的"善本代库本"予以落实。

---

[1]《国立北平图书馆刊行珍本经籍招股章程》，张元济：《张元济全集》第10卷，商务印书馆2010年版，第260页。

[2] 张元济：1930年5月30日致国立北平图书馆，《张元济全集》第3卷，商务印书馆2007年版，第624页。

[3] 袁同礼：《影印〈四库全书〉往来笺》，《袁同礼文集》，国家图书馆出版社2010年版，第230页。

[4] 李致忠主编：《中国国家图书馆馆史资料长编》上册，北京图书馆出版社2009年版，第263—264页。

1935年，北平图书馆完善《善本书目》（甲库）之后，编出了所藏善本乙库书目。袁同礼致信张元济："敝馆所藏善本乙库各书，现将目录编印成帙。兹奉上一册，乞察存。如有可印之书，敝馆极愿委托贵公司影印流传也。"[1]在谢国桢主导下，编成《国立北平图书馆善本丛书》，收书12种，均为谢国桢熟悉和擅长的领域，1936年交由商务印书馆出版。[2]

1940年，在战乱和动荡中，袁同礼安排在昆明的工作人员编出《国立北平图书馆善本丛书》第二集，仍为12种[3]，都是明代关于西南史地的名著[4]，交张元济审定。1940年5月，张元济以74岁高龄赴港与王云五商量诸多要事，其中最重要的包括《善本丛书》第二集的出版。张元济从香港回来后不久，6月10日即复信袁同礼："惟据敝馆驻港办事处来信，谓此书由王云翁与执事商妥，俟《善本丛书》第二集出书之后再行影印，并承同意等语。现拟将此书暂行搁置，待至可以付印之时，再将工料价值估计奉达，想邀鉴允。"[5]可见张元济一直萦怀合作之事。1941年年底，日军占领并查封商务印书馆上海的工厂、发行所，商务业务陷入瘫痪之中。不久，香港分馆也遭到日军占领，王云五即转战重庆，《善本丛书》自然无法续事了。北平图书馆在各地坚守，提出了《北平图书馆西南文献丛刊》九种的编印计划，最后只好与开明书店合作出版。

---

[1] 袁同礼：4日致张元济，张元济：《张元济全集》第3卷，商务印书馆2007年版，第2页。此信未署年月，有张元济批注"25/2/7到"。

[2] 第一集12种包括《皇明九边考》《边政考》《三云筹俎考》《西域行程记》《筹辽硕画》《皇明象胥录》《行边纪闻》《朝鲜史略》《安南图志》《日本考》《使琉球录》。据袁同礼《国立北平图书馆概况》一文"十八年秒，学术界同人发起珍本经籍刊行会，就本馆所藏善本与夫近世名人论著各种小品，仿《知不足斋丛书》例招股刊行，即名为《国立北平图书馆丛书》，现已出书者有《全边略记》《通制条格》《埋剑记传奇》《想当然传奇》《郁冈斋笔记》《鸦片事略》《平冠志》七种"，则为另一丛书。

[3] 包括《云南图经志书》《滇略》《黔南类编》《滇台行稿》《贵州图经新志》《黔草》《铁桥志书》《桂林郡志》《桂胜》《殿粤要纂》《西南纪事》。

[4] 也有借自傅增湘所藏，不全出自馆藏。

[5] 张元济：1940年6月10日致袁同礼，《张元济全集》第3卷，商务印书馆2007年版，第4页。

薪火相传　涵芬永芳

抗战期间，当袁同礼知道商务印行《孤本元明杂剧》，他特致信张元济："敝馆藏有孤本戏曲多种，颇愿委托贵公司影印发行。兹奉上拟目，即希鉴核。书均在沪，随时可以提取。窃念影印之工人经先生多年之培植，已有专长，如继续工作，亦维持其生活之一法。迩来纸价大昂，敝馆为赞助起见，可预约数百部也。"[1]最终迫于时势，张元济对袁同礼拟定的20种珍本只好放弃，这对向来以传古续命的张元济来说是多么的痛苦。

在《国立北平图书馆善本丛书》的合作过程中，双方不断扩大合作领域，结出了奇花异果。抗战时期，袁同礼在云南设立办事处，一如西南联大弦歌不辍，研究成果颇丰。商务印书馆陆续出版了北平图书馆整理的明季野史与边陲史料、《越缦堂日记补》《吴愙斋尺牍》等文献资料以及《敦煌石室写经题记与敦煌杂录》《石刻题跋索引》等研究著作。1946年，袁同礼交商务印书馆的陈梦家先生《海外中国铜器图录》第一集也出版面世。

四　《国藏善本丛书》的夭折

张元济在文献传承出版领域取得了举世无双的事功，但罕有人知道，他不懈追求的过程中，也留下了无尽的遗憾和失望。这与时势和国运不可分属。文津阁《四库全书》多次谋印的失败已如前述，更有由北平图书馆主导的《国藏善本丛书》的功亏一篑，值得详述。

对文献珍籍的传承和开发，从来受到文化大家的关注。就在北平图书馆与商务印书馆合作大张旗鼓却虎头蛇尾之际，傅斯年有感于《四部丛刊》所收善本大率囿于江南私家珍藏，罕及北方，向张元济建议将北平各国立机关，如故宫博物院、北平图书馆、北京大学、中央研究院历史语言研究所所藏之善本书，擘划一套继承和发展《四部丛刊》的大型文化工程——《国藏善本丛书》，弥补对北方文献罕加利用与开发的遗憾，希望张

---

[1] 袁同礼：1940年4月18日致张元济，张元济：《张元济全集》第3卷，商务印书馆2007年版，第4页。

元济以己之长将此计划付诸实施。[1]

这样的计划自然最能打动张元济的心思，刊印善本古籍一直是他的志业。十几年来为《四部丛刊》刊行，虽得南北公私之助，丐假匪易，《四部丛刊》前三编中的重大缺憾就是北方公藏及名家藏本罕有择入。今傅斯年诸公能举天府之秘、献名家之珍，张元济自然欣喜不已。如果真如傅斯年所规划，不仅可以公布、刊传又一大批善本，与《四部丛刊》也并不矛盾，且更具实用性。张元济复信傅斯年说："国立机关所藏善本流通行世，极所欣愿。……书目编成，尚祈示阅，尤深企盼。"[2]

得到张元济认可后，双方很快签订了合同。据《国立北平图书馆馆务报告》称："为流通古籍起见，本馆与中央研究院历史语言研究所、国立北平故宫博物院、国立北京大学等处合作，取所藏珍本古籍委托商务印书馆影印行世。业经订立合同，定名为《国藏善本丛书》，现已开始影印，全书约50种。共装订1000册。"[3]

1936年7月，《四部丛刊三编》出齐，《百衲本二十四史》也成书在望，仅《宋史》未出齐。张元济把精力从《四部丛刊四编》的准备中转移出来，决定利用这一机缘先印行《国藏善本丛书》。

为什么张元济如此重视《国藏善本丛书》，甚至把《四部丛刊四编》的出版都延缓了呢？继1933年故宫古物南迁至上海后，1935年12月，北平图书馆善本书也运往上海，寄存在中国科学社与上海商业储备银行，部

---

[1] 1936年4月5日，傅斯年致信张元济："年来斯年有一微意，以为北平各国立机关藏有善本者，不妨各出其所藏，成一丛书，分集付刊。……书式如《四部丛刊》，以保原来面目，且可定价底廉。（《续古逸丛书》式不适用。）……选择时宗旨不在玩赏，而在流传材料，不多注意版本，而多注意实用，销量当可超过续《四部丛刊》之上。兼以公家所藏，名声较大，故宫之菁华（观海堂所藏包括在内）、北平图书馆之秘籍，未尝不可号召，在日本及西士尤动听闻。此事就事业论，就生意经论，皆有意思。"张元济：《张元济全集》第3卷，商务印书馆2007年版，第270页。

[2] 张元济：1936年4月13日致傅斯年，《张元济全集》第3卷，商务印书馆2007年版，第271页。

[3] 李致忠主编：《中国国家图书馆馆史资料长编》上册，北京图书馆出版社2009年版，第267页。

薪火相传　涵芬永芳

分寄存在南京中央研究院和中央大学。1936年春，傅斯年到南京主持中央研究院工作。如此时机，天成地设，因此，1937年初，《国藏善本丛书》计划正式启动。

张元济准备亲自赴南京"检阅版本"，傅斯年致函张元济表示欢迎，并邀请张元济届时到史语所"指教一切"。张元济4月13日启程赴南京，为时三天，期间除拜客访友外，绝大部分时间均在南京的故宫博物院书库内看书。15日午后，赴中央研究院史语所晤傅斯年、董作宾，并检阅图书馆藏书。张元济、傅斯年"新都把晤"，中心话题自然是委印《国藏善本丛书》事。

在多方支持下，1937年6月，《国藏善本丛书》第一辑50种书目由傅增湘、袁同礼、徐森玉、张庚楼、赵万里迅速确定[1]，收录北平图书馆藏书21部、故宫博物院藏书22部，其余为北大、史语所藏书。张元济立刻着手撰写提要，当月月底已基本完成（有商务老专家胡文楷参与）。工作之神速，如老吏断狱，干净利落。谁能想到这是一位年过七旬的老人之作！

尽管各方竭尽全力，但一场战争正在迅速逼近。不久，"八一三"事变爆发，商务印书馆不得不战略大转移。《国藏善本丛书》虽发行了样张及目录，也有了撰写好的提要，但战争的扫荡把这一刚刚启动的文化工程扼杀了。商务印书馆元老丁英桂在《商务印书馆与四库全书》中说："至1937年（民二十六），张菊老复为商务辑印《国藏善本丛刊》，编定目录，发售预约。由于'八一三'事变发生，中止进行。"[2]

这是一项气势恢弘、规划到位，切实有利于古籍传播与学术研究，且足以征表时代的文化工程，由此可以了解到，张元济对古籍的刊布并没有止步于《四部丛刊》和《百衲本二十四史》，他希望从实用性出发更上一

---

[1] 据1937年2月27日赵万里致张元济信："《国藏善本丛书》由袁、傅诸公发起，嘱里代拟草目，不过就诸家所藏，择其精要者，备尊处参考而已，未敢以为有当也。闻有油印本寄呈，请赐加斧正为幸。"张元济：《张元济全集》第2卷，商务印书馆2007年版，第533页。

[2] 丁英桂：《商务印书馆与〈四库全书〉》，商务印书馆编：《商务印书馆九十五年》，商务印书馆1992年版，第147页。

层楼，实施一套能超越《四部丛刊》、全面网罗现存善本的大型出版工程，但是却和《四部丛刊四编》一样未能实现。这不仅是张元济及朋辈们的遗憾，也是文化、出版史上悲怆的一章。

五　南北书缘

在持续20多年的合作和往来中，张元济与北平图书馆之间因事生情，事以情系，还发生了诸多以书结缘、得缘促学的故事。

张元济依托商务强大的实力，通过数十载的积聚，使东方图书馆成为国内藏书之冠，尤以富善本、门类齐著称于世，自然成为发展时期北平图书馆楷法和追寻的典范。因此，赵万里、谢国桢、孙楷第等馆中向学英才无不以攀缘这位文化前辈为荣，或登门造访，索观所遗所藏。张元济不仅乐为接纳，而且竭诚相友、相助、相援。

北平图书馆主要人物徐玉森、赵万里、谢国桢、孙楷第，他们在工作过程中都有幸得到过张元济的帮助。其中，张元济与赵万里的来往最为密迩。1931年8月，赵万里南下访书，到上海拜访张元济，张元济不仅安排对收藏同样爱好的郑振铎陪同，而且专门开放涵芬楼珍藏，并指示同人，"在馆之书，恣其翻阅"[1]。之后，赵万里每次南方访书，无不登门求教。当然，张元济也慧眼识珠，十分赏识这位后学英才。赵万里成为傅增湘与张元济二人之间的重要联络办事人员，一如张元济在北方的眼睛。张元济得以有机缘利用北平图书馆馆藏资源，包括赵万里所掌握的藏家珍本信息，来完善文献底本，如《四部丛刊续编》中就有北平图书馆的底本五种；《四部丛刊三编》及《百衲本二十四史》遇到底本需要补缺之处，不少因赵万里的支持和帮助而成为完璧。

赵万里为张元济的宏业所激发，竭尽其所学、所识来支持、参与其为古书续命的事业。《四部丛刊三编》中就有赵万里撰写的题跋，赵万里还

---

[1] 张元济：1930年7月25日致傅增湘，《张元济全集》第3卷，商务印书馆2007年版，第375页。

向张元济提出建议："瞿目有汲古阁抄张小山《北曲联乐府》，似出元本，且属罕见（友人任君辑《散曲丛刊》，所见似不及此本之善），可否影入《四部丛刊四编》，以广流传。"[1]一老一少为古籍珍本化身而孜孜以求。

张元济对赵万里的事业也十分支持。1928年，赵万里特邀已在商务印书馆工作达六年之久的向达北上，出任北平图书馆编纂，专门负责馆藏敦煌卷子的整理。向达作为商务印书馆培养和成长起来的人才，后来成为国内首屈一指的敦煌学专家，也与其在商务专门从事译书打下的基础有关。这是商务印书馆培养出来的人才奉献给北平图书馆的又一具例。

赵万里整理的王国维《海宁王静安先生遗书》一直没能出版，1940年，在抗日战争的艰难背景下由商务出版，充分反映了张元济对赵万里事业的关怀与襄助。

1949年9月，张元济赴京参加政协会议。16日，在赵万里、王重民等的陪同下，得以观摩北京图书馆善本书，赵万里特意出示馆中所藏精品——海源阁藏书及文津阁四库书，一偿前辈夙愿。[2]作为晚辈，赵万里此举自然最会心于张元济。

六　涵芬永芳

东方图书馆的精魂和张元济一生的努力，为国家图书馆奉献了一份傲然于世的文化财产。"涵芬楼建国之初将所藏图书捐献国家后，拨交北京图书馆收藏，成为当时轰动一时的事情。"当年曾经参与接收东方图书馆捐赠的亲历者、国家图书馆版本目录专家冀淑英在《冀淑英古籍善本十五讲》中如此写道。书中以《涵芬楼藏书》为题，进行了全面的讲述："1932年'一·二八'事变，商务印书馆因离闸北较近，被烧掉了，涵芬楼的书幸好在此之前放在银行保存才躲过一劫，但是，张元济先生存放在

---

[1] 赵万里：1937年2月27日致张元济，张元济：《张元济全集》第2卷，商务印书馆2007年版，第533页。

[2] 张元济：《张元济全集》第7卷，商务印书馆2008年版，第383页。

东方图书馆的2600种方志在大火中被毁掉，幸存下来的古籍都编成提要式目录，这就是《涵芬楼烬余书录》，这些书现在都存在我馆，其中宋刻93部，元刻89种，明代书156种，抄校本192部，稿本17部，共计547部，但书到北京图书馆后著录的数目是600多种，原因是永乐大典的21册，原来是按十种著录的，而且有70种明活字本的唐人集没有统计。《涵芬楼烬余书录》著录的书后来全部交我馆，目录之外的书管局又拨交我馆一批，这样涵芬楼的藏书都收藏在我馆。"[1]

这批珍品是张元济半个世纪的搜访劫余，是商务印书馆的资产，最早由陈叔通动议捐献，并得到张元济的赞同。在张、陈的主导下，商务印书馆董事会于1951年6月2日第505次董事会通过了由张元济等署名的善本书古籍保管委员会拟将公司所藏《永乐大典》捐献政府的提案。[2]1952年12月24日，张元济又致信郑振铎："……涵芬楼烬余各书甚蒙垂注，至深感荷。此等书籍断非私人机构所能永保，同人久有贡诸中央之意。"[3]中央决定由北京图书馆接收。1953年2月，经商务印书馆派专员护送这批国宝到京，北京图书馆派人到车站迎接，之后，向文化部社会文化事业管理局局长郑振铎及国图善本负责人赵万里点交。[4]曾登涵芬楼观书、如入宝肆的赵万里，见到当年只可远观的巨量宋元珍籍入归册府，并亲自执掌，其感如何？张元济心中对国家之托、对旧友之托，心中岂止是释然？他的使命、他的心血、他的遗憾，也会带到书的天堂中去了。

商务印书馆所捐《永乐大典》达21册，成为《永乐大典》散佚后最大的一次聚合。为此，周恩来总理致信张元济，感谢他和同事们的捐献。张元济1951年10月4日回复周恩来总理：

---

[1] 冀淑英：《冀淑英古籍善本十五讲》，国家图书馆出版社2009年版，第184—188页。
[2] 张人凤、柳和城编著：《张元济年谱长编》下册，上海交通大学出版社2011年版，第1360页。
[3] 张元济：1952年12月24日致郑振铎，《张元济全集》第2卷，商务印书馆2007年版，第520页。
[4] 张人凤、柳和城编著：《张元济年谱长编》下册，上海交通大学出版社2011年版，第1386页。

薪火相传　涵芬永芳

> 商务印书馆旧藏《永乐大典》二十一册，本系国家之典籍。前清不知宝重，散入民间。元济为东方图书馆收存，幸未毁于兵燹，实不敢据为私有。公议捐献，亦聊尽人民之职，乃蒙赐函齿及，弥深荣感。[1]

这批捐献的《永乐大典》中尤其值得介绍的是，其中四册是《水经注》的后半部，民国初年为傅增湘所得，后售予蒋汝藻密韵楼。1926年随密韵楼珍本为涵芬楼所收，成为其收藏中的珍品。

商务捐赠文献后，张元济又将个人最后的珍藏陆续捐献给国家。不过，因为早在抗战前，他的大部分个人藏品已经捐献给了合众图书馆，自己基本已无所秘藏。于是，他联络、动员朋友进行捐献。1951年上半年，张元济得知早年南洋公学的同事赵从潘的儿子赵敦甫在南京发现李清照与赵明诚合著之《金石录》宋嘉祐初刻本。赵敦甫专程赴上海请张元济鉴定题记，张元济认真研究后，写下了长达1300字的跋文。之后，赵敦甫听从张元济的建议，携其长信面呈于郑振铎，将《金石录》献给北京图书馆。

1953年6月，由张元济等创办的合众图书馆包括全部珍藏25万册图书、15000种金石拓片也捐献给了上海市人民政府。随后，以此为基础的上海图书馆诞生了。

张元济早年十分艳羡他的前辈缪荃孙，并赞叹他对中国近现代图书馆事业的贡献，即一生参与创办两大图书馆——江南图书馆（今南京图书馆）和京师图书馆。由于张元济人寿年丰，并得时代所赐，他最终超越前贤，为当今中国两大图书馆——国家图书馆和上海图书馆贡献非凡，无人能比。

（作者单位：《四库全书》出版工作委员会）

---

[1] 张元济：1951年10月4日致周恩来，《张元济全集》第2卷，商务印书馆2007年版，第513页。

张元济《环游谈荟》研究

叶 新、潘 玥

1910年3月17日（庚戌年二月初七日），张元济先生从上海起程，一路游历欧美，且走且停，考察西方各国教育、印刷、出版事业，于1911年1月18日（庚戌年十二月十八日）回到上海，环球一周，时间长达十个月之久。岳麓书社新出《道西斋日记 环游谈荟》中的《环游谈荟》部分恰恰是张元济对这次环球之旅的记述，不过从目前刊布的篇幅看，笔者认为其中存在着明显的缺漏，试图以现有之文献来弥补。

一 岳麓书社版《环游谈荟》的缺陷

2016年9月，岳麓书社推出了"走向世界丛书"续编65种。笔者欣见其中有一册为《道西斋日记 环游谈荟》（刘柯等校点），收录有张元济撰写的《环游谈荟》等。本书只有120余页，《环游谈荟》约占三分之一。除了将发表在《东方杂志》上的《环游谈荟》作为正文之外，它还有三个附录。"附录一"是《环球归来之一夕谈》，"附录二"是《张菊生之教育谈》，"附录三"是张元济在旅途中致沈曾桐的一封信。

翻阅完该书之后，不免让人大失所望。笔者早在2002年发表过一篇小文《商务印书馆与英国朗文早有来往》（《出版史料》2002年第3期），资料来源是《张元济书札》（商务印书馆1997年版）中收录的张元济致当时商务印书馆董事长夏瑞芳、总经理高凤池的一封信。不仅这封信未收入《环游谈荟》，《张元济书札》中的其他相关信件也并未收入，这固然是一种缺憾，而如果翻阅《张元济诗文》，乃至2007年开始陆续出版的《张元济全集》、2011年出版的《张元济年谱长编》，这种缺憾就更加明显了。

二 对《环游谈荟》已收部分的分析

（一）《环游谈荟》正文

《环游谈荟》是张元济先生对其1910年环球之旅的记述，连载于《东方杂志》1911年第8卷第1号［3月25日（二月二十五日）刊行］、第2号［4月23日（三月二十五日）刊行］，但只是记录了1910年3月17日他从上海出发，同年5月4日（三月廿五日）到英国伦敦的整个行程。从一路上看，就停靠或者上岸的地方而言，在中国境内，他经过了厦门、广州、香港；接下来是境外的新加坡（新嘉坡）、马来亚（柔佛、斯威南、槟榔屿）、科伦坡（可伦坡）、苏伊士运河（苏彝士运河）、塞得港（波特塞得）各处，然后经过地中海，绕过直布罗陀（支布洛达），先到鹿特丹（安蒙士达丹），而后到了最终目的地伦敦。

从"环游谈荟"的名称来看，它就是张元济对这次环球之旅的系列记述，但刊登两期即止，殊为可惜。《环游谈荟》正文之前有张元济的一段话：

> 去年，余有环游地球之行，所至之国凡十数，往还仅十有半月。时日短促，而语言又不甚足用，闻见所及，至为肤末。舟车罕暇，记录尤略。归国后，友人索观游记，愧无以应。乃取途中所杂录者，稍稍整理之；追忆所得，辄为搜补。随笔掇拾，漫无体例，亦聊以为知彼之助而已。至凡属于教育之事，则别为一编，兹不及焉。

从这段话我们可以看出，因为语言不甚通，又加上舟车劳顿，辗转各地，张元济的记述既不丰富，更不完整。而他的友人又想要看游记，他也就在原先杂录的基础上加事后的追忆，勉强成文。从已发表的部分来看，由于舟中无事，内容还是比较丰富的。而这仅仅是对到达西方世界的第一站——英国的路途上的记述，张元济一路上考察的国家，除了英国之外，还有欧洲各国、美国、日本，这些还没有展开论述呢！

而从"至凡属于教育之事，则别为一编，兹不及焉"这一句来看，"教育之事"不在"环游谈荟"包含的内容范围之内，另外还有专文阐述。1910年2月，《教育杂志》第1期刊登特别广告，称："上年张菊生先生环游世界，近甫归国。前蒙先生将有关教育之各种图片送交本社，并允将此次调查各国教育情形随时笔述，以饷吾国之教育界。本社自当陆续登载，以副爱读诸君先睹为快之意。"而《东方杂志》1911年第8卷第1期到第4期均刊登了一则"第三年《教育杂志》"广告，提到"今年本杂志之特色"有四，其中第三条是："张菊生参议环游世界，客腊返国，允将关于教育之心得及各种图片交本社刊行，颇多吾人所未闻见者。"显然，这原本是一个庞大的写作和发表计划。而从第4期的"第三年《教育杂志》"广告中出现的"今年第五期之目次"来看，并未提到有关要目。如果要发表，只能等到第6期或者以后分期刊登了。可是计划总是赶不上变化，"吾国之教育界"没有等来《教育杂志》的相关文章。

除此之外，我们也相当期待他对西方出版印刷业的考察和接洽记录。而教育和印刷出版都与早期商务印书馆的经营密切有关。我们可以想见，张元济此次考察的时间颇久，内容项目也多，经过的国家不少，如果条件允许，能够提供给我们的记述应该是相当丰富的。

《环游谈荟》写于1911年的农历正月（1911年1月30日为辛亥年大年初一），也就是1911年的公历2月。但是之后就断了，原因为何？《道西斋日记 环游谈荟》的校注者只是说"并未连载完，不知何故中止了"。我们不知道他是写完了未刊登，还是根本就没写。按理说，后者的可能性比较大。因为如果写好了，甚至交到杂志社了，就没有不刊登的理由。

那么为什么没有继续写下去呢？也许《张元济年谱长编》能给我们作些解答。张元济1911年1月18日在上海下船，在八天之后的1月26日（十二月廿六日）就出席了商务印书馆第44次董事会议。在接下来的2月4日、2月14日、3月2日、4月4日、4月18日，又先后参加了第45、46、47、49、50次的董事会议。2月23日上午，张元济到编译所会议室议事。

356

因为所中新定了章程，其中下属的总编译部13人每月初十、廿五开会两次，决定编译事件。当天为第一次会议。4月18日，商务印书馆召开了股东常会，选举高凤谦、鲍咸昌、高凤池、印锡璋、张元济、夏瑞芳、郑孝胥为新一届董事，张桂华、张廷桂为查账员。

从这次股东常会的记录来看，商务印书馆高速发展的势头确实得到了某种遏制。1910年总计销货173.21万元，比上年只增长了2%，而且没有开设任何分馆。重要的是，1910年夏天上海爆发的"橡皮股票事件"给商务带来了恶劣影响。郑孝胥在其1910年7月22日（六月十六日）的日记中写道："午后，商务印书馆开特别会议，夏瑞芳经手，被钱庄倒去十四万。"在这次橡皮股票风潮中，正元、谦余、兆康三家钱庄倒闭，商务印书馆受夏瑞芳之累被倒银64750两。当时商务印书馆的董事会制度初创，而主席张元济又在海外游历，夏瑞芳不按法律规章办事，投机失败，致使商务印书馆也卷入其中，损失大笔资金。高凤池在7月25日给张元济的信中说，夏瑞芳不听张元济、自己和账房的劝阻，"凡遇此种有关系事，既不照章报告董事会，亦不询商他人，一己独断独行，以致酿成此局"。高凤池希望张元济速速回国，收拾局面，因为由此导致的困难会接踵而至，"1.瑞翁与公司之交涉；2.股东与公司之交涉；3.一二年来分馆时有用空、卷逃、溺职等情"。但是在欧洲的张元济并没有中断既定的旅程，他在给郑孝胥、印有模、高凤池等的信中说，"梦翁传述翰兄谕令弟速归，极为[应]遵办，但有为难之处"。但由于现存的资料太少，我们无从考证这"为难之处"是什么。

由于夏瑞芳长期不能从"橡皮股票事件"的影响中恢复过来，无心商务印书馆的经营，张元济回国后的馆务就更加繁重了。这从他给一些朋友的回信中可见一斑。比如他在1911年3月3日致盛宣怀的信中说："元济岁晚回沪，积冗滋多，辄无善状可述。"在3月23日致汪康年的信中说："归国已两月，俗事纷集，竟无寸晷之暇，未尝以一纸通讯，乃仲兄传语，先承慰问，感悚无极。"旧事积欠，俗务缠身，张元济又本是个事必躬亲的人，《环游谈荟》的写作这等小事情只能越来越往后排，越来越没有着手

357

的可能了。

而1911年的大环境是辛亥革命的兴起，清朝灭亡，民国新创。忙于救火馆务的张元济没想到的是，同为馆中高层的陆费逵准确预测到革命的胜利，正谋求编辑共和国教科书，成立中华书局呢。更大的危机在等待着商务印书馆和张元济。

因此，这次环球之旅经过的总结、撰写和发表，对张元济而言只是小事而已。随着时间的流逝，旅途经历的场景日益模糊，内容的时效性也越来越差，腰斩的可能性就更大了。

（二）"附录一"：《环球归来之一夕谈》

《环球归来之一夕谈》连载于《少年杂志》1911年第2期［3月30日（三月初一日）刊行］和第3期［4月29日（四月初一日）刊行］。但这篇文章并不是张元济本人的撰述，而是记者对其演讲的记录。回国才三天，张元济的朋友虞含章、杜亚泉等发起晚餐会，在一品香公宴张元济，请其演说环游地球一周的情景。他演讲了三小时，听众有编译所的同人和外来者40余人。

《环球归来之一夕谈》有一段编者按，其中说道："记者亦预会听其演说，颇有感触。归来用笔记之，以供未游者之一读。"《少年杂志》本创刊不久，记者也是馆中同人。他并不是边听演讲边记录，而是回家之后加以笔记的。如果张元济只是随口道来，而记者能根据事后记忆写出七八千字，记忆力和笔头功夫实在了得。按柳和城先生在《孙毓修评传》中的说法，此"记者"即该杂志主编孙毓修，真有心人也！

该文自称"我"，用的是张元济本人的口气，总计23节。开头是"游历总纲"，概述环球一周的行程。接下来的"我国出洋的苦工""新嘉坡的华侨""华侨的赌兴""槟榔屿""可伦坡的茶叶""苏彝士运河""波特塞得"7节与《环游谈荟》的记述多有重复。由于《环游谈荟》的"被腰斩"，《环球归来之一夕谈》其后的15节就显得弥足珍贵了。

该文的最后的一段话是："今晚所说的甚为粗略，不足供诸君一听。过了几时，我还要详详细细将我游历时的见闻和各国初级教育、贫民教育的办法写出来，请教请教。"其中的"游历时的见闻"即随后起了个头的《环游谈荟》，而"各国初级教育、贫民教育的办法"则连头也未开了。从"详详细细"这个说法而言，该文前八节的内容约为3000字，与之匹配的《环游谈荟》约为8000字，估计后者本应写而未写的部分也在15000字以上，如果加上相关图片，篇幅就更多了。

（三）"附录二"：《张菊生之教育谈》

《张菊生之教育谈》是张元济1911年6月29日（六月初四日）应寰球中国学生会发表的演讲。《道西斋日记 环游谈荟》记载的出处是1911年7月2日和4日的上海《神州日报》，笔者能查到的出处是重庆《广益丛报》1911年第272期，显然该文是多处发表。两篇文章在正文之前各有一段说明文字。前者说的是：

> 鄙人去年由海道至英、德、法、比、意各国，复返至英，为时甚促。本非专往调查学务，且中等教育以上程度甚高，亦非浅识所能考见，惟留意于小学教育一方面。承贵会不遗浅陋，敢述所见，以质高明。

这是常见的演讲开场白，由张元济口述。因为寰球中学生会致力于中学教育，而他考察的是小学教育，主题不太吻合，故有如此谦语。而后者说的是：

> 寰球中学生会初四晚上之演说。方届八时，张菊生惠然莅止，先由名誉会长伍秩庸布告开会大旨。张君登台，谓鄙人去年由海道至英、德、法、比、意各国，复返至英，为时甚促。本非专往调查学务，且中等教育以上程度甚高，亦非浅识所能考见，惟留意于小学教育一方面。承贵会不遗浅陋，敢述所见，以质高明云云。乃演说两时之久。座客咸鼓掌而散。兹录其演说大旨如下。

本段包含了上段的全部内容，并提到演讲由寰球中学生会名誉会长伍廷芳（字秩庸）主持，开始时间是晚上8点，演讲了两个小时，受到听众的热烈欢迎。

从这两份报纸刊发的正文来看，内容一模一样，应该是张元济事先撰写了演讲稿的缘故。从演讲稿的篇幅来看，两个小时能讲的内容应该超过演讲稿本身的篇幅。该文内容与《环球归来之一夕谈》也有相似之处，相似度最大的一处如下：

> 余在意大利国往观一盲学校，有学生闻余在旁参观，乃手写一纸以畀余，略谓世界受苦之人，盲聋为甚，亦惟盲聋人能知盲聋人苦状。今蒙张君惠观本校，因念张君之祖国中，亦不少哑聋之同类，但愿张君返国后设法启迪盲学，亦吾侪同类之幸福也，云云。余本不解意大利文字，因有友人以英语转详［译］示余。盲生之见解如此，实令人嘉尚无已。

而《环球归来之一夕谈》有一段题为"罗马的盲女学堂"的内容，说的是：

> 我在罗马，去看一个盲女学堂。女学生排班来迎，并献祝词。末后几句道："愿先生回国之后，竭力开设此种学堂，以教贵国之盲女。果如此，则不但贵国之苦同胞受益，并我辈也感祷不尽。"我听了很觉难受。

两段内容略有出入，但大致相同。最后值得一提的是，《张菊生之教育谈》的部分内容还分别刊登于《女学生》杂志的1911年第38期、1912年第3期，名为《张菊生先生小学教育记》，内容一模一样，不知为何。

（四）"附录三"：《致沈曾桐的信》

《道西斋日记 环游谈荟》前面的"叙论"中只提到两个附录。其中一处说，"留下来的足迹便是这里收录的《环游谈荟》和编者辑录的两个附录"。最后还说，《环球归来一夕谈》《张菊生教育谈》"两篇均系记者记录的讲演稿"。漏说的是"附录三"，也就是《致沈曾桐的信》。

该信1910年6月24日（五月十八日）由张元济从英国伦敦寄给广州的沈曾桐。因为他3月21日（二月十一日）曾在广州上岸见过沈曾桐，当时沈为广东提学使。信中说："春间道经羊城，获聆教诲，欣幸无似。别后海程一月有半，始达英伦。"

按5月4日（三月二十五日）往前推一个半月，可大抵知道两人的见面日期。信中除了谈到从印度洋经过苏伊士运河、地中海、比斯开湾到伦敦的旅程外，还涉及一些别的内容。比如《环游谈荟》提到从塞得港起航之后的行程：

> 舟既启碇，出运河口，沿堤岸行。堤长三四里，突入地中海中。堤尽处有赖赛朴斯铜像，临流峙立，过其下者辄瞻望不置。盖运河之成，功在万世，赖氏艰难缔造，固宜受众人之崇拜也。

其中提到了塞得港北侧苏伊士运河与海湾交汇处的防波堤上所立的苏伊士运河开凿者菲迪南·赖赛普斯的铜像，当时还在，台基高约五米。下一段就马上提到了"既抵英伦，舟徐徐行泰姆斯河（即泰晤士河——引者注）中"。而在致沈曾桐的信中，张元济则不仅提到地中海和大西洋之行，还提到了荷兰之行，然后才是目的地伦敦。而后又简短提到了英王（即爱德华七世，1901—1910年在位）之丧、爱尔兰之行、英国教育、比利时和瑞士之行。

以上四篇著述，如果从写作时间顺序来看，排列如下：1.《致沈曾桐的信》；2.《环球归来之一夕谈》；3.《环游谈荟》；4.《张菊生之教育谈》。

三 对《环游谈荟》应收未收部分的分析

（一）收录的原则

笔者认为，如果把《环游谈荟》作为对张元济这次环球之旅记述的总标题或者单行本的书名，其收录的原则应如下：

1. 能收入则尽量收入，不仅是张元济本人在旅途中的著述，还包括出发前的准备、归国后的反馈，尽量把点滴的著述做成一个相对完整的"拼图"。

2. 所收信件不仅应包括张元济给他人的去信，还应包括与之相关的他人的回信，这样可以看出信中内容的来龙去脉。

3. 不仅要收入跟这次环游有关的信件，也要收进他在旅途中发出的与馆务有关的信件，尤其是许多信件本身就两者兼而有之，反映了身在国外的他对国内馆务的关心。

4. 应收入西方国家报纸对张元济这次环球之旅的报道。

5. 张元济的家人特别是儿子张树年的相关回忆史料也要收进来。虽然张元济出国时，张树年才不到三岁，但是张元济带回了一些相关物品，而且有时也会和他谈及相关内容。

（二）对《环游谈荟》应收未收部分的分析

就《道西斋日记 环游谈荟》的《环游谈荟》部分而言，按照以上原则，应收而未收的部分不少，以下按时间顺序排列（如果有多封信，按第一封信的发出日期排列）说明之。

1. 往来信件部分

（1）致孙壮书（两封）

孙壮（1879—1943），字伯恒，当时为商务印书馆京华印书局的经理。张元济给孙壮的相关信件有两封，第一封发于1910年2月15日，是从上海到北京。此前的2月10日，张元济在给孙壮的信中提到这次环球之游，说定于阴历二月初六日起程。1910年2月3日（己酉年十二月廿四日），他在给缪荃孙的信中提道："贱躯迩日稍觉强健，明春将有环球之行，约以半年为限。"所谓"明春"即阴历1910年春天，环球之行的时限暂定为半年。写信日期离出发日期刚好一个半月。这是目前所见提到这次环球之游的最早文献。

张元济在这封信中提到要孙壮为这次环游向外务部、学部呈文。因为1903年他进入商务印书馆编译所之后，还曾经被保举为学部左参议，调任外务部员外郎兼储才馆总办，虽然实际上并未进京履职，但是也没有明确表示辞职。而作为政府官员出访，也有其便利所在，可以得到清政府驻当地公使或者领事的接待。比如他去纽约先驱报社参观访问，用的身份就是"学部官员"，而陪同他访问的是清政府驻纽约的领事和副领事。另外，他还向孙壮提到他西行之后由高梦旦负责编译所的各种公务，让孙壮有事跟后者接洽。

张元济1911年2月6日给孙壮写了一封信，属于回国之后对旅途中一些事情的交代，在此不作赘述。

（2）致蔡元培书（三封）

张元济致蔡元培（1868—1940）的相关信件共有两封，一封为1910年2月24日发于上海，另一封为同年5月9日发于英国伦敦，目的地都是德国柏林。蔡元培1907年5月到1911年11月期间在德国留学。第一封信提到他大概四五月间（阴历）可以到柏林，期盼到时见面畅聊。第二封信提到他的欧洲大陆之游，不仅仅包括蔡元培所在的德国，还有瑞士、意大利、奥地利、匈牙利等，当然还有其他事情。

（3）致孙毓修书（三封，附孙毓修致张元济书一封）。

张元济致孙毓修的相关信件有三封，均从国外发往上海。孙毓修（1871—1923），字星如，张元济在信中称其为"星翁"。1908年后，在张元济的指导下，孙毓修兼管编译所图书室涵芬楼，从事古籍采购、善本审考和编目整理工作。这三封信都与此有关。

第一封信发于1910年4月17日（三月初八日），可能发自埃及塞得港。该信的开头提到"顷忆得数事有关于图书馆者，胪举如左，伏祈察核为幸"，谈的都是关于图书室和收购古籍的事情。

第二封信同年6月22日（五月十六日）发自英国伦敦。谈的主要是古籍整理出版和收购之事。

第三封信同年10月14日（九月十二日）发自意大利罗马。在该信中，张元济表扬了孙毓修在图书馆管理工作方面的努力，并提到陶葆霖、高梦旦要孙毓修去从事编译工作，请他不要误会。

孙毓修同年5月24日（四月十六日）从上海发往伦敦的信，与张元济4月17日、6月22日发给孙毓修的信均有关联，有助于说明这两封信的内容。

（4）致陶葆霖、高凤谦书（三封）

张元济致陶葆霖、高凤谦二人的信总计有三封。陶葆霖（？—1920），字惺存，张元济在信中称其为"惺翁"。高凤谦（1869—1936），字梦旦，张元济在信中称其为"梦翁"，时任编译所国文部部长，张元济出国期间指定他代为管理编译所。

第一封信1910年5月5日（三月廿六日）发自伦敦，用的是他下榻的西中心旅社的用笺，信的上半部不全。

第二封信同年5月10日（四月初二日）同样发自伦敦。该信提到11件事情，既有馆事，也有在英国参观之事。

第三封信同年8月27日（七月廿三日）发自柏林。该信主要谈到对"橡皮股票事件"发生后馆内旷班人多的担忧，还有就是孙毓修图书室管理工作的为难之处，再则就是对他寄回东西的说明，最后是他离开柏林之后的行程以及参观柏林各种学堂的情景。

值得一提的是，张元济对给商务印书馆高层的信和对方给他的信均有编号。在上述5月10日发出的第二封信中，张元济提及"三月廿六日发第九号信想收到矣"，应该是指他5月5日（三月廿六日）发出的信，为第九号信，但是信的最后并没有标明，不知何故。接下来他又提道："一、第一号即香港所发明信片，信片、封函号数连接，可以免致错误也。"这就是给信件编号的好处。但从目前《张元济全集》收入的有关信件的情形来看，这些编号信件遗失太多，已有的信息也不全。下表是张元济寄给商务高层的信件的具体情况（信息不全）：

表1 张元济致商务印书馆管理层人员信件情况一览

编号	阳历	阴历	收信人	实际姓名及字号	发出地
第一号				陶葆霖（惺存）、高凤谦（梦旦）	香港
第九号	5月5日	三月廿六日			伦敦
第十号	5月10日	四月初二日	惺翁、梦翁	陶葆霖（惺存）、高凤谦（梦旦）	伦敦
第十一号	5月25日	四月十七日	萃方	夏瑞芳（萃方）	爱尔兰
第十二号	5月20日	四月十二日	梦翁	高凤谦（梦旦）	爱尔兰
第十三号	5月26日	四月十八日	梦翁	高凤谦（梦旦）	爱尔兰
第十五号					
第十七号			萃方、翰卿	夏瑞芳（萃方）、高凤池（翰卿）	
第十九号			萃方、翰卿	夏瑞芳（萃方）、高凤池（翰卿）	
第廿一号	8月21日	七月十七日	萃方、翰卿	夏瑞芳（萃方）、高凤池（翰卿）	柏林
第廿四号	8月27日	七月廿三日	惺翁、梦翁	陶葆霖（惺存）、高凤谦（梦旦）	柏林

以上收信者夏瑞芳、高凤池、陶葆霖、高凤谦等均位居商务印书馆的管理层，信件均有编号，但张元济给孙毓修的信及孙的回信就没有编号，这证明孙毓修在馆中的地位较低。商务高层寄给张元济的信件，他也一一编号，下表是其具体情况（信息不全）：

365

表2 商务印书馆管理层人员致张元济信件情况一览

编号	阳历	阴历	寄信人	实际姓名及字号
第二号			惺翁	陶葆霖（惺存）
第四号			惺翁	陶葆霖（惺存）
第七号	5月6日	三月廿七日	梦翁	高凤谦（梦旦）
第十三号			萃方、翰卿	夏瑞芳（萃方）、高凤池（翰卿）
第十六号			惺翁	陶葆霖（惺存）
第廿四号	7月29日	六月廿三日	惺翁	陶葆霖（惺存）

（5）致高凤谦书（两封）

张元济单独给高凤谦的相关信件有两封。第一封信1910年5月26日发自爱尔兰。在信中，张元济总计提到12件事，除了八件馆事之外，还提到一件私事，两件与环游有关的事。信息量大的是最后一件事，也是关系到商务印书馆的一件大事。张元济知道夏瑞芳陷入了"橡皮股票事件"，还没有造成严重的后果，但他好像有某种不好的预感。他在5月25日专门发给夏瑞芳的第十一号信中督促后者尽早结束股票交易，坐西伯利亚铁路来柏林与他会合，并提到三大好处，让高梦旦劝夏瑞芳下决心出国。但从后来的情形看，夏瑞芳没有及时收手，酿成大祸。

第二封信没有署名，也没有寄信日期，估计寄于1910年的六月。该信主要是调解高梦旦与陶葆霖之间的矛盾。

（6）致夏瑞芳、高凤池书（一封，附高凤池致张元济书两封）

此信的后面部分缺失，因此既不知道编号，也没有发信日期。但张元济给二人的第廿一号信的发出日期是1910年8月21日（七月十七日），而他给陶葆霖、高凤谦的第廿四号信的发出日期是同年8月27日（七月廿三日）。该信要么是第廿二号信，要么是第廿三号信，发出日期在8月的21日和27日之间。《张元济年谱长编》提到该信的发出日期是8月21日，不知依据何在。本信与出版、印刷的关系最大。我们能见到的是七件事，与出版印刷的关系最大，也涉及教育之事。

《张元济年谱长编》提到高凤池致张元济的两封信，分别发于7月25日（六月十九日）、8月20日（七月十六日），现藏于中国近现代新闻出版博物馆，暂未见其全文。从摘录来看，前者主要是向张元济通报"橡皮股票事件"，并督促他回国，也许就是上述信中提到的高凤池致张元济的第十三号信，因为其中有"谨悉一切"，也许"一切"指的就是"橡皮股票事件"。后者提到馆中的困难情形，虽然他接到张元济"未便速回"的三封电报，但仍督促张元济早日回国。

（7）致郑孝胥、印有模、高凤池书（一封）

郑孝胥、印有模均为商务印书馆的董事。郑孝胥字苏庵；印有模字锡璋，曾任商务印书馆总经理。这封信由英国伦敦发往上海。《张元济书札》的编者认定此信"从内容上看，当在1910年4月18日致高凤谦信之前"，《张元济全集》也持此认定不变。但从信的内容来看，不确。该信主要谈及商务印书馆和夏瑞芳受"橡皮股票事件"的牵连损失惨重，以及张元济对此提出的应对措施。而如前所述，"橡皮股票事件"发生在1910年7月，因此张元济写此信必然是在这一日期之后。

（8）致梁诚书（一封）

梁诚（1864—1917），字义衷，号震东，时任清政府驻德公使。此信写于1910年8月25日（七月廿一日），系张元济访问德国离开柏林前夕所书。在信中，他对梁诚同意代译代发感谢信表示感谢，并附上致信者（也就是他所参观的德国教育机构接待者）清单以及大致的措辞，转请公使馆书记代为缮写洋文信件。除此之外，他还请梁公使代发给国内商部、外务部的致谢信，因为他出国临行之前并未去这两部接洽。

（9）致梁启超书（一封）

此信写于1911年1月28日（庚戌年十二月廿八日），发往日本神户，也就是张元济回国十天以后的事情。约在1月中旬，他和梁启超在神户见面。该信主要谈的是梁启超著《国民常识》的出版事宜，并提及商务印书馆要创办月刊《法政杂志》，希望梁启超赐稿，以及他和高梦旦在从日本

367

归国途中编《升官图》之事。

（10）致汪康年书（一封）

汪康年（1860—1911），字穰卿，著名报人，时任《刍言报》主编。此信写于1911年3月23日（辛亥年二月廿三日），发往何地不详。信中提到自己非常爱读《刍言报》，并提到搜集古书之事，以及在法国与伯希和接触的情况。信的最后提道："《民立报》载弟演说词，错太多。现陆续将所写记录写出，刊入《东方》及《教育》两杂志中，当邮呈诲正。"《民立报》刊登的演说词应该是《环球归来之一夕谈》的又一个版本。而《东方杂志》刊登的就是《环游谈荟》了，《教育杂志》的刊发则无从谈起。

2. 张元济在旅途中的撰述或者演讲

（1）《调查英国教育之提纲》

此提纲拟于1910年5月，主要针对的是小学教育，兼及特殊教育，最后两个问题才略微涉及中学教育和高等教育。

（2）《绝诗》

此诗作于1910年7月。诗前有小序："宣统庚戌六月，至比利时，游马士河，书此志慨，兼示子琦。"子琦即王廷璋（1884—1944），1911年商科进士，长期在外交界任职。他当时在比利时圣黎业斯大学（即圣路易斯大学）就读，应邀陪同张元济在比利时游玩。张树年在《张元济往事》中对此的解释是："父亲每游一处，由于语言不通，时时邀请一位留学生陪往当翻译。"

（3）《中国出洋赛会预备办法议》

此文发表于《东方杂志》1910年第9期。张元济参加了当年在比利时首都布鲁塞尔举行的世界博览会，即文中所说的"比京之会"。他谈了对博览会的观感，以及对中国以后参加类似展会的建议。

（4）《十月二十四日在纽约中国留学生会馆演说大意》

这是张元济1910年11月25日（十月廿四日）在纽约中国留学生会馆发表的演讲词，由他人记录，张元济亲笔改定。商务印书馆1986年版《张元济诗文》改为《在纽约中国留学生会馆演说》，并注撰写日期为"1910

年8月",《张元济日记》编者根据文题纠正。

3. 国外相关新闻报道

（1）《纽约先驱报》的报道

1910年11月25日（十月廿四日），张元济以学部官员的身份访问了纽约先驱报社，该报给予了两篇报道。其中一篇是《中国官员莅美考察我国教育制度》（英文原题为 Mr. Chang Yuan Chi, Here to Study Educational Institutions, Much Impressed by Visit to Educational and Mechanical Departments），另一篇是《中国官员宣称〈纽约先驱报〉是最大的报纸》（英文原题为 "The New York herald is greatest Paper" Declares Chinese Commissioner），均刊于第二天的《纽约先驱报》，可见当时美国大报对张元济访美的重视。可惜的是，原文比较模糊，无法以此校对译文。

（2）纽约《中西日报》的报道

1910年12月3日（十一月初二日），纽约《中西日报》刊出《张参议之行踪》，现藏中国近现代新闻出版博物馆。张参议即张元济，因为他曾被保举为学部左参议。

4. 张元济家人的回忆

张元济家人，这里主要指张元济先生的儿子张树年。他出生于1907年，张元济出国那年他虚岁才三岁，对这次环球之旅不可能有什么太确切的回忆。但是随着他后来的长大和懂事，张元济也会和他说起当时出国的事情，而且家里也有一些出国带回来的物件，能引起他的回忆。比如张树年先生著《张元济往事》（东方出版社2015年出版，原名《我的父亲张元济》，2006年由百花文艺出版社出版），第三章"长吉里"中就有一小节名为"家里来了'外国人'"，说明他还记得父亲回国的情景，父亲由西装换回长袍，他才认出来。而他后来才知道是柯师太福医生教张元济去哪里做西装的，他的辫子又是如何处置的；第四章"极司非而路新居"提到了父亲到比利时游历时的照片和所写的绝诗，以及父亲买回来的小摆设；第五章"生活琐记"则提到父亲经常和他说起当时英王出殡的情景。这些都能佐证或者补充相关的出国游历史料。

369

值得一提的是柯师太福医生。柯师太福医生，原名Stafford M.Cox（斯塔福德·M.考克斯），"柯师太福"是其姓名的简译。据张树年回忆，"柯师医生爱尔兰人，光绪二十六年来华，任海关医官，医术高明，与父亲相交甚深"，并在《张元济往事》提到了他。柯师太福医生（？—1925）本为爱尔兰人，英国名医。他拥有内科学博士学位，1900年来华行医，曾任上海海关医官、中国红十字会总医院总医生兼学堂教习，参加过"武昌起义"战地救护工作。他长期在上海行医，其私人诊所就开在北四川路39号，也是张元济家、严复家十分信任的私人医生。1910年3月17日张元济从上海起程，陪同他的就是柯师太福医生。后者应该是为了回爱尔兰探亲，二人到伦敦以后就分手了。

还有关于张元济的外语能力能否堪环游之用的问题。张元济孙女张珑的《张元济学英语》（《文汇报》2016年11月21日）中提到，祖父最早学英语大概是1896年的事情。该年6月8日，张元济在致好友、维新派人士汪康年的信中有这样的话："英文已习数月，仅识数千字，而尚难贯通。"年近30才开始学英语，难度不小，决心可嘉。张珑综合各种史料做出判断说："祖父用英语应对一般性的交流是没有问题的。这一点在张元济去欧美各国考察的情况中也得到印证——他于1910年起程赴欧美考察教育、出版、印刷事业，为时近一年。从几处记录看，在考察过程中与外国人的一般性交流都是自己独立应对。当然，由于这次考察，除英美两国外，还包括德、法、意、瑞士等许多国家，各国语言不同，翻译是必不可少的。尤其在出席正式的场合，或谈比较重要的问题时，更需要翻译。"比如上文提到的留学生王子琦，就是他在比利时当地请的翻译兼导游了。

（三）《环游谈荟》不全的原因探讨

《道西斋日记 环游谈荟》中的《环游谈荟》部分为何收入不全，笔者的推测是：此书编于20世纪80年代初，不早于1986年，许多未收入的相关史料是后来发表的。《张元济书札》出版于1981年，当时只有一册，1997年的增订本才扩充到上、中、下三册。该书只收入《致沈曾桐的信》，上述提到应收而未收的各信均不见于其中。《张元济诗文》出版于1986

年，除了《环游谈荟》外，还有他1910年在比利时游玩时所作绝诗，以及《在纽约中国留学生会馆演说》《中国出洋赛会预备办法议》两文，但均未收入该书，因此，笔者认为《道西斋日记 环游谈荟》的编辑日期不早于1986年。

笔者的初衷本为撰写张元济1910年环球之旅的考察内容，但在搜集资料的过程中发现《道西斋日记 环游谈荟》收入内容不全，故先搜集资料，并提到其已收、未收部分的基本情况，并分析其未收相关文章的原因，由此成文。

参考文献：

[1] 柳和城.孙毓修评传 [M].上海：上海人民出版社，2011.

[2] 柳和城，张人凤，陈梦熊.张元济年谱 [M].北京：商务印书馆，1991.

[3] 张人凤，柳和城.张元济年谱长编 [M].上海：上海交通大学出版社，2011.

[4] 张树年.张元济往事 [M].北京：东方出版社，2015.

[5] 张元济.张元济全集（第1—5卷）[M].北京：商务印书馆，2009.

（作者单位：叶　新　北京印刷学院；

潘　玥　成都杜甫草堂博物馆）

张元济与刘承幹交往撷拾

钟桂松

在张元济（1867—1959）的朋友圈里，藏书家刘承幹（1882—1963）是一个绕不过去的人物。他们围绕收藏、刻印图书，交往一辈子，曾经在中国文化史上留下旁人无法企及的印痕。笔者留意刘承幹有关古籍收藏的日记和张元济的书信、日记，以及后人编写的张元济的全集、年谱等资料，梳理从1912年至1932年"一·二八"事变两位书界巨擘的交往，从中立体地了解张元济和刘承幹的经历、思想和贡献。

一　维新人物与守旧文人，因传承文化遗产而志趣相投

张元济是商务印书馆的元老。早年供职于清朝政府，富有革新思想并曾参与"戊戌变法"。变法失败以后，被清政府"革职永不叙用"[1]。"失业"的张元济得到李鸿章推荐南下定居上海，进入南洋公学译书院。在南洋公学期间，与商务印书馆夏瑞芳结识并建立友谊。因此，张元济有机会参股商务印书馆并参与其出版事务。当时，张元济受日本朋友和日本维新运动的影响，对教育极为重视。1902年，36岁的张元济辞去南洋公学的职务，正式加盟商务印书馆，并与夏瑞芳相约："吾辈当以扶助教育为己任。"[2]大约十年后，年长且富有维新思想的张元济与刘承幹相识，成为一生的朋友。

刘承幹是浙江南浔人，是"富二代"也是"官二代"。刘家当时是江南的富豪之一。其祖父刘镛靠做蚕丝生意起家，逐渐成为富甲一方的大老

---

[1] 张人凤、柳和城编著：《张元济年谱长编》上册，上海交通大学出版社2001年版，第79页。
[2] 同上书，第122页。

板。刘镛有四个儿子，即刘安澜、刘锦藻、刘梯青和刘湖涵。其中长子刘安澜是刘家富甲一方以后第一个读书人，少年时与兄弟朝夕苦读。但是刘安澜命运不济，1885年去杭州参加乡试，竟一病不起，年仅28岁。刘安澜去世以后，因为夫人邱氏膝下无子女，便由刘镛做主，将刘锦藻的长子、三岁的刘承幹过继为嗣。生父刘锦藻（1862—1934）字澄如，谱名安江，号橙墅，晚号坚匏盦，是刘家第二代实业家中的代表人物。1888年中举人，1894年与南通张謇同榜登甲午科进士。因为不习惯官场风气，刘锦藻以父丧为由回到南浔，开始挑起刘家重担。在刘锦藻的主持下，刘家产业欣欣向荣，他也成为清末民初兼有人文理想和经济抱负的儒商代表人物。辛亥革命后，刘锦藻的思想发生了变化。他开始怀念业已逝去的封建王朝，认为刘家如此发达是因为屡受皇恩，而大儿子刘承幹也深受其父的影响。当时年纪不大的刘承幹对前清政府充满幻想，对清朝遗老遗少尽自己所能地提供帮助，为清王朝贡献自己的财富，如为清王陵捐款种树；溥仪结婚，刘承幹主动送上贺礼。被溥仪召见，他兴奋不已。听到溥仪被冯玉祥赶出紫禁城的消息，刘承幹一方面在日记中表达对冯玉祥的愤怒，一方面奔走呼吁，上书北洋政府，要求保证皇室人员的优厚待遇。他的精神世界似乎一直生活在从前的时代，所以对辛亥革命时期的革命党人恨恨不已。

就是这样一位富有文化情怀，但思想守旧、对清朝充满感情的刘承幹，却与充满进步思想，视野开阔，被清朝政府"革职永不叙用"的张元济相识相知！

张元济和刘承幹都喜欢收藏、刊印古籍。刘承幹在民国以后创办的嘉业堂藏书楼，拥有大量的宋椠元刻，明清刊本、稿抄本及地方志，收藏最多时达18万册、60万卷，成为江南藏书巨擘。但是，刘承幹绝不是那种奇货可居、秘不示人的收藏家，反而常常为同好刊布古籍提供便利。他的这种性情，与张元济以保护中华古籍为己任的情怀十分契合。因此，在古籍收藏、整理和刊印的过程中，张元济和刘承幹能够做到无私地互通有无。

张元济为商务印书馆出版校勘而借用的刘承幹藏书不计其数，如校勘

《百衲本二十四史》，先后借过宋椠《魏书》60册、《唐书》67册、《宋书》40册，南监本《宋书》29册、《梁书》9册、《陈书》5册、《北齐书》7册，以及《史记》《明史》等；校勘《四部丛刊》时，借过《罪惟录》手稿100册、《国榷》抄本60册、明弘治刊本《止斋先生文集》、钱叔宝手抄《华阳国志》、抄本《河汾诸老集》等。据说，有的珍贵古籍，张元济甚至借用五六年之久。而张元济也为刘承幹收藏珍贵古籍提供方便，刘承幹有时甚至开书单让张元济代为留意和购买。如1917年9月下旬，张元济根据刘承幹的书单托北京分馆寻访到其中的9种。刘承幹刻印《嘉业堂丛书》时，也向张元济借印其珍藏的爱日精庐旧抄《谷梁疏》。由于二人的交谊，商务印书馆的涵芬楼与刘承幹的嘉业堂藏书楼也常常互通有无，共同促进珍贵古籍的保护和刊布。张元济和刘承幹之间的深厚友谊，即是建立在传承祖国优秀文化遗产这一共同情怀和志趣之上的。

二　一见如故，频繁来往，合力推助购藏元椠《三国志》

《张元济全集》目前收录的信函中，给刘承幹的计有254件，数量排在第二位。最多的是给商务印书馆馆员、张元济校印古籍的得力助手丁英桂的，有943件。在那个社会动荡、战乱不断的年代，能够保存下来这么多信件，很不容易。当然这还不是全部，仅仅是1913年到1953年40年间张元济给刘承幹的信。在本文设定的起讫时间——1912年到1932年的20年间，据统计，张元济给刘承幹的信有193件；而刘承幹在此期间有关藏书、买书、刻书的日记里，记录了给张元济的信106件。

梳理相关史料，发现张元济和刘承幹二人开始交往的时间并不早。《张元济全集》里收录的张元济最早给刘承幹的信是在1913年1月11日。而刘承幹日记里最早记载有张元济是在1912年8月1日——张元济通过刘锦藻把自己认识的书商介绍给刘承幹，刘承幹在8月2日的日记中写道："午后书客刘少卿、张宝昌来。（系张菊生元济有函致本生父亲，彼持以来

374

谒，昨已来过一次矣。）"[1]由此看来，当时张元济与刘承幹还没有直接的交往。8月1日，二位书商前来拜访。接下来的8月3、4、7、8、9几天，二人又多次到刘承幹的家里，最后，刘承幹以200元的价格购买了他俩带来推销的书。

张元济和刘承幹第一次见面，还是在半年以后的1913年1月24日。在这个天寒地冻的日子里，刘承幹和乌镇人徐晓霞出面，在徐晓霞的胞兄徐冠南家里请客，宴请安徽贵池人刘聚卿叔侄俩。刘承幹邀请了张元济、陆纯伯、周湘舲、袁仲龙、葛荫梧、蒋孟苹、王一亭、姚慕莲、卢洞泉、张石铭等人作陪。他们大多数是刘承幹的老朋友、熟人，只有张元济是第一次参加刘承幹组织的聚会。刘承幹写日记有个习惯，凡是第一次见到的人，他都会写上籍贯和身份。当天的日记对张元济有这样的记载："所邀陪客如张菊生（名元济，海盐人，前学部副大臣）。"[2]所以可以肯定，这是刘承幹和张元济第一次会面。参加聚会的人员中有好几位是乌镇人。徐冠南1866年生人，1894年中举人，曾任工部主事、江苏候补道，辛亥革命以后曾在北洋政府任咨议。当时在上海有房地产，经营有华丰面粉厂、天纶织绸厂等，在金融业有许多投资，是中国银行、工商银行、兴业银行、浙江实业银行的董事或监理，是上海实业家中的文化人。卢洞泉也是乌镇人，而且是沈雁冰（茅盾）的表叔，生于1877年，比刘承幹大五岁，比张元济小十岁。辛亥革命以后，先后任奉天教育厅和北洋政府财政部秘书、制用局机要科长、公债司长、财政部次长等职。此时他正在上海，所以也参加了徐晓霞、刘承幹召集的聚会。其他如张石铭，也是南浔的富豪之一，同时也是上海与刘承幹齐名的藏书家之一。对这一次聚会，已公开出版的张元济日记里没有任何记载，但是刘承幹的日记却完整地记录了参加的人员。

---

[1]刘承幹：壬子年六月二十日日记，《求恕斋日记》第2册，国家图书馆出版社2016年版。

[2]刘承幹：壬子年十二月十八日日记，《求恕斋日记》第2册，国家图书馆出版社2016年版。

第一次见面认识以后，张元济和刘承幹的交往日益频繁，而且围绕书籍密切往来，两人的友谊逐渐加深。1913年2月11日，年初六，刘承幹专门到张元济的府上拜访。年初八，刘承幹收到张元济的赠书，他立刻写信表示感谢。2月18日，刘承幹给张元济写信。2月21日（即正月十六日）中午，刘承幹等人又在老靶子路赵氏宸虹园聚餐，张元济应邀参加。但是，张元济这一天还有其他事情，不等宴会结束就先告辞，所以刘承幹在日记中说："菊生有事，急欲别去。"[1]

自此，张元济和刘承幹等一批藏书爱好者，常常因书而聚，有时相互传看自己购买到的珍贵古籍，有时因为得到一部非常得意的版本，召集朋友一起聚餐，共同欣赏，鉴定年代，商量刻印等。他们的相聚萦绕着浓浓的书卷气、书香味。1913年的春天，张元济和刘承幹围绕元版《三国志》，二人又是聚会，又是写信，十分热闹。4月8日，张元济致信刘承幹："前闻有元刊《三国志》送至尊处求售，且知阁下业已给价。相去不远，当可定局。近日迭次有人将该书送至敝处。版系十行廿二字，钤有'朱文石史'、'横经阁收藏图籍印'两印章。不知与送至尊处者是一是二？如同系一书，我兄尚有意收藏，弟拟不还价，以便尊处可以定议。省得彼此相竞，徒饱若辈欲壑。未知卓见以为何？敬祈示遵为幸。"[2]刘承幹收到张元济信的当天晚上就写了回信。第二天上午，张元济接到刘承幹的信，于是复信道：

翰怡仁兄世大人阁下：今晨奉到昨日手教，敬诵悉，所见《三国志》即非尊处拟购之本，敝处自当酌量还价。惟昨晤徐积余云，曾见尊处还价之本，确系有"横经阁印记"者。所言如确，甚不愿与阁下竞购也。徐园修禊承招，极愿趋陪。如能抽身，当将《三国志》首册带呈台览。如不克到，可否请阁下于今日午后五时至五时

---

[1] 刘承幹著，陈谊整理：《嘉业堂藏书日记抄》，凤凰出版社2016年版，第71页。
[2] 张元济：1913年4月8日致刘承幹，《张元济全集》第1卷，商务印书馆2007年版，第413页。

半枱临敝寓一观，藉以决定。又《傅与砺集》去年曾购得金孝章抄本一部，后为傅沅叔索去。阁下如欲借校，可代商也。专此敬复，祗颂著祺。　　弟张元济顿首　二年四月九日

刘承幹当天上午接到张元济这封礼数周到的信，下午就偕"秘书"沈醉愚以及郑叔问等人到张元济家里拜访。刘承幹在日记中写道："余与叔问、醉愚同车至长吉里访张菊生，出元板《三国志》见示，审视之，即前刘少卿所携来者也，座谈良久而出。送叔问至梁溪旅馆，乃与醉愚归。"[1]原来，张元济手里的元版《三国志》与刘少卿给他看过的是同一部。

第二天，刘承幹在家里宴请张元济和缪筱珊、许子颂、杨芷晠、陶拙存、章一山、费景韩、沈醉愚等。在藏书家的家里吃饭，自然少不了欣赏藏书家新收藏的书，而且缪筱珊带来孙渊如批校《水经注》、宋椠《柳子厚别集》、旧抄《北堂书抄》三部别的卖家的书，供大家选择购买。刘承幹购买的欲望高涨起来了，在喝酒之前就决定购买，让缪先生帮助还价。同时，刘承幹还想着《三国志》，于是请张元济帮助联系与对方还价。刘承幹还请张元济联系借阅《傅与砺集》。聊书、赏书、喝酒，这些读书人、爱书人在一起的时候，都是书的气氛、书的话题。这次家宴一直到晚上十点钟才结束。次日，张元济即联系元刊本《三国志》的书商，打算还价。不料对方待价而沽，不肯降价。于是，张元济在4月11日给刘承幹的信中说："昨饮盛筵，畅聆教益，兼得觇秘籍，快慰无似。……元刊《三国志》已有回音，云非过千不可。鄙意气焰太高，不可不稍挫抑之。姑置勿问，何如？"[2]4月12日，张元济又写信提醒刘承幹："《三国志》索千元，价过昂，姑冷遇之，何如？"[3]此时刘承幹大概忙于买书，同时对张元济的建议

---

[1] 刘承幹著，陈谊整理：《嘉业堂藏书日记抄》，凤凰出版社2016年版，第78页。
[2] 张元济：1913年4月11日致刘承幹，《张元济全集》第1卷，商务印书馆2007年版，第414页。
[3] 张元济：1913年4月12日致刘承幹，《张元济全集》第1卷，商务印书馆2007年版，第414页。

也是默认的,所以在日记中没有看到他做及时的回应。《三国志》的购买没有进展,但是,抄本《傅与砺集》已经寄到,5月3日张元济致刘承幹的信中说:"敝友傅沅叔已将抄本《傅与砺集》寄到。谨呈上,乞察入。敝友嘱代借尊府所藏宋本《诸葛忠武集》影抄一分,备他日刊本流传。倘蒙俯允,曷胜感幸。"[1]刘承幹在5月4日的日记里记载了借书的事:"张菊生先生送来《傅与砺诗集》一册,系托彼向傅沅叔转借者也。"[2]所以,当天晚上刘承幹给张元济写了回信。

大概过了一个月,原来要价千元的元椠《三国志》有了变化,书商张姓将元椠《三国志》送到刘承幹家里,以490元成交。刘承幹在5月9日(即四月初四)的日记中记载说:"有张姓者持缪晓珊书来,携元椠《三国志》求售,(此书前刘少卿、张菊生均送来看过,晓珊先生亦曾鉴定,确系元刻无疑。)计共四十册,(内配补七十余页,十行廿一格。)共洋四百九十元。"[3]至此,元版《三国志》在张元济的推助下,终于进了刘承幹的藏书中。而张元济朋友傅增湘需要的宋本《诸葛忠武集》,刘承幹也及时借与。5月30日,张元济将这部珍贵的图书完璧归赵,写了一封信:"翰怡仁兄世大人阁下:承假宋椠《诸葛忠武集》,顷摹抄已毕。谨亲自点检入箧,封固送还。敬乞查收,感谢之至。"[4]一百年前,朋友之间借书、还书,礼数如此,让我们感佩不已。

三 赏书荐书,友谊日深,《四部丛刊》作证

1913年正是刘承幹收购古籍乐此不疲的时候,而且常常收有所得,孤本、善本、丛书等陆续进入刘承幹的书库。所以,和张元济认识以后,二

---

[1] 张元济:1913年5月3日致刘承幹,《张元济全集》第1卷,商务印书馆2007年版,第414页。
[2] 刘承幹著,陈谊整理:《嘉业堂藏书日记抄》,凤凰出版社2016年版,第81页。
[3] 同上。
[4] 张元济:1913年5月30日致刘承幹,《张元济全集》第1卷,商务印书馆2007年版,第414页。

人很快成为无话不说的朋友，成为古籍欣赏、鉴定、收藏的同好。有时，刘承幹甚至晚上突然想起张元济，马上去张府拜访，但是此时张元济已经睡了。有时，刘承幹白天到张元济工作的商务印书馆拜访，两人"与谈良久"；晚上又写信给张元济，探讨古籍的收藏价值或者买卖价格。有时，张元济看到好书，便立即推荐给刘承幹。1913年中秋节前，张元济向刘承幹推荐翁方纲手纂《四库全书提要》稿本。刘承幹看过以后，听从张元济的意见用重金购入。刘承幹在1913年9月12日的日记中写道："是日张菊生来函，前以翁覃溪学士手纂《四库全书提要》稿本见示，劝余购买，今已将四千元为余购取矣，计二十四箱，每箱六帙，其书即以今天送来云。"[1]9月18日，刘承幹专门到张元济家里叙谈，并且将买书费用交给张元济。刘承幹买下这部《四库全书提要》手稿，引来同好的好奇。9月30日，吴子修专门到刘承幹家里欣赏这些手稿，"谛玩良久"，可见影响不小。当时，张元济还请刘承幹在收购古籍时留意海盐张家的文献。不久，刘承幹果然发现张元济先人的《涉园修禊唱和诗》；后来又从北京书商段镜轩处购买《乐静先生集》、柳蓉村处购买《涉园修禊记》，发现上面均有张元济先人的旧藏图章，十分难得。因此，刘承幹专门让人另抄一部《乐静先生集》，连同《涉园修禊记》，一起赠送给张元济。他在11月14日的日记中记载了此事。[2]

1914年，刘承幹这位前清"遗老"——尽管此时他只有32岁——切切实实感受到已经退位的溥仪皇帝的恩宠，他得到一块溥仪亲笔题写的"钦若嘉业"匾额，让刘承幹感激不已。但是，他与被清朝政府革职的张元济依然保持着良好的私人友谊。而这一年，商务印书馆发生了夏瑞芳被刺事件，繁忙的工作让张元济难有时间与刘承幹相聚。张元济在2月13日给刘承幹的信中说："弟自敝同事夏君故后，馆务较忙。前月移家之后，去市

---

[1] 刘承幹著，陈谊整理：《嘉业堂藏书日记抄》，凤凰出版社2016年版，第109页。
[2] 刘承幹：癸丑年十月十七日日记，《求恕斋日记》第3册，国家图书馆出版社2016年版。

益远，久不与估人见面。旧书固不能买，即寓目亦不易矣。"[1]忙碌如此，可想而知。直到11月1日，张元济在上海的极司非而路（今万航渡路）15号C的新宅举行家宴。对这一天的相聚、观书，刘承幹特地在日记中做了记载。在后来的几年间，张元济的心情有所好转，二人的交游一如既往，常常相互欣赏对方收购的古籍，一起分享、探讨古籍收藏的经验和心得。在刘承幹的日记中，常常有与张元济"谈良久而别""长谈而出"的文字，看到对方购藏到珍贵的古籍，便十分欣喜。刘承幹对古籍鉴赏同样有着多年的历练，眼光独到，当他看到张元济收藏的五册宋抄本《宋太宗实录》时，在日记中说"至可宝也"[2]。有时，二人聊到投机处，连吃饭都忘了，"谈良久入席"[3]，可见二人交往之深。有一次，刘承幹还带儿子专门到商务印书馆参观，增长见识，并且在商务印书馆为儿子买书，买风景明信片。之后，又带儿子到张元济家里拜访前辈。[4]

20世纪20年代，因为张元济的人格魅力、包容风格和经营的独到眼光，商务印书馆发展很快，短短几年间，成为世界三大出版机构之一；而且在古籍保护和印行方面独树一帜，为保护祖国优秀文化遗产做出了巨大贡献，这其中少不了刘承幹等收藏家的共同努力。

早在1916年9月，商务印书馆决策层就决定搜集古籍，拟印行《四部举要》。1917年，商务印书馆开始组织编辑出版《四部举要》，需要大量珍籍，于是刘承幹出手相助。张元济在1917年9月20日给刘承幹的信中说："敝公司拟印行《四部举要》，目录尚未印出，将来当托敝友孙君星如赍呈鉴定，务乞不吝指教，无任感荷。"[5]当时，刘承幹充分肯定商务印书馆的出版计划，并为《四部举要》选书大开方便之门。后来，孙星如业就成为

---

[1] 张元济：1914年2月13日致刘承幹，《张元济全集》第1卷，商务印书馆2007年版，第416页。
[2] 刘承幹著，陈谊整理：《嘉业堂藏书日记抄》，凤凰出版社2016年版，第375页。
[3] 同上书，第383页。
[4] 同上书，第372页。
[5] 张元济：1917年9月20日致刘承幹，《张元济全集》第1卷，商务印书馆2007年版，第418页。

刘承幹家里的常客。刘承幹在1919年11月25日的日记中有"下午孙恂如来看书,以商务印书馆欲借之印入《四部举要》者,翻阅至六时半而去"[1]的记载。1920年2月29日,也有"孙恂如来阅书,以商务欲借印也"[2]。刘承幹为《四部丛刊初编》提供了残宋本《王荆文公诗注》《姚牧庵集》等8种珍本,为《四部丛刊三编》提供了《罪惟录》102卷。其实,无论《四部丛刊》的初编、续编、三编,还是《百衲本二十四史》等商务出版的其他大型古籍丛书,都有刘氏嘉业堂提供的底本,或全部,或配补。同样,刘承幹辑印古籍丛书,也不乏商务涵芬楼和张元济提供的底本及帮助。

在社会动荡、战争不断的1920年代里,张元济和刘承幹等一批读书人、爱书人依然不遗余力地搜购古籍,二人为此来往信函不少。据不完全了解,1920年至1930年之间,张元济给刘承幹写了111封信,而刘承幹也给张元济写了60封信,况且是在经常见面的情况下。相关函件和日记中记录下的《古今图书集成》收藏配补过程,就充分体现了两位收藏家的高风亮节。1923年年底,张元济购到乾隆印本《古今图书集成》,但是美中不足缺了200余卷,于是刘承幹将自己收藏的178册借给张元济补抄;同时,刘承幹自己收藏的《古今图书集成》也不齐全,于是向张元济借来补抄。后来,二人又都在为对方《古今图书集成》的齐全留意费心,希望对方能有一部完整的《古今图书集成》,这样的大家风范至今让人感怀不已。

对传统文化的共同志趣使秉持不同思想和政见的朋友亦能彼此理解,竭诚以待。1921年7月21日,清朝遗老、学术界前辈劳乃宣在青岛去世。劳乃宣是浙江桐乡人,同治十年(1871年)进士,音韵学家。辛亥革命以后退出政坛,隐居青岛,以清朝遗老自居,期间与刘承幹等有来往。但劳乃宣几次拒绝袁世凯、张勋高官厚禄的邀请。刘承幹在得知他去世的消息后,十分悲痛,"闻之悲悼,同志日渐凋零,可为伤心。"[3]9月2日,出资牵头在上海报本堂举行"公祭劳玉初乃宣",张元济、高梦旦、陈叔通等

---

[1] 刘承幹著,陈谊整理:《嘉业堂藏书日记抄》,凤凰出版社2016年版,第379页。
[2] 同上书,第387页。
[3] 同上书,第414页。

62人到场祭拜，这让刘承幹感慨不已。两天后他在日记中写道：这次公祭活动，"有并非同志，亦惠然肯来，可见人心未去，直道犹存"[1]。刘承幹的感慨，也是对张元济这些具有革新思想的前辈的感谢。

四 姻亲关系，相互牵挂，两代人一样的文化情怀

张元济和刘承幹在古籍收藏、刊印过程中形成的友谊，已经渗透到他们的日常生活中了。1926年11月10日，张元济的儿子张树年结婚。刘承幹先到张元济的亲家葛词蔚家里祝贺他嫁女之喜，后来又和自己的父亲刘锦藻一起到大东旅社张元济那里，恭贺张元济儿子的大喜，并入席婚宴。一个星期以后，葛家办"回门酒"，刘承幹和父亲刘锦藻又应邀在主桌陪张元济。[2]其实，此时葛家与刘家、张家相互之间已经是姻亲关系，张元济儿媳葛昌琳的姐姐嫁给了刘承幹的五弟，所以，张元济后来给刘承幹写信时称呼上有变化。

1927年10月17日，张元济突然遭到绑匪劫持，花甲老人遭受一个礼拜的劫难，在国内引起震动。在此之前，刘承幹的朋友徐冠南在上海宁波路五福弄附近被人绑架，已经闹得沸沸扬扬。此时，刘承幹因为生病，中秋节后回到南浔住了大半年。在此期间，他与张元济的联系主要通过书信。1927年是个多事之年，二人的通信不多。1928年3月17日，刘承幹在南浔给张元济写了一封长信，表达自己的关切之情：

> 菊生老伯大人尊鉴：忆自客秋离沪，倏忽自冬而春。暮云春树之怀，落月屋梁之梦，依驰左右，时在悬悬。去冬见报纸所载，知长者陷入虎狼之窟，旋复脱险，饱受虚惊。近想深居简出，仍以图史自娱矣。顷由敝沪号附到手笺，快如良觌。沅叔丈见惠《掌故丛编》首期一册辱承转到，感谢奚如。比系觉罗氏一朝掌故之书，琅

---

[1] 刘承幹著，陈谊整理：《嘉业堂藏书日记抄》，凤凰出版社2016年版，第418页。
[2] 同上书，第551页。

张元济与刘承幹交往摭拾

环秘笈，为民间所无。将来数典有徵，极愿备购。尊处去函时，敬乞代定通年，按月寄沪。所有定资如何缴付，亦乞便中示遵。沇叔丈久疏音讯，不胜念旧之思，希道拳拳，并为致谢。侄浔溪蛰伏，朋好多疏，幸书楼小有林泉，差堪遣静，屡拟返棹，崔符未靖，恶耗频传，迟迟吾行。未知清明节后能到沪一行否。尚助驰复，敬请台安。伏希赐誉。　姻世愚侄功刘承幹顿首　二月十六日（1928年3月17日）[1]

张元济3月20日即回信，"弟去秋偶遭意外，幸托福庇，羁縻数日，即获生还。辱荷关垂，衔感不尽"[2]，并且将在绑架期间写的诗附送。4月16日，刘承幹又写信告诉张元济，因为"近年营业失败，经济困难，迥不如前"，打算缩小购书计划。离开九个月以后，刘承幹于1928年6月16日回到上海。张元济得知后便致信问候，并在6月21日专门到刘承幹家里拜访。

1932年1月28日，日军进攻上海闸北，"一·二八"事变爆发。29日清晨，日军飞机轰炸商务印书馆，总管理处和第一、二、三、四印刷厂以及纸库、书库、尚公小学、东方图书馆中弹起火。后日本浪人潜入东方图书馆继续纵火焚烧，纸灰黑乌鸦似地飘洒在整个上海的天空，洒落在上海苏州河两岸。张元济多年心血搜购的珍贵图书尽数毁于炮火之中。刘承幹目睹了日军的这一暴行。事后，张元济为商务印书馆整理焚余之书，向刘承幹借书校对，刘承幹一口允承，没有二话。

张元济和刘承幹两位爱书人逝世已经半个多世纪，但是他们因书而结下的友谊和对祖国文化遗产不遗余力的保护与继承，在实现中华民族伟大复兴的今天不应被忘记。

（作者单位：浙江省政协）

---

[1] 刘承幹：1928年3月17日致张元济，张元济：《张元济全集》第1卷，商务印书馆2007年版，第439页。

[2] 张元济：1928年3月20日致刘承幹，《张元济全集》第1卷，商务印书馆2007年版，第439页。

天意宁忍丧斯文

——论张元济日本访书及其意义

周 武

1928年张元济赴日本访书，是近代中日书籍交流史上的一个重大事件。有关这一事件，学术界已有一些讨论，[1]但受资料限制，相关论述多据当年陪同张元济赴日访书的郑贞文的回忆《我所知道的商务印书馆编译所》一文[2]。其实，郑文系事后追忆，不少地方并不准确，因此，据此而作的相关论述不但远不足以反映张元济日本访书的全过程，而且存在一些史实错讹。近年来，随着一些新的关键资料的陆续刊布，[3]张元济此次日本访书的原委始末终于有了厘清和还原的可能。本文即以这些新公布的关键史料为依据，并参酌其他相关史料，重新梳理张元济日本访书始末及随后复

---

[1] 有关讨论，王绍曾的《近代出版家张元济》（增订本）、叶宋曼瑛的《从翰林到出版家：张元济的生平与事业》、张树年主编的《张元济年谱》、吴方的《仁智的山水：张元济传》、周武的《张元济：书卷人生》等张元济传记中都有或多或少的论述，相关的论文也有一些，较具代表性的有陈东辉的《张元济与中日文化交流》（《近代史研究》1994年第2期）、王国忠的《中日出版交流史上的华章——张元济日本访书述评》（《出版与印刷》1994年第2期）等。

[2] 该文原载《文史资料选辑》第53辑，后经略作删节辑入《商务印书馆九十年》，第201—217页。

[3] 这些关键史料主要包括张元济哲嗣张树年家藏的由张元济收辑并装订的《马继华君来往信件（日本借书事）》稿本1册和上海市档案馆藏张元济与国内外文化界人士通函3卷，档号Q459—1—155、156、157。前者经张元济哲嗣张人凤整理后编入《张元济全集》第1卷，2007年9月由商务印书馆出版；后者经上海档案馆学者陈正卿、李佳燕、彭晓亮整理后，按原卷分3期连载于上海市档案馆编辑、上海三联书店出版的《上海档案史料研究》第3辑（2007年8月出版）、第5辑（2008年11月出版）和第6辑（2009年3月出版）。

杂的借影交涉过程，进而探讨近代中日书籍交流的多重意义。

一 广求善本与日本访书

张元济是近代中国有数的版本目录学大师，[1]毕生主持编校、影印的古籍丛刊多达40余种，其中用力最勤、费时最久、成绩最大，且最为学界称道者，厥有《四部丛刊》《续古逸丛书》和《百衲本二十四史》。他主张"书贵初刻"，为了编纂、辑校和影印这些大型古籍丛刊，"为古人续命"，竭尽所能地在海内外广求"初刻"和善本。1928年东渡日本访书，就是他广求"初刻"和善本的一种努力。

自咸同以降，国门洞开，战乱绵延，许多公私藏家在战火中化为灰烬，所藏珍本秘籍亦在战乱中纷纷散佚，正所谓"神州几经多故，旧籍日就沦亡"[2]。随着西潮的拍岸而来，扬西抑中，甚至崇新贬旧，渐成风气，中国由此进入了一个"尊西人若帝天，视西籍如神圣"的时代。于是，中国旧学、旧籍被迅速负面化和边缘化。身处这样一个时代，识者每以为忧。于是"刬灭文明"的旧籍沦亡激成一场颇具声势的古籍抢救运动。早在清季，缪荃孙、傅增湘等便"慨然于旧书之将绝"，大声疾呼抢救古籍，保存国粹。作为一个"富于新思想的旧学家"，张元济对此种呼声，不仅深有同感，而且有切肤的体验。

那是1906年的春天，皕宋楼主陆树藩因组织"庚子救援"，亏欠巨万，欲将皕宋楼所藏悉数售出。日本人闻讯后，纷至沓来，仅岛田翰即数次登楼检视，但由于陆树藩索价不菲而没有成交，岛田翰乃重返日本寻求买主。夏瑞芳得知皕宋楼将散，"慨然许以八万"购之，由张元济出面接洽。

---

[1] 张元济一向低调、谦逊，但对自己版本目录学的造诣却极自信，曾对王云五说："余平素对版本学不愿以第二人自居，兹以远离善本图书荟萃之故都，或不免稍逊于傅沅叔（增湘）矣。"参见王云五：《〈涉园序跋集录〉跋》，张元济：《涉园序跋集录》，台湾商务印书馆1979年版，第280页。

[2] 张元济：《印行〈四部丛刊〉启》，张人凤编：《张元济古籍书目序跋汇编》下册，商务印书馆2003年版，第857页。

但陆氏索价十万，未能谈成。张元济无奈之中，只好答应马上设法筹款，并特别晓以大义，力劝不要售与日本人。为了留住皕宋楼藏书，张元济游说当时的管学大臣荣庆拨款收购，由筹建中的京师图书馆收藏。但荣庆置若罔闻，不予理睬。张元济只得另行设法，等款项筹齐之后，陆氏却以十万零八千元之价卖给日本岩崎氏静嘉堂文库。当年夏天，当皕宋楼藏书运抵日本时，日本汉学家惊喜莫名，岛田翰称这是"于国有光"的"人世之大快事"[1]。此事对张元济的触动甚大，多年之后偶一提及，犹为之心痛不已，并终身引为奇耻大辱！其致缪荃孙函说："来书慨然于旧书之将绝，此亦时会使然。要在有一二先觉者出为转移，自有挽回风气之日。承示图书馆宜多备通行书，甚是甚是。但难得之旧本，若无公家为之保存，将来终归澌灭。丙午春间，皕宋楼书尚未售与日本，元济入都，力劝荣华卿相国（即荣庆——引者注）拨款购入，以作京师图书馆之基础，乃言不见用。今且悔之无及。每一追思，为之心痛。"[2]所以，当他听说江南图书馆入藏的钱塘丁氏八千卷楼藏书有"变价出售"之说时，便立即向主持该馆的缪荃孙表示，如确有其事，"则元济甚欲得之。但不可拍卖，恐有日本人来出重价"[3]。后来证实所谓"变价"之说不过是一种嬉言，但由此可见张元济对古籍珍本大宗流往海外的忧惧心怀。1911年，他听说聊城杨氏海源阁有出售消息，又立即托人探询，并致书缪荃孙说："杨氏书已托人商问，尚未得复。果有售意，必尽力图之。自来收藏家鲜百年长守之局。近溯咸、同，犹止数十年耳，而烟云幻灭如陆潜园（即陆心源——引者注）者，正已不少。然而斯文未绝，吾道不孤，必且有尽发名山，以光盛世之

---

[1] 岛田翰：《皕宋楼藏书源流考》，[明]祁承㸁等撰：《澹生堂藏书约（外八种）》，上海古籍出版社2005年版，第37页。
[2] 张元济：约1911年9月12日致缪荃孙，《张元济全集》第3卷，商务印书馆2007年版，第496页。
[3] 张元济：1910年2月3日致缪荃孙，《张元济全集》第3卷，商务印书馆2007年版，第495页。

一日……"[1]书之聚散大抵与国运相维，治世弘文，乱世毁业，的确"鲜有百年长守之局"。究其原因，无出四端："或厄于水火，或遭于兵燹，或败坏于不肖子孙，或攘夺于有力势豪"。咸同以来，更增一厄，即文物、古籍大宗流往海外。处在这样的运会中，张元济抢救古籍的那种迫不及待的心情也就可以理解了。

这样的事例在张元济的一生中可谓不胜枚举。当他顺利地收购一批珍本秘籍时，喜悦之情总久久不能自已；而当收购计划落空时，则又不免懊丧万分。譬如，为了收购三册《永乐大典·经世大典》，他曾四次致书在北京的版本目录学家傅增湘，愿以每册百元之价，请傅增湘代为购进。当听说该书已被日本人田中以千元天价购走时，他不胜懊丧地说："《经世大典》在我国已不可见，今竟有三册之多流入东邦，殊为可惜。"即使这样，他仍不死心，拍发急电，请傅氏设法大力挽回，"请照东价（即日本人所开价码）一竿截留，或酌加百番"。又说："万一不能，所有《经世大典》三册，如与罗叔蕴所印者（似在《雪堂丛书》之内）不相重复，务乞代恳瑞臣同年允我借影一分，俾不至绝迹于中土。"[2]当他得知此书确已被日本人购去时，再一次惋惜不已！这种惋惜之情是常人难以体会的，它包含着对文化命运的忧虑和悲伤。

正是基于这种痛苦的体验和感受，张元济以巨大的热情和毅力投注到古籍抢救运动之中，并把它引为自己的终身事业，即使在最忙碌的经理及监理任内百务缠身之时，抢救和校刊古籍也从未一日忘怀。他在写给傅增湘的一封信中说：

> 吾辈生当斯世，他事无可为，惟保存吾国数千年之文明不至因时势而失坠，此为应尽之责。能使古书多流传一部，即于保存上多

---

[1] 张元济：约1911年10月2日致缪荃孙，《张元济全集》第3卷，商务印书馆2007年版，第496页。

[2] 张元济：1918年10月12日致傅增湘，《张元济全集》第3卷，商务印书馆2007年版，第297页。

一分效力。吾辈炳烛余光,能有几时,不能不努力为之也。[1]

张元济认为,保存古籍,"事关国脉,士与有责"。虽然,古籍日就沦亡,国学式微湮灭,乃是时势使然,但在这种时候理应有一两个先觉者站出来挽回风气,俾不至"划灭文明而返于草昧之途"[2]。他在《宝礼堂宋本书录序》中说:"余尝言一国艺事之进退,与其政治之隆污、民心之仁暴,有息息相通之理。况在书籍,为国民智识之所寄托,为古人千百年之所留贻,抱残守缺,责在吾辈。"[3]作为一个富于识见的出版家,他感到义不容辞,自觉地将"保存吾国数千年之文明不至因时势而失坠"引为己责,努力以赴,其中寄托着他"尽发名山,以光盛世"之想。他曾在一首诗中这样写道:

中原文物凋残甚,欲馈贫粮倍苦辛;
愿祝化身千百亿,有书分饷读书人。[4]

其中既有先觉者的沉痛,也有先觉者的愿望。

然而,保存与传播古籍,"愿祝化身千百亿",又必须以搜罗足够数量的珍本善本古籍为前提。张元济虽有商务的财力作后盾,有蔡元培、缪荃孙、傅增湘等知己朋友的鼎力相助,但广求善本的过程仍然是非常艰辛的。清人孙庆增在《藏书记要》中认为求书有"六难":"知有是书而无力购求,一难也;力足以求之矣,而所好不在是,二难也;知好而求之矣,而必较其值之多寡大小焉,遂至坐失一时,不能复购于异日,三难也;不能探之于书佣,不能求之于旧家,四难也;但知近求而不能远购,五难

---

[1] 张元济:1927年1月21日致傅增湘,《张元济全集》第3卷,商务印书馆2007年版,第337页。
[2] 张人凤编:《张元济古籍书目序跋汇编》上册,商务印书馆2003年版,第168页。
[3] 同上书,第167—168页。
[4] 张元济:《题朱遂翔抱经堂藏书图》,《张元济诗文》,商务印书馆1986年版,第82页。

也；知鉴识真伪、检点卷数、辨论字纸，贸贸购求，每多阙佚，终无善本，六难也。有此六难，虽有爱书之人，而能藏者，鲜矣。"这"六难"，张元济当然都是亲身经历过的，他曾用"丐之藏家，求之坊肆，近走两京，远驰域外"16字来概述他网罗善本苦乐兼具的历程。[1]

所谓"丐之藏家"，指的是直接从藏书家手中成批收购。大约从20世纪初年起，他就着意"访求善本暨收藏有自者"，先后收购了绍兴徐氏熔经铸史斋的全部藏书，以及长洲蒋氏秦汉十印斋、广东丰顺丁氏持静斋和盛氏意园的部分藏书。后又陆续收购了太仓顾氏謏闻斋、乌程蒋氏密韵楼的藏书，并亲自溯江而上，到扬州收购何氏藏书。时值清末民初，全国各地不少藏书家的藏书先后星散，张元济更是潜搜冥索，尽力辗转搜罗。上列诸氏均是当时名闻遐迩的藏书家，张元济从他们手中购得的大宗图书，不少是稀世之宝，极富学术价值和版本价值。如昭文张金吾所辑的《诒经堂续经解》、宋刊本《六臣注文选》等，均是稀见的珍本秘籍。在"访求善本"的过程中，他同许多藏书家如缪荃孙、李盛铎、叶德辉、邓邦述、董康、朱希祖、傅增湘、瞿启甲（良士）、刘承幹等人建立了深厚的私谊和学谊，为日后借抄或影印珍版秘籍提供了许多方便。

与"丐之藏家"相比，"求之坊肆"只能算是零星的搜罗了。多年来，张元济养成一种习惯，即每到一地，必先走访书肆，只要见到商务所缺的善本古籍，常常倾囊购之。然而，靠走访书肆网罗旧书，毕竟是非常有限的。早在张元济居住在长康里的时候，就曾刊登"收买旧书广告"，兹录一则：

> 兹为保存国粹起见，拟搜罗旧学书籍，无论经、史、子、集，只须版本精美。的系旧刊，或据善本影抄，或经名人手校，均可收购，海内藏书家有愿割爱者，祈将书名、册数、撰人姓氏、序跋姓氏、刊印时代、行款、纸色、有无残缺损破、欲得售价若干逐项开

---

[1] 张元济：《影印百衲本二十四史序》，《张元济诗文》，商务印书馆1986年版，第271页。

示，径寄敝寓，信资自给，合用者即当函商一切，否则恕不答复，伏维雅鉴。上海新垃圾桥浜北北长康里沿马路武原张公馆谨启。[1]

此外，他还在上海极司非而路自家住宅大门上端贴一张大红招贴，上书"收买旧书"四字，只要有难得之书，总不惜血本购下。积少成多，聚沙成塔，张元济于1909年手建的涵芬楼所藏不少善本就是通过这一渠道获得的。

至于"近走两京"，那是指他搜罗范围之广，并不限于通都大邑。"远驰域外"则主要是指1928年赴日访书事。

自日本遣使入唐始，中日之间官方和民间的文化交往不断，日本人渐渐拥有了可观的汉籍收藏，其中不乏中土失传的珍本。特别是清末民初中土板荡、国势殆危，日本藏书家乘势而入，买下不少因战乱而关闭的藏书家的整部收藏，同时还从坊间购去大量的善本书籍。[2]1924年日本静嘉堂文库公布了其藏书的详细书目。张元济看到这个书目，发现这家私人图书馆竟藏有9000余种中国的善本古籍，比清朝御订《四库全书》还多出5000卷。更让他吃惊的是，其中竟有177卷是早已在中土失传的著作，《四库全书》亦仅列出书目而没有正文。尽管张元济早就知道静嘉堂文库的藏书质量，但竟藏有如此众多的善本古籍却大大出乎他的意料。那时他正在为《四部丛刊》换版和《百衲本二十四史》校印而广求善本，当然极想赴日本一探究竟。

张元济赴日访书得以成行，幸赖中华学艺社居间联系。中华学艺社前身丙辰学社，是留日学生于1916年在东京创设的学术团体，1918年该社绝大多数社员因反对北洋军阀段祺瑞与日本政府签订《中日军事协定》而

---

[1] 周振鹤编：《晚清营业书目》，上海书店出版社2005年版，第381页。
[2] 有关汉籍在日本的流布详情，中日学界已有不少研究，较具代表性的成果有日本学者大庭修的《江户时代中国典籍流播日本之研究》和我国学者严绍璗的《汉籍在日本的流布研究》等，前者系统地论述了江户时代的汉籍输入及其对日本文化的影响，后者则全面地考察了汉籍东传日本的历史及其流布的概况。

辍学归国，社务停顿。1920年该社在北京及上海的社友打算复兴社务，此举得到张元济、高梦旦等人的支持。1922年12月起，丙辰学社正式更名为中华学艺社。学艺社的刊物《学艺杂志》以及学艺社同人编写的各种书籍多由商务排印发行，学艺社骨干如郑贞文、周昌寿、杨端六、何公敢、江铁、林植夫（原名骙）等也都先后被聘为商务编译所编辑，双方合作无间。学艺社东京分社干事马宗荣（继华）在东京帝国大学研究图书馆学，"知道日本公私立各图书馆藏有宋、元、明、清中国精版图书甚多，建议由学艺社向日本各藏书家选借，作为《中华学艺社辑印古书》的整套内部刊物出版，仅分配于特别需要的社员，不对外发售。这原是日本学术团体常用的办法，可以援例举办"[1]。这个方案经上海总社干事会议通过后，得到张元济和高梦旦的赞同，商务负责提供选书影印的经费，郑贞文和马宗荣则代表学艺社向日本公私图书馆及藏书家交涉借印手续，约明书籍印出后，每种分别赠送原书所有者各二十部。日本内阁文库、东京图书馆、静嘉堂文库、东洋文库等皆表赞成，此事遂按约进行。

中华学艺社总社虽迁回上海，但与日本学界却一直保持着密切的关系。1925年11月，日本学术协会召开第一届年会，中华学艺社即派出一个16人的学术视察团前往参加，以后历次会议，中华学艺社皆派团出席。日本学者访问中国时，也常到中华学艺社与社友交流。1928年10月15日，中华学艺社组成第五次学术视察团赴日出席日本学术协会第四届大会，张元济即以该社名誉社员名义偕同郑贞文等人乘上海丸轮赴日访书。此后的一个半月中，张元济和郑贞文在中华学艺社东京分社干事马宗荣（继华）陪同下马不停蹄地往访于各公私藏书机构之间，恣意饱览那里庋藏的善本古籍，特别是那些早已在中国散佚的珍本秘籍。有关此次日本访书，张元济原本撰有《日本访书记》一册，详细记录访书过程及访书的收获，

---

[1] 郑贞文：《我所知道的商务印书馆编译所》，商务印书馆编：《商务印书馆九十年》，商务印书馆1987年版，第210页。

曾借给傅增湘，以为其日本访书的向导。[1]可惜，这本访书记迄今仍未询及下落。现据张树年主编的《张元济年谱》及其他相关资料，将此次张元济的日本访书行程胪举于后。

  10月17日 抵长崎，遂至广岛。作七绝《戊辰暮秋与心南同游日本，至严岛。宿宫岛旅馆。步入肆中购得此杓，云可邮寄。心南索诗，赋赠如左》。

  △ 抵京都。晤内藤湖南，介绍观阅故富冈氏遗书，又告京都东福寺藏文忠公（即张九成）《中庸说》。张元济决定"此去拟乞影写，归国影印。私冀所著《尚书详说》、《大学说》、《论语解》、《孝经解》、《孟子解拾遗》、《标注国语类编》、《唐绘唐诗》该或尚有存于此邦者。诸君子均许代访，意至可感"。

  10月24日 抵东京。即夕，帝国大学青年汉学家长泽规矩也过访，约期偕往静嘉堂文库访原皕宋楼藏书。

  10月27日 外务省文化事业部长冈部长景招宴视察团，张元济代表致答辞。后观剧，有正于日本演出之北昆韩世昌等演昆曲《思凡》《春香闹学》。

  △ 至静嘉堂文库观皕宋楼陆氏藏书约十日。见明文渊阁原藏、明活字本《太平御览》、宋眉山刊本《陈书》、元刊43卷本《金华黄先生文集》、明本《饮膳正要》等，拟借影。该文库长诸桥辙次曾到中国，与张元济相识，由其陪同参观并瞻仰岩崎男爵铜像及其墓地。撰古诗《戊辰暮秋至日本东京观静嘉堂藏书，赠岩崎男爵等》。

  11月12日 日本斯文会服部宇之吉、宇野哲人、盐谷温致张

---

[1]《张元济傅增湘论书尺牍》中曾多次提到张元济的这本《日本访书记》，如1929年11月22日，傅增湘写给张元济的信中说："各处访书，得公手册足为先导，更属省力。"12月9日的另一封信又提及："侍日本观书撰成小记，略加考证，但非二三月不可成，至时当先以奉政，因其中借公手册之力不少也。"12月13日的信中又写道："近始略料理箧中各件，尊笔观书小册，缘补记东游阅书记有资考证处极多，须略留，年内准可寄还。"

元济函,约18日下午5时30分于日本桥区桧物町25号香兰亭出席欢迎会。

△ 至宫内省图书寮观书三日。见宋本《三国志》、元蜀本《山谷外集诗注》等,拟借影。

△ 至内阁文库观书。见宋刻《平斋文集》、铁琴铜剑楼瞿氏藏此书所阙八卷"俨然具存",逐"借影携归,与瞿本合印"。

△ 至私立东洋文库访书。"石田[干之助]君视余旧抄《古文尚书》,可谓世间珍品。英人摩利孙收藏欧人论述东方之书甚夥,今归库中,惜未能读。"赠石田《入唐求法巡礼行记》一部。

△ 于东京时还应邀参观几家私人藏书。于前田侯邸见宋刊《世说新语》,"附有《叙录考异》,并《人名谱》二卷,为敝邦所未见"。于德富苏峰(朝日新闻社社长)家见古写本、刊本《论语》凡数十种。于实业家内野五郎三家见残宋刊《宛陵集》,"亦中土久佚之本"。借影携归。

△ 至帝国大学图书馆,晤姊崎正治馆长。其云旧馆地震被毁,新馆尚未落成,所刊书籍均在箧中。张元济等"怅然而出"。

△ 晤汉学家盐谷温。盐谷以其所刊先德文集见贻并题诗。张元济作七绝《和盐谷节山(步原韵)》回赠。

△ 撰七绝《赠静嘉堂茹藤田昆一君》《赠静嘉堂饭田君》《赠内野皎亭》[1],古诗《赠井田东阳少将》。

11月23日 晚诸桥辙次等于东京陶陶亭招待先生,到会者约20人。诸桥于日记中写道:"张氏是品性高尚的学者,曾写作过长篇的诗文。"

△ 归国途中抵京都,再访内藤湖南。撰五律《戊辰初冬过内藤湖南山斋,晤谈甚欢,谨赠》。

△ 访京都东福寺藏书,并晤狩野直喜等汉学家。

---

[1] 藤田昆一,静嘉堂执事。饭田君即饭田良平,静嘉堂司库。内野皎亭即内野五郎三。

△ 游别府间歇泉。撰五律《别府间歇泉》。

约11月下旬　抵长崎，侯船返国。

11月30日　致马宗荣书，谓"西京照书事，拟到上海后将借影西京各家旧书一并筹画妥贴，再函达。借照静嘉堂五种，内有《饮膳正要》一种，不甚重要，拟请从缓"。又告以《武经七书》影照尺寸等事。

12月1日　于长崎偕郑贞文登轮返国。

12月2日　自日本返沪。[1]

由于行前准备充分，又有熟悉日本公私收藏的马宗荣的全程陪同，并负责接洽借影有关古籍事宜，同时还得到日本汉学家诸桥辙次、盐谷温、狩野直喜、服部宇之吉、长泽规矩也等人的协助，因此张元济此行效率极高，短短一个半月，不仅遍查了东京、京都等地的公私图书馆如静嘉堂文库、宫内省图书寮、内阁文库、东洋文库、帝国大学图书馆及京都东福寺藏书楼等处汉籍收藏的详细情况，见到了他期冀见到的不少早已"绝迹于中土"的稀世珍藏，而且初步确定了拟借影的珍稀书目，为随后的借影奠定了基础。

对张元济而言，这是一次充满惊喜之旅，也是一次满载而归之旅。扶桑归来，张元济仍沉浸在这种"怡然欣慰"之中，并急切地将他的访书观感与收获，和国内同道一起分享。12月4日，他即特别致书瞿启甲，谈此次日本访书的收获，其中写道：

弟在日本勾留一月有半，参观公私各图书馆，琳琅满目，美不胜收。承假抄本《北硐诗集》，彼上乃有宋刊。《平斋文集》、《黄文献集》均有宋元足本可以补全，殊为快事。昨三世兄过访，曾以面告。《平斋文集》尊处藏本缺字，弟均校补，所阙八卷，敝处影照如

---

[1] 参见张树年主编：《张元济年谱》，商务印书馆1991年版，第311—313页。

能商妥，可以奉借抄配，俾成完璧。[1]

为了感谢日本友人的赞襄协助，张元济曾赋长歌一首，书赠静嘉堂岩崎男爵，兼示冈部长景、服部宇之吉、安井小太郎、德富猪一郎、姊崎正治、宇野哲人、盐谷温、中村久四郎、久保得二、诸桥辙次、石田干之助、滑川达、内野五郎三、永山近彰、长泽规矩也暨京都内藤虎次郎、狩野直喜、长尾槙太郎、神田喜一郎诸君子并斯文会会员，其辞曰：

昔闻海上三神山，仙人之居不可攀。卿云轮囷满霄汉，乃知福地兼嫏嬛。中原文物万方布，大师巡礼竞西渡。蓬莱清浅时往还，携归经籍纷无数。唐宋迄今千百年，流风未息薪火传。海通地缩旦夕至，书城舶载尤便便。我生不辰厄阳九，抱残守阙尝恐后。只怜百宋与千元，廛架萧条渐乌有。吴兴观察兴独豪，南北搜讨不辞劳。带经宜稼尽销歇，层楼皕宋瞻天高。陆氏皕宋楼书，大都得自侯官带经堂陈氏、上海宜稼堂郁氏。守先岂无克家子，世事沧桑非得已。遗书珍重方鬻椟，韫玉求沽旋入市。故人闻讯喜开颜，愚公有志思移山。皕宋楼书初在上海求售，亡友夏粹方谋之于余，欲为涵芬楼收之。余竭力怂恿，许以八万金，久未成议。祖生一鞭先我著，海涛东去不复还。静嘉主人长袖舞，耽玩经史争快睹。挥斥黄金无吝容，万卷归来垿天府。东京学术之中枢，兰台延阁无处无。主人意是犹未慊，更辟文库饷师儒。我闻此举深太息，廿年宿愿偿未得。破万里浪乘长风，好探珍秘开茅塞。皕宋楼书在国内时屡谋往观，迄未如愿。有客惠好示周行，导我急登读书堂。余抵东京，长泽君即夕过访，约期偕往静嘉堂文库。风驰电掣原野阔，山光掩映溪声长。溪山深处乐游苑，旧朋握手喜相见。诸桥君数年前曾至上海，晤谈甚欢，别后久未相见。指公遗像陈堂前，堂中供岩崎老男爵铜像，诸桥君指以见告，始获瞻仰。恨我迟来艰觌面。墓门佳

---

[1] 张树年主编：《张元济年谱》，商务印书馆1991年版，第313页。

气郁葱葱，百城长傍泉台宫。文库距故男爵墓仅数百武。生前爱玩不忍释，英灵呵护长无穷。令子象贤称主器，大启堂构继先志。金匮石室严弆藏，精椠名钞广罗致。我来海外交有神，特许巡览娱远宾。执事靖共骏奔走，相助检索逾兼旬。好书不厌百回读，快事生平夸眼福。既入宝山宁空回，得陇何嫌更望蜀。是邦朝野多名士，同声相应未遐弃。仰体前贤求法心，俯酬远客东来意。公私典籍同秘藏，门墙数仞徒旁皇。片言相介重九鼎，遍窥邺架并曹仓。宫寮美富首屈指，内阁精华差可拟。足利遗迹亘千秋，五经纷纶叹观止。尊经世说古本孤，前田侯邸藏宋刊《世说新语》，附有《叙录考异》，并《人名谱》二卷，为敝邦所未见。成篑鲁论美且都。德富君出示古写本、刊本《论语》凡数十种。更有宛陵留半集，内野君有残宋刊《宛陵集》，亦中土久佚之本。诗老长怀梅圣俞。独惜祝融淫虐肆，太学烬余闲箧笥。余至帝国大学图书馆，姊崎馆长语余，地震被焚，新馆尚未落成，所收书籍均在箧中。怅然而出。摩里手泽留东洋，目盲未识蟹行字。至东洋文库，石田君视余旧钞古文《尚书》，可谓世间珍品。英人摩利孙收藏欧人论述东方之书甚伙，今归库中，惜未能读。二三贤俊栖京洛，补亡缉遗殊不弱。三辅图籍雄关中，归途定访石渠阁。来时道出京都，内藤君介观故富冈氏遗书。善本甚多。归时尚拟至内藤、神田二君家观所藏书。寒家世泽传清河，横浦遗集今不磨。等身著作云烟散，什无一二堪搜罗。宦游所至亟访古，数典自惭竟忘祖。忽闻员峤方壶间，乃有陈编在东土。逸书百篇今尚存，将伯请诵前人言。良朋意气重然诺，许我探索不惮烦。先文忠公著书甚富，国内仅存《孟子解》残本二十九卷。前读澁江氏《经籍访古志》，知普门院藏有《中庸说》六卷，无自访求。晤内藤君，始知在京都东福寺。此去拟乞影写，归国影印。私冀所著《尚书详说》、《大学说》、《论语解》、《孝经解》、《孟子解拾遗》、《标注国语类编》、《唐绘唐诗》该或尚有存于此邦者。诸君子均许代访，意至可感。回首乡关尚烽火，礼失求野计未左。国闻家乘亡复存，感此嘉惠非琐琐。呜呼！世界学说趋鼎新，天意宁忍丧斯文。遗经在抱匹夫责，焚坑奚畏无道秦。当世同文仅兄弟，区区阋墙只细事。安得尔我比户陈诗书，销尽大地干戈不祥气。"[1]

诗中既抒写了扶桑访书的观感，也引发了对文化兴衰的感怀，同时还寄希望于中日两国的友好，至今读来犹感人至深。虽然张元济并不以诗歌见长，留下的诗歌也不多，但在日本访书期间，却诗兴大发，常以诗言志，以歌咏言，写下了不少诗篇，仅据《张元济诗文》所载就有九首之多，其中尤以这首长歌最具代表性，从中不难看出他日本访书之旅的百感交集。

二 借影交涉：过程、收获与"雅谊"

张元济、郑贞文回国后，具体的借影事宜即委托马宗荣负责筹划接洽。张元济在一些私人信函中，经常称马宗荣为"敝处驻东京代表"。

已有的相关论述，大多依据郑贞文的回忆文章《我所知道的商务印书馆编译所》中提供的资料，认为张元济回国的时候携回了从日本公私藏书机构借影的46种珍本秘籍的摄影底片，"经商务照相部修整扩大后，作为中华学艺社《辑印古书》陆续出版，除分别赠送原书所有者各二十册外，余交学艺社总分社及少数社员保存，作为内部刊物"[2]。实际上，借影在张元济回国的时候远没有完成，甚至连拟借影的书目清单也是他们回上海后才最后确定的，并且在具体的借影过程中不断地有所调整，实际的借影交涉也比预想的要复杂得多！

早在回国前夕，即11月30日，张元济于长崎候船期间就曾特别致信马宗荣，信中说："西京照书事，拟到上海后将借影西京各家旧书一并筹

---

[1] 张元济：《东瀛访书记事诗》，《张元济全集》第4卷，商务印书馆2008年版，第24—25页。商务印书馆1986年版《张元济诗文》，此诗题作"戊辰暮秋至日本东京观静嘉堂藏书，赠岩崎男爵等"，见该书第9页。
[2] 郑贞文：《我所知道的商务印书馆编译所》，商务印书馆编：《商务印书馆九十年》，商务印书馆1987年版，第215页。

画妥贴，再函达。"信中还提示，借照静嘉堂五种，内有《饮膳正要》一种，不甚重要，拟请从缓。"《武经七书》原定用八折片。昨与郑心翁商，拟改依原书尺寸摄照。弟意四折片容积当有余，万一原书尺寸大于四折片，则请将该书尺寸用英寸量明内框纵横若干尺寸，明白开示，以便再行决定。"[1]《饮膳正要》和《武经七书》都是拟从静嘉堂文库借影的书目，在张元济回国前根本没有开始摄照，更谈不上携回底片了。12月8日，马宗荣致函张元济和郑贞文，汇报借影各书进展情况，信中写道：

> 静嘉堂之书已遵命，嘱户塚氏先照《清明集》《群经音辨》，次及《陈书》。《武经七书》之原板尺寸已托长泽氏到静嘉堂代测。
> 图书寮之书，帝大图书馆开馆之日杉寮长亦到，杉氏谓可由彼先与宫内大臣办一次内交涉，再提出愿书，以便一提出即能批许，两方面子上较为光荣，因其中（书单之中）之书有文化事业部拟印者与该寮拟印者在，此类之书能许重照否，当视宫内大臣意见何如故也。
> 东福寺之书，既寻着《中庸说》一册，仍以由荻野氏取到东京照相为便，抑可由该寺直借与我等为便？待告。
> 山本氏交涉之内阁文库事，日前已去一函询问，至今尚无回信。
> 诸桥氏谓照静嘉之书时，请继续拍照，以便早告结束。
> 户塚氏目下甚忙，故拍照开始，须在十日以后也。[2]

张元济回上海后，时刻关心马宗荣借影交涉的进展，并随时提出要求。在此后的岁月中，张元济，包括郑贞文与马宗荣之间，为借书事，可

---

[1] 张元济：1928年11月30日致马宗荣，《张元济全集》第1卷，商务印书馆2007年版，第172页。郑心翁即郑贞文，字心南。

[2] 马宗荣：1928年12月8日致张元济、郑贞文，张元济：《张元济全集》第1卷，商务印书馆2007年版，第172页。

谓函电交驰。后来张元济曾亲自将这批珍贵的往来函电打印稿装订成《马继华君来往信件（日本借书事）》稿本。可惜的是，这个稿本现在仅存第一册，起自1928年11月30日，迄于1929年4月4日，以下各册均佚。这仅存的第一册，经张元济哲嗣张人凤先生整理后，刊于2007年9月商务印书馆出版的《张元济全集》第1卷第172—188页。这是一份极其珍贵的中日书籍交流史料。下面即根据这一份史料，并参考其他相关资料，尽可能详尽地再现马宗荣代张元济向日本公私藏书机构办理借影交涉的复杂过程，并借以说明张元济主持商务印书馆古籍影印工程对日本藏书的借重。

尽管张元济"公私冗积，忙不可言"，但他最关切的还是向日本公私藏书机构借影事宜。同年12月14日，张元济致书马宗荣，详细询问各处借书及摄照情形，其中写道：

> 公私冗积，忙不可言，致各处拟借影之书此时尚未能决定。兹有致山本君一信，附呈台阁。不知我兄与长泽先生于弟等行后曾晤见山本君否？图书寮、内阁文库及足利遗迹图书馆借书事不知有眉目否？如尚无眉目，拟请移驾与山本君一商，前信即同时交去。……静嘉堂书未知已否开照？中有补照《金华黄先生文集》十二卷，需用甚急，能急着手先照，尤为祷感。

信末并开呈《金华黄先生文集》补照各卷系卷21，卷33—43。信中提到的"致山本君一信"，系询借大连图书馆小说戏曲书事。此信一口气向马宗荣询问了三个问题，关切之情溢于言表。其中除了足利遗迹图书馆，图书寮、内阁文库、静嘉堂都是郑贞文回忆文章提及拟借影的机构，可见张元济拟借影的书目，并不限于图书寮、内阁文库、东洋文库及静嘉堂四家。12月15日，张元济复函马宗荣，将所询各事奉答于下：

> 图书寮拟借之书前阁下所见者，不过偶然记录，尚未完全。阁

下已交与杉察长，此时尚拟加入数种，另开一单附上。其中《三国志》一种最为需要。其次则为《论语注疏》及补配《北涧文集》之第九、十卷（并外集一册）、《本草衍义》之第一、二、三、四、五卷。又宋代黄善夫《史记》，如有可以补配之卷，亦甚需要。以上各书务祈设法商妥，并恳长泽先生相助。其余各书如能均借固妙，如不允亦无法。

东福寺之书，寺僧业已允照。为数不过数十页。户塚氏现亟需照静嘉堂书，事毕再往恐日久变卦。拟托长尾雨山就近先照。

静嘉堂之书已选定五种，尚有五种须稍迟数日方能决定。借照之书必定继续照相，决不间断。前拟借照《金华黄先生文集》九卷不在十种内，已得诸桥先生允许。兹再拟补照十一页。又《愧郯录》及《陈古灵先生文集》亦各拟补照数张，此颇琐屑，如有为难尽可作罢。

又《册府元龟》《太平御览》两书卷帙甚多，约共得一万二千七百叶。如欲借照，不知诸桥先生以为我过于贪多、过于久长，有所烦厌否。祈便中探听。如觉不宜，则祗借《册府元龟》一种，而以《太平御览》一种改向图书寮乞借。统祈核办。

此信系对马宗荣12月8日致张元济、郑贞文函的回复，信中提到的拟补照的许多书，如宋黄善夫刊本《史记》《金华黄先生文集》《愧郯录》及《陈古灵先生文集》等都是郑贞文回忆文章中不曾列入的。这再次说明，张元济拟向日本借影的书目，是回到上海后仔细查核了国内收藏之后不断补充修订的。信中张元济还附上了"拟借影帝室图书寮之书"书单，其中除了原拟借影的《论语注疏》（宋刊）、《三国志》（宋刊）、《山谷外集》（元刊）、《本草衍义》（宋刊）、《北涧文集》、《北涧外集》（宋刊）等外，又加入数种，包括《论衡》（宋刊）、《集韵》（宋刊）、《北涧文集》（宋刊）、《世说新语》（宋刊），以及希望补配、补照的数种含宋黄善夫刊本《史记》、宋刊《愧郯录》、宋刊《陈古灵先生文集》和《金华黄先生文集》，书单中还详细地列出拟向图书寮商借各书需要补配、补照的具体缺卷和缺页（叶）。

说到宋刊《愧郯录》，有一段故事值得在这里说一说。当时张元济正在筹划《四部丛刊》续编，拟收入《愧郯录》。但他发现国内藏本均缺而不全。其中，卷一，缺第七、八、十五、十六，计四页；卷五，缺第九、十、十一、十二，计四页；卷七，缺第五、第六，计二页，共计缺十页。他原本希望在静嘉堂能从陆氏皕宋楼旧藏中找到这些缺叶，可静嘉堂陆氏旧藏《愧郯录》同样也缺此十叶。因此，他请马宗荣从帝室图书寮商借补照。1930年春，张元济得知周越然在上海以重价购得一部《愧郯录》，便急前往观看。他发现此本系祁氏澹生堂徐苑本，系明人写本，有澹翁手跋，且有毛子晋、季沧苇、朱锡鬯等印记。可惜只存首七卷，是个残本。但各种刊本所缺的那十页，竟在这个残本中"宛然具在"。1934年1月，张元济在为该书所作跋文中叙其事道："……友人周君越然购得祁氏澹生堂抄本半部，余闻之往假，开卷则此十叶者宛然具在。因迻录之。请人依原书款式写补各叶，前后适相衔接。虽卷五之第九至十二叶，仍有阙文，是本卷二'淳熙南狝'一则阙七字，卷四'鱼袋'一则阙八字，卷六'仙释异教之禁'一则共阙七字，祁本亦无可补。然大致要已具足。明清鼎革，忠敏遭难，藏书散尽，世极罕见。阅三百年于有人复印之时，而是书忽出，且亡其半，而有此十叶之半部独不亡，不可谓非异事矣。书此以识吾友通假之惠，并为是书庆幸焉。"[1]对此，周越然亦同样兴奋不已。1942年9月2日，他在《古书一叶》一文的文末特别谈及此事，他说："宋岳珂《愧郯录》十五卷，吴县黄氏，常熟瞿氏，吴兴陆氏，皆藏有宋本。黄陆二氏之书早已散去，在人间与否不可知。瞿氏之书尚为其后人所守。查荛圃藏书题识卷五，铁琴铜剑楼藏书目录卷十六，仪顾堂集卷二十，知三氏之书，行格相同（半叶九行，行十七字），而缺叶之数（共计十叶）亦复相合，——是三书同出一源也。宋以后重雕之本，有明岳氏校刻本、学

---

[1] 张人凤编：《张元济古籍书目序跋汇编》下册，商务印书馆2003年版，第904页。

海类编本、鲍氏知不足斋丛书本。鲍氏之书,行格一遵宋刊,校订精详,实为各书之冠,惟其缺叶与宋明清各本均同。岂世间竟无完本耶?民国十九年之春,余以重价购得此本于申江,即所谓祁氏淡生堂馀苑本也,有澹翁手跋,且有毛子晋、季沧苇、朱锡鬯等图记,系明人写本。惜只存首七卷,不得称为完璧。幸各本缺文均在此七卷,后来商务印书馆编印《四部丛刊》续编,即借以校补,亦一大快事也。"[1]张元济觅得《愧郯录》的缺叶,并编入《四部丛刊》续编,而静嘉堂藏本亦有相同的缺叶,因此张元济特别将所缺十叶的影写件赠给静嘉堂文库,俾成完璧。静嘉堂文库获此珍宝,即原封不动地贴到该书空白书页上。1992年出版的《静嘉堂文库宋元版图录》上对《愧郯录》所补缺十叶,特意注明:"由张菊生先生提供。"[2]这个插曲,可以说是中日书籍交流史上一段美谈。

接到张元济的回复后,马宗荣并没有马上作答,原因有二:一是张元济所询诸事尚无眉目;二是他本人正忙于毕业论文,故延至1929年1月3日才得以从容作复,详告借影《武经七书》《愧郯集》《金华黄先生文集》《册府元龟》《本草衍义》等书情况,以及图书寮、内阁文库、静嘉堂等处借书进度。其中,"图书寮之书,只办到向杉寮长作内交涉,而由杉氏向宫内大臣作内交涉之工作。社中来信已由长泽氏交与杉氏。该信只能用作与杉氏个人之用,将来当由弟另作正式愿书与宫内大臣也。(自然系用社中名义。)至其限制若何,容后得悉后再详"。"内阁文库之书,山本已有回信,称已有前例,可以允许,且嘱提出正式愿书,故前发一电与心南兄。后社中公函来后,即持往访山本氏,惜山本氏已往他处旅行,故尚未得结果。俟山本氏归来后即当再往交涉,询其提出手续及方式,迅速办妥也。社中寄交公函,亦只能作与鸠山氏个人之用,将来当由弟作一正式愿书与内阁也。(用社名义。)""足利文库之书及大连图书馆之小说等事,

---

[1] 周越然:《书与回忆》,辽宁教育出版社1996年版,第18—19页。
[2] 参见张建智:《宋版〈愧郯录〉与张元济——静嘉堂读书札记之五》,《文汇读书周报》2007年9月28日。

山本氏寄与弟函，未提及，恐另有函与菊生先生也。俟晤着山本氏当面询之。""静嘉堂修缮书籍工人一事，目下岩崎氏未在东，能否加价雇之，不可得知。以后如欲聘请，诸桥氏当另函托菊生先生。此事因诸桥氏嘱弟转达菊生先生，故及之。"另外，诸桥氏还特别提道："将来社中作序文或广告时，若述及静嘉堂事，请先将原稿给彼一阅，恐引起误解也。（原因若何，不可得知。但闻诸该馆中人云：国人欲向该馆借照者甚多，其他均被拒绝云。）"[1]从马宗荣汇报的借影交涉过程可知，以中华学艺社名义向图书寮、内阁文库、静嘉堂等处借书，均需出示学社出具的公函。另外，内阁文库借书，还需要一份张元济的履历。因此，在正式办理交涉之前，马宗荣曾于12月22日致电张元济，"图书寮公函速寄"。12月24日，由郑贞文复函并寄去向图书寮及内阁文库借书公函，并请会商山本、服部、冈部、宇野等人帮助。[2]当然，并不是所有借影之书皆以学艺社名义商借，也有以张元济个人名义或张元济代商务印书馆商借的，如拟向静嘉堂借影补配的《愧郯录》《陈古灵先生集》和《金华黄先生文集》即是。不过，如出现这种情况，张元济一般会在相关信函中作特别说明。张元济在1929年1月11日致马宗荣书中即陈明："《愧郯录》、《陈古灵先生集》均由商务印书馆在国内借得宋本照出，惟仅有缺叶数张，弟记得静嘉堂藏本可以配补。此书系弟代商务印书馆乞借。此两书将来不能用学艺社名出版。前请借补《金华黄先生文集》九卷，曾声明用弟个人名义乞借。今此两书仅系补配残叶，拟仍援例办理。请代向诸桥先生陈明。如觉有为难，不妨作罢。"[3]

张元济是办事一贯认真严谨的人，在与马宗荣的往返书信中，张元济除了随时提出补配、照影各书要求外，听说静嘉堂借与照相之房屋系诸

---

[1] 马宗荣：1929年1月3日致张元济、郑贞文，张元济：《张元济全集》第1卷，商务印书馆2007年版，第175—176页。

[2] 张树年主编：《张元济年谱》，商务印书馆1991年版，第314页。

[3] 张元济：1929年1月11日致马宗荣，《张元济全集》第1卷，商务印书馆2007年版，第177页。

桥氏的馆长室，他在1月11日写给马宗荣的信中称："接诵来示，始知诸桥先生将馆长室借与我处照书，闻之甚为不安。"因此，他请马宗荣与诸桥先生商借文库左右旷地，搭建临时板屋，作为照书之室，"免致久占馆长所用之室，似于交际礼意上应当如此"[1]。当然，他与马宗荣的往来函电中谈论最多的一个话题，还是急切地询问向图书寮、内阁文库等处借书进展，是否"已得正式许可"，并按要求寄上两处所要学艺社出版物。马宗荣自然亦心领神会，每函必详细禀报。1月18日，马宗荣致书张元济、郑贞文，就特别谈到他与内阁文库等处交涉借影的详情：

> 山本氏昨日覆来一函，嘱弟今日到满铁支社向神鞭理事接头一切。弟如约而往。神鞭氏遂以电话介绍弟往谒内阁文库之樋口氏。樋口氏为弟曾晤面过之友人，遂接受社中寄来之信书而嘱弟速补寄社中出版目录及社章与之，彼即代弟作一详细报告，附入社中寄来之信，呈与鸠山氏，请其正式许可。弟已开具社中出版书目（此次已得借主许可之图书，亦作近刊书加入，因非加入不可故也）寄去。社中如无其他困难，可寄社中出版图书全部各二份来东为荷，因内开文库与图书寮有要求出版物之意故耳。
>
> 大连图书馆之书可直函大连满铁本社交涉，山本氏已有函去矣。（最好俟此信到沪后一礼拜后，再发信到大连为佳。）
>
> 足利文库尚未交涉妥当，容后再陈。[2]

借影交涉不易，譬如张元济原本希望向静嘉堂借影《册府元龟》和《太平御览》，但静嘉堂仅允诺借影《册府元龟》，《太平御览》"则不能如

---

[1] 张元济：1929年1月11日致马宗荣，《张元济全集》第1卷，商务印书馆2007年版，第176—177页。

[2] 马宗荣：民国十八年一月十八日致张元济、郑贞文，张元济：《张元济全集》第1卷，商务印书馆2007年版，第178页。

愿"[1]。就是各处允借之书，摄照过程亦有种种麻烦：有的书因折口已破，不能全页展开，如《黄学士文集》（应即《金华黄先生文集》）；有的书因每页内均有垫纸，不能展开照相，如《欧阳公本末诗集》；有的原书高处过低，而横处过长，高处能合契约所规定之寸法，则长处过长，而不便装订，如《陈书》，等等；而摄照需按事先商定的规格和尺寸进行，难度极大。这种种麻烦都影响到摄照的进度，所谓"需多费时间，而完结较迟"[2]。

为了使借影交涉更加顺利，郑贞文还曾代表学艺社分别致函中国驻日公使汪荣宝和日本内大臣秘书长（内定）冈部长景，并请马宗荣持书前往交涉。马宗荣遵命照办，并于1月30日致函张元济和郑贞文，"述其始末"：

> 1.至外务省，因冈部氏内定转充内大臣秘书长职，甚忙，故由岩村氏代见。岩村氏谓图书寮之书，日前得遇杉氏，已略谈及。大约一部分因已允借给他人，碍难重允借与我等；其他一部分俟与宫内大臣妥商后即可答覆。其言与荣前函所云者相同。最后，彼谓二月初间，彼能遇见杉氏，届时定当再面催，似较去信催促有力。内阁之事，岩村氏谓提出愿书时非以鸠山氏为主不可，而催促进行则不能向鸠山氏交涉，因彼官大事繁，且目下议会攻击彼党甚力，难顾及此小事。彼当与冈部氏一商，用其他方法进行。岩村氏谓要之，总当代设法，使我等目的早能达到。
>
> 2.至公使馆访汪氏，详述经过情形，最后总括所述，请求汪公使代为帮忙四事：（1）催促内阁文库早日批准；（2）催促图书寮早日覆函；（3）若汪公使前与图书寮商借影印出版（文化事业费）之

---

[1] 马宗荣：民国十八年一月三日致张元济、郑贞文，张元济：《张元济全集》第1卷，商务印书馆2007年版，第175页。

[2] 马宗荣：民国十八年一月十八日致张元济、郑贞文，张元济：《张元济全集》第1卷，商务印书馆2007年版，第179页。

图书目录中有《太平御览》一书,请将该书让与我等出版,因由我等出版,比较的能配成全部故也;(4)若内阁文库批准后,请代说项,希能借得《册府元龟》到手。最终结果,汪公使对于荣所请求四事,均慨然允诺。是日也,汪公使适有事到外务省,伯韩亦同往。后闻之伯韩云,汪公使曾向冈部氏提及《册府元龟》、《太平御览》二书之事,云云。不过汪公使曾对荣云,彼与现内阁十分不对,与杉氏亦无十分多情。非推委也,实情如此,却是写一封信去,自然无不可的,云云。故据荣所见,托汪公使说项一层,难有多大效果。冈部氏方面,料能生效。今日伯韩得遇冈部氏,彼曾对伯韩云及荣因某事访彼云云,可见渠甚关心也。

3. 至于万一政变,内阁文库方面当受影响。不过既有前例在先,苟荣仍在江户,当能设法从新交涉。图书寮方面则不至受丝毫影响。[1]

由郑贞文分别致函汪荣宝和冈部长景,请他们出面协调交涉,表明马宗荣与图书寮和内阁文库的借书交涉并不尽如人意,而汪公使和冈部氏愿意居间赞襄协助,乐见其成,故又仍有成事的希望。

借影交涉的繁难,是张元济、郑贞文等人先前没有预料到的。张元济于2月5日回复马宗荣说:"图书寮、内阁文库两处借书如此繁难,然看来不致无望。此事全赖吾兄大力。冈部既肯为力,或者更能顺利。图书寮所借之书最要者为宋本《三国志》,此书务求设法借到。千万千万。"[2]一旦听到借影"可望有成",便"极为欣慰"。2月15日,他在条复马宗荣的一封信中写道:"图书寮之书承示离日以前尽力交涉,以期有成,尤为衔感。其中以宋刊《三国志》一种最为需要。长泽君二月二日致郑心翁信谓,《论语》、《世说》、《论衡》、《集韵》四种恐难允许。其中《论语》一

---

[1] 马宗荣:民国十八年一月三十日致张元济、郑贞文,张元济:《张元济全集》第1卷,商务印书馆2007年版,第181页。

[2] 张元济:民国十八年二月五日致马宗荣,《张元济全集》第1卷,商务印书馆2007年版,第182页。

种可称次要。最好望吾兄设法交涉，乞其允许。如实在为难，则亦不妨作罢。"[1]

经过反复交涉，图书寮拟借之书终于有了点眉目。2月9日，马宗荣致书张元济及郑贞文，告以图书寮允许借照，但限制颇多，第一次许可照《论语注疏》《本草衍义》二种。张元济最希望得到的宋刊《三国志》并不在其内，乃于2月16日致电马宗荣："图书寮书以《三国志》最要，务设法作第一次借。"2月17日，又致电马宗荣，再申图书寮第一次借书以《三国志》易《论语注疏》或《本草衍义》二者之一。[2]2月20日，张元济在给马宗荣的一封回信中，再一次强调了这一点：

> 图书寮之书业经取得，第一次之许可为《论语》、《本草衍义》两种，惜《三国志》未曾在内。曾请郑心翁电商，设法交换。第一电语意未明，恐误会为要求加入《三国志》，变为三种，此殊不妥。故又请续发一电，申明以《三国志》换去《本草》或《论语》之一种，仍系请求两书，不过两书之中要有一部《三国志》在内耳。如能办到最好，否则亦弗勉强。好在第一次照完之后又可作第二次之陈请也。
>
> 图书寮第二次拟借之书，如《三国志》已经换入第一次，则被换去之一书当然作为第二次之第一种。如未能调换，则当然首用《三国志》。第二种拟用《世说新语》。[3]

实际上，第一次许借之书并没有换成，图书寮第二次借影仅获准《三国志》一部。[4]图书寮拟借之书次第尽管并不尽如人意，但得到正式许可，

---

[1] 张元济：民国十八年二月十五日致马宗荣，《张元济全集》第1卷，商务印书馆2007年版，第182页。

[2] 张树年主编：《张元济年谱》，商务印书馆1991年版，第318页。

[3] 张元济：民国十八年二月二十日致马宗荣，《张元济全集》第1卷，商务印书馆2007年版，第184页。

[4] 张树年主编：《张元济年谱》，商务印书馆1991年版，第319页。

终究是一件可喜的事情。足利文库拟借之书,即由于种种原因,未获许可。更让马宗荣忧心的是,他在东京的学业已完成,获得硕士学位,不可能再长久地在东京居留下去。而内阁文库拟借之书却仍未获正式许可。马宗荣在2月27日、3月2日写给郑贞文的两封信中,就强烈地表达了这种忧心,他在前一封信中写道:

> 近来,弟心中十分焦急:因内阁文库之事至今尚未正式许可。前托汪公使去一信与鸠山氏询之,(信由弟挂号寄去)亦似未答覆。(汪无函与弟,似无覆函)此间原因固因议会关系,鸠山氏未到内阁一步之故。然转瞬即届三月,弟此后之行止即将决定,甚欲早日结束此事故也。[1]

据目前掌握的资料,直到3月底、4月初,才得到内阁文库许可,但必须分批进行。4月4日,马宗荣致电张元济:"内阁之书与图书寮同,《册府元龟》作为第一次借,已被许可。"[2]静嘉堂借影交涉虽然比较顺利,但也仅是相对而言。3月12日,马宗荣致书张元济及郑贞文,就曾提到静嘉堂第二次照书定《诗集传》与《新唐书》,交涉极繁难。[3]正因为借影交涉异常繁难,亟需一个富有经验的人居间奔走斡旋。马宗荣既学图书馆学专业,熟悉日本汉籍的收藏机构,与日本学人又有较多交往,且富借影交涉经验,因此张元济和郑贞文都希望他留下来,坚持到借影竣事后再考虑自己的行止,因为很难找到比他更合适的人选。对此,马宗荣深感为难,他在后一封信中说:

> 借印书之事异常繁琐,确是事实。据弟两月以来的经验,须时

---

[1] 马宗荣:民国十八年二月二十七日致郑贞文,张元济:《张元济全集》第1卷,商务印书馆2007年版,第185页。
[2] 张树年主编:《张元济年谱》,商务印书馆1991年版,第320页。
[3] 同上书,第319页。

时东奔西走,应付日人尤为困难。报告亦麻繁事。希其如计画所定而得早日成功,弟无所异言。惟嘱弟留此至竣事时止,恐事实上难于办到。因所选书甚多,恐非两年难竣工,弟万难再留居此至两年;其次酌给车马费与弟,骤使商馆负担加重,亦心所难安。诸乞学长再为详加考虑也。[1]

马宗荣原本准备完成学业后即回国,并不想久居东京。张元济和郑贞文对他的这一想法当然是理解的,但还是希望他能留下来帮忙。3月6日,张元济写给马宗荣的信中特别提到此事,他说:"至吾兄目下尚以暂进大学院为宜,日内风云甚急,不久恐又有意外发生,急归殊非得计。"[2]为了打消马的顾虑,3月13日,张元济在一封拟复马的信中说:借影日本各处之书,"时间不至过长,希半年以内或可结束"[3]。实际上,马宗荣并没有离开,还是留下来继续为借书事奔走。可惜的是,张人凤先生家藏的《马继华君来往信件(日本借书事)》稿本现仅存第一册,时间止于1929年4月4日,以后的情况因相关的来往信件散佚,已很难还原出借影交涉的后续过程。但上海市档案馆庋藏的张元济与国内外文化人士通函中,保存有多封马宗荣与郑贞文及郑贞文与张元济的通信,其中马宗荣5月30日致郑贞文函,除了随函寄呈添置照相器材收据,《古今小说》《新唐书》《诗集传》《论语》等摄照费用收据及4、5月份杂费收据外,托郑贞文请张元济为宇野书一长歌,并另书四纸,每纸各书四字,下款书"中华学艺社赠""张元济书"字样,上款一书"宇野哲人博士",一书"诸桥辙次博士",一书"岩崎男爵",一书"长泽学士"。并告"此地所存尊款无几,此后须预为契约之书甚多,且实际上已由弟处直接补给后补半费,需款孔多,盼速斟

---

[1] 马宗荣:民国十八年三月二日夜致郑贞文,张元济:《张元济全集》第1卷,商务印书馆2007年版,第185页。

[2] 张元济:民国十八年三月六日致马宗荣,《张元济全集》第1卷,商务印书馆2007年版,第186页。

[3] 张元济:民国十八年三月十三日致马宗荣,《张元济全集》第1卷,商务印书馆2007年版,第188页。

酌汇款接济"[1]。宇野、诸桥、岩崎和长泽四人，都是此次借影交涉中的鼎力相助者，虽然马宗荣称"此亦渠等托旁人泄意所要者"，但此举包含的感谢之意是非常明显的。

尽管此次借影交涉过程中出现过一些未尽如人意之处，譬如张元济请中国驻日公使汪荣宝代向日本栃木县足利图书馆商借宋版《易》《书》《诗》三经注疏摄影印行，就曾遭到该馆拒绝。[2]马宗荣向图书寮、内阁文库等处借书过程亦充满周折，极为繁难。但最终的收获还是巨大的。马宗荣每获借影许可，即雇日本摄影师（早期主要是委托东京汤岛写真场摄影师户塚正幸[3]）用特种相机将各书逐页摄成底片，然后寄到上海商务印书馆以"中华学艺社辑印古书"名义陆续影印出版。据郑贞文回忆，此次共向日本各藏书机构借影47种罕见古籍，其中，宫内省图书寮7种，内阁文库29种，东洋文库2种，静嘉堂文库9种。[4]详见下表：

---

[1] 陈正卿、李佳燕整理：《张元济来往书札之一》，上海市档案馆编：《上海档案史料研究》第3辑，上海三联书店2007年版，第212—213页。
[2] 张树年主编：《张元济年谱》，商务印书馆1991年版，第322页。
[3] 张元济、郑贞文日本访书期间曾与户塚氏订有委托照相合同，该合同立于1928年11月18日，合同文本参见陈正卿、彭晓亮整理：《张元济来往书札之三》，上海市档案馆编：《上海档案史料研究》第6辑，上海三联书店2009年版，第307—308页。
[4] 郑贞文回忆文章仅列46种，漏自图书寮借影的宋刊《北磵文集》一种，此据1930年6月22日张元济致傅增湘函所附"日本图书寮、内阁文库、静嘉堂、东洋文库四家各书清单"增补。几乎所有的相关论述都认为，这46种以中华学艺社名义向日本公私立图书馆借影的珍本古籍在张元济回国前即已摄成底片，并携回上海。其实，这批书的借影过程是非常复杂、艰难的，张元济和郑贞文回国的时候，这个过程远未完成。因此，说张元济带回这批书的底片，是误读了郑贞文在《我所知道的商务印书馆编译所》中的相关论述。

表1　借影书目表[1]

出处	借影书目	种数
宫内省图书寮	《论语注疏》（宋刊），《三国志》（宋刊），《山谷外集》（元刊），《太平御览》（宋刊），《本草衍义》（宋刊），《北硐文集》（宋刊），《北硐外集》（宋刊残本）	7种
内阁文库	《平斋文集》（宋刊），《东莱先生诗集》（宋刊），《晋书列传》（宋刊），《梅亭先生四六标准》（宋刊），《东坡集》（宋刊残本），《颍滨大全集》（宋刊），《全相平话》（元刊），《古今小说》（明刊），《醒世恒言》（明刊），《拍案惊奇（二刻）》（明刊），《警世通言》（明刊），《水浒志》（明刊），《水浒英雄传》（明刊），《玄雪谱》（明刊），《唐书演义》（明刊），《国色天香》（明刊），《摘锦奇香》（明刊），《玉谷调簧》（明刊），《济颠语录》（明刊），《冯伯玉风月相思小传》（明刊），《荔镜记》（明刊），《孔淑芳双鱼坠传》（明刊），《张生彩鸾灯传》（明刊），《苏长公章台柳传》（明刊），《八洞天》（明刊），《词林一枝》（明刊），《八能奏锦》（明刊），《英雄谱》（明刊），《皇武英明传》（明刊）	29种
东洋文库	《历代地理指掌图》（宋刊），《乐善录》（宋刊）	2种
静嘉堂文库	《群经音辨》（影本钞本），《饮膳正要》（明刊），《册府元龟》（宋刊残本），《诗集传》（宋刊），《陈书》（宋刊），《新唐书》（宋刊），《欧公本末》（宋刊），《武经七书》（宋刊），《清明集》（宋刊残本）	9种

必须指出的是，上述书目仅是以中华学艺社名义向图书寮、内阁文库、静嘉堂文库和东洋文库四家借影的古书目录，以张元济个人名义或代商务印书馆乞借的稀见宋元旧椠，如向静嘉堂借影补配的《陈古灵先生集》《金华黄先生文集》，以及向日本东福寺借印的《中庸说》和由内野皎亭家借影携归的《宛陵集》等皆不在其内。因此，中华学艺社借影书目所列并不足以反映张元济此行的全部成果。事实上，以中华学艺社名义进行的借影计划完成后，以张元济个人名义或代商务印书馆商借的借照活动不

---

[1] 据郑贞文《我所知道的商务印书馆编译所》中提供的相关资料编制，该文载《商务印书馆九十年》，第213—215页。

仅仍在继续，而且成功地从静嘉堂文库等公私藏书机构借影了多种中国"久佚之书"。上海市档案馆庋藏的张元济与日本友人的函件中，特别是他与长泽规矩也和诸桥辙次的通函中，保存着不少这方面的相关信息，值得在这里简单交代一下。

这批函件涉及的时段集中在1935年到1938年间，也就是张元济以中华学艺社名义向日本公私藏书机构大规模借影珍本秘籍计划结束之后。由于这批重要的函件密藏于上海市档案馆，一直不为人所知。张元济的哲嗣张树年和张人凤父子在主持编纂《张元济年谱》的时候显然不清楚这批函件的存在，因此这段往事在年谱中几乎没有反映，已有的相关论述对这段历史当然更无从知晓。随着这批函件的陆续公布，这段尘封的往事和历史，才可能得到比较完整的呈现。

从现存的函件看，长泽规矩也是一个关键人物。他不仅在张元济日本访书和随后的借影过程中出力甚多，而且一直极其关切、尊重和支持张元济主持的旧籍整理、影印规划。因为这种关切、尊重和支持，他与张元济保持着极密切的联系，经常以书信方式互通消息，为张元济提供日本公私藏书机构相关典籍收藏与流通的最新情况及其他信息，并自愿为张元济联系借影事宜。1935年以后张元济从静嘉堂文库等公私藏书机构借影的多种中国"久佚之书"，都是长泽居间奔走的结果。张元济曾希望借影静嘉堂所藏宋刊《周益公集》和元刊《东京梦华录》，长泽即与静嘉堂文库长诸桥辙次联系，1935年2月19日致函张元济，告以宋刊《周益公集》和元刊《东京梦华录》已蒙诸桥博士快诺影印，"未悉贵馆方面意思如何，倘欲照印，从速赐复为盼"[1]。张元济接到这个消息，"欣喜过望"。3月7日，他在给长泽的复函中说："承示静嘉堂藏残宋刊《周益公集》，又元刊《东京梦华录》诸桥博士快诺假我景照，均赖先生玉成之力，至为感谢。""宋刊《周益公集》敝邦久佚，亟愿流通。《东京梦华录》如原书不至模糊，亦拟借印。既荷先生暨诸桥博士美意，特许敝馆印行，拟即请转托榑井照相师

---

[1] 陈正卿、彭晓亮整理：《张元济来往书札之三》，上海市档案馆编：《上海档案史料研究》第6辑，上海三联书店2009年版，第310页。

为敝馆摄影。"复函中还恳请长泽"善为说辞",再向静嘉堂借影元刊《济生拔萃》中的《针经节要》《汲古云歧》《针法汲古家珍》《保婴集》四书。因为这四种书在中国都是"久佚之书",各公私藏家皆"无可借补"[1]。同时,他又应长泽善意提醒,"冒昧致诸桥博士一函":一面感谢他同意借影静嘉堂珍藏残宋刊《周益公集》及元刊《东京梦华录》两书,一面请求诸桥慨允借影元刊《济生拔萃》中中国所缺《针经节要》《汲古云歧》《针法汲古家珍》《保婴集》四种。[2]因为一直没有得到回音,9月19日,张元济再次致函诸桥,恳请诸桥俯允,信中写道:"承慨借静嘉堂珍藏《周益公集》、《东京梦华录》两书,均已摄照寄沪,感非言喻。惟另恳补照《济生拔萃》内所缺《针经节要》、《汲古云歧》、《针法汲古家珍》、《保婴集》四种,在敝邦公私藏家已难物色,素仰嘉惠同文之盛意,不得已再以奉渎,仍乞俯允借予摄照。俾敝邦久佚之帙得以流传,皆先生之所赐与者也。"[3]终获诸桥"鼎诺"之后,张元济于10月31日专函致谢,其中说:"《济生拔萃》中之《针经节要》、《汲古云歧》、《针法汲古家珍》、《保婴集》四种为敝邦久佚之书,恳祈俯允摄照,俾便印行,以饷学界。今承鼎诺,见饷一鸥,并属即致函长泽先生商量照相之事,具征发扬古籍、垂顾同文之盛意,至为感荷。长泽先生处已专函请其即日转约技师诣前从事。屡相惊扰,无任悚惶。"[4]

大约在1936年初,长泽听说,宫内省图书寮近将改组,恐将来借照难办,于该年2月26日致函张元济,转达这一信息,并提醒说:"倘贵馆

---

[1] 陈正卿、彭晓亮整理:《张元济来往书札之二》,上海市档案馆编:《上海档案史料研究》第5辑,上海三联书店2008年版,第216—217页。
[2] 同上,第218页。
[3] 陈正卿、彭晓亮整理:《张元济来往书札之三》,上海市档案馆编:《上海档案史料研究》第6辑,上海三联书店2009年版,第312页。
[4] 陈正卿、彭晓亮整理:《张元济来往书札之二》,上海市档案馆编:《上海档案史料研究》第5辑,上海三联书店2008年版,第221页。

方面有照相该寮藏书，从速示寄是盼。"[1]得知这个消息，张元济喜出望外。3月14日，他复函长泽，并开示拟借影书单，信中说："前得二月二十六日手教，转达梄井先生之言，谓图书寮不日改组，敝处如有借照之书，应速申请。谨查寮中藏有宋刊《集韵》、宋刊《游宦纪闻》、元刊残本《类编花果卉木全芳备祖前后集》，颇思借照，如照相价格无所增加，一切仍照去年三月所订合同办理。拟请代制申请书呈上，寮头允许后即行着手。"此后，张元济分别于7月3日、8月7日、8月31日、11月28日，以及1937年3月24日致函长泽，一再询问拟向图书寮借影各书的进展。[2]此事最后是否办成不得而知，但随着抗战军兴，极有可能不了了之。

除了替张元济向静嘉堂和图书寮商借中土"久佚之书"外，长泽还帮忙向日本私人藏家借影稀世珍本。譬如，他曾为张元济成功地从德富苏峰家藏中借影了宋刊《北硐诗集》。1935年3月11日，张元济曾为此事专函向长泽表示感谢，并交代摄照细节，信中写道："德富苏峰先生所藏京[3]刊《北硐诗集》，承代商允借影，感幸何极。其补抄之叶，能以五山复刊本配入，至为佳妙。将来与梄井照相师订立合同之后，即乞约同梄井氏前往商

---

[1] 陈正卿、彭晓亮整理：《张元济来往书札之二》，上海市档案馆编：《上海档案史料研究》第5辑，上海三联书店2008年版，第228页。

[2] 1936年7月3日，张元济致函长泽说："前恳转向图书寮借景宋刊《集韵》、宋刊《游宦纪闻》、元刊残本《类编花果卉木全芳备祖前后集》等书，想蒙商借就绪，并仍委托梄井君继续摄照矣。"8月7日函又提及此事："至借照图书寮之书尚须与铃木重孝氏接洽，如有困难，即请作罢。"8月31日函称："借景图书寮善本，蒙续与铃木先生商酌，尤深衔感。"11月28日函再度询问："前拟借影图书寮宋刊《集韵》、宋刊《游宦纪闻》、元刊残本《类编花果卉木全芳备祖前后集》，奉示因有困难，须与铃木重孝君商议，不知能邀允许否？"1937年3月24日函仍在关切："拟借影图书宋刊《集韵》，又《游宦纪闻》、元刊残本《类编花果卉木全芳备祖》，不知尚有希望否？然如有不便，则亦不敢强求。"（陈正卿、彭晓亮整理：《张元济来往书札之二》，上海市档案馆编：《上海档案史料研究》第5辑，上海三联书店2008年版，第231、232、236、238、241页。

[3] "京"字疑为"宋"字之误。

借,用八切片(每叶四十钱)摄照为荷。"[1]这部宋刊本最后即由榑井氏摄成照片共196叶,与向静嘉堂借影的《济生拔萃》中所缺四书计74叶一道寄上海商务印书馆影印出版。

从1935年到1937年,长泽至少为张元济暨商务印书馆借影了七种人间珍本,即向静嘉堂文库借影的宋刊《周益公集》、元刊《东京梦华录》,元刊《济生拔萃》中的《针经节要》《汲古云歧》《针法汲古家珍》《保婴集》四书,以及从德富苏峰家藏中借影的《北磵诗集》。这些珍本均由当地摄影师榑井氏按一定规格和尺寸摄成照片,寄回上海付印。这大概可以看作张元济日本访书的后续效应了。

张元济日本访书的收获是巨大的,这些收获的取得,固然与张元济东渡之前的精心准备有关,与马宗荣等人的不懈努力有关,但更关键的是得到了日本公私藏书机构和日本友人的鼎力相助。这些日本友人包括岩崎久弥男爵(东洋文库创始人)、冈部长景(外务省文化事业部长)、服部宇之吉(汉学家)、岩井大慧(博士,日本东洋文库文库长)、杉荣三郎(图书寮)、铃木重孝(图书寮)、榑井清五郎(图书寮)、秋山谦次郎(内阁文库)、樋口龙太郎(内阁文库)、姊崎正治(帝国大学图书馆馆长)、宇野哲人(汉学家)、盐谷温(汉学家)、松浦嘉三郎(东福寺)、荻野仲三郎(为借影《中庸说》,曾致书京都东福寺冈根上人,请其慨允)、冈根守坚(东福寺)、吉川幸次郎(汉学家)、田中庆太郎(文求堂主人)、诸桥辙次(汉学家)、石田干之助(东洋文库)、长泽规矩也(汉学家)、内野皎亭、藤田昆一(静嘉堂)、饭田良平(静嘉堂)、德富苏峰(朝日新闻社社长)、户塚正幸(摄影师)、内藤湖南(汉学家)、狩野直喜(汉学家)、根津信治(静嘉堂)、长尾槙太郎(原商务印书馆职员)、神田喜一郎(汉学家)等。其中尤以长泽规矩也、诸桥辙次、内藤湖南出力最多,帮助最大,交往最密切,情谊亦最深厚。

长泽规矩也,1926年从东京帝国大学毕业后,开始担任静嘉堂文库

---

[1] 陈正卿、彭晓亮整理:《张元济来往书札之二》,上海市档案馆编:《上海档案史料研究》第5辑,上海三联书店2008年版,第218页。

干事，直到1939年，主要从事编目工作。1928年10月24日，张元济抵达东京的当天晚上，长泽即前往张元济下榻处拜访，并约期陪同到静嘉堂文库浏览原皕宋楼藏书。张元济在东京访书期间，得到他的全力协助，举凡商订借影合同、委托照相合同等等，他无不躬与其役。在后来的借影交涉过程中，他更尽己所能地协助马宗荣，居间奔走。不独静嘉堂，图书寮、内阁文库、东洋文库等处亦尽力居间协调、斡旋。所以，1929年3月13日张元济在拟复马继华信中，特别提到："长泽君相助之处尤多，凡在日本所照之书均当赠送。"[1]正因为如此，后来长泽多次到苏、杭、沪、宁等地访书，也得到了张元济的周到安排，譬如1929年夏天他到苏州访书，经张元济介绍，得以"参观潘、郑两家的藏书，更见到了久闻大名的吴梅氏，参观了他珍藏的戏曲书，非常愉快"[2]。他到杭州访书，商务印书馆还特地派俞渊和黄氏做他的向导；他到扬州访书，张元济更派自己的侄子张树源及其朋友扬州人李振先陪同，并尽地主之谊。[3]

诸桥辙次，曾于1919年至1921年到中国留学，1928年张元济日本访书时，诸桥担任静嘉堂文库长。他数年前曾到过上海，与张元济晤谈甚欢。这次在东京重逢，格外亲切，他陪同张元济参观并瞻仰岩崎男爵遗像及墓地，张元济有诗句云："溪山深处乐游苑，旧朋握手喜相见。指公遗像陈堂前，恨我迟来艰觌面。"诸桥不仅在查阅和借印方面尽可能提供方便，而且还将馆长室长期借与马宗荣等作为照书之房屋。张元济对静嘉堂及诸桥之托，当然也是有求必应。他曾应静嘉堂邀请，为其书写诗句及"百国春秋楼"横轴；又曾应诸桥之托，为其所撰《儒林生卒年表》调查王国维、叶德辉两先生生年及其在世年岁，并安排出版。因此诸桥在该书"凡例"中特别申谢："本表出版烦劳于旧友张菊生先生

---

[1] 张元济：民国十八年三月十三日致马宗荣，《张元济全集》第1卷，商务印书馆2007年版，第187页。
[2] 长泽规矩也：《中华民国书林一瞥》，钱婉约、宋炎辑译：《日本学人中国访书记》，中华书局2006年版，第225页。
[3] 同上书，第226—227页。

者甚多，谨志申谢。"[1]令人感慨的是，该书印成后，因"辽事忽起，种种障碍，未曾发行"，后竟毁于日本人发动的"一·二八"事变！1932年12月21日，张元济在写给诸桥的一封信中不胜感慨地说："先生多年心血，至今片纸无存。敝公司未能先事绸缪，曷胜欠疚。编译所设于东方图书馆楼下，被灾最烈，簿册无存。展读来书，同人往复思维，无从确答。"[2]

在张元济的日本友人中，内藤湖南是最早相识的一位。1899年11月，内藤访问上海，就曾以笔谈方式与张元济纵论政治、经济、教育诸问题。笔谈结束时，张元济还即席赋诗一首赠内藤。诗云："海上相逢一叶槎，愤谈时事泪交加。愿君椽笔张公论，半壁东南亦辅车[3]"。也许是因为这一层关系，1928年10月中旬，张元济抵京都后，即拜访内藤，并得到他的关照，包括介绍观阅故富冈氏遗书、告知东福寺藏有张元济先祖张九成的《中庸说》等。同年11月26日，张元济于归国途中，到京都再访内藤于恭仁山庄，与其晤谈甚欢，并赋诗谨志，诗云："宿雾冲京驿，清流渡木津。长桥凌碧波，迭嶂远红尘。橘柿林容淡，茶桑穑事新。山居真可羡，图籍更纷陈。"[4]晤谈中，张元济出示《涉园图卷》，请内藤题跋。内藤乃赋诗三首：

  名园日涉以成趣，浙右故家张氏开。
  卌载林泉明瑟地，几披图卷费低回。

  横浦先生宋代贤，尚书传统论森然。

---

[1]张树年主编：《张元济年谱》，商务印书馆1991年版，第319页。
[2]张元济：1932年12月31日致诸桥辙次，《张元济全集》第3卷，商务印书馆2007年版，第572页。
[3]张树年主编：《张元济年谱》，商务印书馆1991年版，第32—33页。笔谈内容见印晓峰点校：《内藤湖南汉诗文集》，广西师范大学出版社2009年版，第473—478页。
[4]张元济：《戊辰初冬过内藤湖南山斋，晤谈甚欢，谨赠》，《张元济诗文》，商务印书馆1986年版，第19—20页。

> 感君堂构绍先业，一姓蕺文衷作篇。

> 申江把臂卅年前，白发重逢东海天。
> 山野数弓人海外，同烹苦铭校陈编。[1]

这三首诗，一写张氏故园，二写张氏文脉，三写与张交谊。都说内藤之学博综研精，其实，他的汉诗文亦吐属不群。张元济与内藤湖南之间的相互唱和，给彼此留下了一段痛快的记忆。1930年9月26日，内藤在写给张元济的一封信中，还念念不忘地提到这段往事，信中说："前年见访山庄，商榷经籍，畅谈之快，至今未忘也。"[2]并别封奉呈张元济《溃痈流毒》一书。该书系钞本，共四册，藏京都府立图书馆，由鹤涧居士汇录鸦片战争时期公牍而成，是研究鸦片战争史事的参考资料。内藤发现此书后，"以其有益鸦片战役史事"，乃雇书手抄录两份，一份送给罗振玉（叔言），另一份原本拟送汪康年（穰卿），录副"未成而穰卿即世"，乃奉赠张元济，是希望他能印行此书。[3]

张元济与日本友人之间这种基于书籍交流的情谊，一直伴随着张元济，并没有随着时间的推移和借影的结束而改变。当这一批从日本公私藏书机构借影的珍本秘籍由商务印书馆陆续出版后，作为回馈和书生人情，张元济开始向各借影机构和日本友人赠书，并分别致函申谢。张元济的赠书，大致由三种类型组成：

---

[1] 内藤湖南：《戊辰十一月念六张菊生来访，出涉园图卷索跋，即赋三首》，印晓峰点校：《内藤湖南汉诗文集》，广西师范大学出版社2009年版，第44页。
[2] 印晓峰点校：《内藤湖南汉诗文集》，广西师范大学出版社2009年版，第444页。
[3] 内藤湖南：《写本〈溃痈流毒〉跋》，印晓峰点校：《内藤湖南汉诗文集》，广西师范大学出版社2009年版，第462—463页。不知何故，《溃痈流毒》在张元济生前并没有出版，但他一直放在心上，曾作跋语云："此书为日本内藤虎次郎所赠，恐今后无以慰两死友之望矣。菊生。"两死友当指汪康年和内藤湖南，汪卒于1911年，内藤卒于1934年6月。后此书被纳入中国史学会主编的《中国近代史资料丛刊·鸦片战争》，1962年由上海人民出版社出版。

第一种类型是协议赠书。张元济日本访书期间，曾以中华学艺社的名义委托马宗荣与长泽规矩也订立赠书协议，即《中华学艺社辑印古书》出版后，必须向各借影机构及相关人员赠书。1935年1月18日，长泽看到报上登载的《续古逸丛书》和《辑印古书》出版广告后，曾专门致函张元济，详细地列出了依协议应当赠书的机构和个人名单、赠书数目及通讯地址。名单如下：《辑印古书》每种一部，赠宇野博士、静嘉堂、图书寮各一部；自图书寮借出者，赠图书寮（一共两部）、寮头、铃木事务官、榑井嘱托各一部；自内阁文库借出者，赠内阁文库、秋山属、樋口属各一部；自静嘉堂借照者，赠文库（一共两部）、藤田执事、诸桥博士、饭田氏各一部；自东洋文库借照者，赠东洋文库、石田氏。[1]这部分赠书本应由中华学艺社负责，"惟自郑心南、马宗华二君相继离沪，深恐社中无专责之人，漏送在所不免"。因此，张元济决定，一律由商务印书馆补送，以答雅谊。[2]

第二种类型是向所有直接或间接地提供过帮助的机构和个人赠书。如前所述，张元济的日本访书和借影活动曾得到过许多日本机构和友人的"赞助"，作为一种象征性的报答，这部分赠书并不限于借影出版的书籍，但由此亦可以反映出当年中日书籍交流的一个侧面。现据上海市档案馆所藏通函，将此类赠书列表于后：

---

[1] 陈正卿、彭晓亮整理：《张元济来往书札之二》，上海市档案馆编：《上海档案史料研究》第5辑，上海三联书店2008年版，第214页。

[2] 同上书，第223页。

表2　张元济与日本藏书者及赞助诸君子通函所见赠书一览

赠书名单	赠书书目	赠书缘由[1]	备注
宫内省图书寮	《三国志》;《太平御览》两部,《武经七书》《名公书判清明集》《乐善录》《搜神秘览》各一部;《中庸说》两部;残宋刊《新唐书》一部	《百衲本二十四史》数年前出版之《三国志》借自帝室图书寮,《陈书》借自静嘉堂,当时均送交中华学艺社,郑、马二氏均在社中任事,万一未曾赠送,亦乞见示,以便补奉。前由中华学艺社乞借贵寮所藏宋蜀刻本《太平御览》,委由商务印书馆出版,中有阙卷,续向贵邦京都市东福寺及岩崎氏静嘉堂文库所藏参配,仍缺二十六卷,复以景宋聚珍本补入,以成完璧。兹已印竣,谨特检呈两部,尚有《武经七书》《名公书判清明集》《乐善录》《搜神秘览》四种,均皆假自贵邦公私藏弆之所,秘笈流传,为益至巨,并各检呈一部,统乞察存,并祈鉴定,无任感幸。(《中庸说》)借自贵国京都东福寺,敝邦久佚,今获流通,实深感幸。	1936年2月6日张元济致长泽规矩也函;2月20日张元济致图书寮函;8月7日张元济致图书寮函
静嘉堂文库	《陈书》;《新唐书》二部各四十本;《百衲本廿四史》	《百衲本二十四史》数年前出版之《三国志》借自帝室图书寮,《陈书》借自静嘉堂,当时均送交中华学艺社,郑、马二氏均在社中任事,万一未曾赠送,亦乞见示,以便补奉。	1936年2月6日张元济致长泽规矩也函;1937年4月11日静嘉堂文库致张元济函
东洋文库	《乐善录》	五载以前,鄙人曾至贵文库观书,获见宋刊《乐善录》,嗣由中华学艺社恳祈借影,仰蒙慨允,今同社委由敝馆出版,特属检呈一部妥邮寄上,藉供插架,并致谢忱。	1936年2月11日张元济致东洋文库函

[1] 以下均引自备注栏函件原文。

续表

赠书名单	赠书书目	赠书缘由	备注
东方文化学院京都研究所	《四部丛刊》三编，《中庸说》一部，《孟子传》五部		1936年8月10日张元济致吉川幸次郎函；9月7日东方文化学院京都研究所复张元济函
宇野哲人	《武经七书》《清明集》《乐善录》《搜神秘览》《太平御览》《群经音辨》《饮膳正要》《东莱先生诗集》《平斋文集》《梅亭先生四六标准》《山谷外集诗注》；《百衲本廿四史》；《中庸说》大本一部，又缩本《中庸说》《孟子传》各一部；黄善夫本《史记》一部；残宋刊《新唐书》一部	前承贵邦诸友好代借珍本书籍，由中华学艺社委托敝馆影印，仰蒙盛意，鼎力玉成，实深感幸。前在静嘉堂文库借影残宋刊《新唐书》，诸纫雅谊，其书昨甫出版，谨呈一帙，至祈莞纳，并希时惠教言，至所企盼。	1936年2月10日张元济致宇野哲人函；2月18日张元济致宇野哲人函；8月7日张元济致宇野哲人函；1937年3月24日张元济致宇野哲人函
诸桥辙次	《武经七书》《名公书判清明集》《乐善录》《搜神秘览》《太平御览》；《百衲本廿四史》；《中庸说》大本一部，又缩本《中庸说》《孟子传》各一部；残宋刊《新唐书》一部	前承惠借珍本与中华学艺社影印，嘉惠同文，至深铭感。先后由同社委交敝馆出版，近日出版有《武经七书》、《名公书判清明集》二种，为贵文库所藏善本，又图书寮所藏《太平御览》宋刊本中有残阙，并蒙慨借补配，另有《搜神秘览》、《乐善录》，亦假自贵邦藏弆之家。	1936年2月18日张元济致诸桥辙次函；8月7日张元济致诸桥辙次函；1937年3月24日张元济致诸桥辙次函

续表

赠书名单	赠书书目	赠书缘由	备注
岩崎久弥	《武经七书》《清明集》《太平御览》各两部,《乐善录》《搜神秘览》各一部;残宋刊《新唐书》两部	前承雅谊,慨借贵文库珍藏善本,畀与中华学艺社影印流通,嘉惠士林,同深感荷。	1936年2月18日张元济致岩崎久弥函
岩井大慧	《乐善录》	中华学艺社前恳贵文库慨借宋刊《乐善录》,委交商务印书馆出版,顷已印成,谨特检呈一部妥邮寄奉,借答雅谊。	1936年2月11日张元济致岩井大慧函。
长泽规矩也	《武经七书》《名公书判清明集》《乐善录》《搜神秘览》《太平御览》《群经音辨》《饮膳正要》《东莱先生诗集》《平斋文集》《梅亭先生四六标准》《山谷外集诗注》;《百衲本廿四史》;《中庸说》大本一部,又缩本《中庸说》《孟子传》各一部;景宋残本《公羊单疏》;景印黄善夫本《史记》一部;残宋刊《新唐书》一部,《济生拔萃》四种一部	转致敝馆景印黄善夫本《史记》,悉仗鼎力,克底于成。该书业已出版,谨寄奉一部,至祈莞纳。 前年敝馆筹印元刊《济生拔萃》,中有四种缺佚,曾奉烦清神,代向静嘉文库商借摄入,俾成完本,具感盛意。刻已景印出版,谨寄赠一部计十册,至祈莞纳为荷。	1935年12月20日张元济致长泽规矩也函;1936年2月6日张元济致长泽规矩也函;12月20日张元济致长泽规矩也函;1937年8月7日张元济致长泽规矩也函;8月31日张元济致长泽规矩也函;1938年5月4日张元济致长泽规矩也函

天意宁忍丧斯文

续表

赠书名单	赠书书目	赠书缘由	备注
狩野直喜	《搜神秘览》《太平御览》；《中庸说》大本一部，又缩本《中庸说》《孟子传》各一部	前承鼎力，在崇兰馆福井氏处借得宋本《搜神秘览》一书，付敝邦上海商务印书馆影印，俾广流传。嗣又向东福寺补照《太平御览》，并承指导，不胜铭感。	1936年2月20张元济致狩野直喜函；8月10日张元济致狩野直喜函；8月16日狩野直喜致张元济函
长尾雨山	《搜神秘览》《太平御览》；《中庸说》大本一部，又缩本《中庸说》《孟子传》各一部	前在贵邦西京借得珍本《搜神秘览》、《太平御览》等书，当摄影时，诸承照料，极为感谢。襄承指导，在东福寺所藏先文忠公所著《中庸说》商借影印，至为衔感。	1936年2月20张元济致长尾雨山函；8月8日张元济致长尾雨山函
根津信治	《武经七书》《名公书判清明集》《太平御览》；残宋刊《新唐书》	前承贵文库慨假珍藏《武经七书》、《名公书判清明集》及《太平御览》之一部分，昇由中华学艺社委交商务印书馆先后出版，秘笈流传，实拜嘉惠。前蒙贵文库惠借残宋刊《新唐书》，昨甫印就，谨由邮便寄呈一帙，至祈莞纳为荷。	1936年2月20日张元济致根津信治函；1937年3月24日张元济致根津信治函
饭田良平	《武经七书》《名公书判清明集》《太平御览》；残宋刊《新唐书》	前承贵文库慨借珍藏《武经七书》、《名公书判清明集》及《太平御览》之一部分，昇由中华学艺社委交商务印书馆先后出版，秘笈流传，实拜嘉惠。前蒙贵文库惠借残宋刊《新唐书》，昨甫印就，谨由邮便寄呈一帙，至祈莞纳。	1936年2月20日张元济致饭田良平函；1937年3月24日张元济致饭田良平函；4月12日饭田良平致张元济函
福井氏	《搜神秘览》两部	在崇兰馆福井氏处借得宋本《搜神秘览》一书，付敝邦上海商务印书馆影印，俾广流传。	1936年2月20张元济致狩野直喜函

423

续表

赠书名单	赠书书目	赠书缘由	备注
松浦嘉三郎	《太平御览》《搜神秘览》；《中庸说》大本一部，又缩本《中庸说》《孟子传》各一部	前荷盛情，在贵国借取宋本《太平御览》、《搜神秘览》二书，并承代托技师料量摄照，至今匆感不忘。追念五年前，承嘱曾在西京东福寺统督技师摄照，弥留多日，达于四十余天，仅以发挥东方古文化为志，聊报善隣之谊，未曾愿有所报酬。何料未几上海事变忽生，祸及池鱼，贵馆亦半为灰烬。嘉窃以曩所代照诸片必归乌有，引为深憾，近恨不已。乃向当道诸公建议，须由日本外务文化事业部再为摄照，以赎回文化上之损失，因事未见实施，嘉亦奉命到任满洲，此事遂为停顿。今忽奉惠书，甫悉曩日引所深憾，天未丧斯文，克得倖免奇祸。再据先生之功，得流布于人间，盖万祸中之一福，抑又可谓艺林之佳话也。	1936年2月20日张元济致松浦嘉三郎函；3月2日松浦嘉三郎致张元济函；8月6日张元济致松浦嘉三郎函；8月8日张元济致松浦嘉三郎函
冈根守坚	《太平御览》；《中庸说》大本一部，又缩本《中庸说》《孟子传》各一部	前承宝刹以珍藏之宋本《太平御览》慨借与敝邦上海商务印书馆影印，一瓻之惠，价等连城，无任感谢。	1936年2月20日张元济致冈根守坚函；8月10日张元济致冈根守坚函
榑井氏	《太平御览》；《中庸说》大本一部，又缩本《中庸说》《孟子传》各一部	前由中华学艺社乞借贵寮所藏宋蜀刻本《太平御览》，委由敝馆出版，中有残阙，复借得贵邦京都市东福寺及岩崎氏静嘉堂文库所藏残本参配，尚缺二十六卷，以景宋聚珍本补入，幸成完璧。	1936年3月4日张元济致榑井氏函；8月7日张元济致榑井氏函

续表

赠书名单	赠书书目	赠书缘由	备注
铃木重孝	《太平御览》；《中庸说》大本一部，又缩本《中庸说》《孟子传》各一部	前由中华学艺社乞借贵寮所藏宋蜀刻本《太平御览》，委由敝馆出版，中有残阙，续向贵邦东福寺、静嘉堂借补，复以喜多邨直宽氏之景宋聚珍本配入，幸成完璧，诸纫雅谊，感非言喻。	1936年3月4日张元济致铃木重孝函；8月7日张元济致铃木重孝函
杉荣三郎	《太平御览》	前由中华学艺社乞借贵寮所藏宋蜀刻本《太平御览》，委由敝馆出版，中有残阙，续向贵邦东福寺、静嘉堂借补，复以喜多邨直宽氏之景宋聚珍本配入，幸成完璧。诸纫雅谊，感非言喻。	1936年3月4日张元济致杉荣三郎函
石田干之助	《乐善录》	中华学艺社前恳贵文库慨借宋刊《乐善录》，委交商务印书馆出版，顷已印成，谨特检呈一部妥邮寄奉，借答雅谊。	1936年3月13日张元济致石田干之助函
荻野仲三郎	《中庸说》《孟子传》	曩在故友山本条太郎氏席上获聆教益，并蒙致书京都东福寺冈根上人借影所藏先文忠公遗著《中庸说》，当邀慨允，心感无既。……又先著尚有《孟子传》，虽系残本，惟自宋迄今从未复版，顷亦同时印出，并呈一部藉供清鉴，聊伴荒函。	1936年8月6日张元济致荻野仲三郎函；8月8日张元济致荻野仲三郎函；10月3日荻野仲三郎致张元济函

续表

赠书名单	赠书书目	赠书缘由	备注
吉川幸次郎	《横浦文集》、《词林纪事》;《中庸说》《孟子传》各一部	兹又印成先人遗著《中庸说》《孟子传》两书,各检一部奉呈雅鉴,即希惠存。	1936年5月8日吉川幸次郎致张元济函;5月22日吉川幸次郎致张元济函;8月10日张元济致吉川幸次郎函;9月4日吉川幸次郎致张元济函
泽村幸夫	《中庸说》《孟子传》	兹有先人遗著《中庸说》《孟子传》两种印行出版,特各检一部借呈雅鉴。	1936年8月10日张元济致泽村幸夫函
服部宇之吉	《中庸说》《孟子传》各一部	兹有先人遗著《中庸说》、《孟子传》两种印行出版,特各检一部借呈雅鉴。	1936年8月10日张元济致服部宇之吉函;9月1日服部宇之吉致张元济函
德富苏峰	《中庸说》《孟子传》各一部;景印黄善夫本《史记》一部	五载以前,曾乞转商上杉伯爵补借宋椠黄善夫本《史记》六十卷,畀与商务印书馆影印流传,敝邦久佚之本获成完璧,嘉惠同文,良非浅鲜。荏苒数载,顷始将全书印成,谨呈一部。	1936年10月2日张元济致德富苏峰函;11月26日张元济致德富苏峰函
黑井悌次郎	景印黄善夫本《史记》一部	五载以前,因商务印书馆景印宋椠黄善夫本《史记》缺去约六十卷,仰蒙雅谊,代向上杉伯爵邸中借补,俾成全璧,嘉惠同文,欣感无既。荏苒数载,顷始获将全书出版,谨呈一帙,伏希莞存。	1936年11月27日张元济致黑井悌次郎函;11月28日张元济致长泽规矩也函

续表

赠书名单	赠书书目	赠书缘由	备注
上杉伯爵	景印黄善夫本《史记》两部	前因商务印书馆景印宋椠黄善夫本《史记》，残缺半部，曾乞德富苏峰、黑井悌次郎先生转恳借补，仰荷玉成，嘉惠艺林，同深感篆。	1936年11月27日张元济致上杉伯爵函；1937年1月6日商务印书馆致田中庆太郎函
盐谷温	《中庸说》《孟子传》各一部	前曾辑印先著《中庸说》、《孟子传》二种，谨各奉赠一部，上备玄览。	1936年11月26日张元济致盐谷温函

上表系根据上海市档案馆所编《上海档案史料研究》第5、6辑公布的《张元济来往书札》中相关资料梳理、编制而成，并不足以反映张元济赠书的全貌，但仅据上表所列已足可看出张元济赠书规模之庞大，以及他与日本文化界交往的广泛。

第三类是回赠与互赠。此类赠书又分两种情况：一是张元济接到日本藏书家或友人的赠书后，回赠对方；一是日本藏书家或友人获张元济赠书后，回赠张元济。这是中日学人交往中非常普遍的一种赠书类型。早在张元济日本访书之前，就已开始了。譬如1927年9月，日本尊经阁主人石黑文吉致函张元济，并赠《重广会史》上帙一部，张元济收到后，"开缄展诵，知是书刊印已阅八百余载，在敝国久经亡佚，今借贵国鼎力，得以复见于世，盛版大业，钦仰无穷，宠贶遥颁，莫名感谢"。于1928年1月23日复函致谢，并回赠《横浦文集》一部，该书"自明季覆印之后，三百年来亦已绝版，在敝邦之内素称罕见，近由鄙人用明本覆印，谨寄呈二部，乞代呈通侯爵，一以奉赠阁下"[1]。但1928年张元济日本访书之后，互赠珍

---

[1] 陈正卿、彭晓亮整理：《张元济来往书札之三》，上海市档案馆编：《上海档案史料研究》第6辑，上海三联书店2009年版，第306页。

籍就越发频繁了。1936年5月22日，吉川幸次郎获赠《横浦文集》《词林纪事》各一部，乃致函张元济表示感谢，除按期奉呈《东方学报》外，并回赠帝国大学景印的《一神论》《大唐三藏法师传》及新增汉籍目录各一部，略答高谊。同时另邮附上拙刻《周髀算经图注》一册。[1]9月14日，吉川承赠《中庸说》《孟子传》各二部，乃复函称谢，并寄上东福寺所藏的宋版《义楚六帖》书影四页，以为答谢。这种回赠与互赠，在张元济与长泽、诸桥之间就更是司空见惯。1936年9月8日，长泽奉到张元济寄呈的景印《公羊单疏》，即惠赐张元济图书寮书影两部。[2]后又按号奉赠其独力经营的《书法学》杂志。[3]由于诸桥在张元济访书及随后的借影过程出力颇多，张元济自日本借影各书无论是否借自静嘉堂，皆一一奉寄。此种雅谊，诸桥当然心领，每以静嘉堂景印佳刻，如《唐百家诗选》《皇朝编年备要》等回赠。1936年9月4日，他致函张元济称："敝库亦有《静嘉堂秘笈》及《静嘉堂丛书》付印之企，秋天印成之后将奉呈。"[4]回赠与互赠，并不仅限于个人之间、机构之间，或机构与个人之间亦不乏此类互动。1936年7月15日，张元济收到京都帝国大学文学部景印古写本《文选集注》第五、六集，合共两函，他致函申谢外，立即回赠该部由商务印书馆景印的明刊《永乐大典水经注》一部，并称"此书中经散佚而首尾完具，良非偶然。敬乞玄评，藉答雅谊"[5]。1936年底，上海商务印书馆东方图书馆复兴委员会向诸桥奉赠参加伦敦中国艺术国际展览会图说一部，诸桥致函张元济称："该书景印精美，东邦艺术之粹收在一书，尤足玩赏，当长

---

[1] 陈正卿、彭晓亮整理：《张元济来往书札之三》，上海市档案馆编：《上海档案史料研究》第6辑，上海三联书店2009年版，第315页。

[2] 陈正卿、彭晓亮整理：《张元济来往书札之二》，上海市档案馆编：《上海档案史料研究》第5辑，上海三联书店2008年版，第238页。

[3] 同上书，第240页。

[4] 陈正卿、彭晓亮整理：《张元济来往书札之三》，上海市档案馆编：《上海档案史料研究》第6辑，上海三联书店2009年版，第317页。

[5] 陈正卿、彭晓亮整理：《张元济来往书札之二》，上海市档案馆编：《上海档案史料研究》第5辑，上海三联书店2008年版，第231—232页。

珍藏。"[1]

协议赠书，报答性赠书，回赠与互赠，张元济以多种类型的赠书为自己的日本访书与借影过程画上了一个句号。本来，这类往还还将持续下去，但残酷的民族战争中断了这个过程，因此，这个句号本身又夹杂着一种无法言说的历史无奈和悲怆。

三 多重意义：版本价值与民族记忆的修复

中国学人日本访书既非始于张元济，当然亦非终于张元济。在他之前，已有不少中国学人到日本访过书，其中最有成就的当推杨守敬和董康；在他之后，更不乏其人，如傅增湘、孙楷第、王古鲁等人皆是。

杨守敬于1880年应驻日公使何如璋之召，赴日本任使馆参赞。甫时日本正值明治维新之际，"脱亚入欧"甚嚣尘上，西学东渐乃呈沛然莫御之势。在此种背景之下，被江户幕府尊奉为官学的"儒学"遂为梯航而来的"洋学"取代，与此相对应，汉籍身价一落千丈，"故家旧藏"纷纷散出，渐归于书肆冷摊。杨守敬曾在《日本访书志缘起》中叙其事道：

> 日本维新之际，颇欲废汉学，故家旧藏几于论斤估值，尔时贩鬻于我土者，不下数千万卷。犹忆前数年有蔡姓者载书一船，道出宜昌。友人饶季音得南宋板《吕氏读诗记》一部，据云宋、元椠甚多，意必有秘笈孤本错杂于其中，未知流落得所否？[2]

杨守敬于"目录之学，素无渊源"，到日本之后，但"念欧公百篇尚存之语，颇有搜罗放佚之志"，于是"乃日游市上。凡板已毁坏者皆购之，不

---

[1] 陈正卿、彭晓亮整理：《张元济来往书札之三》，上海市档案馆编：《上海档案史料研究》第6辑，上海三联书店2009年版，第319页。

[2] 杨守敬：《日本访书志》，辽宁教育出版社2003年版，第4页。

一年遂有三万余卷。其中虽无秦火不焚之籍,实有斋然未献之书"[1]。1881年黎庶昌接任公使,"议刻《古逸丛书》,嘱守敬极力搜访。而藏在其好古家者,不可以金币得。属有天幸,守敬所携古金石文字,乃多日本所未见者,彼此交易。于是其国著录之书麇集于箧中"[2]。后来,杨守敬在其自撰《年谱》中说:"又得森立之《经籍访古志》,其时立之尚存,乃按目索之,其能购者,不惜重值,遂已十得八九,且有为立之所不载者数百种。"[3]其中"争宜刊布"的古本逸编,厥后多刻入黎庶昌主持、杨守敬编校并在东京辑印的《古逸丛书》。丛书共收书26种,200卷。除《日本国见在书目一卷》为日本人藤原佐世撰,其余25种多为中土久佚之书或稀见珍本。[4]由于《古逸丛书》所收多中国亡佚不存之书,且刻工精良,历来受到学界的推重。

杨守敬日本访书,前后历时四年,期间"每得一书,即略为考其原委,别纸记之。久之得廿余册,拟归后与同人才相考证,为之提要",归国后辑为《日本访书志》刊行于世。但因年老无力整理,又襄助无人,

---

[1] 杨守敬:《日本访书志》,辽宁教育出版社2003年版,第2页。
[2] 同上书,第1页。
[3] 杨守敬:《杨守敬集》第1卷,湖北人民出版社1988年版,第18页。
[4] 具体入选书目及版本如下:影宋蜀大字本《尔雅》3卷,影宋绍熙本《谷梁传》12卷,覆正平本《论语集解》10卷,覆元至正本《易程传》6卷、《系辞精义》2卷,覆旧钞卷子本《唐开元御注孝经》1卷,《集唐字老子注》2卷,影字台州本《荀子》20卷,影字本《庄子注疏》10卷,覆元本《楚辞集注》8卷、《辩证》2卷、《后语》6卷,影宋蜀大字本《尚书释音》1卷,影旧钞卷子原本《玉篇》零本3卷半,覆宋本《重修广韵》5卷,覆元泰定本《广韵》5卷,覆旧钞卷子本《玉烛宝典》11卷,影旧钞卷子本《文馆词林》13卷半,覆旧钞卷子本《琱玉集》2卷,影北字本《姓解》3卷,覆永禄本《韵镜》1卷,影旧钞卷子本《日本国见在书目》1卷,影宋本《史略》6卷,影唐写本《汉书·食货志》1卷。仿唐石经体写本《急就篇》1卷,覆麻沙本《草堂诗笺》40卷、《外集》1卷、《补遗》10卷、《传序碑铭》1卷、《目录》2卷、《年谱》2卷、《诗话》2卷,影旧钞卷子本《碣石调幽兰》1卷,影旧钞卷子本《天台山记》1卷,影宋本《太平寰宇记补阙》5卷半。《古逸丛书》的版本价值和文献价值自不待言,但因在东京刊行,且仅刻百部,流传不广。

"其中不尽罕见之书，而惊人秘笈尚多未录出者"[1]。这批得自日本书肆的大宗"旧本"舶载西归后，随杨守敬辗转于湖北黄州、武昌和上海等地。杨守敬去世后，观海楼藏书的一部分归于北平故宫博物院，曾在该院任职的王重民"即其批本逐录序跋，复以数年之力，参之他书"，辑成《日本访书志补》，共收入杨氏题跋佚文46篇。两书虽并不足以反映杨守敬日本搜书的全部成果，但已足可概见他所见之广和网罗之富。[2]

继杨守敬之后，董康自1902年起利用公差、私游等各种机会，先后八次到日本访书。[3]董康日本访书虽与杨守敬前后相继，但已远不如杨氏那般幸运。杨氏开始搜罗放佚的时候，"书肆于旧板尚不甚珍重"，所以他可以大搜秘籍，不及一年即得三万余卷。"及余购求不已，其国之好事者遂亦往往出重值而争之。于是旧本日稀，书估得一嘉靖本亦视为秘笈，而余力竭矣。然以余一人好尚之笃，使彼国已弃之肉复登于俎，自今以往，谅不至拉杂而摧烧之矣。则彼之视为奇货，固余之所厚望也。近日则闻什袭藏之，不以售外人矣。"[4]的确如此，董康盘桓两京的时候，旧书店已难见珍本，即使偶尔见到，其价目之昂亦非一般人所能承受。1927年1月6日，董康曾到佐佐木山田书肆访书，看到的就是这般景象。他在当天的日记中写道：

  汇文堂各书店苦无佳册，佐佐木有元和活字本《事实类苑》，索价一千圆。询以早年仅三五十圆，价目何以骤昂？曰：经董先生刻

---

[1] 杨守敬：《日本访书志》，辽宁教育出版社2003年版，第1页。
[2] 观海楼的部分藏书后从北平迁往台北故宫博物院，据吴哲夫《故宫藏书鸟瞰》一文披露：这批图书依版本区分，有宋刊本13种、元刊本56种、明刊本358种、清刊本450种、钞本24种、日本刊本330种、日本钞本407种、韩国刊本28种，共计1666种。该文载《故宫文物月刊》第4卷第7期，1986年10月出版。
[3] 董康八次日本之行的时间依次是：1902年，1906年初夏到岁末，1913年，1923年，1926年12月30日至1927年5月1日，1933年11月8日至1934年1月22日，1935年4月23日至5月18日，1936年8月19日至9月15日。其中前四次的情况不甚清楚，后四次访书在其所撰《书舶庸谭》9卷本中有详细的记载。
[4] 杨守敬：《日本访书志》，辽宁教育出版社2003年版，"缘起"。

之,固应有此高价。又缩刻石经,索价八百圆。忆及癸亥年经此,在该店购宋椠《诗人玉屑》仅九十圆。前后四年,差异如此,非寒峻所能过问矣。[1]

在此旧籍价目骤昂的年代,董康当然不可能像杨守敬那样"购求不已",偶有所获,就已很不错了。因此,他的日本访书就只能就馆翻检。由于董康在日本学界有不少旧友新朋,狩野直喜、内藤湖南、稻叶岩吉等一流的汉学家,以及他们的学生辈如神田喜一郎、仓石武四郎、吉川幸次郎等都是他熟识的朋友,东京的盐谷温、长泽规矩也等也与他有着不浅的学谊,因此而得以自由出入宫内省图书寮、内阁文库、东洋文库等公私藏书机构,饱览那里庋藏的稀见秘笈,"凡遇旧椠孤本,记其版式,存其题识,积时未久,居然成帙"[2]。于是而有《书舶庸谭》。董康在访书过程中,对戏曲小说颇为留意,曾于内阁文库摘录明版小说、戏曲百余种,胡适为《书舶庸谭》所作序言中特别提到这一点:

> 关于小说戏曲的访求和记载,董先生的书也有重要贡献。如内阁所藏小说中,有《封神演义》,是明刻本,编者为许仲琳。此书作者的姓名,在中国久无可考,赖有此本可供考证。又如《岳武穆演义》,本子最多,最难考证;《内阁目》有明余应鳌编的八卷本,有明熊大木编的十卷本;又有十一卷的嘉靖三十一年本,前八编为熊大木编,后集三卷为李春芳编。北京朱希祖先生藏有明刻本,编者为理学名儒邹元标,也和今本大不相同。若合此诸本,将来定可以看出此书演变的线索了。又《英烈传》也有种种不同的本子。内阁所藏也有三种明刻本,都可供比较的研究。

因此,胡适称赞"董先生是近几十年来搜罗民间文学最有功的人,他在这

---

[1] 董康:《书舶庸谭》,辽宁教育出版社1998年版,第8页。
[2] 同上书,"自序"。

四卷书里记录了许多流传在日本的旧本小说，使将来研究中国文学史的人因此知道史料的所在"。当然，董康的日本访书也有不如意的时候，譬如他持内藤湖南特函推荐，赴京都东福寺看《太平御览》《义楚六帖》及《中庸说》等秘笈，就曾遭对方婉拒，"以未检出为对"。

至于傅增湘的日本访书，则是另一个值得记述的事件。傅增湘是民国时期有数的藏书家和版本目录学大家，张元济到日本访书的时候，他本欲追踪东去，因迁葬双亲期迫，"遂尔作罢"。张元济访书归来后，曾于12月7日、11日致函傅增湘，并附上长歌（即《戊辰暮秋至日本东京观静嘉堂藏书，赠岩崎男爵等》）及日本访书目录，这让傅增湘"欣抃无似"。12月20日，他复函说："长歌拜诵一过，使我东游之志勃然而起矣。"[1]1929年11月9日，傅增湘启程赴东京、京都等地访书，12月4日回北京。因为有长泽、田中陪同，又有张元济访书手册作为先导，各处访书相当顺利。在短短的20余天时间里，先后到宫内省图书寮、内阁文库、静嘉堂文库、前田氏尊经阁、东洋文库、内藤氏恭仁山庄和西京诸古刹等处查阅所藏善本。他曾于11月22日在京都客邸致函张元济，交流访书所获，其中写道：

> 静嘉堂宋本略得遍观，其伪者为之纠正不少。《韦钱塘集》乃宋刊之初印者，侍先观其刀法、纸质，已定为宋本。及细检（宋本缺卷正如此，若明本何缘亦缺首二卷耶？）则避讳字不少，当即吴鲍庵旧藏之本。然舍此亦别无宋本，洵海内孤帙。公似不可不摄影印行（今本仍十四卷，不以残本论也）。已告长泽改正，此与公改订《平斋文集》为宋本正同，亦此行最快意之事也。又静嘉藏《册府元龟》，其各卷中可以补今本之脱文者凡七千余字，尽一日之力全行录完，自谓神速。内阁有类编《颍滨大全集》宋刊本一百三十卷（原题元本），只缺十余卷（缺十一至二十），公何妨并影以归，此书宋本最难见也。其余各处之书，所见亦有与公不同者，容再详陈。静

---

[1] 张元济、傅增湘：《张元济傅增湘论书尺牍》，商务印书馆1983年版，第197页。

> 嘉御览乃南宋本，公如印行，仍取之察本，而以东福寺本补之，则完美矣。内野之《宛陵集》曾影得否？侍以先睹为快（如有影宋，可否先以赐寄一校，可作一长跋也）。[1]

在随后与张元济的论书尺牍中，继续就张元济拟借影书目提出建议。12月9日，他又致书张元济："《颍滨大全集》内阁文库以为元板，其实乃宋建本，与山谷同时所刻。印亦精湛，决可影印。……《太平御览》以东福寺补入最宜，托狩野介绍似可办到。陆氏藏乃南宋本，所差太远也。"[2]四天后，再次致函张元济，称：

> 韦骧《钱塘集》极初印，四库所收亦只十四卷，虽残本与完本不异，大可印行，此一事也；图书寮宋刊《初学记》极精美，古类书难得旧本，明本脱误不可计，有脱至数叶者，有淆乱不可言者，赖有宋本可校正。曾见涵芬藏严氏校宋本，然考之，所见亦明翻宋本，非真宋本也，不过视明诸刊本为善耳。寮本急宜印行，此又一事也；《太平御览》东福寺本完善，托狩野即可借照，务合之以成完璧。静嘉南宋本逊此远矣，此又一事也；《颍滨大全集》缺十至二十卷，但此乃分类编，他本不能补也，然小苏古刊最少完者，亦宜急印之。若与山谷同印，允称双美矣，此又一事也。此外册中所记拟照之书，侍亦略有所见，尽可删去零种，多照巨帙，较为合宜。别纸详之，乞裁酌。[3]

傅增湘的这些建议，基本上都被张元济采纳了，静嘉堂所藏《册府元龟》、内阁文库所藏《颍滨大全集》，以及内野氏所藏《宛陵集》等，后来都设法借影以归，影印出版。至于对静嘉堂藏《韦钱塘集》及内阁藏类编《颍

---

[1] 张元济、傅增湘：《张元济傅增湘论书尺牍》，商务印书馆1983年版，第211页。
[2] 同上书，第211—212页。
[3] 同上书，第212页。

滨大全集》刊本的纠谬,静嘉堂和内阁文库亦据以改正。傅增湘此行查阅善本汉籍170余种,回国后略加董理考证,并参酌张元济的《日本访书记》等资料,撰成《藏园东游别录》4卷。后经整理,编入《藏园群书经眼录》,于1983年9月由中华书局出版。

傅增湘之后,孙楷第因撰写《续修四库全书总目提要》小说戏曲部分的需要,受中国大辞典编纂处和国立北平图书馆的委托,于1931年专程到日本访查古代小说的收藏情况,先后在东京的宫内省图书寮、内阁文库、东京帝国大学、静嘉堂文库、前田氏尊经阁、德富苏峰氏、盐谷温、神山闰次等处进行了为期两个月的调查,并为其所见110部小说一一作了提要,最后汇编成《日本东京所见中国小说书目》6卷。书中提到的小说书目,大多是中国早已失传或稀见的版本。胡适为该书撰写的序言中曾感慨道:"我们可以说,如果没有日本做了中国旧小说的桃花源,如果不靠日本保存了这许多的旧刻小说,我们决不能真正明了中国短篇与长篇小说的发达演变史。"[1]

孙楷第之外,王古鲁是另一位专门到日本寻访中国小说戏曲史料并有重大收获的学者。他在"二战"期间在日本找到了许多鲜为人知的珍贵小说戏曲史料,并摄取了大量的小说照片,譬如国内失传已久的崇祯元年尚友堂刊《拍案惊奇》(即《初刻拍案惊奇》)40卷足本,就是他于1941年在日光山轮王寺慈眼堂发现的。根据这一批资料,他回国后撰写并发表了《日本所藏的中国旧刻小说戏曲》《日光访书记》《稗海一勺录》等有分量的论文。他的日本访书笔记,后整理成《王古鲁日本访书记》于1986年由海峡文艺出版社出版。

以上所述近代中国学人日本访书,无论是杨守敬、董康、傅增湘,还是孙楷第、王古鲁,无疑都各有重要的收获和成就。然而,在这个绵长的中国学人日本访书的历史脉络中,1928年张元济日本访书,无论就域外访书史而言,还是就近代中国旧籍出版史而言,都是格外值得重视的一件大

---

[1] 胡适:《〈日本东京所见中国小说书目提要〉序》,《胡适学术文集·中国文学史》,中华书局1998年版,第1198页。

事。虽然张元济日本访书持续的时间甚短，仅一个半月，但他查访之广，寓目的善本之众，借影携归的秘笈之多，影印出版后影响之深远，在当时和尔后都是极为罕见的。

由于张元济当年所撰的《日本访书记》不知下落，他在日本各处访书的具体过程和细节现在已很难确切了解，但张元济当年从日本公私藏书机构借影的数十种珍本秘笈影印出版的基本情况还是比较清楚的。依照商务印书馆与中华学艺社最初达成的协议，这批珍本秘笈以"中华学艺社辑印古书"名义委托商务印书馆出版，"盈亏与彼无涉，每书送数部而已"[1]。据郑贞文回忆，以中华学艺社名义辑印古书共46种。而据欧阳亮的研究认为，除上述书目外，还应包括《曼殊留影》、宋刊残本《梅宛陵集》、宋刊《大唐西域求法高僧传》等3种，实际上为49种。[2]

其实，张元济从日本借影的珍籍有一些是以他个人名义或代商务印书馆商借的，因而并没有列入《中华学艺社辑印古书》之中，这些珍籍至少包括元刊本《金华黄先生文集》、残宋本《中庸说》、宋刊《周益公集》、元刊《东京梦华录》、元刊《济生拔萃》中"中土久佚之书"《针经节要》《汲古云歧》《针法汲古家珍》《保婴集》四种，宋刊《北硐诗集》，以及宋黄善夫刊本《史记》、宋刊《陈古灵先生文集》，等等。如果加上以中华学艺社名义借印的珍籍，张元济等人从日本借影的珍籍既不止46种，也不是49种，至少有60种之多。

这些珍籍绝大部分在中国早已失传，或仅有存目，或残缺不全，而今失而复得，或据以补配而成完璧，这在中国书籍史、中日文化交流史上都是一件大放异彩的事件。张元济在为各书作跋的时候，凡论及此事皆喜不自胜。譬如，元刊本《金华黄先生文集》，凡43卷，为归安陆氏皕宋楼所藏孤本，皕宋楼流入东瀛，其本遂佚于中土。《四部丛刊》初印时，因未见元刊本，只得以景写本传之于世。1926年《四部丛刊》重印时，向常熟瞿氏、上元宗氏乞借所蓄残本，"谋为碎锦之合"，但去其重复，仅得

---

[1] 张元济、傅增湘：《张元济傅增湘论书尺牍》，商务印书馆1983年版，第223页。
[2] 欧阳亮：《中华学艺社研究》，硕士学位论文，华东师范大学，2004年，第36页。

31卷。1928年，张元济东渡扶桑访书，"始于静嘉堂插架，获睹其全。举所不足者，告之主者，慨然许我景印，私喜有志竟成，不啻完璧归赵也"。"回视百年前残帙流传，前贤宝重若此，今得合浦珠还，重致完书于既佚之后，益不胜其私幸已！"[1]影宋钞本《群经音辨》，系皕宋楼所藏故物，陆心源《仪顾堂题跋》曾列书中佳处50余条，张元济举泽存堂本复校，发现佳处远较陆氏所举为多，"所惜纸墨黝黑，不宜摄景"。后从静嘉堂成功借影毛氏汲古阁影宋钞本，张元济分外喜悦。他为该书所作跋语中就表达了这种喜悦："窃幸毛钞尚在人间，今得借印流传，于愿良用欣惬！"并对岩崎氏"不吝一瓻之赐"表示感谢。宋本《东莱先生诗集》是日本内阁文库庋藏的宋乾道刊本，早已绝迹中土。张元济日本访书时借影携归，与涵芬楼所藏陈仲鱼钞本互校，发现陈本谬误极多，其他传本更无法比拟。张元济在跋语中说："东莱于江西诗派中，自居殿军，得此真本传世，讵非学者之幸，而亦邻邦七百年藏弆之贻也。"[2]影宋钞本《平斋文集》为瞿氏铁琴铜剑楼所藏，是一稀见之本，但缺8卷（卷11—14，卷19—22），张元济日本访书期间，内阁文库"典守者发箧相饷，适见是集，且为宋刻。瞿氏所阙八卷，俨然具存。借影携归，与瞿本合印，遂成完璧"。他在跋语的最后情不自禁地说："夫以一书沈霾数百年，且离散于数千里之外，一旦得为延津之合，复与人世相见，是可喜已！"[3]残宋本《中庸说》系张氏先祖张九成所作，久佚于中土，1928年张元济从京都东福寺借影以归，可惜的是后半部分已佚，仅余40叶。但此书"自宋迄今，无复刊行"，能从海外得此残本，"复印以饷今之学者，且冀其因有异同，而得并存焉，

---

[1] 张元济:《元刊本〈金华黄先生文集〉札记》，张人凤编:《张元济古籍书目序跋汇编》下册，商务印书馆2003年版，第870—871页。
[2] 张元济:《宋本〈东莱先生诗集〉跋》，张人凤编:《张元济古籍书目序跋汇编》下册，商务印书馆2003年版，第914页。
[3] 张元济:《影宋钞本〈平斋文集〉跋》，张人凤编:《张元济古籍书目序跋汇编》下册，商务印书馆2003年版，第915页。

则幸甚矣！"[1]宋本《太平御览》为"有宋一大著作"，凡1000卷。国内所存刊本多残缺不全，张元济日本访书时，于帝室图书寮、京都东福寺获见宋蜀刻本，"虽各有残佚，然视陆氏为赢"，乃借影而归，共得目录15卷，正书945卷；又从静嘉堂文库所藏建宁本补照第42—61卷、第117—125卷，凡29卷。尚缺26卷，又补以日本喜多邨直宽的聚珍本。"终于把这部卷帙浩繁的大书，用最早、最好的版本配成完璧，恢复原书的面貌，具有极重要的文献价值和版本价值。"[2]

在这些得自日本的珍本秘笈中，几部正史刻本值得特别提一下。宋黄善夫刻本《史记》，是现存《史记》三家注合刻最早的本子，国内早已佚而不存。同光年间黄善夫本从日本流回，但被书贾拆成三部分出售，涵芬楼得其中66卷，其余数卷为潘宗周、傅增湘所得。张元济集国内所有，但仍有缺略，因从日本上杉侯爵所藏借补，"幸成完璧"。他在跋语中说："使是书长留海外，不复归于中土，抑或简断编残，不获通假，俾完原璧，则此百条之《正义》，岂终不长此沈薶乎？是不能不为是书庆已！"[3]宋绍兴刊本《三国志》系以中华学艺社名义从日本图书寮借影携归，原缺《魏志》3卷，以涵芬楼藏宋绍兴刊本配补。宋蜀刻大字本《陈书》旧藏北平图书馆，但仅存21卷，张元济日本访书期间由静嘉堂文库影得同式印本，补配北平图书馆藏本，做到天衣无缝。宋刻本《新唐书》系以中华学艺社名义借照静嘉堂文库所藏北宋嘉祐刊本，缺卷以北平图书馆藏残帙、商丘宋氏所藏配补，"然犹缺《表》之第8、9卷，又原目亦仅存五叶，不得已更缩刘本（嘉业堂藏本——引者注）以足之，于是此书全为宋刻矣"[4]。

书贵初刻，这是张元济一贯的主张。自1926年退休以后，他致全力于

---

[1] 张元济：《残宋本〈中庸说〉跋》，张人凤编：《张元济古籍书目序跋汇编》下册，商务印书馆2003年版，第931页。

[2] 王绍曾：《近代出版家张元济》（增订本），商务印书馆1995年版，第95页。

[3] 张元济：《宋黄善夫刻本〈史记〉跋》，张人凤编：《张元济古籍书目序跋汇编》下册，商务印书馆2003年版，第988页。

[4] 张元济：《宋刻本〈新唐书〉跋》，张人凤编：《张元济古籍书目序跋汇编》下册，商务印书馆2003年版，第1027页。

中国古籍善本的抢救、整理与影印，为商务印书馆主持编纂一系列古籍影印丛书，他就是为这些丛书而四处广求善本，为广求善本而"远驰域外"。这些从日本借影的珍本秘笈，有不少后来相继被编入他主持编纂的大型古籍丛书。其中元刊本《金华黄先生文集》、影宋钞本《群经音辨》、明本《饮膳正要》、元本《山谷外集诗注》、宋本《东莱先生诗集》、影宋钞本《平斋文集》、宋本《梅亭先生四六标准》、残宋本《中庸说》、宋本及日本聚珍本《太平御览》9种被编入《四部丛刊》初编、续编和三编；宋黄善夫刻本《史记》、宋绍兴刻本《三国志》、宋刻本《晋书》、宋蜀刻大字本《陈书》、宋刻本《新唐书》4种，与国内相关藏本补配后，编入《百衲本二十四史》；宋绍定本《乐善录》、宋本《名公书判清明集》、宋本《武经七书》、宋本《搜神秘览》、残宋本《中庸说》5种，编入《续古逸丛书》。还有一些珍本原拟编入相关丛书，如宋刊本《册府元龟》原拟编入《四部丛刊》四编，宋刊《历代地理指掌图》拟编入《续古逸丛书》，因战争而作罢。这些中土久佚珍本的编入，使沈薶数百年之久、离散于异域的古本逸编得以复见于故土，并重新楔入中华民族的历史与记忆。它的意义绝不仅限于版本的价值，更重要的是它关系到民族记忆的修复和民族精神的再构。

1937年2月，张元济在为《百衲本二十四史》所作"后序"中说："世之读者，犹得于国学衰微之日，获见数百年久经沈薶之典籍，相与探本而寻源，不至为俗本所眩瞀，讵不幸欤！"唯其如此，当这些古籍丛书相继刊成后，张元济对那些"网罗珍籍，不吝通假"的藏书机构和"各出所储，以相匡助"的私人藏家表示衷心感谢，还特别提道："亦有海外儒林，素富藏弆，同时发箧，远道置邮，使此九仞之山，未亏一篑。"并引《诗经》中的诗句"中心藏之，何日忘之"，表达最深沉的谢意。[1]

在近代中日书籍交流史上，经常发生一种耐人寻味的吊诡现象。譬如，1884年，杨守敬将大量汉籍从日本舶载西归，曾在日本引发了一场议

---

[1] 张元济:《〈百衲本二十四史〉后序》，张人凤编:《张元济古籍书目序跋汇编》下册，商务印书馆2003年版，第985—986页。

论风潮；而当皕宋楼被日本收购时，中国众多的学人更是个个捶胸顿足，激愤不已！1907年，诵芬室刊刻日本岛田翰的《皕宋楼藏书源流考》，董康为该书撰"题识"，甚至说："古芬未坠，异域言归，反不如台城之炬、绛云之烬，魂魄亦长守古都也。"[1]针对这些议论和感慨，日本学者神田喜一郎在《中国书籍记事》一书中评论道："如若中日双方互换立场，想必我们也会发此感慨，这种心情不是不能体会的。两国学者向来喜欢比较这两件大事，对其得失讨论不休。然而，与其论其得失，我更愿意立足于大局来看，把目光投向它们对日中文化交流作出巨大贡献这一点上，这是一个不容忽视的事实。"[2]我以为，张元济的日本访书，也应作如是观。

（作者单位：上海社会科学院）

---

[1] 董康:《刻皕宋楼藏书源流考题识》,[明]祁承㸁等撰:《澹生堂藏书约（外八种）》,上海古籍出版社2005年版,第38页。

[2] 神田喜一郎:《中国书籍记事》,钱婉约、宋炎辑译:《日本学人中国访书记》,中华书局2006年版,第181页。

商务印书馆英文部的开创者

——邝富灼

后宗瑶、叶　新

商务印书馆的崛起与其编译英文教科书紧密相关，其早期出版业务尤为注重英文教科书和工具书等书籍的出版。随着商务业务的不断扩大，分工日益明确，英文部的成立也是自然而然之事。邝富灼（1869—1938）就是商务英文部第一任主任，在任时间长达21年。

身如浮萍难由己，待到安时近耳顺

邝富灼祖籍广东台山，1869年出生于邝家村的一个贫苦人家。邝家村村民大多以务农为主，但素有出国谋生的传统，因而有"侨乡之家"之称。邝富灼兄妹五人，他排行老二，有一个哥哥、一个弟弟和两个妹妹。年幼的时候，邝富灼上过村塾，但也未落下农活。他一边从事劳作，一边学习儒家经典"四书""五经"。他在自己的回忆录《六十年之回顾》[1]中这样写道："余家世业农，居粤省台山县一小村，村距县城十能里，同村仅十家，俱邝其姓。余以一八六九年（同治八年）生于是，行二，上有一兄，下有一弟二妹，幼时，家况清苦，余父不善治生，益以食口既繁，薄田数亩，殊不足供温饱，恒以甘薯代饭，终岁衣褐跣足，惟新岁始获著履矣。余甫能步，即须助作佃工，牧牛挈水，终日孜孜不已。余八岁入村塾，肄业四年，毕'四书'，'五经'亦习一二。"

台山人出洋谋生者众多，且大多是前往美洲，其中就包括邝富灼的亲

---

[1] 邝富灼：《六十年之回顾》，《良友》1930年第47期，第13—14、23、31—32、37页。

戚、族人，其中一位族叔还定居当地。1881年年底，时年12岁的邝富灼也跟他的族人、同乡一样走上赴美谋生之路。他们一行17人从台山出发，五日后抵达香港，未料错过船期，结果无船赴美而折返。次年，他们一行再次启程。1883年初，经过接近一年的海上颠簸，邝富灼终于抵达当时的旧金山，开始了他长达24年的海外漂泊之旅。

他到达旧金山之后居住在旧金山的唐人街，期间他深刻感受到了白人对华人的种族歧视和粗暴行径。之后因当时美国政府抵制华工的政策，他投靠了定居萨克拉门托的族叔。他的族叔是个菜贩，给他在当地找了份工作。虽然种族歧视依然存在，但他也认识到白人中也有好人，也有对华人礼貌相待的，比如他工作的人家。在依附族叔期间，因与当地不良少年厮混，他染上了赌博的恶习。他的族叔知晓后，对他严厉训斥，并送他进入当地教会开设的学校读夜班。他白天工作，晚上到教会办的夜班上课。现在看来，这段读夜班的经历对邝富灼的一生极其重要：其一，他的英语能力就此打下了基础；其二，他碰上了他人生的第一位贵人陈绣石。他在《六十年之回顾》中这样写道，当时的夜校来了一位新教师，就是现在担任金山大埠公理会署牧的陈绣石。他对我另眼相待，爱护我像对待自己的友人一般，对我多番劝诫，引导我走向正途。

此后，他经过多番挣扎，最终决定信仰基督教，加入教会救世军。救世军虽也向华人传教，但主要还是美国人的基督教活动，邝富灼在其中接触和学习到的多是美国主流社会的东西，这无疑为他之后的学习和发展打下了坚实基础。1897年，邝富灼在友人的帮助下进入洛杉矶东部的波莫纳学院（Pomona College）读大学预科，因难以承担学费，只能半工半读。1902年，他完成大学一年级课程，便从该学院转学到加州大学伯克利分校读二年级，三年后毕业，获文学士学位。随后，因成绩优异获得免费学额进入哥伦比亚大学深造，主修文学和教育，于1906年成功取得文学和教育学双硕士学位，顺利毕业。此时，已37岁的邝富灼只想结束漂泊，重回故土，报效祖国。不久，他在华盛顿拜访了当时中国驻美大使梁诚，与之交谈表达了回国报效祖国的意愿，得到推荐进入两广方言学堂担任教习。

442

商务印书馆英文部的开创者

1907年，邝富灼终于踏上归国返乡之途。

两广方言学堂位于广州，是当时清政府设立的外国语言学校。邝富灼主要负责英文课，这对于他来说是手到擒来，因为他在哥伦比亚大学深造时主修的就是教育，又有多年海外学习经历。他的上司、时任两广总督的岑春煊也对他印象颇佳，在归国当年推荐他到北京参加留学生的考试。邝富灼以第三名的优异成绩获得文学进士头衔且被授予邮传部官职。以常理来说，能一展所长，发挥所学且被授衔授官，可谓人生快事，但邝富灼却总觉心有所失，不久辞去官职。他后来在回忆中解释道，国内当时缺乏英文人才，如果他回广州两广方言学堂继续执教，以他的学识和资历仍能出人头地，好过在官场沉浮不定。他曾在《六十年之回顾》中做了自我剖析，认为自己喜好文字，不适合为官，性格也不适合从商。这也与严复对他的评价不谋而合。在他被授予官职后，严复曾评价说，邝富灼对教育实有心得，现今在邮传部供职，着实有违其才，颇为可惜。[1]因而当张元济于1908年邀他前往上海、担任商务印书馆编辑时，他欣然前往，开始了另一场20年之旅。

宦海抽身逢商务，鞠躬尽瘁二十载

1908年4月，邝富灼到达上海，开始供职于商务印书馆，担任编辑所英文部主任一职。虽然说是"英文部"，但实际上并未正式命名。学界有一种说法，认为商务印书馆"英文部"是在邝富灼一手组建下正式成立的。这种说法虽有偏颇，但"英文部"的正式命名和发展壮大离不开邝富灼。商务印书馆"英文部"的称谓由来已久，最早可追溯至1903年商务印书馆编译所成立之初。很多编译所老人回忆中都曾提及，如庄俞《悼梦旦高公》一文中"初定组织，分部办事"[2]以及郑贞文《我所知道的商务印书

---

[1] 王栻主编：《严复集》第三册，中华书局1986年版，第583—584页。
[2] 庄俞：《悼梦旦高公》，商务印书馆编：《商务印书馆九十五年》，商务印书馆1992年版，第58页。

443

馆编译所》一文中"所内主要分国文、英文、理化数学三部"[1]。虽然如此，但对外使用"英文部"的正式名称却明显较晚。1915年进入商务印书馆建设"总务处"的陈叔通在《回忆商务印书馆》一文中仅用"英文方面"一词指代"英文部"。[2]就现存《张元济日记》中的记载，直到1916年3月1日"英文部"一词才在其日记中第一次出现[3]，但有一点值得注意，《张元济日记》缺失1914年到1915年的部分。茅盾在《我走过的道路》[4]中回忆1916年前后的商务编译所时这样写道："正式有'部'的名称的，只有三个：英文部，国文部，理化部。"由此可见，1916年前"英文部"应该已被正式命名。等到了1921年唐鸣时进入英文部时，稿件接洽、信札来往，皆用英文部名义，连信纸也是特印的。

邝富灼主持英文部期间，商务印书馆在英文教科书和英文辞书编纂出版方面取得了极大成就。陈叔通后来的回忆，自从邝富灼进入商务，英文方面的书稿，有邝富灼主持，很有计划，出书不少。据相关研究资料表明，从1908年至1929年邝富灼在商务印书馆工作的20余年间，馆里出版的英文教科书多达81种，都经过他本人的审定，其中，直接署名由他编纂与校订的英文教科书多达20余本。学者张英在其《启迪民智的钥匙》一书中就对邝富灼编纂、校订的英文教科书做过统计。[5]但其统计的英文教科书有重复出现的文本，英文名称也不全，且初版时间也有差错之处。笔者在此基础上，通过阅读文献如《中国近代出版史料》《中国现代出版史料》《中国英语教学史》等，以及相关学者研究成果和教科书实物，对其统计做了修正和进一步完善。如表1所示：

---

[1] 郑贞文：《我所知道的商务印书馆编译所》，商务印书馆编：《商务印书馆九十年》，商务印书馆1987年版，第202—203页。
[2] 陈叔通：《回忆商务印书馆》，商务印书馆编：《商务印书馆九十年》，商务印书馆1987年版，第135页。
[3] 张元济：《张元济日记》上册，河北教育出版社2001年版，第26—27页。
[4] 茅盾：《我走过的道路》上册，人民文学出版社1981年版，第113页。
[5] 张英：《启迪民智的钥匙》，中国福利会出版社2004年版，第35页。

表1 邝富灼编纂、校订英文教科书一览表

序号	中文书名	英文书名	编译、校订	出版时间及备注
1	《英语会话教科书》	A Class-Room Conversation Book	邝富灼编纂	戊申年九月初版
2	《英文益智读本》	Useful Knowledge Reader	〔美〕祁天锡著，邝富灼校订	宣统元年闰二月初版
3	《初学英文轨范》	Language Lessons	邝富灼、徐铣编纂	己酉年七月初版
4	《英文新读本》（全六册）	New English Readers	〔美〕安迭生原著，邝富灼校订（学部审定）	卷一：己酉年六月初版；卷二：己酉年八月初版；卷三：己酉年正月初版；卷四：己酉年十一月初版；卷五：己酉年十二月三日初版
5	《新法英文教程》	Beginner's English Lessons	〔美〕安迭生原著，邝富灼校订（学部审定）	1909年
6	《英语作文教科书》（第一编）[1]	Elementary Composition	邝富灼编纂（学部审定）	宣统二年十二月初版
7	《增广英文法教科书》	The Mother Tongue	〔美〕基特里奇、阿诺德原著，邝富灼、徐铣译订	己酉年十二月初版

---

[1] 笔者还发现了光绪三十四年（1908年）十一月初版的《英语作文教科书》（第一编）实物，将对其初版的时间做进一步勘定。

续表

序号	中文书名	英文书名	编译、校订	出版时间及备注
8	《新世纪英文读本》（全六册）	China's New Century Readers	邝富灼、袁礼敦、李广成编纂（教育部审定）	卷首、卷一：庚戌年五月初版；卷二、卷四：庚戌年三月初版；卷三、卷五：庚戌年四月初版
9	《简要英文法教科书》	Newsom Grammar	〔美〕纽森著，邝富灼译订（学部审定）	庚戌年二月初版
10	《英文格致读本》（全五册）[1]	Science Readers	〔美〕祁天锡编纂，邝富灼校订（教育部审定）	卷一：辛亥年二月初版；卷二：辛亥年三月初版；卷三：辛亥年正月初版；卷四：辛亥年四月初版；卷五：辛亥年三月初版
11	《英华会话合璧》	Fifty Lessons in English Conversation	张士一编，张元济、邝富灼校订	民国元年八月初版
12	《共和国教科书 中学英文法》（全四册）	English Grammar	邝富灼编纂（教育部审定）	第一学年：民国五年十二月初版；第三学年：民国二年六月初版；第四学年：民国二年七月初版
13	《英文法阶梯》（全四册）	First Steps in English Grammar	邝富灼编纂	民国二年六月初版

[1] 笔者通过查阅相关研究资料及实物等发现，《英文格致读本》(Science Readers)应该存在两个版本，一个版本是不带有"教育部审定"字样的，实物表明其卷一辛亥年正月初版，卷五辛亥年四月初版。另一版本是教育部审定的《英文格致读本》。

续表

序号	中文书名	英文书名	编译、校订	出版时间及备注
14	《共和国教科书 中学英文读本》（全四册）	Progressive English Readers for Middle Schools	甘永龙、邝富灼、蔡文森参订	第一学年：民国二年十月初版；第二学年：民国二年十一月初版；第三学年：民国二年二月初版；第四学年：民国三年十月初版
15	《英文尺牍教科书》	A Class-Book of English Letter-Writting	张士一编纂，邝富灼校订	民国三年一月初版
16	《初级英文法英作文合编》	Elementary English Grammar and Composition	吴献书编纂，邝富灼校订	民国四年十一月初版
17	《初级英语作文》（直观法）	Beginning English Composition	周越然编纂，邝富灼校订	民国五年十二月初版
18	《实用英文法教科书》	Practical English Grammar for Chinese Students	赵本善编纂，邝富灼校订	民国七年九月初版
19	（修订）英《语模范读本》（全四册）	Model English Readers (Revised Edition)	周越然编纂，邝富灼校订	民国八年十一月初版
20	《现代初中英语教科书》（全二册）	Modern Textbook Series English Readers for Junior Middle Schools	周越然编纂，邝富灼校订	第一册：民国十二年九月初版；第二册：民国十三年二月初版

续表

序号	中文书名	英文书名	编译、校订	出版时间及备注
21	（订正本）《新学制英文读本文法合编》（全四册）	New Sysetem Series English Reader and Grammar for Junior Schools (Revised Edition)	胡宪生、哈亨利编纂，邝富灼、王岫庐校订	第一册：民国十二年二月初版；第二册：民国十二年八月初版；第三册：民国十三年七月初版
22	《循序英文读本》（全四册）	Step by Step English Readers	邝富灼编著，吴麟璋校订	第一、二册：民国二十四年八月初版；第三、四册：民国二十四年九月初版

通过表1我们可以看到，1908年刚进商务印书馆的邝富灼就编纂了一本英文教科书，即《英语会话教科书》（*A Class-Room Conversation Book*）。《英语会话教科书》于当年九月出版，至民国元年（1912年）十月已印了七次。当时的学部对此书大加赞赏，称该书"以应用之语言，兼短篇之故事，分段授课，教授语言甚便"。翌年七月，由他和徐铣编纂的《初学英文轨范》（*Language Lessons*）出版。该书的特点是将语法和读本合二为一，每课首单字，下列短句；每课之后还附有中文短句以及相对应的英文译文。除此之外，同年他还编纂、校订了五本英文教科书，分别是《英文益智读本》《英文新读本》《新法英文教程》《英语作文教科书》（第1编）和《增广英文法教科书》。1910年，邝富灼、袁礼敦、李广成等编纂且通过教育部审定的《新世纪英文读本》出版。同年初版的还有他独立译订的《简要英文法教科书》。从1911年至1914年，邝富灼编纂、校订教科书的速度达到1.5本/年。其中较为著名的有1911年祁天锡编纂、他校订的《英文格致读本》，他与甘永龙、蔡文森参订的《中学英文读本》，以及他独立编纂的《共和国教科书》之《中学英文法》和《英文法阶梯》。此后，他的编纂、校订数量急剧减少，直至1929年，15年中只有六本。但即便退休以后，他也没有停止英文教科书的编纂工作。1935年，由他编著的《循序英

文读本》出版。

主持商务英文部期间，除了编纂、校订英文教科书，邝富灼在编辑英语杂志方面也颇有建树。林熙在《从〈张元济日记〉谈商务印书馆》中这样说，往前推四五十年，那时候在国内读过中学、大学的学生，大多都用过邝富灼所编写的英语教科书和课外读物，如《英文杂志》(*The English Student*)等。[1]

1929年，邝富灼从商务印书馆英文部退休。说到这次退休，其实本非他所愿，是带强迫性质的退休。事实上，这也算是他与王云五的一次交锋。关于二人冲突的情况，当时同样供职于商务编译所的高觉敷曾在自己的文章《我在商务印书馆编译所服务六年的回忆》中有所记述。按惯例，编译所发稿必须经过所长同意并签字，但当时的英文部可由邝富灼直接发稿交印刷所排印。这种情况一直持续了很长时间。即便在王云五担任所长之后，他也仍对英文部不加过问。但之后情况有所变化。据唐鸣时《我在商务编译所的七年》一文，王云五曾两次绕开邝富灼进行英文图书出版，而邝富灼对此从未表态。他说，仅从他个人的经历推想，英文部在编译所的特殊地位，势所不容了。[2]二人冲突的爆发点是邝富灼的一部英文著作《远东的国际关系》的出版。书中表达了他对当时刚成立的国民党政府的外交的不满。此书出版后，国民政府致函责问。王云五与邝富灼谈话，希望他有所表示，但被严词拒绝，以致王云五暴怒。几天后，以国文部主任何炳松为首，发起为"德高望重"的邝富灼举行年老退职典礼，在上海大新公司楼上餐厅设宴欢送。王云五致欢送词，其中有这样一段话说：邝博士英语水平很高，好到不会说中国话，多年交往中只听过邝博士讲了三句广东话。而邝富灼在答词中说到美国公司经理有两种不同的领导方法：其

---

[1] 林熙：《从〈张元济日记〉谈商务印书馆》(一)，《出版史料》1986年第5辑。《英文杂志》是一份英文文学和语言的教育专刊，创刊于1915年1月，终刊于1927年12月，每月一期，每期90—105页，共13卷156期。邝富灼是其编辑之一。

[2] 参见唐鸣时：《我在商务编译所的七年》，商务印书馆编：《商务印书馆九十五年》，商务印书馆1992年版，第280—282页。

一是知人善任,主抓关键,底下的人各司其职,从不多加干涉;其二是事必躬亲,事事过问,对下面办事的人不大放心,辛辛苦苦,连周末都不得闲。仅就二人的送词与答词,就颇有一股硝烟弥漫的味道。[1]

在邝富灼主持英文部的20多年里,商务在英文图书出版方面,不仅出书数量多,而且质量很高,在当时受到各方的好评,称其可媲美英美等国的同类书。邝富灼在总结自己的工作时说,他多是撰写或编纂英文教科书,但随着英文部的发展壮大,自己很少再像从前那般从事撰写和编纂了,也要做其他事,如钻研广告、宣传书籍等。

册册卷卷皆心血,管中窥豹又何妨

通过翻阅、对比邝富灼编纂或校订的英文教科书,我们发现,它们的体例并非一成不变,事实上是一直在变化。这些变化不同程度地反映了他的编纂思想。

(一)自创自编,优化质量

中华民国成立以前,我国的英文教材大多模仿日本或英美教科书进行编纂,质量参差不齐,多数不能很好地为国人接受。这段时期,邝富灼编以自己丰富的海外学习经验、专业背景和教学经验为参照,编纂过程中旨在优化和提高教科书的质量,便于教学。如《英语会话教科书》即由浅入深,书中除了常规的教学内容,多附有寓言故事,甚至每课还附有教学方法,以便教师参考从而实施教学。

(二)遵照标准,衔接有度

中华民国成立以后,教育部先后颁布了相关法令规程,对课程标准、教科书编写等进行了详细规定。1913至1914年陆续出版的《中学英文读本》,由邝富灼、甘永龙和蔡文森共同参订。该书即遵照1912年12月教育部公布的《中学校令施行规则》以及1913年3月19日颁布的《中学校课

---

[1] 高觉敷:《我在商务印书馆编译所服务六年的回忆》,《商务印书馆馆史资料》第26期。

程标准》进行编辑，以适应中学英语程度，同时衔接商务印书馆出版的高等小学英文读本。该教科书共有四册，以第一册为例，每课有五个部分组成，依次为单词、课文文章、语法、作文和对话练习。其中，第四部分包括汉译英、填空和造句。

（三）教材生活化、实用化

仍以《共和国教科书》的《中学英文读本》为例。第一册共47课，均为生活中常见常用的事物，如第一课"Morning"（早）、第二课"Noon"（中）、第三课"Evening"（晚）、第七课"Rain"（雨）、第九课"Storm"（暴风雪）、第十课"Busy Bees"（忙碌的蜜蜂）、第十四课"Food"（食物）、第十六课"A Visit"（拜访）和第十八课"A Meal"（一餐）等。除此之外，还有生活中常去的场所及遇到的情景，如第三十四课"The Hotel"（旅馆）、第四十一课"The Post Office"（邮局）等，前者介绍了旅馆住宿、预订房间等情景下的交际用语，后者则介绍了如何到邮局买邮票和寄信的交际用语。此外，课文中不乏介绍数学及自然科学的内容，如第十五课"Addition and Subtraction"（加法和减法）、第八课"The Earth, the Sun and the Moon"（地球、太阳和月亮）等。

生老病死平常事，万物皆然况由人

退休以后，邝富灼一方面继续从事英文教科书的相关研究工作，另一方面更加积极投入教会以及社会服务事业。他一来到上海，就发觉自己根本无法融入本地的教堂，因为上海教堂多用沪语，而他不通沪语。因此，他积极组织创立了旅沪广东中华基督教会。在社会服务方面，他是多个社会服务组织和团体的领导者或成员，如上海青年会、扶轮社和麻风病人救助委员会等。

1938年，邝富灼与世长辞，时年69岁。他前半生漂泊海外，在艰辛中生活、求学，打下了深厚的英语和教育学功底；后半生服务于商务印书馆，在教育界和英语界声名鹊起。纵观他的一生，简单明了却又丰富多彩。即便到了今日，谈及民国英文教科书，邝富灼也是绕不开的人物。

参考文献：

[1] 邝富灼. 六十年之回顾 [J]. 良友，1930（47）.

[2] 梁元生. 游子之路与"海归之城"：邝富灼在上海 [J]. 史林，2016（03）.

[3] 刘佳佳. 民国时期我国自编初中英语教科书研究 [D]. 沈阳：辽宁师范大学，2010（06）.

[4] 茅盾. 我走过的道路 [M]. 北京：人民文学出版社，1981.

[5] 商务印书馆. 商务印书馆九十五年 [M]. 北京：商务印书馆，1992.

[6] 张英. 启迪民智的钥匙 [M]. 上海：中国福利会出版社，2004.

[7] 邹振环. 邝富灼与清末民初商务印书馆"英文部"[J]."近代中国与近代文化"学术研讨会，2007（06）.

（作者单位：后宗瑶　北京印刷学院；

叶　新　北京印刷学院）

叶景葵与商务印书馆

林 英

著名学者熊月之主编的《上海名人名事名物大观》，其中关于叶景葵的词条这样介绍道："叶景葵（1874—1949）浙江仁和（今杭州）人。字揆初，又号卷盦，别署存晦居士，清光绪进士。1908年参与创办浙江兴业银行，任董事长达三十年。曾任中兴煤矿董事长等。1939年与张元济等创办上海合众图书馆。喜好收藏名人稿本、校本、旧钞本，藏书达三万余册。1949年4月28日病逝。著有《卷盦跋语》等。"[1]此词条可说基本反映了叶景葵的重要人生成就以及世人对其的认识。实际上，除了银行家、藏书家这两大主要身份与事功外，叶景葵与我国当时最大的出版机构——商务印书馆之间的深度关联实值得人们关注和探究。

叶景葵于1913年开始担任商务印书馆董事，一直连任董事或监察直至1935年（唯1921年未任董事，亦未任监察），计共当选22届，是商务印书馆在任时间最长的董事之一。笔者根据董事会记录统计，前后担任过商务印书馆董事者共68人，当选次数排名前十位者分别是：张元济、高凤池、李拔可、叶景葵、丁榕、鲍咸昌、夏鹏、高梦旦、张桂华和郑孝胥，[2]也

---

[1] 熊月之主编：《上海名人名事名物大观》，上海人民出版社2005年版，第41页。
[2] 笔者根据范军、何国梅著《商务印书馆企业制度研究（1897—1949）》（华中师范大学出版社2014年版）一书中的"上海商务印书馆股东会召开一览表（1905—1949年）"统计，商务印书馆历届选出的董事和监察（一度也叫查账人）共68人，其中当选10次以上的13人，分别是：张元济31次，高凤池27次，李拔可23次，叶景葵22次，丁榕21次，鲍咸昌19次，夏鹏、高梦旦、张桂华各16次，郑孝胥15次，王云五13次，郭秉文12次，徐寄庼11次；以下依次是：印有模、王显华、黄培炎、吴麟书、周辛伯、徐善祥各9次，金伯平、陈叔通、刘湛恩、鲍庆林各8次，夏瑞芳、张謇、黄汉梁各7次，张葆初、杨端六各6次，张廷桂、马寅初各5次，伍廷芳、秦印绅、盛同

就是说，叶景葵当选的次数仅次于张元济、高凤池和李拔可，排第四，频次远高于众多商务高层。作为任期最长的董事之一，叶景葵为商务印书馆做了哪些贡献，颇值得梳理。与此同时，仔细观察会发现，前十者唯叶景葵与郑孝胥不是商务中人，其他八位均在馆内任有重要职位，那么这就颇引人思考：叶景葵作为一位馆外人士，何以担任董事时间如此之久？商务印书馆对叶景葵的倚重说明了商务怎样的董事策略？同时，这份关系是双向的，商务印书馆与叶景葵及浙江兴业银行何以能精诚合作如此之久？它们之间的合作方式是否可折射出民族企业的现代企业制度及某种企业精神？

一 作为银行家的叶景葵对商务印书馆的贡献

笔者统计，叶景葵在担任商务印书馆董事的20余年里，出席商务印书馆董事会议等相关活动达247次，[1]即平均每年至少10次以上。有案可稽者，叶景葵参加董事会先后参与决议过的事项包括：收回日股、修改公司章程、处理同业竞争、购地扩建、公司扩充、商议收购中华书局、处理公司高层不和、增加股本、同人酬恤及花红、建东方图书馆、开设分厂、

孙、蔡元培、陈光甫、陈懋解、李伯嘉各4次，原亮三郎、曹锡庚、王亨统、谭海秋、庄俞、童世亨、俞明时各3次，加藤驹二、聂其杰、章士钊、周梅泉、朱经农、蔡公椿、俞寿丞各2次，田边辉雄、山本条太郎、鲍咸恩、王子仁、吴若、周晋镳、张国杰、黄远庸、吴馨、李文奎、孙壮、李恒春、鲍庆甲、韦福霖、王韬如各1次。
[1] 根据柳和城编著《叶景葵年谱长编》统计，叶氏1913年至1936年（1936年虽未当选董事，亦有参加相关活动）参加商务印书馆的董事会议、董事会特别会议、董事会紧急会议、股东年会、股东临时会等共369次，其中明确记录是因董事身份而为商务印书馆事务奔走效劳的亦计算在内，如董事会宴席、受董事会委托所办事宜等，其他未明确标示的则不计。按年份统计，分别是：1913年8次，1914年17次，1915年11次，1916年13次，1917年19次，1918年5次，1919年15次，1920年15次，1921年1次，1922年2次，1923年7次，1924年12次，1925年13次，1926年20次，1927年11次，1928年8次，1929年11次，1930年10次，1931年11次，1932年18次，1933年8次，1934年5次，1935年5次，1936年2次。

建同人俱乐部、分馆及分厂改用新会计制度、处理工人罢工及要求加薪事项、增设人事股、股息公积之处理、张元济辞职案、国光影片公司收束案、同人疾病扶助金、建筑分馆、聘请王云五、王云五之科学管理方法、商务印书馆被炸毁后职工解雇及善后、复兴东方图书馆、修改总管理处章程、影印《四库珍本》、为"一·二八"后失业职工提供小额贷款等。《叶景葵年谱长编》作者柳和城指出，"自同年（1913年）3月辞去汉冶萍经理职务后，先生已把精力转向于浙江兴业银行与商务印书馆"[1]，当为实情。作为商务印书馆董事，叶景葵一面参加董事会于公司事务进行群策群议，一面充分发挥其银行家的身份与智识为商务印书馆贡献力量。

（一）为商务印书馆的经济事项提供指导与帮助

叶景葵1915年起出任浙江兴业银行董事长，直至抗战胜利后辞去这一职务，前后连任30年，被认为是上海金融界的一个奇迹，其执掌下的浙江兴业银行亦是私立银行中的佼佼者。商务印书馆在金融投资方面对叶景葵多有借重。张元济1916年10月2日的日记有明白显示："京馆、京局来电、拟以纸币购国库券。六年五月期、无利、五五折。属即复。当与揆初商议。揆谓可约吴代收、贴与折扣、总可办。遂托渠到京面商。即电询该票记名为谁、明年预算已否列入。"[2]可知，商务印书馆对此金融业务的判断、决定乃至执行，都仰仗叶景葵的力量。另外一则记录亦可佐证叶景葵对商务印书馆投资方面有贡献：1917年12月18日，"商务印书馆通过先生用京馆中行钞票，购入中国银行股票100股，计1万元"[3]。

叶景葵亦主动为商务印书馆提供经济建议及金融信息。1917年3月6日的董事会上，鲍咸昌谈及欧战结束后货物必然大贵，此时有货可购，但商务印书馆经济上有所为难。对此，叶景葵力言商务印书馆信用素著，如实有必需之货，即借款亦应买。此卓见亦被董事郑孝胥所认同。[4]据张元济

---

[1] 柳和城编著：《叶景葵年谱长编》，上海交通大学出版社2017年版，第258页。
[2] 张元济：《张元济日记》上册，商务印书馆1981年版，第132页。
[3] 柳和城编著：《叶景葵年谱长编》，上海交通大学出版社2017年版，第364页。
[4] 张元济：《张元济日记》上册，商务印书馆1981年版，第178页。

日记，1917年12月21日，叶景葵还为商务印书馆主动提供一则收购信息："揆初持乃弟信，言部局纸厂此时尚可谈。遂约翰、拔、梦、叔讨论良久。皆以人才为最难，筹款尚非难事。后叔通言，林子有甚为相宜。梦旦与余赞成。翰意廷桂管兼对外，炳管工务，皆受辖于林。并属余一行。余允之。"[1]该收购议案应为商务印书馆通过。

（二）以善本和版本学知识助益商务印书馆的古籍出版

1923年3月1日，由张元济辑编、商务印书馆影印的大型古籍丛书《四部丛刊》第六期书出版，至此，全书324种、2100册全部出齐，包括宋刊本39种，金刊本2种，元刊本18种，影宋钞本16种，影元钞本5种，校本18种，明活体字本8种，高丽旧刻本4种，释道藏本2种，其余均为明清精刻本。[2]该丛书中有4种底本为叶景葵提供：

《孔丛子》七卷 附《释文》一卷 （汉）孔鲋撰 《释文》不著撰人 明覆宋刻本

《孟东野诗集》十卷 （唐）孟郊撰 明弘治刻本（此书同江南图书馆藏本合印）

《河南穆公集》三卷 《遗事》一卷 《校补》一卷 （宋）穆修撰 述古堂覆宋钞本

《花间集》十二卷 （后蜀）赵崇祚辑 附《补》二卷 （西吴）温博辑 明万历巾箱本

1929年，商务印书馆重印《四部丛刊初编·小畜集》时，张元济"广求善本"，曾向叶景葵借得汪鱼亭钞本，以及汪阆源、徐紫珊、瞿氏铁琴铜剑楼藏吕无党钞本四种，与初印本经锄堂钞本"互相比对"，撰成

---

[1] 张元济：《张元济全集》第6卷，商务印书馆2008年版，第132页。
[2] 商务印书馆于1926年至1929年间重印此丛书，抽换了其中21种版本，并为许多书加了校勘记，加"初编"序次。

札记。[1]

除提供善本底本外，叶景葵还凭借其在古籍版本方面深厚的功底，助益于商务印书馆的古籍出版工作。1920年6月25日载于《申报》的《印行〈四部丛刊〉启》，文末注："王秉恩、沈曾植、翁斌孙、严修、张謇、董康、罗振玉、叶德辉、齐耀琳、徐乃昌、张一麐、傅增湘、莫棠、邓邦述、袁思亮、陶湘、瞿启甲、蒋汝藻、刘承幹、葛嗣浵、郑孝胥、叶景葵、夏敬观、孙毓修、张元济共启。缪筱珊先生提倡最先，未观厥成，遽归道山，谨志于此以不没其盛心。"据此可知，叶景葵应当参与了《四部丛刊》出版筹划工作。据张人凤先生回忆，祖父张元济主持影印《四库全书》时，叶景葵也参与了方案的讨论。有资料显示，《四库全书》第六次全书的影印出版计划中，京师图书馆与商务印书馆订立了《四库全书》合同。由于战争爆发，叶景葵和高梦旦曾就运输方式提出建议，将陆运改海运[2]。因为叶景葵深谙版本学，且与商务印书馆关系紧密，人们经常托他就古籍出版向商务印书馆建言，顾廷龙就曾屡请其代转相关建议。顾廷龙曾指出，商务印书馆《四部丛刊》中重印的《春秋繁露》应有更好的版本可用，以此转询叶景葵，何以商务未曾采用："不知长者闻其原委否？乞示以资参考，果善，当力劝馆中收之。"[3]查张元济书信可知，不几日后，张元济即致信叶景葵，专谈《春秋繁露》一事，[4]可知叶景葵收到顾廷龙的信后即前往张元济处详谈此事，张元济对此事亦甚为重视，仔细思虑并求证。

（三）为商务印书馆介绍和挽留人才

商务印书馆的人才进用方式多样，有延揽、任命和引荐，也有公开招考等。叶景葵先后为商务印书馆推荐介绍过的人才就有兴业银行同事黄松

---

[1] 张元济：《〈四部丛刊初编·小畜集〉札记》，《张元济全集》第9卷，商务印书馆2010年版，第34—35页。

[2] 参见李常庆：《四库全书出版研究》，中州古籍出版社2008年版，第90页。

[3] 转引自柳和城编著：《叶景葵年谱长编》，上海交通大学出版社2017年版，第913—914页。

[4] 张元济：《张元济全集》第1卷，商务印书馆2007年版，第312页。

丞、浙江旅沪公学主任钱荫岐、杭州公立法校教授胡祖同、前南洋公学英文总教习李维格等。这些人中,钱荫岐进馆,入职时月薪40元;李维格是否进馆,据查《商务印书馆编译所同人名录》中并无李维格的记载,但笔者在《申报》上见到两则与李维格有关的商务印书馆广告,一是《英文杂志》的创刊广告,一是《汉英新辞典》的出版广告,都对李维格的声望多有借重。张元济日记中亦发现多处关于"李一琴"(即李维格)的记载:"交还所校的汉英辞典未集一册,代人售书商务","将赴大冶铁厂任厂长,校对汉英辞典恐将耽误,向张元济辞薪水","张元济设法挽留,前去拜访,试图委托其赴大冶后兼办商务印书馆汉口纸厂(未允)","李一琴代为商诸伍光建代校汉英辞典并谈妥",等等,可见当时李维格颇被商务印书馆委以重任,并多有贡献。对此,学者邹振环亦有论及:"在英汉辞书的编纂上,张元济善于起用馆内馆外的不同人才。他知人善任,近代中国外语界的第一流的人才,如严复、伍光建、颜惠庆、李维格、郭秉文、张士一等,都被邀请发挥专长,或为商务英汉辞书写序言,或担任《英华大辞典》《韦氏大学词典》的主编。"[1]

此外,叶景葵还以自身的威望,以及自己对商务的了解、与商务高层的交情,为商务挽留人才。陈叔通1915年进商务,不久,即针对商务各部门各自为政、事权难于统一的弊病着手进行管理体制改革,将原来分属各不相关的编译所、发行所、印刷所统合起来,通过设立总管理处(即总务处),建立起三所会议协商制度。这一制度广受赞誉,对商务印书馆影响很大。1916年,陈叔通因有赴国会的机会,向商务提出了辞职。商务多方挽留,叶景葵因事进京,因代为请陈叔通回馆之事,临行之前还特意访张元济,到京后即向陈致意。不久后,陈叔通回到商务,继续为商务印书馆的发展做贡献。1926年,张元济因故登报辞去商务监理,商务上下为之震动,社会一时舆论颇多。商务印书馆董事会委托叶景葵与吴麟书、陈叔通挽留张元济。笔者认为,商务董事会之所以选叶景葵来处理此事,看重的

---

[1] 邹振环:《张元济与"韦伯斯特辞典"的编译与出版》,上海市档案馆编:《上海档案史料研究》第14辑,上海三联书店2013年版,第129页。

是叶景葵与张元济的深厚交谊及思想相契。叶与张性情相近,对古籍文献及图书馆事业的认识和见解高度一致;在从商治事的理念上,两人多有暗合之处,在董事会上,叶景葵对张元济的提议往往予以支持。二人私交亦甚好,1935年曾相约一同出游陕西。

二 叶景葵执掌的浙江兴业银行与商务印书馆

叶景葵不仅以个人身份贡献于商务印书馆,其所执掌30年的浙江兴业银行与商务印书馆亦深度关联。商务印书馆的存放款业务多在兴业银行,商务还曾得到过兴业银行的巨额贷款,此贷款为叶景葵所批。我们不难理解,何以1932年商务印书馆被日军炸毁后,董事会组织特别委员会办理善后事宜,一致推定叶景葵为委员之一。而特别委员会成员包括丁榕、王云五、李拔可、高凤池、高梦旦、夏鹏、张元济、叶景葵、鲍庆林,其中,丁榕是商务的法律顾问,其他七位都是商务高层,唯叶景葵一人非商务中人。仔细想来,商务印书馆重建需要大量资金,无疑需要银行家叶景葵及其身后浙江兴业银行的大力支持。

除金融方面,商务印书馆与浙江兴业银行还有不少其他业务往来。

(一)商务印书馆两次为浙江兴业银行代印钞票

浙江兴业银行1908年第一版钞票和1921年第三版钞票都是委托商务印书馆代印的。第一次代印时,叶景葵任浙江兴业银行汉口分行总经理,委托商务印书馆代印是否与他有关暂不可考。但委托印制的钞票中,叶景葵主理的汉口分行占11万元(一次一元票10万张,一次一元票1万张)。第二次请商务印书馆代印显然与叶景葵有直接关系。代印过程中,商务印书馆印刷所负责人鲍咸昌与叶景葵直接沟通和谈价,并且在代印合同上署名。叶景葵一边是浙江兴业银行的董事长,一边又是商务印书馆的董事,与此同时,商务印书馆印刷技术精良,营业素讲信用,浙兴第三版钞票交由商务印书馆代印乃情理之必然。

此次钞票代印过程中的交涉,既可看出商务和兴业二者关系匪浅,对对方抱有较深的理解和信任，遇到矛盾能够相互通融，同时又可以发现，双方是以现代企业的方式来展开合作的。议价方面，浙江兴业银行要求给予八五折的折扣，商务印书馆回应称，其与浙江兴业银行"交易有素"，因此"格外核实"，但"承印此种印件，手续颇繁，特派管理尤须严密，因之需费较诸他种为巨。承示价格，相差未免太远。……勉以照价九折付款，用答厚意"[1]。叶景葵允之。印期方面，浙江兴业银行希望按商务印书馆一开始估算的七个月为期，商务印书馆以此项印件手续繁重，坚持交票总期限为九个月，浙江兴业银行最后也予认可。这是互相的理解与通融。但对于相关条约的清晰界定双方则毫不含糊。一开始有关违约罚则是"酌量赔偿"，叶景葵认为"苦无标准可资依据"，要求"与其临时致滋疑义，不如明白改定之为愈"[2]，最后，双方就此明确规定。后来印制过程中出现了一些状况，因印刷效果不佳以致印制方法需加以变更，因此，商务印书馆提出交货期限、印价及废纸等方面应作相应调整。浙江兴业银行对商务将责任归为己方所提供的纸张这一层不予承认，并对加价表示为难，"贵馆忽欲增加巨额印费，并延长交货期限至一倍之久，等合同于无效，实使敝行为难"。中间的分歧不小，叶景葵考虑事关重大，不宜再以个人身份交涉，将"叶〇〇 陈〇〇"的署名改为"浙江〇〇〇〇"，而且原信稿中有多处叶景葵亲笔修改的痕迹，字斟句酌，足见十分慎重。从这封信的回复来看，浙江兴业银行既有拒绝和吁求——"价格一层，务请从长研求。敝行与贵馆交谊素深，以后交易正多，尤盼通盘筹算、格外克己为荷"，但又留有余地——"所有印刷期限，此间总期从速。如延长数月，损失不赀。使贵馆易地而处，当亦有所不愿也。至增加废纸一节，本可融通商量，但此间余纸无多，如按百分之十计算，实难敷用"[3]。双方分歧虽大，最后互有让步，浙江兴业银行增加印费一万余元，商务印书馆从速交货并降低废纸率，双方并就此进一步签署了修正条款九条作为原合同的补

---

[1] 转引自柳和城编著：《叶景葵年谱长编》，上海交通大学出版社2017年版，第465页。
[2] 同上。
[3] 同上书，第479—480页。

充，问题最后顺利解决。

（二）商务印书馆多次购买浙江兴业银行所获抵押品中的古籍善本

古籍整理出版是商务印书馆的重要业务，而浙江兴业银行所获抵押品中不乏古籍善本，因此，商务对浙兴这方面的信息甚为关注，多次购买押品中的古籍，其中手笔最大的一次是购买蒋汝藻传书堂的藏书。

蒋汝藻经商失败后，于1924年4月将传书堂所藏书籍押与浙江兴业银行。蒋汝藻的押品已届处分之期时，张元济在商务印书馆总务处第696次会议上力主收购："此项旧书，鄙人曾一一看过，并为之审定板本。蒋君收藏，费十余年之心力，诚属不易。在银行用作抵押，虽为呆滞，在本馆则因影印旧书为营业之一种。……此项旧本颇多善本，可以影印者甚属不少。共计宋本563本，元本2097本，明本6753本，抄本3808本，《永乐大典》10本，鄙意久思再出《四部丛刊》续编，留心访求，已有数年，无如好书极不易得，如能将蒋书收入，则《四部丛刊》续编基础已立，再向外补凑若干，便可印行，影印之后，原书尚在，其本来价值并不低减，将来如有机会仍可售去也。此项贵书，转售诚属不易，然鄙见以为美日两国退还赔款，均决定先设图书馆。此种大规模之图书馆不能不收藏好书，则售亦未必无机会也。"[1]

浙江兴业银行对此项藏书估价银19万两，商务印书馆最后出银16万购得，可谓大手笔也，第二年（即1925年）股东年会上部分股东对此发难，张元济严正回应：

> 李君所说某报亦曾经看过。此事关系鄙人名誉，不能不略为声明。此书系蒋孟苹君所藏，提议购买者即是鄙人。鄙人初进公司办编译所时，即开办图书馆，历年收买旧书已有多批，如会稽徐氏、长洲蒋氏、太仓顾氏、丰顺丁氏、江阴缪氏等家藏书，嗣后尚续有收买。至公司营业，非仅编译新书，所出之旧书如《学津讨原》

---

[1] 转引自柳和城编著：《叶景葵年谱长编》，上海交通大学出版社2017年版，第572页。

《学海类编》《续古逸丛书》《百衲通鉴》《元曲选》《宋人小说》等等，有营业甚佳者，有营业亦不甚畅者，凡此皆非编译所人员所能编著。本馆近年出版旧书卷帙最多者为《四部丛刊》，想各股东均所知悉，此书发行两次预约，共销二千四百余部，收入有一百余万元。此书均系以旧书影印，除本馆图书馆所收藏外，余均向海内各藏书家商借而来，极为困难，所费亦甚多。鄙人刻尚拟编纂《四部丛刊续编》，所需旧书尤多。适有蒋氏书可以收购，其中从前亦曾有向借印入《四部丛刊》者，其书抵押与兴业银行为十九万两，再四磋商，始以十六万两收购。至值与不值，可请各股东推举识者审阅。且此事固系鄙人提议，曾经总务处会议议决，经多人签字。……至言不通过董事会，则此为一种进货。商务印书馆买机器、进纸张，价值再较此为大，亦不必通过董事会。今书为公司所买，并非我张菊生携归家中，如今书尚存银行库中。至谓一人嗜好云云，因为当时我主张收买最力，或影射及我。读书人喜欢古书，亦无足异。然此事决不使公司于营业上有损，且因是而使营业上有益，则我亦无负于各股东也。[1]

从这段插曲中，我们不难窥见张元济和商务印书馆收购古籍、建图书馆等行动的内在逻辑与动因，及其与出版工作的互动关系。

叶景葵执掌期间，浙江兴业银行与商务印书馆的业务往来还有诸事。如1920年1月，浙江兴业银行与商务印书馆订有代理解款合同。兴业在重庆、成都、云南、贵阳、西安五处未设分行或分庄，委托商务印书馆在这五处的分馆代理解款；又如商务印书馆汉口分馆租用浙江兴业银行汉口分行房产，等等。这些均是以叶景葵为扭结点，两家企业生发的业务往来。

实际上，浙兴与商务之间的关系远比文中所论来得更为紧密且紧密。仅人事一端，双方之间就多有流动：徐新六曾在商务印书馆做编辑多年，

---

[1] 转引自柳和城编著：《叶景葵年谱长编》，上海交通大学出版社2017年版，第611页。

一度主持《东方杂志》，后加入浙江兴业银行，成为该行重要人物；前面提到的陈叔通，1926年辞去商务董事后，任浙江兴业银行驻行董事，负责经理办公室主任之工作等；叶景葵自1936年起不再任商务董事，而兴业的徐寄顾此后历任商务董事；丁榕不仅是商务印书馆的法律顾问，同时也是浙江兴业的法律顾问；等等。浙江兴业银行与商务印书馆的密切关联之梳理，实值得继续探究。

三 结语

从上面的梳理可知，叶景葵与商务印书馆发生关联，不仅是以其个体的方式，而且还包括其执掌的浙江兴业银行，如此双重聚合，也就不难理解叶景葵何以作为馆外人士能年年连任董事，为商务印书馆所倚重了。叶景葵与商务印书馆的合作能够长久深入，亦有个人与企业两个层面的共同因素。从个人角度考察，叶景葵银行家和藏书家的身份、学养和视野，为商务所急需；而叶景葵本人对古籍的兴趣，对张元济的认同敬慕，对商务印书馆这一现代出版机构的认同，则是其愿意常年出任董事并为商务印书馆付出精力的内在动因。从企业层面来说，叶景葵执掌的浙江兴业银行与商务印书馆的种种关联与合作，始终是以现代企业的方式和精神展开的，双方既互相容让、理解和支持，同时也是条款分明、权责明确。并且双方的合作也是互惠互利的，商务借重浙兴，商务亦是浙兴的一大客户。情感认同、互惠双赢，合作有序，故能长久。与此同时，无论是叶景葵个人抑或是其所执掌的浙兴，与商务印书馆发生关联时，主要发挥的是叶景葵作为银行家、藏书家的优势与特长，此亦充分显示出商务印书馆灵活的董事策略——因人善用，此亦商务能发展壮大的重要因素。

（作者单位：华南师范大学）

从"巍峨天半铸男儿"之志到"人老珠黄不值钱"之叹

——王云五诗词所见其两岸数十载之心路历程

周 荐

王云五（1888年7月9日—1979年8月14日），祖籍广东香山，生于上海。从生活所在地分析，其一生可分前后两部分：1888年至1950年是前半，约占三分之二时间，主要是在祖国大陆和香港度过的；1951年至1979年是后半，约占三分之一时间，主要是在祖国宝岛台湾度过的。从其一生所干事业的角度分析，王云五是先从事商业、文化活动，后从政，最后又回归商业、文化活动。无论是经商还是为文，他都取得了不菲的成绩；从政虽未留下什么政声，却也达到了常人难以企及的高位。因此可以说，王云五是商业巨子、文化长才、政务活动的积极参与者。当然，作为出版商和文化人，前半生的王云五无疑是成功的。他积极投身政治后，商业活动和文化事业均受到了相当大的影响。王云五病逝台北后，台湾给予了他高度评价，大陆近些年来对他的评价已日趋全面而客观，尤其是对他在商业和文化上的贡献给予了实事求是的评价。

与每一位著名的历史人物一生都充满了复杂性一样，王云五也是个非常复杂的人物。这个"复杂"，从各方对其褒贬两极的评价中可见一斑。在彼岸，胡适认为王云五是"有脚的百科全书"，赞他"是一个完全自修成功的人才，读书最多，最博……此人的学问道德在今日可谓无双之选"；黄仁宇回忆录《黄河青山》提到王云五，说："他是一流的出版家，甚至可能是中国首屈一指的出版家。"在此岸，茅盾却说"王云五是个官僚与市侩的混合物，谈不上有什么学问"，胡愈之先生评价王云五："既没有学问，而且在政治上也是一个很坏的人。"[1]评价反差如此之大，固与意识形态之对立不无关系，但更根本的，还是因其一生跌宕，处于各种矛盾的旋涡中。也正因此，成就了他集商业巨子、文化达人、政务活动的积极参与者于一身的传奇一生。

王云五一生留下的诗歌作品，不计对联，共有377首诗词。分析这些诗词作品，对于了解这位复杂的民国历史人物的从政、经商、为文、交友等方面的心路历程，是有助益的。

一　稚嫩心声与鸿鹄之志

王云五创作的诗词作品，最早的是慷慨激昂的述志诗，如光绪三十二年（1906年）他十九岁所写的："风云扰扰亚洲时，大厦教谁一木支。努力中原他日事，巍峨天半铸男儿。"[2]这样的诗作，是青年王云五远大志向的反映，也是清末风云激荡岁月的正常反响。清光绪二十年（1894年），中日第一次战争起。堂堂中华帝国，不堪一战，所有海军兵舰，非沉即降。少年王云五常从邻近父老口中听到这种情形，深受刺激。父老们最反对的有两人：一是慈禧，因她只顾自己享乐，把海军的经费都移供建造颐和园；二是李鸿章，因他主张对日本屈服，国人激昂慷慨者多主张严办他。王云五的幼稚心灵，听到这些乡里品评，便产生两种终生不能磨灭的印象：一是痛恨慈禧和误国的官吏，二是痛恨日本人。[3]王云五，用今天时髦的话说，也算是出身于革命家庭。王云五成长的年代，是大清皇朝腐朽没落、强邻环伺的时代。康有为在其《强学会序》中写道："俄北瞰，英西睒，法南邻，日东眈。处四强邻中而为中国，岌岌哉！况磨牙涎舌，思分其余者尚十余国。"鉴于此，有识之士，莫不在思考祖国的命运。而奋起救亡图存者，更不鲜见。光绪二十一年九月初九（1895年10月26日），

---

[1]俞晓群：《前辈：从张元济到陈原》，上海书店出版社2011年版。
[2]王云五：《岫庐八十自述》，台湾商务印书馆1967年版，第35页。
[3]同上书，第3页。

孙中山与陆皓东等在广州发动第一次起义，史称乙未广州起义。然以事机泄密、接济未至而失败。陆皓东在广州双门底（今北京路白沙巷口）圣教书楼后礼堂起义指挥机关被捕，后被清廷杀害。陆皓东被孙中山称为"中国有史以来为民主革命而牺牲的第一人"。中国国民党以其设计的青天白日旗作为日后中国国民党的党旗。陆皓东，本名中桂，字献香，广东省香山县翠亨村人，系王云五之表兄[1]。

王云五从八岁起，始读《孟子》。通常读"四书"者多以《大学》《中庸》《论语》《孟子》为序。他的大哥认为《孟》较《学》《庸》浅显易解，故教他先读《孟》，次读《论》，最后才读《学》《庸》。王云五多年后回忆当初，说一日读到"君之视臣如土芥，则臣视君如寇仇"一段话，经大哥详为解说后，他才恍然觉得臣民最为重要，帝王必须爱臣民；若不顾臣民死活，则臣民把帝王视同仇敌，并不为过。王云五听大哥谈及表兄陆皓东追随他同村的孙中山先生发动革命，在广州被捕后遭杀害，心里一面难过，一面不平，却找不出什么理由来替陆表兄伸冤。这时读这段出自中国古圣贤的文章，又听说前年中日战争中国大败，民间传说都痛恨西太后把军费移供自己浪费，以致海军有名无实，打不过东洋小国，他忍不住对大哥说："那个西太后把臣民当做土芥，臣民为什么不把她视同寇仇？陆表兄的举动只是要杀人民的寇仇，怎算得是造反呢？"[2]大哥闻言色变，马上提醒父亲注意自己这个弟弟的言行。由此可以看出少年王云五是有志向的。因为这样的家境和社会氛围，王云五写出上述述志诗，也是自然而然的。可惜的是，这样的述志诗在王云五笔下并不多见。第二年，即光绪三十三年（1907年），他二十岁时所写的"绛帷我亦后诸贤，盈耳弦歌又

---

[1] 王寿南编：《王云五先生年谱初稿》第一册，台湾商务印书馆1987年版，第13页。这个表兄是姑表兄还是姨表兄，似已不可考。笔者2016年7月3日曾赴夏威夷，带着一些疑问请教王云五的哲嗣王学哲先生，其中就有这个问题。遗憾的是，这个问题王学哲先生也回答不出。他只是说，自己的祖母姓梁。王云五在《岫庐八十自述》中也说："我母姓梁，亦香山县人。"其他更细致的情况未曾说过。但很显然，陆皓东烈士对王云五是有影响的。

[2] 王云五：《岫庐八十自述》，台湾商务印书馆1967年版，第5页。

从"巍峨天半铸男儿"之志到"人老珠黄不值钱"之叹

一年。鸿影差池曾印雪,虎头约略拟凌烟。知无作赋江郎笔,应有先人祖逖鞭。底事索居多难日,哀时伤别总凄然"[1],就已是别样一种感情了。

王云五一生主要的商业活动都与商务印书馆密不可分,他主政商务更长达30余年。这30余年分前后两段:1930—1946年,大陆商务;1964—1979年,台湾商务。商务印书馆于光绪二十三年正月初十,即公元1897年2月11日,由夏瑞芳、高凤池、鲍咸恩、鲍咸昌四人发起,在上海成立。先设印刷所于江西路德昌里,首印《华英初阶》,销路极佳,奠定基础。彼时的商务还只是个印刷小作坊;1902年张元济应夏瑞芳之邀,主持商务编译事宜,从此商务始一改面目,由印刷业进而为出版事业。1921年,王云五加盟商务,正式开启了张、王联手的时代,也成就了中国20世纪上半叶最为著名的一个出版机构。

作为20世纪上半叶中国最为著名的出版机构,商务以弘扬中华文化为职志。张元济1927年1月21日致傅增湘书说得明白:"吾辈生当斯世,他事无可为,惟保存吾国数千年之文明,不至因时势而失坠,此为应尽之责。能使古书多流传一部,即于保存上多一分效力。吾辈炳烛余光,能有几时?不能不努力为之也。"[2]选题出版,是张、王考虑的头等大事。他们主持商务编译所和馆务以后,编印了各种类型的丛书,无论是数量或质量都在全国首屈一指,尤以中外名著和各类丛书、辞书的系统印行而蜚声海内外。商务出版的大型古籍有《四部丛刊》《续古逸丛书》《续藏》《道藏》《百衲本二十四史》等,艺术类的有《宋人画册》《石渠宝笈》《宋拓淳化阁帖》等。最值得夸耀的是丛书《万有文库》,这是当时中国出版界的鸿篇巨制。此外还有如《辞源》《学生字典》《教育大辞书》,以及人名、地名、动植物、矿物、医学等辞书和工具书;甚至当时全国大、中、小学教科书也有75%由商务出版发行。到1930年代,商务的各类出版物已达八千余种、几百万册。搜罗资料,是张、王时刻不忘的又一工作。出任编译所长后的第二年,张元济即在编译所设立图书资料室(后名之"涵芬楼"),

---

[1] 王云五:《岫庐八十自述》,台湾商务印书馆1967年版,第39—40页。
[2] 转引自张人凤编著:《张菊生先生年谱》,台湾商务印书馆1995年版,第255页。

"求之坊肆，丐之藏家，近走两京，远驰域外"，开展大规模的图书搜罗活动。1924—1926年，商务在位于宝山路的总厂对面建起一座五层的钢骨水泥大厦，命名东方图书馆。以原涵芬楼的藏书为基础，东方图书馆成为当时国内藏书量最大的图书馆，"实藏普通中文书268000余册，外国文书东西文本计80000余册，凡古今中外学科学术上必需参考书籍无不大致粗备"[1]。其中，经、史、子、集四部之善本书达3745种、35083册，另还藏有全国各省整套省志，总计22省2641种、25682册，其中元本2种，明本139种。除省志齐全外，全国府厅州县志藏有1753种，占总量2081种的84%。王云五接任馆长后继续搜集珍本、善本。经张、王多年努力，东方图书馆版本搜罗之赅备国内罕见。1932年"一·二八"事变爆发，日本军机轰炸商务印书馆总厂，占地80余亩的商务顿成一片瓦砾。大火蔓延到东方图书馆，2月1日日本浪人又冲入馆内纵火，张元济多年苦心搜罗的中外图书杂志，包括大量的孤本、珍本、善本图书，全部化为灰烬。张在自家庭院举首望着天空中飞舞的书籍残页泪如雨下，甚至对自己费尽心血搜罗典籍的行动自责，认为倘不搜罗而任其散落民间，或不致罹此劫难。

鼎盛时期的商务印书馆，据说是当时世界上三大出版机构之一。商务当时所取得的成就，仅看下列数字即可略知一二。1932年11月1日，王云五宣布自即日起，商务每日出版新书一种，教科书除外。1934年1月，王云五又宣布，自本年起，商务每日出版新书一种改为每日至少出版新书一种，多则二三种。此项宣布迄于1937年8月13日上海再度陷于战事之时，其间三年八个月并无变动，商务的营业额自然节节攀升。王云五自1930年3月任总经理，到1937年3月，商务已恢复500万元之旧有资本额，且公司业务日趋繁盛。据王云五介绍，1936年为中华民国全国新出版物最多之一年，亦为商务新出版物最盛之一年，当年全国新出版物总数9438册，商务一家即有4938册，占全国52%强。[2] 当然，王云五的统计数字是否精准尚可研究。有学者指出王故意夸大了商务1932年至1936年的出版量，"王氏

---

[1] 李伯嘉：《十年来之中国出版事业》，《大夏》1934年第1卷第5号。
[2] 王寿南编：《王云五先生年谱初稿》第一册，台湾商务印书馆1987年版，第324页。

从"巍峨天半铸男儿"之志到"人老珠黄不值钱"之叹

提出的数字,普遍比实际高出接近一倍有多。王云五努力为商务、为自己宣传,不遗余力,可见一斑"[1]。

壮盛之年的王云五自有他的豪情壮志。1929年11月9日,商务印书馆总经理鲍咸昌去世。其时王云五已辞职离开了商务,张元济又已是六旬老翁,无人适合担任总经理之职。1930年2月,董事会和两位负监理名义之元老——张菊生与高梦旦,主张邀王云五返商务印书馆担任总经理之职。王云五再四拒绝,但经高梦旦等不断力劝,乃提出两个前提条件:一是取消现行之总务处合议制,改由总经理独任制;二是于接任总经理后,即出国考察并研究科学管理,为期半年,然后归国实行负责。此两条件均经董事会接受。3月上旬,王云五就任商务印书馆总经理,3月7日即从上海乘比亚士总统号轮船出国,前往日、美、英、法、德、比等国考察管理。5月4日上午,王云五出国考察到美国联邦官书局(Government Printing Office)参观。该局设有全世界设备最优良、完善之印刷厂,王云五对其印刷、出版、营业等业务甚感兴趣。当日下午,王云五还游华盛顿墓,并至共济会教堂(Masonic Temple)瞻览华盛顿生前所用之器物。游华盛顿墓时,他与程羖甫、刘式庵因有所感而联句作七律《游美京华盛顿墓有感》一首,可以见其志,诗前小序云:"五月四日同游美京郊外华盛顿墓,古朴无华,令人肃然起敬,大英雄自有其不朽者在。不禁感慨系之,归途各缀一二句,不敢言诗也。"诗云:

　　壮哉我亦后诸贤,(云)杖履联翩着祖鞭。(羖)
　　草昧经营看缔造,(式)高山仰止任流连。(云)
　　软红十丈浑忘却,(羖)华表千秋亦凛然。(云)
　　回首故园荒落久,(式)伊谁筚路独当前。(云)[2]

---

[1] 李家驹:《商务印书馆与近代知识文化的传播》,香港中文大学出版社2007年版,第100页。

[2] 王云五:《岫庐八十自述》,台湾商务印书馆1967年版,第168—169页。

5月5日，王云五、梅贻琦同乘飞机游览。这是王云五第一次乘飞机。当时，乘飞机被视为一大冒险，王云五与梅贻琦同乘飞机，互称为"患难朋友"。为记述此次乘飞机，王云五当日还作诗一首：

> 扶摇直上我高飞，握手殷殷似久违。
> 患难友朋留迹爪，衰年父母倚庭帷。
> 未完家报当遗嘱，注定天书待阐微。
> 一瞬归来犹隔世，笑看大地正斜晖。[1]

"扶摇直上我高飞"句，约略可见王氏万里之志，"笑看大地正斜晖"，亦可看出他气定神闲、万物皆备于我之慨。

5月24日，王云五搭中型邮轮自纽约起程赴欧。舟中多暇，他又与程发甫、刘式庵联句，题为《别留美诸友》，成七律一首：

> 大地环游若转蓬，（发）今朝彼此各西东。（云）
> 人生聚散原无定，（式）国事蜩螗未有终。（云）
> 且向他山勤借镜，（发）试看蕞土已称雄。（式）
> 男儿壮志穷万里，（云）努力前途破浪风。（云）[2]

"且向他山勤借镜""试看蕞土已称雄"可见他们借他山之石以攻玉的雄心，而"男儿壮志穷万里""努力前途破浪风"两句更可见他们乘长风破万里浪的壮志。

这种精神状貌在王云五此次巡游各国所留下的诗句中随处可见。如7月8日至27日访问德国期间，他见到德国在第一次世界大战战败后全国上下一致图强，心有所感，乃成七律一首：

---

[1] 王寿南编：《王云五先生年谱初稿》第一册，台湾商务印书馆1987年版，第171页。
[2] 同上书，第174页。

从"巍峨天半铸男儿"之志到"人老珠黄不值钱"之叹

> 凯撒当年着战功，风光景物尚从同。
> 烬馀收拾商量苦，善后输将罗掘穷。
> 解甲健儿犹抚髀，枕戈民族倍勤工。
> 十年生聚十年教，待与群雄逐上风。[1]

考察目标已达，即将回国之际，王云五因有所感而成七律一首：

> 壮游万里气如虹，历遍河山一蘧躬。
> 九国新猷供囊括，五洲名胜叹神工。
> 奔波逐日精神旺，回首故园烟雨濛。
> 甫卸征尘第一事，家人安好问邮筒。[2]

"壮游万里气如虹，历遍河山一蘧躬"两句，更气势如虹，似将其欲在商务印书馆事业上大显身手的心境和盘托出。

结束国外考察返国后，王云五迅即着手改革商务的机构组织，出版世人瞩目的《万有文库》《中国文化史丛书》《大学丛书》等大型丛书，引进国外先进的科学管理方法，以平民化的出版视角、商业化的经营手段，与张元济等同人一起带领商务走向新的辉煌。

二 企盼和失落交替的心态

1937年3月，王云五向商务董事会提交辞呈，要求辞去总经理职务。经张元济苦口婆心劝说，王才答允再干一年。但是，接下来的"八一三"事变让王云五的辞职推迟了九年，直到1946年5月。[3] 王云五1937年提出

---

[1] 王寿南编：《王云五先生年谱初稿》第一册，台湾商务印书馆1987年版，第178—179页。
[2] 同上书，第180页。
[3] 胡志亮：《王云五传》，汉美图书有限公司2001年版，第203—204页。

辞职，表面上看，似乎有很多理由可以解释，比如商务的资本总额已在他领导之下恢复到了"一·二八"之前的水平，比如他当初任职商务时提出的科学管理以三年实现的目标业已实现，比如他要腾下手来编纂他的《中山大辞典》……但是更需人们关注的一条讯息，则是1938年7月第一届国民参政会成立，王云五与陶希圣、傅斯年、张伯苓、蒋梦麟、沈钧儒、黄炎培、马君武、毛泽东、晏阳初、张君劢、梁漱溟、胡适、蒋百里等200人一起成为了参政员。从此，王云五的参政员职务连任四届，直至江山变色。

王云五热心于从政，却不好说是一位有远见和韬略的政治家。抗战期间，王云五的诗透露出他看不出前景的迷离状态。如1942年9月，他55岁时居于重庆汪山，所作《山居晓望》五言律诗一首：

> 昨夜风雷急，凌晨景物移。
> 白云远而近，晓雾合还离。
> 晦明如昼夜，晴雨隔须臾。
> 朝日时隐现，长江乍转移。[1]

1942年初秋，王云五又有《山居望晓月》七言律诗一首，也可看出他的类似心境：

> 日出云霞月满天，白红辉映互争妍。
> 可怜玉魄光芒敛，却让金轮景色鲜。
> 消长顿教明晦改，循环暗逐岁时迁。
> 伫看暮霭崦嵫薄，举首当轩月又悬。[2]

他偶与友人酬酢，从所留下的诗作中看不出他对抗战必胜的信念。如

---

[1] 王寿南编：《王云五先生年谱初稿》第一册，台湾商务印书馆1987年版，第400页。
[2] 同上。

从"巍峨天半铸男儿"之志到"人老珠黄不值钱"之叹

1943年，他56岁时所作《和龚仲钧》诗：

> 滇垣小住瞬兼旬，旧好殷勤分外真。
> 月旦敢言披肝胆，壶觞决赛证心情。
> 后生可畏诗文酒，老者何惭天地人。
> 如是我来如是去，大千世界寄吾身。

同一年的《留别张西林》诗：

> 滇垣小住瞬兼旬，邂逅当年意倍亲。
> 假老何如真老者，热情迥异冷情人。
> 十回五醉谁将护，永逸一劳赖经纶。
> 夏日春风同作用，伫看无畏大精神。

《留别缪云台》诗：

> 滇垣小住瞬兼旬，旧好新知一样真。
> 一日四城夸健足，十回五醉见豪情。
> 志同且巧同斑白，经济争看济不均。
> 异卉名葩春永在，流连我独忆斯人。[1]

1942年，正是抗战最艰难的时刻，多少骚人墨客，投笔从戎，驰骋沙场。而在王云五的笔下，我们却看不到江山沦陷、人民惨遭蹂躏的苦难，更看不到渴望征战沙场、杀敌报国的豪迈之情，看到的只是遗憾。

1944年，王云五57岁，获得一次外访非洲的机会。2月9日，他在访非期间口占五律一首，也看不到对中国抗战已到艰苦卓绝时刻的描述，更

---

[1] 王寿南编：《王云五先生年谱初稿》第一册，台湾商务印书馆1987年版，第405页。

看不到抗战胜利的曙光：

> 尼罗同步月，今夕月奇晖。
> 万里天边外，蛮荒景物非。
> 半旬隔黄裔，一旦睹英威。
> 怀古思故土，元宵月久违。[1]

直到同年9月9日，王云五在参加老鹰岩雅集，有七绝三首。三首诗中，我们终于可以看到"艰难国步"的描写，也看到他"痛饮黄龙"的期待：

> （一）
> 重阳何事竞登高，百折千坡尚自豪。
> 为试白头腰脚健，艰难国步敢云劳。
> （二）
> 杯酒今朝逸兴高，刀兵五载见英豪。
> 健儿百万好身手，痛饮黄龙待慰劳。
> （三）
> 主任雅谊等云高，胜友如云意气豪。
> 诗成七步何轻快，搜索枯肠我独劳。[2]

1945年是日寇投降的一年，是年王云五58岁。他在新年伊始似已看到了希望。1月1日，王云五以七绝六首述感：

> 去年此日滞英伦，异乡盛会集嘉宾。
> 四冬苦斗回国运，一旦狂欢万象春。

---

[1] 王寿南编：《王云五先生年谱初稿》第一册，台湾商务印书馆1987年版，第430页。
[2] 同上书，第440—441页。

从"巍峨天半铸男儿"之志到"人老珠黄不值钱"之叹

曾几何时岁又新,邦家烽火报警频。
哀鸿遍地声相应,独乐可堪度令辰。

匹夫有责扶危局,最后程途最苦辛。
且喜儿曹各努力,殷盘周诰作新民。

八载于兹抗暴秦,流离肇始自春申。
每逢佳节增惆怅,看惯桃符岁岁新。

一度举家沦虎口,两番魔手及吾身。
死生聚散超人力,祸福贤愚自种因。

年华不再逝水去,功业无成白发新。
且喜躯顽志犹壮,当仁宁肯让他人。[1]

抗战胜利,中国迎来历史转折的关口。王云五很快实现了人生的跨越式发展,由一介布衣而经济部长,而行政院副院长。但是短短三年,他又因金圆券风潮辞职,回到了原点。1948年,61岁的王云五,在蒋氏政权风雨飘摇之际,在他因金圆券风潮倍受攻讦之时,或为明心迹,或为表清白,写下了《南还偶感》:

尽人风靡我独坚,金刚百炼志超然。
生平不作安家计,爱国爱名不爱钱。[2]

1949年初春,62岁的王云五以《读马援传》为题写下如下的诗句,其

---

[1] 王寿南编:《王云五先生年谱初稿》第一册,台湾商务印书馆1987年版,第459页。
[2] 王寿南编:《王云五先生年谱初稿》第二册,台湾商务印书馆1987年版,第717页。

475

中有郁闷，也有悲愤：

> 人老珠黄不值钱，弓藏鸟尽岂其然。
> 据鞍披甲封新息，马革名言最足传。[1]

同年写下的《六二生日有感》中甚至出现了"年年有此日，今岁独凄凉"的句子；当然，他也未忘回顾自己的辉煌过往："忆昔持笔政，声名被四方。八载当言路，一鸣震议场。重阳归使节，万众仰书囊。宪法勤促进，和平与协商。片言判轻重，三度挽危亡。仔肩未得卸，高位敢承当。"他写下"何期列战犯，薄产池鱼殃"，似对自己被中共列为战犯大感不解，且心中忿忿。至于未来，他表示"一息尚存在，海隅姑遁藏。但愿得小康，来岁补称觞"。[2]

这种怀才不遇的感慨一直绵延到他自港渡台。王云五在香港滞留两年之后，终以"一粒子弹事件"为由，于1951年1月3日渡海来台，开启了他后半生的在台岁月。刚到台湾不久，他就有了"食无鱼，出无车"之叹。2月6日他写有《元日述感》诗，中有"门鲜车马客，长日伴砚田"的慨叹，还发有"此生惟一愿，为学更十年"之愿。[3]当然，让王云五由港到台的蒋介石并没有忘记他，很快，就安排王云五任"考试院副院长"。那是1954年，王云五67岁。甫接任命，王云五走马上任，写有《重九偕考试院同人步登指南宫》诗以言志："此日南宫登绝顶，何时北指跨长城。青云同步高秋里，腰脚犹堪万里征。"[4]颇有"春风得意马蹄疾"之感。

---

[1] 王寿南编：《王云五先生年谱初稿》第二册，台湾商务印书馆1987年版，第720页。
[2] 同上书，第725—726页。
[3] 同上书，第746页。
[4] 同上书，第834页。

三　寿庆、悼亡诗几多

人入老境，对高寿的期待自比先前多了许多。大约从1955年，王云五68岁开始，他笔下的寿庆诗和悼亡诗一下子多了起来。如1955年所写的《寿何敬之七十》《寿金侯城八十》，1960年，73岁时为内弟所作《寿徐应昶内弟六十》，为孙科（哲生）所作《寿孙哲生七十》，为陈光甫所作《寿陈光甫八十》，为胡适所作《寿胡适之七十》，为但植之所作《寿但植之八十》。1961年9月25日，张群（岳军）伉俪金婚同庆七三双寿，王云五以长诗《张岳军伉俪金婚同庆七三双寿》贺之。同年，王云五又有《寿张鲁恂八十八》《寿刘聪强六十》《寿黄达云六十》《寿梅乔林九十》等诗作发表。1962年，王云五有《寿莫柳老八十》长诗和《寿蒋又沧八十》《寿张默君八十》等诗作以及为其妻徐馥圃所作的祝寿诗《馥圃七十生辰志庆》问世。1963年，王云五有《寿郑莆庭八十》《谢仙庭七十双寿》《邓孟硕八秩双寿》《寿张蓬生同学八十》《寿叶公超六十》发表。1964年有《寿梁德于八十》。1965年有《寿张敏钰伉俪合庆百龄》。1966年有《寿金又轩八十》。1970年有《赠何敬之（应钦）七绝》等诗发表。[1]除祝寿他人，王云五也有不少自寿诗，如1967年的《八十自寿》，1975年的《如梦令·八八自寿》，1977年的《九秩百咏》。[2]尤其是《九秩百咏》，仿佛是一本自传，对他自己走过的90年途程做了盖棺论定式的回顾；又好似一幅历史长卷，将清末以来的中国历史做了素描式的勾勒。

写作大量寿庆诗的同时，王云五所写的悼亡诗也多了起来。1960年12月23日，万仞千（鸿图）去世，王云五写作《挽万仞千同学》，自撰年谱稿曰："仞千为我在中功时代旧游诸子现留台之年事最长者，计长我三岁，现尚健在之张蓬生，其次也。仞千为民社党元老，我初旅台时，常过从，

---

[1] 王寿南编：《王云五先生年谱初稿》第三、四册，台湾商务印书馆1987年版。
[2] 王寿南编：《王云五先生年谱初稿》第四册，台湾商务印书馆1987年版，第1735—1767页。

今则因我公忙，通信较疏。特为写诗挽之。"[1]1961年2月1日，王云五有《悼臧哲元同学》诗发表，悼念臧哲元（启芳）逝世。[2]在诸多的悼亡诗中，王云五为胡适所作的悼亡长诗《悼胡适之》感人至深。胡适是1962年2月24日猝然病逝的，对他的死，王云五极为悲痛。诗是当年5月6日写就的，既给予了胡适高度评价，又回顾了他与胡适的师生情和友情：

与君为同学，远溯半世纪。往事话从头，一一可屈指。君学冠其曹，
君年称最少。玉笋班头坐，玉山朗朗照。业精厥惟勤，早岁识壮志。
笔名号铁儿，课余主杂志。毕业教华童，大才小就始。偶醉闯微祸，
辞职弃敝屣。适逢游美试，我曾力鼓励。一试列前茅，壮游宏造诣。
鹏程九万到，择科遵所好。哲理泛中西，沉潜探渊奥。冥心广搜索，
到处找证据。荣膺博士衔，归国拥盛誉。北雍种桃李，文学主改良。
白话首提倡，通俗启微茫。科学与民主，呼声震学府。德赛二先生，
并出鸣天鼓。学子忧国狂，运动成五四。民族肇自觉，此举非幸致。
讲学效力宏，沙场决战同。攻心仗利器，北伐遂成功。内安复外攘，
陈力献忠谠。抗战逾八年，宣劳屡鞅掌。出疆驰星轺，穷宇精诚昭。
与国能争取，使才何超超。胜利待建设，赤匪祸忽烈。一贯反共论，
终恨地维缺。神器迁海东，中兴气勃勃。奔走国事忙，何暇黔墨突。
旅美讲学余，出席联合国。慷慨斥匪俄，力破中立感。国际视听改，
翩然返台海。主持中研院，学界呈异彩。殚精科学途，长期谋发展。
抱病夜不休，濒僵蚕作茧。力疾主会务，兴奋惜过度。余音尚绕梁，
殉道忽颠仆。哀哉国丧良，一瞑竟不起。朝野共吞声，举世咸致诔。
同悼名学者，胡为去太匆。损失非一国，无情恼天公。何况我与君，
道义流源久。党派同二无，感情逾师友。顾君终不留，辞我控鹤驭。

---

[1] 王寿南编：《王云五先生年谱初稿》第三册，台湾商务印书馆1987年版，第1133页。
[2] 同上书，第1143页。臧氏为王云五执教于北平中国大学之学生，毕业后赴美专攻经济，归国后，先被聘为商务印书馆编审员，旋调任沈阳分馆经理，后任东北大学校长，到台湾后任私立东海大学教授。

从"巍峨天半铸男儿"之志到"人老珠黄不值钱"之叹

论年我长君,未应君先去。回忆返国初,受聘商务馆。荐我以自代,深情倍款款。黉舍专学术,出版扬文化。分工庆合作,缱绻乐共驾。多年从游谊,两心丝丝扣。我固期君殷,君亦报我厚。冰已寒于水,青早胜于蓝。永笃敬师意,使我汗且惭。君今已长逝,我涕陨不已。君纵无遗恨,国人失仰止。国步日艰难,风雨望同舟。舵工忽然失,庙堂谁分忧。学术声誉高,青年参大纛。一夕竟山颓,孰不中心悼。复兴文艺责,落在何人肩。前途渺茫茫,九京定潸然。乌雪今已矣,不可死竟死。后死白头人,吊君仅一纸。[1]

除了祝寿和悼亡,王云五自然也免不了触景伤怀,叹人生之苦短,悲故乡之难回。例如,1960年,他所作的《索居独酌步白乐天花下自劝酒》:"洒盏酌来须满满,旧游多半早离群。莫言七十人生始,百岁人生剩几分。"[2]流露出悲怆和无奈。1961年,在《庚子除夕忆旧》诗中,他唱出"人生驹过隙,转瞬七四春。流亡十二载,那堪数前尘"[3],人生大限到来之前的悲凉跃然纸上。他的诗中有对当年孤凄过往的回顾,如1961年所作的《除夕述感》,中有"自从解职南归日,屈指于今十二春。卅七除年凄凉甚,独自羊城寄此身"[4];更多的是不忍话当年,如1962年所作《七五生辰前九日早起念难胞》,中有"六月初一七月二,嗟余虚度七五春。一事无成人渐老,不堪回首话前尘"[5]。对故国的追思和怀念之情,在王云五诗中有突出的表现。如1960年,他写作《追忆玄武湖》,中有"金陵城外有名湖,湖名玄武五洲图。黄昏入后看游屐,满湖红绿最堪娱"等句[6],颇有李后主"独自莫凭栏,无限江山。别时容易见时难。流水落花春去也,

---

[1] 王寿南编:《王云五先生年谱初稿》第三册,台湾商务印书馆1987年版,第1247—1248页。
[2] 同上书,第1128页。
[3] 同上书,第1144页。
[4] 同上书,第1134页。
[5] 同上书,第1251页。
[6] 同上书,第1128页。

479

天上人间"之慨；1961年，他作《中山同乡会重印中山县志》，中有"少小离家老未归，乡音无改故人稀。何期海外乡人集，怕听乡情事事非"[1]句；1963年，他为林秉雄画作题诗《题林秉雄锦绣山河图》，中有"凭君妙手写神州，锦绣河山眼底收"[2]句，流露出对祖国锦绣山河、美丽风光的无限眷恋；1964年11月10日于右任在"监察院长"任上去世，王云五撰"生为党国作梁木，死葬高山望中原"挽联[3]；1976年，他填词《鹤冲天·忆羊城小住》，中有"白云岭，中山堂，晨曦任徜徉。返步六榕看海棠，霍然识故乡"[4]句。所有这些，在在流露出诗人对故乡的思念之情，无限伤怀。

四 官身、政声及与官宦的交往

王云五的一生，是集商人、学者、官员于一身的一生，尽管他为官并未赢得多少政声，他的名声主要来自他的商业经营和学者身份，然而，王云五似乎十分看重自己的官身和政声。他重视官身，常常回忆当年孙中山对他的不次拔擢。1976年，他89岁，有《追怀民元厕身临时大总统府秘书处》诗，其中写道："开国岁除始识荆，用人不次见高情。"[5]1911年12月31日孙中山乘沪宁铁路夜车往南京就任临时大总统职前，香山县四都和大都（孙中山的菜坑村和王云五的故里泖沙村均属四字都）的同乡人士，联合公宴孙和随他返国的革命先进人士于上海老靶子路的辰虹园。王云五在宴会上的演讲和席间接谈，使孙中山认识了他这个小同乡，并引领他走上了日后的从政之路。孙中山的知遇之恩，使王云五65年后仍感激涕零。王云五也感谢蒋介石这个屡屡给他要职的人。王对蒋的这种感谢与对孙的那

---

[1] 王寿南编：《王云五先生年谱初稿》第三册，台湾商务印书馆1987年版，第1142页。
[2] 同上书，第1300页。
[3] 同上书，第1386页。
[4] 王寿南编：《王云五先生年谱初稿》第四册，台湾商务印书馆1987年版，第1700页。
[5] 同上书，第1705页。

从"巍峨天半铸男儿"之志到"人老珠黄不值钱"之叹

种感激是有所不同的：蒋是予自己官位的人，孙是给自己机遇的人；与蒋是分明的上下级关系，与孙是遇合的关系。

尽管从政是王云五所愿，但我们看到，他在大陆的仕宦三年，是伴随着风潮的三年；他在台湾的十年，则是为统治者唱赞歌、拾遗补缺、锦上添花的十年。他累了，倦了，最终能够离开繁杂的政务羁绊，应该说是他累次请求、争取的结果。1963年，王云五76岁，他辞官的请求终获允准。10月23日，他写有《辞官答客问》诗，先说："有子有孙万事足，无官无责一身轻。独嫌文债还不尽，今后生涯书作城。"后又说："匹夫有责论兴亡，代表全民责不轻。一旦反攻鸣号角，看取当前一老兵。"[1]令人对其辞官的真心假意顿生疑惑。11月下旬，他再作《挂冠再答客问》诗，称"良朋满座终须散，笙管通宵未易连。此日挂冠称得计，再留不值半文钱"[2]，转过年来，1964年2月12日，他77岁了，又在《癸卯除日述感（七绝七首）》的第七首中写道"国步前途蔓荆棘，匹夫有责系心旌。献替敢忘药苦日，反攻早日赴光明"[3]。他这个"老兵"能否"反攻"，"反攻"是否真的能够"赴光明"，只有天知道了，但这样反反复复出现的看似矛盾的心态，其实正是他当时正常的心理表现。1976年10月20日，王云五以89岁高龄填《减字木兰花·感怀》，中云："轰轰壮志，血洒沙场无滴泪。直捣黄龙，还我河山勿从容。"这令人对此老翁的神智是否仍清醒抱有怀疑。因为"还我河山"这样的话，自宋以来都是对侵略我国的外族而言的。而今，王云五却对大陆政权如此讲，实在令人难以理解。

话又说回来，王云五对世事、对时局，自有他独到的洞见和睿智的认知。1966年，他79岁，写有《丙午元日早起》诗，中有"良机一再付流水，世局参商播嚣尘"[4]句，读来令人一头雾水，不知"良机"如何"付流水"，"世局"怎样"播嚣尘"。但1973年，他86岁，又写有《国事感怀》

---

[1] 王寿南编：《王云五先生年谱初稿》第三册，台湾商务印书馆1987年版，第1335页。
[2] 同上书，第1348页。
[3] 同上书，第1358—1359页。
[4] 同上书，第1421页。

一诗，终于把所谓"良机"如何"一再付流水"讲清楚了，也把"世局"如何"参商播嚣尘"说明白了。

1977年，他《九秩百咏》中的第98首写道："我曾写寄公开信，希冀警醒新执政。保持传统与诺言，及早回头免陷阱。"这说明他始终清醒地关注着政局。

1976年，王云五即将走到人生的终点，他清楚地意识到自己时日无多，在《沁园春·民六五岁除杂感》描述"今赖轮椅"的自己，真的是"残喘苟延"，是"油枯近"。[1]他挣扎着为自己做着一生的总结，于1977年3月27日，90岁的王云五写下《追怀往事二十韵》[2]。两个多月后的6月1日，王云五又以《九秩百咏》为题写下自传性的百首绝句。其中仍不忘表达对孙中山恩遇的感戴，"敬承青睐加委任，旬日晋京侍紫薇"；也没有忘记对蒋介石赐官的感谢，"敬承领袖谬赏识，入阁挽余诏语频"。

1979年，王云五92岁，2月28日他写下《久病抒怀十韵》。此时距离他告别人世只剩五个半月。这应是王云五一生所写的最后一首诗，照录如下：

> 长生九十二，马齿冠四传。肤体毫无损，久病久延年。生憎风水说，四仿厚得天。四代同堂在，孙曾未及玄。从游多俊彦，高官教授贤。幼小苦贫弱，未冠着先鞭。一生多挫折，苦斗半根煎。四次生命厄，天佑获安全。俯仰无何愧，死生度外捐。遗产为社会，薄葬腐朽先。[3]

1979年8月14日，在张元济于上海辞世整整20年之后，王云五于台北告别人世，结束了他集商业巨子、文化达人、政务活动的积极参与者于一身的传奇一生。他经商，与张元济等缔造了商务印书馆这艘出版航

---

[1] 王寿南编：《王云五先生年谱初稿》第四册，台湾商务印书馆1987年版，第1713页。
[2] 同上书，第1720页。
[3] 同上书，第1841—1842页。

母,如今她的生命已延续了120年,并且还在续写着辉煌;他为文,编著了《王云五大辞典》《王云五小辞典》《王云五小字汇》《王云五综合词典》《王云五新词典》《中山大辞典"一"字长编》等多部在中国辞书史上占有显赫地位的语文工具书,研制四角号码检字法,创立中外图书统一分类法;他从政,以一介布衣,不党不派,而在国民党败退大陆前和退守台湾后的政权里屡任要职,坐上常人无可企及的高位。把王云五一生的三个传奇拿来作一比较,它们其实是有轻重不同的。1967年,晚年的王云五评价自己:"一生出版为主、教学次之,公务政务殆如客串。"[1] 王云五早年担任教席,胡适、朱经农等皆出其门下;晚又在台北的政治大学任教,在台湾首开中国的博士教育,有"中国博士之父"的美誉。王云五将"教学"列在"出版"之后,可见他对自己在出版业(包括经营和编著)的贡献是十分看重的。他把"公务政务"列在最后,更足见他对自己在政坛上难施拳脚、甚少建树是明晓的,是有苦衷的:从政十几年,位高却不权重,一直只是个帮闲的角色;尤其是踞守台湾的蒋介石,一任再任乃至五任"总统",之后又是儿子继任,王云五每次只照例担当送呈"总统当选证书"的任务,这让王云五情何以堪?王云五内心的感受虽未形诸笔墨,但不问可知。如果让王云五重新规划自己的人生,他会不会挑选"出版",挑选"教学",而将"殆如客串"的"公务政务"抛诸脑后?倘如此,则是王云五本人之幸,也是中国文化教育事业之幸。王云五若将聪明智慧投入到真正值得付出的文化教育事业上来,他的人生定比现在更加辉煌,他对祖国文教事业的贡献也定然远超今日。

参考文献:

[1] 蔡佩玲. 商务印书馆——中国图书馆发展的推手 [M]. 台北:台湾商务印书馆股份有限公司,2009.

[2] 胡适. 胡适的日记(手稿本)[M]. 台北:远流出版公司,1990.

---

[1] 王云五:《岫庐八十自述》,台湾商务印书馆1967年版,第312页。

[3] 胡适，唐德刚. 胡适口述自传 [M]. 台北：远流出版事业股份有限公司，2010.

[4] 胡志亮. 王云五传 [M]. 台北：汉美图书有限公司，2001.

[5] 钱穆. 国史大纲（修订三版）[M]. 台北：台湾商务印书馆，1995.

[6] 汪家熔. 近代出版人的文化追求——张元济、陆费逵、王云五的文化贡献 [M]. 南宁：广西教育出版社，2003.

[7] 王寿南. 王云五先生年谱初稿 [M]. 台北：台湾商务印书馆，1987.

[8] 王泰瑛. 烽火·乱世·家：王云五家族口述史 [M]. 朱其元，译. 台北：台湾商务印书馆，2015.

[9] 王云五. 岫庐八十自述 [M]. 台北：台湾商务印书馆，1967.

[10] 王云五. 十年苦斗记 [M]. 台北：台湾商务印书馆，2005.

[11] 王云五. 一九四八大风大浪：王云五从政回忆录 [M]. 台北：台湾商务印书馆，2010.

[12] 俞晓群. 前辈：从张元济到陈原 [M]. 上海：上海书店出版社，2011.

[13] 张人凤. 张菊生先生年谱 [M]. 台北：台湾商务印书馆，1995.

[14] 章开沅，林增平. 辛亥革命史 [M]. 北京：人民出版社，1980—1981.

[15] 周荐. 文化达人王云五对汉语辞书学的贡献 [J]. 河北师范大学学报（哲学社会科学版），2013（6）.

（作者单位：澳门理工学院）

从辞书学开拓王云五研究的新视角

刘善涛

在中国社会由传统向现代转型的过程中，商务印书馆始终发挥着积极的推动作用。王云五在军阀混战和抗日战争的混乱时期在商务印书馆辛勤工作了25年（1921—1946），为该馆的发展，甚至中国近代文化的建设力挽狂澜，显示出巨大的学术涵养、人格魅力和民族气节。退居台湾后重振台湾商务15年（1964—1979），被誉为杰出的出版家；同时，由于对教育事业的关注和多年的教学实践，被誉为教育家；还因积极推行科学管理方法，倡导建设公共图书馆，制定中外图书统一分类法、中外著者统一排列法和四角号码检字法等，被冠以管理学家、图书馆家、目录学家和索引学家等称号，可谓兼跨学、商、政三界的"文化达人"[1]。然而，纵观改革开放以来，学界对王云五的研究多集中在出版学、图书馆学、人物传记、经济政治史等方面，学术视野不够开阔，研究主题还需深入[2]。教科书和辞书的编纂出版是商务印书馆创立以来坚守的两大重镇，王云五一生主编和参与编纂的辞书不可计数，在推动汉语语文辞书现代化方面做出了突出的贡献，需要对其加以详尽细致的研究。

一 王云五研究概况

王云五是和张元济一样推动商务印书馆，乃至中国近代文化发展的核心人物，但由于一些非学术性因素，海峡两岸对王的评价迥然有别。在台

---

[1] 周荐：《文化达人王云五对汉语辞书学的贡献》，《河北师范大学学报（哲学社会科学版）》2013年第6期。

[2] 参见邓文池：《王云五研究四十年：回顾与述评》，《河北科技图苑》2017年第1期。

湾，王云五是一个备受推崇的名字；在大陆，他曾经却是一个遭到谴责和忽视的名字。虽然学者们在对中国近代出版史、商务馆史以及张元济、胡适等的研究中偶有涉及（这也是无法避开的），但多是零星含蓄的只言片语。近年来，随着学术氛围的逐渐宽松，学术空间更加包容，以及学者们对晚清民国学术研究的逐渐重视，王云五也成了学界感兴趣的研究课题。首先，王云五的著作得到不断翻印，从文选到论著和全集的出版逐渐兴盛，如《旧学新探：王云五论学文选》（学林出版社，1997年）、《读书与求学》（百家出版社，2000年）、《我怎样读书：王云五对青年谈求学与生活》（辽宁教育出版社，2005年）、《岫庐八十自述》（上海人民出版社，2007年；江西教育出版社，2011年）等；2006年，江西教育出版社将《王云五文集》申报为《"十一五"期间（2006—2010年）国家重点图书出版规划》，至2011年共出版六卷；2013年，九州出版社又从台湾商务印书馆引进了20册的《王云五全集》，可见出版界对王云五的重视程度逐渐提高。其次，对王云五较为系统的专题论著和论文也不断涌现，如关于其生平传记的研究，如郭太风《王云五评传》（上海书店出版社，1999年；北京师范大学出版社，2015年），朱小丹、欧初《王云五传》（广东人民出版社，2005年），金炳亮《文化奇人王云五》（广东人民出版社，2006年）；关于王云五与商务印书馆的关系研究，如王建辉《文化的商务：王云五专题研究》（商务印书馆，2000年），李辉《王云五与商务印书馆》（山东友谊出版社，2009年）；关于王云五的出版学思想研究，如汪家熔《近代出版人的文化追求：张元济、陆费逵、王云五的文化贡献》（广西教育出版社，2003年），朱永刚《王云五的出版经营管理思想与实践》（华东师范大学出版社，2009年）等。再者，近年来对王氏的研究论文也有显著突破，从最初只限于四角号码检字法的研究，到目前关于其出版学、管理学、图书馆学、教育学、经济学等各方面的期刊论文和学位论文不断涌现。经中国知网文献检索，截止到2014年6月27日，以"王云五"为主题的研究文章共595篇，篇名含有"王云五"的文章共128篇；至2017年8月16日，前者增加到1015篇，后者增加到140篇，呈现出显著的上升趋势。

王云五的成就是多方面的，辞书是普及教育、传播文化的重要工具，王云五正是在特定历史背景下充分认识到辞书的重要作用，才不懈地编纂出版各种类型的辞书著作的。因此，了解王云五的辞书编纂状况，研究王氏的辞书学思想，对全面认识民国辞书编纂理论与实践，以及对促进汉语语文辞书的现代化都有着积极作用。

学界对王云五辞书的关注始于20世纪90年代，符淮青在《汉语词汇学史》（外语教学与研究出版社，1996年）中对《王云五大辞典》（后或简称《大辞典》）的白话释义和词性标注进行了简要介绍。随后，其弟子万艺玲（1998年、2017年）对《大辞典》《新华字典》《现代汉语词典》三部辞书的动词释义状况进行抽样对比分析，指出了各自的特色和不足。进入21世纪，随着学界对辞书词性标注问题的关注和《现代汉语规范词典》（后简称《现规》）、《现代汉语词典（第5版）》（后简称《现汉5》）词性标注的实践，辞书学界开始注意到《大辞典》的重要性，尤其是它在词性标注实践上的积极意义。但是由于王氏辞书已经历时半个多世纪，1949年后从未翻印，学者们的研究大多只是简要提及其词性标注方面的贡献，缺少对王云五辞书文本的深入分析。目前，王云五辞书研究的主要成果是周荐的《〈王云五大辞典〉的词性标注问题》（《语文研究》2012年第3期）和《文化达人王云五对汉语辞书学的贡献》（《河北师范大学学报（哲学社会科学版）》2013年第6期）。前文用现代语言学和辞典学的理论与方法将《大辞典》《现规》和《现汉5》的词性标注情况进行对比，指出其间词性标注的差异和《大辞典》词性标注的不足，点明《大辞典》的词性标注受当时语法研究中"依句辨品、离句无品"理论的影响，有着一定的时代印记和时代缺憾。后文从宏观视角整体介绍了王云五的生平、探讨了四角号码检字法的发明过程和学术影响，以及《大辞典》的编纂特色，最后对辞书编纂的创新点进行了总结，对王云五辞书学思想的研究有一定指导意义。此外，近年来还出现了两篇硕士学位论文，尉迟楠的《〈王云五大辞典〉词性标注研究》（2012年）对《大辞典》和《现汉5》两部辞典的词性标注问题进行对比研究，分析了二者之间的差异、造成差异的原因，以及

《现汉5》中存在的问题和建议，但该文研究的侧重点还是倾向于《现汉5》，对《大辞典》词性标注的研究略显不足；马怀的《〈王云五大辞典〉编纂理念研究》（2014年）从不同的辞典结构要素对《大辞典》进行研究，部分章节与1953年出版的《新华字典》进行对比，但全文分析深度不够，对王云五辞书编纂理念的总结稍显粗浅。

二 王云五辞书编纂概况

纵观王云五的一生，他所主持编纂的汉语语文辞书共有六部，涵盖了字典和辞典，普通语文辞典和新词语辞典，小型、中型、大型甚至巨型辞书的不同类别。[1]

《王云五大辞典》1930年7月由上海商务印书馆印刷发行，是王云五主编的第一本语文辞书。编纂该书的直接动因虽在推广和检验四角号码检字法，但也是为了改进原有辞典的诸多弊端。它本着"检查便捷""取材充分适宜"和"解释明白切当"的三大原则，从"高中以下各科课本和四百余种补充读物"中统计分析各类词语的出现频率作为辞典的选词依据，按照第二次改订的四角号码检字法依次排列，用"语体文"释义，并区分单字的不同词性和词语的不同义项，"以与人正确观念"，旨在"以极便利极经济方法将万有的知识贡献于一般人"。因此，辞典最后还附入了30种参考表，"任何科学，任何知识，均括入其中，对于学生修学，教师教学，和一般人参考都有极大效用"。[2]在结构安排上，《大辞典》包括四角号码歌、目录、本书排列法说明、四角号码检字法、序、编辑凡例、正文、附录、笔画索引、版权页等内容，增订本还有"增订版序"。

《王云五小辞典》（后简称《小辞典》），1931年7月由上海商务印书馆印刷发行。

---

[1] 刘善涛：《王云五汉语语文辞书编纂概况》，《唐山学院学报（社科版）》2015年第1期，第69—71页。

[2] 王云五编：《王云五大辞典》，商务印书馆1930年版，"序"。

从辞书学开拓王云五研究的新视角

《王云五小字汇》(后简称《小字汇》),分为普通本和硬纸面本两种,前者1935年8月初版;后者1939年3月第一版。

王云五曾评价自己一生的特点为"擅长计算","无论做任何事,须要计算其利害得失,究竟利与害孰多,借为判断的标准"[1],《小辞典》和《小字汇》的出版恰能体现出这一点。《小辞典》分为初版、第一次增订版、第二次增订版三个不同的版本,后两次增订只是在初版的基础上补充了一些词目,扩大了该书的读者范围,也为以后出版《王云五综合词典》打下了基础。《小辞典》除了具备《大辞典》编纂的所有特点外,为了避免与前者过于重复,增设了两处特点:一是"在结尾的词语之下,有入同字的接头语",即在单字下专门列出以该字结尾的逆序词;二是"在单字之外,兼列其同训异义字",即在单字下专门列出单字的近义字。如"议"字条目下列出接头语"建议、密议、参议、抗议、会议、和议、拟议、众议、协议";同训异义字"计、谋、图、商"。

《字汇》原是明人梅膺祚等编的一部大型字典,因其体例新颖,对《正字通》《康熙字典》等后世字书的编纂产生了较大影响,所以被人们熟知,民国年间即有不少字典以此命名。《小字汇》初版实为"《王云五小辞典》的简编,换句话说,就是采取那本书全部的单字,而删去其中的词语"[2],按四角号码顺序依次排列,标注词性,并将《小辞典》中提到的创新点,即字头的"同训异义字"列在释义内容之下。初版所收单字七千余条,实际也是《小辞典》的收字数。增订本的收字数量"增至九千六百余,表面上计增二千余字,但同字之读音不同而意义互异者,为检查便利起见,作为新字排列;因此一项增出之字不下五百,故实际增加之字为千六百有奇"[3]。增订本实际上将同音字单独列为条目,体现出字典编纂的创新和辞书编纂的现代性。

1949年2月,王云五迁居香港,4月得蒋介石资助创办了华国出版社。

---

[1] 王云五:《岫庐八十自述》,台湾商务印书馆1967年版。
[2] 王云五编:《王云五小字汇》,商务印书馆1935年版,"序"。
[3] 王云五编:《王云五小字汇(增订本)》,商务印书馆1937年版,"增订本序"。

该公司"在台湾登记,在香港印制,分别在台港两地发行","以工具书为维持营业之基础,教科书副之"[1],《王云五综合词典》的出版便是在这一背景下完成的。

《王云五综合词典》(后简称《综合词典》),1950年1月香港华国出版社初版。《大辞典》出版以后一直未作修订,而《小辞典》虽是前者的删节本,但出版后"迭经增订,凡原编《大辞典》未收入的新资料。先后加入者甚多,其性质已不再是《大辞典》的节本,其用途也超过了小学生的范围"[2]。再加之当时的台湾和香港缺少工具书,两本辞典也有修订翻新的必要,因此,华国出版社出于自身发展考虑将它们"合并统编,按目前之需要与最新之资料重新编著"[3],"删去不甚需要或失时效者,并尽量增入最新十年来的各种新资料"[4]。该辞典除保留了以前两本辞典的特色外,在"各单字类语对语之下,辟词藻一栏,就该单字为首之简明词语,检取同一意义之典雅词语或其他成语,以助作文炼句"[5]。如"真"字下列出:"类语:信、诚、固、允、良、洵;对语:假、伪;词藻:真伪不分=玉石混淆、真才=真金不镀、真相难见=庐山面目、真相显露=水落石出"。

《王云五新词典》(后简称《新词典》),商务印书馆1943年11月重庆初版。在《新词典》出版之前较少有专门收录和整理新词语的辞书,王云五有感于当时流行的许多新名词,国人或以为"传自日本",或认为"初期传教士与译书者所创用",或视若"著作家或政治家之杜撰",其实"追溯来源,见于古籍者不在少数",只是所谓新词的意义"有与古籍相若者,有因转变而大相悬殊者;且古今应用不同,名同而实异者亦比比皆是"。有感于国人对新词来源和意义含混不清,王云五"就所藏《佩文韵府》摘取看似新名词之词语,述其来源,并附以今古不尽同之释义,计得

---

[1] 王云五:《岫庐八十自述》,台湾商务印书馆1967年版。
[2] 王云五编:《王云五综合词典》,华国出版社1950年版,"自序"。
[3] 同上。
[4] 同上书,"编辑凡例"。
[5] 同上。

三千七百余条，汇列一册"编纂成书。该书目的在"追溯新名词之来源，各举其所见之古籍篇名与辞句，并作简单释义，其有数义者分别列举之。至现今流行之意义与古义不同者，于各该条下附述今义，而以［今］字冠之"。[1] 如：

【主教】主管教化。（周礼·设官分职疏）天官主治，地官主教。

［今］天主教中主持传教之一种教职，位於神父之上。

【便衣】寻常的衣服。（汉书·李陵传）陵便衣独步出营。
［今］（1）同上。（2）非军装的（例）便衣队。

《中山大辞典"一"字长编》（后简称《一字长编》），1938年12月香港商务印书馆初版。中国的辞书编纂向来有求大的传统，但是传统辞书的释义原则不够明确，义项排列也较为凌乱。起源于18和19世纪的历史比较语言学对欧洲的语言研究和辞书编纂产生了重要影响，一批"按史则"编纂的大型辞书不断问世。如德国的《德语词典》（1852—1960）、法国的《利特雷词典》（1863—1873）、英国的《牛津英语大辞典》（1884—1928）等。这些辞书被一些留学归国的学者介绍到国内，特别是《牛津英语大辞典》的引进使学者们也逐渐勾勒出中国大型语文辞书的编纂框架。《中山大辞典》的编纂则是王氏以辞书的形式为社会提供可资参考的综合性大型工具书的一种体现，也是王氏眼中的"创造性出版物"之一[2]。

用王云五自己的话说，"《中山大辞典》之编纂，实肇端于不自满与不自量"。《大辞典》出版以后，王氏并没有满于现状，一直在搜罗资料，以"备增订《王云五大辞典》之需"，"计自民国十七年迄二十六年八一三以前，九年之间，无日不从事于此"。民国二十五年（1926年）春，中山

---

［1］王云五编：《王云五新词典》，商务印书馆1943年版，"自序"。
［2］王云五：《商务印书馆与新教育年谱》，台湾商务印书馆1973年版。

文化教育馆的相关人员"就彼时已搜集之资料卡片六百余万纸，详加检视"，然后提议利用此项资料，资助王氏编纂一部与"英语《牛津大字典》大致相同"的大辞典，原定为"四十巨册，合五千万言，并由该馆与商务印书馆订约，稿成由商务印书馆陆续付印"。王氏随后起草了该辞典的编纂计划，就辞典的体例与内容、编纂与印刷、经营、编纂处的组织、补充资料、编纂原则、单字编纂、辞语编纂、条文排列等各项内容进行了较为详细的说明。奈何"夫以如是庞大之工作，成于如是忙乱之时期，误漏冗滥，岂能幸免"，再加之"八一三"沪战突发，纸版铅字尽毁，中山教育馆也暂停资助，王氏不忍多年的辛苦工作就此湮没世间，所以力排万难，在香港出版了《一字长编》。[1]

王云五一生的辞书编纂是绚丽壮观的，除上述六本汉语语文辞书外，王云五在大陆商务印书馆工作期间还参与了英语类辞书的编纂，曾主编了《（英汉对照）百科名汇》（商务印书馆，1931年），校对了王学哲主编的《现代汉英辞典》（商务印书馆，1946年）。同时，还曾计划编辑过《中国百科全书》和《古体大字典》，前者完成将近一半，后者也已陆续"发交制版"，但都分别被"一·二八"和"八一三"的战火无情焚毁。赴台后，除编纂了前述《王云五综合词典》外，还编写了《中国史地词典》（华国出版社，1968年）、《英汉双解英文成语新词典》（华国出版社，1982年）；主持台湾商务印书馆时，还编辑出版12册的《云五社会科学大辞典》（1970—1971年）、10册的《中山自然科学大辞典》（1972—1975年）、10册的《中正科技大辞典》（1978—1979年）三部大型百科辞书，既完成了其本人编纂大型汉语百科工具书的夙愿，也为我国的辞书编纂做出了巨大贡献。

三 王云五辞书编纂的时代背景

不同的时代环境催生出不同的学术思想，王国维在《人间词话》指出

---

[1] 王云五：《编纂〈中山大辞典〉之经过》，《东方杂志》1939年第1期。

"时势在变,国势在变,学术当然也在变",梁启超在《中国近三百年学术史》中也说道"有思潮之时代必文化昂进之时代也",晚清民国时期独特的时代环境为王氏辞书学思想的形成提供了重要的外部因素。商务印书馆的工具书编纂传统为其辞书学思想的形成提供了良好的平台。同时,王氏自身所蕴含的优秀个人因素是促使其辞书编纂活动和辞书学思想形成的重要内因。这些因素共同促成了王云五辞书学思想的形成,概括起来主要包括如下四个方面:

(一)政治文化社会背景

1912年中华民国的成立使国人的国家意识和独立思想有所增强,留学人员陆续归国服务于国家建设,在为国家建设带来先进的科学技术外,还带来了先进的民主思想。加之不久后爆发的第一次世界大战,欧美各国无暇东顾,为我国经济的发展赢得了短暂的黄金时期,工商阶层在中国社会的地位有所提高。1919年北洋政府在"巴黎和会"上的外交失败直接引发了五四运动,将积蓄已久的"反传统、反孔教、反文言"的新文化运动和反对帝国主义、封建主义的五四爱国运动交织在一起,把"民主"与"科学"思想推向新的高潮。1928年北伐战争胜利,南京国民政府正式统治全中国,并由此开启了国家经济文化建设的"黄金十年",各种进步思想得以交流、辩论,并付诸实践,王氏语文辞书的编纂也主要集中在这一时期。1937年抗日战争全面爆发,国土节节沦陷,文化建设陷于停滞,前一阶段本已拟定的辞书编纂计划也遭到破坏。

(二)教育学、语言学学科背景

新思想、新文化逐渐引入我国的同时,传统的教育制度和教育观念也在发生变化。甲午战争后,在民族救亡和"以日为师"的思想下,努力以日本教育为模式改革传统教育,使近代教育理论、教育学说、教育观念第一次得到较为广泛的传播,不仅为中国近代教育系统的初步建立奠定了基础,还培养和造就了中国最早一批具有近代意识的教育理论家和实践家。民国初年,归国留学生成为全国最高教育行政机关的核心力量,法政教育、实业教育和普通教育得到较大程度的发展。伴随着新文化运动和五四运动的兴起，西方教育理论、教育制度影响的日益加深，教育改革也逐渐深化，强调教育的平民性、实用性、科学性，以及教育对象的主动性和自觉性，平民教育、实用主义教育的思想得到广泛传播，国语运动和教材教法改革运动也相伴进行，为教科书和工具书的出版提供了发展空间。

鸦片战争后，伴随着国人对西学的逐步重视，洋务开明人士马建忠为了"揭示华文义例之所在"以节省童蒙的学习时间和精力，在参照拉丁语法体系和中国小学研究的基础上，以古汉语为研究对象，于1898年编纂出版了《马氏文通》，标志着中国现代语言学的诞生。现代语言学中的语法学得以初步建立，随后出现了一批模仿马氏体系或参照英语语法而编写的古代汉语语法著作。1906年，章太炎明确提出"中国语言文字之学"。民国成立后，尤其是五四新文化运动后，白话、口语、通俗的新文学得到普遍推广，对国语的研究得到学界重视，胡适的《国语文法概论》（亚东图书馆，1922年）从宏观上指出了国语文法研究的重要性，黎锦熙的《新著国语文法》（商务印书馆，1924年）在参照纳斯佛尔德（Nesfield）《英语语法》的基础上创建了以"句本位"为体系的现代汉语语法研究系统，对汉语语法研究的深入和语法知识的普及起了积极作用。同时，清末以来所蕴含的白话文运动、汉语拼音运动、国语统一运动取得了官方的正式认可，并在全社会得以普遍展开，为现代性教材和辞书的编写提供了广阔的空间。

（三）辞书编纂和辞书研究背景

辞书作为一种文化产品和查阅工具，其发展状况与辞书内部的传承性和外部社会环境的变化密切相关。虽然我国辞书编纂历史悠久，但是封建社会的体制和小学研究的传统只能使传统辞书按照《说文》类字书和《尔雅》类辞书两条主线加以简单扩充，在收词、释义等方面都呈现出较大的局限性。清末以来，在西方新学的影响下，传统辞书的编纂目的、编排体例、研究旨趣都开始呈现出现代转向，但其发展历程并非一蹴而就，与社会政治、文化学术的发展波动呈现出一定的同步性。首先为我国辞书编纂吹进新风的是肇始于明朝中晚期传教士们的手稿汉外辞书编纂。新教入华后，尤其是鸦片战争以后，传教士的辞书编纂开始对中国社会产生广泛影响。英美国家工业的发展、印刷工具的改进、西方新式辞书的编纂，以及新教徒们灵活的传教方式和创新精神，大大提高了汉外辞书的编纂数量、水平和在中国国内及邻国日本的影响力。此时，虽然由于洋务运动的兴起，国人也开始自编辞书，但主要集中在地质、化学等理工类专科辞书的编纂上，对辞书编纂思想的变革影响不大。甲午战争后，我国开始全方位学习日本，介绍翻译日本的新学著作。辞书作为汇编各种新学知识的载体，得到国人的普遍重视。编译日语辞书成为当时辞书界的主流，一大批百科辞书、专科辞书和专门辞书被译成汉语，日本近代辞书的新型编纂理念以及辞书中所收录的新词新语被大量输入到中国，对我国现代汉语的形成和汉语辞书的现代化产生了重要影响。再者，前一阶段辞书成果的积累和英、美、日新型辞书的引入，中国留学人员、辞书编纂队伍和出版机构的壮大，南京政府对国民教育、平民教育的重视，以及民初三大语文运动的推动等因素也发挥着积极作用。总之，在各种历史因素的促使下，我国学界开始认识到原有《康熙字典》的诸多弊端和编纂现代新型语文辞书的紧迫性，首先开启汉语语文辞书近代化历程的是"中国近代第一位辞书编纂家"陆尔奎主编的《新字典》和《辞源》。紧随其后，一大批与新政体、新文化、新学术相对应的新式辞书不断涌现，虽然编纂水平参差不齐，但对于巩固已经初步形成的现代辞书编纂范式有一定积极意义。

（四）商务馆对文化建设和辞书编纂的重视

陈叔通在对商务印书馆的总体评价中写道："在商务诞生之前有书商无文化价值，商务诞生以后引起很多文化出版家，这是商务有开风气的作用。"[1] 在辞书出版方面，1919年以前，商务已经达到了较高的水平。1899年颜惠庆等人编写的《商务书馆华英字典》开商务馆辞书编纂之先河，《华英音韵字典集成》（1901年）、《中德字典》（1906年）、《英华大辞典》（1908—1910年）、《汉译日本法律经济辞典》（1909年）、《汉英辞典》

---

[1] 陈叔通：《回忆商务印书馆》，商务印书馆编：《商务印书馆九十年》，商务印书馆1987年版，第131页。

（1912年）、《新字典》（1912年）、《辞源》（1915年）、《学生字典》（1915年）、《植物学大辞典》（1918年）等都是我国辞书史上的代表之作。在《新字典》编纂之时，吴敬恒就指出，"印刷业为文化之媒介，印刷之品改良，尤重于物物。商务馆愿以改良之品物，不计贸利之微薄，补助于文化。斯重营业之道德，以求营业之发达者与"[1]，点明了《新字典》在辞书文化中的创新价值，以及商务印书馆在出版印刷界中的改革精神。1919—1937年间，商务馆的辞书编纂与出版也进入了一个繁盛时期，适应文化普及需要的语文辞书出版数量明显上升。王云五在辞书出版中的推动作用不可忽视，据统计，自1923年王氏主持分科辞书编印起，到1938年止，商务印书馆新编工具书175种，其中字典、辞典61种。[2]

四　王云五辞书编纂的个人因素

作为辞书编纂的主体和领导者，王云五辞书编纂还与他自身优秀的个人因素密不可分，主要体现在如下六个方面：

（一）勤奋好学、善于钻研的治学精神

王云五出生于上海一小商人家庭，童年时上过几年私塾，14岁时由于父亲的迷信思想辍学经商，由此开启了王氏半工半读的自学之路。王氏的学习经历坎坷不平，倘若没有他的勤奋与钻研精神，则根本不可能兼顾学习和工作，也不可能把握住一次次的学习机会，更不可能用三年时间通读35巨册的《大英百科全书》，并最终成为上海同文馆、中国新公学的英语教师，成为商务印书馆的总经理。

（二）广泛涉猎、博古通今的学识素养

王氏在《岫庐八十自述》中谈到《大英百科全书》的阅读经历，"我平素爱书成癖，对于任何一项新科目，在入门之际都不感什么困难。因而

---

[1] 陆尔奎等编：《新字典》，商务印书馆1914年版，"书后"。
[2] 张锦郎：《王云五与图书馆事业》，朱传誉主编：《王云五传记资料》，天一出版社1985年版。

自该书购到之日起,接连约三年内,几乎每日都把该书翻读二三小时",
"由于博而不专的习惯养成,使我以后约莫二十年间常常变更读书门类的
兴趣,结果成为一个四不像的学者",对自身的学习方法和知识体系做出
了真实的归纳。

(三)不惧困难、敢于创新的工作魄力

王氏天生就有一种知难而进的精神。坎坷的自学经历,商务馆的改
革和科学管理方法的实施,对中国近代文化建设的努力,以及《中山大辞
典》《中国百科全书》等创造性出版物的编纂,都体现出他不惧困难、敢
于创新的工作魄力。

(四)昌兴文化、普及教育的责任意识

王氏在商务印书馆的25年里,坚持以"教育普及、学术独立"为出
版方针,除教科书和工具书的出版外,还积极编辑各类丛书、创办各类杂
志,建立东方图书馆,为我国近代文化教育事业做出了大量贡献。

(五)善于计算、利益最大的经营理念

王云五曾评价自己一生的特点为"擅长计算","无论做任何事,须要
计算其利害得失,究竟利与害孰多,借为判断的标准";"对于任何事都运
用'算盘专家'的态度,处处打算。"[1]商务印书馆是当时国内最大的民营
出版企业,倘不能盈利,自身的发展则无法保障。王氏曾自述工作中每遇
重大选题必与同人反复商讨,以计算利亏。但王氏的可敬之处就在于他做
到了经济效益和社会效益的平衡,既为商务的发展谋得了利润,又为文化
事业的建设做出了贡献。

(六)敢想敢做、勇于实践的工作作风

辞书的编纂和出版向来是商务印书馆的重要工作内容。王云五有感于
汉语辞书检字的困难,1924年到1928年间便展开了对四角号码检字法的
研究,并一举成名,至今仍被使用。同时,王云五是一位敢想、敢做、敢
于"已所欲则施诸人"[2]的行动家。四角号码检字法毕竟只是一种检字方

---

[1] 王寿南编:《王云五先生年谱初稿》,台湾商务印书馆1987年版,第361页。
[2] 王云五:《岫庐八十自述》,台湾商务印书馆1967年版。

法，要想被更多的人接受必须通过辞书的出版和使用。因此，该检字法发明完成后，王云五便立即将之前按传统部首检字法排列的《学生字典》和《国音学生字汇》按照四角号码重新排版印刷。结果，由于这两本字典"沿用多时"，"世人狃于习惯"，不愿采用新法；再加之"所载均以单字为限，于读书阅报时遇着不明白的词语便无从索解"[1]，于是，"笔者遂转念，别编一种工具书，体例与向有者不同，即按四角号码顺序，以新法排列新稿，籍瞻其效用……自时厥后，笔者于编纂辞书之兴趣，日益浓厚，与其对检字法之研究无异"，检字法的创制与辞书编纂在王云五的不断实践中形成了良好的互动关系。

五　本课题的研究意义

本课题的研究是在辞书史背景下，采用对比研究和定量研究的方法，结合对辞书的编纂大纲、编辑说明和文本分析，对王云五系列语文辞书从类型和结构上进行分析探讨，归纳王云五辞书学思想的优点和不足，简要梳理出民国语文辞书谱系发展的大致脉络，以期促进我国语文辞书的现代化建设。归纳本课题的研究意义主要体现在如下四个方面：

首先，王云五的一生是丰富多彩的，其学术贡献也是功绩卓著的，王氏一生致力于各类辞书的编纂和完善工作，但海峡两岸对其辞书学思想的研究尚不够重视，本课题的研究能在一定程度上弥补辞书学界对王氏辞书学研究的缺失，拓宽王氏学术思想的研究范围，有助于我们更为全面地认识王氏学术思想的内涵。

其次，王云五语文辞书的编纂基本上包含了单语语文辞书的主要类型划分，按收词立目的对象分为字典（《小字汇》）与辞典；按辞典的规模分为小型辞典（《小辞典》）、中型辞典（《大辞典》）和大型辞典（《一字长编》）；按收词的新旧程度分为新词语辞典（《新词典》）和原有词辞典。

---

[1] 王云五编：《王云五大辞典》，商务印书馆1930年版，"序"。

从辞书学开拓王云五研究的新视角

王云五辞书为我们研究专人专书系列提供了不可多得的材料,对它的研究将有助于剖析一人主编之下不同类型辞书编纂的各自特色与相互差异,对比分析各自的长处和不足,丰富辞书学的研究内容。

再次,辞书的编纂和出版是在继承和创新的基础上完成的,王云五辞书的编纂不是一个孤立的个体。由于其辞书编纂所处的独特历史阶段,对它的研究有助于汉语语文辞书发展史的历史剖析,有助于勾勒出各历史阶段代表性辞书的继承和创新关系,描绘出语文辞书的发展面貌和谱系联系,对汉语语文辞书的现代化发展有着重要意义。

最后,王云五辞书是民国汉语词汇的集合,由于这一时期汉语词汇的时代独特性,对王云五辞书的研究也有助于了解现代汉语萌芽期的特殊面貌,以及从民国到当代汉语词汇和词义演变的特色。同时,由于中华人民共和国成立后海峡两岸语言独自发展,我们也可以王云五辞书为出发点,对比探究两岸词汇的变化。

王云五曾指出,"一个出版家能够推进与否,视其有无创造性之出版物",并依次列举了商务印书馆自1897年创立至1970年70年间的30种"创造性之出版物"[1],这其中有17种是由王氏独自或主持出版的,具体到辞书编纂则有四角号码检字法、《中山大辞典》《中国百科全书》《王云五社会科学大辞典》,前两者是本文的研究对象,后两种虽未涉及,但也能看出王氏在百科类辞书编纂的贡献。王宁认为,"适合的背景、前沿的学术研究和把握学术前沿的主编,是原创辞书能够产生的必要条件"[2]。王氏不仅具备上述三个条件,在具体的辞书编纂中还体现出较强的创新意识,使所编辞书体现出鲜明的现代色彩,《中山大辞典》《大辞典》和《新词典》的编纂也完全符合原创性的特征。王氏的辞书学思想对后世辞书编纂影响,以及在汉语语文辞书现代化转型中的历史意义不可忽视。以王氏的

---

[1] 王云五:《商务印书馆与新教育年谱》,台湾商务印书馆1973年版。
[2] 王宁:《论辞书的原创性及其认定原则:兼论"现代汉语词典"的原创性和原创点》,《辞书研究》2008年第1期。

辞书学思想为选题,对王氏辞书编纂的总体情况、王氏辞书学思想的形成背景、不同辞书结构要素中所蕴含的思想内容、王氏辞书学思想的成就和不足等进行研究,能够在一定程度上弥补海峡两岸辞书学界对王氏辞书研究的缺失,拓宽王氏学术思想的研究范围;同时,对于剖析一人主编之下不同类型辞书编纂的各自特色与相互差异,勾勒语文辞书现代化初期的辞书编纂和研究面貌,描绘汉语语文辞书的发展历程和谱系联系,都有一定的帮助。

(作者单位:曲阜师范大学)

1949年前后一个商务代理人的日常生活变迁

——基于《史久芸日记》的考察

洪九来

1949年前后，随着中国社会政治场域的革故鼎新，商务印书馆迎来一段困境重重、蹒跚前行的过渡时期。从抗战后期在重庆的"苦斗"，到胜利后返回上海在经济萧条中的挣扎，从中华人民共和国成立后公司主体业务北迁，到摘牌合营又复牌重组，曾经辉煌无比的商务在时代洪流的激荡之下可以说元气大耗、向死而生。对于商务这一段转型历程，主流的史学解释模式基于宏大的政治叙事框架，从国民党政权政治腐败、经济失控，以及新中国对资本主义工商业的社会主义全面改造这一政治生态来进行解释，这当然是正当也是合理的，因为任何一个企业组织，尤其像商务这类具有高度市场影响力的文化企业，产业生态环境特别是政治经济环境的瞬息骤变无疑是性命攸关的。但传统的政治叙事也存在功能性缺陷，主要不足是它把商务视为一个完全受外部环境驱使、被动的改造客体，用本质主义的既定判语对商务转向现象进行符号标签式的抽象解释，无视商务作为一个浸淫出版市场多年的文化巨头，是一个由众多商务人、产品、社会资源、商业准则与文化理念等合力而成的生命有机体，自身有极为坚韧而强大的主动应对外部挑战的生存基因。因是之故，对1949年前后商务转向的研究当然可以继续沿用传统叙事方式，从制度变迁主线进行外部的、描述式的研究，同时，从本体性的角度把握商务企业运营的规律性与文化调适的灵动性，进行内部的、建构式的研究也显得非常必要。

要丰富对商务"内部的历史"的研究，借助生活史研究的方法从商务人的日常生活状态进行拓展是一种可行的路径。生活史研究是一种以人为中心而展开的"新文化史"研究范式。一般而言，中层性甚至边缘性的普通民众是生活史研究最为适当的择取对象，衣食住行、休闲娱乐、人际交往等等日常活动是生活史研究的优先议题，而日记、书信、档案等一手文献是最为值得依仗的研究资源。"由于普通人的活动离不开社会组织、生活环境、人际交往、社会认知等内容，尽管在生活史研究中发现普通人多存有集体无意识的行为，但他们又在更大方面侧面表现了时代的特点"[1]。也就是说，生活史研究的具体对象尽管是个体的，但它的覆盖面则是网状群体性的；研究的内容可能多落脚在一些普通琐碎、非主流的事项上，但研究的指向则是追问时代感与规律性。因此，如果我们能充分挖掘商务人的"日用性"生活样式，用细节化、情景性的生活史素材拼贴出相对精细的历史图像，那么整个商务史，包括1949年前后商务整体转向的历史可能会呈现出更加丰富而又多元的面相。

史久芸作为商务资深"代理人"的身份属性，再加上其留存的记载1949年前后商务变迁情势的详实日记资料，为我们提供了一个十分难得的研究样本。史久芸（1897—1961），浙江余姚人。1915年以"练习生"考入商务印书馆，先后担任哈尔滨分馆会计主任、总馆人事股股长、平版印刷厂厂长等职。抗战时期，先后随商务辗转港、渝，任商务印书馆重庆办事处（实为总管理处）主任。抗战胜利后返回上海，任总馆代经理、经理。中华人民共和国成立后，赴京历任中国图书发行公司副总经理（商务代表）、高等教育出版社与复牌独立后的商务印书馆经理部负责人（实为商务私股代理）等。史久芸与商务恰逢同年诞生，从18岁进馆到64岁在任上离世，可以说其一生历程与商务的发展脉络相始终。作为商务本馆培养出来的人才，史久芸深得商务不同时期董事会的信任，在1940年代已位居商务中高层管理职位，商务北迁后又作为私股代理人在北京一线负责公司的改制、重组等具体事务，可以说是商务1949年前后企业变迁的亲历者与见证人。尤为难得的是，以财务管理见长的史久芸还以其细致、精

---

[1] 周洪宇：《〈教育生活史研究丛书〉总序》，转引自范军、欧阳敏：《出版生活史：出版史学研究新视阈》，《现代出版》2017年第2期，第67页。

1949年前后一个商务代理人的日常生活变迁

炼的职业习惯留下了一部60多万字的日记资料,"流水账"式的记录内容恰好跨越1949年前后十多年的时段。[1]日记主体内容涉及两大类:一是关于其个人及家庭、亲友之间衣食住行、生老病死等私人生活领域内容,记录详实,值可当一部1949年前后城市高级职员日常生活变迁史或家庭志来解读;二是涉及其所在企业、社团、组织等社会网络关系中的公共事务信息,尤其是作为商务不同时期高级管理者的许多亲力亲为、所见所思,有较为完整的脉络性记录以及大量情景性细节,带有私人体馆史实录的性质。

在史久芸日记庞杂而丰富的记录中,有若干连续性、重复性呈现的日常生活现象,每一具体现象的产生当然有各自的时空情景,没有必然的因果联系,但是放在1949年前后中国社会大格局与商务小空间均发生转换的背景下来观照,它们之间隐然又是有关联的。生活样式的前后反差、此消彼长,其实是史久芸此间个体心路历程发生较大转变的直接写照,同时,也是商务企业发生转向的轨迹在一个商务人身上的具体印证。

一 私人生活:从"听经、念佛"到看电影、听戏

史久芸是旧商务管理层中笃信佛教的代表人物,其信佛的因缘发端于1943年重庆时期,因早年重度肺病治愈后需要静心修养的需求、妻儿艰难辗转到重庆团聚后又病魔不断的家庭困惑,这些都是导致史久芸接近佛教的显性机缘。但是,商务在1940年代的经营危局可能是触发他吃素持斋的一个更隐性的、心境上的诱因。从现有记载看,史久芸在服务商务生涯中也有两次要辞职而去的念想。一次是1945年春节,"在白象街写致云公信,为经济压迫,忍痛言辞事"(2月13日)[2]。抗战时期,由于重庆物资匮

---

[1] 现存《史久芸日记》含1943年、1945年、1947—1948年、1953—1961年11月共约15年的完整记录,其他年份的日记不幸佚失。原件保留在中国近现代新闻出版博物馆,整理后的日记已由商务印书馆正式出版。

[2] 括号中为日记原文标注的公历日期,以下日记引文均同。

乏、物价飞涨，史的家庭用支常常入不敷出，多次向亲友借款周转。当时商务职员跳槽现象频频，史作为管理处负责人，一边苦苦劝留他人，而自己处境又如此不堪，可想其内心痛楚。作为商务长期主管人事的负责人，自"八一三"抗战军兴辗转沪、港渝，史久芸的一项主要事务就是处理职工遣散与复工等十分棘手的劳资问题，不胜其烦。例如，1942年初大量香港馆厂的工人云集至韶关面临遣散救济，王云五派史久芸前去应付，"费了很大的口舌，及很大数字的金钱，方得解决"[1]。1946年春商务总管理处回迁上海不久，上海职工发起了长达半年多的运动，要求改善待遇。同年7月，史久芸在处理商务工潮时被职工殴打致伤、住院休养数月，第二次有"辞职之说"。尽管此次辞职举动经张元济、朱经农等商务高层极力挽留而作罢，但风波本身在史的内心是落下阴影的。事后，他曾自责"愧对公司"，"既不克效奔走之劳而卧听交涉迭次失败之消息，中心痛苦，实较殴伤为甚"[2]。据史久芸自述，1946年，他回到上海并赴家乡余姚"小住"（实为受伤回家休养），"实则当时还没有皈依三宝"。后来才"参加上海功德林读经会、念佛会；并追随心光讲学会、佛教青年会诸君子之后，参谒名师，亲近大德，于佛教的教理稍有研究，才算正式皈依佛教，成为佛教弟子"[3]。基于以上的梳理，史久芸从重庆时期的接触佛教到返回上海，尤其是1947年以后崇信佛教，是由个体秉性、家庭状况、人际交往、职业环境等多方因素叠加的结果。其中，商务印书馆作为旧中国典型的民营企业，在经营中带有难以克服的劳资矛盾与利益冲突，企业文化中存在斗争性的时代面相，也是催生史久芸一心向佛的重要添加剂，这是毋庸讳言的。从史久芸日记中还可以发现，在1940年代末的商务中高级管理层中，信佛之风较盛，带有一定的群体色彩。如1947年4月23日傍晚，"主计部同事见贺升经理事，在功德林聚餐，请余与内子两人。……饭后念经，同

---

[1] 王云五：《王云五文集》第5卷下册，江西教育出版社2008年版，第818页。
[2] 张元济：《张元济全集》第1卷，商务印书馆2007年版，第319页。
[3] 史久芸：《我的学佛因缘》，福建莆田广化寺编：《入佛因缘》，福建莆田广化寺佛经流通处1993年印行。

人参加者有十余人"。此类记载表明：在特定的时空情境中，纯属商务人个体自由选择的宗教信仰问题在生成原因上是有同构性的，在选择认同上是有传播性的。

在1947—1948年的日记中，史久芸日常生活轨迹如下："晨，诵、听经，做早课"；白天，至公司上班；"晚，至功德林念佛"。功德林（后期还有觉林、心光讲学会等）是除家庭、商务之外史久芸生活的又一必备空间，诵经念佛、同道议事聚餐、办佛学讲座、上电台宣讲等是他几乎唯一的私闲生活乐趣。但让人称奇的是，史久芸耗费了大量时间与精力倾心佛事活动，却能与他作为商务管理层奉献于本职岗位的活动并行不悖，似乎没有任何的抵牾。因其"一切事务均甚熟悉，人极坦直，肯负责任"[1]，商务知人善任，提升他为代理经理。当时教界中人对他有一段评价，似乎隐含着对这一奇异现象的解答。其云：史久芸"英挺练达，蔼然仁者，信佛至笃，凌晨即起礼佛早课，以礼佛运动肢体，促进健康……自言学佛后，于事业推进，裨益至巨，待人接物，一以慈悲喜舍出之，故人亦乐为之用"[2]。如果剔除其中一些因果报应的味道，上述解释还是合乎事实与逻辑的，即史久芸当时践行的人生价值观就是以超然"出世"的心态奋力做"入世"的事务。日记中记载有他获知自己被推为代经理后的反应："余告经农先生：余现在职务无法为加一衔而增多，亦不致因少一衔而减少。任余经理于余实无所损益。此实情也！"又言"今日为四月十九日。余与'十九'关系洵大矣哉！"（1947年4月19日）这一番表白在坦诚、超脱之情中又蕴含某种敬畏感，是一个虔诚的信徒加勤恳的职业经理人合于一体后自然心态的流露，一定意义上也是商务40年代后期企业文化的部分写照。

由于缺失1949—1952年的日记，我们无法具体得知史久芸每天必修的佛事功课是如何"荒废"的，但至少从1953年以后，佛事活动在史久芸的

---

[1] 张元济：《张元济全集》第2卷，商务印书馆2007年版，第27页。
[2] 史久芸：《我的学佛因缘》，福建莆田广化寺编：《入佛因缘》，福建莆田广化寺佛经流通处1993年印行，"编者按"。

505

私人生活记录中几乎完全退场，间或有一些与旧道中人迎来送往、飞鸿传音的零星记载，也多属于礼节性或公务性的世俗交往。日记中焕然一新的消闲方式是看电影、观赏各类戏剧曲艺表演、摄影、阅读报纸等，尤其是观看电影及各类戏剧曲艺表演成为他最主流的日常娱乐方式。从初步的统计看，整个1950年代，史久芸观看影剧的频率逐年提高（见表1），[1]由每周平均一场升至二三场，而且是不加挑剔、逢影（戏）必看，甚至有时一天之内连场或转场观赏，乐此不疲。涉足的影院众多，比较密集的电影院有首都、中央、新中国、大观楼、大华等，各类剧院有实验、民主、进康、北京、青年宫、大众等。由于日记对每次观影的时间、地点、内容等场次细节均有准确的记录，加以整理，值可当作1950年代北京电影发行史的档案资料。总之，大致在上海解放之后到1951年北上中国图书公司任职期间，史久芸日常生活中的情感寄托方式发生剧变，从沉浸于宗教色彩的个体性体验，转换成世俗气息的大众化娱乐。

表1　1953—1959年史久芸观看电影、戏剧曲艺表演场次统计　（单位：次）

娱乐活动	年份							
	1953	1954	1955	1956	1957	1958	1959	总计
电影	56	51	69	71	71	29	14	361
戏剧	20	11	20	37	58	24	28	198
总计	76	62	89	108	129	53	42	559

无论陪都重庆还是大都市上海，各式影院及梨园舞台并不少见，问题是这一类都市休闲空间在1949年以前的史久芸日记中是非常稀见的，没有发现他观看一场电影的记录，曲艺类欣赏的记录也是寥寥无几，如1943年10月22日，家人等"往银行进修社观话剧《杏花春雨江南》。余因不感

---

[1] 1958年、1959年观看场次减少，概因这两年史久芸赴香港分馆厂办事分别达三四个月之久，这部分日记佚失无法统计。但参照1961年史久芸在香港密集观影的记录情况，1958年、1959年两年的场次总数依然可观。

1949年前后一个商务代理人的日常生活变迁

兴趣，未往"。1947年1月4日，往中国大戏院看梅兰芳演出，"在梅戏未上场前，做武行戏，既落伍，又繁杂，且毫无艺术意味。此种戏剧，实有大加改良之必要"。诸如此类，不是挑剔不满就是直接拒绝，总之没有任何兴趣。为什么史久芸对同样的娱乐媒介在不同时代的接受度有如此天壤之别？或者说1949年后为什么对电影、戏剧曲艺之类能欣欣然接受，成为其日常生活中须臾不离的必需品？这是非常耐人寻味的。毋庸讳言，在新的意识形态与宗教政策氛围下，史久芸每日念经礼佛的日常生活样式难以为继，客观上不得不断舍离，因此需要新的仪式活动来填补心理上已成惯性的情感寄托机制，日用性与艺术感兼具的影剧载体能较好地起到这一补偿作用。在日记中，史久芸许多观影场次的情境完全出自一种本能式的身心需求，尤其是一人赴剧院时，对影戏类型不做任何选择，随遇而安，消磨时间，聊以填补某种缺失的色彩特别显著。诸如"夜饭后无事，去西单剧场，见有四排七座的退票遂买了"（1959年3月29日）这样的记载概是明证。再者，从日记中还可以透见，每当商务在改制转型中有所进展，如1954年4月公司全面进入公私合营、1958年从高教社分离迁至新址、每年接待上海的私董进京召开董事年会或海外分馆代表来京观摩等重要时间节点后，史久芸观影的频次就特别密集，似乎在用这种休闲举动释放自己作为老东家代理人的某种责任压力或胜利喜悦。还必须看到的一点是，中华人民共和国成立伊始，"国家意识形态强势进入大众文化消费领域，电影的宣传教育功能日益凸显"。在"把有闲阶级的消遣场所改变为劳动人民的文化教育与娱乐相结合的人民影院"的口号下，新政权进行了许多占领影院空间、改造电影观众的举措。[1] 像学习教育式观摩、集体性娱乐活动、先进荣誉的奖赏、加演时事新闻片等"被看"的规训大为增多，电影的教化导向对个体观看影剧习性的养成无疑起到催化作用。在日记中此类"被看"的记载比比皆是，诸如"往大众剧场看评剧《苦菜花》。今日系馆中请本馆同人往京华、五十年代联工联欢。戏于七时开始，先由陈翰伯同志

---

[1] 张济顺：《远去的都市：1950年代的上海》，社会科学文献出版社2015年版，第271—272页。

简单致辞云"（1959年1月31日），"午饭后，内子往民主剧场观《我的一家》话剧，是招待军属的。我去首都剧场看《百炼成钢》话剧，由新文化报社招待"（1959年2月15日）。在诸如此类的电影仪式熏染之下，集体归属感与身份认同感油然而生，这也是史久芸当时对影剧爱好养成的重要因素之一。

二 公共事务：从"请吃、聚餐"到"开会、听报告"

当下有业内人士在反思出版业危机时说："出版业衰退是从出版社不做出版开始的，从出版社不把钱花在请作者喝酒……开始的。"[1]此言看似戏语，但如果用来验证1949年以前商务这类民营出版企业的运转情况，可谓切中肯綮，"请吃、聚餐"确实在企业生态中是个不可或缺的日常事务。

根据粗略统计（见表2），1947年和1948年两年中，史久芸涉足的上海各种餐饮场馆总数达20家，以适合史久芸食素习惯的众多老字号素菜馆居多，回头率也颇高，其中，距离福州路总管理处不远的功德林是当之无愧的首选之地，全年有一半的饭局云集于此。估算下来，史久芸每周在外出席的各种饭局约有三到四次，有时数天不断，甚至每天两场。例如，1947年7月26日，"中午，因杭各家分庄经理来沪，同在功德林午饭。傍晚，至觉园同伯翁、仁翁请孤翁吃饭"。27日，"中午，为嘉兴事邀六家同业及杭分庄经理在功德林午餐、集会。傍晚，为十九家同业商国定本价格事在功德林夜饭"。如此连轴转的饭局现象在日记中经常出现。从该例举中大致还可见出当时饭局的两种主要类型：一是商务内部人员之间的聚餐，如招待各地分馆来沪公干的人员、上海董事会与总管理处等管理层的议事餐等；二是业界同行间往来交谊、相互议事的宴请，多集中在与中华书局、世界书局和开明书店等出版企业之间，"七联""十一联"等书业联合体以及书业同业公会、书业商会、印刷业公会等行业组织成员间。除此

---

[1] 马睿：《陈昕谈传统出版业的数字转型时刻》，《东方早报·上海书评》2015年8月9日。

之外还有一大类型，即为了满足与行业外各种社会资源交往之需的宴请。作者是出版业的第一重要资源，应该是饭局中的常客，不过，或许是因为史久芸承担的管理职责不太牵涉编译部门，所以日记中与一般作者群的交集并不多见，但商务编译部或董事层款待一些重量级的知名作者，如冯友兰、马寅初、任鸿隽、郑振铎等，日记中多有列席作陪的记载。在史久芸出面参加的请吃中，有两类身份的社会资源出现频率较高：一为南京国民政府以及地方省县级的教育口官员，甚至包括一些中学名校的校长之类，这无疑是商务当时千方百计争取国定教科书发行份额以及推广自版教育用书进行的公关活动；二是上海多家银行、钱庄、财务咨询与代理等金融机构的人士，这显然与1940年代末商务试图通过融资活动挣脱经营危机的努力密切相关。

表2　1947—1948年史久芸参加公务性宴请情况统计[1]　　（单位：次）

年份	餐饮场所									
	功德林	松月楼	聚源斋	蜀腴	杏花楼	觉林	青年会	国际饭店	其他	总计
1947	92	36	17	12	5	3	2	2	13	182
1948	59	29	2	3	2	9	6	5	9	124

对现代出版企业而言，饭庄酒楼带有准"公共空间"性质，是企业处理日常事务的第二办公场所，感情联络、信息交流、议事决策等功能叠加在一场场的饭局酒局中，真可谓"酒里乾坤大"。从史久芸的饭局信息中，我们就可以感知一些旧中国出版业浓郁的生态气息。首先是上海出版业与外部餐饮业、娱乐业互生互动形成的商业氛围。以福州路为中心的现代上海出版业的兴盛，"首先是先进的（出版）设施而引起商业、娱乐业的盛

---

[1] 该表统计的宴请情况均为在公共餐饮场所开展的公务性活动（以商务的各类活动为绝大多数，有少部分佛教团体的活动），不包括纯属亲友间的私宴以及商务同人间的家宴，尽管后者有时也与公司事务有关联。

集。由此所产生的大量信息和便利的发行条件，吸引着书报业向此地的集聚。……同时也必然拉动商业、餐饮业、娱乐业的同步发展"[1]。总之，各业之间互动形成的规模集聚效应，伴随着现代出版业发展过程的始终。"请吃"之风在当时出版业是极为普遍的，史久芸每年100多场的饭局既有"请吃"的，也有"被请吃"的，由包括商务在内的10多家出版同行在20多家餐馆间你来我往、穿梭唱和汇集而成，星罗棋布、服务周到的餐饮场所为出版同行的切磋交流提供了便利的空间。其次是出版业内部重新构建的竞争加合作的产业关系。激烈的竞争一直存在于旧中国较为同质化的出版机构之间，尤其像商务、中华等几大出版巨头之间，但这中间有起承转合，应该说到1940年代中后期出于共纾国难、共解危局的情势，基本上已呈合作大于竞争的态势。从重庆到上海，民营出版企业或公开向政府机构就教科书发行或纸张分配提出解决方案，或私下就员工薪酬、复工条件等统一行规，大多是在轮流坐庄甚至公请式的和睦饭局中达成的，史久芸日记中于此有较多的记录。最具代表性的一例是1947年接待南京教育部来沪的官员，"中午，往国际饭店丰泽楼陪吴研因及薛科长吃饭。系本馆与中华、世界公请"（6月11日）。像这种三家巨头面对都要争取的政府资源而共聚一堂、合资"公请"的情形在二三十年代是绝对少见的，一定程度上显示出1940年代末出版界合作、融洽的状况。最后，在"请吃"活动中，各家出版企业与外部商业饮食符号构建的某种关联形象，一定程度上是对自身企业文化品性的彰显。就商务的饭局而言，首选有"素食鼻祖"之称的功德林就具有些许象征性意味，与它"在商言商"、平和稳重的"老大"气质形成某种默契。当然，对史久芸个人而言更有特别的意味。功德林当时在三楼专门为信徒设置了念经的佛堂，这极大地满足了史久芸以及一部分同道中人公私兼顾的个性要求。

用饭局数量来衡量出版业的景气与否一定程度上有说服力，但并不是绝对有效，验证于1950年代的中国出版业则基本上是失效的。在1953年

---

[1] 陈昌文：《都市化进程中的上海出版业（1843—1949）》，上海人民出版社2012年版，第168页。

510

以后的史久芸日记中，昔日热闹异常的请吃、聚餐现象在商务日常业务中可以说屈指可数，仅偶尔出现在逢年过节的集体性聚餐、每年股东会议以及海外分馆人员到京时的礼节性宴请等极少场合。开会、听报告等学习型样式取代了过去世俗日用性的办事方法，成为新商务人进行业务运营、信息沟通以及思想交流的新常态。

表3　1953—1958年史久芸参加上级主管部门各类报告、会议统计（单位：次）

主管部门	年份						总计
	1953	1954	1955	1956	1957	1958	
出版总署	15	7	4	—	—	—	26
高教部	—	19	17	26	35	10	107
文化部	—	—	—	3	20	5	28
其他	4	4	6	2	4	2	22
总计	19	30	27	31	59	17	183

从记载的内容看，开会、听报告活动主要分为两大类。一是赴上级行政主管部门参加高端的专场会议或报告（见表3），聆听领导人关于内政外交的现场报告或间接的"听读电报"、专家学者对经典阅读的辅导讲座、各种运动动员与交流等，内容众多，形式不一。这一类是基于史久芸当时的级别身份才能参加的公务性会议，所以基本上逢会必去，兴致很高，仅偶尔对报告人的不精彩略有怨言。如"往高教部听唐守愚司长作关于《联共党史》第十章'社会主义工业化'的报告，索然无味"（1954年9月21日）。再一就是单位内部的大会小会，几乎每天不断。除日常的业务会议，另有两类会议最为显眼。一是每周三下午固定的政治学习时间，主要是连续地学习有关社会主义制度的经典读本，如《实践论》《联共党史》《政治经济学》等，有专家辅导、个人自学、小组讨论、集中考核等规范性流程，费时较长，如《政治经济学》在1956—1957年间陆陆续续学习了一年多。二是配合历次政治、思想运动在馆内进行的"跟风"会，如"胡风分

子"批斗会、右派检讨会、整风交心会等,每一次均延时较长,甚至要占用不少常规的工作时间,以至于到1958年下半年,为了生产"跃进"与开会整风两不误,"宣布馆中拟推行二四制,即一星期中,四天工作,两天学习和开会等;晚间两个晚上自由活动,四个晚上学习和开会娱乐等"(7月23日)。综合以上可见,各种会议的密度已成为考察1950年代出版企业是否跟上时代步伐的重要指标之一。

从请客吃饭到开会、听报告的变化,实质是1949年以后新政权重塑出版业意识形态与价值立场的努力,是对跨入新时代的传统出版人进行的一场暴风骤雨式的思想洗礼,力度与效果均是颠覆性的。以1958年6月商务开展向党交心运动为例,这是整风运动进行到第四阶段特意设置的一个步骤,意图让知识分子完成从被动的政治动员到主动的政治参与的思想飞跃。商务从6月5日开始动员,"号召苦战15天,争取全胜"。于是,在接下来的半个月中,全馆员工从每天下午开始直至深夜轮流自我解剖,至6月20日"交心"告一段落。"据报告,全馆136人,报名交心者116人,发言者103人云。"6月9日,史久芸第一个发言,讲了三个问题:1.思考改造过程;2.资本金代理人问题;3.退休问题。其中最核心也最敏感的概是代理人的身份问题。其实早在1954年公私合营时,原商务一批管理人员出于远离政治是非的心态,均不愿再以商务私方的身份工作,正如当时出版部负责人戴孝侯的回忆:因为代理人"受到感情的支配,常常不自觉用商务的改造来迎合国家的政策,而不是首先根据国家的政策来改造商务",不可避免会犯错误。所以,他在高教社成立后,"立即向商务辞卸了压在身上两年两个月的资方代理人包袱,重被职工会接受为会员"。[1]史久芸当时属于也想卸包袱但又被多方劝留而不得的情形,日记对此有明确记载:5月3日下午,"同沈季翁应沈静芷同志招约往谈话,为我二人不肯做清理

---

[1] 戴孝侯:《黎明前后》,商务印书馆编:《商务印书馆九十五年》,商务印书馆1992年版,第391—392页。

组的私股董事代表事"[1]。在公私合营以后，尽管史久芸怀带与时俱进之心折中于多方利益之间，但特定的身份使他在具体工作中对商务的一些全局性决策存在认知上的偏差，错误自然难免。如1956年的一次社务会议上，他对新调来的干部多病号、低效率现象颇有微言，事后被商务领导批评。尽管他坦诚反省："我常常从直觉的来发言，没有考虑到所受影响，的确太不应该。"（4月20日）但内心一定是非常纠结、希望倾诉的。我们现在无缘知道"交心"时史久芸具体的发言内容，但以他坦直的性格，一定会竭力利用这个会议空间诉说作为代理人复杂、矛盾的心迹，从而客观上达到解剖自我、升华灵魂的运动意图。

三 出版业制度转型是私人日常生活律动的机枢

1949年前后史久芸日常生活的巨大差异，其实是他所在的商务印书馆发生时代变化的缩微与细化。中国民营出版业作为一种社会文化力量，1940年代末由于深陷国民党千疮百孔的政经泥潭，本来就处于不断被弱化的境况中，整体产业内生地需要寻找突破困境的新路径。知名文化人夏丏尊在抗战胜利后就敏锐地看到，传统编印发俱全的出版组织庞大如是，"非有巨大资本不能应付"，而现实几无可能。因此，要寻找一种新途径，"即将原来机构改组，把出版机关与发行机关分立是"，"出版社专管出版事业"，而组织"联合书店"像邮局一样专注于全国发行。[2]这种理想设计与中华人民共和国成立后政府对出版业组织流程的拆分、选题的专业分工、发行的统一集中等政策举措暗合，但在当时的条件下，仅凭民营出版业自身是无法兑现的，也只有在它们获得可以附着的新国家力量之后才可以付诸行动。中华人民共和国成立后，新政权运用国家威权对传统出版业

---

[1] 沈季翁即沈季湘，时为商务印书馆上海办事处负责人。沈静芷时为商务印书馆公私合营中公方出版总署的代表之一。
[2] 夏丏尊：《中国书业的新途径》，张静庐辑注：《中国现代出版史料·丙编》，中华书局1956年版，第142页。

进行改造，不仅是因为在产业性上进行宏观调整与计划统筹是合理与必要的，更具深层的战略意图是从建构意识形态角度对出版属性及出版人身份重新定位，即对庞大的民营出版业用公私合营的方法和平性赎买，把传统商业性、民间化的社会文化资源逐步统摄到政治化、计划性的国家权力系统之中。出版业面对的是新旧制度之变，而不是简单的产业分合问题。对此时势大局，当时商务一些高层元老如张元济、陈叔通等极具敏锐的感知力。在与陈叔通的通信中，张元济对陈氏所言"公私合营之事，系领导被领导之关系，而非合股云云"非常赞赏，誉为"一语破的，唤醒群迷"[1]。所以在公私合营过程中，商务审时度势，始终抱定"领导、被领导"五字原则，最后得偿所愿，顺利融入新时代。

现有史料充分显示，史久芸在商务合营中是重要的决策参与者和执行者之一，这当然与他身为北京总管理处负责人的应尽职责有关，但最关键的应是在时代潮流洗礼下，他的生活态度与职业理想发生了质的提升。1950年，史久芸作为商务代表之一出席了全国第一届出版会议，在一次座谈中有如下一番推心置腹的发言："坦白的说，我的思想是陈旧的，还要随时随地向诸位先进学习。……一位商务代表在发牢骚，他说：'我们开办的年数，已五十多年，过去出版的书籍，在两万种以上，我们各地分馆，如北京、天津、沈阳等，都是巍巍大厦，有那里不如人呢？但是你看，会议的名称：三联、中华、商务，名落第三，唉！'……（我）常常觉得在会议中不好意思多发言……想想那一桩事于我商务是无利的，那一桩事于我商务是有害的……常感说不出的苦闷。后来把'我商务'三字抛去，改换为'我五联'……如此一来，在会议的时候，觉得我的意见很容易和他人融洽，回家之后，也觉得心神愉快。"[2] 此番言语淋漓尽致地再现了其从彷徨、痛苦到决断、升华的心迹历程，尽管还带有一丝佛家的解脱色彩，但其超越自我、适应时代的志趣彰显无疑，恰似多年参禅后的"顿

---

［1］张元济：《张元济全集》第2卷，商务印书馆2007年版，第434页。
［2］史久芸：《我的个人经验》，《三联、中华、商务、开明、联营五单位联合干部会议纪念文集》，中国图书发行公司总管理处秘书处1950年编印。

悟"一般。所以，陈叔通当时非常惊喜地告知张元济："久芸自参加出版会议后大为改变，此人可以利用，要添经理仍以久芸充之……"[1]这应该是对史久芸当时生活与工作面貌焕然一新作出的最权威、可信的注解。

新中国对新闻出版业的社会主义改造是一个复杂的系统工程，在资产清理、机构调整、产品把控等有形改造的同时，对从业者的思想主体性进行灵魂重塑式的无形改造才是重中之重，这也是当时在新闻出版界发动众多运动的深层原因。对知识分子的改造固然有雷厉风行的原则性与斗争性的一面，但也有春风化雨的灵活性与平和性的一面。借助各种新的空间、符号、仪式等表征手法不断重复地释放新时代的精神元素，使知识分子在日常生活中无意识地养成新的习惯、思维与观念，从而达到旧人换新貌的效果，是中华人民共和国成立之初国家实施改造过程中一种非常高妙、有效的策略。史久芸日记中有这样一则专门的记载：从1950年参加全国出版第一次会议起，以后数年每逢重大节庆都被邀赴天安门参加观礼（见表4）。这种经常化的政治仪式使史久芸既倍感自豪，又鞭策自省，"自思于社会于人民毫无贡献，受此特殊待遇，实甚惭汗。嗣后即使有参加机会，也应尽量让给别人去参加"（1956年4月30日）。所以，史久芸能以老骥伏枥之态积极投身于新商务，个中缘由概与国家能在其私人性或公共性日常生活中不断释放精神动力有密切关系。

表4 1950—1955年史久芸参加天安门观礼情况统计[2]

节庆	年份					
	1950	1951	1952	1953	1954	1955
五一节	尚未来京	左台	为搞"五反"在沪	南一台	右台	南一台（侣女代）
国庆节	左台	左台	右台	右台	南二台	因公赴津

[1] 张树年主编：《张元济年谱》，商务印书馆1991年版，第557页。
[2] 本表内容源自史久芸在1956年4月30日日记附录的自我统计。

1957年以后，已届退休年龄的史久芸曾两次提出申请，均被商务高层"不能批准"而继续留任，他也"只能表示服从"，直到1961年在现职岗位上去世。从一个资本家的代理人，转变为"把一身奉献给了我国的出版事业"的新出版人（胡愈之代表官方在追悼会上的赞誉），源于史久芸对商务的挚爱与感恩情怀，也端赖新社会对出版人的重塑之力。1949年前后史久芸个人日常生活的变化轨迹，实为当时商务印书馆整体追寻进步与发展历程的人格化缩影。

（作者单位：华东师范大学）

陈翰伯与北京编译社

黄鸿森

我是1959年调入北京编译社做俄文翻译工作的，报到时，接待我的是社人事科原安众科长。他告诉我，编译社的主要任务是为北京各大出版社，如人民出版社、商务印书馆、人民文学出版社、世界知识出版社、人民教育出版社等翻译书稿。社长由北京市人民委员会（市政府）李续纲副秘书长兼任，总编辑由商务印书馆陈翰伯总编辑兼任。李续纲的名字是初次听说，而陈翰伯则是我心仪已久的国际问题专家（因为我是《世界知识》杂志的老读者），觉得自己能在这样一位学者领导下工作是十分荣幸的。（图1）

图1　1960年，作者在北京编译社大门摄影留念

一　北京编译社成立经过

北京编译社的成立渊源于周恩来总理1956年1月所作的《关于知识分子问题的报告》。报告公布后，全国上下开始重视知识分子在国家建设中的作用。北京市领导部门考虑到，随着国家对外交往的开展，众多外国文史科技著作和具有现实意义的出版物，尤其是大量引进设备的外文说明书亟待翻译；另一方面鉴于首都社会上还散落着一些受过高等教育、通晓外语的知识分子，由于各种原因赋闲在家，或者虽有职业而用非所长，于是决定成立一个翻译机构，吸引他们参加工作，为社会主义文化建设服务。为此，1956年4月在北京市第八中学举办了一场英、俄、日三种外语甄别考试，应试者200余人，北京市人民委员会李续纲副秘书长到场监试。德、法等小语种因人数不多，由有关部门派员面试。甄别结果，录取120人左右，约为应试人员之半，其中有留学经历的约占四分之一，而且不乏学术界、翻译界知名之士。

这个翻译机构定名为"北京编译社"，于1956年7月23日成立，为北京市人民委员会所属的事业单位。社址设在北京市西城区南魏胡同3号（今西四北6条9号），为两座毗连的三进四合院，原为教会用房，这里环境幽雅，花木扶疏。

北京编译社首批译员通晓的文种有英、俄、日、德、法、意、西班牙、葡萄牙、印尼、阿拉伯语等。他们平均年龄48岁，有的年过花甲，如俄文译员白居正，在瞿秋白求学于俄文专修馆时，已任助教；30岁以下者不足十人。就原有职业而言，有教育工作者（大学、中学教师）、工商业者、新闻工作者、宗教职业者、个体翻译者、旧公务员、旧军官，还有家庭妇女，等等。论教育程度，绝大多数受过高等教育，有十多人在入社之前已有译著或者著作问世。例如译员杨丙辰从德国柏林大学留学归来，曾任北京大学、清华大学德文教授，河南大学校长，从1920年代开始，就翻译德国大文豪席勒、歌德（葛德）的著作，堪称译坛前驱；北京师范大学教授李长之还撰有《杨丙辰先生论》。

北京编译社的主要任务是为国家出版社翻译正规出版物，并为中央及各省市翻译书稿（以外译中为主，也有部分中译外任务，此外还有外单位借用，临时担任接待外宾的口译工作等）。这就要求译者必须有坚实的外语根底，还要有良好的现代汉语表达能力，并且熟悉所译内容的专业知识。当初进社的译员只有一部分人具备这样的条件，能够独立定稿，即译出符合出版社要求的书稿。有的译员外文根底不错，但由于长期从政、从商、从军，或者从事宗教职业，很少或没有做过文字工作，因而不能适应翻译业务，需要有一个学习、熟悉、历练、磨合的过程。

最初进社的译员经过三个月试用期之后，就评级定工资。评级按国家制定的翻译工作人员工资标准表实施。社领导宣布，评级不考虑译员的政治历史，只看翻译业务水平。翻译工作人员工资标准表规定，工资分15级，最高1级，月工资299元；最低15级，月工资48.5元。凡具有独立定稿能力的译员，评为10级（86.5元）或以上。译员经过工资评定，就成为国家干部了。那时，政府机关和事业单位的工作人员，都叫国家干部。

北京编译社成立不到一年，应该说还处在草创阶段，如同船舶出航不久就遇到了风暴，席卷全国的反右派运动到来了。运动从1957年6月开始，到1958年3月底结束，历时十个月，翻译业务处于半停顿乃至完全停顿状态。这个百人左右的单位，被划右派的占40%，比例远远超过其他部门。编译社知识分子受到"扩大化"的打击是极其沉重的。译员人数锐减，一些翻译能手被淘汰出局，编译社元气大伤。

二 陈翰伯来到北京编译社

反右派运动结束后，处于低谷境地的北京编译社从1958年春夏间开始重整旗鼓。当时，商务印书馆已经恢复独立建制，承担翻译出版世界学术名著和编纂出版中外语文工具书两大任务，陈翰伯先生出任总编辑。北京编译社采取一项重要的组织措施就是在社里设置总编辑制度，聘请商务印书馆总编辑陈翰伯兼任北京编译社总编辑。陈翰伯就任兼职后就派出商务印书馆高级编辑、翻译家黄子祥出任北京编译社总编室主任，主持管理并指导全社翻译业务。北京编译社领导机构的充实，促使翻译业务呈现出蒸蒸日上的态势。

李续纲社长是北京编译社的创始人，一心希望这一事业发扬光大，陈翰伯总编辑则满怀期待商务和编译社双方联手双赢。虽然都是兼职，但是他们付出很大的心血和精力推进编译社翻译事业的发展壮大。翰伯先生在编译社设有专用办公室，大约每隔两周来社办公半天。总编室事先准备好要请他解决的问题。他也根据需要约见有关翻译组组长或重点稿件译员了解情况、指导工作。他的工作作风十分严谨，并特别关注与其他有关单位的业务往来情况，遇有问题必定加以落实。李续纲社长每隔些日子就约同陈翰伯总编辑联袂到社了解情况，听取汇报，解决困难，指导工作，并同全体译员见面。李社长讲一些国家形势、文化界信息，陈总编则说说学术动态、出版界状况。有时传达一些高层政策，例如1962年广州会议上，陈毅副总理宣布脱去"资产阶级知识分子"帽子一事就是他们传达的，译员听后额手称庆。两位社领导深厚的学养、谦逊的气度、优雅的谈吐给译员留下极好的印象。他们是行家，有时还同译员讨论一些翻译上的具体问题。

陈翰伯先生到北京编译社兼任总编辑，使编译社发生了一些重大变化。

一是密切了编译社同出版界的联系。翻译，就译书而言，是出版流程的一个环节，是出版事业的一个组成部分。编译社成立之初，领导成员中没有出版界人士。出版社委托编译社译书，编译社向出版社提供译品，双方仅有契约关系。编译社社长李续纲先生曾经留学日本京都帝国大学，是革命老干部中为数不多的"海归"者。他在北京市政府担任分管文化、宗教事务的副秘书长，博学谦冲，在文化界有广泛的人脉。陈翰伯先生兼编译社总编辑，就密切了编译社同出版界的关系。编译社同商务合作之初，还是"一边倒"时代，俄文稿件潮涌而来，忙不过来，别的文种又稿源不足。商务的稿源是多文种的，因此，同商务联手就缓解了编译社的稿源问题。后来社会上对英语及其他外语日益重视，编译社也有了名气，求译者多，稿源遂不再成为问题，而且常常感到应接不暇。当时国内许多部门和工厂引进外国设备，数量庞大的外语说明书亟待翻译，有的单位还专门派人来京坐待催促。社里专设一个组翻译此类稿件仍不足以应付，有时还请他组译员帮助完成任务。

当时除了商务印书馆是北京编译社最大的合作单位外，世界知识出版社托译稿件最为频繁，要求时限最为紧迫；论内容大部分是供外事部门或国家领导人参阅的国际政治书籍。人民文学出版社托译的外国文学著作亦是一大稿源，不少是日文著作。当时人民文学出版社专门与北京编译社联系工作的是出版社编辑、翻译家文洁若女士（萧乾夫人）。她经常到编译社主要同日文组几位译员联系。久之，她深厚的学术修养、认真细致的工作作风和优雅的学者风度在编译社同人中留下深刻记忆，传为佳话。商务印书馆高级编辑尚永清先生也常来编译社，同日文译员商讨《汉日词典》编纂事宜，此书经多年辛勤，已打出清样，因"文革"骤起而功败垂成。1980年代重新启动，八易寒暑，终于编成《新汉日词典》。

二是改进了罗致译员的方式。北京编译社的首批译员，前面说过，是通过外语考试录取而来的，而社里的主要任务是翻译书稿，做这一工作外语固然是基础，但还需要汉语表达能力和一定的专业知识。首批译员确实有不少人具备译书的才能，同时也有些译员未能适应。陈翰伯先生来了之后，舍弃了招考的方式，改用调动的方式，陆续从政府部门、事业单位调进不少有翻译经验和学术专长的干部。例如，留美归来的医学教授陈世昌，翻译名家张其春、张自谋等。张其春曾任江苏学院英文教授，1949年后曾任国务院对外文委副处长，译著累累，入社后还为商务编纂《简明英汉词典》；张自谋出身清华，原在国际新闻局、外文出版社工作，曾参加刘少奇《论共产党员的修养》、朱德《论解放区战场》等书的中译英工作。青年译员也调进社，例如当今已成为著名翻译家的蓝英年。此外，还吸引个体翻译者进社，如沈桂高、李珏，他们都已经有多部译著问世。

三是营造了浓厚的学术气氛。陈翰伯在商务印书馆大力提倡编辑人员读书，加强政治学习和业务学习，他到编译社也鼓励翻译人员读书学习。社里规定，每周有半天为政治学习时间，学习中央有关文件，有半天为业务学习时间。由李社长或陈总编出面，先后邀请北京市委宣传部部长李琪，中央编译局副局长姜椿芳、徐永瑛到社做报告；还请商务印书馆高级编辑高崧、胡企林、党凤德到社讲课。社里也举办过多次讲座，由资深译员讲课。如张其春讲英语辞书的编纂与使用，黄邦杰讲英语虚词翻译，周叶谦讲汉语虚词应用，黄鸿森讲《史记·游侠列传》，张自谋讲朱自清的《背影》等。各个文种都经常交流译书经验。全社学习气氛浓厚，促进了政治和业务水平的提高。

陈翰伯先生非常重视青年译员的成长。1959年秋天，北京外国语学院分配给北京编译社十来名俄文、德文、法文毕业生。翰伯先生自己出版过多部译著，深知实践和经验对于翻译工作的重要性，要求他们和青年译员每人拜一位资深译员为师（可以自由结合，也可以由领导安排）。他还亲自到社主持召开师徒会，阐述了韩愈的《师说》，并且提倡"圣人无常师"。笔者有几年译龄，也滥竽充"师"，收了刚出校门的吴永清为徒。他学习勤奋，刻苦钻研，译书不少，后评上高级职称，任中国社会科学院副译审。

三　重整旗鼓取得良好成果

经过李续纲社长和陈翰伯总编辑重整旗鼓的多项措施的实行，北京编译社逐步走出困境，走向兴旺。

最能说明翻译机构工作成果的是翻译书稿的出版情况。[1]可惜过去从未编过一本北京编译社译著目录。笔者通过网络试查了中国国家图书馆馆藏目录，以译者用名"北京编译社""贝金"（"贝金"为北京编译社早期所用的集体笔名，但不知道是否还有别的笔名）以及编译社译员姓名作为

---

[1] 北京编译社为许多部门翻译了海量的、多文种的引进设备说明书，为国家经济建设做出巨大贡献，笔者无法得到片纸文献，只好付诸阙如。

检索词检索,得到下述结果。

北京编译社成立的那一年,即1956年,没有出过书,因为从成立之日到年末,仅5个月,还来不及出书。1957年出书3种,1958年出书5种,因为这两年有10个月在搞反右派运动。重整旗鼓的良好成果在1959年就显现出来了,这一年出版的书猛增到31种,从此编译社的工作走上坦途。同人们回首往事,都说1960年代前期是北京编译社的全盛时代。可惜,这个翻译机构在1968年的"文革"浩劫中被撤销了。

现将从国家图书馆馆藏目录检索到的北京编译社翻译、于1957—1959年出版的书列表如下:

表1　北京编译社所译1957年出版的书

书名	著者	译者[1]	出版者	页数
《美国田径运动》	〔美〕道赫帖	北京编译社	人民体育出版社	312
《向有用矿物进军》	〔苏〕雅柯甫列夫	傅中午	中国青年出版社	131
《安静的哨所》	〔苏〕季柯夫斯基	北京编译社	群众出版社	182

表2　北京编译社所译1958年出版的书

书名	著者	译者	出版者	页数
《海峡旁的小屋》	〔苏〕什帕诺夫等	北京编译社	群众出版社	140
《物理实验和仪器自制》	〔苏〕斯米尔诺夫	傅中午	中国青年出版社	106
《战略投降》	〔美〕克奇克梅提	北京编译社	世界知识出版社	229
《深渊上的黎明》	〔墨〕曼西西杜尔	贝金[2]	人民文学出版社	266
《美国对外政策的现实》	〔美〕乔治·凯南	王殿宸、陈少衡	商务印书馆	81

---

[1] 译者均按原书版权页署名,下同。
[2] 《深渊上的黎明》1959年版改署个人姓名"林荫成、姜震瀛译"。

表3　北京编译社所译1959年出版的书

书名	著者	译者	出版者	页数
《腹地》	〔巴西〕库尼亚	贝金	人民文学出版社	597
《沸腾的九十年代》	〔澳〕普里查德	贝金	人民文学出版社	595
《约翰·布朗》	〔美〕威·艾·伯格哈特·杜波依斯	贝金	三联书店	283
《从前有个奴隶》	〔美〕雪莉·格雷汉姆	贝金	人民文学出版社	421
《东方国家的土地关系》	〔苏〕格·格·科托夫斯基等	贝金等	世界知识出版社	502
《战争或和平》	〔美〕约翰·杜勒斯	北京编译社	世界知识出版社	245
《法国垄断资本在北非》	〔苏〕拉·马·阿瓦科夫	北京编译社	世界知识出版社	224
《战争回忆录》（第一卷）	〔法〕戴高乐	北京编译社	世界知识出版社	729
《战争回忆录》（第二卷）	〔法〕戴高乐	北京编译社	世界知识出版社	750
《核武器与对外政策》	〔美〕亨利·基辛格	北京编译社	世界知识出版社	444
《文明论概略》	〔日〕福泽谕吉	北京编译社	商务印书馆	206
《日本对华投资》	〔日〕樋口弘	北京编译社	商务印书馆	231
《裴斯泰洛齐教育文选》（第一卷上）	〔瑞士〕裴斯泰洛齐	北京编译社	人民教育出版社	430
《裴斯泰洛齐教育文选》（第一卷下）	〔瑞士〕裴斯泰洛齐	北京编译社	人民教育出版社	493
《如何制作优良青贮饲料》	〔波〕阿布加罗维契等	北京编译社	农业出版社	92
《打狼》	〔苏〕H. A. 兹沃雷金	傅中午等	中国林业出版社	167
《水稻育秧图说》	〔日〕天辰克己等	北京编译社	农业出版社	163
《政治经济学教科书》（修订第三版）	苏联科学院经济研究所	北京编译社	人民出版社	680

续表

书名	著者	译者	出版者	页数
《世界通史》（第一卷）	苏联科学院	北京编译社等	三联书店	1059
《蔡特金传》	〔德〕路易斯·多尔纳曼	北京编译社	三联书店	258
《阳光照耀大地》	〔怯尼亚〕莫加·吉卡鲁	北京编译社	世界知识出版社	168
《在佛朗哥独裁统治下的二十年——西班牙工人阶级的生活和斗争》	世界工会联合会	北京编译社	世界知识出版社	53
《血字的研究》	〔英〕A. 柯南道尔	丁钟华、袁棣华	群众出版社	152
《宪法论》（第一卷）	〔法〕莱翁·狄骥	钱克新	商务印书馆	529
《宫本百合子选集》（第二卷）	〔日〕宫本百合子	石坚白等	人民文学出版社	334
《硬质合金》	〔苏〕库兹涅佐夫	北京编译社	科学技术出版社	200
《金属学与热处理手册》第四分册	〔苏〕古德佐夫	北京编译社	冶金工业出版社	126
《金属学与热处理手册》第五分册	〔苏〕古德佐夫	北京编译社	冶金工业出版社	201
《金属学与热处理手册》第六分册	〔苏〕古德佐夫	北京编译社	冶金工业出版社	79
《金属学与热处理手册》第七分册	〔苏〕古德佐夫	北京编译社	冶金工业出版社	90
《金属学与热处理手册》第十分册	〔苏〕古德佐夫	北京编译社	冶金工业出版社	78

对于上述出书情况，还要做些说明。

仅就1959年出版的译著来看，译书的成果不仅有量的增加，而且有质的提高，书目中已有多部重要的著作。一是有世界名人的著作：法国总统戴高乐的《战争回忆录》、美国国务卿杜勒斯的《战争或和平》和另一国务卿基辛格的《核武器与对外政策》。二是有学术泰斗的著作：日本学者福泽谕吉的《文明论概略》、瑞士教育家裴斯泰洛齐的《教育文选》，前者已由商务印书馆列入《汉译世界学术名著丛书》，后者也有资格入选，只是这部丛书尚未列有教育类。三是有卷帙浩繁的著作：苏联科学院主编的《世界通史》第一卷，这只是一个开端，全书共13卷，每卷约100万字。据人民出版社资深编审、《世界通史》责任编辑林穗芳先生告诉笔者，这部书为中国高等院校培养了一支世界史教学队伍，并且成为国内编纂同类型出版物借鉴之作。四是有领袖关注的著作：苏联《政治经济学教科书》（修订第三版）。据著名学者胡绳回忆，1959年12月10日至30日，毛泽东在杭州曾同大秀才胡绳、田家英、邓力群、陈伯达一起读这部书。[1]这些书非比寻常，论篇幅占全年出版物大部分，有些可以流传后世。

  这些书的出版表明北京编译社在出版界已颇有声誉。人民出版社在出版界是首屈一指的，它的选题《世界通史》（以当时副牌"三联书店"名义出版），内容涵盖"上下五千年，东西两半球"。书的第一卷由北京编译社和其他单位多位译者分章译出，人民出版社编辑部感到书出众手，统稿不易，又因北京编译社的译稿质量上乘，第二卷起就委托北京编译社一家包揽翻译，直到第九卷完成，第十卷开译，"文革"风云骤起，才戛然而止。笔者翻译了这部书第一卷的古埃及史，第二卷的古希腊史，担任第六卷、第八卷、第九卷的校订定稿工作。人民出版社另一选题、苏联出版的《政治经济学教科书》（修订第三版）为毛泽东瞩目的书，也委托北京编译社改译，由中央编译局审定。

  上述书目涉及哲学、文学、历史、政治、经济、教育、冶金、农业，反映出这个译书群体成员专业知识的广泛。

---

[1] 胡绳：《回忆毛泽东读苏联的〈政治经济学教科书〉》，《北京日报》2002年10月21日。

四　北京编译社为商务印书馆译书

陈翰伯先生兼任北京编译社总编辑，商务印书馆遂与北京编译社建立了协作关系，也就是商务印书馆为北京编译社提供稿源，北京编译社为商务印书馆译出书稿。笔者查检了国家图书馆馆藏目录，凡是商务印书馆出版的，用北京编译社及其译员姓名署名为译者的，均作为北京编译社为商务翻译的书，并且补充了《商务印书馆图书目录（1949—1980）》所列的内容。现将北京编译社为商务翻译的书分为三类。[1]

（一）译校并列入《汉译世界学术名著丛书》的著作

北京编译社及其译员为商务译校的书，列入《汉译世界学术名著丛书》的共有14种，署"北京编译社译"的3种，署个人姓名的11种：

《文明论概略》，〔日〕福泽谕吉著，北京编译社译。

《法国革命史》，〔法〕米涅著，北京编译社译。

《伟大的德国农民战争》（上、下），〔德〕威廉·戚美尔曼著，北京编译社译。

《笛福文选》，〔英〕丹尼尔·笛福著，徐式谷译（徐为北京编译社译员）。

《回顾》，〔美〕爱德华·贝拉米著，林天斗、张自谋译（林、张为北京编译社译员）。

《欧文选集》（第二卷），〔英〕罗伯特·欧文著，柯象峰、何光来、秦果显译，黄鸿森、沈桂高校（黄、沈为北京编译社译员）。

《圣西门学说释义》，〔法〕巴札尔、安凡丹、罗德里格著，王永江、黄鸿森、李昭时译（黄为北京编译社译员）。

《自然政治论》，〔法〕霍尔巴赫著，陈太先、睦茂译，后记中有"承

---

[1] 因为：a.国家图书馆馆藏目录、《商务印书馆图书目录（1949—1980）》有没有把内部发行的书编进去，不知道；b.北京编译社除了"贝金"以外，有没有别的集体笔名，不知道；c.编译社译员有没有用笔名出书，除个别的以外，也不知道；d.书目的编纂、笔者的检索，都难免疏失，所以，下文的书目是不完整的。

百科全书出版社黄鸿森同志细心校阅"字样（黄为北京编译社译员）。

《论降低利息和提高货币价值的后果》，〔英〕约翰·洛克著，徐式谷译（徐为北京编译社译员）。

《秘鲁征服史》，〔美〕普雷斯科特著，周叶谦、刘慈忠等译（周为北京编译社译员）。

《古代的地理学》，〔苏〕波德纳尔斯基编，梁昭锡译（梁为北京编译社译员）。

《宪章运动史》，〔英〕R.P.甘米奇著，苏公隽译，张自谋校（张为北京编译社译员）。

《论历史上的英雄、英雄崇拜和英雄业绩》，〔英〕托马斯·卡莱尔著，周祖达译，张自谋校（张为北京编译社译员）。

《国家制度和无政府状态》，〔俄〕巴枯宁著，马骧聪等译。此书由"灰皮书"升格为"汉译名著"，"灰皮书"版"出版说明"载有"本书译稿曾承黄鸿森同志校阅全文"（黄为北京编译社译员）。

（二）翻译或编纂辞书

《近代现代外国哲学社会科学人名资料汇编》，署"商务印书馆编辑部编"，实际主编是翻译家黄子祥。资料选自英文《不列颠百科全书》《大美百科全书》，美国《当代人物传记》《社会科学百科全书》，俄文《苏联大百科全书》，日文《大人名事典》。全书740万字，1965年出版，精装两巨册，1978年重印。"出版说明"上说："本书主要是由北京编译翻译的。"在短时间内完成英、俄、日三个文种如此巨大工作量的翻译任务，在当时也只有北京编译社才能承担。这部皇皇巨著的问世，可以说是商务和北京编译社协作的一大成果。

《简明英汉词典》，此书为张其春（北京编译社译员）和他的夫人蔡文萦合编的，商务1963年出版，发行100多万册，极受读者欢迎。

《神话辞典》，"文革"前，商务委托北京编译社翻译此书，由译员温乃铮承译，"文革"爆发，中途搁浅。改革开放时代到来，商务委托原北京编译社译员黄鸿森续成其事，并审校全书，商务1985年出版平装本，多次重印，2015年出版精装本，绵延30年，仍有生命力。

《新汉日词典》，主编尚永清，编者尚永清、艾廉鎣（鎣）、里佐才、宁天平、金连纮、李思敬（艾、金为原北京编译社译员），收8万余条，573万字，商务印书馆、日本小学馆于1991年出版。

（三）翻译其他著作[1]

北京编译社为商务译书，除上述《汉译世界学术名著丛书》和辞书外，查到的还有：

a. 历史类

《第二次世界大战回忆录》，〔英〕温斯顿·丘吉尔著，共6卷12册，8100页，商务于1974—1975年出版，其中第二卷上、下部，第四卷下部，第五卷上、下部署"北京编译社译"，实际参加翻译的译员有胡学元、高翰笙、俞元开、麦任曾、张自谋、李进之、郭健等多人。时代文艺出版社于1995年重刊此书，署"原北京编译社等译"。

《澳大利亚政治社会史》，〔澳〕戈登·格林伍德编，北京编译社译，商务1960年版，538页。

《日本历史讲座》第一卷，〔日〕历史学研究会、日本史研究会编，北京编译社译，商务1964年版，196页。

《日本历史讲座》第八卷，〔日〕历史学研究会、日本史研究会编，北京编译社译，商务1964年版，234页。

《俄国在东方（1876—1880）》，〔俄〕查尔斯·耶拉维奇等编，北京编译社译，商务1974年版，206页。

《异民族统治中国史》，〔日〕东亚研究所编，韩润棠、张廷兰、王维平等译，孙毓棠校（孙为社外人士），商务1964年版，324页。

《〈世界通史〉选编：英法德俄历史（1830—1917）》（上、下册），苏联科学院主编，北京编译社译，商务1972年版，691页。

《罗伯斯比尔》，〔苏〕卢金著，吕式伦、张曼真、吴永清译，傅娟校，

---

[1] 这一部分译著凡署译者个人姓名者，均为北京编译社译员，其中有社外人士参加者，均予说明或注出，免滋误会。

商务1963年版，164页。

《印度的共产主义运动》，〔美〕奥佛斯特里特等著，北京编译社译（实为罗式刚、宋宁等译，郭健校），商务1964年版，752页。

b. 地理类

《苏联经济地理总论》，〔苏〕Ъ. И. 安德烈耶夫等著，北京编译社译，商务1962年版，388页。

《古巴地理》，〔古巴〕希门尼斯著，先由北京编译社译员黄鸿森、傅娟、沈桂高等从俄译本译出，再由商务邀请其他单位译者刘晓眉等按西班牙文原版校订，商务1962年版，540页。

《中央亚细亚的荒漠》，〔苏〕B. A. 奥勃鲁切夫著，吕肖君等译，李珏等校，商务1963年版，230页。

《洪堡与地理学》，〔德〕海因茨·散克等著，漆平生、汤素民、陆贤忠译，商务1963年版，80页。

《美国历史地理》（上、下册），〔美〕拉尔夫·亨·布朗著，秦士勉译（秦为社外人士），徐式谷校，商务1973年版。

c. 哲学、法学、经济类

《存在主义还是马克思主义》，〔匈〕卢卡奇著，阎静先等译，商务1962年版。

《东洋朴素主义的民族和文明主义的社会》，〔日〕宫崎市定著，韩润棠等译，商务1962年版，118页。

《宪法论》第一卷，〔法〕莱翁·狄骥著，钱克新译，商务1959年版，529页。

《日本对华投资》，〔日〕樋口弘著，北京编译社译，商务1959年版，231页。

《日本资本主义的发展》，〔日〕楫西光速等著，阎静先译，商务1963年版，552页。

五　友谊绵长

陈翰伯先生兼任北京编译社总编辑，也为两个单位构筑起友谊的桥梁。北京编译社虽然在"文革"中被撤销，但是在协作时期积累起来的业缘和人脉仍然流传下来。

改革开放之初，原北京编译社译员就有三位进入商务印书馆编辑部，他们是徐式谷先生、李澍泖先生、陈少衡先生。他们都是译坛高手，译著等身，《中国翻译家辞典》（中国对外翻译出版公司1988年版）和《中国翻译词典》（湖北教育出版社1997年版）都为他们立传。李澍泖后来出任华侨大学教授兼英语系主任；陈少衡后来出国定居；徐式谷在商务后来升任副总编辑，主持全馆双语辞书编纂出版工作，但是他进馆是费了点周折的。"文革"结束后落实政策，他因北京编译社撤销，无原单位可回，毛遂自荐向商务印书馆求职，被婉言谢绝。原北京编译社一位同事为之向时任国家出版事业管理局代局长的陈翰伯先生求援，并汇报了徐式谷的翻译业绩。翰伯先生爱才心切，就打电话请商务试用。未来的副总编徐式谷就这样叩开了商务的大门。翰伯先生识才、惜才，使他万分感动敬佩。[1]

改革开放后原北京编译社译员继续为商务印书馆译书、编纂辞书以至著书的，为数不少。据不完全统计，有19人，共出书30多种。现按音序将名单开列在下面，人名之后括注书名，有多种著译的只注一种。他们是：艾廉鋆（《新汉日词典》），陈少衡（《现代欧洲史（1914—1980）》），郭健（《社会主义思想史》第4卷），胡学元（《英华大词典》修订第2版），黄邦杰（《汉英虚词句式》），黄鸿森（《当代辞书过眼录》），江枫（《雪莱抒情诗选》），金连纮（《新汉日词典》），李宝树（《法语动词的时、体与式》），李鹏远（《社会主义思想史》第4卷），李澍泖（《奥地利史》），沈桂高（《欧文选集》第2卷），宋宁（《社会主义思想史》第4卷），温乃铮（《神话辞典》），徐式谷（《英汉翻译与双语类辞书编纂论集》），伊伟（《罗斯福与美国对外政策》），俞元开（笔名俞大畏，《石

---

[1] 参见徐式谷：《陈翰伯同志帮助我进了商务印书馆》，《商务印书馆馆史资料》新五期。

油与安全》)、张自谋(《罗斯福：狮子和狐狸》)、周叶谦(《科学界的精英》)。

商务印书馆副总编辑胡企林先生也很怀念北京编译社。他在《关于世界学术名著丛书的编译和出版工作》一文中说："(19)50年代成立的北京编译社，对商务印书馆开展世界名著的编译工作起过一定的作用。'文革'期间这个机构已被撤销，而为了更有力地从组织上保证这项工作的持久进行，又需要有一个社会地位和学术地位比较高的常设机构，作为我国翻译世界名著和培养翻译骨干的重要基地。因此我希望有关部门能依据专家、学者们的多年心愿，设立中央编译馆，负责筹办有关事宜。"[1]

六 原北京编译社译员在改革开放时代的状况

中共中央十一届三中全会宣告改革开放时代的到来，国家百废俱兴，文化教育事业蓬勃发展，重建、新建单位众多，需才孔殷。岁月迁流，原北京编译社译员或去世，或退休，但仍有一些未入老境，纷纷进入科学研究部门、高等院校和国家出版机构等单位，继续为社会主义文化建设做贡献。(图2)

图2 2009年4月，原北京编译社同人在北京方庄聚会合影

左起：宋宁、徐式谷、郭健、田玉洁（黄鸿森夫人）、黄鸿森、江枫、蓝英年、吴永清

---

[1] 胡企林：《关于世界学术名著丛书的编译和出版工作》，商务印书馆编：《商务印书馆九十五年》，商务印书馆1992年版，第457—458页。

据不完全统计，他们中有28人在1980年代评为高级职称，其中正高18人，副高10人，情况如下：

1. 中国社会科学院

译审：丁钟华、郭健、张自谋（以上世界史所），江枫、林荫成（以上近代史所），林天斗（情报所），张金（马列所），周叶谦（法学所）。

编审：杨铁婴（中国社会科学出版社）

副译审：艾廉（历史所）、吴永清（近代史所）、张时裕（宗教所）。

2. 高等院校

教授：丛选功（中国政法大学）、蓝英年（北京师范大学）、李澍泖（华侨大学）、罗式刚（国际关系学院）、宋宁（首都医科大学）、伊伟（河北师范大学）。

副教授：李宝树（北京第二外国语大学）

中学高级教师：廖洪林（广西大学附中）。

3. 出版单位及其他

编审：黄鸿森、张曼真（以上中国大百科全书出版社），徐式谷（商务印书馆）。

副编审：孔凡明、姚诗夏（以上中国大百科全书出版社），马志行（北京出版社）。

副译审：漆平生（北京自动化技术研究院）、王云珍（《北京周报》社）。

原北京编译社译员获得各种荣誉，情况如下：

获得国务院颁发的政府特殊津贴者：丁钟华、郭布罗·润麒、郭健、黄鸿森、江枫、张自谋、周叶谦（不完全统计）。获得中国翻译协会颁发的"资深翻译家"称号者：丁钟华、郭健、江枫、王云珍、徐式谷、张自谋、周叶谦。

获得1995年颁发的"彩虹翻译家终身成就奖"者：江枫。

获得中国辞书学会2008年颁发的"辞书事业终身成就奖"者：黄鸿森。

获得中国翻译协会 2011 年颁发的"翻译文化终身成就奖"者：江枫。

获得中国出版集团 2012 年颁发的"首批编辑名家"称号者：徐式谷、黄鸿森。

获得俄罗斯作家协会 2006 年颁发的"高尔基奖"者：蓝英年

特别应该提到的是，原北京编译社译员有两位荣任全国政协委员：郭布罗·润麒（第七、八届）、徐式谷（第九、十届）。此外，还有张维湘、王荣三、金默玉、傅中午四位应聘荣任北京市文史研究馆馆员。

承蒙原北京编译社同人、中国社会科学院世界历史研究所离休译审郭健先生惠赐增订审定，谨致谢忱。

（作者单位：中国大百科全书出版社）

王佐良与商务印书馆

王 立

导言　辛勤耕耘，卓越奉献：当代中国"文艺复兴式"学者

图1　王佐良教授（1916—1995）

2016年是令人难忘的一年，清华大学、北京外国语大学分别举行了纪念先父王佐良先生百年诞辰的系列学术活动。清华大学外文系等单位于2016年6月6日联合举行了"全球化时代的契合：王佐良先生百年诞辰学术研讨会暨清华大学图书馆王佐良著作专架揭牌仪式"。会议高层次、全方位、多视角地展现了王佐良先生治学奉献的一生："卓越为公清华志，才华奉献天下行"。同时，清华大学校史馆和北外校史馆还举办了"卓越与为公：王佐良先生百年诞辰展览"。为了缅怀王佐良先生的卓越学术成就与重要学术影响，促进外国文学研究和外语教育的发展，北京外国语大学于2016年7月16日组织召开王佐良先生百年诞辰纪念系列活动暨"外国文学研究中的传统与创新"学术研讨会，包括：成立王佐良外国文学高等研究院；发布《王佐良全集》；设立"王佐良外国文学研究奖"；举办"王佐良先生生平与学术展"；等等。

先父王佐良（1916年2月12日—1995年1月19日，见图1），浙江上虞人，外国文学研究专家、英语教育家、翻译家、作家和诗人。早年毕业于武昌文华中学，1935年考入清华大学外文系。抗战爆发后随校迁往云南

昆明，在西南联合大学完成学业，1939年留校任教。1947年考取庚款公费留学，入英国牛津大学茂登学院，获硕士学位。1949年回国，任教于北京外国语学院（即今北京外国语大学）。曾任北京外国语学院英语系主任、副院长、外国文学研究所所长、中国外语教学研究会副会长、中国外国文学学会副会长、中国英语教学研究会会长、中国莎士比亚研究会副会长，学术期刊《外国文学》主编，多语种学术杂志《文苑》主编等。历任第六、七届全国政协委员，国务院学位委员会学科评议组外国文学组组长，国家教委高等学校专业外语教材编审委员会主任等。

作为一位杰出的清华—牛津学人，王佐良先生毕生致力于外语教育与外国文学研究事业，不仅为国家培养了大批优秀外语人材和学术精英，还为中国外语教学的学科建设和外国文学研究的发展作出了卓越贡献。他学术视野开阔，学识广博，对英国文学的研究尤其体大思精、成果丰硕，跻身于该学科国际最著名研究专家之列。他是中国现代少数几位用英文撰写比较文化与文学研究论著的先驱之一，研究涉及多项重大的学术议题，充分体现了其深厚的语言功底和会通中外文化的高度融摄能力。他以民族文化为立足点，吸纳西方先进的研究方法，形成了独特的翻译理论，且身体力行，翻译了多部佳作。父亲一生学贯中西，治学严谨，著作宏富，在许多领域都卓有建树。他生前矢志创新，勤奋笔耕，奉献了近四十部高水平著（译）作，文思新锐而清越，风格平实而超凡，深受读者喜爱和推崇，被誉为当代中国"文艺复兴式"的学者。

笔者有幸躬逢上述纪念学术盛会，抚今追昔，不胜感慨。很惭愧原先对于父亲的著作和学术思想所知甚少，只是近年来参与搜集整理他的生平和著作相关文献时，才开始学习和探讨。2017年8月，又有缘参加"商务印书馆与中国现代文化的兴起"国际学术研讨会，深感荣幸。

作为中国第一家现代出版机构，自1897年创立以来，商务印书馆以"昌明教育，开启民智"为宗旨，引进西学、整理国故，编印出版各科教科书、工具书、学术图书，刊行各类杂志，兴办社会文化教育事业等，在建设现代教育制度、促进中西文化交流、推动近现代学术进步、促进社会观念更新、提升国民素质等方面进行了卓绝的努力，成为中国现代文化兴起的重要引擎，为推动中国现代化事业作出了独特贡献。为纪念商务印书馆创业120年举办的这次国际研讨会，很多代表的发言内容丰富，史料翔实，视角独特，使人耳目一新，颇受启迪，是一次难得的学习机会。为参加这次会议，仓促而就拙文。其后又根据新查阅到的一些资料，包括先父留下的笔记、书信等，希望尽量补充原稿，力图多少反映当时学术界在这方面的盛况和成就。但限于时间和水平，仍恐存在疏漏不足之处，敬请专家和读者指正。

二 合作商务，共铸精品（一）:《英国文学名篇选注》和《美国短篇小说选》

先父与商务印书馆的主要合作大约始于1960年代初的项目——《英美文学活叶文选》。该选本由北京外国语学院王佐良、北京大学西语系李赋宁、北京外国语学院周珏良共同主编，商务印书馆出版，从1962年10月第一期开始直到1965年，陆续介绍了一大批英美文学名家名篇。每期精选一位重要作者的若干作品，全部英文原文加中文解题注释。《文选》首期发表了王佐良选注的莎士比亚（William Shakespeare，1564—1616）"十四行诗"（the sonnet）四首：第18、29、30、65号（图2）。首期印数2万册，其后又陆续出版了至少五六十种（总数待考）。《文选》的各篇选注都出自当时国内英美文学研究专家之手，体裁风格多样，文字简明精练，雅俗共赏，受到社会的重视和赞誉。然而，到了1966年，"十年浩劫"开始了，《文选》也给编著者带来了厄难。据负责该书编审的商务馆原副总编、先父西南联大校友陈羽纶先生回忆："真是欲加之罪，何患无辞，王公竟被封为'洋三家村'的头头而被批斗。"当时，陈羽纶先生也被拉到北外去"陪斗"。[1]王佐良教授从1959年起就担任北外英语系主任，"文革"风暴一

---

[1] 陈羽纶:《琐忆王佐良教授》，北京外国语大学外国文学研究所编:《王佐良先生纪念文集》，外语教学与研究出版社2001年版，第53页。

来，他不仅和另外两位教授一起被打成"洋三家村"、反动学术权威，遭受抄家批斗、关押"牛棚"的迫害，还被下放到湖北沙洋农场去"劳动改造"，历尽磨难。后因国际形势紧迫，需要恢复外语教学和编写《汉英词典》，才把他调回北京恢复部分教研工作。

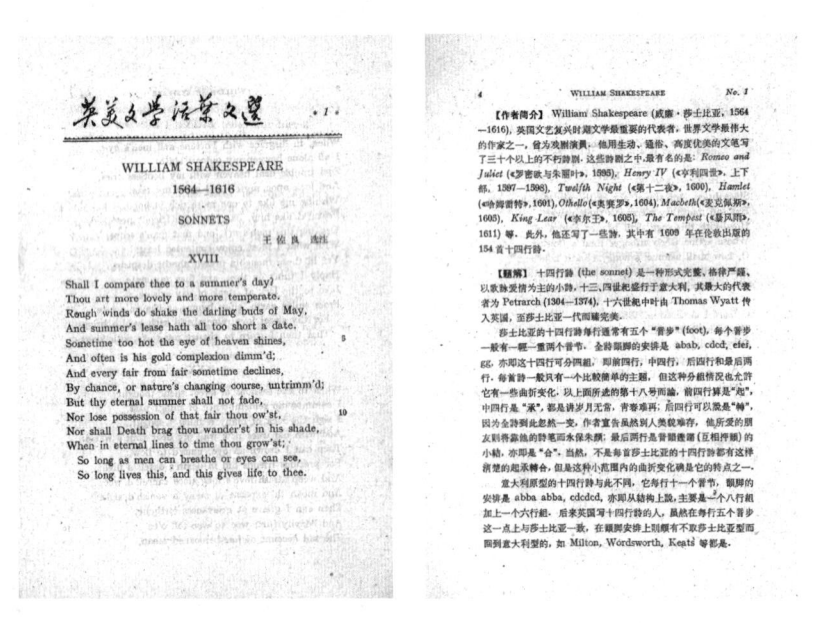

图2 《英美文学活叶文选》第1期第1、4页，王佐良选注"莎士比亚"

这部《汉英词典》是当时国家重点出版项目，由北外英语系组织专家集体编纂，商务印书馆出版。[1]时任北外英语系主任的吴景荣（原外交学院英语系主任）任主编。到1970年代中期，父亲的境遇稍有改善，被安排为第一副主编。后吴景荣调回外交学院，英语系主任由许国璋接任，直到1980年王佐良访美讲学前才恢复原职，其后又担任北外副院长、顾问、外国文学研究所所长等职务。他为编写词典兢兢业业，一丝不苟地倾注心血。记得那时周末，他回到清华的家后还在灯下孜孜不倦地审稿。1987

---

[1] 北京外国语学院英语系《汉英词典》编写组编：《汉英词典》，商务印书馆1982年版。

年,这部当时有创新特色的权威性词典荣获北京市首届"哲学社会科学和政策研究优秀成果一等奖"[1],父亲和他的北外同事与商务印书馆的编辑共同努力数年而取得的成果,得到了应有的肯定和褒奖。

《英美文学活叶文选》对提高广大读者的英语水平和文学欣赏水平无疑起到了积极推动作用,不过,采取活页的出版形式虽然比较灵活快捷,但缺点是各零篇不便保存,极易散失,而且很难完整地全部收集。特别是经过"文革"的浩劫,绝大多数都已难见踪影,甚至连商务编辑部本身也仅存不多的样本。20世纪70年代末,改革开放的热潮兴起,为了适应新时期对外语学习的迫切需求,王佐良和其他主编者连同商务的资深编辑们一道,筹划选编了《英国文学名篇选注》(图3)。该书是在《英美文学活叶文选》英国部分的基础上加以扩充而成。其中精选16世纪英国文艺复兴时期起至20世纪20年代现代派文学止的英国文学名家52人的名篇,此外还收录了一组英格兰和苏格兰民谣。作品体裁种类包括民谣、诗、诗剧、英文《圣经》、随笔、小品、文论、游记、传记、小说、剧本等。这些篇章绝大多数是有定评的名文,在选文比例上,对较近的时期略有侧重;在注释方面,对中国学生有特别困难的地方,注意从详。

王佐良教授给《英国文学名篇选注》作序,并选注12位作者的约40篇作品(另有两篇由当时任教于清华大学外语教研室的先母徐序所撰)。这些作者是:斯宾塞(Edmund Spenser,1552—1599)、莎士比亚、培根(Francis Bacon,1561—1626)、斯威夫特(Jonathan Swift,1667—1745)、蒲伯(Alexander Pope,1688—1744)、布莱克(William Blake,1757—1827)、彭斯(Robert Burns,1759—1796)、拜伦(George Gordon Byron,1788—1824)、科贝特(William Cobbett,1762—1853)、勃朗宁(Robert Browning,1812—1889)、萧伯纳(George Bernard Shaw,1856—1950)、乔伊斯(James Joyce,1882—1941)。王佐良作为首席主编,不仅倾心竭力谋

---

[1] 同时,王佐良著《论契合》获本届"哲学社会科学和政策研究优秀成果荣誉奖"。王佐良:《论契合——比较文学研究集》(*Degrees of Affinity: Studies in Comparative Literature*),外语教学与研究出版社1985年版。

划全书布局选篇，还遍约全国多所高校的英语界专家学者，而且他自己精心选注的作者和作品最多，年代跨度最广，涉及的作品体裁也最多样，展现了他对英国文学史特别是英国文艺复兴时期以来文学发展的广博学识和精深研究。

在"序"中，王佐良说明了汇编《选注》的目的、对象和特点，并对成书过程中诸位著者、编辑和出版人的辛勤努力、通力合作谈了感想：

> 最后，有一点个人感想。这个选本的准备过程，如从《英美文学活叶文选》算起，前后约为二十年，参加选注的同志二十多人，都是工作很忙的，有的同志年老体弱，平时轻易不愿担任"外活"，但对这项工作却都乐于支援，没有一个是轻视注释工作的。注释工作是语言、文学研究中的基本功之一，也是硬功夫，从选择版本到解释语句，无不需要扎扎实实的学问和巨大、认真、细致的劳动。他们之所以乐此不疲，我想是因为他们希望我国喜爱和研究英国文学的青年同志能够有一本比较符合中国读者需要的原文选本，这样读者就能从认真阅读原著做起。作为主编人之一，在工作过程中，我是时时受到这些同志的精神的鼓舞的。
>
> 这个选本的形成，还有商务印书馆编辑部同志们的心血在内。特别是陈羽纶同志，从《英美文学活叶文选》初创时起，一直到这个选本的最后定稿和出版，都给予了大量的具体的帮助。可以说，整个过程是主编者、选注者和出版者通力合作的过程。我谨在此向所有参与这个选本的工作的同志表示衷心的感谢。[1]

《选注》出版后，受到广大英语学习者和文学爱好者的热忱欢迎，后来在学术界被公认为国内出版的英美文学选编最佳读本，至今众多学界人士都对当年受益于此书而深怀感激。据商务馆编审徐式谷先生的回忆，该

---

[1] 王佐良等主编：《英国文学名篇选注》，商务印书馆1983年版，"序"。

书"每篇英语选文后面都附有'题解与注释',辑成厚厚一册,大32开精装本,共1200多页。由于是名家主编,名家选名篇,名家讲名篇,此书于1983年9月出版后,立即成为全国高校英语系师生的必备书,到上个世纪末,即1999年5月已8次重印,迄今仍是我馆的常销书"[1]。

图3 《英国文学名篇选注》(1983年)

20世纪80年代初,王佐良先生还编选了《美国短篇小说选》,先由中国青年出版社于1980年6月出版了中译本上、下册,印数达20万册;后商务印书馆于1982年又出版了与其配套的英文原文中文注释本(王佐良、刘承沛编选,图4)。该书共收美国短篇小说31篇,皆以美国为背景,即使写美国人在国外,也要有助于加深读者对美国现实的了解。所选篇目古今都有,而以今为主。作家包括欧文、霍桑、爱伦·坡、马克·吐温、海明威、辛格、福克纳等31位,主要流派都略备一格。而每篇作品或是内容有较大意义,或是艺术上有特别之处,若干篇目二者兼具。篇目大致按作品内容所涉及的时代排列。每篇皆加详注并附前言及作者简介,供

[1] 徐式谷:《7位令人难忘的商务印书馆作者译者》,《中华读书报》2016年5月11日。

读者参考。

在"编者序"中，王佐良说明了本书在"文革"前即已经开始策划，到1979年重新编选时，为了避免和当时已出版的同类文选重复，舍掉了若干名家和篇幅过长的作品。参加翻译的既有冯亦代、周珏良、巫宁坤、梅绍武、朱虹、李文俊等外语界前辈学者和资深专家，又有一批中青年后起之秀。如雷·布雷德伯里《霹雳轰鸣》的译者、中国社科院外文所研究员王逢振先生曾深情回忆起先父当时建议由他来翻译当代科幻小说的经过和感念。[1]

《美国短篇小说选》的中、英两个版本选篇完全相同，英文本的注释者有些就是同一作品的中译者本人，有些则因故而不同，注释工作改由他人（多为年轻学者）代劳。这样实际上扩大了参与编译美国文学作品的学者团队。当时，先母徐序也翻译注释了黑人作家兰顿·休士（Langston Hughes，1902—1967）的小说《教授》。作为主编，父亲不仅筹划组织整个项目，还为每篇小说精心撰写画龙点睛式的读后感书评，加上由母亲为英文版各篇编写的"作者简介"。这样精心打造出来的一套高水准的文选尽可能地贴近广大读者，使人学有所依，开卷有益。文学评论家曾镇南先生曾谈到他开始学习写文艺评论时，为从王佐良先生的文章特别是《美国短篇小说选》的短评中得到的启发所引领。[2] 他认为："王先生的文字，平易近人而自有清新深邃之处，单纯疏

图4 《美国短篇小说选》（1982年）

---

[1] 参见王逢振：《难忘王公》，北京外国语大学外国文学研究所编：《王佐良先生纪念文集》，外语教学与研究出版社2001年版，第71—74页。
[2] 参见曾镇南：《下笔情深不自持——读〈照澜集〉兼忆王佐良先生给我的启示》，《曾镇南文学论集》，花山文艺出版社2001年版，第318—325页。

朗而又不失厚重绵密之致,这也是难能可贵的。"

"编者序"实际上是一篇对所选美国短篇小说的概括评述,并由此生发出对美国文学发展的总体看法。正如王佐良先生最后总结所言:

当然,这三十一篇小说不可能表达美国的全部现实,但是在它们各自所表达的小范围内——一个侧面,一个小问题——它们却都有不同程度的深刻,越是作家的思想认识透彻、艺术手段高超就越深刻。这就是为什么要深入了解一个民族,不能只注意他们那些五光十色的报纸、杂志、广播、电视,而必须还要读他们的文学作品;正是在文学作品里,可以寻到比表面现象要深刻得多的东西:这个民族的真正的思想、感情,甚至灵魂。

美国短篇小说的将来如何?我们读完了这三十一篇小说,把书掩上之后,不免会有这样的问题。显然,会出现各式各样的新风格、新流派、"新浪潮"的变化,但是也许有两样东西是不变的:一是美国文学对于美国现实的注视、发掘、剖析、批判,以至抗议,这个强大的传统会继续下去;二是美国文学至今不衰的活力,会使美国短篇小说依然生气勃勃。无论在主题的选择和发掘上,或者在技巧的发扬和实验上,美国短篇小说作家会继续作出他们的努力和贡献。美国短篇小说的将来是美国人民的将来的一部分,而美国人民是大有希望的。[1]

三 合作商务,共铸精品(二):《英国散文的流变》和《英国文学史》

20世纪90年代初,王佐良又继续与商务出版社合作,奉献了两部重

---

[1] 王佐良、刘承沛编:《美国短篇小说选》(英文版),商务印书馆1982年版,"编者序"。

要的英国文学研究专著——《英国散文的流变》（图5）和《英国文学史》[1]。

王佐良先生不仅是学者，还是诗人，一生喜爱读诗、写诗、译诗、评诗。他提出的"以诗译诗"的翻译观尤为人们所称道。在此之前，他已发表了一系列译著，特别是关于英国诗歌的，如《苏格兰诗选》《英国诗选》《英诗的境界》《英国浪漫主义诗歌史》和《英国诗史》等。[2]他不仅对英诗情有独钟，而且对英国散文也挚爱有加。早在中学时代，他就热爱中外文学，尤喜读诗歌、游记、随笔、小品文之类，他自己也尝试创作、编辑，是一位勤奋的"文学少年"。[3]因此，当有机会在商务出版《英国散文的流变》，他非常高兴。据该书的责任编辑徐式谷先生回忆，父亲曾在一次学术聚会上表示："……现在大家研究英国文学，重点都放在英诗和长篇小说上，很少看到有人谈及英国散文。我倒是想写一点有关英国散文方面的东西……"徐先生赶紧和父亲联系，并商定将来这本书由商务出版。"出书后王先生还专门打电话给我，对书的封面设计和版式都表示十分满意，那时，我馆是新闻出版署直属单位，每隔两年署里都要对直属社的出版物评一次奖，在某一年的评奖中，王佐良先

图5 《英国散文的流变》（1994年）

---

[1] 王佐良：《英国散文的流变》，商务印书馆1994年版、2011年珍藏版；《英国文学史》，商务印书馆1996年初版、2017年珍藏版。

[2] 王佐良译：《苏格兰诗选》，湖南人民出版社1986年版。王佐良主编：《英国诗选》，上海译文出饭社1988年版。王佐良：《英诗的境界》，生活·读书·新知三联书店出版社1991年版；《英国浪漫主义诗歌史》，人民文学出版社1991年版；《英国诗史》，译林出版社1993年版、2008年版。

[3] 参见王立：《文献钩沉——王佐良〈今日中国文学之趋向〉与抗战英文宣传册》，《国际汉学》2016年第3期，第23——25页。

生这本填补了英国文学研究领域空白的《英国散文的流变》获得了'编辑奖',那张奖状我至今还保存在手边"。[1]

《英国散文的流变》一书涵盖的是所有不属于韵文的广义的散文,从文艺复兴时期莫尔的史书到20世纪下半叶的口述历史。作者总结道,英国散文有一条平易的散文传统,平易但不平淡,而是言之有物,有思想又具文采。《英国散文的流变》所选的各时期作品反映了社会的变迁、文明的演进,以及随着时代发展而不断变化的艺术形式和风格。而且,《英国散文的流变》的写法是以散文笔法论述散文,英国散文史的诸般问题在书里娓娓道来,语气平易安详,文字流畅洗练,时常有作者自己的和所引作品的妙语警句出现,将读者照亮。这正体现了作者的一贯主张:以有文采的语言来讨论文学,也是长期以来作者一直在有意识地试验的一种文章作法,作者称之为"说说唱唱"。他在这本书的序言中说:

> 仅仅作语法、词汇分析往往浮于表面,而仅仅作文学品评又易流于印象。我的谈法——我的试验——是想把语言分析同文学阐释结合起来,而且尽量引用原作,让读者可以自己判断……由于引文较多较长,又近代历代名篇展览,可说是散文史与名篇选读的结合。

《英国散文的流变》历数重要散文名篇选段的文采风格和思想特点,加上中英文对照的优美名篇选段,读来赏心悦目、意味盎然,深受启迪。尤其是它通过一系列具体作品勾勒出英国乃至整个西方文化发展的传统,使人在享受文字之美的同时又能体悟思想之美。如有评论指出,"王佐良先生的这一工作实在是筚路蓝缕的,它对英文散文发展流程的描述,对各种风格的总结,对各重要作家的评价,对散文艺术发展的得失和各种关系的相互影响的讨论,都是极有意义的,它所显示的英国散文史的饱满轮廓和丰富内容也足以表明它的独创性和开拓性价值"。自1994年这部力作出

---

[1] 徐式谷:《7位令人难忘的商务印书馆作者译者》,《中华读书报》2016年5月11日。

版以来，受到读者和学术界的喜爱和盛赞。因此，2011年商务印书馆又出版了珍藏本。在感激编者费心推出珍藏本的同时，不能不遗憾地指出：这一版中出现了不应该有的个别文字的误订，希望将来有机会改正。[1]

英国文学史是王佐良先生倾注毕生心力的教学和研究学科，对这一学术领域可以说用功最勤，学识最广，思悟也最深。大学时代，他曾受业于著名英国诗人和批评家威廉·燕卜逊，受其影响对现代英诗产生兴趣，由此开始了系统的研究。从1939年毕业于西南联大（清华）之后，他一直留校任教于外语系，主授英国文学有关的各门课程。后于1947年以优异成绩考上公费赴英国牛津大学深造，师从被誉为"世界上最有学问的文艺复兴研究者"的F. P. 威尔逊教授，奠定了他在文艺复兴时期和17世纪英国文学研究的坚实基础。其展露创见又富于文采的硕士学位论文《约翰·韦伯斯特的文学声誉》(The Literary Reputation of John Webster)，后被奥地利萨尔斯堡大学出版社出版，并受到国外行家的好评。[2] 1949年回国后，在北外执教长达45年之久，为国家培养了一代又一代优秀外语人材和学术精英，桃李遍布海内外，直到生命的最后一刻。尽管一生历经风雨坎坷，又长期担负许多行政职务和社会活动，父亲一直孜孜不倦地博览群书，钻研学术，成果丰沛。《英国文学史》一书可以说是他晚年学识文采的又一结晶。从前言看，早在1992年左右就已成稿，据徐式谷先生1992年9月22日来信称，他虽因太忙未能自己担任本书责编，但也和同事商议，拟"争取尽快使书出版"。[3] 后不知何故直到1996年才出版，父亲生前没有看到这一单卷本刊行，不能不说是一大遗憾。不过令人欣慰的是，这部著作已经收入2016年出版的《王佐良全集》[4]第一卷；2017年，商务印书馆再版了

---

[1] 即《谈读书》(Of Studies)中，译文将两处"傅彩"均误订为"博识"（第29页）。另《王佐良全集》第4卷第38页也同样有误。经查作者其他著作中的这段译文，包括商务1996年和2017年版《英国文学史》，该处均为"傅彩"。

[2] Tso-Liang Wang, The Literary Reputation of John Webster to 1830, Salzburg, Austria: Institut für Englische Sprache und Literatur, Universität Salzburg, 1975.

[3] 徐式谷致王佐良的信（1992年9月22日）。

[4] 王佐良：《王佐良全集》（全12卷），外语教学与研究出版社2016年版。

精装本。

要写好一部传统深厚、名家辈出、名作浩繁、思潮纷涌的英国文学通史，没有过人的研究实力和广博学识是很难想象的。王佐良先生多年勤奋的学术生涯和多方面的研究成果，为创作一部具有中国特色的高水准的英国文学史做了充分坚实的学术准备。改革开放一开始，他就把自50年代以来在各外国文学书刊上发表的学术论文集结成册，出版了《英国文学论文集》[1]，其后又锐意精进、笔耕不辍，发表了大量文章和20多部专著、译作及文选等。除了前述关于英国诗歌方面的著述以外，还在英语文体学、比较文学、翻译理论和"莎学"研究等领域出版了多部专著，展现了弘博精深的学术造诣（图6）。因此，到后来他和周珏良先生领衔主持编写国家社会科学重点项目五卷本《英国文学史》时，自然是成竹在胸、水到渠成的事了。

图6 1991年，王佐良先生在清华大学寓所里伏案笔耕，共有20多部著作在这里诞生

五卷本《英国文学史》按卷次分别为：《英国中古时期文学史》（李赋宁、何其莘主编）、《英国文艺复兴时期文学史》（王佐良、何其莘著）、

---

[1] 王佐良：《英国文学论文集》，外国文学出版社1980年版。

《英国十八世纪文学史》(刘意青主编)、《英国十九世纪文学史》(钱青主编)、《英国二十世纪文学史》(王佐良、周珏良主编)。全书合编为通史,分卷又是断代史。该项目从1984年启动,直到2006年完成,历时12年,共有33位专家学者参与编写工作,共同打造了这部规模宏大、资料丰富、论述精深、代表最高学术水准的、具有中国特色的英国文学史。其划时代的开创意义和对跨世纪的外国文学研究、比较文学等学科发展的重要影响自不待言,需要在研究中进一步深入总结和继承。[1]

作为主编,王佐良先生不仅统揽五卷本《英国文学史》的全局,还对方法论等纲领性问题进行了深入思考和多方面论述,成为文学史写作总的指导思想。他提出,中国特色的西方文学史著作应当具有"叙述性""阐释性""全局观""历史唯物主义观点"和"文学性"等特点,并一一加以论述。[2]如关于"历史唯物主义",他认为:"我们当代中国学者特别需要用它来研究和判别外国文学史上的各种现象。它会使我们把文学置于社会、经济、政治、哲学思潮等等所组成的全局的宏观之下,同时又充分认识文学的独特性;它会使我们尽量了解作品的本来意义,不拿今天的认识强加在远时和异域的作者身上,而同时又必然要用今天的新眼光来重新考察作家、作品的思想和艺术品质。"在指出过去对这方面表面化、简单化理解的问题的同时,他提出,"历史唯物主义也是需要发展的,而最好的发展办法是将它应用在新的、难的课题上"。父亲虽在这些理念方法上深思熟虑,但他绝非空谈大道理,而总把思想付诸实践,是一位勤奋高产的实干家。他先后合著了《英国文学史》中的《英国二十世纪文学史》和《英国文艺复兴时期文学史》两卷,均深受赞誉。前者于1995年荣获"全国高等学校出版社第二届优秀学术专著奖特等奖";后者于1998年荣获"第十一

---

[1] 对这一时期的英国文学史研究概况,可参见一些书评和综述,如龚翰熊:《西方文学研究》,福建人民出版社2005年版,第441—457页;何辉斌、蔡海燕:《王佐良的外国文学研究》,《20世纪外国文学研究史论》,浙江大学出版社2014年版,第368—382页;等等。

[2] 参见王佐良:《英国浪漫主义诗歌史》,人民文学出版社1991年版,"序"。

届中国图书奖",1999年获"国家社会科学基金项目优秀成果奖"。由于种种客观原因,五卷本直到2006年才全部出齐;而父亲在生前率先完成了自己执笔的部分,他作为最主要的撰写者为文学史研究鞠躬尽瘁、卓越奉献的精神,令人无比感念。这次笔者在北京参观商务的涵芬楼书店时,正巧见到刚发行的2017年精装本《英国文学史》,感到非常高兴。

商务印书馆出版的单卷本《英国文学史》则由王佐良个人独著,其基本思路是与五卷本一致的,可以说是他在那段时间一系列研究成果的浓缩。在本书序言中,他提出文学史写作的纲领性方法:

> 没有纲则文学史不过是若干作家论的串联,有了纲才足以言史。经过一个时期的摸索,我感到比较切实可行的办法是以几个主要文学品种(诗歌、戏剧、小说、散文等)的演化为经,以大的文学潮流(文艺复兴、浪漫主义、现代主义等)为纬,重要作家则用"特写镜头"突出出来,这样文学本身的发展可以说得比较具体,也有大的线索可循。同时,又要把文学同整个文化(社会、政治、经济等)的变化联系起来谈,避免把文学孤独起来,成为幽室之兰。[1]

在这样的纲的统领之下,作者把从古代到20世纪的英国文学做了一个总体的梳理(图7)。至于本书的内容,已见不少外国文学史的研究著作作过简要述评。如段汉武著《百年流变——中国视野下的英国文学史书写》中的概述转引如下:

---

[1] 王佐良:《英国文学史》,商务印书馆1996年版,"序"。

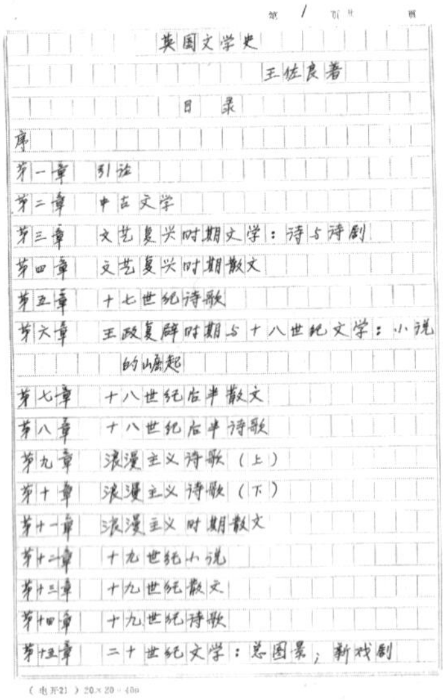

英国文学史

王佐良著

目录

序
第一章 引论
第二章 中古文学
第三章 文艺复兴时期文学：诗与诗剧
第四章 文艺复兴时期散文
第五章 十七世纪诗歌
第六章 王政复辟时期与十八世纪文学：小说的崛起
第七章 十八世纪后半散文
第八章 十八世纪后半诗歌
第九章 浪漫主义诗歌（上）
第十章 浪漫主义诗歌（下）
第十一章 浪漫主义时期散文
第十二章 十九世纪小说
第十三章 十九世纪散文
第十四章 十九世纪诗歌
第十五章 二十世纪文学：总图景；新戏剧

图7 《英国文学史》目录手稿（徐序誊写）

1996年王佐良出版的《英国文学史》是一本以学术性见长的通史著作。翻阅一下它的目录，就会发现，除第一章“引论”、第二章“中古文学”、第十五章“二十世纪文学：总图景；新戏剧”和第二十章“英国文学与世界文学”之外，其余16章的标题均是按照文学品种来命名的。对文艺复兴时期文学的叙述，王佐良选择了诗、诗剧、散文等当时主要的文学品种，通过特写来重点评述马洛、琼森、莎士比亚、培根等重要作家，勾勒出了这一时期文学的全貌；对17世纪文学的叙述，他所选取的文学品种为诗歌，最后把“特写镜头”指向了“文艺复兴的最后光华：弥尔顿”；小说的兴起，无疑是英国18世纪文学艺术中最为重要的成就，王佐良首先叙述和评论小说的萌芽和发展，继而叙述和评论了当时另外的两类文学品种：诗歌和散文；浪漫主义时期是英国文学历史上群星辈出的年代，这一时期的文学成就表现在诗歌、戏剧、小说和散文等多个领域，但最主要的成就是在诗歌领域，这一时期的重要诗人包括彭斯、布莱克、华兹华斯、柯尔律治、拜伦、雪莱、济慈等,王佐良通过重点描述和评述这些重要诗人,再现了英国文学史中的灿烂一页;对英国19世纪文学的叙述,王佐良运用了"19世纪小说"、"19世纪散文"和"19世纪诗歌"3章,突出描述和评析了司各特、奥斯丁、狄更斯、萨克雷、勃朗蒂三姊妹、乔治·艾略特、哈代、纽曼、密尔、丁尼生、罗伯特·勃郎宁等重要作家;20世纪的英国文学在王佐良的《英国文学史》中所占的篇幅最多,内容也比较丰富,评述也比较深刻,这一改文学史叙述中厚古薄今之现象,对这一时期的文学史,王佐良是通过叙述、分析和评论戏剧、诗歌、小说和散文等各个文学品种的主要成就和重要作家来进行叙述的。[1]

还有评论指出《英国文学史》的重要意义和启示。这部全景式展示英国文学发展历程的力作,"以清新活泼的文字、生动形象的叙述,展开一个接一个的高潮,发挥富有创见的评论",尤其是,"对于我国广大读者来说,《英国文学史》之格外令人感到亲切,还在于其中贯彻始终的'中国视角'"。[2]王佐良先生说:"一种民族文学固然需要钻进去研究,但有时也需要从外边,从远处有一种全面观——这样一来,人们不仅可以纵观它的整个轮廓,而且还会看清其高峰之所在,以及这些高峰与别的民族文学的高峰之间的距离和关系。"[3]全书结尾一章"英国文学与世界文学",把英国文学放在整个世界文学的背景中加以考察,从而使这部力作有了广阔的视野。这种高瞻远瞩的见解正是以全局观和比较文学方法来更全面理解英国文学的发展及其特点与品质的。王佐良先生最后总结说:"英国文学,带着它的优点和缺点,它的光荣感和忧患感,它现在的成就和困惑,它对将来的希

---

[1] 段汉武:《百年流变——中国视野下的英国文学史书写》,海洋出版社2009年版,第64页。

[2] 潘绍中:《立意新颖、富于启迪的力作——读王佐良著〈英国文学史〉》,《外语教学与研究》1997年第4期。

[3] 王佐良:《英国文学史》,商务印书馆1996年版,第698页。

望，正在进入本世纪的最后10年，已经听得见21世纪的召唤了。"[1]

总的来说，单卷本《英国文学史》不仅极好地体现了上述的方法论五点原则，而且写作上更有其鲜明的风格特色，又一次展示了"叙述性""阐释性"和"文学性"的相互融会。特别是父亲强调谈文学要有文学性，写文学史要有可读性，要有文采，并列举古今中外优秀文学史论为例，如意大利文艺理论家德·桑克蒂斯[2]的《意大利文学史》就是"既有卓见，又有文采"的。他尤其提出对文采的看法："真正的文采不是舞文弄墨，而是文字后面有新鲜的见解和丰富的想象力，放出的实是思想的光彩。为了写好文学史，应该提倡一种清新、朴素，闪耀着才智，但又能透彻地说清事情和辩明道理的文字。"[3]实际上，他自己一贯身体力行，笔下的众多文字都是这种既有新颖卓见又有文采神韵的精粹。钱锺书先生曾这样称赞父亲的作品，特别是对英国文学史研究的精进和成果：

> 时时于刊物上得读大作，学识文采，美具难并，赏叹无已。承惠近著，急读序言，尝鼎一脔，已知力矫时流文学史为"闷欲死"之习，上追 De Sanctis 遗规。即此一端，足破天荒。[4]

这里需要补充的是，单卷本《英国文学史》的缘起大概也和先父为国家重点出版项目——1982年版《中国大百科全书·外国文学卷》撰写"英国文学"概况这一重要条目密切相关。[5]《中国大百科全书》后于2009年又

---

[1] 王佐良：《英国文学史》，商务印书馆1996年版，第698页。
[2] 弗朗西斯科·德·桑克蒂斯（Francesco De Sanctis, 1817—1883），意大利文学批评家、理论家，著有《十九世纪意大利文学史》（*La litteratura italiana nel secolo XIX*）等。
[3] 王佐良：《英国浪漫主义诗歌史》，人民文学出版社1991年版，"序"。
[4] 钱锺书致王佐良的信（1992年2月26日）。
[5]《中国大百科全书·外国文学卷》，中国大百科全书出版社1982年版，第1210—1217页。

出了全部按汉语拼音排序的新版。[1]对照两个版本，可知"英国文学"条目在1982年版约14000字，文末有作者署名及参考书目；而2009年版篇幅缩减为约11000字，无作者署名（只在全书末卷附录里列出所有作者的长名单）。从该条目内容上看，后者基本沿用了1982年版的结构、形式和语言，只是文字篇幅有所缩编（遗憾的是去掉了原作者一些精彩的述评文字），而在最后部分加了两段关于反映"后殖民时代"新特点的叙述。1982年的条目以《英国文学概略》为题收入《王佐良文集》。正文前有一段作者说明：

> 由于百科全书对于篇幅、写法都有严格的限制，此文写得十分吃力。主观意图是，要在一万三四千的篇幅内把英国文学从中古直到现在的概貌叙述清楚，大事无遗漏，每个时期的特色有所体现，全文脉络明显，各部分比例恰当。我还力求文字虽紧凑而不太枯燥，要使有耐心的读者多少能看得下去。[2]

从父亲的日记中得知，当时在撰写该条目的过程中还有一点小波折。此条原由一位资深前辈学者写，但大家看了不满意，遂请父亲再写，他原不允，后编委会说那个原条可发表在一杂志上，所以不矛盾，父亲才答应了。当时竭力推荐由父亲重写的是朱光潜、杨宪益等资深编委和董衡巽、施咸荣等编辑。其间，姜椿芳（《中国大百科全书》总编委会副主任）、叶水夫（外国文学编委会副主任）等还来看望父亲并请他出任英语文学组副主编（卞之琳任主编）。于是，1981年的夏天，父亲冒着酷暑用了约一个月时间在其他工作中抽空完成全篇。在这期间，除了"英国文学"这一重点条目之外，他还撰写了"爱尔兰文学"这一较大条目以及"培根""韦

---

[1]《中国大百科全书·外国文学卷》，中国大百科全书出版社2009年版，第592—596页。

[2] 王佐良：《英国文学概略》，《王佐良文集》，外语教学与研究出版社1997年版，第3—22页。

伯斯特""蒲柏""彭斯""拜伦""科贝特"和"麦克迪尔米德"等其他七个中小条目。这些精心撰写的大百科条目为新时期外国文学的学科建设做出了又一开创性贡献。写完了"英国文学",作者感到很高兴,"因为有了一个概略,以后扩充即成简明的英国文学史"。在这个他又称为"英国文学小史"的基础上,十余年后,单卷本《英国文学史》终于付梓了。《英国文学史》作为第一部由中国学者用中文撰写的比较完备的英国文学通史,不仅实现了父亲的宿愿,而且为书写中国特色的外国文学史提供了又一范例。

四 《英语世界》,人文精神:中外文学"论契合"思想与实践

改革开放中兴起的学习外语热潮带来了雨后春笋般的出版物,其中有一份学习阅读刊物格外引人瞩目,这就是商务印书馆于1981年创办的《英语世界》(图8)。秉承"文拓视野、译悦心灵"的办刊宗旨,该刊面向大学师生及其他英语爱好者,系中国第一家英汉对照的英语学习杂志。《英语世界》向以内容新颖、形式活泼而著称,如首期的栏目包括识途篇、时事、文苑、名著故事梗概、人物、翻译探索、汉英佳译、政论、科技、教学研究、西方侧影、杂辑等,后又与时俱进地不断调整以适应新的语境和需求。所选文章英语纯正,译文规范,经典而不失趣味,时尚而不落俗套,在介绍并借鉴西方文明的同时,对中国文化予以深切的关照。每期还选登一些新颖的艺术插图,耐人寻味。因此,创刊以来一直受

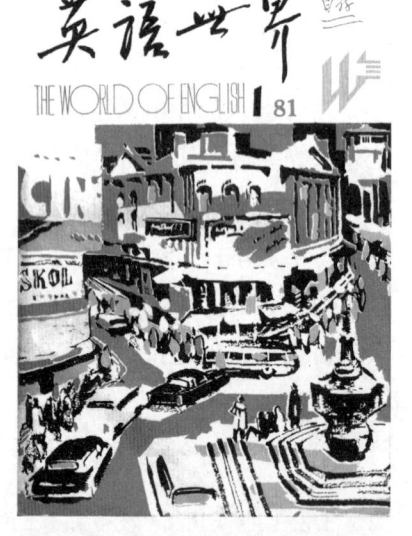

图8 《英语世界》创刊号(1981年)

到广大读者的喜爱和推崇。尽管时代发展使出版物的形式和内容产生了很大变化，《英语世界》却能保持其最重要的特色：选文短小精悍，隽永雅致，附有翻译和注释，解难答疑，方便学习者的需要；题材多样，知识面广，图文并茂，适合不同水平的读者的兴趣和品味。

《英语世界》的成功与其强大的编委阵容是分不开的，堪称"名家办刊"的范例。王佐良先生作为顾问编委之一，在其中发挥了重要的咨询指导作用。《英语世界》主编陈羽纶先生曾回忆道："我于1981年开始创办《英语世界》时，首先考虑的是要有一个高层次的、强大的编委会"，"而王公理所当然是我首先考虑到的权威学者。经我面请后，他立即慨然应允，令人铭感。""每次编委会聚会，王公皆慨然亲临"，"还作了精彩的发言，具有指导意义"。[1]

从父亲的历次题词就能看出他对这个刊物的期望和关爱之情。在纪念《英语世界》创刊四周年时题词："《英语世界》具有知识性和可读性，且英汉对照，特色突出，受到老、中、青读者的欢迎。相信这一长处，将能继续很好地保持与发扬，而题材则当更求现代化。"[2]在纪念《英语世界》创刊五周年时，他用英文写了一整页的贺词，指出："The World of English has turned out to be the most readable magazine of its kind in China. Its succcess has been phenomenal."（译文："《英语世界》已成为同类刊物中最有可读性的一种。它的成功是惊人的。"）[3]在纪念创刊十周年时，他的英文贺词如下（图9）：

So far so good. For the future, may I suggest two things – more readable articles about the people and mores in different countries and a bit more space to the arts? Perhaps we could also do with a correspondence

---

[1] 陈羽纶：《琐忆王佐良教授》，北京外国语大学外国文学研究所编：《王佐良先生纪念文集》，外语教学与研究出版社2001年版，第55页。
[2]《英语世界》1986年第2期，第4页。
[3]《英语世界》1986年第6期，第4—5页。

column, with all letters in English and limited to 150 words, including some short, sharp ones to the Editor?（现在看来一切都好。为将来我想建议两件事：登更多的关于不同国家人民和习俗的有可读性的文章；留更多一点空间给艺术作品。也许还可以设通讯栏目，全部用英文，不超过150字，包括一些短小犀利的致编辑的信。）[1]

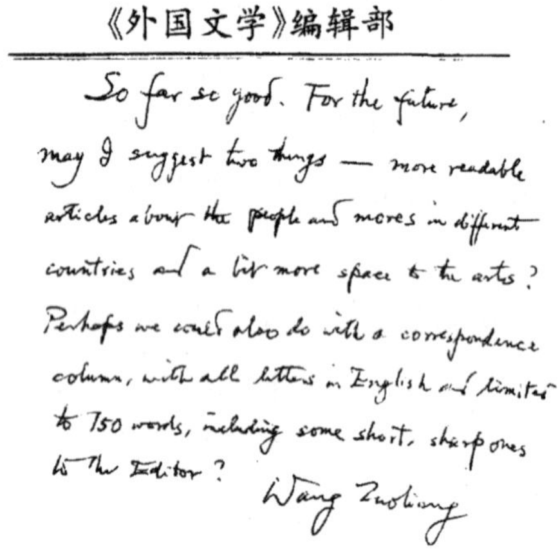

图9　王佐良为《英语世界》创刊十周年题词（1991年第1期）

《英语世界》创刊号上，王佐良教授在"识途篇"栏目发表了关于英语学习中如何提高阅读能力的文章《谈读书》，文章最后小结道：

> 也许有一点值得多说几句，那就是阅读的好处。只要方法对头，即注意扩大阅读面，既要快读抓内容，又要停下来思考其要旨，我们会发现在提高阅读力的过程里，我们不仅吸收了知识，而且获得一种辨别能力，从而知道什么是好书，什么样的语言是好语言。有些好书使我们更加关心人类的成就和命运，有些好作品使我们的感情更深挚或更纯净。阅读是一种文化活动，阅读力的提高最终意味

---

[1]《英语世界》1991年第1期。

着一个人的文化修养的全面提高。[1]

看到"谈读书",不由得使人想起父亲所译的脍炙人口的英国17世纪哲学家培根随笔《谈读书》中的精彩文字:

> 读书足以怡情,足以傅彩,足以长才。其怡情也,最见于独处幽居之时;其傅彩也,最见于高谈阔论之中;其长才也,最见于处世判事之际。……读史使人明智,读诗使人灵秀,数学使人周密,科学使人深刻,伦理学使人庄重,逻辑修辞之学使人善辩;凡有所学,皆成性格。[2]

这两段风格迥然不同,然而都体现了王佐良先生对读书求知的真诚心态和体悟。的确,他当时担任中国英语教学研究会会长,被尊称为"新中国英语三大权威"之一。在繁忙的本校教学科研和行政工作之余,他不遗余力地参与英语教育的社会普及工作。除了前述1960年代主编《英美文学活叶文选》等阅读材料外,他一直对《英语学习》《中小学外语教学》等普及性阅读学习刊物给予热心指导。改革开放以后,他受聘于多所高校和研究机构担任兼职教授,还不辞辛苦应邀到几十所大专院校讲学,足迹遍布大半个中国。他曾应邀到中央电视台、北京电视台等媒体作指导英语学习的讲座和介绍英国文学的节目,还在国际广播电台(Radio Peking)专家访谈中讲述中国文化等。1983年8月,他应北京作家协会之邀在长安大戏院举办了一场别开生面的"英国诗歌艺术"讲座,介绍了十几首各种类型的英语名诗。记得当时先由王佐良教授用平易生动的语言讲授每首英诗及其评介,接着由张洁、杨宇光两位登台分别用英汉双语进行朗诵,声情并茂,现场气氛活跃,受到观众热烈欢迎。对于《英语世界》这个新生的优秀人文园地,王佐良先生更是辛勤耕耘,珍爱有加,给予多方面支持和帮

---

[1] 王佐良:《谈读书》,《英语世界》1981年第1期。
[2] 转引自王佐良:《英国散文的流变》,商务印书馆1994年版,第30页。

助。他曾为刊物撰写了不少文章、译作，多为英文撰写，加上译文。笔者所见的有：由母亲译注的《论摩尔·弗兰德斯》(*On Moll Flanders*，1991年第1期）和《文学史在古中国的先驱》(*Literary History: Chinese Beginnings*，1990年第6期；1991年第1期），以及散文《初访都柏林的印象》(*First Impression of Dublin*，1984年第5期）等。还有一篇是1985年9月在广州举行的英语教学国际会议英文开幕词。[1]

王佐良教授还热心参加社会活动，同广大读者互动交流。陈羽纶先生曾回忆起当时的情景：

> 王公对《英语世界》可以说是处处都鼎力支持与帮助。他经常主动地惠赐大稿，给读者提供高品位的精神食粮。英语世界有什么活动，他都积极参加。前几年新闻出版署举办全国报刊展，读者都希望趁参观展览，购买《英语世界》的机会，能获得我刊权威编委的签名。为此我恭请王公、李赋宁和吴景荣三大资深教授为读者签名，他们立即表示同意。当天要求签名的读者特别多，摆起了长龙。他

图10　1980年代初的北京全国报刊展上，王佐良为《英语世界》杂志的读者签名留念
左起：陈羽纶、王佐良、李赋宁

---

[1] Wang Zuoliang, "Opening Speech at the Guangzhou International Symposium on 'Teaching English in the Chinese Context'"，《英语世界》1985年第6期。

们三位皆毫无倦意，认真地为读者一一签名留念。读者获签后，都露出快慰的笑容。[1]（图10）

作为了解外部世界的一个窗口，《英语世界》还是中外文化交流的园地，其中包括对当时在中国大陆刚刚兴起的比较文学的关注。1980年代中期，它特别连载了王佐良比较文学研究的最新成果《论契合》的中英对照选段。[2]在这期间，父亲活跃在比较文学领域，做了很多开创性的工作。1983年8月29—31日，他作为中方代表团团长，主持了在北京万寿路宾馆举行的第一届中美学者比较文学讨论会。中美双方各出十名正式代表，中方有：王佐良（团长）、杨宪益、杨周翰、许国璋、周珏良、袁可嘉、钱中文、周发祥、张隆溪、赵毅衡。美方代表团团长麦尔康（Earl Minor，普林斯顿），成员包括刘若愚（James J. Y. Liu，斯坦福）、欧阳祯（Eugene Ouyang，印地安纳）、唐纳德·范杰（Donald Fanger，哈佛）、芭芭拉·莱沃斯基（Barbara Lewalski，哈佛）、芭芭拉·史密斯（Barbara H. Smith，宾夕法尼亚）、余宝琳（Pauline Yu，明尼苏达）、保罗·富塞尔（Paul Fussell，宾夕法尼亚）、林顺夫（Lin Shun-fu，密歇根）、白之（Cyril Birch，伯克莱）。中方还有20多位列席代表，包括李赋宁、杨业治、叶水夫、朱虹、董衡巽、李天章、廖鸿钧、许觉民、丁往道、陈惇等。会前，钱锺书先生以中国社科院副院长身份专门宴请了双方代表团。并在开幕式上致辞说：我们在创造历史，这不意味着交流的结束，而是刚刚开始。美方代表团长、普林斯顿大学比较文学系主任麦尔康教授说，比较文学可以促进和平。父亲主持了整个会议，并提交论文和作了多次发言。会议讨论热烈，交流真诚，还组织了参观颐和园、香山，观看京剧演出等文化活动。结束时，双方学者都感到会议非常成功，收获丰硕，且有相见恨晚之感。这次会议打开了中美比较文学领域学术交流的大门。1987年底，美国

---

[1] 陈羽纶：《琐忆王佐良教授》，北京外国语大学外国文学研究所编：《王佐良先生纪念文集》，外语教学与研究出版社2001年版，第56页。

[2] 王佐良：《〈论契合〉选段》，朱次榴译注，《英语世界》1986年第3—5期。

举行了第二届比较文学中美双边讨论会,仍由王佐良作为中方代表团团长带队前往。

这也是王佐良先生第四次访美。第一次是在1980年春,作为客座教授赴美国明尼苏达大学授课讲学,成为中美建交后最早进行学术交流的中国著名学者之一。其后于1985年春,作为美中学术交流委员会邀请的杰出学者,赴美在普林斯顿、哈佛、加州伯克莱、斯坦福、加州理工等多所著名学府及研究机构进行研究和讲学,期间共发表九次学术演讲,主题包括"文学史的方法论""莎士比亚在中国""中国新诗中的现代主义""英美文学在中国""文学教学问题研究"等,都是和比较文学研究有关的,深受欢迎。1986年3月,率中方教委代表团赴美首次参加国际英语教师协会(Teachers of English to Speakers of Other Languages, TESOL)的年会,介绍中国近年在英语教学方面的重要成就。次年又率团参加中美比较文学双边讨论会及工作坊,访问了普林斯顿、印地安纳、加州洛杉矶等大学,随后应邀到加拿大维多利亚大学访问、讲演。此外,父亲还曾以中国作家、特邀学者和国际评委的身份访问英国、法国、爱尔兰、苏联、澳大利亚、阿尔及利亚等国家和香港地区,进行文化教育交流活动,足迹遍布五大洲。无论在哪里,他都用传神精彩的笔调和清新独特的见解,记述当地的风土人情、学术文化及人民之间的友好往来和情谊。这些演讲和访学的成果成为《论契合》的主体。

王佐良先生当时的学术演讲大都是和比较文学研究有关的,同时期他发表了用英文撰写的比较文学研究力作《论契合》(图11),首次提出"契合"这一概念,这是对该研究领域的重要贡献。[1]全书通过对现代中国文学一些典型作品和翻译的深入分析与阐述,揭示了近一个世纪中西方文学之间的相互渗透和影响等重要课题。该书出版以后,备受多方好评。明尼苏达大学英语系主任J. 劳伦斯·米切尔(J. Lawrence Mitchell)教授称赞《论契合》是一部"出色的文集,资料丰富,启迪人心"。"仅从这些顺

---

[1] 王佐良:《论契合——比较文学研究集》,外语教学与研究出版社1985年版。

便提到的作家当中，也能窥见作者兴趣与学识的广博。"[1]该著作从1987年至1992年先后荣获北京市首届"哲学社会学和政策研究优秀成果荣誉奖"、全国首届"比较文学图书荣誉奖"和"教委高校出版社优秀学术专著奖"。2015年由施普林格和外研社分别出版了新版及英汉对照本。[2]

图11 《论契合》（1985年）

其实，王佐良先生不仅是研究和传播外国文学的专家，还作为一位跨语言、跨文化交流的使者，一生致力于促进中外文学间的互动和各国人民之间的理解。早在清华和西南联大求学期间，他就开始注意辨析不同文化的细微差异，并指出翻译的复杂性和重要性，对人类跨文化交流理解的可能性进行探索。他的大量中英翻译实践和翻译理论研究著作一直是近年来

---

[1]〔美〕J. 劳伦斯·米切尔:《评〈论契合〉》,王军译,《外国文学》1987年第7期。
[2] Wang Zuoliang, *Degree of Affinity: Studies in Comparative Literature and Translation*, Heidelberg; New York: Springer, 2015；王佐良:《论契合——比较文学研究集》,梁颖译,外语教学与研究出版社2015年英汉双语版。

学术界探讨的热点话题之一。[1] 笔者最近在抗战文献研究中发现父亲撰写的"Trends in Chinese Literature Today"(《今日中国文学之趋向》)的抗战英文宣传册和其他早期作品，为其这方面的贡献又添了实例。[2]

《今日中国文学之趋向》以精辟的见解、生动的笔触，概述了从五四新文化运动开始的约25年里中国新文学的全景式发展历程、时代特征和历史意义。[3] 文章全篇分为四部分。首先，用精练的语言概括了中国新文学的起因、社会背景和时代特征，激发读者的兴趣。接着，是全文的主体，简要叙述了从新文学的发端到抗战全面爆发前各文学流派的发展演变、代表人物及其作品，评介了鲁迅、胡适、郭沫若、闻一多、徐志摩、丁玲、冰心、茅盾、沈从文、巴金、曹禺等一大批当时文坛最活跃的作家，并时时分析他们受到的外国文学的影响和创新之处。然后，概述了抗战时期文学创作的内容、特点和风格。最后，概括了中国新文学的两大特征和重要意义，并对未来的发展作出了前瞻。

《今日中国文学之趋向》不仅以洞察的眼光、独到的见解、精辟的论证，速写了这一时期的中国文学史，而且这种写作方法本身就是一种比较文学的方法，是从中国文学接受外国文学流派的契合和影响的视角进行创作的。最后的落脚点还是中国新文学本身，并由此而总结出中国文学的两大突出优点：严肃和纯洁。因此，它无疑是一部具有很高学术价值的著作，尽显比较文学高屋建瓴的世界性意义。此外，《今日中国文学之趋向》

[1] 王佐良先生关于翻译理论的研究论述，除了散见于各书刊中，主要集中在《翻译：思考与试笔》(*Translation: Experiments and Reflections*，外语教学与研究出版社1990年版)，《论新开端：文学与翻译研究集》(*A Sense of beginning: Studies in Literature and Translation*，外语教学与研究出版社1991年版)，《论诗的翻译》(江西教育出版社1992年版)等论著中。对这一课题至今最系统全面的研究成果之一是黎昌抱著《王佐良翻译风格研究》(光明日报出版社2009年版)。

[2] Wang Tso-Liang: Trends in Chinese Literature Today, Peiping: War Area Service Corps, National Military Council, 1946；中译全文（王立译，杨国斌校）载《国际汉学》2016年第3期。

[3] 参见王立:《文献钩沉——王佐良〈今日中国文学之趋向〉与抗战英文宣传册》,《国际汉学》2016年第3期，第17—36页。

语言风格丰富多彩，呈现出一种独特的诗人的灵秀和智者的哲思。前面提到过王佐良先生在总结五卷本《英国文学史》时，曾谈到文学史的"写法要有点文学格调"，并以中国历代文论家的作品为范例，强调"他们的写法各有特点，但有两点相同：一是简练；二有文采。他们写的文学史本身都是绝好的文学作品"[1]。《今日中国文学之趋向》为此提供了一个"新"的范例，不仅勾勒出中国新文学简史，而且呈献给读者一篇诗化散文，阅后给人以文采的滋润、思想的启迪和美感的享受。正如美国汉学家韦闻笛（Wendi Adamek）教授所评论的：

  这是给人以如此深刻印象的作品，多么引人入胜的写作风格！这篇文章把20世纪早期的中国文学放在政治和审美的视角下来考察，确实可以概括出这个复杂的文学领域的努力的成果。真是太令人陶醉了……[2]

  的确，《今日中国文学之趋向》在动态的社会政治变迁和文学审美意识交织中考察早期中国现代文学的流变，论述中广征博引，从英姿勃勃的西方文学中汲取灵感，全篇跌宕生姿，别具风采，融中西文化于一炉。从荷马史诗到莎士比亚，从蒙田、歌德到托尔斯泰，从大仲马到海明威……40多位世界文坛名家逐一道来，如数家珍，并与中国新文学作家作品聚首为伴，更是栩栩如生、交相辉映。可以说，《今日中国文学之趋向》本身更像一幕引人入胜的史诗剧，各路风云人物逐次登上舞台，把中国新文学的流变脉络和精神风貌娓娓道来、一一展现，淋漓尽致地演绎出20世纪上半叶中国人文精神的时代风采。由此，作者对中国新文学的成就提出了独特的思考、诠释和展望，并从中阐发出自己的文学理念和追求。尤其是从当时开始，他就以中外文学史相互"契合"的视角，运用比较研究的方

---

[1] 王佐良：《一种尝试的开始》，《王佐良选集》，外语教学与研究出版社1997年版，第28、34页。

[2] 译自韦闻笛教授给笔者的电子邮件（2015年3月16日）。

法，概括总结中国新文学的发展趋向。

由此而发端的其后许多研究著作，特别是《论契合》都如出一辙，不仅为比较文学研究建立了筚路蓝缕之功，而且体现了五四以来的人文思想精神，因此，王佐良先生被称为当代中国一位不可多得的"文艺复兴式"人物是恰如其分的。同时，虽然《今日中国文学之趋向》是叙述中国新文学史的，我们从《英国散文的流变》和《英国文学史》中也能看到似曾相识的文风和思路：既有卓见，又有文采，竟是一脉相承，不断演绎成熟，而又交相辉映。

结语　身体力行，世纪愿景：跨文化交流的典范

通过以上的简要回顾，我们可以看出，从20世纪50—60年代直到90年代，王佐良先生一直同商务印书馆的出版人和资深编辑们密切合作，携手打造了多部关于英美文学研究、英语教育和比较文学等方面的学术精品。

父亲一生勤奋、睿智、卓越、奉献，是老一辈中国知识分子中的杰出代表。南京大学原副校长，著名教育家、英国文学研究专家，学术界前辈范存忠教授曾这样称赞说："佐良先生中英文造诣都很深，又非常谦虚热情。近几年来，他的成果很多，我看他将成为我国最优秀的学者。"[1]的确，父亲数十年如一日地深思精进，忘我著述，而且一贯独立思考，从不人云亦云，富于探索和创新精神，在许多领域都卓有建树，为我们留下了一批宝贵的精神财富。在诸多著作中体现出他对英国文学史和比较文学的渊博学识，对中西文化的敏锐洞察，对翻译与理解的真知灼见，以及对文学思潮和学术流变的别创一格的诠释和表达。这是与商务印书馆促进中西文化交流、推动近现代学术进步的宗旨息息相通、不谋而合的。当年他和商务同人们以提高中国英语教育水平和民族文化素质为己任，辛勤耕耘优

---

[1] 杨仁敬:《文采风流今尚存》，北京外国语大学外国文学研究所编:《王佐良先生纪念文集》，外语教学与研究出版社2001年版，第85页。

秀人文园地的不懈追求和实践，将永远令人怀念。令人欣慰的是进入新世纪以来，父亲的传世著作再次由商务出版，意义重大，影响深远。

在商务印书馆和国内外其他出版机构的大力支持协作下，从创意新锐的《今日中国文学之趋向》，到见解独特的《论契合》，再到鸿篇巨制的《英国散文的流变》和《英国文学史》，王佐良先生娴熟地驾驭中外文化的学问，以全局观、历史观、比较文化观相融会的高度来思考和著述文学，集中体现了他关注提高民族文化素质和人类命运以及世界和平的高尚情怀。

世纪愿景复兴志，卓越奉献天下行。作为一位精力旺盛、博学多才的文化交流使者，王佐良先生不辞辛苦，为建造文学与人民之间跨文化的桥梁作出了毕生的贡献。这种探询"契合"的精神意义可能已经超越了世界文学的范畴。跨越时空，交流文明，对于在21世纪的阳光下成长起来的新一代来说也会受益深远。正如他在《论契合》前言中指出的，对于年轻人来说，他们可以探寻和开拓文学与人民之间更多的契合。[1]在当今全球化时代，放眼世界、呼唤契合的精神显得更加重要。日新月异的信息科技使得地球变得更小，知识的列阵变得更加强大，人际的沟通、互动、理解变得更加紧迫和复杂，从而带来更多的挑战和机遇。这些都需要有更深入的思考和探索以联结人民与文学、生活与文化、文明与世界，从而促进心智的开放和自身的成长，共同创造和平、和谐与合作的美好未来。

（作者单位：美国布朗大学图书馆）

---

[1] 王佐良：《论契合——比较文学研究集》，外语教学与研究出版社1985年版，"前言"。